发展经济学新论

FAZHAN JINGJIXUE XINLUN

李万茂 著

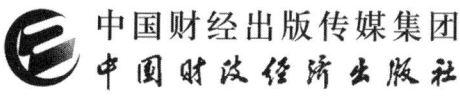

中国财经出版传媒集团
中国财政经济出版社

图书在版编目（CIP）数据

发展经济学新论／李万茂著． －－北京：中国财政经济出版社，2020.6

ISBN 978－7－5095－9774－3

Ⅰ.①发…　Ⅱ.①李…　Ⅲ.①发展经济学－研究　Ⅳ.①F061.3

中国版本图书馆 CIP 数据核字（2020）第 072270 号

责任编辑：胡　懿　　　　　　责任校对：胡永立

封面设计：王　颖　　　　　　责任印制：党　辉

中国财政经济出版社 出版

URL：http：//www.cfeph.cn

E－mail：cfeph@cfeph.cn

（版权所有　翻印必究）

社址：北京市海淀区阜成路甲 28 号　邮政编码：100142

营销中心电话：010－88191537

北京财经印刷厂印刷

787×1092 毫米　16 开　25 印张　549 000 字

2020 年 6 月第 1 版　2020 年 6 月北京第 1 次印刷

定价：98.00 元

ISBN 978－7－5095－9774－3

（图书出现印装问题，本社负责调换）

本社质量投诉电话：010－88190744

打击盗版举报热线：010－88191661　QQ：2242791300

自　序

本人出生于农村，从中国人民大学研究生毕业到国家统计局工作，从事固定资产投资统计工作25年、服务业统计工作3年，还先后到过改革开放的前沿阵地深圳（挂职一年）、革命老区赣南（挂职二年半）、祖国的西南边陲西藏自治区（任职一年）、中国经济最发达地区江苏省（任职二年）工作，现在新疆生产建设兵团统计局任职，具有较丰富的理论和实践经验，全程见证了中国改革开放，见证了中国在固定资产投资推动下的快速发展历程，见证了城乡面貌发生的巨变。中国为世界贡献了一条新的发展道路，中国的发展改变了世界经济和政治版图，如此波澜壮阔的历史，如此重要的发展经验，将之记录下来十分必要，于是萌生了写书的想法。近年来，我对中国发展进程、成功经验进行了认真学习、整理、归纳、记录，结合日常对中国和世界经济发展理论和实践的思考，以及世界主要发达国家发展经验，形成了拙作《发展经济学新论》。国家统计局的丰富资料为写作提供了有力数据支撑。全书没有高深的理论，使用朴实的语言，通俗易懂。

《发展经济学新论》第一篇以经济发展必须具备的主要要素条件为线索，深入阐述了科学技术是发展的直接动力、最大动力，是第一生产力，是经济发展的主动力、加速器，科学技术在经济发展中的地位和作用再怎么强调都不为过；提出进步思想引领对于国家发展至关重要，将进步思想作为经济发展的重要要素条件；提出一个时代的核心思想是引领（或制约）发展的思想理论基础，是重要推动力（或阻力），是启动（或迟滞）发展的开关，中国特色社会主义思想引领了中国发展；提出改革是发展的重要推力，是可以启动或者诱发发展进程的开关，是发展的重要原动力；提出人是经济发展最重要的要素条件，是经济和社会发展的基础，是经济和社会活动的主体，人一方面是谋划包括政府管理和企业经营在内的经济和社会发展的主体，另一方面也是劳动的主体，没有人的劳动便没有经济，此外，人还是商品（产品）服务需求主体，没有人对商品和服务的消费，经济也无从谈起，没有人便没有经济，也没有社会；提出良好的环境、社会状况和教育资源都是经济发展重要的基础条件，营造好的发展环境是经济发展的重要条件和重要过程，发展环境就如同经济发展的巢，只有筑好巢，才能引来凤凰，好的发展环境堪称经济发展孵化器——社会稳定是发展和改革的前提，没有稳定，包括发展在内的一切就无从谈起，教育兴则国家兴，教育强则国家强，教育通过提升人的基本素质，通过人的作用的发挥在经济发展中发挥重要作用；提出发展空间决定发展的水平高低；提出创造和保持发展优势对经济长期持续稳定发展具有重要意义。本书从理论上系统揭示了发展主要要素条件在经济发展中的不同作用，还提出由于发展受诸多因素制约，发展存在条件极限的理论思想，简单说发展速度不是想多快就可以多快，它是受客观条件制约的，因此本书在思想理论上具有一定的创新性。本书首次以大家熟知的影响发展的主要要素条件等常识性知识作为线索，从理论上进行系统阐述，这是发展经济学体系上的首创。

第二篇仍以发展主要要素条件为线索，通过世界经济发展各历史阶段和当今世界主要国家的发展历史实践，对发展主要要素条件在经济发展进程中所起作用进行了分析，对原始社会发展、奴隶社会发展、封建社会发展进行了分章节专门叙述，对科学技术在发展中发挥关键作用的资本主义阶段的英国、美国、德国、日本、印度资本主义发展进行了分国家重点介绍。他山之石，可以攻玉，这些国家发展的经验教训值得深思、借鉴。

本书为中国特色社会主义发展伟大实践专门开设第三篇，从中国发展条件、思想引领和30多年改革、科学技术进步、对外开放、中国发展运用的战略和策略、中国成功发展基本经验等方面进行了较详细的介绍和认真的总结归纳。中国改革开放各方面、各领域的成功实践充分说明了科学技术进步在发展中的关键作用，揭示了中国特色社会主义思想在发展中的伟大引领作用，表明了中国制度在发展过程中所体现的巨大优势，彰显了中国特色社会主义的道路、理论、制度和文化自信，对世界各国和地区（区域）——无论是发展中国家，还是发达国家发展——都有一定的借鉴意义，对广大的高校学生了解国家如何发展也有较强的指导意义。

以《发展经济学新论》命名,改变发展经济学以发展中国家作为发展研究对象的传统,也是本书的创新。发展中国家需要加快发展是当然之理,但当今世界,发展非发展中国家专利,发展是所有国家的共同任务,国家发展亦如逆水行舟,不进则退。英国虽然还处在发达国家之列,但地位与过去的"日不落帝国"已不可同日而语,原因在于英国发展并没有引领世界经济发展潮流,技术已经相对落后,大大被美国、德国、日本超越。美国作为"超级"大国,其经济已经引领世界发展潮流100多年,出于永久维持其"超霸"地位的考虑,美国大力推进制造业回流,同时极力限制阻止他国经济发展壮大。美国州长到其他国家(包括中国)招商引资早已不是新闻,甚至有美国总统多次亲自出马引资,这充分说明包括美国、日本、德国在内的发达国家不但高度重视发展,其发展举措也从未停止,发展已经是世界所有国家之共识,也是共同任务。因此,本书改变发展经济学以发展中国家作为发展传统研究对象的约定俗成,《发展经济学新论》将发展作为所有国家的共同任务。

2020年5月8日

目 录

第一篇 综述

第一章 发展应具备的基本条件 …………………………………………… 3
 第一节 发展主要依靠科学技术推动 ……………………………… 3
 第二节 发展需要进步思想引领 …………………………………… 7
 第三节 经济和社会发展的主体：人 ……………………………… 14
 第四节 发展需要创造适宜的环境 ………………………………… 15
 第五节 发展空间决定发展水平 …………………………………… 17
 第六节 社会稳定是发展的前提条件 ……………………………… 20
 第七节 发展需要提高人的受教育水平 …………………………… 21
 第八节 利用、创造、持续保持发展优势 ………………………… 23
 第九节 发展需要不断改革 ………………………………………… 27

第二章 发展模式 …………………………………………………………… 36
 第一节 发展的思想意识状态 ……………………………………… 36
 第二节 发展模式 …………………………………………………… 38
 第三节 产业模式 …………………………………………………… 42
 第四节 发展的极端形式：发展中断乃至倒退 …………………… 43

第三章 经济发展的主观能动性与局限性 ………………………………… 48
 第一节 经济发展的主观能动性与局限性 ………………………… 48
 第二节 经济发展的局限与主要发展要素的关系 ………………… 50
 第三节 行业发展局限——"天花板"行业 ……………………… 54
 第四节 产业的衰落 ………………………………………………… 56
 第五节 经济发展在历史进程中的局限 …………………………… 57

第二篇　不同社会阶段的发展

第四章　原始社会发展 ································ 63
第一节　原始社会技术与人口发展 ···················· 63
第二节　原始社会文化艺术与社会稳定 ················ 70

第五章　奴隶社会发展 ································ 73
第一节　奴隶社会技术发展 ·························· 73
第二节　奴隶社会人口发展 ·························· 88
第三节　奴隶社会思想文化大发展 ···················· 89
第四节　奴隶社会稳定状况 ·························· 95
第五节　奴隶社会市场要素发展 ······················ 99
第六节　奴隶社会改革 ····························· 105

第六章　封建社会发展 ······························· 108
第一节　封建社会科学技术发展 ····················· 109
第二节　封建社会人口发展 ························· 129
第三节　封建社会思想文化教育艺术体育发展 ········· 131
第四节　封建社会稳定状况 ························· 140
第五节　封建社会市场要素发展 ····················· 146
第六节　封建社会改革 ····························· 157
第七节　封建社会发展评述 ························· 158

第七章　资本主义的启蒙 ····························· 163
第一节　文艺复兴带来资本主义思想 ················· 163
第二节　资本主义思想在欧洲普及 ··················· 167

第八章　英国资本主义发展 ··························· 171
第一节　英国为什么率先发展成为最强大的资本主义国家 · 171
第二节　英国科学技术发展直接促进产业发展 ········· 173
第三节　建设快捷、高效、廉价的交通运输系统 ······· 182
第四节　英国成为全球超级大国 ····················· 187
第五节　"日不落"帝国的衰落 ······················ 194

第九章　美国资本主义发展 ··························· 198
第一节　欧洲思想解放的继承对美国发展至关重要 ····· 198
第二节　美国资产阶级革命 ························· 200
第三节　科学技术创新和发展理念创新 ··············· 202
第四节　科学技术支撑下的产业发展 ················· 203

第五节　人口发展 ·· 214
　　第六节　交通运输发展 ·· 216
　　第七节　美国成为稳定红利巨大国家 ·· 218
　　第八节　教育事业促进经济发展 ·· 219
　　第九节　稳定而健全的法律 ·· 219
　　第十节　强大的金融、财政和税收体系 ·· 221
　　第十一节　政府参与经济和加强经济管制 ·· 231
　　第十二节　美国经济的未来 ·· 233

第十章　德国资本主义发展 ·· 236
　　第一节　德国资产阶级革命 ·· 236
　　第二节　德国资本主义发展历程 ·· 238
　　第三节　第二次世界大战后德国发展经验 ·· 246

第十一章　日本资本主义发展 ·· 249
　　第一节　产业科学技术发展 ·· 249
　　第二节　教育事业发展 ·· 257
　　第三节　相对的长期稳定 ·· 257
　　第四节　交通运输事业发展 ·· 258
　　第五节　日本人口增长与经济发展 ·· 258
　　第六节　曾经的军事强国战略 ·· 259
　　第七节　金融业发展 ·· 260
　　第八节　长期停滞及其经济增长条件极限 ·· 262

第十二章　印度资本主义发展 ·· 263
　　第一节　影响印度经济发展的宗教文化 ·· 263
　　第二节　英国殖民统治对印度经济的影响 ·· 265
　　第三节　印度独立后的发展 ·· 269
　　第四节　印度的改革开放 ·· 275

第三篇　中国改革开放

第十三章　中国发展条件 ·· 285
　　第一节　中国特色社会主义思想的引领 ·· 285
　　第二节　和平稳定的国际国内发展环境 ·· 286
　　第三节　教育事业蓬勃发展 ·· 287
　　第四节　中国发展空间广阔 ·· 289
　　第五节　交通运输等基础设施建设优先发展 ···································· 293

第六节　中国发展优势及变化 ……………………………………… 295

第十四章　改革——启动并推动中国发展的伟大进程 …………………… 297
　　第一节　解放思想，实事求是，与时俱进 ………………………… 297
　　第二节　农村改革 …………………………………………………… 299
　　第三节　中国经济领域重大改革 …………………………………… 302
　　第四节　教育、卫生、文化、体育等社会领域重要改革 ………… 316
　　第五节　引入并发展社会主义市场经济 …………………………… 325

第十五章　科学技术是第一生产力 ………………………………………… 331
　　第一节　农业科技发展 ……………………………………………… 331
　　第二节　科技助推中国工业发展 …………………………………… 333
　　第三节　建筑设计施工水平日益提升 ……………………………… 337
　　第四节　中国高科技崭露头角 ……………………………………… 338

第十六章　对外开放 ………………………………………………………… 343
　　第一节　循序渐进推进对外开放 …………………………………… 343
　　第二节　积极利用外资 ……………………………………………… 344
　　第三节　大力发展对外贸易 ………………………………………… 349
　　第四节　其他领域对外开放 ………………………………………… 355

第十七章　发展战略与策略 ………………………………………………… 357
　　第一节　投资带动战略是中国地域经济发展普遍方法 …………… 357
　　第二节　梯度推进战略 ……………………………………………… 362
　　第三节　基础设施、基础产业先行 ………………………………… 366
　　第四节　"无农不稳、无工不富、无商不活"的产业发展策略 …… 368
　　第五节　城镇化战略 ………………………………………………… 370

第十八章　中国成功发展基本经验 ………………………………………… 372
　　第一节　稳定是改革、经济和社会发展的前提条件 ……………… 372
　　第二节　始终坚持循序渐进改革原则 ……………………………… 374
　　第三节　坚持走适合自己的道路 …………………………………… 377
　　第四节　中国制度对发展的有效推动 ……………………………… 378
　　第五节　人口红利 …………………………………………………… 380
　　第六节　教育与科技发展 …………………………………………… 382
　　第七节　和平崛起 …………………………………………………… 383

结束语 ………………………………………………………………………… 385

参考文献 ……………………………………………………………………… 387

第一篇 综述

第一章　发展应具备的基本条件

经济发展是科学技术发展、思想文化教育发展、人类自身发展、环境发展等各方面因素共同作用的结果。当然，其中有的因素发挥的作用更大、更直接，如科技、人口等因素，有的是间接发挥作用。

第一节　发展主要依靠科学技术推动

科学技术是发展的直接动力、最大动力，是第一生产力，是经济发展的加速器。人类社会之所以从石器时代的原始社会一路走到今天，靠的是什么？靠的是科学技术的进步。科学技术对人类社会的发展发挥着核心作用，其在经济与社会发展中所起的巨大作用我们怎么强调都不为过。没有科学技术的进步，就没有我们今天经济社会发展所取得的成就。

科学和技术的进步促进了人的认识的提高、思想的进步，思想的进步则进一步促进科技进步，促进经济发展。

对世界现有科学技术的引进、应用是发展中国家发展的必由之路。中国正是走的引进、吸收世界先进技术的道路，具备一定基础后再探索发展更加先进的技术。印度和东南亚国家也在走同样的道路。

科学和技术是发展的加速器。我们分历史阶段看各时代核心的起主导作用的科学技术演变进程，可以清楚地发现科技进步对经济社会发展起加速器作用。

一、原始社会起主导作用的技术

原始社会，技术进步十分缓慢。

（一）旧石器时代技术

旧石器时代历经近200万年，其主要的技术进步表现在石器打制、对火的使用和管理等方面。其中，石器打制主要涉及几个方面：

1. 手工工具类石器。旧石器时代，刮削器、尖状石器、石锤、砍砸器、石刀等打制石器已经逐步产生，并且为当时的原始人类日常所用。

2. 捕猎用的石球绊脚索。这一工具使捕猎水平极大提高，人们可以捕获大型动物。中国的许家窑遗址出土了成吨的石球，大大小小约有1 500个。欧洲也有类似发现。

3. 渔具。欧洲出土的马格达林石器，有一件带单钩的鱼叉，有一件一面多钩的鱼叉，还有一件双钩鱼叉——一面三钩，一面二钩。

相关考古研究发现，旧石器时代的人类已经采用兽骨制作缝制衣服的骨针。这些骨针在中国和欧洲均有出土。此外，当时的古人类已经学会了用火、管理火，彻底摆脱茹毛饮血的生活，将人类文明向前推进了一大步。

旧石器时代技术进步极为缓慢，因此经历的时间也十分漫长。

（二）新石器时代技术

新时期时代的技术特点主要表现在以下几个方面：

1. 狩猎用石器、骨器磨制日益精湛。在这一时代，农业种植用石骨器大量涌现且形状日益接近现代小农经济农具，三孔石犁铧的出现标志着当时农业生产用具技术的巨大进步，劳动生产率提升了几倍。

2. 学会驯养动物。在这一阶段，人类完成了从狩猎到驯养动物的进化。世界各地的人们驯养的动物有所不同，中国驯养了猪、狗、水牛、羊等；埃及、西亚驯养绵羊和山羊；美洲印第安人驯养了美洲驼、天竺鼠和火鸡。

3. 从采集到种植。粮食作物种植日益普及，使人类向着定居的生活迈出关键的具有里程碑意义的一步。从世界范围看，水稻、小麦、大麦、燕麦、粟、黍、薯类、豆类等在当时都已有种植。

4. 各式陶器、玉器制品在世界各地大量涌现，高级礼器也有所出现，这不但使定居生活更加方便，而且进一步提高了人类社会文明程度。

5. 新的手工工具制品大量出现。新石器时代，骨针开始大量出现，丝纺织、骨机刀、梭形器、陶纺轮也有所出现。在这一时代，主要纤维植物棉、麻已经有所种植，人们开始养蚕。这意味着在新石器时代，纺织业已经开始出现，人类开始步入有衣服穿的文明时代。

6. 建筑初步发展。新石器时代，建筑技术有了初步发展，定居情况已经大量出现，有的地区还出现了城市。木结构建筑、土木建筑都已经出现。

7. 交通工具的发展。考古研究证明，船与木桨、车均出现在新石器时代，这标志着人类活动区域的进一步扩大，人们可以走得更远，载得更重，也标志人们可以进行水上渔猎或结网捕鱼。

8. 铜、金、银冶炼零星出现，金属时代开启。

新石器时代技术的更大发展促进了经济、人口的大发展。这一时代7 000年所取得的成就比之前200万年取得的成就要大得多。

二、奴隶社会起主导作用的技术

奴隶社会骨石器作为生产工具还比较普遍。

在中国的商代，青铜犁铧开始出现并被使用，尽管使用还不普遍，但是标志着生产力水平的重大进步。战国时期，牛耕技术出现，"牛""耕"二字开始在人名中出现。

奴隶社会，水利事业迎来了大发展，都江堰等知名水利设施得以修建；陶器制造日益普及，彩陶、黑陶等开始出现，王室使用的礼器、装饰玉器制作非常精美。青铜器制作在当时也已经非常发达和普及，中国出土的从夏、商、周至战国时的青铜器不胜枚举。

中国西周时期已经出现铁剑，春秋时期出现铁犁，这是生产技术的又一重大飞跃。战国时铁冶炼非常普及，各国均有铁冶炼基地。当时铁农具使用相当普遍，冶铁技术非常先进，甚至出现了钢剑。

中国商代已经有了金的冶炼和金器加工，周代金银器使用已经很普遍。

建筑方面，中国筑城技术，斗拱技术，砖、瓦烧制技术已经相当熟练。当时罗马的建筑技术也十分先进，古罗马帝国的建筑屹立至今，是古建筑史上的奇迹。

奴隶社会形成的技术有许多至今仍然为我们所见、所用。在这一时期，中国医学形成了针灸、诊疗、药物等专门学说。扁鹊正是这一时期的名医。在天文历法方面，夏历至今为国人沿用。中国有世界最早的天文观测文字记录。数学方面有九九乘法口诀表。磁针指向仪器"司南"也是出现在这一时期。

三、封建社会起主导作用的技术

在封建社会时期，世界均是以农业为主导产业的社会。我国秦代在先进地区已大量使用铁制农具和牛耕技术。整个中国封建时代，铁犁和牛是标志性的生产工具，只是铁犁随着时代进步有所改进，用牛的数量从两牛逐渐演变为以一牛为主，御牛人也从两人到三人进步到多数使用一人。欧洲的犁具进步稍落后于中国。铁质的铲、镬、锄、镰、耙等是封建社会时的重要辅助农具。稻谷、棉花、玉米等主要农作物逐渐开始在各大洲普及种植。兴修水利日益普遍，水车开始使用，中国、欧洲均有水力带动的水车、磨坊等。

封建社会时期的陶器制作日益精美，中国宋、明、清等朝代精美瓷器受到现代人的追捧。这一时期的玉器制作也更加精美，使用更加普及，但因为玉制礼器已经较少使用，其地位比不上在奴隶制国家时代。

封建社会的铜冶炼技术比奴隶社会更先进。铜主要用来铸造钱币、铜镜、铜钟等。铁冶炼技术更为先进，规模更加庞大，汉代有10万人的冶炼队伍，实行铁器官营。"淬火法"很早开始使用，利用该方法制造的刀、剑"削铁如泥"。冶炼炉具容积很大，一次出铁水几吨，比英国工业革命早期规模更大。我国宋代已经开始用煤炼铁。

封建社会的黄金、白银冶炼技术十分先进，根据对出土的这一时代的黄金进行考证研究，当时的黄金纯度已经达到99%，海昏侯墓出土的黄金数量震惊世界。宋代开封小酒馆的餐具均为银制。

中国封建时代开始使用漆器技术制造精美的日用工艺器皿。

中国建筑技术以大规模城市建设（如西安古城、故宫等）、大规模防御设施建设（如各朝代建设之长城)、大规模水利设施建设(如京杭大运河)、大规模陵墓建设(如秦始皇陵)等闻名,既反映了技术的先进,也反映中国封建时代的巨大动员能力。欧洲亦创造了具有欧洲特色的建筑技术(如哥特式建筑),其帝王宫殿同样富丽堂皇。

封建时代的中国医学技术有很大进步,医学著作多,知名医学家多,麻醉技术、外科手术、药物学成就较高,当时的医者对一些病症有专门研究。早期的中国医学明显比西方先进,但封建社会后期欧洲医学飞速发展,主要表现为进行解剖学、血液学等研究。

封建时代我国军事装备技术早期是领先于欧洲的,宋代便已经发明了火药,使用火炮,明代以后欧洲军事装备技术开始领先于中国。

纸是中国四大发明之一,为人类文化的进步做出巨大贡献。雕版印刷技术是唐代重大技术成就,为世界各地区文化传播奠定了基础。

中国宋代,指南针进入实用阶段,被用于航海。

宋代大量开采煤炭,煤炭产业已经成为一个引人注目的产业。宋代还利用瓦斯(天然气)煮盐。上述两种技术均大大领先于当时的欧洲。

中国明代以前的船舶制造技术、航海技术均领先于欧洲,但之后被欧洲远远超过。欧洲工业革命后,当时落后的中国更是被帝国主义的坚船利炮打得千疮百孔。

中国封建时代的前半期在天文、历法、数学方面都有杰出成就,但文艺复兴后欧洲掀起科技革命,在天文、数学、历法、物理、化学、生物、医学等领域取得巨大进步,欧洲的实力水平远远超出技术停滞不前的中国。

四、资本主义社会起主导作用的科学技术

资本主义阶段的技术主要包括:钢铁冶炼技术、有色金属冶炼技术等。从瓦特制造蒸汽机开始的机器制造技术是资本主义划时代的标志性技术(包括蒸汽机技术和内燃机技术),同时包括在此基础上产生的纺织机械技术、汽车制造技术、船舶制造技术(航海技术)、飞机制造技术、火车制造技术(包括相应的铁路修建技术)、电力科学技术、电动机器技术、电子科学技术(包括半导体技术等)。

这一阶段的资本主义发展,技术上主要围绕蒸汽机机械化、内燃机机械化、电力机械机械化在各个制造业生产领域和少数服务领域的应用展开。

五、后资本主义时代(资本主义和社会主义共同发展时代)主导技术

后资本主义时代的技术主要包括:计算机芯片制造技术、硬盘技术、信息机器技术(机器自动化和信息化)、医疗技术、传统制造技术的现代化等。其中,传统制造技术的现代化包括汽车制造技术、船舶制造技术、飞机制造技术、高速铁路制造技术(包括相应的铁路修建技术)、智能家电制造技术、互联网技术、物联网技术、通信技术等。

这一阶段的社会发展,技术上主要围绕机械的信息化、自动化、智能化在各个制造业生产和服务业更加广泛领域的应用展开。

第二节 发展需要进步思想引领

一个时代的核心思想是引领（或制约）发展的理论基础、思想基础、重要推动力（或者阻力），是启动发展的开关。没有进步思想的引领，一个国家的发展或将长期难以走上正轨（当今世界长期无法走上发展正确轨道的国家不在少数）。思想、精神是发展的动力，而且在初期可能是起关键作用的动力。正确的思想能在发展过程中引导一个国家或地区释放巨大的能量，西方的文艺复兴思想和党的十一届三中全会改革开放思想所释放的能量，便具有这种集中暴发释放巨大能量的作用，正是这两种正确思想的引领成就了西方资本主义率先发展和中国持续高速发展。

社会发展到一定时期会产生一些阻碍发展进步的体制机制，需要产生发展变革的进步思想来克服阻力，通过进步思想引领时代进一步发展。也有一些思想则严重制约、阻碍了经济与社会的发展。每一个想要走上正确发展道路的国家和地区都有必要对本国、本地区现在流行的核心思想进行审慎研判评估，看看其是适应还是阻碍着经济和社会的发展，是否需要对核心思想进行转变。

一、古罗马帝国时代早期思想[①]及其对经济和社会发展的影响

古罗马帝国延续了 1 000 多年，取得了巨大成就，当然其中也有灭绝人性的屠杀，并最终走向灭亡，但无论如何，其成就和在历史上的影响毋庸置疑。罗马有哪些核心思想使其走向成功呢？我认为有以下几点：

（一）法治思想

以法律为基础对人民进行统治：《12 铜表法》以及后来的《罗马法》或《查士丁尼法典》。《12 铜表法》虽然谈不上绝对公平——同样的违法，对奴隶和自由人的处罚就有较大的差别，对奴隶的处罚远比自由人要重得多——但是依据法律办事本身体现了公平的精神，由军事统治者执行并取得由此带来的和平与繁荣更是受到一些历史学家推崇。相比同时代的一些城邦小国"邦主"的个人意志可能就是法律的情况，罗马法无疑是时代的巨大进步。罗马法治至今影响欧美。

（二）共和思想

共和思想导致形成比较合理的政体：一个国家不是由（像君主政体中的）世系领导人来统治，而是由依据宪法任命的个人或群体来领导。罗马元老院是罗马共和国政府的立法

[①] （美）霍华德.斯波德：《世界通史：公元前 10000 年至公元 2009 年》（吴金平、潮龙起、何立群等译），山东画报出版社 2013 年版。

和咨询机构。元老院选举各种治安官负责共和国的行政事务。元老院议员、治安官和执政官通过选举产生。每个行政级别都有两名官员一起共事,既便于他们遇事商量,也防止他们一人掌握过多权力。以前的埃特鲁斯坎国王权力现在由两名执政官分享并相互制衡,每个执政官都有权否决另一个的决定。这一合理政体决定了能够选到更加合适的人来执政,并通过权力制衡做出相对合理的决策。

(三) 建立帝国

建立帝国的思维是在城邦小国思想上的一大飞跃。突破城邦小国思维(即使到了现代仍然有对城邦小国的迷恋),建立帝国的行动是在亚里士多德国家学说的影响下实现的。罗马治下取得200年持续的和平稳定正是罗马帝国百姓(可以讲任何地方的百姓)追求的和平与幸福。罗马帝国先后持续1 000多年也说明罗马所实践的共和国家的强大生命力。

(四) 建立公民权授予制度

建立公民权授予制度是奴隶制社会国家的一次大的进步。罗马治下不断扩大公民权的授予范围,甚至宣布所有成年男性均为公民(并未做到)。授予公民权这一政策措施,一方面稳定了帝国统治,另一方面也体现了社会的重大进步,它使平民、奴隶、穷人也有了尊严,有了发展的机会,是对纯奴隶社会的重大改良,是奴隶制国家走向封建国家的巨大进步。

(五) 禁欲主义思潮的流行

在哲学方面,罗马人继承了希腊人的哲学思想,很多有影响的罗马思想家对公元前300年由希腊哲学家齐诺创立的禁欲主义很感兴趣。新斯多葛派哲学在罗马帝国时期盛行,主要哲学家有卢修斯·塞涅卡和皇帝马可·奥勒留·安东尼(公元161—180年)。这派哲学宣扬宿命论和禁欲主义。禁欲主义的影响在马可·奥勒留·安东尼当上皇帝后达到顶峰。禁欲主义在整个欧洲中世纪发挥着更加重大的影响,恐怕也是源于此。

上述罗马思想理念的实施对罗马帝国的扩张、稳定和经济的发展繁荣发挥了重要作用,并最终成就了世界历史上影响深远的帝国。当然,罗马帝国的成功还有其他因素的影响。后期的罗马帝国有些方面背离了上述一些重要理念,最终导致帝国的灭亡。

二、欧洲中世纪封建思想及其对经济和社会发展的影响

欧洲(主要指西欧,下同)的中世纪[①]处于基督教神权和封建王权共同主宰的政教合一的封建社会,因此出现了基督教宗教神权和封建王权两种价值观相结合的混合思想,有时王权影响大于神权,有时神权影响大于王权。

---

① 霍华德·斯波德:《世界通史 公元前10000年至公元2009年》,(吴金平、潮龙起、何立群等译),山东画报出版社2013年版。

(一) 中世纪基督教思想

中世纪基督教思想通过一些教义和宗教思想家的理论对经济产生潜移默化的影响。犹太教和基督教在传播的初期吸引更多的是普通的受压迫的民众——在犹太教的《以赛亚书》中有"学习行善,寻求公平,给孤儿申冤,为寡妇辩屈"的记载;耶稣则在《马太福音》中说"财主很难进入天国,我再次告诉你们骆驼穿过针眼,比财主进天国还容易呢",这明显是偏向普通民众的。《新约》中的各处还反复说到"在天国一切都会颠倒过来"。上述情况说明犹太教和基督教建立的初期更多是针对平民和受压迫的民众。基督教为这些人在精神世界找到了寄托和安慰,并告诉他们"地主老财"并不值得羡慕。

以奥古斯丁(公元354—430年)为主要代表人物的基督教人生伦理思想[①]在中世纪前期产生了重大影响。这些基本伦理包括以下几点:一是"爱是宽恕",爱和宽恕是统一的,首先是爱神,爱神就是遵守神的诫命,这是至高无上的道德原则。其次是"爱人如己",不仅要爱自己的亲人,而且要爱一切人,包括爱自己的敌人。二是"勿搞恶",这又是一条主要的伦理道德原则。《圣经》要求教徒必须绝对服从,这是对神、君主、统治者的行为应取的态度,除了从之,"别无他求"。三是禁欲主义,基督教伦理学采用了斐洛和斯多葛学派关于灵魂和肉体的理论,宣扬灵魂是肉体的主宰,肉体不仅于人无益,而且是罪恶的渊源。灵魂引导人从善,肉体则引导人从恶,故禁止人肉体的一切欲望和物质享受是最高的道德原则,也是主要的道德修养方法。四是信仰神是最高的美德,也是达到最高道德境界的唯一途径。

需要指出的是,中世纪的基督教信仰并不完全出于自觉自愿,如公元576年一位高卢的主教让他城中的犹太人在洗礼和被驱逐中进行选择。查理曼大帝本人就是一个日耳曼裔法兰克人,他给其境内的日耳曼撒克逊人一个选择,或者皈依基督教,或者死。

基督教的传播毫无疑问有其积极意义,如《加拉太书》宣扬的在基督教中"再也没有犹太人与希腊人之分,没有奴隶与自由人之分,也没有男人和女人之分,因为你们在耶稣基督那里成了一体",这种强调平等的意识正是不平等社会民众所希望得到的。基督教在罗马帝国的西部王权旁落后建立欧洲国家的秩序上也起了较大积极作用,如为基督教教徒规定的要行善、孝敬父母等一系列行为准则。宗教还有传播文化知识的积极作用。但是,中世纪西欧宗教思想对经济发展的制约也是显而易见的。

(二) 封建王权思想

君权神授是西欧封建王权的核心思想。说起欧洲的封建王权,不得不从罗马帝国说起。最早的帝国王权也是被神化的,罗马信奉的是一种将皇帝和神合为一体的宗教。皇帝奥古斯都特别建筑神庙,供奉祖神。奥古斯都死后,他也被神化,他的继任者也都享受这一待遇。罗马帝国皇帝是神化的,但与基督教的神——上帝没有任何关系,而且初期罗马

[①] 许志峰、李德深、马万里主编:《社会科学史》,中国展望出版社1989年版。

帝国是反对传授基督教的，因为基督教的神与皇帝作为帝国之神存在冲突。但是，罗马帝国先承认基督教，又将其作为国教后，帝国王权的神化就与基督教挂上了关系。君权神授最终演变成了上帝的教会授予王权。君权神授就是要民众毫无保留地相信君权是神授予的，是与生俱来的，是任何人不可动摇的，任何人唯有服从。

封建王权思想下建立起来的封建制度主要建立在包括封建庄园制度、封建农奴制度、封建等级制度、封建骑士制度等制度基础上，宗教制度也是王权的重要组成部分（原因是政教合一），其中核心是层层分封的封建等级制度。

三、欧洲政教合一主流价值观对经济和社会发展的影响

西欧的中世纪政教合一，时而封建王权影响更大，宗教神权影响次之，时而宗教神权影响更大，封建王权影响次之。人民沉浸在这种浓厚的对宗教的信仰中，沉浸在追求人生目的就在于进入天堂、追求来世永福的气氛中。一方面，受着相对落后封建王权制度的束缚，奴隶基本没有土地，处于领主残酷的剥削之中；另一方面，佃农虽然有地可种，但领主的地租盘剥严重，层层的分封制度使整个西欧处于碎片化的众多独立小王国体制中，封建王权极度分散、各自为政现象普遍。这种政教合一的体制对中世纪的经济发展产生巨大阻碍，其制约主要体现在以下几方面。

一是中世纪的欧洲奴隶社会的残余思想仍然在相当大的程度上制约着欧洲经济发展。中世纪的欧洲，封建农奴制仍然比较普遍，受益者封建领主始终不愿放弃自己的既得利益，生产关系落后。封建农奴没有独立人格，不是独立的经济主体。落后的生产关系制约了生产力的发展。

二是基督教宗教思想严重制约了欧洲民众发展经济和谋求过更好生活的愿望。基督教重要伦理禁欲主义思想作为一种伦理道德行为准则对限制人们的欲望，从而限制人们对经济的热情提出了明确反对。人生目的"不是人一生在世的未来，而是人们死后在天堂的未来""财主很难进入天国，我再次告诉你们骆驼穿过针眼，比财主进天国还容易呢""在天国一切都会颠倒过来"等暗示虽然不是重要教义，但胜似重要教义，使大量贫苦民众安于贫穷，转而通过宗教信仰追求来世进入天堂，享受永福。这些提法与中国"清心寡欲""安贫乐道"思想及产生的影响类似，且因为其作为宗教思想在欧洲具有主导作用，影响要远胜出中国上述两种思想的影响。

三是层层的分封制度使整个西欧处于碎片化的众多独立小王国体制中，封建王权极度分散、各自为政现象普遍，遍地都是小王国，谁也不服谁管理，这种体制下到处设置的都是关卡，重重征税，极不利于市场的发育和形成，极不利于商品的交流，使欧洲经济完全陷于封闭的小农经济。落后的封建分封体制制约了经济和社会的发展。

四、中国封建社会主流价值观及其对经济和社会发展的影响

中国封建社会历经 2 000 多年，远比欧洲封建社会经历时间要长，早期的封建社会作为一种新的社会制度，对促进经济和社会发展有积极的意义，但随着时间的延长，这种社

会制度的核心思想便逐渐产生了阻碍经济和社会发展的因素。我们来分析中国封建社会完全成型的中后期的主流价值观是如何阻碍经济和社会发展的。中国封建社会的核心思想主要有三种，即维护统治阶级利益的正统思想儒家思想，是主导的思想，还有两种作为补充的佛教和道教思想。

（一）儒家思想的影响

儒家思想发展过程漫长，著述众多，本书以代表儒家思想的鼻祖孔子、汉代董仲舒和宋代朱熹的主要思想作为代表，一方面概述基本思想，另一方面揭示其发展进程[①]。

1. 孔子主要儒学思想。孔子的主要儒学思想一是"敬鬼神而远之的"天命观，听天命、尽人事的人生哲学；二是"仁者爱人"的早期人道主义伦理学；三是"为政以德"的政治思想与"克己复礼"的历史观；四是"有教无类"与"学而优则仕"的教育主张；五是重视"学而知之"与学思并举的学习方法——认识论思想是孔子思想中的精华内容；六是独立人格的觉醒与"中庸之道"。孔子思想构成了儒学思想的重要理论来源。

2. 董仲舒的儒学思想。董仲舒创立了比较完整的儒学思想体系，对儒学思想贡献较大，他的建议"罢黜百家，独尊儒术"被汉武帝采纳，对形成强大统一的汉帝国发挥了重要作用。

董仲舒的儒学思想一是大一统和君权神授，从此中国封建帝王找到了自己成为皇帝的理论依据；二是"天不变道亦不变"的天人宇宙论图式；三是"三纲五常"论——董仲舒根据儒家的伦理思想提出"三纲""五常"的学说[②]，并极力提高这一理论的神圣地位。四是历史循环论。他还根据"天之道终而复始"的循环论提出"三统""三正"的历史观。董仲舒建立的儒学思想基本框架统治中国封建社会2 000多年，影响极为深远。

3. 朱熹的儒学思想。宋代朱熹是儒学集大成者，他的主要成就不在于对前世儒学理论有什么新的贡献，而是从哲学认识论、方法论上，通过设计的一系列新概念对原有儒学理论进行了包装。

他的理论体系主要包括：一是理本气末的宇宙本体论。二是"理一分殊"的方法化。三是"性即理"和"心统性情"。四是"三纲五常"与"仁包五常"。对于"三纲五常"，朱熹从内容上没有扩充，只是对其进行了理论、哲学思辨。他特别强调"三纲五常"中的"仁"的地位和作用，提出了"仁包五常"的命题，指出"仁"是五常之首。五是"居敬穷理"的修养功夫。朱熹理论对思想和行动的束缚更加严格，对经济和社会发展少有贡献，宋明理学之后，中国跟欧洲比不是进步而是落后了。

（二）佛教思想、道教思想的影响

在中国漫长的封建社会，佛教和道教绝大多数时候在思想上都处于次要地位，占统治

[①] 本部分内容主要参阅文献：赵吉惠、郭厚安、赵馥洁、潘安主编：《中国儒学史》中州古籍出版社1991年版。

[②] "三纲"即"君为臣纲""父为子纲""夫为妻纲"。"五常"即仁、义、礼、智、信。

地位的是儒家思想。但是，这两种宗教思想（本书不作详述）由于长期存在，而且有时信众颇多，无疑对经济发展都会产生一定影响。

（三）儒家思想、佛教思想、道教思想对 2 000 多年中国经济和社会发展的影响

上述三种思想体系大体都是中国封建社会早期建立，还得到中国封建统治阶级的利用。儒家思想多数时候都是核心思想，由于其本身还包含相当一部分合理内容（如仁义礼智信、五戒、为政以德等），对维护统治阶级利益、维护社会稳定、缓解社会矛盾、调节百姓心理起了一定作用。但是，这些思想（尤其是儒家思想）长期占据中国社会思想领域的统治地位，本身的局限性使其成为阻碍经济和社会发展思想障碍。

1. 儒家思想中阻碍经济和社会发展的因素

首先，君权神授的封建帝制是阻碍经济社会发展的首要因素，其不合之处理有：第一，帝制号称君权神授，实为欺骗百姓的愚民学说。第二，帝制多数实行皇帝家庭嫡长子继承制度，选拔范围小，加上帝王子弟大多家庭条件过于优越而未必那么积极上进，因此选拔出优秀皇帝的概率偏小。这也是中国封建社会漫长，却只出现汉代文景之治、唐代贞观之治、清代康乾盛世等极少数较好治理时代的原因。第三，封建帝王制度是建立在小农经济基础上的，因此封建帝王不允许出现小农经济之外影响其统治的经济形态，限制其他经济形态发展，维护小农经济基础地位便成了各个封建王朝的必然选择。第四，儒家思想在处理"义"和"利"的关系时，义和利以义为先的原则对于商品经济的发展也有一定制约。

其次，严格的封建等级制度极大束缚了封建社会人的思想，也束缚了经济和社会的发展。这集中体现在"三纲"上，即"君为臣纲""父为子纲""夫为妻纲"。直到中华人民共和国成立后一定时期，"三纲"流毒都没有肃清，相当长一段时间内女性仍不许"上桌吃饭"。"三纲"限制了人们的独立思想，是对中国封建社会最大的束缚。一个社会多数人没有独立思想，甚至基本没有独立人格，可以想象其对经济和社会发展的束缚有多大。

最后，儒家思想在其发展后期也有"灭人欲"的内容，与佛教、道教相似，但由于它不是宗教，基本没有文化的百姓接触少，并没有造成太多影响。

2. 佛教和道教思想对经济和社会发展的影响

佛教思想的影响：在佛教体系本身来看，也许其思想是完美无缺的，但以辩证唯物主义的观点从更宏观的思想体系看，佛教思想对经济发展影响而言也有所不足。第一，人生观有消极成分，苦谛是佛教四谛之首，因此以佛教的价值观对待人生、对待生活态度相对消极、悲观，认为人生就是苦海，易使人不思进取。第二，构建超越时空限制因果轮回体系的副作用。过去决定了现在，现在也将改变未来。因果轮回体系容易让受苦者和作恶者都心安理得、安于现状，因为一切目前的境况都是前世的重复、报应。第三，消灭或克制欲望对经济发展也有副作用。灭谛，是说如何消灭致苦的原因，要摆脱苦就要消灭欲望，按现代观点看，对经济发展影响还是较大的。整体看，佛教对经济发展的影响是偏负面的。

道教思想的影响：从道教思想的教义看，清心寡欲、安贫乐道既是对信众的要求，也是对传道道士的要求，这两句话的影响对于发展生产、改善生活和发展经济来说，无疑是偏负面的。但是，道教对于财富的态度也有积极的一面。道教主张"君子爱财，取之有道"。只要是以正当手段得来的财富，道教都是赞赏的。在财富问题上，道教还有一些告诫：一是对财富的追求要适可而止，不可贪得无厌；二是即使富裕了，也还要节俭；三是要扶危济困，不能为富不仁。道教在财富分配问题上特别注重社会公平。从以上两点看，道教对经济发展既有积极的一面，也有消极的一面，整体看，对经济发展的影响属于中性。

总的来讲，中国封建社会中后期的儒家思想、佛教思想、道教思想的集合对经济和社会发展的作用是负面的，而且影响较大（主要是占统治地位的儒家思想中的君权神授、封建等级制度等落后思想影响极大），使中国陷于封建王朝没有进步的简单循环了 2 000 多年，终致中华民族落后挨打、生灵涂炭。这期间有众多仁人志士抛头颅，洒热血，苦苦寻找正确发展道路，最后中国共产党找到了马克思主义思想作为核心思想，引领中国走上中国特色社会主义发展道路。

五、中国改革开放后的核心思想释放的经济发展动能足以彪炳史册

中华人民共和国自成立起始终坚持中国共产党的领导，中国共产党党章确立的指导思想是中国的核心思想。

（一）指导思想

中国共产党以马克思列宁主义、毛泽东思想、邓小平理论、"三个代表"重要思想和科学发展观作为自己的行动指南。其中，马克思主义是思想的源头，毛泽东思想、邓小平理论、"三个代表"重要思想和科学发展观是马克思主义在中国的重大发展。习近平新时代中国特色社会主义思想是马克思主义中国化的最新成果。

（二）初级阶段理论

中国正处于并将长期处于社会主义初级阶段，这是对中国国情的一个基本判断，是建设中国特色社会主义的总依据，是考虑一切政策措施的出发点。这是在经济文化落后的中国建设社会主义现代化不可逾越的历史阶段，需要上百年的时间。基于国情判断中国的社会主义建设，必须从中国的国情出发，走中国特色社会主义道路。

（三）基本路线

中国共产党在社会主义初级阶段的基本路线是：领导和团结全国各族人民，以经济建设为中心，坚持四项基本原则[①]，坚持改革开放，自力更生，艰苦创业，为把我国建设成

---

① 坚持四项基本原则：第一，必须坚持社会主义道路；第二，必须坚持人民民主专政；第三，必须坚持共产党的领导；第四，必须坚持马列主义、毛泽东思想。

为富强民主文明和谐的社会主义现代化国家而奋斗。

自 1978 年以来改革开放的 40 多年，在中国共产党领导下，中国正是始终坚持贯彻上述思想，取得经济和社会发展辉煌成就。

第三节 经济和社会发展的主体：人

人是经济和社会发展的基础，是经济活动主体，也是筹划经济和社会发展的主体，人还是产品需求主体。没有人，便没有经济，也没有社会。

一、人是经济活动的主体

人是经济活动的主体，离开了人，就没有人类经济活动。虽然机械化程度越来越高，机械代替人的情况越来越普遍，但终究离不开人，无论是农业活动、工业活动、交通运输活动、商业和服务业各项活动，均不能没有人，没有人就没有经济活动。对于中国经济奇迹的取得，一定程度上还要归功于在较长时间里具有源源不断的劳动力资源供应，即通常所讲的人口红利。现在，情况开始出现了变化，劳动力资源在很多领域开始相对不足。整体来看，一个国家人口及其结构对劳动力市场会有很大影响，改革开放初期中国源源不断的劳动力供给得益于 1960—1970 年高出生率情况下大量增加的人口，而从 1980 年开始的严格计划生育使出生人口大量减少，导致了现在的劳动力供给相对减少，使用工成本攀升，制造业因要素成本上升出现一定困难，因此中国经济需要转型升级。可见，人口及其结构从劳动力层面对经济发展有重大影响。

二、人是经济和社会发展活动的组织者

人是经济和社会发展活动的组织者，没有人也谈不上发展。主导家庭农业生产离不开人，创建企业，企业生产组织、再发展离不开人，政府管理运作也离不开人，是人通过企业、社会组织主导了整个经济和社会的发展。人是经济和社会发展的组织者、主导者，是主角。

三、需求是拉动经济发展的动力

有多少人就意味着有多少需求。人的需求可分为直接需求和间接需求。直接需求是一个人直接要消耗多少粮食、蔬菜、水果、衣服、汽车、汽油、电力，以及直接服务等。人的直接服务需求即对公共设施投资的需求，如对道路、机场、铁路、水利设施、邮电通信设施等公共设施的需求。人们对公共管理服务的需求则属于间接需求。消费需求和投资需求是推动经济增长的"两驾重要马车"，没有人，没有需求，也没有发展。2015 年起中国关于"二孩"相关政策出台，社会就在普遍议论即将到来的"婴儿潮"问题，而"婴儿

潮"的出现也就意味着需求的增加，家庭要为婴儿增加开支，社会要为婴儿准备幼儿园、学校、儿科医院等，将来还要增加住宅及更多公共设施。

四、人口的规模效应是经济发展的一个重要考量因素

中国作为一个大国，在发展上因为人口规模的效应，就占了一些优势，人口多意味着需求多，国际先进厂商便会蜂拥而至设立工厂，"世界500强"的工业企业在中国没有投资的可能微乎其微，而小国家就没有这一优势。他们为什么要来中国设厂呢？当然考虑的是中国庞大的人口产生的庞大需求，一个厂不够，还要开设更多的工厂。"德国大众"在中国各地开设工厂众多，日本汽车厂商也是同样。在一些小国，这些厂商可能从来没有考虑去开设一个小的工厂，顶多考虑去销售。美国之所以快速取代英国的"国际老大"地位，是因为美国经济赶上了英国，人口则比英国多出几倍，人口的规模效应使美国成为超级大国。中国按人均国内生产总值（GDP），在国际上的排名只能算中下游，但人口总量的优势使中国成为世界第二经济大国。

五、适时适当调控人口增长

人口是宏观调控的一个重要因素，必须对人口增长进行适时适当的宏观调控。中国汉武帝时期，为解决兵源问题，规定女子到了一定年龄没有结婚要缴纳常人几倍的税收。苏联曾经将生育多的母亲命名为英雄母亲。日本和俄罗斯则正为人口的净减少而深深忧虑。这些都是国家从经济层面、国家前途层面对人口的考量。有人推算到公元2500年，按现在人口生育发展趋势，日本将只剩下1 000人，到那时，真是灾难出现了。这样说来，苏联奖励英雄母亲就不足为怪了。

人口的过快增长可能使国家难以承受。20世纪70年代末期开始，中国进行了长达40多年的较严格的计划生育。该政策使中国少出生大约4亿人。这在当时大量城镇人口没有工作，大量城乡居民吃不饱饭的情况下是正确的选择。但是，人口的自然增长过低同样不可接受，甚至是灾难。当前中国也在为快速减少的劳动力资源而未雨绸缪，今后应该还有人口政策的调整，如逐步延长退休年龄，增加劳动力供给，缓解劳动力紧张局面。中国在这两个时间段对生育政策进行调整，正是马克思主义唯物辩证法的合理运用。变是绝对的，不变是相对的，到了一定阶段，人口政策必须做适当调整，而且调整必须及时。

第四节　发展需要创造适宜的环境

好的投资环境对促进经济发展极为有利，差的投资环境制约一个地方经济发展。投资环境分软环境和硬环境。

一、软环境

（一）社会稳定

稳定是发展和改革的前提。无论改革还是发展都需要有一个稳定的社会环境作保证。没有稳定的政治和社会环境这一前提，一切无从谈起。社会不稳定性，政治局势不稳定的国家和地区是不会有人投资的。

稳定还包括可预期的政策应具有连续性。有的国家政策不透明，随时都发生让外国投资者限期撤离的情况，或者组织本国工人全部撤离工厂，使生产陷于停顿，甚至把你投资的企业无原因地随时关闭收归国有，这样的政策环境无疑让投资者望而却步。

（二）政策、法律环境

政策法律是否健全，对投资者能否进行投资决策十分关键。

政策，主要是指投资或经营优惠政策，初期对投资者进行政策优惠，吸引力还是比较大的。优惠政策包括土地优惠、税收优惠、各类收费项目的优惠、对引进人才进行奖励、政策性贴息等。中国在30多年的发展中曾经从国家层面鼓励各级地方政府制定众多的优惠政策（如税收"三减二免"、先征后返、电力价格优惠等），吸引外国投资者，吸引外地投资者，取得较好效果。尽管近年中国对优惠政策在全国范围进行了部分规范，但仍然还有一些地方存在投资优惠政策。

法律制度必须健全，尤其是经济类法律，确保在发生纠纷时有相应法律作为依据。经济类法律主要包括公司法律制度，企业法律制度，外商投资企业法律制度，企业破产法律制度，合同法律制度，市场管理法律制度，知识产权法律制度，会计、审计法律制度，金融、票据法律制度，税收法律制度，土地法律制度，劳动法以及经济仲裁和经济诉讼法律制度，经济类法律为数众多。另外，还有其他相关法律制度与经济事务联系密切，同样需要健全。保持法律的稳定性、连续性也很重要。

（三）自然环境

自然环境包括地理位置、自然条件、气候条件、自然资源。其中，自然条件中的空气污染状况，水质都是投资者考虑的重要因素。

（四）金融环境

金融环境包括汇率稳定性、金融自由度、融资环境等。

（五）社会文化环境

社会文化环境主要是指公民的文化教育水平、宗教、风俗习惯等。

（六）经济环境

经济环境包括宏观经济发展状况、市场规模、投资壁垒、人口及劳动力状况等。

（七）服务环境

服务环境包括中介服务质量、政府机构办事效率等。相当多的投资者对于吃拿卡要、办事效率低是相当在意的，投资者一次对于地方不经意的考察，可能就决定了项目的前途。

二、硬环境

硬环境是吸引投资所必须具备的条件，哪怕缺少一件，投资都无法进入。硬环境主要包括以下因素：

（一）交通运输条件

一般应有便利的交通运输条件才能吸引投资者，如靠近沿海大型港口或靠近内河航运站点，靠近高速公路、靠近机场等。

（二）资源条件

1. 电力供应条件：必须有足够的、稳定的电力供应，确保生产正常进行，这是相当多的发展中国家需要高度关注的投资必备条件。中国各地为吸引投资者，一般都会将电力线路架设到投资者的厂区门口，投资者只管厂区内的电力设施建设。
2. 水是任何企业进行投资的必要条件，应该有稳定的自来水供应和相应的排水管网设施。
3. 天然气、热水供应对于有的企业来说也是必不可少的，尤其是天然气。
4. 邮电通信环境也是吸引投资的基本条件。
5. 居住生活条件，包括房价、房租水平等也是重要的硬件条件，还有生活的方便程度、物价等均对投资有影响。
6. 企业配套的条件，对于少数企业必须要有良好的配套条件，如生产汽车、鞋类、服装等。

第五节　发展空间决定发展水平

一、什么是发展空间

发展空间简单来讲就是一个国家与另一个更发达国家之间的经济和社会发展水平的差

距，可以表述为一个国家生产力发展水平、人均 GDP 水平与目前世界最主要发达国家生产力水平、人均 GDP 水平的差距。

因为生产力发展水平不容易找到相应指标进行比较，这里只用国际通用的人均 GDP 的差距进行比较。

因国家有大有小，如果单纯用总量比，有不可比之处，如中国和美国，从总量上看，中国人口 13 亿多，美国人口 3 亿多，中国 GDP 只有美国一半多一点，还存在不小差距。但从人均看，1980 年中国人均 GDP 463 元人民币（折合 311 美元），美国人均 11891 美元，中国只相当于美国的 2.61%。2014 年，中国人均 GDP7485 美元，而美国 2013 年人均 GDP 为 51248 美元，中国只有美国的 14.6%，与泰国、安哥拉水平相当，因此中国与美国相比，人均 GDP 的差距非常大。为相对准确，人均 GDP 是衡量一个国家与另一个国家差距的合适指标选择。

二、剩余发展空间

剩余发展空间也是发展空间，它只是一个相对的表述，是从历史角度看，在一定的历史时期，一个国家经过一段时间的发展，到某一时点已经有一部分发展空间被利用，但与发达国家比仍然有差距，人均 GDP 仍然相差很多，因此留下较大发展空间，即剩余发展空间。如中国改革开放初期发展空间巨大，到现阶段，初期发展空间已经利用了不少。如上文的计算，1980 年中国与美国比发展空间为 97.39%，2014 年中国与美国比发展空间为 85.4%。中国 2014 年相对 1980 年与美国的比较，已经利用发展空间 11.99%，剩余发展空间为 85.4%。

三、新增发展空间

新增发展空间是考虑一个国家动态发展的空间，决定因素主要有两个方面：一是人口、二是科技。

从人口看，中国 2016 年相对 2015 年，人口大约净增加 600 万左右，这 600 万人口的需求，对于国家来说即新增的发展空间（日本、俄罗斯则因为人口负增长而表现为负增长空间）。

从科技看，中国近年从国家到企业都在大力推动产业的转型升级，科技进步日新月异，科技的贡献将会越来越大，科技创造新的产品、新的需求，也扩大了国家的发展空间。因此，人口增加、科技进步二者创造的新的需求，从发展角度讲就是新的发展空间。

发展中国家平均经济增长速度长期比发达国家高，原因在于比发达国家多一个剩余发展空间可利用。对于发展中国家，一个新的年份的发展，发展空间是剩余发展空间和新增发展空间的和，因此发展中国家相对来说增长速度平均比发达国家要高出不少，特别是对于那些剩余发展空间比较大的国家来说更是如此。

最发达国家平均增长速度总是低于发展中国家，因为它们的剩余发展空间大体等于零。只有新增的发展空间可以利用。那么什么叫剩余发展空间等于零？从科学技术看，美国、日本、德国等最发达国家，它们的科学技术水平已经是世界一流了，相比较其他国家不存在追赶的问题，它们只是对自己讲还有继续发展的必要。从消费讲，发达国家已经是世界最高生活水平了，他们拥有世界最高档的消费品。再看投资，基础设施已经很完善了，不再需要太多投资。为什么美国不搞高铁？因为飞机更快，而且美国航空业完全可以替代高铁。住房也是同样，美国人均住房面积世界领先，人均超过60平方米，除新增人口，其他则不需要住房。美国的工业设施也很齐全，不需要新的钢铁厂、水泥厂、汽车厂、电器生产厂，他们可能会进行一些技术改造，提高技术水平，以增强竞争力，这样看来投资需求也很少。

发达国家可利用的发展空间只有新增发展空间，其中技术发展是其主要的发展潜力，因为发达国家普遍人口增长都很慢。

四、发展空间的度量

前面已经讲到，一国的发展的空间可用与另一发达国家人均 GDP 的差距表现，为表述更加准确，我们用两种方法进行度量：粗略方法和精确方法。

（一）粗略方法

假设 A 代表甲国（发展中国家）人均 GDP，B 代表乙国（世界最主要发达国家）人均 GDP。

粗略方法 1：$B-A$，表达为两国人均 GDP 的差距。

粗略方法 2：B/A，表达为乙国 GDP 为甲国人均 GDP 的若干倍。

粗略方法 3：$A/B \cdot 100\%$，表达为甲国 GDP 为乙国人均 GDP 的百分数。

（二）精确方法

精确计算方法是，甲国与乙国人均 GDP 的差距用甲国按照近期经济平均增长速度赶上乙国人均 GDP 的水平需要的时间（年）来衡量，即将差距用甲国追上乙国需要的时间（年）来表述（或者说甲国相对乙国存在多少年的发展空间，或称发展差距）。

假设 A、B 代表国家含义与上文相同，N 代表甲国人均 GDP 按照近期经济平均增长速度赶上乙国人均 GDP 的水平需要的时间（以年为单位），精确计算也有两种方法，即静态精确计算方法和动态精确计算方法。

1. 静态精确计算方法。静态精确计算方法只考虑甲国的增长，不考虑乙国的增长。假设甲国近期平均增长速度为 I，则有：

$N = \ln(B/A)/\ln(1+I)$（ln 为自然对数，下一公式同）

按照静态法计算，中国近期平均约 6.5% 的增速，2016 年中国人均 GDP 8 126 美元，美国 2016 年美国人均 GDP 57 466 美元，代入公式计算，中国人均 GDP 大约需要 32 年才能赶上美国人均 GDP，或者说静态讲中国人均 GDP 与美国人均 GDP 比还有 32 年发展空间（发展差距）。

2. 动态精确计算方法。动态精确计算方法既考虑甲国的增长，也考虑乙国的增长。假设甲国近期平均增长速度为 I，乙国近期平均增长速度为 G，则有：

$N = \ln(B/A)/\ln((1+I)/(1+G))$

按照动态法计算，中国近期 GDP 平均约 6.5% 的增速，2016 年中国人均 GDP 8 126 美元，美国近期 GDP 平均增速约 2%，2016 年美国人均 GDP 57 466 美元，代入公式计算，中国人均 GDP 需要大约 46 年才能赶上美国人均 GDP，或者说动态讲中国人均 GDP 与美国人均 GDP 比还有 46 年发展空间（发展差距），考虑中国今后 GDP 增速可能会还有所下降，实际赶上美国的时间可能会更长。

五、发展空间与增长速度的关系

一个国家与最发达国家相比的发展空间的大小决定一个国家能以什么样的增长速度发展。一般来说发展空间大小决定发展潜力大小，发展潜力大小决定发展速度快慢。

一般来说，发展空间大，增长速度可能会快一些。如发展中国家因为与发达国家比存在巨大发展空间，发展潜力大，所以其 GDP 平均增长速度高于发达国家 GDP 增长速度，这是近几十年世界经济增长的常态，这可以算是一般规律（早期由于发展中国家绝大多数都没有觉醒，发达国家增长更快）。

世界各国经济增长速度表现出巨大差异性。不同国家发展空间不同，发展阶段不同，增长速度有很大差异。同样的发展空间，因每个国家人文、政治、经济、政策、环境、稳定等国情方面有所差异，增长速度也会不同（如"金砖五国"经济增长速度差异就很大）。有的发展中国家发展空间巨大，应该增长速度高，但限于国内政治、经济等方面的影响，经济增长长期低迷，甚至比发达国家还低（如索马里、阿富汗等国）。有的发展空间小的国家可能比发展空间大的国家经济增长速度还高。这些都是由各个国家不同发展环境决定的。

第六节　社会稳定是发展的前提条件

稳定对于发展的重要作用怎么强调都不为过。对于为数众多的不稳定发展中国家，为了国家的前途和命运，为了人民的幸福，为了经济增长，解决好国家稳定问题是当务之急。

前面将稳定放在发展的软环境之首，就是考虑到稳定对于发展的重要意义。某些国家和地区战争或政局不稳导致的混乱使这些国家的发展严重倒退，恢复原状可能要数十年。

创造稳定的发展环境是中国 30 多年发展取得成功的重要经验（期间也曾经面临西方国家煽动的颜色革命威胁而出现不稳定的苗头，为此中国政府提出"稳定压倒一切"，并取得良好效果，确保没有出现严重混乱），强调稳定的重要性也是中国从长期的历史实践中吸取的深刻教训。

中国政府对于稳定在经济发展中的作用高度重视，并在处理改革、发展和稳定三者的关系时做了界定：改革、发展和稳定三者之间相互依存，互为条件。

首先，发展是目的，是硬道理，是第一要务。中国解决所有问题的关键是靠自己的发展。发展中存在的问题最终要在发展过程中解决。

其次，改革是动力。改革是经济和社会发展的强大动力，是社会主义制度的自我完善和发展，它的决定性作用不仅在于解决当前经济和社会发展中的一些重大问题，推进社会生产力的解放和发展，还要为我国经济的持续发展和国家的长治久安打下坚实的基础。

最后，稳定是前提。无论改革还是发展都需要有一个稳定的社会环境作为保证。稳定是发展和改革的前提，发展和改革必须有稳定的政治和社会环境。没有稳定的政治和社会环境，一切无从谈起。

实践表明，改革、发展、稳定三者关系处理得当，就能总揽全局，保证经济社会的顺利发展；处理不当，就会吃苦头，付出代价。

第七节　发展需要提高人的受教育水平

一、人类社会早期是经验推动经济社会发展时代

从人类经济和社会发展历史看，早期的发展靠经验，从原始社会看，是需要用工具的人发明了工具，并非他们有什么文化、受过什么教育。他们从省力、方便的角度，通过长期观察和实践，发明了工具。这些工具促进了生产力的提高，促进了经济和社会发展。奴隶社会已经有一些文化，但仅限于统治阶级，发明工具的仍然以劳动者、工匠为主。他们仍然没有或少有文化，即使到了封建社会，这一局面也没有根本改变。如指南针的制造，北宋的沈括在《梦溪笔谈》中提到另一种人工磁化的方法：方家以磁石磨针锋，则能指南。按沈括的说法，当时的技术人员（或匠人）用磁石去摩擦缝衣针，就能使针带上磁性。又如蔡伦发明造纸术，他是宦官，当然他有一定文化，目的性也比较明确，但发明造纸是凭观察得来的经验。传说蔡伦经常到河边观察妇女们洗蚕丝和抽蚕丝的"漂絮"过程。他发现，好的蚕丝拿走后所剩下的破乱蚕丝会在席上形成薄薄的一层东西。有人就把它晒干，用来糊窗户、包东西，或是用来写字，于是得到了启发，发明了用纤维造纸。可见，早期的发明更多来源于经验。

二、近现代是以教育为基础的科技推动经济社会发展时代

从资本主义时代开始，更多的科技发明创造都是来自受过良好教育的科技工作者（或从业者），他们的发明都怀有明确的目的。如蒸汽机的发明者瓦特受过良好教育，他的发

明成果影响巨大,是改变时代的重大发明。这一成果也是教育的成果,是受过良好教育的科技人员坚持不懈、执着追求科技创新的结果。

托马斯·阿尔瓦·爱迪生一生共有约2 000项创造发明,为人类的文明和进步做出了巨大贡献,他是自学成才的典范。

到了现代,科技的发明创造更是以受过良好专业教育的专家学者为主,大的企业集中的专家学者更是数以万计,他们专门从事研发工作,如现代信息技术研发领域的耐用电池研发、飞机和汽车研发等。

三、现代教育对经济和社会发展的贡献和作用

现代经济和社会发展中国与国之间竞争激烈,竞争主要是科技的比拼,而科技的比拼,除了经济实力的比拼外(如石油富国,经济实力很强,但在科技上受教育制约,难有作为),更重要的是教育的比拼。因此,教育对现代经济社会发展的作用举足轻重。教育领先的国家一般经济发展程度都较高。最早的资本主义国家英国是以牛津大学、剑桥大学为代表的高等教育闻名于世,正是有了这些大学,有了英国的重视教育,才引领了后来的英国工业革命。如今,世界排名靠前的主要高等学府多数集中在美国,吸引了世界各地的优秀人才。美国的科技实力也当仁不让地排名世界第一,并长期占据世界经济的头把交椅。教育通过以下几方面对经济和社会发展产生推动作用。

(一)教育通过科技对经济和社会发展发挥直接推动作用

资本主义发展以来的近现代时期是一段主要靠科技推动发展的历史时期,这一时期在人类历史上时间虽然不长,只有几百年,但人类发展在经济领域所取得的成就比人类在此之前近200万年成就都要大得多。从瓦特发明蒸汽机到爱迪生的大量发明,从汽车、飞机的发明,到现代计算机、手机的发明,无一不是科学技术的贡献,科学技术是第一生产力。正是不断提高的教育水平促进了科技水平的提高,科技水平的提高促进了产业水平的提高,不断推动经济朝前快速发展。

(二)受过教育的劳动者发挥对经济的推动作用

劳动创造财富,没有人的劳动,就没有经济的发展。现代经济的劳动者,大多是需要有一定文化的——当然,在欠发达国家农业从业人员,小手工业者可能受教育较少或没有受过教育——现代商业与信息技术高度融合,没有文化既"看不懂",也"玩不转"。

1. 基础教育培养大量的普通劳动者。目前世界主要国家基本实行义务教育,有的义务教育是9年时间,有的国家或地区义务教育时间为12年(中国为9年制义务教育,美国为12年)。接受过义务教育的学生完全可以承担对技术要求不高的一般工作。普通的劳动者成为经济的基础支撑力量。

2. 专业技术学校教育培养各行业熟练技工。现代经济分工越来越细,各行业需要数量众多的技术工人。各国教育体系都设立了众多的技工学校或学院,培养专门人才,以快

速适应行业发展需要。有的国家这类学校的体系十分健全，如德国，是世界公认的技术教育先进的国家，他们因此也成为世界制造业强国。中国近年也高度重视技术教育，国家对技术学校学生给予优惠，提供资金支持。

3. 高等教育培养科研人员和高级管理人员。世界知名企业的研发人员、高级管理人员，大多是出于世界知名高等学府的精英，他们的研究成果决定着企业发展的未来，他们的管理掌握着企业前进的方向，对实体经济发挥着重要作用。

根据专门统计，平均来看，受教育程度越高，收入也越高，教育质量的高低与收入的高低也是成正比的。

当然，高等教育与技术教育界限也不一定那么分明，培养的人才在层次上也并不见得都是"高级"，是否成为高级人才有时还取决于个人的努力因素，专业技术人才经过努力成为顶级人才时有出现。

（三）教育

通过创建和经营经济与社会事业企业实体推动经济发展：企业（公司）实体是国家赖以存在的基础，没有企业实体，国家就没有税收来源。企业家们创建和经营的企业构成了国家经济的基础。企业家一方面通过合法经营赚取财富，另一方面通过经营支撑国家经济，没有这一群体，一方面百姓没有就业，另一方面国家没有税收，因此企业家是国家经济中很重要的一个群体，是不可或缺的。这个群体中发挥最重要影响的企业家，绝大多数都应该是受过良好教育的人员，只有这些有文化、有专长的人才能保持企业长期平稳健康发展。中国改革开放的早期也曾经出现过一些基本没有什么文化的企业家，但不少人的出现都是昙花一现。在全世界或主要国家发挥重要影响的企业家中，没有受过良好教育的人屈指可数，这充分体现了教育的巨大作用。企业家是国民经济的基础、栋梁，对发展国家经济起着举足轻重的作用。要保持国家经济良好发展势头，必须不断涌现一批又一批的企业家，由他们推动经济不断发展。

教育对于当今世界各国经济和社会发展的重要性不言而喻，不重视教育的国家，是不会有前途的。

第八节　利用、创造、持续保持发展优势

经济发展的优势主要体现在国与国之间、地区与地区之间的竞争中，是国与国、地区与地区之间竞争的利器，有发展优势意味着在市场竞争中处于有利地位，获得更好的发展机会。优势有多种多样，一个国家或地区认清自身优势、创造和保持发展的优势，对于可持续发展意义重大。

一、发展优势

发展的优势有多种,主要对以下几种优势进行说明:

(一)成本优势

成本优势表现为构成企业成本的各个要素,即劳动力成本、土地(房租)成本、其他要素成本(包括原材料成本、电力、水、气、蒸汽等)、融资成本等。成本的变化是受市场供求关系调节的。一般发展中国家主要要素成本都相对较低,如劳动力价格、土地价格、原材料(主要指原材料,石油价格则国际市场基本相同)价格都比国际市场要低,因此具有明显成本优势。这是低端产业、劳动密集型产业涌入发展中国家的重要原因。企业都通过追求成本的优势来创造市场竞争的优势。发展中国家的优势往往表现为成本的优势。

(二)地域(环境)优势

发展要有优越的地域(环境)优势,投资者才乐于投资。这些在本章关于投资环境的叙述中已经论述,此处只做简单说明。

国际政治环境优势是投资者必须考虑的,联合国或西方制裁国家、不稳定国家便没有好的国际政治环境,不利于吸引投资。一国内部良好政策环境也是环境优势的一部分。

交通区位(含其他基础设施)优势是投资者必须考虑的因素,原材料、产品必须进出方便、快捷。靠近海港、空港即区位优势,靠近高速公路、铁路也有一定优势。需要指出的是,这一优势是国家重视基础设施建设的结果,中国政府为大半个中国的区域都创造了这种交通区位优势。

此外,自然环境优美也可能有利于投资。

(三)资源优势

资源优势是指一国或地区拥有大量某种资源,易于开采(利用)、质量好(品位高),这对建立优势资源产业十分有利。

澳大利亚、巴西的铁矿资源、石油输出国组织(OPEC)国家石油资源、俄罗斯石油资源、智利铜矿是世界经济中最知名的资源优势产业。还有澳大利亚、新西兰优质草原优势,马尔代夫海洋旅游业天然优势也同样知名。

劳动力资源充足,且能满足各种类型工作的技术要求也可以构成一种劳动力资源的优势。

资源优势可吸引众多投资,但也要解决经济过于依赖这一优势导致经济发展产业过于单一的问题。上述国家多多少少都存在产业单一的问题。

(四)市场优势

生产都离不开产品销售,要销售就要有市场。市场优势体现在3个方面:一是规模要比较大，值得厂商生产或推销；二是较集中；三是市场潜力大。中国人口众多，是一个具有典型市场优势的国家；中国还有众多的超大城市群，人口上百万的城市超过 100 个，过千万的也有北京、上海等；中国还是发展中国家，市场潜力巨大，这就是世界各大厂商都会极力争夺中国市场的原因。蒙古国是一个相反的例子，人口少面积大，居住分散，这里虽然也有市场，但市场的利用成本相对偏高。

（五）技术优势

技术的优势（包括教育、人才的优势）是一种高端优势，它是只有少数发达国家才有的优势，以美国为首，还有日本、德国、法国等，他们或具有全面技术优势、或具有部分领域技术优势。技术优势国家的生产一般都集中在高附加值产品，产品的价格往往是其成本的一倍以上或几倍，甚至更高。美国是一个具有全面技术优势的国家，几乎在所有领域都处于技术领先地位，因此美国的技术优势获取的利益最多，如互联网产业，计算机产业，飞机、汽车制造业，金融业等众多产业都获取了超额利润。美国是技术优势最大的受益者。中国也生产众多的高科技产品，但中国仅获得微薄的加工费，利润的绝大部分都被技术优势企业通过多种形式获取。

一个国家要获得技术优势不是一朝一夕的事情，要通过教育水平的提高、经济实力的提升、研发投入的不断增加，经过长期的努力才能获得，是一个循序渐进的过程。因此，发展中国家也要理智看待发达国家技术优势问题，先从低端做起，逐步实现产业升级，积累实力，最终实现超越，不可急于求成，没有一步实现超越的捷径。

二、发展优势的特点

（一）发展优势具有可变性

发展优势不是一成不变的，它会随着经济和社会发展发生变化，过去的优势随着时间的推移将可能不再是优势，如劳动力成本的优势随着工资水平的不断提高，到一定程度将不复存在，土地成本也会上升。过去的优势可能不再是优势，如马尔代夫，过去渔业是其优势产业，而现在渔业的地位下降了，旅游已经成为其最大优势产业。资源的优势也不可能永久，资源国家必须未雨绸缪。

（二）发展优势具有可创造性

有些发展优势是可以创造的，如地域（环境）优势、技术优势等。当然，这些优势的创造也不是一日之功，需要长时间努力。

创造发展优势的典范在大国中当属日本。日本是一个资源极为贫乏的国家，几乎所有的资源都需要进口，但日本善于创造发展优势，其创造的技术优势仍然是参与国际竞争的利器。如一个小小的圆珠笔芯就让日本企业赚足了利润，世界上好的圆珠笔都得使用日本笔芯。照相机也是如此。日本的许多产业都处于世界领先地位，高度重视产品质量是日本产品的重要特点。日本创造的技术优势仍然是世界各发展中国家长期追赶的目标。

瑞士也是创造发展优势的典范国家。瑞士是一个内陆国家，资源也匮乏，但瑞士长期在机械、钟表、医药、银行、食品等领域保持发展优势也十分令人敬佩。

有些没有资源优势，也没有地域（环境）优势，更没有技术优势的发展中国家则需要创造发展优势才能加快发展。借用中国大庆油田劳模王进喜说过的一句名言，"有条件要上，没有条件创造条件也要上"，才能探索出一条适合自己国家的发展道路。新加坡是一个小国，也是创造发展优势的典范，创造了经济奇迹，跻身世界经济发达国家。除了交通便利，想想新加坡建国初期它有什么好的发展优势呢？新加坡是"没有条件创造条件也要上"的榜样，其成功经验值得众多国家学习。

（三）可创造的发展优势还可保持

有的发展优势，既可以创造，也可以保持，同时须保持。如地域（环境）优势、技术优势均可通过努力长时间地保持，成本优势也可以通过适当控制相对长时间地保持。

德国是保持发展优势的典范。德国不仅在技术上较长时间保持优势，在成本上也通过适当措施加以相对控制，因此在与发达国家相比时，还具有较好的成本优势。如德国的薪酬水平在发达国家有优势，德国的房价（房租）维持相对较低水平，除质量外，德国产品还因成本控制得当而在国际市场具有较大竞争优势。这与德国政府的精明巧妙控制是分不开的。

日本在 20 世纪 80 年代以前参与的国际竞争主要就是靠成本优势，由于日本政府没有办法应付美国的"软硬兼施"，在与美国签订"广场协议"后，日本的成本优势丧失殆尽，相当长一段时间无法翻身。

美国的技术优势保持了上百年，确保了其超级大国地位。成功的秘诀当然首推教育，高质量的高等教育，吸引全球顶级人才的措施；其次产权保护对维持美国的技术优势也作用明显。最后是研发的投入，美国研发投入长期高居世界榜首，研发投入占 GDP 比重也居世界前列。世界任何国家要取代美国的技术优势恐怕还颇费时日，因为美国维持这一技术优势的意愿是坚定的，任何国家都不能低估。

当前的中国正处于发展优势的转换阶段，也处于高速增长向高质量发展的转换阶段，经济出现一定的困难，但仍然维持近 7% 的增长，与其他国家相比算是很好的成绩单。之所以这么好的成绩却有那么多的企业困难，原因就在于中国处于发展优势的快速转换阶段，旧的利用成本低廉发展的优势正在快速失去，而新的利用技术优势发展的模式还没有快速形成，二者之间出现了一定程度的脱节，因此更好地把这一过程衔接好非常必要，转变发展方式、转型升级是正确的选择，要以新的发展优势取代老的发展优势。

第九节　发展需要不断改革

一、改革是启动或者诱发发展的开关

一个国家经济和社会发展有时长期处于停滞状态，这在包括中国在内的世界历史上很普遍，一系列体制、机制的阻碍是经济和社会发展遭遇停滞的原因之一。如何取得突破？需要改革，通过改革，突破原有制度和体制机制对经济和社会发展的阻碍。改革也不可能是一劳永逸的，当一次改革取得经济和社会发展进步后，经济和社会发展又可能会被新的体制和机制所阻碍，此时又需要进一步的改革。经济和社会发展就是在这种改革—发展—改革的循环往复中实现的。发展没有止境，改革也没有止境。

改革是诱发经济和社会发展的开关，这一步非常重要，不迈出这一步，经济和社会发展可能就处于停滞状态。各发展阶段国家都需要不断克服阻碍经济和社会发展的障碍，不断迈出改革的新步伐，不断取得发展进步。

二、改革是发展的动力

改革的作用在于释放被压抑、阻碍的生产力活力。中国一系列改革措施的实施足以充分证明改革的动力性能。

20 世纪 80 年代初期，中国全国范围推广"农村联产承包责任制"改革，这是对原有的队（生产队）为基础，三级（生产队、大队和人民公社三级）所有的农村集体所有制形式的一次根本性改革，经过改革，广大农民的生产积极性得到充分调动，短短几年就解决了全国粮食严重短缺问题，基本解决全国人民吃不饱饭的问题，中华人民共和国成立以来一直凭票供应粮食、猪肉、布料、糖、油、花生、瓜子等的历史经过十多年的农村改革，在 20 世纪 90 年代初期正式宣告结束。这是一个重大进步。

20 世纪 80 年代中期之前，在中国的任何媒体上都看不到"房地产"这个词，因为"房地产"是资本主义的代名词，而中国是社会主义国家。过去，中国城市的任何房屋建筑，都是按照计划经济的要求，由国家计划严格控制的，国家按计划进行建设。1984 年，中国提出要发展房地产业。从 1986 年开始，房地产公司便如雨后春笋一样，首先在沿海，接着在全国范围建立起来，房地产可以作为商品进行销售，中国向市场经济迈出了重要的一步。这一步是了不起的一步。改革前，中国城镇居民人均居住面积不足 8 平方米，是真正的"蜗居"，一部分人"四代同堂"（指四代人共居一室）是中国当时居住状况的真实写照。到 2015 年，中国城镇人均居住建筑面积超过 35 平方米。房地产业的市场化改革释放了巨大的发展空间，为中国发展提供了强大的发展动力。

在中国，改革为发展提供强大动力的例子还不少，此处仅举两例，足以说明改革为什

么是发展动力。

三、改革应坚持的原则

任何国家的改革都要遵循一定的原则，各国的改革都有其特殊性，因此遵循的原则也会有所不同，当然，改革也应该有一些通行的一般原则。

（一）改革的一般通行原则

1. 改革要实事求是，符合一个国家或地区的实际情况，要接地气。也就是说，改革不应该照抄照搬，因为每一个国家情况都不相同，不结合本国特点的改革很难成功，有不少国家照搬西方国家经验，教训深刻。经验是可以借鉴的，就是不能简单照抄照搬。

2. 改革要代表绝大多数人的利益，而不是代表少数人的利益，改革要符合国家的根本利益。

（二）改革各国应坚持自己的原则，不同于别国的原则

不同国家国情不同，面临问题不同，改革坚持的原则也不同。每个国家的改革都应按照自己的原则进行，不必太理会其他国家的"指手画脚"。

中国的改革就是根据自己国情特点、坚持自己的原则进行的。以下是中国坚持的改革主要原则：一是始终坚持以经济建设为中心（中国取得成功的经验就是在确立这一中心后，40 多年始终紧紧扭住这一中心从没有放松），其他各项工作都服从和服务于这个中心。二是坚持社会主义道路、坚持人民民主专政、坚持中国共产党的领导、坚持马克思列宁主义毛泽东思想这四项基本原则，四项原则都得到坚决贯彻，其中坚持社会主义道路是强调必须坚持走中国特色社会主义道路，中国特色这一原则得到很好贯彻并行之有效。三是坚持不断进行改革开放，这一立场从未改变。40 年来，改革步伐从来没有停止，新的改革举措不断推出，对外开放的领域也越来越广阔。

四、改革要明确方向，把准重点

国家不同，国情不同，面临的问题也不同，要根据国家当前面临的突出矛盾，决定改革的方向和重点。国家发展的不同阶段，面临不同的矛盾，改革的重点也不同。对于迫切需要推进经济和社会发展的国家来说，改革无疑须以经济体制的改革作为重点，具体的内容则可以有所不同。对于可能与经济体制改革存在矛盾或冲突的其他体制，如果能改，则更好，一时改不了，也不能影响经济体制的改革。中国的改革开放前期是以经济体制改革为主、为重点，适度进行其他改革，包括推进政治体制改革，如大胆废除领导干部终身制，实行党政分开、政企分开等。

中国的改革开放的第一步是将国家的工作重心转移到经济建设上来。1978 年，中国共产党十一届三中全会决定将全党工作重心由"以阶级斗争为纲"转移到"以经济建设为中心"上来，实现了一次伟大的战略转变，抓住了主要矛盾，在中国，这是一次具有划时

代意义的重点改革。

40年以前，中国农村改革是"联产承包责任制"，这一改革是适合当时农村生产力水平的改革，是正确的。今天，生产力水平提高，农业机械化程度大幅提高，农村一家一户为单位的小面积的小农经济生产模式已经完全不适应机械化的大生产，农村经济发展方向、农村的改革方向则是提高农业生产规模化、集约化的水平，大力发展家庭农场。

中国共产党第十八届三中全会做出全面深化改革的决定，这是中国提出的最全面的改革方案，涉及的改革内容众多，包括大量政治体制改革内容，但重点还是深化经济体制改革，包括坚持和完善基本经济制度、加快完善现代市场体系、深化财税体制改革、健全城乡发展一体化体制机制、构建开放型经济新体制等几大部分数十项具体的改革内容，明确提出"经济体制改革是全面深化改革的重点，核心问题是处理好政府和市场的关系，使市场在资源配置中起决定性作用和更好发挥政府作用"。

改革需要有国家层面的高度重视和深入研究。中国政府为加强改革，曾经建立专门的机构（国家体制改革委员会，以下简称体改委）专门统领国家改革，后来机构改革时体改委撤销，但职能仍然保留，部分人员随职能并入国家发展改革委员会，设立"体改司"。2013年中国共产党第十八届三中全会提出全面深化改革后，国家为推进改革，还成立了中央全面深化改革领导小组，习近平总书记亲自任组长，李克强总理亲自任副组长，领导亲自挂帅推进改革，各级地方也成立了同样的小组，均是主要领导挂帅，可见中国对改革的高度重视。中国正是通过国家层面的重视，研究确定改革方向、改革重点，并有序推进各项改革。

五、改革的方式

改革的方式多种多样，归纳有以下几种：

（一）自上而下型改革

自上而下的改革是从政府的最顶层开始发动，由最上层逐步向下层各级推进的改革，是改革的主要形式。从改革实践看，这种形式的改革采用比较多，改革开放以来的中国改革大多以这种形式推行。这种改革的特点是有政府的支持推动，易于实施，如1978年的中国共产党十一届三中全会决定将全党工作重心由"以阶级斗争为纲"转移到"以经济建设为中心"上来，这样的改革不是从顶层中央政府开始，下层是无法进行的。2013年，中国共产党第十八届三中全会做出全面深化改革的决定，也是典型的自上而下的改革。

（二）自下而上型改革

自下而上的改革是从最底层、从末端开始发起的改革，并由低层逐渐向上被高层发现采纳和推广。这种改革一般不涉及政治和经济的根本制度，是相对次级的领域。20世纪80年代初期中国农村的"联产承包责任制"改革便是典型的自下而上的改革，最初由安徽省凤阳县小溪河镇小岗村的18位农民自发发起。小岗村原本是典型农村集体经济（以生产队为基本核算单位），由于效率低下，农民温饱问题难以解决，于是18位农民经过商量，申请进行土地家庭承包，并签名按下手印向村集体签订责任状，承担相应的公粮上缴任务。这一改革被逐级发现并得到肯定和支持，直到中央发现肯定并在全国推广这一经验。这是一例最典型、最成功也是影响最大的自下而上的改革。还有如20世纪90年代进行的农村集体企业的改革，也是自下而上的改革。这种自下而上改革实例还有很多，因为中国政府鼓励进行改革探索。

（三）全面改革

全面改革是指涉及面特别广的改革。2013年，中国共产党第十八届三中全会提出全面深化改革的决定是中国自改革开放以来唯一称为"全面"的改革，内容丰富。主要内容有[①]：坚持和完善基本经济制度决定；加快完善现代市场体系；加快转变政府职能；深化财税体制改革；健全城乡发展一体化体制机制；构建开放型经济新体制；加强社会主义民主政治制度建设；推进法治中国建设；强化权力运行制约和监督体系；推进文化体制机制创新；推进社会事业改革创新；创新社会治理体制；加快生态文明制度建设；深化国防和军队改革；加强和改善党对全面深化改革的领导。

从以上内容可以看出，改革的内容纷繁复杂，需要进行什么改革，要结合一个国家的国情，更要结合当时存在的突出问题。在改革面前，各个国家要做出自己的选择，世界上对于改革没有现成的模板。

（四）局部改革

局部改革是指在一个领域或者少数的几个领域进行的改革。如中国在2014年前后一直在推进的医疗体制改革，就是典型的局部改革。1998年朱镕基总理推进了8项改革，即"三个到位"：一是确定用3年左右的时间使大多数国有大中型亏损企业摆脱困境进而建立现代企业制度；二是确定在3年内彻底改革金融系统，中央银行强化监管、商业银行自主经营的目标要在20世纪末实现；三是政府机构改革的任务要在3年内完成。另有"五项改革"，是指进行粮食流通体制、投资融资体制、住房制度、医疗制度和财政税收制度改革。上述8项改革虽然涉及领域比较多，但还够不上全面，还是称为较多的局部改革比较适宜。

六、世界著名改革案例

正确的改革能让一个国家走向繁荣昌盛，错误的改革，则会让一个国家走向崩溃甚至灭亡。

---

① 摘自《十八届三中全会关于全面深化改革若干重大问题决定》。

(一) 中国的商鞅变法①

商鞅变法为古代世界知名改革。变法主要内容如下：

1. 经济措施。商鞅对经济的改革是以废除井田制、实行土地私有制为重点。这是战国时期各国中唯一用国家的政治和法令手段在全国范围内改变土地所有制的变革。主要内容有：废井田、开阡陌，废除奴隶制土地国有制，实行土地私有制，允许土地买卖；重农抑商、奖励耕织，明确以农业为"本业"，以商业为"末业"，并且限制商人经营的范围，重征商税。因弃本求末，或游手好闲而贫穷者，全家罚为官奴。商鞅还招募无地农民到秦国开荒；同时，规定禁止父子、成年的兄弟同室居住，推行小家庭政策，规定凡一户之中有两个以上儿子到立户年龄而不分居的，加倍征收户口税等，旨在发展封建经济。商鞅改革还致力于统一度量衡。

2. 政治军事措施。商鞅对政治军事的改革是以彻底废除旧的世卿世禄制，建立新的封建专制主义中央集权制为重点。主要内容为：奖励军功，实行二十等爵制，废除世卿世禄制，鼓励宗室贵族建立军功，以增强军队战斗力；改革户籍制度，实行连坐法并推行县制；定秦律，"燔诗书而明法令"；迁都咸阳等。

徙木为信，商鞅大胆为改革树威立信。

改革影响：商鞅变法是中国战国时期各国改革中最彻底的改革，经过商鞅变法，秦国的经济得到发展，军队战斗力不断加强，发展成为战国后期最富强的封建国家，为后来秦灭六国、统一中国奠定了基础。

(二) 雅典的民主改革②

古代的知名改革之一当属雅典的民主改革。这项改革经历了较长过程，不是由一人同时完成，而是由几人在不同时间完成。

1. 梭伦等人的改革奠定雅典民主政治基础。在经济上，废除雅典公民以人身作抵押的一切债务，禁止再以人身作抵押借债，禁止把欠债的平民变为奴隶。实行借贷给小农、出口促进项目、道路建设、公共工程以及美化雅典而进行的主要建设等一系列有利于工商业发展的政策措施。承认私有财产继承自由，消除所有制度上的氏族残余。在政治上，废除世袭贵族的垄断公共职位权利，不再以出身而是以财产的数量来划分公民等级。设立"四百人会议"作为公民大会的常设机构和最高行政机关，同时设立代表更多普通民众且对"四百人会议"起平衡作用的议会。

梭伦改革是雅典城邦历史发展中的重要里程碑，奠定了雅典民主政治的基础，有助于工商业的发展，调整了公民集体内不同阶层之间的利益关系，使自身从事劳动的中、小所有者公民在经济、政治和社会上的地位得以保证，为雅典奴隶主工商业经济的繁荣奠定了

---

① 朱大渭主编：《中国通史图说》九州出版社1999年版。
② [美] 霍华德．斯波德（著），吴金平、潮龙起、何立群等译：《世界通史 公元前10000年至公元2009年》，山东画报出版社2013年版。

基础。

2. 公元前6世纪末克利斯提尼改革，确立雅典民主政治。改革内容为：一是废除雅典旧有的4个贵族世家对整个城邦政治体系的掌控，以居民为单位，建立了阿提卡市区体制，将所有雅典人登记为公民。二是建立"五百人会议"，代替原来的"四百人会议"。三是克利斯提尼还建立议会，议会10天开会一次，法定人数6 000人，男性公民都要参加。

改革影响：克利斯提尼改革在雅典牢固确立了民主体制，为雅典民主政治的形成写下了"休止符"。

3. 公元前5世纪，伯利克里进一步改革，雅典民主进入"黄金时代"。雅典的民主改革不仅为雅典建立民主政治制度，也为现代国家民主制度的建立奠定了坚实基础。其有关经济领域的改革也造就了雅典的经济繁荣。

（三）英国的君主立宪改革[①]

在1688年的"光荣革命"前，英国的国王们均声称自己拥有比国会可能批准的更多权力。詹姆斯二世是一个天主教徒，他授予天主教徒很多官方职位。詹姆斯二世的儿子出生后，大贵族们害怕詹姆斯二世及其继任者在亨利八世废黜天主教会一个半世纪后重新将天主教确立为英国国教。他们邀请詹姆斯二世的女儿和她丈夫回英国同时继位。威廉三世和玛丽二世于1689年召集议会，通过《权利法案》，1701年又通过《王位继承法》，从法律上确认"议会主权"原则，保证议会的立法权、财政权等权利。议会不但掌握制定法律的权利，还可以监督政府和决定重大的经济政策，同时给王权以很大限制。未经议会同意，国王不得擅自批准法律、废除法律或中止法律之实施；未经议会事先同意，国王不能征税和招募军队；未经法律程序，国王不能逮捕和拘留臣民；同时规定，国王必须是信奉英国国教者，天主教徒或同天主教徒结婚者不得继承王位。专制君主为受宪法约束的立宪君主所取代。君主处于统而不治的地位。议会成为国家权力中心，议会权力超过王权。英国议会制君主立宪政体初步确立（英国成为欧洲第一个君主立宪制国家）。

光荣革命（改革）使封建专制君主制寿终正寝，建立了君主立宪制资本主义国家，是国家制度的一大进步，使英国走上资产阶级政治民主化的道路，为资本主义的发展开辟了光明道路，对其他国家的资产阶级建立新的制度，也有着巨大影响。

国王必须信奉英国国教（新教徒），使英国国教（新教）在宗教上处于绝对统治地位，而改革中的新教对于财富和发展经济持积极态度（这一态度是宗教改革的成果，新教改革以前对财富和发展是持排斥态度的），因此英国新教占统治地位为资本主义发展奠定了思想基础。

英国两大改革成就其成为日不落帝国：一是君主立宪制改革为资本主义发展奠定政治制度基础，二是宗教改革（16世纪初到17世纪初）后在英国占统治地位的新教传播为资

[①] [美]霍华德. 斯波德（著）《世界通史 公元前10000年至公元2009年》吴金平、潮龙起、何立群等译：山东画报出版社2013年版。

本主义发展奠定一定的思想基础（思想基础主要为文艺复兴影响）。这也是英国得以超越比自己曾经强大的瑞典、荷兰、西班牙等传统强国的根本原因，因为英国的改革远远走在他们前面。

（四）日本明治维新①

明治维新是日本面临西方国家侵略情况下进行的改革，促使其从封建落后国家转变成为强大资本主义国家。

1. 发生经过。在地方上具有维新思想的藩主们（长州、土佐、萨摩等藩）结成军事联盟，对抗落后的封建幕府军队的讨伐。1868年，长州、萨摩等藩与其他几个边远地区藩的部队联合，控制了京都的天皇宫殿，并宣布推翻幕府统治，没收幕府的土地，恢复天皇的权力，同时赋予大名（藩主）和他们的武士一定权力（保障他们不再作乱）。德川幕府最终献城投降。

2. 具体措施。第一，新政府迁都东京（旧江户），建立明治政府。第二，1869年6月，明治政府强制实行"奉还版籍"政策，大名把封地和户籍管理权交回明治政府。"废藩置县"将日本划为3府72县，建立中央集权式的政治体制。第三，提倡学习西方社会文化及习惯，发展近代科技教育。第四，引进西方近代工业；改革土地制度，废除原有土地政策，许可土地买卖，实施新的地租政策（实物改现金）；废除各藩设立的关卡，撤销工商业界的行会制度和垄断组织，推动资本主义工商业的发展。

3. 历史意义。经过明治维新而富强的日本利用强盛的国力逐步废除了与西方各国签订的不平等条约，收回国家主权，摆脱了沦为殖民地的危机；在1895年、1904年分别在甲午战争和日俄战争中击败清帝国与俄罗斯，成为称雄一时的亚洲强国。但是，其改革遗留了许多问题，如天皇权力过大、土地兼并依然严重等封建残余现象，与日后发生的一系列日本难以解决的社会问题相互影响，使日本走上侵略扩张的道路。

（五）中国中共十一届三中全会②

1978年12月18—22日，中国共产党第十一届中央委员会第三次全体会议在北京举行。

党的十一届三中全会结束了粉碎"四人帮"之后两年党的工作在徘徊中前进的局面，实现了中华人民共和国成立以来党的历史的伟大转折。这个伟大转折是全局性的、根本性的。

改革实现了五大转变：

一是全会实现了思想路线的拨乱反正。思想路线的拨乱反正是各方面拨乱反正的前提

---

① ［美］霍华德·斯波德著：《世界通史 公元前10000年至公元2009年》（吴金平、潮龙起、何立群等译），山东画报出版社2013年版。

［日］浜野洁、井奥成彦、中村宗悦、岸田真、永江雅和、牛岛利明著：《日本经济史1600—2000》（彭曦、刘姝含、韩秋燕、唐帅译），南京大学出版社2015年版。

② 参阅党的十一届三中全会公报。

和先导。全会冲破了党的指导思想上存在的教条主义和个人崇拜，批评了"两个凡是"的方针，高度评价了关于真理标准问题的讨论，指出实践是检验真理的唯一标准，是党的思想路线的根本原则，从而重新确立了马克思主义的实事求是的思想路线。全会确定了解放思想、开动脑筋、实事求是、团结一致向前看的指导方针。

二是全会恢复了党的民主集中制传统。全会讨论并着重提出健全社会主义民主和加强社会主义法制的任务，强调了党中央和各级党委的集体领导。

三是全会做出了实行改革开放的新决策，启动了农村改革的新进程。

四是全会开始系统清理重大历史是非的拨乱反正。全会认真讨论了"文化大革命"中发生的一些重大政治事件，也讨论了"文化大革命"前遗留下来的某些历史问题。

五是全会做出把工作重点转移到社会主义现代化建设上来的战略决策。

（六）戈尔巴乔夫的新思维

戈尔巴乔夫1985—1990年任苏共中央总书记。他上台后以"新思维"实行改革，倡导"民主化"和"公开化"。遗憾的是他没有把握好改革的度，使改革完全失控，最终导致苏联瓦解。

七、改革参考经验

总结人类历史上各种改革成功经验、失败的教训，以下几条可供参考。

第一，改革应该是稳妥可控的。改革者应该能够掌控改革大局，而不是在改革中失去控制，甚至失去改革者自我。

第二，改革应该循序渐进，不要指望一蹴而就。党的十一届三中全会以来的改革是典型的循序渐进，戈尔巴乔夫新思维与盖达尔的"休克疗法"则是后者。激进的改革不太可取。

第三，改革是一种探索，是不断探索的过程。一个改革可能有多种方案实现同样目标，所以邓小平提出"不管白猫黑猫，抓到老鼠就是好猫"，即选择效果更好的方案。

改革可以先做小范围试点，摸索总结经验后再进行推广。切忌纸上谈兵地将没有经过实践检验的方案大范围全面推广。邓小平的"摸着石头过河"就有探索的意思。中国"营改增"税收改革试点进行很长时间，逐年扩大试点范围，直到2016年才全面施行。

改革不成功可以暂缓或放弃。邓小平提出改革可"摸着石头过河"也有这层意思。对于不会游泳之人，摸着石头过河比较稳妥，心里有谱，始终能摸到石头，河就过去了；摸不到石头会有生命危险，有危险则退回来。

改革一般不会是全面的，局部有成熟的改革方案就局部先改。

第四，改革无止境，不要指望一蹴而就。每次改革后，都可能出现新的问题，当问题不大时，还可继续维持，当出现大问题时，就需要以新的改革取代原有改革。改革就是这样循环往复，不断进行的。如中国20世纪80年代的农村联产承包责任制改革，适应当时生产力水平，当时是非常成功的。40已经过去，如今这项改革已经不能完全适应生产力水平的变化，需要酝酿新的适应生产力发展的改革。

第五，改革要更多地代表多数人的利益，兼顾各方利益，要维护国家的根本、长远利益。改革有立场的问题。推动改革者的立场决定了改革的立场。代表多数人的利益，就容易得到拥护，能兼顾各方利益推进改革比较顺利。最终，改革要维护国家的根本利益，长远利益。

第二章　发展模式

第一节　发展的思想意识状态

发展的意识状态是指一个国家、企业对于发展经济，加强国家综合实力，加强军事力量、加快企业发展（或个人发展）等的思想认识。发展意识状态的提高取决于人的认识能力、认识水平的提高，取决于科学技术和思想文化的发展进步水平。发展的意识状态可分为无意识状态、自发状态和自为状态三种。

一、发展的无意识状态

发展的无意识状态是指一个国家对于发展经济、加强国家综合实力、加强军事力量，企业（或个人）对于加快自身发展等没有思想意识。哲学上的无意识状态有几种形态，本书不做分析。原始社会、奴隶社会的多数时期，封建社会的一些阶段便处于这种无意识状态。

二、发展的自发状态（有意无意状态）

发展的自发状态是指一个国家对于发展经济、加强国家综合实力、加强军事力量，企业（或个人）对于加快自身发展等在主观上有愿望，但作为发展的主体缺乏对发展规律（如发展的条件、发展要素等在发展中分别所起的作用）的认识或者认识不充分，不能科学地预见发展的结果，甚至不知道企业的盈亏，使国家的发展、企业或个人的发展处于盲目（茫然）状态。

三、发展的自为状态

发展的自为状态是指一个国家对于发展经济、加强国家综合实力、加强军事力量，企业（或个人）对于加快自身发展等在主观上既有发展愿望，而且作为发展主体又已经熟练掌握对发展规律（如发展的条件、发展要素等在发展中分别所起的作用）的认识，能够科学地预见发展的结果，计算利益的盈亏，并能根据发展状况的好坏采取一系列宏观措施加以调节（或企业内部管理调整），使国家的发展、企业或个人的发展朝预期的方向推进。

发展的自为状态可以包括两个方面：一方面是对发展的必要性从主观上有清醒认识，另一方面是对发展的客观规律有正确认识。

四、当今世界各国社会发展意识状况

当今世界，有的国家处于发展的自为状态，有的处于发展的自发状态。由于每个国家所处发展阶段不同，发展的状态也有所差异。

1. 处于自为发展意识状态的发达国家。这些国家没有特别大的发展空间，如美国、日本、德国、法国、英国等发达国家。他们对发展规律的认识是最深刻的，市场经济最成熟，但他们已经经过充分发展，在生产供给层面和最终需求层面都已经处于世界的最顶端，在科技进步、生产力水平提高受到明显制约情况下，这些国家只会以较低速度增长。当然，他们的增长速度因为人口增长情况不同会有所差异。

2. 处于准自为发展意识状态的中等发达国家。这些国家严重受到中等收入陷阱制约。这些国家经过一段较快发展，达到中等发达国家水平，受研发能力不足、科技创新严重制约，进一步提高竞争能力遇到障碍，经济发展陷于停滞状态，如巴西、阿根廷、墨西哥、智利、马来西亚等。

3. 处于准自为发展意识状态的"金砖"国家。这些国家包括中国、印度、俄罗斯、巴西、南非，有强烈的发展愿望，走上了正确发展道路，对发展规律的认识日益深刻，尤其是中国和印度，始终保持高速度增长，还具有较强的研发能力，假以时日必将赶上并超过当今最发达资本主义国家。

4. 处于自发发展意识状态的发展中国家。这些国家已经处于发展过程，但对发展规律的认识还不那么深刻。这些国家为数不少，如相当多的亚洲国家，不少非洲、南美洲国家。

5. 处于自发发展意识状态、受战乱内乱影响没有发展条件的国家。乌克兰、叙利亚、利比亚、阿富汗、伊拉克等，这些国家受国际势力的影响，陷于战争或混乱状态，想发展发展不了，想摆脱战争，摆脱不了。

6. 处于自发发展意识状态，尚没有启动发展的广大发展中国家。这些国家为数不少，需要进一步增强发展意识，提高对发展规律的认识，向其他国家学习，争取早日走上正确的发展道路。这些国家还拥有巨大发展空间，是下一阶段继"金砖"国家之后主要的带动世界经济快速增长的增长极，国际社会应该高度重视并也有义务帮助这些国家走上正确发展道路，摆脱世界经济低迷状态。

也许还有极少数发展中国家尚处于无意识发展状态。

第二节 发展模式

一个社会选择什么样的发展模式，是由这个社会所处的时代的生产力发展水平决定的，是历史的选择，也是人民的选择。各个国家最熟悉自己国家的基本情况，应该选择走适合自己的发展道路。纵观几千年历史，大体有以下发展模式。

一、按发展主体的所有制性质分类

（一）公有经济发展模式

1. 原始共产主义模式。这是人类最早采用的发展模式，也是适应当时生产力发展水平自发形成的一种发展模式。当时，生产力水平非常低，人类必须生活在一起抵御洪水猛兽的危害，而且当时聚在一起的一般都是具有亲缘关系的一个个大家庭式的氏族部落，因此自然而然地形成共同劳动、共享劳动成果的原始共产主义模式。

2. 计划经济模式。该模式源于马克思主义理论，其经济特征即高度的计划指令性，产品的数量、品种、价格，消费和投资的比例、投资方向、就业及工资水平、经济增长速度等均由国家的指令性计划来决定。历史上曾经有苏联、东欧模式的计划经济，也有中国模式的计划经济。苏联和中国计划经济在本质上没有什么差别，中国计划经济是按照苏联模式跟苏联学习建立起来的，如在城市基本都是全民所有制的国有经济，在农村都是集体经济。

3. 以公有制为主体的混合经济模式。中国经过 40 年的改革，逐渐建立起以市场为导向配置资源，以公有制为主体，多种经济成分（包括集体经济、私营个体经济、外资经济、股份制经济等）并存且共同发展的社会主义市场经济模式。

（二）私有经济模式

1. 奴隶制经济模式。这种经济模式建立在私有制基础上，是以奴隶主使用奴隶进行生产、完全剥夺奴隶人身自由、完全攫取奴隶劳动产品、仅给予奴隶基本生存所需食物等需求为主的一种生产模式（这种模式以奴隶制生产模式为基本特征，当然也有部分自由农，而且随着经济发展，自由农越来越多）。

2. 自给自足式封建小农经济模式。这是一种建立在私有制基础上，以家庭为单位开展农业生产活动，基本做到自给自足（如自己生产粮食、自己纺纱织布、自己缝制衣服、自己生产其他日用品，但工具铁器、日用陶器需购置）的生产模式。这种自给自足式封建小农经济生产模式在封建社会占绝对主导地位，在东方的中国尤其如此，虽然西方国家有一部分采用庄园经济模式，仍使用奴隶（本质仍属于自给自足，中国大地主同属这种生产模式），但多数也是小农经济。

3. 资本主义市场经济模式。这是一种建立在生产资料私人所有制基础上，以占有生产资料的私人企业为基本生产单位开展生产活动，以追求经济利润作为生产决策的基本原则和出发点，依靠市场和价格机制配置资源和分配产品为主的生产模式。当然，在这一模式下也还存在其他形式的生产活动，如西方有家庭农场，还有个体摊贩、游商等，这些虽然也是建立在私有基础上，但与企业的运作还是有比较大的差异。

4. 以私有制为主体的混合经济模式。这是一种建立在私人所有制基础上，以私营企业的生产活动为主，兼有其他所有制性质的企业的生产模式。如新加坡淡马锡模式，在这种模式下，国有经济企业与私营企业一起公平参与市场竞争。

二、按国家发展方式分类

各国因国情不同、发展阶段不同、所处的国际环境不同，发展的方式有较大区别。

（一）自主发展模式

自主发展模式指一个国家完全依靠自身的力量进行发展的模式。由于受当时国际环境影响，中国在改革开放以前，就是采用自主发展模式，现在的朝鲜也基本采取这种模式。一般来讲，采用这种模式大多是为国际环境所迫，不得已而为之。

（二）金融立国模式

金融立国是一个相对的概念，是指一个国家的金融在国内经济中占有相对其他国家更大的比重，在国际上发挥着更大的作用（有时甚至发挥着举足轻重的作用）。从近代来看，英国曾经利用其强大的经济势力，在国际国内发挥过这样的作用，就是在今天，英国仍然强调金融立国的策略，伦敦金融市场仍然是国际重要金融市场，发挥着重要作用。美国是当今世界金融立国的典型，凭借强大经济实力和金融市场的巨大影响力，以低廉的价格享受全世界的产品。美国长期坚持国际收支巨额逆差政策，其通过金融市场获取好处是省力的，也是显而易见的。金融立国还有一层影响力，那就是通过其金融市场的巨大国际影响力，扰动其他相对较小的国际金融市场，借此谋利，如1997年亚洲金融危机华尔街巨头通过做空亚洲某些国家和地区的货币谋取了巨额利益。

（三）服务立国模式

美国还是典型的服务立国的国家。美国的服务业产出占其GDP生产比重的近80%，服务业立国名副其实。

当然，美国最赚钱的服务行业还是其金融行业，除了享受货币发行的好处外（可以免费获得其他国家的商品和服务），其金融业还靠其所谓金融创新向全球卖出金融产品（房地美、房利美垃圾债券是其典型代表），还靠全球独一无二的金融系统，通过收取金融服务费、交易费等获益良多。

美国餐饮服务业提供的品牌服务，麦当劳、肯德基等快餐店遍布全世界。这两家公司通过使用其商业品牌收取数额较大品牌使用费，同时将其产品餐饮服务提供到世界各地。阿迪达斯，NIKE 等名牌，如要做其加盟店，品牌使用费同样不菲。作为最发达国家，美国的类似知名品牌很多，每年在世界各地获取的品牌使用费非常可观。当然，更多地还是其品牌产品的超额利润。这些产品往往在发展中国家生产，成本低廉，在其专卖店则以高出其成本为 10 倍甚至数十倍的价格销售，专卖店获取的好处有限，大部分利润都被品牌企业获取。

美国的审计、会计师事务所开到世界主要国家，收取了高额而容易获得的服务费。此外，专利费也是美国重要的获利途径之一。

美国的专利费：如美国高通公司，一年收取中国企业的专利费就超过 100 亿美元。安卓手机软件的使用费同样不菲，微软公司自己估计，2017 年，如果使用安卓系统的手机销售达到 15 亿台，微软公司通过安卓系统可收取专利费达 63 亿美元。

教育产业也相当发达。美国国际教育协会 2015 年度发布的《New Open Doors Data》对全美 2015 年教育门户数据进行了全面统计，2014—2015 年度全球赴美留学总人数达 974 926 人，按生均收取 4 万美元计算，可收取 389.97 亿美元。外国留学生壮大了美国教育事业。按留学生存量人数计，美国一年收取的外国留学生费用估计有近 2 000 亿美元。

美国还是世界文化事业的主导者。通过媒体产业、出版事业版税、好莱坞电影等在世界市场上获取众多的文化娱乐事业收入。

美国拥有世界最大的航空公司，航线遍及全球。

总之，美国的强大服务业从国际上获得了可观的收益，是服务业立国的典型大国。

其他服务立国的国家如马尔代夫，基本靠旅游事业立国，相对比较单一。

（四）出口导向型模式

这种模式一般是发展中国家采用的发展模式，它将出口作为带动本国经济增长的重要力量。早期的日本也采用这种模式促进发展，"广场协议"之后，才不得已放弃。亚洲"四小龙"（韩国、新加坡、中国台湾和香港地区）也曾经采用这一模式。他们推行出口导向型战略，承接西方发达国家转移出来的劳动密集型产业，迅速走上发展道路。中国也在一定程度上采用了这一战略，特别是在 2008 年世界金融危机以前，通过出口带动战略快速拉动了经济增长，有的年份仅出口就带动经济增长超过 3 个百分点。2008 年以后，中国逐步走上产业转型升级的发展道路，服务业增加值的比重有所上升，2015 年首次超过 50%，2016 年达到 51.6%。

（五）投资带动型模式

投资带动型模式一般是发展中国家在发展起步阶段采用的一种模式。在这种模式下，因为基础设施需求巨大，工业设施落后、房地产业落后等原因，国内存在巨大的投资潜在需求,在资金、技术、物资等条件允许的情况下,投资容易出现高速增长,投资在经济增长中的贡献大于消费。这种情况在许多国家的发展过程种都出现过。日本20世纪60—70年代曾经较长时间保持投资高速增长,韩国也有同样的历程,中国比较典型,1980年以来投资增速平均在20%以上,投资对经济增长贡献很大,2009年和2010年资本形成总额对经济增长贡献率分别达到86.5%和66.3%,其他年份的贡献率多数都在40%以上。

(六) 粗放型和高质量型发展模式

一般来说,发展中国家早期发展均属于粗放型发展模式。这种发展模式不太注意环境的保护,大量开发使用资源,靠高投入、高消耗来拉动经济增长。这种发展模式的主要特点是不可持续。

高质量发展模式是指以技术引领经济发展,注意环境保护,节约资源,不断提高产品和服务质量,不断提高投入产出效率和经济效益,坚持创新、协调、绿色、开放、共享发展理念,更好满足人民日益增长的美好生活需要。党的十九大正式提出高质量发展。

(七) 超级帝国对外强行掠夺和文明获取模式

帝国发展,有的会利用其强大军事实力从别国获取本不该属于自己的利益。总结来看,有两种手法:

一种是对外强行掠夺,是指依靠并直接使用强大的军事实力对别国进行殖民掠夺、占领吞并掠夺。不少军事大国采用过这一模式(也可称军事立国模式)。历史上的罗马帝国、蒙古帝国、英国、沙皇俄国等都曾采用这种模式。

另一种是美国式的"文明获取"。美国作为当今世界唯一的"超级"大国,繁荣发展已经有近100年。作为现代"超级"大国,美国采取了一种与以前帝国有所不同的方式获取利益,本书称之为"文明获取"。这种获取同样也是建立在超强的军事实力之上;但多半不是使用其超强军事实力获取利益,而是采取一种更为柔性的策略获取利益,如在战争中大卖军火,赚取的大量利润,大量输出资本,使日不落帝国英国从过去的世界最大债权国变成了债务国。在20世纪90年代的海湾战争中,美国赚取的利益超过百亿美元,这还不算战后卖的大量军火的超额利润(远比实际市场价格要高)。此外,美国利用其良好条件,吸引全世界培养的顶级人才为其所用,一是留学生给美国带来大量资金,二是免费享受其他国家花费十多年耗费上千亿美元(按百万人计,一人10万美元)培养的学生带来的好处,如果把时间拉长点也许应该有数千亿美元。这些顶级人才聪明才智的发挥给美国经济带来的好处更为可观。

近些年,美国通过发现其他国家跨国公司的经营缺陷或违规行为开出巨额罚单,有其合理的一面,因为其消费者或国家利益确实受到了损害,但也存在不合理的一面。这些都是美国超级硬实力的软式体现。也许美国最大规模的"文明获取"是通过金融手段实现,这也是其金融立国模式的好处。

第三节　产业模式

一、生产力的发展决定产业的发展

一个国家选择发展什么产业，选择发展多少个产业，是由一个国家的生产力水平决定的，更准确地说是由各个国家科学技术水平的状况、国家规模、资源条件等决定的。一个国家掌握了什么科学技术，就可以发展什么产业，掌握的技术比其他国家更加先进，就意味着其产业比别的国家更有竞争力；国家大，就意味着有更大的市场，能发展更多的产业，国家太小，有时无法发展起需要一定经济规模的产业。一个国家，有什么资源就适合发展什么产业。当然，最基本的还是有什么技术，就可以发展什么产业。人类产业走过了以下发展阶段：

一是采集经济与狩猎经济阶段，此时生产力十分落后，人类还处于吃不饱、穿不暖的艰难岁月。

二是种植业与畜牧业经济阶段，此时金属工具开始出现，人类已经过上基本有吃有穿的生活。

三是农业和手工业经济阶段，此时金属工具已经普及，生产力水平提高，人类进入文明时代，生活更加有保障。

四是机械化经济阶段，以英国蒸汽机技术为标志，进入资本主义机器化生产时代，人类进入快速发展阶段。

五是电气机械化经济阶段，以电力技术出现为标志，人类进入机械化并最终走向电气机械化时代。

六是信息化经济阶段，是指以电子信息技术出现为标志，人类全面进入信息时代，信息渗透到生产、服务、生活的各个方面。

以上几个阶段，除了采集经济与狩猎经济阶段，后面的各阶段，随着技术的进步，人类的生产产业活动越来越丰富。按照国际标准，现在有国民经济行业近800个，工业产品种类数万种，还有各式服务活动。中国和美国的行业可能是最全的，在我国固定资产投资统计中，曾经有的年份两个国家按国际标准的所有行业的投资活动都有，包括最小类的行业，而有的小国可能仅有几个行业的生产活动。

二、现代国家产业发展模式特点

（一）产业齐全，各产业均有发展的国家产业发展模式

美国、中国、印度基本属于这一模式，国家面积大、人口多、各类资源相对丰富，因

此发展的产业比较多，比较齐全。当然这只是现在，它是由这些国家技术发展水平决定的——20 世纪早期，中国和印度还是典型的农业国家，拥有的产业十分有限。

（二）产业比较齐全的国家

日本、德国、法国、英国属于全球发达经济体。由于技术水平高，人口规模也比较大，他们的产业模式更加成熟，产业也比较齐全。

（三）最不发达的农业国家

进入 21 世纪，世界上还有许多不发达的农业国家，他们的产业自然很少，主要只有农业和种植业。

（四）有特色的资源国家

俄罗斯、加拿大、澳大利亚、新西兰、巴西等属于资源丰富的国家。这些国家自然就发展了其特色资源产业，如俄罗斯的石油天然气产业规模巨大，是其最大特色产业。澳大利亚、巴西则拥有全世界最大的铁矿产业，矿产是其特色产业。澳大利亚、新西兰还拥有优质且广阔的草原，因此其牛羊养殖业、乳业十分发达。加拿大也拥有丰富的石油、矿产等，因此这些产业也比较发达。当然上述国家其他产业也比较丰富。

还有以少数特色资源产业为主要发展模式的国家，如马尔代夫是一个人口极少的国家，仅约 40 万人，利用其得天独厚的海洋资源，马尔代夫将旅游业发展为最大的特色产业。沙特阿拉伯、科威特模式是典型的资源单一型国家，产业也比较单一，石油是其主要资源，石油开采业占其经济的比重非常高。2015 年以来的石油价格崩盘对其经济的打击非常大，如没有国家雄厚的主权财富基金作为储备支持，石油价格下降对这些国家打击将是致命的。

第四节　发展的极端形式：发展中断乃至倒退

有些国家在发展过程中或许会遭遇一些极端形式，如自然灾害、战争、饥荒、瘟疫等的影响，这会导致发展的严重倒退或者长期停滞。在现代社会，这些极端情况造成的危害已经很大程度上能得以避免，但残酷的战争仍然时有发生。

一、严重自然灾害

严重的自然灾害主要包括水灾、旱灾、地震、海啸等。

（一）水灾

水灾会带来生命和财产的损失，人类已知的大水灾，损失最大的几乎都发生在中国。

公元 1117 年（宋徽宗政和七年）黄河决口，淹死 100 多万人①。1938 年，无能的国民党政府为了阻止日军的西进策划了黄河花园口决堤事件，导致 50 万—90 万人溺亡，民众流离失所。

（二）旱灾及其造成的饥荒

旱灾的发生往往涉及地域广泛，对人类发展影响更大。一般来说，特别严重的旱灾在过去交通不便、欠发展的社会都可能造成比较严重的饥荒。中国历史上的几次大旱灾，均造成了饥荒。

唐天宝末年到乾元初期连年大旱，以致瘟疫横行，出现过"人食人""死人七八成"的悲惨景象，人口由原来的 5 000 多万降为 1 700 万左右。

1876—1879 年，中国华北大旱灾持续了整整 4 年，受灾地区有山西、河南、陕西、直隶（今河北）、山东等北方省份，并波及苏北、皖北、陇东和川北等地区。大旱使农产品绝收，田园荒芜，饿死的人竟达 1 000 万以上，从重灾区逃亡的灾民不少于 2 000 万人。

1959—1961 年，全国连续 3 年的大范围旱情使人口非正常死亡增加。据《中国统计年鉴》统计，1961 年比 1959 年全国总人口减少 1 348 万人。

1968—1973 年，非洲大旱，涉及 36 个国家，2 500 万人受灾，逃荒者逾 1 000 万人，累计死亡人数达 200 万以上。仅撒哈拉地区死亡人数就超过 150 万人。

（三）地震

地震也是会带来严重生命和财产损失的自然灾害。1556 年，中国陕西渭南华县发生 8.0 级强烈地震，死亡 83 万多人。1920 年 12 月 16 日，中国宁夏回族自治区南部海原县一带发生里氏 8.5 级大地震，波及中国 7 个省市。据不完全统计，这次地震共造成 27.34 万余人遇难。

1923 年 12 月 1 日，日本东京—横滨一线遭遇里氏 8.2 级地震灾害，引发严重海啸，14 万余人遇难，10.37 万人受伤。1976 年，中国唐山发生里氏 7.8 级地震，共造成 24.2 万多人遇难。

（四）海啸

海啸也会造成严重人员伤亡和财产损失。距今时间较近的是 2004 年 12 月 26 日，印度尼西亚附近海域发生的大地震引发印度洋海啸。海洋中心震级达里氏 9.3 级。地震引发的海啸袭击印度洋沿岸 12 个国家，近 25 万人遇难。1883 年 8 月 27 日，印度尼西亚喀拉喀托火山喷发引起海啸，爪哇梅拉克最大浪高达 40 米，造成 3.6 万人死亡。2011 年 3 月 11 日，日本东北部海域发生 9.0 级强震并引发海啸，导致福岛第一核电站发生核泄漏事故。据日本警视厅统计，截至 2016 年 3 月 10 日，地震和海啸共造成 15 894 人死亡、2 561

---

① 吴文智、崔宝善、姜志宽编著：《地球自然灾害史》，文汇出版社 2012 年版。

人失踪。

二、战争

战争是经济和社会发展的最大敌人，它将让经济和社会发展严重开"倒车"。这种"倒车"使一国经济和社会发展几十年甚至几个世纪都不能恢复。中国元朝统一前的残酷战争及其近一个世纪的统治，明代用了 276 年的时间也没有恢复到宋代时的繁荣。尽管人类已经进入高度文明社会，但战争的威胁依然存在，不可掉以轻心。

（一）中国古代战争

中国古代战争触目惊心。以秦始皇统一中国时的战争为例，当时的将领白起异常残暴，据《史记·白起王翦列传》记载，"昭王十三年，攻韩、魏於伊阙，斩首二十四万，又虏其将公孙喜，拔五城。昭王三十四年，白起攻魏，拔华阳，走芒卯，而虏三晋将，斩首十三万。与赵将贾偃战，沈其卒二万人於河中。昭王四十三年，白起攻韩陉城，拔五城，斩首五万。四十七年，攻赵国，前后斩首虏四十五万人。赵人大震"。

（二）古代欧洲战争

亚历山大大帝在色雷斯杀害 6 000 人，将 2 万人卖为奴隶；在东地中海沿岸的提尔要塞，遇到抵抗达 7 月之久，亚历山大再次展示了他的权力和残忍，屠杀 7 000 人，将多数为妇女和儿童的 3 万人卖为奴隶。

罗马帝国期间，恺撒大帝对自己的屠杀作了记录。根据他的记载，在公元前 58 年，他的军队屠杀了 22.6 万名赫尔维蒂（今瑞士）人，只有 11 万人幸存。同一年，他将 12 万德意志士兵几乎全部杀死。公元前 57 年，6 万名比利时士兵几乎被他杀光。在攻占法国北部的那慕尔后，他把那里的 5.3 万名居民卖为奴隶。在公元前 56 年，恺撒对两个德意志种族进行大屠杀，总共杀死 46 万人，包括妇女和儿童。根据恺撒的记载，在历时 9 年的高卢战争结束时，总共 119.2 万人被杀死，100 万人被俘①。

（三）人类历史上死亡人数最多的战争：第二次世界大战

第二次世界大战是人类历史上伤亡最惨重的战争。

在战争中包括美国、苏联、英国、中国等 11 个同盟国国家军队伤亡共计 16 612 183 人；大约 17 个受袭击国家军队伤亡 753 300 人；德国、日本、意大利等轴心国军队伤亡 5 359 000 人；第二次世界大战参战各方和受袭击主要国家平民伤亡 28 165 700 人；总计死亡约 5 089 万人②。

---

① ［美］霍华德·斯波德：《世界通史》（第四版），山东画报出版社 2013 年版。
② 新华网：《第二次世界大战各国伤亡统计》www.XINHUANET.com。该资料原文中数据表的大标题和小标题均为"伤亡"人数，总计数为"死亡"人数。参考有关资料，笔者认为，前面各分项中"伤亡"均应该改为"死亡"才对。

据多方估计，第二次世界大战参战各国及受侵略各国人员、财产、军费等损失共计4万亿美元（按当时价格计算，按今天的美元计算是天文数字）。

三、瘟疫

瘟疫曾经是人类谈之色变的重大威胁，轻者造成经济和社会发展的停滞，重者造成经济和社会发展的大倒退。随着现代医学技术水平的提高，这一威胁已经完全得到控制，危险性已经大大减轻，目前已经难以造成重大危害。

（一）罗马帝国时期的瘟疫

公元165—180年和公元251—266年发生两次流行疾病导致罗马帝国中心区四分之一的人口死亡。

公元541—542年，第一次大规模鼠疫暴发，造成的损失极为严重。鼠疫使君士坦丁堡城市居民大量死亡，君士坦丁堡最多时有近1万人死亡。

（二）欧洲黑死病

公元1300年前后一直到15世纪中后叶，世界各地灾难不断，状况之严重，持续时间之久，让许多人陷入了绝望，其中尤以在欧洲蔓延的黑死病所造成的危害最为惨烈。

黑死病最初于1339年在中亚地区爆发，1346年传到克里米亚。欧洲的灾难开始于1347年10月，一艘载有携带黑死病细菌老鼠的船只从克里米亚半岛来到西西里岛，该岛迅速被瘟疫笼罩。1348年初，黑死病蔓延到了威尼斯和热那亚，随即扩大至整个意大利。差不多整个欧洲都受到波及。随后的5年内，欧洲人口由公元1300年的7 000万人减少到公元1400年的4 500万人。当时在欧洲，每3个人就有1个因染此病死亡①。

（三）中国有关瘟疫的一些记载

据《宋书·五行志》记载，泰始九年（公元273年），癸巳年，吴疫，三年内仅京都死者竟达十万。

《宋书·五行志》记载，咸宁元年（275年），乙未年，十一月，大疫，京都死者十万。

《魏书·灵徵志》记载，魏皇兴二年（468年），戊申年，十月，豫州疫，民死十四五万。

《清史稿·灾异志》。记载，清乾隆五十一年（1786年），丙午年，春，泰州、通州、合肥、赣榆、武进、苏州大疫；夏，日照、范县、莘县、莒州大疫，死者不可计数；昌乐疫，东光大疫。

在中国，瘟疫发生后，一般会动用军队封锁疫区，禁止疫区的人员、物资输出和外部

---

① [美]霍华德·斯波德：《世界通史》（第四版），山东画报社2013年版。

人员进入，这对疫情的控制可能有较大好处。另外，中国人习惯饮用开水，对于防控疫情也有一定作用。中国封建时代（清代中期以前）医疗水平客观说要高于西方，这也是瘟疫没有大范围流行的原因之一。

四、自然灾害、战争、饥荒、瘟疫对经济发展的影响

自然灾害、战争、饥荒、瘟疫对经济发展的影响是显而易见的。上述灾害的发生首先会对人类造成直接危害，造成人口的大量死亡，瘟疫、干旱造成的饥荒和战争对人类生命的威胁最大，最为直接。在经济和社会发展方面，这些灾害直接造成主要劳动力大量死亡，破坏了家庭为主的生产结构。

自然灾害造成的饥荒也曾经对人类造成严重危害，中国历史上的几次大的干旱均造成严重饥荒，导致人口大量死亡，在生产力水平低的情况下均直接造成与人口下降相当的经济的倒退。在今天运输现代化的条件下，饥荒已经得到有效控制。

战争是对经济影响巨大的恶魔。它不仅对人类本身造成直接杀伤，还会严重破坏生产力，破坏经济基础，特别是现代战争，对工厂等的破坏会使经济出现严重倒退，难以恢复。据联合国难民署统计，5年的叙利亚冲突不仅使660万人在流离失所，而且迫使480万叙利亚人跨越边境逃往他国。这场战争造成了叙利亚经济的严重倒退，要恢复原有水平可能需要几十年。

科学技术的进步使人类对瘟疫已经能够有所掌控，尽管有的疾病还对人类造成一定影响，如艾滋病影响还不小，但都在可控范围之内。在国际、国内等援助下，人类已经能够较大限度降低自然灾害造成的影响。

第三章 经济发展的主观能动性与局限性

第一节 经济发展的主观能动性与局限性

一、发展是有规律可循的

一国发展速度快慢是由各国自身发展条件决定的，根据各国发展情况和发展条件的变化，可做出一些趋势性预测，如中国在经历改革开放 40 多年的高速发展后，人们的消费水平已大为提高，但与最发达国家相比还有较大剩余发展空间，据此判断近期还能保持中高发展速度，这是发展规律决定的，不以人的意志为转移。美国、日本、德国经济都曾经一段时间实现快速增长，而今发展空间有限，发展长期陷于较低增长。已经启动发展并进入准自发发展状态的发展中国家的发展速度高于发达国家的发展速度，也是当代世界经济发展的现状。当然，欠发达国家没有启动发展，不具备发展的各方面条件，其发展速度也会很低，这也是发展规律决定的。

二、经济发展中的主观能动性

人是主导经济发展的主体，在经济发展方面具有主观能动性。人的主观努力在发展中具有重要作用，特别是在发展中国家，人的主观能动作用的发挥更加明显，中国改革开放的进程中，人的主观能动性作用的发挥体现得更是淋漓尽致。一般来讲，这种作用会影响发展的各要素。例如，加大科技投入、改变人口政策、改善投资环境、发展教育、改进法律、转变发展思想（理念）、进行改革等，这一系列举措促成了中国 40 多年改革开放和发展的成功。以中国改革开放发展为例，人在经济发展方面的主观能动性有几个层面的体现：一是政府层面主观能动性，通过制定政策、通过兴办大型基础设施项目、公益事业建设项目、基础产业项目建设（如高速铁路、南水北调、西电东送、西气东输等大量巨型项目）体现。二是企业层面的主观能动性，中国的私营企业从无到有，发展到在中国巨大经济体量中占到半壁江山，国有企业发展壮大，企业家发展创业精神得到充分体现。三是个人层面的主观能动性。中国有 3 000 多万户个体经济户，他们自谋职业，通过自身努力改善自己生活。中国 2016 年农民工总量达到 28 171 万人。

主观努力、主观能动性对发展至关重要。对政府而言，是否一心一意谋发展，对国家发展影响深远，对企业、个人而言，是否想发展、谋发展，同样结局完全不同。中国改革开放以来的发展，人作为发展主体的作用在政府、企业、个人层面都发挥得淋漓尽致。

三、经济发展的局限性

（一）人的局限性

人在经济发展的规律面前也会有其局限性，主要体现在对于发达国家，即使人的主观能动性发挥再好，也不大可能创造出发展中国家的发展速度。日本首相安倍的经济新政作用的有限性正是人在经济规律面前的局限性的最典型体现。就发达国家而言，不是他们不想加快发展，而是经济规律决定了他们发展速度受限。发展中国家的发展同样有局限，不是想要发展多快就能多快。

（二）经济发展的局限性

经济发展的局限，是指一国经济的发展在受到各方面发展条件制约影响的情况下，其发展速度受到较大制约。较长时间现代经济发展的历史经验告诉我们，世界主要国家，包括美国、中国、日本、德国、印度、英国和法国等，都还没有出现过年度超过120%以上的发展速度，中国和印度前些年曾经有超过110%的发展速度，中国甚至一度达到过114%的发展速度，但仅限于此，而且也不是说发展速度越快越好，发展过快有时会有一些负面影响。从宏观层面看，发展的局限可归结为受发展的诸因素的影响制约，科技发展的局限，人口发展局限，剩余发展空间局限，稳定、教育、发展环境等诸因素本身的局限决定了经济发展的局限。从中观层面看，每一个行业的发展，在发展诸因素条件不变的情况下，任何产品的发展过程都会遭遇最高极限产量和市场需求最终饱和后的日常需求量的局限。

假设函数 $y=f(x)$ 为一国受诸要素影响的经济发展速度函数，当函数的诸因素发生正常的影响（正面或负面）时，一个国家正常情况下的经济发展速度，都不大可能出现超出值域（80%—120%）的情况，我们称为经济发展速度的局限。超出这一局限，除非是受到特别严重的战争、地震、水灾等不可抗力的影响（另有一章专论此问题）。

对于每个特定的产业，在发展过程中同样存在发展的极限，假如一国有 1 000 万个家庭，假定一个家庭只用一台电视，当每个家庭都已经拥有一台电视后，电视生产业生产总量就达到了极限，如不考虑出口，并假定电视机使用寿命平均为 5 年，那么每年便只需要生产 200 万台，总量达到了极限，发展速度为 100% 维持不变，如果家庭保持 101% 的水平发展，则电视的生产发展速度极限便为 101%。经济发展的局限正是由许许多多的行业的发展极限所决定的。

(三) 影响经济发展的诸要素

影响发展因素很多，主要有科技的发展、人口变动、剩余发展空间挖掘、安全稳定，以及适于发展的环境、教育、核心价值思想、改革等。本书就是想通过分析这些要素对经济发展的影响来说明经济发展的局限性。

经济发展速度函数 $y = f(x)$，可分解为受科技发展（y_1）、人口（y_2）、剩余发展空间挖掘（y_3）、安全稳定及适于发展环境（y_4）、教育（y_5）、核心价值思想（y_6）、改革（y_7）等影响的新函数：

$$y = y_1 + y_2 + y_3 + \cdots + y_n$$

以上各要素对经济发展到底有多大的具体影响，本书并不试图计算其影响的具体值，只是提出该影响的存在，具体内容在下文中简要分析。

第二节 经济发展的局限与主要发展要素的关系

人们对发展的局限性通常知之有限，本节主要分析发展为什么有局限。

经济发展是各种要素条件、影响因素共同发挥作用决定的，实践中并不是每一个因素单独发挥作用，有些因素在经济发展过程中发挥的作用大一点，有些因素发挥的作用小一点。要特别指出的是，各种影响经济发展的要素其作用也是有局限的。我们将逐一分析这些主要因素对经济发展的局限。

一、经济发展局限与科技对经济发展的影响

科技是经济发展的决定性因素，无论在古代经济还是在现代经济发展过程中，对经济增长的贡献都是最大的。

人类发展有200万年的历史，其中有199万年属于旧石器时代，这漫长的年代，技术进步十分缓慢，几乎可以忽略不计。公元前1万年至公元前3000年，人类进入新石器时代，技术的进步有所加快。公元前3000年后，随着私有制的出现，人类先后进入奴隶社会、封建社会，技术进步明显加快。到了以英国工业革命为起点的年代以后，科学技术飞速发展，人类进入机械化时代、电气机械化时代、信息机械化时代、智能机械化时代，技术进步日新月异。在这一过程中，科技对经济发展影响越来越大，这是科技对经济发展影响的重要特点。

我们也要看到科技发展的局限性（如全世界众多核科学家研究可控核聚变，花费资金数额庞大，研究时间好几十年，但目前也仅取得有限进展，也就是说科技成果研究出来是需要时间，有的还需要巨大投入）。科技的发展本身受到研究难度的巨大制约，发明一项对经济产生重大影响的技术难上加难——机械化时代、电气机械化时代、信息化时代、智

能机械化时代,虽然每个时代技术都有很大进步,但从历史的长河中看,有些现代技术(包括电力、计算机、互联网)的进步其意义可能还不及瓦特蒸汽机和铁器发明对生产力提高的意义大——因此尽管现代专利越来越多,发明越来越多,真正能对经济发展产生重大推动作用,其影响能赶上铁器、犁、蒸汽机等划时代科学技术影响力的科学技术却很少。因此,我们说科技对经济发展影响越来越大也是一个相对渐进的过程,而且是有局限的,这也决定了经济发展的局限性。我们称 $y_1 = s(x)$ 为科学技术影响下的经济发展速度。

对于科学技术对经济发展的贡献,经济学家已经做了初步计量。在 2016 年 2 月 24 日国务院新闻办举行的新闻发布会上,全国政协副主席、科技部部长万钢介绍,"十二五"以来,我国科技进步贡献率已由 50.9% 增加到 55.1%,科技创新能力显著增强。

二、经济发展局限与人口对经济发展的影响

人口对经济发展的影响相对比较稳定,比较直接,但也并非必然。正常情况下,人口增加就会带来直接需求,带来经济增长;反之,人口减少则会带来需求减少,使经济发展萎缩。当一个国家经济发展不正常时,人口的增长并不一定能够带来相应的经济增长,有时人口过快增长甚至给经济增长带来巨大压力。我们用人口发展速度近似代替(假定社会能够满足人口增长带来的各种需求的增长),我们称 $y_2 = p(x)$ 为人口变动影响带来的经济发展速度。

人口的发展也呈现一定规律,首先,其发展速度受到人出生、死亡自然规律的限制。其次,当一国经济发展水平越高时,人口的发展速度趋慢,欠发达国家往往人口发展速度比较快,这对发达国家影响尤其大,日本最典型,人口数量呈零增长甚至负增长。

人作为经济和社会活动的劳动者、组织主导者,从生产角度同样发挥重要作用,为了不重复人口对经济和社会发展的影响,本书仅更多从需求侧考虑人口对经济和社会发展的影响。

三、经济发展局限与剩余发展空间挖掘对经济发展的影响

剩余发展空间大的发展中国家,当其各种发展条件利用好,并充分发挥各要素作用时,发展速度明显高于发达国家。发展中国家发展速度之所以能明显高于发达国家,就是因为发展中国家有剩余发展空间可挖掘,有现成的科学技术可以利用(发达国家有部分技术会实施限制)。剩余发展空间挖掘得好,可能带来比正常增长高得多的经济发展,其影响甚至远大于其他经济发展影响因素。我们称 $y_3 = l(x)$ 为剩余发展空间挖掘带来的经济发展速度。

剩余发展空间利用要发挥对经济发展的影响,前提条件是有剩余发展空间可供挖掘。当然,有前提条件还远远不够,更加重要的是必须有经济发展启动动力。促使剩余发展空间发挥对经济发展作用的是投资,只有通过投资的高增长带动生产的高增长,用生产高增长生产出的产品满足消费高增长,从而出现投资和消费的双高增长——如将外部国际环境

利用好，甚至带来投资、消费和净出口的三方面高增长——剩余发展空间挖掘才做到更好。这正是中国、印度近年出现超过10%高增长的原因。这种投资的高增长只可能出现在有巨大剩余发展空间可挖掘的国家，发达国家就没有这种投资的需求，或者说没有太多的发展空间。

因此，$y_3 = l(x)$的高低取决于投资发展的高低，以及由投资高增长诱发的消费的高增长和净出口的高增长。如果保持与发达国家同样的投资增长是不可能出现经济高增长的，与发达国家的差距永远也不可能缩小。发达国家经常会提议发展快的发展中国家应该更多地让国内消费带动经济发展，其意图无非两个方面：一方面不希望发展中国家发展太快，尤其是可能影响其在全球的地位时更是如此；另一方面希望发展中国家有更长时间能消费他们生产的高附加值高价格产品。换句话说，发展中国家也只有保持较快且有效的投资发展速度，才能有机会赶上发达国家。

有一些中等收入国家，相对于最发达国家仍然有较大的发展空间，但是进入中等收入阶段后，通常其增长会陷入人们所说的"中等收入陷阱"，经济发展长期陷入停滞或半停滞，始终无法缩小与发达国家的差距，阿根廷、巴西也许是这类国家的代表。之所以会这样，普遍观点认为这些国家在科学技术上始终处于相对于发达国家比较落后的状态，没有缩小差距，如果能缩小科技实力差距（主要是要扩大高质量的投资），这些国家的剩余发展空间是可以利用上的，与发达国家的差距是可以缩小的。韩国在解决中等收入陷阱方面相对比较成功，原因在于其科技投入大，在利用科学技术促进经济发展上取得了成功。

四、经济发展局限与安全稳定及适于发展的环境关系

安全稳定与适于发展的环境都是发展的基础（或前提条件），一个国家没有安全稳定及适于发展的环境，就谈不上发展。历史上曾经不稳定的国家众多，当前在国际上也有不稳定的国家，叙利亚、伊拉克、阿富汗、乌克兰、利比亚等国家陷入严重混乱甚至战乱，国家当然谈不上发展，更多的是退步。安全稳定可以确保发展正常，更容易保持100%以上的发展速度，而出现混乱，其发展速度则会低于100%，甚至大幅度下降。适于发展的国内软硬件环境同样不可缺少，必须认真加以营造。

安全稳定及适于发展的环境本身并不能带来发展，它只是创造一个好的发展氛围。在一个国家安全稳定且有适于发展的环境的情况下，其对经济发展的影响是100%或1，即本身不对经济发展产生实质影响。经济的发展全依仗其他因素发挥作用，但没有安全稳定和适于发展的环境这一前提就谈不上发展，因此在谈发展时又不能不谈安全稳定这一前提条件。

我们称$y_4 = s(x)$为安全稳定及适于发展环境对经济发展的影响函数，当安全稳定及发展环境适宜时，其值域从1的右侧趋于1，当不稳定时其值域在(0, 1)之间，一般应是从1的左侧趋于1，最坏的结果，如地震或严重水灾等，使经济发展的历史成果全部化为乌有。

五、经济发展局限与教育的关系

教育是发展的重要基础条件，教育是经济发展很重要的影响因素，其影响主要体现在以下几个方面：一是部分体现在科技方面，教育对于科技的影响，本书其他章节有所阐述，此处不再赘述。二是受过教育的劳动者通过劳动发挥作用，一个国家劳动力文化素质越高，其对经济发展的影响应该也越大。三是教育产业本身的发展也可对经济产生影响，如美国高水平教育背景下每年招收100万名留学生，为美国输送资金约400亿美元，上4年大学则是400万人花费1 600亿美元，加上研究生费用，总量估计在2 000亿美元左右。这个影响巨大，但对于第三点，我们也不作考虑。我们只考虑受到教育后的人的影响。

我们称 $y_5 = e(x)$ 为教育对经济发展的影响函数，该函数主要受施教人员和教育质量的影响。该影响需要在劳动过程中通过劳动者体现，因此是一种间接影响。综上所述，该因素对经济发展影响正常情况下是渐进的。

六、经济发展局限与核心价值思想的关系

思想引领至关重要。人类早期还谈不上有什么核心价值思想，直到奴隶社会的末期，在东方出现以孔子、孟子、老子等为代表思想家，在西方出现苏格拉底、亚里士多德、柏拉图等为代表的思想家。到了封建社会，各类思想大家相继涌现，宗教思想影响日益扩大，各类思想更加丰富。资本主义社会以后，科学思想大爆发，资本主义思想、社会主义思想相继出现，人类有了更加先进的思想引领。然而，每一个时代的核心价值思想对于经济的发展是有一定影响的，但所起作用有所不同，有的核心价值思想对发展影响较大，直接影响经济发展，有的核心价值思想对经济发展影响作用似乎不大，有的则可能阻碍经济发展。我们称 $y_6 = t(x)$ 为核心价值思想对经济发展的影响函数。

核心价值思想对经济发展的影响具有持续性或持久性，这是其重要特点。经济和社会发展需要核心价值思想这种持久且具有正面影响的正能量。

中国在中国特色社会主义思想的引领下，用改革开放40年的时间取得了巨大进步，跨越式走过了资本主义国家约200年的发展历程，成为世界第二经济大国。

核心价值思想需要不断进步，否则也会成为发展障碍。

七、经济发展局限与改革的关系

改革无疑会对经济发展产生影响，我们已经做过探讨。改革是发展的触发器，通过改革可启动、诱发经济的发展。改革在发展中的影响特点，其一是改革初期对于发展来说可能具有暴发式的影响，没有改革之前，经济可能一潭死水，改革实施后，可能产生立竿见影的影响（也可能没有影响，得看其改革措施是否符合实际），经济可能马上充满活力。其二是初期改革的影响力呈递减趋势，影响开始比较大，后来会随着时间推移越来越小。如果要让改革不断发挥作用，就要适应新形势的需要不断推进新的改革。我们

称 $y_7 = r(x)$ 为改革对经济发展的影响函数。

当然，还有其他的影响经济和社会发展的因素，这里我们只分析了一些主要的因素，其他因素影响相对较小，暂且忽略不计。

第三节　行业发展局限——"天花板"行业

每一个行业生产的产品数量与人们的需求息息相关。当其所在国家每一个个人或家庭的最大需求都得到满足后，其生产就会面临发展的局限（天花板），产品的数量便达到总量的极限。这一极限可分两个产量：一个是最高产量极限，这个极限一般来说在每一个个人或家庭的最大需求都得到满足之前若干年就已经达到；另一个是在市场的需求都得到满足，需求饱和后的日常需求量，一般这一产量比最高产量要小了许多。除非人口出现大量增加或还能广泛利用国际市场，这是每一个行业都不得不面对的现实规律。行业发展的极限正是形成经济发展局限的重要依据，是中观层面对经济发展局限的解释，这是规律，任何国家无法避免，以下情况说明了行业极限产量的存在。

一、中国钢铁发展局限

大概在2005年，中国钢产量到了8亿吨左右。然而，随着固定资产投资增速的回落，钢铁产能随即出现了前所未有的产能过剩，去产能的压力巨大。现在看来，2014年8.2亿吨的钢产量几乎可以肯定是中国钢的最高产量，随后中国经济无论怎样发展，钢的产量大概也不大可能超过这一数字，也许8.2亿吨钢就是中国钢的最高极限产量，并且由于中国建设仍在进行，也许这一最高产量还将维持一段时间。应该看到的是，中国基础设施建设的高峰已过，工业投资的高峰已过，房地产发展高峰也已经过去。中国的汽车产量还没有达到高峰，但这不足以弥补投资下行的缺口。其他便再也没有支撑钢铁行业大发展的行业了。随着建设高峰的过去，中国的钢产量将较长时间稳定在一个最大需求得到满足、市场需求饱和后的日常需求产量，这个日常需求产量尚无法做出预测，也许4亿—6亿吨能维持较长时间。这便是钢铁行业发展局限（极限）之所在。

二、中国煤炭发展局限

煤炭行业是中国又一个达到产量极限的行业。1978年，中国煤炭产量6.18亿吨，1985年8.72亿吨，此后产量直线上升，1990年10.80亿吨，1995年13.61亿吨，2000年13.84亿吨，2005年23.65亿吨，2010年34.28亿吨。自2013年产量达到39.74亿吨后，煤炭产量连续出现下滑，2016年仅生产34.11亿吨。按照发展绿色经济的基本国策，在水电、风电、太阳能发电、工业余热发电大发展，使用天然气替代煤炭，国家大力实施节能减排措施的影响下，煤炭行业的好日子已经彻底结束，煤炭产量还将稳步下降。39.74亿吨的产量毫无疑问将成为中国煤炭行业的最高极限产量。至于煤炭产量下降到什么程度，是本节分析的各行业中最不确定的，它一方面取决于绿色能源今后的投资力度、产能利用情况，另一方面取决于国家政策。煤炭的日常需求量尚还难以做出预测，还处于持续下降的过程中。

三、中国汽车发展局限

中国的汽车产业是本节讨论的行业中发展中最乐观的，仍然是朝阳产业。1978年，中国汽车产量14.91万辆，1985年43.72万辆，1990年51.40万辆，此后直线上升，1995年145.27万辆，2000年207万辆，2005年570.49万辆，2010年1 826.53万辆。2016年，中国汽车产量2 811.91多万辆，但民用汽车存量只有18 574.54万辆，每百户仅27.7辆，（美国2014年的汽车存量达到24 518.4万辆，远多于中国汽车存量，每百人达到77辆）。按照发展趋势，如果中国成功避开中等收入陷阱的话，中国的汽车产量还远没有达到最高产量。按中国人口规模，如果达到美国水平，最高极限产量理论上将超过8 000万辆。也许美国的汽车普及速度更快，中国汽车普及速度会慢一些，估计保守一点，中国汽车最高极限产量达到4 000万—5 000万辆是完全有可能的。因此，中国的汽车产业还将有一个比较长的发展过程，目前虽然也有产能过剩的问题，但长远来看，消化应该没有问题，而且随着产量的增加产能还将有所扩大。由于中国汽车市场理论上还远没有饱和，市场饱和后的日常需求量还需要很长时间才能由市场确定，也许可以根据美国市场水平进行推算。

四、美国汽车、钢铁业发展局限

美国的汽车和钢铁行业都是已经达到最高极限产量的行业。

1973年，美国的钢产量达到历史最高，产量为1.36亿吨，成为美国钢铁最高极限产量，之后持续递减，目前的产量基本稳定在8 000万吨左右（见图3-1和表3-1）。也就是说，美国的钢产量最高极限水平早已经成为过去，现在的产量基本也就是维持在市场饱和后的日常需求产量这一水平。将来如果美国人口没有大量增加，美国钢铁产量大体将维持在8 000万—9 000万吨左右。

美国的汽车行业从1903年福特汽车的兴起起步，1916年产量达到100万辆，1920年达200万辆，1929年500万辆，1950年700万辆，1960年800万辆，1970年790万辆，1980年800万辆，1985年1 170万辆，1990年970万辆，1995年1 200万辆，2000年1 280万辆，2004年1 200万辆，2010年962.59万辆，2014年1 166万辆。其中，2000年美国生产汽车1 280万辆，达到其历史最高产量，估计该产量将成为美国最高极限产量，而且今后相当长的时间都不大可能被超过。因为现在美国市场充分饱和，在现有人口基础上一时不会出现产量猛增。当然，今后美国人口突破4亿人甚至5亿人，汽车的最高极限产量突破现有的最高极限产量也是可能的。

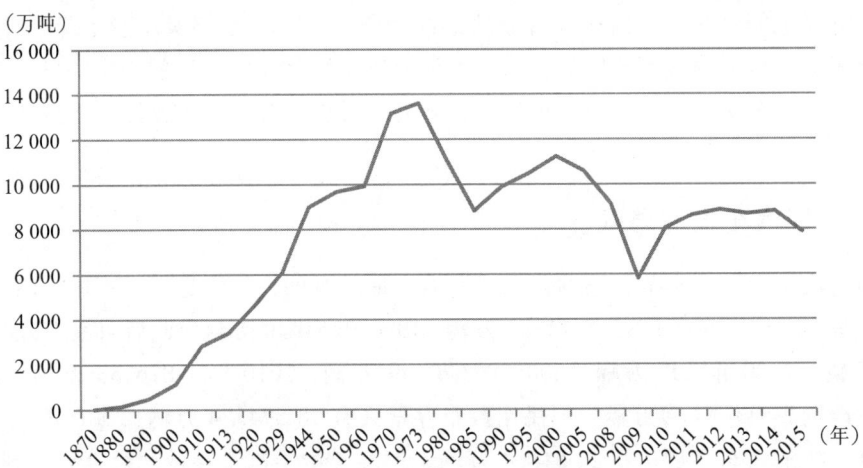

图 3-1 美国钢铁产量概况

表 3-1 美国主要年度钢铁产量表

年份	产量（万吨）	年份	产量（万吨）
1870	7.7	1985	8 830.0
1880	139.7	1990	9 890.0
1890	477.9	1995	10 490.0
1900	1 122.7	2000	11 240.0
1910	2 833.0	2005	10 600.0
1913	3 408.7	2008	9 135.0
1920	4 700.0	2009	5 819.0
1929	6 100.0	2010	8 049.0
1944	9 000.0	2011	8 640.0
1950	9 680.0	2012	8 870.0
1960	9 930.0	2013	8 688.0
1970	13 150.0	2014	8 817.0
1973	13 600.0	2015	7 885.0
1980	11 100.0	—	—

第四节　产业的衰落

在经济发展过程中，会不断有新的产业产生和发展壮大，成为经济增长动力，也不断有老的产业衰落甚至彻底遭到淘汰。产业的衰落也给发展带来负面影响。产业的衰落大体有以下 3 种形式。

一、生产要素成本上升，国际竞争比较优势下降而导致的产业衰落

一些产业在发展过程中，生产要素成本（如土地成本、劳动力成本、原材料成本）会不断上升，而在国际市场的竞争中，由于各国所处发展阶段不同，一个产业在各个国家的生产要素成本存在巨大差异，一些国家的产业会因为要素成本过高而失去竞争优势，另一些国家的相同产业则会因为要素成本较低而成为优势产业。这一过程在不断演变。在第一次工业革命中，纺织、服装业是英国的绝对优势产业，而在第二次产业革命中，美国的纺织服装业成为世界优势产业，此后日本纺织服装业也一度成为优势产业。20 世纪 80 年代以后，中国的纺织服装业成为世界绝对的优势产业，而在 2010 年以后，中国的纺织服装业也因为生产要素成本的上升导致国际竞争比较优势下降，而且这一进程还在持续，服装业成为东南亚、南亚、中亚、非洲等地的优势产业。钢铁产业发展历史与纺织服装产业完全一样，英国在第一次工业革命中是世界头号钢铁大国，其后美国成为钢铁大国，现在中国则是头号钢铁大国，英国的钢铁产业彻底衰落，美国的钢铁产业也只是在保护政策下勉强维持。

二、新技术淘汰旧技术和旧产业

原始社会，骨器、石器手工制造业曾经是重要产业，在金属冶炼制造产业产生后被彻底淘汰。今天，这样的例子也不断上演。胶片制造业一度成为较大的产业，而随着数字技术的产生被无情淘汰。存储信息的磁带存在的时间也不过二三十年，随后便被新的存储技术取代。传统照相机被数码相机取代。

三、资源产业会随着资源枯竭而被淘汰

中国有个城市叫白银，因有色金属（铜、铅、锌等）矿产资源丰富而得名，这个城市现在已经成为资源枯竭型城市。中国的东北过去盛产煤炭，现在则逐渐进入资源枯竭阶段。中国大庆的石油产量曾经长期稳定在 5 000 万吨，是名副其实的石油城，而现在只能保持大约 4 000 万吨产量，今后还会逐渐减少，最终枯竭。大庆的石油产业如不能未雨绸缪，结局便是被淘汰。有一些可再生资源如果不注意保护，也会陷于枯竭，如近海、湖泊渔业资源的过度捕捞会导致资源量急剧下降，出现无鱼可捕的局面。

第五节　经济发展在历史进程中的局限

一、人类社会长期的低速发展

原始社会经济和社会发展均十分缓慢，原因是原始社会赖以发展的经济原动力的发展

均十分缓慢。技术发展慢、人口增长慢、发展环境不稳定,原始社会发展慢也就可以理解了。

奴隶社会的发展由于各种工具的广泛使用,尤其是金属农(工)具开始出现并推广应用,生产力水平相对原始社会已经有了跨数量级的提高,人口增长由于生产力水平提高速度加快,奴隶社会的发展比原始社会有明显加快(但那时的速度快,按现在标准显然只能叫停滞或低增长,扣除人口增长带来的影响,发展速度几乎为零)。

封建社会发展的成果在现代化的今天我们在核心生产技术领域仍然见得到,如犁(铁犁)牛耕田等,这是比其他翻地农具效率提高 10 倍的重大发明。因此,在这些核心技术广泛推广影响下,人类发展的步伐较奴隶社会发展无疑是明显更快了。但是,受战争和瘟疫等因素的影响,发展经常出现严重倒退,特别是人口方面,因此中国的封建社会延续了 2 000 多年而没有更大的进步。

以上 3 种社会形态的发展,相对于今天都是十分缓慢的。

二、资本主义社会的快速发展

世界经济进入资本主义阶段,在科学技术进步的推动下,在人口快速增长的推动下,世界经济进入快增长阶段。

(一)英国、美国经济的高增长

英国作为资本主义发展的典型代表,其资本主义发展过程中并没有太快的增长速度,只不过发展得比其他国家更早而已。瓦特发明的蒸汽机真正起作用以前(大体按 1801 年以前计算),1700—1801 年,英国经济年均仅增长 0.86%。1820—1870 年是英国经济发展高潮时期,是机械化发挥重要作用时期,这一时期其 GDP 年均增速也只有 2.05%。1801—1820 年蒸汽机开始发挥作用初期,英国经济也仅年均增长约 1.8% 左右。英国在 1950—1973 年保持了经济发展史上最快增速,年均增长 2.93%。

美国经济长期保持了较快增长速度,且远高于英国。1820—1870 年连续 50 年保持年均 4.2% 增速,1870—1913 年年均增长 3.94%,1913—1950 年年均增长 3.93%,1973—1998 年年均增长 2.99%。当然,美国的高增长除有科技贡献外,还有相当大的程度上是由大量移民基础上的人口快速增长拉动的。需要指出的是,1913 年以后,美国作为世界最发达国家,之所以能保持高增长,原因在于其人口始终较快增长。美国虽然是两次世界大战参战国,但战场都在其本土外,美国是从武器到战争物资的主要生产者和供应者。

另外要指出的是,作为最发达国家,英国、美国长期引领资本主义发展,经济发展速度领先全球,他们的产品行销全球,主要原因是当时世界广大发展中国家完全处于发展的无意识状态,发达国家产品可以占领全球市场。现在的情形则完全不同,广大发展中国家多数已经觉醒,自我发展意识增强。少数发达国家独霸全球市场的局面已经不再,所以历史上发达国家曾经经济增长速度最高,现在则颠倒了过来。

（二）日本曾经的高增长

1914—1918 年，在各产业空前繁荣背景下，日本经济实现了前所未有的惊人增长，平均实现了约 22% 的名义增长。从 1932 年到 1939 年，在长达 8 年的时间里，日本经济实现了 6.9% 的平均增长速度。从 1956 年到 1973 年这段长达 18 年的时间里，日本经济经历了长时间的高速增长，平均实际增长速度保持在 9.4%，最高增长速度达 13% 左右，最低也接近 6%。日本曾经出现的高速增长，在大国中是比较少见的。

三、发达国家经济逐渐趋于低增长

进入新的世纪，2000—2015 年，美国经济年均增长 2%。进入低增长状态。这一阶段德国经济年均增长 1.2%，进入比美国经济更低的增长状态。20 世纪 80 年代广场协议[①]签订之后，日本经济便进入低增长状态。20 世纪 80 年代中期，日本曾有几年在亚洲国家高速增长带动下的较快增长，但很快失去动力，进入 21 世纪，日本经济基本没有起色。2000—2015 年，日本经济年均增长 0.81%，在所有发达国家中增速最低。

四、金砖国家、发展中国家的较高增长渐成趋势

2015 年前后，中国和印度作为"金砖国家"的代表，仍然保持着 7% 左右的高增长。在世界经济的大格局中，发展中国家的经济增长速度始终高于发展国家。进入 21 世纪，这一趋势更加明显。2000 年，高收入国家增长 4.0%，中低收入国家增长 5.5%；2005 年，高收入国家增长 2.8%，中低收入国家增长 7.1%；2010 年，高收入国家增长 3.0%，中低收入国家增长 7.9%；2014 年，高收入国家增长 1.7%，中低收入国家增长 4.8%。

五、中国改革开放后高速增长与当前中国的中高速增长

中国自 1978 年开始改革开放，从 1979 年到 2008 年，30 年的时间里，按不变价格计算，中国经济平均每年增长 9.8%。这是所有大国中绝无仅有的，是中国经济发展的巨大成就。中国因此成为世界第二经济大国，仅次于美国。从 2012 年开始，中国经济进入发展新常态，经济开始呈现中高速度增长，发展质量更好，更加注重绿色、环保。2012—2016 年，中国 GDP 年均增长 7.32%，进入中高增速阶段。

[①] 广场协议：20 世纪 80 年代美国为改善财政赤字和对外贸易逆差大幅增加状况而发起签订的协议。日本积极响应，并大力推动。

第二篇 不同社会阶段的发展

第四章 原始社会发展

历史学家把距今 200 万年至 1 万年以前称为旧石器时代，这一时代人们使用打制石器，以采集、渔猎为生。社会组织在经历十分漫长的原始群阶段后进入氏族公社阶段。氏族公社又分前氏族公社、母系氏族公社、父系氏族公社 3 个阶段。这 3 个阶段出现的社会组织又区分为原始人群、血缘家庭、氏族、胞族、部落、部落联盟。生产经济出现在大约 1 万年前，与此同时，人们开始使用进步的磨制石器，取代了打制石器，以此为标志人类进入新石器时代。在距今大约 5 000 年至 4 500 年前，出现了对金属的使用，人类进入金石并用时代，由于生产力有所发展，私有制开始产生，社会出现奴隶主和奴隶的分化。由于人口增加，资源争夺更加激烈，亲属部落开始结成联盟，后来形成更大范围的联盟，联盟首领拥有了军权、审判权等权力，国家雏形出现，最强大的部落联盟甚至对其他部落产生影响，文明时代拉开序幕。下面我们从经济发展的角度来认识原始社会的发展。

第一节 原始社会技术与人口发展

一、原始社会技术发展

（一）旧石器时代技术进步

1. 旧石器时代中国技术情况。旧石器时代技术进展十分缓慢。这一时期主要使用打制石器或骨角器。这一时代的主要工具有手工工具类刮削器、尖状石器、石锤、砍砸器、骨锥、石刀等。

从中国发现的距今 167 万年至 187 万年元谋猿人可能打造的刮削石器，到距今 110 万年至 115 万年中国陕西蓝田人可能打造的尖状石器，再到距今 70 万年中国山西合河出土石器，它们看上去均比较原始，只能说略有工具雏形，说明距今 200 万年到 50 万年这 150 万年，人类社会的技术进步十分缓慢。

1921 年之后发现的北京周口店遗址距今 46 万年至 23 万年。从该遗址出土的石锤、砍砸器和刮削器作为工具的形状已经比较清晰了。

捕猎用的石球绊脚索使捕猎水平发生革命性的重大提升，借助这一工具，人们可以捕获大型动物。距今约10万年的中国许家窑遗址出土了成吨的石球，大大小小1 500个，大的1 500—2 000克，中号500—1500克，小的90—500克。出土如此多的石球，说明制造石球在那个时代甚至已经成为一种分工，同时也说明利用石球绊脚索在那个时代已经十分普遍。在此遗址中同时出土的还有91匹野马和至少11头披毛犀骨骸，这也直接证明了石球绊脚索在捕获大型动物中的巨大作用。

2. 旧石器时代欧洲技术情况。在欧洲出土的英斯特石器有单凸面刮刀、勒瓦娄哇刀尖、双凸面刮刀，与北京周口店刮器比较相似，制造年代约为公元前12万年至3.5万年期间。

欧洲出土的奥里尼雅克石器①有3件石器，两件有鼻刮刀，一件刀刀，特别是刀刀，已经明显接近现代刀的形状，制作年代约为公元前4万年至公元前3万年。

欧洲出土的梭鲁特石器有月桂叶刀、带凹肩的叶尖、柳叶刀、单面叶刀尖4件，制作年代约为公元前2万年至公元前1.7万年。马格达林石器，有一件带单钩的鱼叉、一件一面多钩的鱼叉，还有一件双钩鱼叉（一面三钩，一面二钩），制作年代约为公元前1.7万年至公元前1.2万年。

3. 人类社会技术进步的重要事件。

（1）学会缝制衣服。中国北京周口店附近距今约1.8万年前的山顶洞人遗址中出土的一件骨针，长8.2厘米，表面刮磨光滑，有一个细细的针孔，说明这个时代的人已经学会缝制衣服。伦敦自然博物馆中也有一件骨针，年代为3万—1.8万年前，这说明欧洲大陆和亚洲大陆的发展基本同步。骨针的出现是人类文明史上的又一重大进步。制作和穿着衣服标志着人类逐步从野蛮时代走向文明时代，也标志着人类生存的区域逐步向北推移，大幅增加了人类活动区域。

（2）学会用火、管理火。周口店遗址第一地点（猿人洞）发现了3个灰烬堆和5个灰烬层，最后一层厚达6米，说明"北京人"在这里曾经断断续续居住数十万年，而且管理火的能力不断增强，在灰烬中还有经火烧的兽骨和很多朴树籽。辽宁营口金牛山遗址也发现了大量用火的遗迹，年代约为距今26.5万年至17.5万年。遗迹包括灰烬层和灰堆，其中包括烧土、炭屑、烧骨，说明火的应用已经到更北的地方。火的应用，其作用也许不亚于发明汽车。用火可以抵御寒冷、加工食物、制作工具，甚至可以利用火攻猎取大型野兽。火为人类开辟了更加广阔的生存空间，甚至为火耕的发明奠定了基础。

（二）新石器时代技术进步

新石器时代从大约1万年以前到公元前3 000年左右。这一时期石器进入琢制和磨制阶段，形状更为规整。这一时期的主要技术进步有：

1. 狩猎用石器、骨器磨制日益精湛，农业种植用石骨器大量涌现且形状日益接近现

---

① 本章世界史部分的史料来源为：[美]霍华德·斯波德：《世界通史 公元前10000年至公元2009年》（吴金平、潮龙起、何立群等译），山东画报出版社2013年9月出版。

代小农经济农具：河南舞阳贾湖遗址出土了距今约 8 000 年的众多狩猎工具。在出土的物品中，狩猎工具约占各类生产工具的一半，其中有数以百计的骨镞（箭头）。这些骨镞形制多样，多经细致的加工，磨出锋利的尖和侧刃，有的还有血槽。骨镖也较多，形制固定，两侧有翼和倒刺，倒刺有 2—7 对，还有骨锥、骨柄。河南舞阳贾湖遗址出土了平顶弧石铲、用猪肩胛骨制作的骨耜、齿刃石镰、加工粮食的石磨盘和磨棒。河北武安市磁山裴李岗人遗址距今约 7 300 年，此处出土了扁平石铲、骨铲、带齿石镰，一件磨盘几乎与贾湖遗址出土的一模一样。山东胶县大汶口遗址距今 6 500—4 500 年，出土了鹿角锄和鹿角镰、蚌刀、蚌镰。内蒙古敖汉兴隆洼遗址出土了石锄和石耜。上海松江平原村遗址距今约 6 000 年，出土了三孔石犁铧、石斧、石刀、石镰等。三孔石犁铧的出现标志着当时农业生产用具技术的巨大进步，其意义在那个时代甚至不亚于后来蒸汽机的发明。这种新型生产工具的出现和推广使用，无疑促进了经济的快速增长。

至此，中国封建时期长期存在的小农经济农具在新石器时代大多数都已经出现，只不过不是以铁器而是以石器或骨器形式存在。说明新石器时代石器制作已经十分专业。

世界其他国家对新石器时代遗址的考古同样发现了大量石刀、石镰刀、石斧、石箭头、石匕首、石矛、石鱼钩、石鱼叉、石杵臼、石犁和石锄。这些与中国的发现十分相似。

2. 从狩猎到驯养，使人类向定居的进步迈出重要一步：浙江余姚河姆渡遗址发现了距今 7 000 年的动物和家畜的骨骸，包括驯养的猪、狗、水牛等，还有大量野生动物骨骸。西安半坡遗址发现了距今 4 600—4 400 年的圈栏两处，是先人饲养牲畜的直接证明。西安临潼姜寨遗址比半坡遗址早 500—1 000 年，也发现了两处牲畜夜宿场所。这两处遗址证明当时已经有成规模的牲畜饲养。

在公元前 6 000 年，埃及出现了驯养绵羊和山羊的迹象。生活在西亚和中东"肥沃的新月地带"的人们驯养了山羊和绵羊，土耳其人驯养了猪。美洲印第安人驯养了美洲驼、天竺鼠和火鸡。

3. 粮食作物种植日益普及，人类向定居生活迈出关键一步。与农业生产用具同时出现的是各种粮食作物的普及种植。人类实现了从作物采集到种植的伟大进步。贾湖遗址出土了 1 000 多粒炭化稻米，均为经人工脱粒后的无稻壳标本，有偏粳型、偏籼型和偏普通野生稻型。湖南澧县八十垱出土了距今 8 000 多年前的古稻粒，形状完整。浙江余姚河姆渡遗址发现了距今 7 000 年的稻谷，在广达 400 平方米范围内普遍都有稻谷发现，大量炭化稻谷、谷壳、稻草堆积厚约 0.2—0.5 米，最厚处超过 1 米。

1994 年，中国、美国、英国、日本等国的考古专家在仰韶遗址附近的班村发现了数十斤 5 000 年前的小米。这意味着中国传统五谷之一的粟在当时已经大量种植。

内蒙古敖汉兴隆洼遗址的灰土里出土了粟和黍。这些粟和黍出土时除了已经炭化变黑外，无论形状还是大小都和今天种植的谷子和黍子非常接近，是迄今发现的最早的粟和黍。20 世纪 60 年代，新疆天山东部的巴里坤县石子乡土墩遗址发现了已经炭化的小麦粒，距今约 4 000 年。楼兰小河墓地也发现了距今 4 000 年的炭化小麦。甘肃民乐县东西灰山遗址距今 4 300—4 400 年,这里发现了小麦、大麦、高粱、粟和稷 5 种作物的炭化籽粒,尤其是小麦颗粒完整饱满,而且数量很多,品种齐全,史上罕见。

公元前 1 万年,西亚和中东"肥沃的新月地带"上的人们开始采集野草谷物——小麦和大麦,后来进行种植。公元前 8 000 年,用以色列北部山谷命名的纳图夫人来到"肥沃的新月地带"南部,到达杰里科附近的约旦河谷,种植小麦和大麦。他们还种植豌豆、小扁豆和其他豆科植物。在埃及,到公元前 8 000 年,面粉从碾压的野草的种子中提取出来。公元前 6 000 年,种植小麦、大麦、大麻、谷物的迹象出现。

考古还表明,世界各地最早种植的农作物有较大不同:中美洲种植的是玉米。南美洲种植的是树薯和甘薯等块根农作物。在东南亚地区、赤道和非洲,山药等块茎作物是主要农作物。印度在公元 5 000 年前才开始种植水稻。

上述情况证明,构成我们现代人主要食物来源的各种粮食作物在新石器时代都已经被人类利用,甚至广泛种植。

4. 各式陶器生产制作在中国各地大量涌现,定居生活更加方便。随着定居生活的出现,各种生活用陶器大量涌现:贾湖文化遗址出土陶器还比较粗糙,陶坯由未经淘洗的黏土制作,颜色不够均匀纯净。仰韶文化遗址出土的陶器,制陶水平已经有很大提高,器形和纹饰不断演进。陕西临潼姜寨出土的尖底瓶、葫芦形陶瓶、细颈陶壶已经出现纹饰,甚至发现了写实鱼纹彩陶盆。山东泰安大汶口遗址出土了泥质白陶杯,器壁薄而均匀,表面磨光,陶质洁白,还出土了泥质白陶盉,光润洁白。大汶口文化以红陶和灰陶居多,也有白陶和黑陶。

山东龙山文化姚官庄出土了陶鬶、泥质黑陶鼎、泥质黑陶豆等。蛋壳黑陶杯则代表了龙山文化制陶最高水平,已经带有礼器性质。

5. 纺织业出现。大量骨针、丝纺织品、骨机刀、梭形器、陶纺轮的出现,以及主要纤维植物的种植,意味着新石器时代纺织业已经出现,人类开始步入有衣服穿的文明时代。

贾湖遗址出土了丰富的骨针这些骨针多数磨制精细,或圆或扁,形态各异,长短不一,说明各种骨针有完全不同用途。

浙江吴兴钱山漾遗址出土了距今 5 000 年的绢片、丝带和丝绳,经鉴定为桑蚕丝,而且是经过缫丝加工的长丝,同时还出土了麻织品。

浙江余姚河姆渡遗址了发现很多织机组件,骨机刀、梭形器、陶纺轮等,反映了当时已有原始踞织机。河姆渡还出土了一件象牙雕刻的蚕纹盅,上有蚕纹和织物纹。中国还有众多新石器时代遗址出土了纺轮。

在江苏吴江草鞋山出土的距今 5 000 多年的三小块炭化纺织品残片是中国最早的纺织品实物。经鉴定,该纺织品的纤维原料可能是野生葛,属于纬线起花的罗纹编制物,花纹为山形和菱形的斜纹,属于麻质。

河北正定南杨庄和山西芮城西王村都出土了陶蚕蛹,前者形象十分逼真,说明中国不仅在南方,北方也与蚕有了关系。

考古发现，印度人公元前3000年便开始种植棉花。中国的大麻、苎麻和亚麻也有悠久的种植历史。

上述情况证明，在新石器时代晚期，构成我们现代人衣着主体的纤维棉、麻、丝都已经被人类发现并利用。

6. 定居大量出现，建筑技术初步发展，城市出现。从浙江余姚河姆渡遗址考古发现，河姆渡人修建的是干栏式建筑，他们在地下打下一排排木桩，架起大小龙骨承托厚木板的居住面，形成架空的基座，上面立柱架梁，构建屋顶，造起宽23米，进深7米，带有前廊的长屋。该遗址中有3栋平行长屋。遗址木工工艺先进，木构的垂直交接全部用榫卯，不同部位的榫卯据受力的不同做成不同形状，如作为拉杆的构件凿有梢孔，目的是加梢钉固定，以免发生脱榫。这些技术已经相当先进，中国古建筑的基本技术河姆渡人都有所掌握。

河南贾湖遗址的建筑既有干栏式木构建筑，又有地面起建的土木合构房屋。中国北方的房屋建筑则经历了地穴式到半地穴式，再到地面建筑的逐步发展过程。

陕西临潼姜寨遗址的史前部落聚落平面布局为椭圆形，东西长210米，南北160米，中间是5 000平方米的广场，上有两个牲畜夜宿场。广场四周有百余座房子，房门都开向广场，可以分成5个建筑群，每群都有一座80平方米左右的大房子，周围环绕一群中小型房子。居住区西面临河，河边是窑场，北、东、南三面挖有壕沟，宽2—3米，内设哨听。该村寨规模庞大，功能多样，兼具防卫特点，是中国古代聚落的代表性遗址。

河南郑州大河村遗址聚落距今约5 000年，所见都是分间、连间建筑。这种排房与姜寨和云南炭画的区别较大，一是规模小，二是功能少，估计是以家族或家庭为单位的住房，反映家族作为社会细胞在日益发展。

在西亚、中东地区，考古学家发现的最早村庄，其历史可以追溯到公元前1万年。这些古村庄遍布南起波斯湾，东到扎格罗斯山（今伊拉克和伊朗边境），西北达今天的土耳其，向南、向西穿过地中海东部的叙利亚、黎巴嫩这一大片蜿蜒曲折的"肥沃的新月地带"。其中最大的一个村庄是兴建于公元前5 500年的凯塔胡育科，占地约30英亩（182亩）。不久之后，有的地区出现了城市——主要城市都有围墙。公元前2700年，在苏美尔的乌鲁克，出现了集"国王、神灵、英雄"于一身的城市，其防御土墙绵延6英里（约合9.65千米），保卫的人口达到5万人。据此推测，公元前3000年城市规模也应该具有相当规模了。

在埃及，到公元前3600年，一系列村镇出现在尼罗河沿岸，每隔约32.18千米就有一个，村镇经济的基础是谷物，看不到阶级分化的证据。到了公元3300年，第一个有城墙的城镇在上埃及的涅伽达和希拉孔波利斯出现，城镇附近建有国王和贵族的寝宫，说明社会分化进入新的阶段。

7. 船和车的出现标志人类活动区域的进一步扩大。浙江余姚河姆渡遗址出土了木桨，共有8支，都是用整块硬木加工而成。浙江杭州萧山区发现一艘距今约7 500年的小木船，整船在一段完整的木头上挖凿而成。江苏苏州良渚发现距今5 000年的古船。浙江吴兴钱山漾遗址也出土了距今 5 000 年前的木桨，还出土了石、陶瓷制成的网坠，骨制的鱼标，丝线或亭麻线编制成的鱼网，说明当地捕鱼方式已经多样化。

公元前 3000 年，苏美尔人已经发明了车轮，意味着车已经出现。

船和车的出现是社会发展又一重大进步，按现代经济来说，又多了两个经济增长点，多了两个行业。但是，那时船和车的应用范围还十分有限，影响还很小。

8. 铜冶炼开始出现，金属时代开启。西安临潼姜寨遗址比半坡遗址早 500—1 000 年，在该遗址中意外发现了半圆形黄铜片和黄铜管，意味着那个时代已经有了铜的冶炼。

1975 年在甘肃东乡林家马家窑遗址发现了公元前 3000 年左右的青铜刀，这是中国发现的最早青铜器。虽然铜、铜器在其他遗址中并不普遍，但也意味着新石器时代后期中国已经开启了金属时代。

在世界的其他地区，铜冶炼的时间更早。公元前 5500 年，在美索不达米亚和埃及已经开始冶炼铜、金、银。在苏美尔，公元前 3000 年出现了铜铸造。

人类正是由于有了新石器时代的技术相对旧石器时代的快速进步，才有了生产力的提高，生产能力的提高，原始经济相应也得到快速增长，才有了以后的人口快速增长，才会出现新石器时代和旧石器时代人口自然增长率近百倍的差距。旧石器时代由于技术进步十分缓慢，原始经济增长也是十分缓慢的，人口增长则近乎停滞。

二、原始社会人口发展

原始社会早期，原始群落没有任何婚姻禁规，血缘婚姻难以避免。我国《管子》中讲的"古者未有夫妇匹配之合，兽处群居"也许正反映了那时的婚姻状态。直到旧石器时代中晚期的最后阶段，兄弟姐妹群婚逐渐被禁止，最早的婚姻规矩才形成。中国古代传说中的伏羲即是创立这一规矩的神话人物。《古史考》等书中所谓伏羲始制嫁娶以修人道，即讲伏羲通过观察族内婚姻和近亲结婚所生育子女或智力低下或四体不全而制定婚嫁制度，规定同姓不能通婚、同部落不能通婚，禁止群婚乱配，实行对偶婚，并把婚姻制度固定下来。关于婚姻的定制是伏羲的众多贡献之一。婚姻制度的逐步形成使人的进化步伐加快，这是人类自身发展的一个关键步骤。

在现代社会要知道一国准确人口数亦非易事，要知道远古人口情况就更难了。由于秦朝与现在中国地域大体相当，我们以最早有人口统计的秦朝的人口数推算 200 万年前中国大致人口总量及大致自然增长率。学者李峰在《夭折的天国》中对秦朝的人口总数做了估计，提出多数学者估计当时的人口数量约为 2 700 万人，有的估计有 5 000 万人，我们不妨以 2 700 万人为基础，对原始社会各阶段中国人口情况进行倒推。

（一）中国公元前 3000 年人口估计

新石器时代是一个技术大进步的时代，由于技术的进步，人类生存发展条件大为改善，人口自然增长率也应该较旧石器时期快。到公元前 3000 年，中国人口应该有多少呢？我国史籍记载，公元前 2205 年的夏禹初期，人口数为 1 355 万人，到秦朝的公元前 221

年，人口数量为2 700万人，这期间人口自然增长率为万分之三点五（这一数字可视为有一定依据，因为前后两个人口数都有一定出处）。以夏禹初期人口数为1 355万人为基数倒推：如果公元前3000年至公元前2205年人口自然增长率保持在平均万分之三点五，则公元前3000年约有人口1 026万人；如果人口自然增长率保持在平均万分之三，则公元前3000年约有人口1 067万人。根据中国历史传说，神农氏因人口日益增多靠捕捉鸟兽难以满足需要而教人种植五谷，还有各个部落因争夺地盘征战频繁，可以想象那时人口应该比较多了。

根据历史记载，苏美尔地区在公元前2500年人口数量达到50万人，埃及的尼罗河沿岸公元前3600年每隔约32千米就已经有一个村镇，因此推测中国公元前3000年约有1 000万人口是也许合理的。当然，这只是我们的推算。

（二）中国1万年前人口估计

根据公元前3000年大致可能的人口数1 000万人倒推，如果公元前8000年—公元前3000年人口自然增长率保持在平均万分之二（按进步程度来说这一时期自然增长率应该比公元前3000年后要低），则1万年前约有人口368万人；如果那时人口自然增长率保持在平均万分之二点五，则1万年前约有人口287万人。《世界人口历史图集》估计公元前1万年世界人口约400万人。

（三）中国200万年前人口估计

如果以1万年前人口数量368万人为基数倒推，假如200万年—1万年前人口平均（下同）自然增长率为百万分之一（必然以百万分之一计，如果以十万分之一计，那么200万年前的2人繁衍到1万年前人口将以数亿计），则200万年前人口数量约为50万人。如果人口自然增长率为百万分之二，那么200万年前人口数量为6.87万人。如果人口自然增长率为百万分之三，那么200万年前人口数量为9 399人，不足1万人。如果人口自然增长率为百万分之四，200万年前人口数量仅为1 285人。以上几个估计数哪个可能性较大，只能留待历史学家考证。

以上推导可以有两个结论：一是原始社会旧石器时代的人口平均自然增长率可能非常低，也许就在百万分之几的水平，但新石器时代随着技术进步的出现，人口自然增长率明显上升，到了万分之几的水平。二是200万年前中国应该人口稀少，但到了1万年前，中国人口数可能已经相当可观了，达到300万人左右。

原始社会人口自然增长率低的原因首先是生产力水平太低，生活没有足够保障，人们过着饱一顿、饥一顿，有一顿、没一顿的生活，很多时候面临饥饿威胁；其次是面临大型食肉动物的严重威胁；最后是面临疾病、瘟疫威胁，没有医疗，只能自生自灭，生育率高，死亡率高，寿命短。

根据上述推导，中国在5 000年前可能有约1 000万人，人口规模达到现在一个中等偏下国家的水平，因此中国经济规模在当时也相当庞大了，这应该在人类发展史上是一个很大的成就，主要应归功于技术进步。

第二节 原始社会文化艺术与社会稳定

一、原始社会思想文化

原始社会的旧石器时代，文化的进步也是极其缓慢的，但在后期也开始留下一些痕迹，出现最初的艺术表现形式。

（一）骨笛与音乐

公元前 1.5 万年法国蒂多杜贝尔的泥雕野牛展现了一头野牛追赶一名妇人的场景。法国多尔多涅河发现了约公元前 3.5 万年的骨笛。中国的贾湖遗址也出土了贾湖骨笛，中国各地还曾出土各种乐器类陶器，有陶号角、彩陶鼓、蚌形陶响器等。这些或标志着音乐艺术的产生。

（二）壁画、陶器与舞蹈绘画

法国罗纳—阿尔卑斯地区的肖韦洞窟壁画绘制于约公元前 1.8 万年，洞窟内发现了 300 多幅壁画，画中呈现了马、水牛和狮子等动物。

到了新石器时期，随着各类工具器具的出现，生产力水平的提高，思想文化迎来大发展，文字的出现让新石器时期的文化发展达到顶峰，这是文化发展的最大成就：中国云南省沧源佤族自治县勐省、勐来乡文化遗址发现了距今 3 000 多年的岩画（原始村落图），画中 16 座干栏式房子通过涂色分成两群，每群都有一座位于中心广场的大房子和一些中小型房。画中有可辨认图像 1 063 个，包括人物、动物、房子、树木、太阳，有狩猎和采集场面，也有舞蹈和战争内容。

在中国出现的各式陶器中，文化艺术元素越来越多。牛梁河这处大型祭祀遗址出土的一件距今 5 000 年的彩陶罐为红陶胎，用黑彩绘数道涡纹，线条均匀流畅，手法娴熟。山东泰安大汶口出土的彩陶豆（公元前 3500—公元前 2500 年），口沿涂白彩，露出的红底有 7 组相对的半月形图案，器身有 5 组纹饰，每组以白彩绘 8 角星，用黑彩勾边，两侧用两道白彩画出隔段，器足也绘制白色纹饰两排。江苏邳州大墩子出土的花瓣纹形彩陶壶绽开的花瓣十分逼真。

甘肃临洮县马家窑文化距今 5 700—3 000 多年，此处出土的马家窑彩陶纹饰丰富，多用浓亮如漆的黑彩绘制，常见图案有旋纹、波纹、网纹等，几何纹图案均匀对称，动植物纹样写意手法较浓。

有的彩陶具有明显艺术色彩，如余姚河姆渡出土的猪纹黑陶钵，形态逼真，猪腹部下垂，有家猪形态。河南临汝阎村出土了距今5 000年的鹳鱼石斧图。陕西西安半坡出土的陶钵上绘有鸟纹。青海同德县宗日出土的距今约5 000年的舞蹈纹彩陶盆，在细泥红陶上用黑陶绘制两组携手共舞的人物形象，线条洗练，生动勾画了聚落庆典的歌舞场面。余姚河姆渡遗址出土了象牙雕刻的奢侈品，泰安大汶口则出土了象牙梳。

在中国各地还出土了各种各样的玉器，数量众多，有个人奢侈用品，也有祭祀用的礼器，标志着经济日趋发达，琢玉的技术也日益精湛。经过雕琢的有玉璜、玉璧、玉佩、玉箍、玉龟、玉玦、玉宗、钺等。

（三）象形符号与文字

中国在新石器时代尚没有出现文字，但在出土器物上也出现了应该代表一定含义的符号，只有到了大汶口文化时代，才出现若干象形符号组合在一起，像后来的会意字一样，表示一个特定含义。大汶口出现了"日月山"陶文，山东莒县陵阳河陶器上出现了汉字"斤和式"的祖形。

大约公元前3300年，在位于今天的伊拉克南部的苏美尔，世界上第一套书写系统出现了，这是人类历史上最具革命性的发明创造。伊拉克捷姆迭特那色出土了公元前3000年的楔形文字泥版文书。这一文字样本是世界上已知最早的文字。考古学家还挖掘出成千上万的苏美尔泥版文书，里面记录着文学和商业纪事。

在埃及，文字的出现更早。公元前3500年，象形文字开始使用。早期埃及文字记载的都是与商业、行政管理有关的事情，经过千年发展，记叙内容逐渐丰富，包括国王编年表、宗教献辞、保护死者的咒符、传记、故事、指引道德格言、诗歌、祈祷辞、数学知识、天文和医药知识等。需要说明的是，虽然文字在新石器时代后期在世界小范围内已经诞生，但其应用范围还十分窄，影响还十分有限，世界的广大区域还没有产生文字，甚至符号都很少。

（四）古埃及文化

古埃及文化的进步程度通过两件新石器时代末期的精美出土文物可以看得比较清楚：一件是阿比多斯的德杰特墓里的石碑（约公元前3000年，收藏于巴黎卢浮宫）。荷鲁斯被画成猎鹰，站在代表德杰特的"蛇王"和宫殿图形上面，十分形象生动。另一件是那尔迈国王画板（约公元前3200年，收藏于开罗埃及博物馆）。这块画板是供仪式之用，显示了刚刚统一上下埃及的那尔迈国王的权力。这说明埃及当时具有非常高的艺术水平。

综上所述，我们可以认为，原始社会早期阶段广大的人类世界仍然处于蒙昧状态。新石器时代的人们还没有现代人类这样的发展意识，但该时代的发展实践表明，人们为了省时、省力，为了与野兽和大自然搏斗，为了吃得更饱、吃得更好，为了抵御寒冷，想了很多办法，有了很多创造发明，如驯养牲畜、种植粮食、发明犁、种植纤维植物、缝制衣服、创造文字等是具有划时代意义的重大发明。

二、原始社会的稳定

在原始社会早期的旧石器时代，人类之间的竞争、地域争夺根据前面推断，也许不会太激烈，但人类面临大型野兽的威胁。《孟子·滕文公下》"昔者禹抑洪水而天下平，周公兼夷狄、驱猛兽而百姓宁"，这是在奴隶社会时代。当然，人类还面临食物的季度性严重不足，也许正是这些威胁造成当时人类居无定所，颠沛流离。

到了新石器时代，技术有了很大的进步，随着动物驯养和各种粮食作物的种植，定居出现了，但由于生产力水平实在太低，人们主要依靠采集度日，食物应该是不足的。此外，由于人口已经有了大量增加，部落之间的相互争夺在所难免。在这一时代，猛兽的威胁仍然存在，这一点通过出土的当时的器物可以发现，干栏式建筑就有防野兽的作用。这种建筑周边建有几米深的壕沟，用于防范其他部落的入侵。

新石器时代后期，种植的粮食多了，养殖的动物多了，但人口较新石器时代初期也增加了近3倍。到了公元前3000年，中国可能有了1 000万的人口，有着众多原始部落，为了争夺更好的地盘，部落之间的争夺更加激烈。

第五章　奴隶社会发展

奴隶社会介于原始共产主义社会和封建社会之间①，起止时间世界各个国家差异很大。中国在公元前21世纪，随着社会生产力的不断提高，私有财产制度已基本成熟。禹子启破坏了"禅让"制度，建立夏王朝，开始了中国历史上父传子的王位世袭制。王位世袭制度的确立是形成奴隶制国家的重要标志。公元前16世纪，汤灭夏，开始了商王朝的统治，经历了500多年。公元前11世纪，进入周王朝，西周东周经历700多年。

古代埃及王国大约在公元前31世纪统一，建立埃及王朝，延续了差不多2 600年。苏美尔人则于公元前3300年—公元前2350年左右在美索不达米亚创造了灿烂的文化和繁荣的经济。公元前2000年—公元前300年是北非、西亚和地中海大小帝国先后兴起并争霸的时代。先后有波斯帝国、希腊城邦国家、亚历山大帝国、罗马帝国成为一时在这一地区的统治者。古印度也创造了印度河河谷文明（大约从公元前2500年开始，延续约500年），但留下的历史痕迹较少。

奴隶制国家的建立为社会经济发展、私有经济发展创造了良好条件，人类经济和社会进入快速发展时期。世界各地何时进入奴隶社会差异很大。奴隶社会在今天看来十分落后，但细细数来却产生过无数的光辉，在人类发展历程中熠熠生辉。

第一节　奴隶社会技术发展

早期的技术对于现代人来讲可能是丝毫不起眼的"小儿科"，却是那个时代的"高技术"。随着技术的不断发展，社会分工不断深化，专门的人、专门的手工制作机构应用不断涌现的技术来进行高技术的生产活动。中国早期绝大多数手工业直接由王室或诸侯王室来生产和管理。春秋前，手工业者和商人为官府服务，他们的衣食由官府供给，其家属则须耕种"贾田"谋生。工商都居于国中，身份世袭，职业不变。直到春秋晚期，工商才逐渐走向独立经营，从而摆脱官府的羁绊。中国商代的手工业工匠在甲骨文中被称为"百工"，王国设立管理"百工"的官员称为"尹工"。

---

① 朱大渭：《中国通史图说》，九州出版社1999年版。

一、农业生产技术发展

(一) 种植技术发展

种植技术发展与农具的演变息息相关。

中国的夏代时期已经进入以农业为主的时代，但畜牧业和渔业仍占相当大的比例。中国夏代的农业生产工具主体还是石器。石农具常见器形有扁平石铲、凹刃石镰及穿孔石刀。夏代已经有青铜的砍器，如铜戚、铜斧范，但尚没见青铜农业生产用具。骨、角、蚌器也常使用，蚌器有蚌铲、蚌镰。

到了商代，青铜农业生产用具出现：1990年河南安阳殷墟郭家庄出土了青铜的铲、斧、凿、锛，1989年江西省新干县出土了青铜犁铧、耒、耜、铚、镰。尽管仍然还有石器、蚌器在使用，但农业用青铜器的使用标志着农业生产技术较夏代有了重大进步，犁铧的使用则标志生产力水平进一步提高，尽管使用可能还不十分普遍。商代占卜流行，有关农业生产程序和商王指挥、组织、协调农业生产活动的词汇出现在卜辞中。卜辞中还有把收获谷物储存在专门设置的仓廪中、有官员巡视检查的记载。

中国西周时代，农业生产工具进步似乎不大，甚至有所退步（也许是因为考古尚未发现，原因学界存在争议），至今出土的金属农具为数有限，只有数十件铲、锸、钁（一种形似镐的刨土农具）之类的青铜器，较商代明显减少，与大量使用的木、石、骨、蚌制作的耒耜、铲等工具简直不成比例。这说明西周使用的仍是木、石、骨类农业生产工具。当时黄河流域的农作物主要是黍、稷、粱、菽、麦、麻等，淮河以南以种植稻类作物为主。西周时期农业种植实现轮作制，即一年垦荒，二年成新田，三年为熟田。

春秋时期，农业生产工具主要还是木器、石器，耕作工具仍然是木制的耒耜为多，青铜农具很少，生产农具和生产技术与西周相差无几，（此处讲出土金属农具少与西周金属农具进步慢倒是一致，但这与本段后面文字记载牛耕技术较普遍存在一定矛盾，牛耕应以金属农具居多才对）。我赞同有的学者的观点，即金属在当时为贵重物品，金属农具磨损到一定程度不能再用后，应该都被回收再利用了，这是金属农具出土少的原因。中华人民共和国成立至今，在许多地区出土了相当多的青铜农具，以江苏、浙江、安徽最多。出土的青铜农具种类较全，有翻土用的犁、锸、钁，有中耕除草用的铲、锄、耨，还有镰、铚等。铁犁铧等铁制农具在一些地区也有发现。春秋时期（特别是晚期）牛耕技术已经得到相当程度的推广应用，这是农业生产技术的重大进步，农业生产力大幅度提高。孔子的学生冉伯牛名耕，司马耕字子牛，晋国有一个大力士叫牛子耕，"牛"和"耕"已连在一起使用，这说明牛耕在当时已经司空见惯。山西浑源县出土的牛尊表明，春秋后期晋国的牛已穿有鼻环，可见牛已经被牵引从事劳动。春秋时代普遍还存在着轮休农作制，但已经开始给土地施肥，因此也有少量土地不休耕的情况出现。春秋时期就已经有农作物品种的交流和推广的记载。齐败山戎，献"戎菽"（《谷梁传·庄公三十一年》）于鲁，《管子·戒》也说，"齐桓公北伐山戎，出冬葱与戎菽，布之天下"。

战国时期，铁农具逐渐普遍，铁器已经普遍应用到各种农具上，有用于耕地的犁铧、镬、耙、耜、臿，有用于中耕的锄、铲，有用于收割的镰、掐刀等。河北省石家庄市庄村战国遗址出土的铁农具占各种质料农具的65%，这说明战国时期至少在部分地区铁农具已经是农业生产中占主导地位的农具。铁农具（尤其是犁）的使用，加上牛耕技术的更加普及相当于农业生产领域的蒸汽机，意义重大，大大提高了劳动生产率①。战国时期形成的犁铧加牛耕的生产模式一直沿用2 000多年，至今虽然农业机械化已经基本实现，但农村依然能经常看到犁牛耕地的生产场景，在一些偏远山区，犁可能是主要的农业生产工具。

战国时期耕种技术迎来大进步。包括：一年一熟制转化为一年二熟制；采取深耕的方法，初步形成深耕细作的传统；根据土壤性质，因地制宜栽培，并发明垄作法；广泛应用积肥、施肥技术；知道如何改良土壤；水稻种植逐步向北方推广等。战国时期，已经有粮食产量的明确记载，魏国在战国初年，一亩地（相当今天一亩的1/3强）一般可产粟一石半（约今天3斗），种得最好的最多可生产达6石（约今天一石二斗）。战国时粮食作物有麦、稻、黍（黄米）、菽（大豆）、禾（稷）、麻（一种麻子）、荅（小豆）等。经济作物有麻、桑、漆、桐、果木、蔬菜等。

在亚洲西部的美索不达米亚平原，苏美尔人在公元前3300—公元前2350年的1 000年时间里创造了自己的文明。他们有自己的谷物生产地、果园、牲畜放牧地。他们显著改进了犁，并学会了如何用牛来拉。他们已经利用青铜制作锄头、斧头、凿子、刀子、锯子、鱼叉。苏美尔人在他们自家的酿酒作坊酿酒，尤其是妇女，将他们收获的谷物和小麦的四成酿成浓啤酒，一部分自用，一部分出售。苏美尔人更喜欢用谷物酿成的浓啤酒。

印度是最早用棉花纤维制作纺织品的国家，最初是在印度河河谷开始，然后被介绍到全印度，再推广到全世界。公元前1000年，恒河河谷使用铁制工具从事农业生产。

波斯帝国期间，大流士鼓励帝国内的农作物从一个地方引进到另外一个地方。

在罗马帝国的经济中，最重要的是农业。罗马帝国的粮食作物主要是小麦，小麦在帝国各地都有种植，尤以东方各省为胜。罗马的经济作物主要是橄榄和葡萄。地中海地区是葡萄和橄榄的主要种植地，葡萄的种植范围向北有所扩张，橄榄的种植在西班牙最多。罗马每年都要从东方的行省输入大量粮食、酒和油，东方行省也是罗马税收的重要来源。在生产技术上，农业生产的效率并不高，常见的还是二区轮作，使用摆杆步犁耕地也多于使用铧犁耕地。农业产业主要是大规模的庄园，使用奴隶和隶农劳动，小农几乎消失。在帝国后期，这些庄园严重影响了国家的税收。

（二）水利事业发展

中国最早的水利事业当属大禹治水，虽然主要目的是治理洪水，但客观对农业的发展是极为有利的，排除积水对扩大农业种植面积、开展农业生产活动作用明显。

---

① 翻耕土地效率较人工提高10倍以上，据作者本人体会，人用铁制工具一天顶多只能翻耕土地3—4分（200—267平方米），而一人一牛用犁耕地可翻耕4亩（2 668平方米）。

中国最早可考较大规模兴修水利，灌溉农田的记载是春秋时期的楚庄王统治时期，任用孙叔敖在今天安徽一带主持修建了芍陂，可灌溉土地1万多公顷，扩大了水稻种植面积。吴王夫差修建邗沟，虽主要用途为军事目的，但运河两岸收到灌溉之利。

战国时期，由于各诸侯国普遍重视农业，水利事业迎来大发展。战国时期兴建的主要水利灌溉工程有：都江堰、郑国渠、西门豹渠、智伯渠、白起渠、鸿沟、十二渠、漳渠等。都江堰由蜀郡守李冰主持兴建，灌溉农田100万亩，至今仍在使用，已经使用2 260多年；郑国渠干线长126千米，灌溉农田4万公顷（相当于今天的115.26万亩）。战国时期，水利设施趋于大型化，水利工程类型趋于多样化，作用趋于多用途综合性利用（包括灌溉、泄洪、防沙、填淤、洗碱、航运等），还有从利用地面水走向利用地下水。

苏美尔人在美索不达米亚平原建立了庞大的灌溉运河网，对这一干旱地区的农业起了支撑作用。灌溉从南部扩展到中部。运河的修建和维护需要比以家庭和宗族为基础的工作团队更多的工人，曾经局限于对有血缘关系的亲属的忠诚，现在扩大到亲属关系以外，变成了公民认同。为了组织这些巨大工程，公民意识产生了。组织运河系统需要强有力的领导人，刚开始是一些受人尊敬的长者组成委员会集体领导，后来这个委员会的领导逐渐变成世袭国王，与僧侣联合进行统治。

在公元前3100年埃及王国统一以前，尼罗河上游应该就有了灌溉系统的建设，王国统一后，政治行政领导人继续在尼罗河上建造灌溉系统。这些工程开始于旧王国时期（约公元前2700—公元前2200年）。随着法尤姆湖地区的发展和中王国时期（约公元前2050—公元前1750年）人口的输入，这些灌溉工程也被扩大。在新王国时期（约公元前1550—公元前1050），新的灌溉技术出现了，即把水桶黏在巨大的转轮上，浸入水中，装满水，转轮将水带到高处，倒入人工灌溉渠。

波斯帝国期间，大流士更新了美索不达米亚的灌溉系统。罗马帝国也修建了众多引水工程，但多数是引入城市满足公共浴池等的需求。

（三）畜牧业发展

畜牧业在夏代也有相当的发展。二里头遗址发现大量兽骨，以狗骨、猪骨最多，其次是马骨和牛骨。在出土的石、骨、青铜生产工具中，镞、鱼钩等渔猎工具较多。

从殷墟甲骨文和出土的动物遗骸得知，商代饲养和放养的家畜主要有：马、牛、羊、猪、犬、鸡等。商代卜辞中祭祀一次用牲"千牛"的占卜刻辞说明当时畜牧业的规模足够大。甲骨文中有"王畜马在兹厩"的占卜，说明商王王室养马。

西周与商代没有大的差别，出土青铜文物中铭文记载西周王朝与商代一样重视马政，孝王时曾使秦人非子"至马汧渭之间"，发展王室养马业。铭文中的执驹礼更形象生动地再现了王室养马业的发展盛况。宣王征荆蛮出动西六师"其车三千"（《诗经·小雅·采芑》）……这些记录都证明当时军中养马规模宏大。

春秋时，周王室日渐式微，诸侯的势力急剧扩张。春秋初期诸侯大国郑、齐、楚等战车千乘；到春秋末期，大国晋、楚有战车4 000乘以上（西周800乘，诸侯国才集中4 000

乘），说明马匹的养殖规模急剧扩大。由于春秋时牛耕事业日益普及，养牛规模同样应该明显扩大，加上运输的需求，当时的牛马养殖应十分发达。春秋时期，牲畜在农业生产中发挥重要作用，齐国管仲改革中就有一条：禁止掠夺家畜。

战国时期，畜牧业比较发达，尤其是在少数民族经济中占有重要地位。当时对家畜、家禽已经注意按时喂养、配种，还有重视畜养的方法，以提高繁殖率和产量。

畜牧业则是苏美尔人经济的重要组成部分。城市的市场里售卖着牛奶、奶酪、酸奶、黄油，还有肉类（其中大部分是羊肉）。苏美尔人早在 4 000—5 000 年前就把奶酪、酸奶、黄油当作商品在市场上出售。

二、骨石器制作技术

制骨、牙雕在殷墟屡有发现，而且还发掘出制骨作坊遗址和废弃骨料及加工工具等，骨笄是殷墟发现最多的骨产品，还有骨勺、象牙杯等。殷墟王陵区 1 001 大墓出土骨镞 6 583 枚，可见制骨作坊在商代应有相当规模。

西周时期，中国各地出土的农具仍然以木、石、骨器农业生产工具为主。骨器制作在西周农业及日常生活中占有重要地位，在镐京（今陕西西安）和周原（今陕西宝鸡）都挖掘到周王室制骨作坊遗址。周原的遗址达 6 万平方米以上，边缘地带出土的废弃骨料有 2 万多斤，该遗址中以生活用品针、锥、笄为主，还有箭镞等。

在春秋出土墓葬中，骨石器仍然存在。山东沂水春秋墓出土文物古迹中，青铜器数量、种类众多，且很多属大型青铜器。这里也出土了随葬的石器和骨器等装饰品，但显然显得不那么重要了。马立群先生在《宁夏固原春秋战国墓出土的金器、骨器文化渊源与特征》一文中对宁夏固原地区出土春秋墓葬情况进行了分析，"骨器成为该地区草原游牧文化的一大特色。骨器出土的数量多，类型丰富，有装饰品、工具两大类。经过科学发掘墓葬出土品 900 多件，零散征集的 100 多件。骨雕品造型别致，纹饰精美"。杨郎墓地出土骨器 151 件，彭堡于家庄出土 755 件，未经科学挖掘零散出土的近 100 件。骨器是固原最具地方特征的器物，出土量仅次于铜器。从春秋时期出土的骨石器看，春秋时期骨石器有如下特点：一是骨石器仍然在存在；二是作为生产工具用的骨石器少了，多数被青铜器取代，体现了春秋时期的技术进步；三是骨石器制作出现明显小型化、装饰器化、日常生活用品化趋势；四是骨石器出土量及其重要性东部地区明显逊于西部地区。

战国时期由于铁器的较广泛推广应用，骨石器虽然在出土文物中还有发现，但已经很少，已经被更加锋利的铁器所取代。骨石器（玉石除外）被铁器所取代标志着石器时代彻底走出历史舞台，骨石器手工业成为人类历史上第一个落幕的手工行业。

三、陶器制作技术

夏代陶器以夹砂灰陶和泥质灰陶为主，纹饰多样，有炊器、食器、储盛器、酒器，种类繁多，如陶爵、陶鬲、陶罐、陶豆、陶鼎等。山西夏县东下冯遗址发现了完整和具一定规模的陶窑。

商代陶器仍以泥质灰陶和夹砂灰陶为最多，另有少量的泥质红陶。特别值得注意的是，商代晚期我国白陶得到高度发展，成为当时在陶器中占比不大却十分名贵、重要的一个陶器品种。商代中期开始了我国由陶到瓷的过渡，诞生了我国最早的瓷器——原始青釉瓷器。

商代陶器实现了从陶向原始瓷的进步。内蒙古赤峰出土了商代彩绘鬲和罐，标志着彩陶的萌芽。

西周时期，陶器是社会各阶层都使用的产品，官府和民间手工业都有烧制。原始瓷烧制要求高，主要供贵族使用。周代原始瓷器比商代原始瓷器明显细腻。西周时期，根据文献记载，王室有专门负责王室制陶业的官员，官名"陶正"。

春秋时期，各诸侯国官府均有陶瓷工业，其中齐国都城临淄的制陶业很发达，官府手工业所制的陶器行销各地。春秋时期，制陶工艺技术和陶窑炉改进与发展，陶器的质量相应有了提高，灰陶的品种逐渐减少。印纹硬陶是春秋时期陶瓷品之一，主要由吴、越、楚生产，质地坚硬。吴、越、楚生产的原始瓷器胎质更细腻，制法更先进（已用轮制成型），且已经上（青、黄、绿）釉，标志着陶瓷工业的技术进步。春秋末期，原始瓷器的烧制已经占到陶器生产总量的一半，原始瓷器生产已经到达鼎盛。

战国时期，陶瓷业在前代的基础上有了新的发展，官营作坊的生产更加集中，更加专业化，同时出现了私营作坊。陶窑的数量增加，开始使用龙窑（应为北方，南方较早已经有龙窑）。从出土的陶瓷看，这一时期的陶瓷技术特点有：磨光、暗花、彩绘等绚丽多彩的装饰技术得到推广与应用；陶瓷器物造型非常考究、线条优美、图案雅致，有较强的艺术性，其中以黑陶最具上述技术和艺术特点。彩陶也有一定发展。建筑用陶质器物品种明显趋于多样化，除各种瓦外，又新出现了各式方砖、井圈等。原始青瓷和印纹硬陶的生产规模和产量比春秋时期有了很大发展，成型和装饰技巧比春秋时也有很大提高。

苏美尔已经能够制作陶器，甚至制作了四轮马车用的陶轮。

古印度和埃及均有陶器制作手工业。古希腊城邦国家的陶器制作十分精美，这从绘有跳跃的酒神撒提亚斯的皮斯科特（葡萄酒冷却器，多里斯绘于公元前500—公元前490年，藏于伦敦大英博物馆）和绘有举办婚礼的阁楼情形的陶制有盖碗形器皿（公元前410年，藏于雅典国家考古博物馆）两件陶器可以看出，希腊高超的陶艺水平和精湛的绘画艺术可见一斑。罗马帝国的莱茵地区生产陶瓷和玻璃。

四、玉器制作技术

夏代的玉器制作已经十分精美，有玉戈、玉钺、玉戚、玉圭、玉璋、玉刀等（河南二里头遗址出土）。

商代的玉器制作较夏代更进一步。安阳的殷墟发现有玉器手工业作坊。出土的玉器有各类礼器、人物、动物形玉器等。仅在殷墟出土的玉雕动物形象就有数十种之多。河南殷墟的玉料来源有新疆的和田玉、东北的岫岩玉、河南南阳的独山玉、湖北郧县的绿松石，说明商代已经有远距离玉石交易。

周代玉器制作主要在周王室和诸侯国。周王室玉室负责管理制玉手工业的官员称为玉人，琢好的玉藏于"玉府"或"典瑞"等府库。诸侯国也有自己的手工业玉石作坊。西周琢玉工艺达到极高水平，因此在造型艺术中玉制品也占相当大的比例。出土的玉器众多，还有礼器，如太保玉戈，有文字记录了周王在丰令太保视察南国和汉水诸国的情况，非常珍贵。

春秋时期的玉器质料，除软玉外，开始出现硬玉。工匠们用鸡血石、绿松石、玛瑙、水晶、蚀花石等制作器具，由于质料多样，玉制品五光十色，美观悦目。春秋时都邑都有玉石作坊，在洛阳东周城和侯马晋城均发现了玉石作坊遗址，制玉之人仍称"玉人"。这一时期的玉器加工水平进一步提高，并分出多道加工工序。春秋时代玉器分成3类，第一类是礼器，有6种。第二类是实用器皿。第三类是装饰、艺术品类。

战国时期，玉器制作较春秋时期又有进步，除保留有原有的用作礼器的玉器外，战国时期的玉器有如下特点：一是雕刻工艺更加先进、器形更加优美；二是玉工艺和金银细工相结合，如金镶玉、玉镶金及各种形式组合；三是由春秋中期小型简单的串饰发展到成套的玉佩饰，突破了西周以来仅限于礼制的佩玉制度。这个时期有的玉器，无论是造型结构，还是装饰艺术都巧夺天工。

五、铜冶炼和铜铸造技术日益成熟

夏代，铜器出土有铜戚，铜戈、铜镞、铜爵、铜铃等。山西夏县东下冯遗址出土了石范，用片麻岩雕制，一面残存3个双翼镞型腔，另一面为斧型和凿型腔，表明应有镞和斧铸造。迄今最能反映夏代铜冶铸水平的是嵌绿松石的兽面铜牌饰（河南二里头遗址出土）。夏代铜冶铸的规模相当大，二里头铸铜作坊面积达1万平方米。

商代早期的青铜铸造技术不精，器物品种较少，但已能铸造大型器物，武丁时期可能出现了铸造技术的飞跃发展，铸造器物的种类迅速增加。殷墟妇好墓出土青铜器数量众多，种类同样众多，表明商代青铜铸造十分繁荣发达。司母戊大方鼎重达875千克，是迄今发现的商代青铜器中最大、最重的一件。商代铸造的器物主要有礼器、农具、兵器、日常用具等。商代的青铜礼器多数在内壁或底部有铭文，但文字普遍不多（商末铭文增多，多者有5行36字），这也是商代青铜器的重要特点。安阳殷墟的铸铜遗址在1万平方米以上。甲骨文中把铸造青铜器称为"铸黄吕"。

西周铜冶炼和铸造继承了商代的技术。周代青铜铸造业得以迅速发展，仅在周原（今陕西宝鸡）一地，近几十年就发现3 000余件青铜器。青铜器除满足王室需要外，还输往其他诸侯国，诸侯国青铜铸造业随之也发展起来。西周青铜铸造成就是铸造方法创新、器形和纹饰不断变化，特别是把周文化思想注入其中，长篇铭文屡屡出现，有的长达400—500字，颂扬周王、祖先或做器者的功德、文治武功、垂训后代等。东周铜冶炼同样繁荣，长江中游的一些方国冶炼铜锭，经汉水供应中原。铜料作为重要战略物资，经常引发战争，争夺铜料是王朝屡屡伐楚的重要原因。

春秋前期各诸侯国的铜冶炼和铸造基本还是西周旧体系的延续，铜冶炼和铸造以官府工业为主。春秋时期，周王室青铜器大幅减少，各诸侯国青铜器明显增多，体现了周王室衰落，诸侯国的崛起。春秋中晚期，青铜铸造工艺有了明显进步，一是分铸法的进一步发展，实行器身与附件分别单独作模，并普遍使用了与分铸法密切相关的焊接法。二是用方块印模法印铸花纹，铸造的器物更加丰富。春秋时期的铜采矿技术已经达到相当技术水平，已经能够开采地下矿藏，1974年发现的湖北大冶铜绿山春秋铜矿遗址开采深度达20—30米，有竖井8个，斜井1个，井筒的支护结构采用密集法搭口式接头。

战国时期，青铜冶铸业仍然是重要的手工业部门。东周王室的青铜器几乎绝迹，代之以各诸侯国的诸侯、卿大夫及其家臣的器物。这一时期的青铜器型风格大体呈现以三晋为中心的中原、以秦国为中心的西方和以楚国为中心的南方三足鼎立的风格特点，铸造技术、器形种类、纹饰和铭文内容均有所发展。

公元前5500年，美索不达米亚和埃及开始冶炼铜。苏美尔人的冶金学家将铜与锡熔化成新合金，开创了青铜器时代。他们用青铜制作农具、兵器、青铜器皿和容器，还制作一些日用品，如青铜钉子、别针、镜子等。

古希腊很早就能生产铜制工具。罗马帝国一定程度上建立在希腊文明基础上，青铜制造兵器、工具都比较普遍。

六、铁钢冶炼技术

1972年在河北藁城台西商代遗址出土的铁刃铜钺（以铁为刃表明已经掌握铁较铜锋利的特点）是目前发现的中国年代最早的铁器，也是世界上最早的铁器，距今约3 400年。

1990年河南三门峡市虢国墓出土的铁剑，剑身为铁质，有铜芯与之相接，而后将铜芯插入玉茎内，长33厘米，经科学鉴定为人工冶铁。这件西周末期铁剑是迄今发现的最早的人工冶铁制品，标志着人工冶铁作为一种先进尖端技术已经出现，是科技上的一次重大进步。尖端技术首先用于武器装备，这与今天多少有点相似。

春秋时期的铁冶炼技术有了长足发展。考古发现，春秋时期已经有铁农具，在山西侯马西北庄春秋遗址中出土了铁残犁铧13件，其他地方出土各类铁农具。根据对出土文物的研究，当时不仅能制造铁剑，还能制造钢剑，这也是铁钢冶炼技术史上的重大进步。1976年湖南杨家山65号墓出土的钢剑长38.4厘米，含碳量0.5%—0.6%，为中碳钢，剑身断面可以看出反复锻打的层次，并经过退火处理。春秋时期铁冶炼技术有重大进步。

战国时期，铁冶炼最伟大的成就是随着铁冶炼的普及，铁器尤其是铁农具和铁制手工工具的广泛应用，生产力出现大发展。在农业上，战国时期广泛使用了铁农具，在矿业开采上，也广泛使用了铁工具，如在湖北大冶铜绿山铜矿出土了铁耙、铁钻、铁斧、铁锤。在其他手工业上，这一时期也普遍推广使用了铁制手工工具，如锛、斧、削、锥、凿、锤、刀。与铁冶炼取得成就一致的是铁冶炼技术的提高。当时的炼铁火炉高大，有成排的鼓风设备，可进行生铁和钢冶炼。普遍采用"高温液体还原法"冶炼铸铁（即生铁）。当时还发明了铸铁柔化术，通过柔化，增强了铸铁的强度和韧性，延长了铁器的使用寿命。

有些地区已经能够炼钢，这种钢经过淬火、锻打，含碳量达到 0.5%—2%，和近代钢相似。为提高铸造效率，战国时期已经广泛使用金属范和陶范来铸造铁器。那时还出现了因冶铁致富的大铁商。

赫梯人大约在公元前 1400 年发明了铁加工技术①。据说铁器发明后，赫梯国王严禁冶铁术外传，但与他们同时代的其他民族也在用铁，赫梯人并没有处于明显优势地位，赫梯人的优势可能在于其拥有丰富的铁矿资源。中东地区在公元前 10 世纪用铁已很普遍。以后，冶铁术经叙利亚传入两河流域、中亚和北非，又经希腊传到东欧和西欧。公元前 1000 年左右，铁在埃及和美索不达米亚进入工业应用。公元前 1000 年，印度恒河河谷使用铁制工具从事农业生产。波斯帝国、古希腊、古罗马帝国也拥有铁的使用技术。

比较东方和西方铁器的大量出现，似乎都在公元前 1000 左右，西方的技术源自赫梯人（或中东）当没有什么问题，东方的中国出现的铁器，是源自赫梯人技术的传播还是中国独自发明创造，从铁刃铜钺的商代（估计早在 3300 多年前）我国劳动人民已经用铁似乎可以找到答案。

七、金银器制作技术

1986 年四川省广汉市三星堆遗址出土了贴金箔铜人头像。该头像面部贴金箔，表明商代已经有了金的冶炼和金器加工。1993 年河南平顶山应国墓出土柞伯簋，内底铭文 8 行 74 字，记载周王（昭王）举行大射礼，柞伯 10 支箭皆中，获得周王奖赏 10 块饼金（后世西汉也有饼金出土，近期江西南昌汉代海昏侯墓出土金饼数量众多）。

春秋时期，贵族生前使用金银器，死后随葬金银器已经成为风尚。春秋时期的错金银青铜器是目前发现的最早的用银例证。

战国时期，金银等贵金属的使用日益普及，金器种类繁多。贵族们使用金质器皿，金质装饰品。1978 年湖北随州出土金盏和金匙，前者重 2 156 克，后者重 56.45 克，是采用分铸、合铸加以焊接的方法制成，含金量高达 98%，代表了战国时期的工艺水平。

公元前 5500 年，美索不达米亚和埃及开始冶炼金、银。

苏美尔人国王的陪葬品有很多金银制品，在一些王室成员的墓穴里，死者也佩戴着金银珠宝，说明苏美尔人时代已经有了金银冶炼和加工。

公元前 12 世纪末的希腊早期本土城邦盟主迈锡尼有一个国王的陪葬品包括 11 磅黄金和一副阿伽门农面具。该面具由黄金制作，工艺精湛。

罗马帝国在对外贸易中支付大量贵重金属，考古学家在印度南部发现大量罗马铸造的金币。

八、纺织技术发展

夏代因目前已知遗址不多，纺织方面仅有骨针的发现，从"禹会诸侯于涂山，执玉帛

---

① 《世界通史》编委会主编：《世界通史》，中国书店出版社 2011 年版。

者万国（《左传·哀公七年》）"这句话看，夏代的纺织业已经比较普及了。

商代纺织产品以麻、葛、丝为原料，丝织物品种最多，有平纹、斜纹和罗纹织物，这样复杂的织法，简单的平机已经难以胜任，据说可能已经发明竖机，周初的诗句"大东小东，杼柚其空"（《诗经·小雅·大东》），描述的就是竖机形象。1976年，河南安阳殷墟发现了丝织物。

西周纺织业乃国家大事，国家通过各级行政单位组织妇女从事这项生产劳动，每年向国家缴纳布帛，称为"妇功"。王室有专门纺织机构，分工很具体，从征收原料、组织织造，到织成缴纳入库，都有专门的机构负责。西周还有大量生产帛的青铜铭文记载。九年卫鼎（1975年陕西岐山县董家村出土）铭文记载以车换地，其中有"卫赠给矩姜帛三匹"（匹：整卷的绸或布，五十尺、一百尺不等。其实不同的时期长度和宽度是不等的，西周时已经有每匹布的长宽生产标准规定）的描述。西周单位与现今使用单位对照见表5-1。

表5-1　　　　　　　　　西周单位与现行度量衡换算对比

单位	西周尺	折合今厘米数
幅宽	2.2	43.83
匹长	40	797.25

皮革、毛皮产品在《诗经》中记载较多。西周时期服饰用料的生产品类比较多，适合社会各阶层选用。

春秋时期的纺织业有丝织、麻织、葛织。各诸侯国均有官营纺织手工业，且规模相当大。《左传鲁哀公二十五年》记载，卫国爆发了织、染、缝纫3种工匠起义，可见卫国纺织手工业的规模。

战国时期纺织业有很大发展。统治阶级从自身利益出发鼓励养蚕种桑。《管子·牧民》云，"养蚕麻育六畜则民富"。当时黄河流域和长江流域的蚕桑业都很兴盛，较之春秋生产增长了，技术提高了。当时丝织物品种有锦、绢、纱、罗、绣、纨、绮、縠等。织法上能织细密的平纹，而且能织复杂的斜纹，还能够提花和绣花，其中锦的织法是当时世界上最先进的技术方法，推测那时应有复杂的有机台式的织机。当时丝织品的主要产地是齐国和楚国。

从下努比亚贝瓦神庙的浅浮雕（公元前2000—公元前1850年，藏于大英博物馆）上的各色人种穿着的各类衣服可以看出当时埃及的服饰情况；古希腊雕塑和陶器也尽显古希腊服装的风格。

九、漆器与竹器制造技术发展

战国时期，骨石器手工业开始走向终结，漆器则走向繁荣。漆器脱离木器成为独立的手工业部门。当时漆器主要产地在楚国、巴蜀和中原。仅湖北荆州地区出土的战国漆器就达千件之多。战国的漆器制造技术精巧熟练，其主要表现是胎骨制法和种类的增多。漆器胎骨主要是要木胎，战国早期木胎厚重，中期向轻巧发展，出现了薄板胎等，战国晚期发明了扣器。漆器把木器与雕刻、绘画等艺术结合起来，创造了既实用又美观的漆器产品，广泛用于日常生活的各个方面，还大幅延长了产品的使用寿命。战国时期楚国还有发达的竹编织业。

十、建筑技术发展

夏代二里头遗址一号宫殿坐落在面积1万平方米的夯土台基上，其建筑式样是中国宫廷建筑的祖型，开创了中国宫廷建筑的先河。

商代都城古人总结有前八后七迁都，在七迁的都城中发现河南的郑州商城、安阳殷墟，以及偃师商城规模比较大，以深挖沟、高筑墙的方式建设王都，开创了中国典型古代城市建筑模式。安阳殷墟城市规模更大，东西长6千米，南北宽4千米，面积24平方千米。殷墟是迄今发现的最重要商城，出土文物众多。

西周时期，随着制陶业的发展，开始烧制建筑材料板瓦和筒瓦，这是大型宫殿建筑屋顶的最佳选择，对改变夏商以来宫殿建筑"土阶茅茨"的形象发挥了重要推动作用，是房屋建筑材料技术的一次重大进步。20世纪70年代各地出土版瓦、筒瓦、瓦当众多。版瓦、筒瓦覆盖屋面，瓦当置于屋面版瓦、筒瓦最下沿，这种瓦屋成为中国古代建筑的典型形象，迄今仍广泛使用。

春秋时期的诸侯列国城市兴起，筑城技术仍采用"深挖沟、高筑墙"模式，这一时期的城市都不大，城市内一般设有手工业区，有铜铁冶炼作坊遗址、制陶、骨器、石器作坊遗址，附近均有城市市场。不少城市发现有用于排水的陶水管（新创技术）、板瓦、筒瓦及带有纹饰的瓦当。据考证，瓦在城市诸侯建筑中已经普遍使用。春秋时期建筑开始使用斗拱技术，这是春秋建筑技术重大进步。此外，春秋时统治者流行建高台建筑，一则通风气爽，二是彰显威严。

战国时期，随着手工业和商业的发展，各国人口规模的扩大，列国都城的规模都较大，都城均为城郭制，即都由宫城和郭城两大部分组成。宫城和郭城内都有手工业作坊，前者由王室直接管理，后者则是地方官办或民营。城内有街道，有的还有水道，设有排水系统（多为陶管系统），有的还有供水系统（河南登封东周阳城即今告成镇甚至还有自来水管道供水系统，供水系统中还有三通、四通管）。战国时期迎来建筑材料大发展，出现了大小方砖、长方砖、水管道和井圈等，还创造发明了空心砖，标志着建筑材料的重大进步。据考证，砖主要用来铺地面和砌墙面，起装饰作用。战国时已经出现多层房屋及高大的台榭建筑。

苏美尔的城市教士建造了宏大的庙宇——金字塔形神塔。它是一种梯级建筑，基座是一个四方形或长方形的平台，用当地经阳光"烘焙"而成的一种泥砖建造。基座上方的建筑物则使用釉面砖。在整个建筑物的顶端，有一座10层楼的神殿，金字塔形神塔面没有房间，朝拜者也许是通过外部的斜坡到达神殿的。为支撑这一巨大建筑，金字塔形神塔的墙本身厚达2.2米。公元前3000年，美索不达米亚的拉伽什城里的主要寺庙每天为1 200人提供饮食，主要寺庙成为城中之城。对当时的苏美尔人来说，他们城市和纪念碑的宏大与优美是他们极为自豪的源泉。文艺作品装扮着城市，尤其是神庙地区。雕塑、壁画、镶嵌画，尤其是石头浅浮雕提供的不仅是美丽和优雅，而且是展示以图画来表示的城市和其统治者历史的关键场所。这是让人印象深刻的苏美尔人的城市形象。到公元前2700年，乌鲁克，这个吉尔伽美什的城市，其防御土墙绵延9.6千米，保卫人口达到5万人。

古埃及创造了奴隶社会建筑史上的最杰出成就，堪称奇迹。这便是埃及金字塔和狮身人面像等古埃及建筑。在公元前3100年前期，国王和王室成员的金字塔与许多王室官员及其他权势人物坟墓上的雕塑、浮雕、绘画和铭文反映了当时艺术上的最高造诣（也是那个时代人类建筑史上最杰出的成就）。

约公元前1600年，埃及工匠发明了制造玻璃的方法①。

考古发现，印度河谷文明公元前2500年达到顶峰，涵盖至少1 000个居民区，并保持了500年时间，两个最大的居民区哈拉帕和莫亨朱达罗，其核心区周长约4.83千米，每个城市可容纳4万人。两个城市设计风格都一样，北边是城堡（或上城区），南部是下城区。在莫亨朱达罗，城堡建在平原地区长约426.72米、宽约137.16米、高约13.72米的平台上。在最高处有一个深约2.44米、长约8.84米、宽约7.01米的巨大公共浴池。旁边有无数小斗室，也许是单人浴池。东南角有城墙的痕迹，整个城堡好像都有城墙环绕。下城区呈格子状展开，主街道有13.72米宽，这里都是私人住宅，差不多每栋房子都有自己的水井，排水区上方砌有浴室和卫生间。砖砌的排水沟将污水和一些废物冲到废水坑。城市规划有序规整，预制的太阳烘焙砖大小和形状相同。

波斯帝国花费巨大财富建造了4个都城，其中最奢侈豪华的也是最具有波斯风格的由大流士建造，取名"伯尔萨"，即波斯。希腊人后来称为"波斯波利斯"，意即波斯人的城市。这个城市最显著的建筑是一个城堡，里面有行政机构和祭祀场所，在它下面就是宫殿居住区，很可能是皇室生活区。亚历山大和他后来的征服者抢掠并烧毁了这个城市。残留至今的遗迹是约18米高的圆柱林，显示出这个城市曾经的辉煌。皇宫中遗留下来最高的也是最大的建筑是大流士会堂，它的外墙嵌有动物雕刻。

希腊雅典城是古希腊城市的代表，从平原往山上，是雅典不同的功能区，山脚下是普通人的住宅区，用的建筑材料是当地的石头和泥巴。往山上走一点，就是市场或市民与集市中心。这些公共建筑更为讲究，外表更让人感到舒适和好看。在市场附近，是用于锻炼和竞赛的体育馆。定期上演戏剧的圆形竞技场矗立在山腰。在山顶上是被围墙围住的雅典卫城，里面建有帕特农神庙、伊利厄提翁、普罗皮来门、雅典娜胜利女神像。如今，帕特农神庙、伊利厄提翁神庙、雅典娜胜利女神庙遗迹仍然屹立在雅典卫城，体现了高超的石柱式建筑技术和雕刻艺术水平。

亚历山大大帝则在其帝国境内建立了16个亚历山大新城——其中最著名的是埃及港口城市亚历山大，这座城市至今依然是一座重要城池。

古罗马帝国在其所征服之地都会留下帝国标志性建筑，主要有圆形露天竞技场、露天大型运动场、大型罗马浴池、罗马凯旋门等。罗马帝国修建了众多城市，最多时统治

---

① ［英］斯蒂芬·F. 梅森：《自然科学史》，上海人民出版社1977年版。

5 000个城市。他们在城市修建行政中心大楼、防御堡垒、公共建筑、神庙、市场、道路和引水渠，当然还有罗马帝国的那些标志性建筑。罗马建筑的特点是屋顶采用穹顶结构，墙体中的窗户和门支撑结构采用拱形，当然也还继承有希腊风格的柱式建筑。罗马帝国创造的混凝土建筑技术是建筑技术史上的重大发明，罗马帝国将这一技术运用到帝国的所有统治地。罗马帝国建筑屹立至今2 000多年不倒体现了这一技术的先进。据研究，罗马人烘烤石灰石只需900℃或更低（现代则要1 450℃）的温度，消耗的燃料和排放的二氧化碳也少得多。罗马人在制造其独特的混凝土时混合了大自然中的火山灰。他们将石灰和火山灰混合形成砂浆，砂浆和火山凝灰岩被塞进木质的格体，形成坚固的混凝土。

十一、医疗技术发展

商代的医疗技术开始发展。河南安阳后岗一个成年男性殉葬者生前曾做过外科手术。该标本被认定为做过开颅手术。这在3 000多年前是很先进的医疗技术。在河北藁城县商代遗址，在居室的内外地面上发现了有意储存的桃仁和郁李仁，这二者均有药用价值，因此这两种果仁很可能是因为药用储存下来的。若果真如此，则中医药已经在商代萌芽。

针灸是中国古老疗法，到西周时期青铜针已经取代了"砭石"①。出土的西周时期青铜三棱针，其形似锥，由柄和器身两部分构成。据医史专家鉴定，这是西周的医疗器械，用于放血或排脓。

春秋时期在医学领域出了名医医和、医缓。医和是秦国名医，他提出了六气失和致病说，为后世以六气（风、寒、暑、湿、燥、火）为病因的学说奠定了基础，成为后来医学名著《内经》的重要依据之一。

战国时期，随着医学经验的积累，一门具有我国思想特色和理论体系的传统医学逐渐形成，人们开始了对疾病原因以及疾病诊断与治疗的系统探索，医学理论开始萌芽。到战国末期，以生理学、病理学和诊治治疗为基本内容的中医理论大致形成。战国时期已有不少医学著作，但都没有保存下来。1973—1974年长沙马王堆三号汉墓出土了大批医学帛书和简牍，从其内容判断应为战国时代已佚的医著。这批古籍为研究我国传统医学向理论医学的过渡、早期经络学的建立、针灸药物疗法提供了宝贵资料。神医扁鹊还擅长针灸。"行气"铭玉器是我国有关气功最早的文物。《山海经》记载了100多种植物、动物、矿物和药物，这些药物能治疗和预防的疾病有数十种。

古埃及纸草书有更早的医学记载。伊姆荷太普是公元前2980年左右的佐塞王的御医和大臣，按照传统的说法，他是埃及医学的奠基人，医学的祖师爷。早期的埃及医书只开药方，病症只含糊提及，公元前1600年左右的埃伯斯医学纸草书则对47种疾病做了描述，指出病人的症状，以及诊断与处方。此外，还有外科方面的纸草书。公元前2000年左右古巴比伦的汉谟拉比法典规定：对一次成功的外科手术付给2—10舍克勒白银（当时一个工匠一年收入约10舍克勒白银），手术失败就要将医生的手砍掉②。

---

① 砭石，一种可用于治病的石头。
② ［英］斯蒂芬·F. 梅森：《自然科学史》，上海人民出版社1977年版。

古希腊人希波克拉底的医学文献创立了一种人身上有4种体液的学说，这4种液体即黑胆汁、血液、黄疸汁和黏液。4种体液调和，人就健康，任何一种多出来，人就生病①。

罗马帝国时期医学进步明显，名医盖伦（129—199年）任御医多年，著述颇多。盖伦解剖猴类以推测人类的身体结构，开了解剖学的先河。盖伦还提出"三灵气"说，即"活力灵气""自然灵气""灵魂灵气"，以解释人体的生理机制。他还创建了心血管系统理论。盖伦的药物学著述有131部，其中有83部流传至今，介绍的各种药材大约有820余种，包括动物、植物和矿物。盖伦的学说曾被中世纪的西方奉为经典，直到17世纪哈维提出血液循环理论。

十二、军事装备技术

夏代出土的兵器较少，只有铜戈、骨镞，另有玉戈、玉刀属礼器。

商代军队有师、旅、大行和行等不同级别的军事单位，在行以上又各分右、中、左三部分，即"三三制"军事编制，这有利于任户计民预定军籍，可以快捷地让征调人员到编制单位报到。军种还分车兵、步兵和骑兵。

商代的兵器大多以青铜为原料，杀伤威力大增，主要有大钺（如妇好大钺、方国大钺）、各式戈和矛、卷首刀、镞（长短和大小不一）、甲胄（用于保护头部）、战车等。商代兵器制造、使用在王室和有关人员的严格管理下进行。

1990年河南三门峡市虢国墓出土的西周时期表面坚硬、锋利的铁剑是西周最尖端的军事武器。战车已经成为西周重要的新型军事装备，而且数量庞大，平时装备军队的战车就有数千辆之多，制造战车已经成为重要手工业部门。西周时期，钺、斧、刀、戈、戟是装柄的格斗兵器，钺和斧还具有军权的象征；弓矢为远射兵器；短剑和盾作为卫体之用。上述装备在西周出土文物中均有大量实物发现。

春秋时期，装备战车（相当于现在装甲部队）进入鼎盛时期，数量猛增。春秋初期，诸侯大国郑、齐、楚只有三军（每军1万人），战车1 000乘，至春秋后期，大国晋、楚拥有战车4 000辆以上，秦、齐约有3 000辆，大国军队人数达到10万人。1976年湖南杨家山65号墓出土的钢剑标志着春秋时期军事装备技术的再次重大进步。春秋时期，南方诸侯国出现水军（或称舟师、习流），装备战船，这是春秋时期军事上出现的新装备、新战法。

战国时期七国争霸不止，军事装备也得到发展，各类兵器极为丰富。这一时期还发明了弩，战国末期还发明了连弩，可连续射击，具有远射和杀伤力较大的特点。当时的其他发明还有攻城用的云梯和水战用的钩拒等。战国末期开始制造铁胄和铁甲，防护装备继续进步。

苏美尔人则在他们那个时代制作了青铜的枪头和箭头、宝剑、匕首。

雅典人的重装备步兵方队装备矛和盾，其阵法在那个时代具有先进性和合理性。前面

---

① ［英］斯蒂芬·F. 梅森：《自然科学史》，上海人民出版社1977年版。

士兵倒下，后面士兵马上可以顶上去。这种重装备和阵法组成的部队在马拉松之战中创造了以少胜多的骄人战绩，而且己方损失极小。古希腊的三桅战船同样足够先进，它可载分3层排列的170名桨手、30名水手、大量弓箭手和用于近战的15名步兵。它的船头装备有金属撞杆，用于直接攻击敌人。波斯帝国军队规模庞大，进攻马拉松城时，拥有600艘战舰，运载4.8万名士兵登陆。

罗马帝国从一开始就是一个军事国家，军队是其核心，在组织和技术方面早就处于领先地位，军队会尽可能采用新的发明。装备方面老式的梭镖被新的剑和投掷标枪所取代。罗马还能建造当时最复杂的战舰，建立了用来征服当时最大海权国家的军队。罗马还研制出前所未有的攻城机器——弩炮，将城墙轰塌。罗马军事思想上最大的偏好是用优势兵力围城，并等待时机，用最小的损失取得一个又一个胜利。迦太基将军汉尼拔驯服37头大象用于战争，创造了那个时代动物驯养的壮举。

十二、其他技术（含天文历法技术等）

中国历法最早的传说来自《尚书·虞书·尧典》。帝曰："咨！汝羲暨和。期三百六旬有六日，以闰月定四时，成岁。"

据后世文化传承记载，夏代已经有历法——中国的农历（也称夏历，书名《夏小正》）。中国传统的干支纪年纪日法，夏代可能已经使用。夏代末期的帝王有孔甲、胤甲、履癸（桀）等，都用天干为名，说明当时用天干作为序数已较普遍。

商代甲骨卜辞有关于日月食的记录。这是世界天文史上最早的记录。卜辞中还有历法闰月、对火星的观测等。

西周的历法纪日盛行以月相为坐标，即以月光的盈亏生死的一定状态名"即生霸""即望""即死霸"，以后又加上"初吉"。西周青铜器铭文中常见这种纪日法。

春秋时期是中国技术大发展时期。数学、天文、历法和其他技术都有辉煌的成就。数学方面，春秋时期出现了下整数乘法歌诀"九九歌"，堪称先进的十进位计术法和简明中国语言文字的完美结合。"九九歌"沿用至今，对中国数学的普及和发展发挥了重要的基础作用。春秋时出现了一批天文学家，他们"皆掌著天文，各论图验"；对二十八宿各星之间的赤道度距进行测量，建立了完整的二十八宿系统。《春秋》一书记录了37次日食记录，其中31次记录准确可靠。该书还有世界上关于天琴座流星雨、哈雷彗星和陨星等的最早记录。春秋时期历法技术再进一步，产生了一种回归年长度为365.25日，并采用19年七闰为闰周的历法，居当时世界先进地位。春秋时期已有地震记载，这也是世界各地地震记录中最早的。大约春秋末期成书的《五藏山经》共记载矿物89种，矿藏产地309处，而成书于公元前3世纪左右的古希腊矿物学名著《石头记》只记载16种矿物。

战国时期还有众多其他先进技术成果，其中有好几项全人类社会至今受益良多。在天文学方面，《甘石星经》由齐国甘德著的《星经》8卷和魏国石申著的《天文》8卷合并而成。该书记载了810颗恒星的名称，比较精确地测定了120颗恒星的方位和距北极星的度数，是世界最早的恒星表。该书还有金、木、水、火、土五颗行星的运行及出没规律的记载。地理学方面,《山海经》记载了中国各地主要的山脉、河流、矿产等,其中矿物有70多种,金属矿物产地170多处,还记载了100多种植物、动物、矿物、药物,这些能治疗或预防的疾病有数十种。战国时中国已经有地图和建筑设计平面图。数学上,整数和分数的四则运算已经相当完备,墨子在《墨经》中提出了圆、直、点、线、面、体、平行等各种概念;物理学领域发明了磁针指向仪器"司南"。墨子已经发明杠杆原理:力×力臂=重×重臂。墨子还提出光是直线传播的,发现了凹面镜的焦点的存在。声学方面,人们发现了声音的共鸣现象。著名工匠鲁班发明了曲尺、墨斗、铁锯等许多木工工具,他还制作出了能够飞翔的木鹊。

苏美尔人在天文学上创造了一套准确的太阴历,使他们可以预测季节变化,并为来年的种植和收割做好准备。苏美尔人在数学上也有相当成就,他们已经初步知道十进制,也知道六十进制,知道计算矩形面积,又用长、宽、高求砖堆体积,在计算圆的面积和圆柱体体积时他们取 π 值为3。

巴比伦人则发明了分数,有了倒数表,有了数的平方表、平方根表、立方表,并用来解二次方程和三次方程。他们还知道半圆的内接三角形是直角三角形。埃及人的 π 值有了更接近的值,即256/81。他们已经知道一年为365天。美索不达米亚人的天文观测比较精确。早在公元前2000年,他们就注意到金星在8年中有5次回到同样位置,从公元前700年起这种观测被系统地记录下来。他们发现了"沙罗周期",即日食每隔18年发生一次。公元前4世纪,他们发现一种代数方法,能将复杂的天文现象分解成许多周期效应,如发现太阴历每月平均29.25天[①]。

古希腊数学家、哲学家毕达哥拉斯(公元前582—公元前500年)发现了毕达哥拉斯定理,即任何直角三角形,其斜边的平方恰好等于另两边平方之和。古希腊已经有原子论。阿基米德(公元前287—公元前212年)发现了浮力和相对密度原理。欧几里德(公元前330—公元前260年)创作了《几何学原理》。托勒密著有地理学方面著作8卷,使用偏心圆和本轮体系描述天体运动。他用经纬度标注地图,地图的范围远比前辈广。他知道马来半岛和中国。阿利斯塔克还在科学上第一次试图测量日、月和地球之间的相对距离[②]。

第二节 奴隶社会人口发展

奴隶社会时期,已经充分认识到人口在经济特别是军事上的意义。

春秋时,越王勾践为富国强兵采取了扩张人口的政策:女子十七不嫁,男子二十不娶,其父母俱有罪;孕妇将产,告于官,使医守之;生男赐以壶酒一犬,生女赐以壶酒一

[①②] [英] 斯蒂芬·F.梅森:《自然科学史》,上海人民出版社1977年版。

豚；生子三人，官养其二，生子二人，官养其一。这一政策表明，越国已经认识到人口与经济、国家综合实力、军事力量的直接关系及其巨大重要性。此政策的执行果然使越国成为春秋末期的强国。

战国时期，秦国充分认识了人口政策对经济、国家综合实力、军事力量的重要性。商鞅变法中有多项内容与人口政策相关，如商鞅改革中规定百姓人家有两个成年男子不分立门户者，加倍征收他们的口赋，革除残留的戎狄陋习，禁止父子兄弟同室居住。这两条措施均有增加人口的意图，从而增加国家税收来源，增强国家综合实力和军事实力。

战国时估计七国总人口 2 000 万人以上。

到公元前 2500 年，苏美尔地区人口达到 50 万人。

埃及的第 18 和第 19 王朝（大约公元前 1550—公元前 1196 年）时期，是埃及人口大量增长时期，人口数量从 150 万增加到 250 万—500 万。

古希腊的雅典城邦，人口最多时达到 25 万人。

在公元 2 世纪，罗马帝国版图最大的时候，其统治的人民达到 7 000 万—1 亿人。罗马帝国从东到西有约 4 300 千米，从北至南约 4 000 千米。奥古斯都恺撒时期鼓励婚姻和生育，对独生和禁欲者予以处罚，这体现了帝王维持帝国地位持有的正确人口观念。

第三节　奴隶社会思想文化大发展

一、产生文字并取得快速发展

夏代二里头遗址出土陶器内沿有刻画符号，共有 24 种不同符号，有的比较复杂，有的可能是文字了。青铜礼器和陶礼器表明宗教和祭祀活动活跃。山西襄汾陶寺遗址（公元前 2400 年—公元前 1900 年）出土的一种龙纹盘，表明中国在夏代龙文化与原始社会的一致传承。

商代甲骨文是中国迄今发现的最早文字，是商代最杰出的成就，在世界上也属于最早文字之一。甲骨是契刻占卜文字的载体，河南安阳殷墟出土了数量众多的甲骨，数量在 10 万片以上。甲骨文记录的内容包罗万象，主要是商王及官员的活动。商代早期，青铜器上文字不多，后期有更多铭文出现在青铜器上。

西周时代，甲骨文仍然存在，但较商代甲骨文大量出土不同，西周出土甲骨文数量不多，取而代之的是周代大量青铜器铭文（也称金文）。金文记录了周王及诸侯的统治活动。从西周青铜器铭文，不仅可以看到历史，更可以看到中国文字的巨大进步。

春秋时期，青铜器铭文呈现新特点，反映周王室的铭文减少了，反映诸侯国情况的增多了，这与诸侯争霸的情况吻合。出土的文字方面文物还有石鼓文和石刻上的文字。

战国时期在文化和书写上最大的贡献是发明了毛笔。1954 年湖南长沙出土了套着笔筒的毛笔，为帛画、漆器、竹简找到了更为简便的书写工具，这一发现也更正了蒙恬发明笔的历史事实。这一工具为文化的学习和传播带来了极大的方便。毛笔的发明是战国时期重要的技术进步。

在亚洲西部的美索不达米亚的苏美尔人创造的象形文字比中国人更早。公元前3300年，他们就用象形文字制作泥版文书，公元前3000年进化为楔形文字样楔形符号图案。到大约公元前2400年的时候，苏美尔人的文字开始传颂故事。考古学家发掘出成千上万的苏美尔泥版文书，里面包含文学和商业纪事。公元前4世纪亚历山大大帝的征服促进了阿拉姆语文字的输入，楔形文字于是逐渐消亡。最后的楔形文字书写于公元75年。苏美尔人的滚筒印章也是闪耀着光辉的发明，为后世文化事业的发展带来启笛。

非洲的埃及大约在公元前3500年—公元前3300年创造了象形文字。在公元前2400年前的500—1000年里，文字记载的内容很单薄，不过它还是提供了埃及各省的名单列表，展示公元前2900年的古埃及的地理组织情况，还提供了埃及早期国王名单。经过近千年的发展，其记述内容逐渐丰富，包括国王编年表、宗教献辞、保护死者的符咒、传记、故事、指引道德格言、诗歌等，涉及数学、天文和医药等专业。公元前2400年，国王的名字被刻在石头上，约公元前1200年被写在纸莎草纸上。通过这些名单，加上公元前3世纪由希腊历史学家曼涅托编撰的名册，便可以对公元前3100年—公元前525年的所有国王姓名，按照先后顺序列出一个完整表格。古埃及的抄写员还发明了两种速记文字，第一种更正规，为僧侣用文字，第二种更简短。抄写员写字的材料是石碑、石灰岩薄片和纸莎草纸。纸莎草纸是将一种叫作纸莎草植物的内部髓线交叉放在一起碾压而成。古埃及发明的文字、书写材料以及所做的相对完整的历史记载是人类早期文字中最杰出的，为人类文明的留存做出了突出贡献。

波斯帝国期间，大流士授权设计了波斯最早的书写文字，他规定皇家献辞必须用的3种文字——古波斯语、巴比伦语和埃兰语，成为书写的传统。其中一份宣告大流士登位的献辞刻在贝希斯敦石头上。

在克里特岛上，公元前2000年就存在象形文字，音节文字在公元前1700年引入，即所谓A类线形文字。这种文字至今未被破解。大约公元前1450年后，一种新的文字，即B类线形文字被创造出来，用于抄写希腊语，这就是克里特语。

二、思想迎来大发展

（一）中国奴隶社会思想发展

1. 商代军事思想。商代能够正确运用"伐谋""伐交""伐兵"和"用间"等战争策略和手段。商在灭夏过程中充满计谋和策略，起初实行"网开三面"政策，诸侯争相传颂，"一时归者36国"（《史记·殷本纪》）；而后各个击破灭夏道路上的3个障碍，再采取"阻贡观动"的策略试探夏桀，最后采取迂回进军策略，最终灭夏。

2. 礼的思想是西周重要思想成就。西周是被儒家尊崇的礼乐文明时代，从贵族乃至平民都生活在"礼"的氛围中,"礼"把社会和人的一生紧密联结起来,达到统治者希望社会和谐的目的。人从降生、成丁、婚嫁到死后丧葬,都有相应的礼规范其行为或仪式,借以加强宗族间的联系,充实和巩固宗法制度。中国作为文明礼仪之邦即源于西周,孙子提出的克己复礼即复"周礼"。

西周初期就具有较好治国方略或战略思想,周文王继承了其先辈的"翦商"战略,以"事纣"的策略麻痹殷纣王,最终灭商立周。

3. 春秋时期是中国思想大发展时代。随着生产力水平的提高,社会发生大发展大变迁,在思想上也迎来了大发展,出现了一些中国历史上(乃至世界历史上)的大思想家,其思想至今对中国社会影响甚大,其代表人物有孔子(孔子比希腊大思想家亚里士多德早出生167年)、老子和孙子。孔子的思想集中体现在《论语》一书中。该书共20篇,492章,是关于孔子和他的学生言语行事的记录,内容广泛,涉及哲学、政治、教育、文艺等许多方面。他把历史上的思想加以提炼,创建了儒家学派,儒家思想对中国影响深远。老子比孔子早出生几十年,曾做过周王室的史官,孔子曾向他问礼。老子著有《老子》,内容涉及哲学、政治、军事、文化、自然界和社会生活等许多方面,其朴素的辩证法思想、无为而治思想对后世有较大影响。春秋时期也是军事思想大发展时期,代表人物是孙子。《孙子兵法》是我国现在最早的古代军事名著,其战略战术思想揭示了普遍意义的军事规律。

4. 战国时期已经形成手工业质量监督意识。在战国时期,不少砖瓦、陶器和兵器上都带有"物勒工名"的印记。"物勒工名"格式只记做器的时间、监造工师和匠人的名字,衡器上还刻容积和重量等。

5. 战国时期的进步思想。战国时期有重要的思想进步,就是各国都有强烈的变法图强的发展意识,其中,以秦国的发展意识最浓,改革也最彻底。战国时期的这种发展意识以国家强大、军事强大为主要目标,以在争霸中取得霸主地位为核心目标,以发展经济为主要手段,在人类历史上也是重大思想进步。如商鞅改革中发展经济的举措包括奖励耕织,对生产粟帛多的,免除其本身的徭役;懒惰而贫困者,将他们收捕,没入官府为奴;规定百姓人家有两个成年男子不分立门户者,加倍增收他们的口赋;开阡陌封疆,实行土地私有;革除残留的戎狄陋习,禁止父子兄弟同室居住。这些措施应该对发展经济都起了正面作用,表明战国时期的思想家们不仅已经有发展愿望,还有促进发展的成系列的可行的措施和办法。这如同现代大规模的宏观调控。

6. 百花齐放,百家争鸣。战国时期还是在思想发展上百花齐放、百家争鸣的时代,堪称中国历史上思想发展的黄金时代。这一时期封建制逐步确立,奴隶制的精神枷锁被打破,迎来了中国历史上的思想空前大解放,人们的眼界大为开阔,涌现出各种学派,他们纷纷著书立说,探索宇宙和人生的哲理,宣传自己的政治主张。各个学派既互相排斥、互相批判,又互相学习、互相吸收,因此出现了学术文化繁荣昌盛的黄金时代,形成了生动活泼的诸子百家争鸣的局面,出现一大批大思想家,形成的各种思想至今仍对现代人们产生着影响。春秋战国时期的思想(儒家思想、道家思想及法家思想等)基本奠定了中国2 000多年封建社会的思想基础（仅有后来传入中国的佛教外来思想对中国有部分影响）。

7. 战国时期重农抑商思想的产生。以秦国的商鞅变法为起点，重农抑商、奖励耕织政策得以实施，明确以农业为"本业"，以商业为"末业"，并且限制商人经营的范围，重征商税。因弃本求末，或游手好闲而贫穷者，全家罚为官奴。这是中国2 000多年封建社会多数时候重农抑商传统政策的起源。

（二）西方思想发展

在公元前600—前300年，希腊的城邦国家雅典也进入文明的黄金时代，创造了灿烂文化思想，至今影响着整个欧洲乃至整个世界。产生的主要思想家有：历史学家希罗多德和修昔底德，"修昔底德陷阱"说法至今常被西方人提及；有哲学家苏格拉底，他赞成城邦国家的地位高于个人，个人要为城邦国家尽所有义务，但不得挑战城邦国家的权威；柏拉图，苏格拉底的得意门生，也是学院派哲学的创始人，其思想主宰雅典哲学界几个世纪；亚里士多德，柏拉图最伟大的学生，他是一位研究领域广泛的大技术专家，对逻辑学、物理学、天文学、冶金学、宗教、修辞、文学批评和自然科学等都有研究。戏剧在雅典的剧场得到繁荣和发展，著名的剧作家埃斯库罗斯创作有《俄瑞期忒斯》三部曲，索福克勒斯著有《俄狄浦斯王》。悲剧诗人欧里庇得斯著有《特洛伊女人》。还有伟大的古典讽刺喜剧作家阿里斯托芬，著有《吕西斯特拉特》。

亚历山大帝国期间，最显著的贡献是在希腊以外的帝国境内广泛传播了希腊文化。亚历山大每征服一个地方，希腊行政官员、商人和士兵就会蜂拥而至，希腊文化与当地文化融合，形成复杂、优雅、世界性的希腊文化，并一直流传。古希腊文化在阿拉伯地区的繁荣和文化典籍的幸存更是成就了日后的欧洲文艺复兴伟大事业。

罗马帝国共和制的实践及其思想在人类历史上是一次重要的国家制度进步、思想进步。

在哲学方面，罗马人继承了希腊人的哲学思想。新斯多葛派哲学在罗马帝国时期盛行，主要哲学家有卢修斯·塞涅卡和皇帝马可·奥勒留·安东尼，这派哲学宣扬宿命论和禁欲主义。卢修斯·塞涅卡（公元前4—公元65年）对禁欲主义做了详尽说明。卢修斯·塞涅卡是皇帝尼禄的老师，他认为哲学的目的在于将人引向德行，主张抑制欲望，追求道德。历史学家塔西佗则对卢修斯·塞涅卡作为一个哲学家的虚伪进行了无情的谴责，指出他本人言行不一。禁欲主义的影响在马可·奥勒留·安东尼（161—180年）当选皇帝（同时也是哲学家）后达到顶峰，他著有《沉思录》，主张忍耐克制。禁欲主义无疑对罗马帝国的经济和社会发展会产生一定影响，但在罗马帝国的早期还影响有限，此时禁欲主义恐怕只是统治阶级为维护统治而提出的对普通百姓的一种希望，从思想家开始，到罗马帝国的上层，他们更多还只是思想的巨人，行动的矮子。罗马的上层阶级公开蔑视商业，但在私下里这些人经常进行商品交易，因为商业有利可图，贵族们不想失去这部分利润。禁欲主义在整个欧洲的中世纪产生更加重大的影响，恐怕也是源于此。

三、文化、艺术事业发展

(一) 文化典籍不断丰富

商代留下了数量丰富的甲骨文,涉及内容众多,有的还没有破译。西周时期的金文,专家也将其编辑成册,供研究之用。西周时期留下 3 种典籍:《尚书》《诗经》《周易》。这是迄今中华文化最早的典籍,是西周文化思想的集中体现。召卣青铜器的铭文,则从实物角度证明了《周易》的存在或文王六十四卦的传说。

春秋时期的《论语》《老子》《孙子兵法》《诗经》流传至今。战国时期的文化典籍更为丰富。诸子百家的著作有《孟子》《庄子》《荀子》《韩非子》《公孙龙子》《吕氏春秋》等,都产生了广泛深远的影响。天文学方面有《甘石星经》。湖南长沙马王堆有大量医学帛书和简牍出土,看似战国已佚的医著。地理学上有《山海经》。战国时期有木板地形图和铜版建筑平面"兆域图"。文学上有屈原的《楚辞》。史学方面有《左传》,主要记载春秋史事(详于记事),《国语》(详于记言),还有帛书《战国纵横家书》。

苏美尔留下了一部文学著作《吉尔伽美什叙事诗》。

埃及中王国留下的文学精华之一是《辛努赫的自传》,记述了一位高级宫廷官员自我放逐,直到老年才被召回首都,获得了极高荣誉。

希腊诗人荷马创作《伊利亚特》和《奥德赛》,合称荷马史诗。

(二) 音乐及器具、舞蹈

夏代二里头遗址还发现了陶埙、铜铃、鼍鼓、特磬等乐器,反映了音乐和舞蹈等艺术的发展。此时乐器估计以单音为主。

商代音乐继续发展,甲骨文有卜辞"惠祖丁庸奏",是指祭祀祖丁时要演奏大钟。甲骨文中还记载了鼓、磬、龠等乐器名称。1993 年湖南宁乡出土的编铙共 9 件,每件能发一或两个不同乐音,组合起来可演奏多种乐音。湖北崇阳还出土了铜鼓。这些都说明商代音乐发展较夏代有进步,演奏复杂程度提升。

西周时期是礼乐繁荣时期,出土了西周一系列大型乐器,有编钟、编镈、编磬,用于祭祀、礼仪等活动。这些乐器是西周礼乐文明的重要构成部分。编钟自大至小 16 枚,8 枚为一组,残磬在 15 件以上,足以体现西周在乐器音阶艺术方面较商代的明显进步。

春秋时期,音乐、舞蹈、艺术发展很快,儒家提倡的仁义、礼乐在发展乐舞理论方面起了很大促进作用。当时的统治阶级在祭祀或宴饮时都要有歌舞,其名称有"六代舞""小舞""散乐""四裔乐"。民间舞蹈主要是自娱性活动。乐器有打击乐器、管乐器和弦乐器。人们已经有了"五声"音阶和"十二律"等有关乐律知识。

战国时期,王公贵族垄断音乐的局面基本结束,民间音乐有了新的发展。各地音乐有不同特色;人们在实践中形成了七音和十二律的音阶体系;乐器比前代更加丰富,除了琴、瑟、笙、钟、磬、笛、箫、钲、鼓外,还有竽、筝、筑等民间乐器,许多乐器还可细分许多类型。当时盛行以编钟和建鼓为主要乐器的乐队，史称"钟鼓之乐"。战国时期已有专业舞人，如巫、乐工、女乐和倡优。按形式分，舞蹈有集体舞、双人舞和独舞；按内容分，舞蹈有武舞、嬉游舞、歌舞、拟兽舞等。

罗马市的圆形大剧场建于72—80年，是用来进行壮观的文娱表演的场所，如模拟海战、格斗等，可以容纳观众5万人。观看文娱表演是罗马市民生活的一部分。

（三）娱乐、体育事业蓬勃发展

中国战国时期是生产大发展时期，铁器的广泛应用和牛耕应用使生产力大幅提高，劳动产品丰富，经济更加富裕。这时娱乐、体育事业顺应发展起来。当时的民间的娱乐活动多数带有比赛性质，种类有斗鸡、走犬、六博、弈、投壶和讴歌等。为了更好地为战争、军事和争霸选拔人才，各国开始讲究射法、戈法、剑道、角力、蹴鞠、举鼎等门类的武艺和体育活动。蹴鞠类似现代足球，它不仅可以训练武士，还可从中选拔人才，又是一种娱乐活动。举鼎是衡量力士的标准。战国时秦国举鼎力士最多，秦国用封官的方法吸引了许多大力士。

在古希腊文明中，不能不提自公元前776年开始，每4年举行一次的奥林匹克运动会，这一运动会成为世界现代体育事业源头和发展的强大推动力。在奥林匹克旗帜下，世界体育事业蓬勃发展。在雅典，体育和文化生活已经成为人们日常生活的一部分。

罗马帝国对于发展体育事业的热情同样很高。罗马军队每到一处，都会建设圆形露天竞技场、露天大型运动场。在罗马市建设的竞技表演场，包括赛马场和露天运动场，可以容纳罗马一半的成年人口。罗马人在运动场比体力、耐力、技巧，进行至死方休的人与动物、人与人的格斗。

四、法制思想发展

西周时期，法律条文流传下来的极少，但青铜器铭文中有几件法律判决或处理文书，由此可略知西周时期法律之端倪。

春秋时期的刑罚以墨、劓、剕、宫、大辟5种刑罚为主，郑国铸刑书，晋国铸刑鼎，将法律公之于众，具体年份不详，但春秋时期结束于公元前476年，因此应明显早于罗马铜表法（罗马《十二铜表法》，时间在公元前451年。）

战国时期是法制思想大发展和法律制度广泛运用并更加健全的时期，这一时期由于思想的空前大解放，产生了不少法律大家，称为法家，代表人物有韩非，他是先秦法家思想的集大成者。他提出了一套"法""术""势"相结合的政治学说。"法"是成文的法令，"术"是君王驾驭臣民的权术，"势"是君王必须有至高无上的权力。这一理论为封建统治提供了理论基础。韩非的老师荀子主张"法后王"，把法权放到高于王权的崇高位置，体现了高度进步的法制思想。在七国争霸期间，不少国家任用了战国早期的法家代表人物治国，并取得很好效果。魏国任用李悝为相，他是战国前期法家代表人物，在法制建设上坚持法治，集各国刑典，著《法经》。这部法律主要是为保护剥削阶级的利益而制定的，但对魏国来说，在维护社会秩序、稳定政局方面起了重要的作用。齐国任用邹忌为相，其治国方略之一即厉行法治，齐国也成为战国一霸。楚国任用吴起实行改革，很快强大起来。商鞅改革同样重视法律，主张"厚赏重金，一断于法"。因此，战国时期在国家管理上已经有普遍的法制意识，且均制定了相应成文的法律制度，成文法已经非常普及，除韩国的《法经》外，楚国有《宪令》，魏国有《魏宪》，齐国有《七法》，赵国有《国律》，并且各国有相应的刑罚和刑具。战国的法律仍然是维护统治阶级利益的，秦国太子犯了法，商鞅却处罚太子的两位老师，一位割其鼻，一位脸上刺字，足见其法律的不公和对统治阶级的宽容。

公元前1750年左右，巴比伦国王汉谟拉比征服了美索不达米亚，将战乱的城邦国家归于一统。为巩固加强统一，他颁布了《汉谟拉比法典》，内容涉及人们的日常生活与商业的许多方面，如财产、城市犯罪、男女婚姻等。这部法典内容丰富，共有282条律令。《汉谟拉比法典》发现于伊朗苏撒古城雕刻于公元前1760年的汉谟拉比石柱。在这块纪念性的石柱上，汉谟拉比站着接受太阳神沙马什授予他巴比伦法典。

罗马帝国的早期，即公元前451年，为了解决纷争，由10名贵族组成的委员会将罗马业已存在的习惯法修订成《十二铜表法》。罗马的法制是通过其军队来实施的。罗马人以法律为基础对人民进行统治，建立了内部和平的罗马帝国，这一点为众多人称颂。但其法律也有很多不平等，同样的违法，对自由人和奴隶的处罚完全不同。尽管如此，在那个时代有了成文的法律便是巨大进步。

第四节　奴隶社会稳定状况

一、战争、争霸、兼并

（一）中国战争

我们从诸侯国的巨大变化可以看到中国奴隶社会始终处于不稳定或者战争中，从商代以后有大量可考的战争记录。

"禹会诸侯于涂山，执玉帛者万国"的记载表明早期诸侯国众多。

经过夏代，诸侯国从1万个减至商初的3 000个，又减至西周初的800个，至东周时仅剩下140个。春秋初年，大小诸侯国共计120多个。估计其中有相当比例都是通过战争灭亡的，也许每一个诸侯国的灭亡都是一部血泪史。

传说黄帝共经52战才征服了天下。《史记·五帝本纪》记载，"蚩尤作乱，不用帝命，于是黄帝乃征师诸侯，与蚩尤战于涿鹿之野"。黄帝大败蚩尤，统一了包括中原在内的广大北方地区，开启中华大统一格局。

尧舜禹时期有攻灭三苗之战。夏启通过对伯益的斗争及甘之战建立夏王朝后,又经历了武观之乱、太康失国、后羿代夏、少康中兴等反复斗争,自孔甲后帝王腐化,最后被商所灭。夏代一点也不太平。

商代建立后,战争、征伐不断,前期主要是扫灭夏桀余党和拓土开疆;商代晚期盘庚迁殷(今河南安阳),扭转了"九世之乱"(表明这期间持续动荡不安),到武丁时期进行了一系列卫土战争,打败鬼方后武丁又连续击败贡方、土方、羌方和人(夷)方的入侵,巩固了北方疆土,后又为保护铜料来源征伐南方两国。经过商王廪辛、康丁、武乙、文丁持续征讨,商控制地区向北、东、南扩大,直至"纣克东夷而殒其身"。

西周王朝建立后并不安宁,周初有商纣王子武庚的叛乱,周二次伐商,铲除复辟势力,并剪灭支持武庚叛乱的薄姑、商奄等国。成康时期的安定局面被鬼方入侵破坏,康王粉碎鬼方入侵;昭王镇压东夷的叛周活动,并南征荆楚,遇汉水风浪全军覆没;穆王把军事重点南移,主要针对荆楚和南淮夷的内侵;宣王平徐戎和南淮夷叛乱;穆王时西部边疆开始受犬戎(又叫猃狁)的侵扰,穆王西征犬戎并"迁戎于太原",但战事仍不断发生,宣王时组织力量反击,取得一定战果。但宣王时四方用兵,耗尽国力,其子幽王昏庸荒淫,失去诸侯信任,周王朝终在申侯联合犬戎打击下灭亡。小盂鼎(陕西省岐山县礼村出土)铭文记载盂在两次对鬼方作战中俘鬼方首领3人、战俘1.5万人,割下敌人耳朵5 000余个,还俘获马匹、车辆、牛、羊等战利品若干,体现了战争规模的宏大和残酷。

春秋时期(西周灭亡,进入东周),仍然不太平,先后出现五国争霸(部分霸主学界有争议)。首先建立霸业的是齐国,有宋国争霸未逐,晋国和楚国争霸,一时同为霸主,后来有秦国、吴国和越国争霸。中小国家夹在大国间无所适从,苦不堪言,且中小国家需要向各霸主纳贡,负担沉重。据《春秋》记载,"列国间朝聘盟会凡四百五十次",朝聘必需的贡品是麋鹿皮、虎豹皮、丝织物、马和玉,并要附献珍异货物。列国向霸主国贡献一次,往往要用100辆车,1 000人护送。小国对非霸主的邻近大国也要进贡。贡献不合受贡国要求,小国还将被讨伐。在争霸过程中,霸主对中小国家还进行了无情的兼并。春秋时期,频繁的争霸战争给社会生产带来严重破坏,也使广大民众陷入水深火热。有识之士发起了休战提议。公元前579年,以宋国华元为主,发起了晋楚之间的"弭兵之盟",但两国皆无诚意,不久即告破裂,直至公元前546年,13国盟于宋都东北门,弭兵后的几十年中战争才明显减少。

战国时期仍是诸侯割据称雄和互相争战,这一时期的战争不仅规模宏大,而且更加激烈,更加频繁,更加残酷。为了防备战争,各国都注重防御,修建城墙、关塞、亭障和长城,大量防御设施的建设工程浩大,消耗了各国大量人力和物力。秦国打败赵国的长平大战足以证明当时战争的规模和残酷程度。这一战以秦军胜利、赵军失败而告终,赵军40多万人被俘,并全部惨遭坑杀。在七国争霸和秦统一中国过程中,这样的残酷战争不在少数。战国时,为了满足战争需要,征兵的年龄要求从春秋的20岁左右服兵役扩大到15—60岁男子为征兵对象,赵国应战争急需,还征召组成童子军,秦国曾将四境之内的男女都登记入军籍。战国时期,军队规模非常庞大,从几十万到数百万人,给国家和百姓带来沉重的负担。战争规模大、延续时间长当属长平之战,双方参战人员达上百万。这场战争从相持到结束前后延续好几年,秦军也死亡过半,损失之大,消耗财力之多,战史上少有。

(二) 世界战争

苏美尔人创造了文明,但其所处时代并不稳定,苏美尔处于敌对的城邦国家之中,城邦国家之间经常爆发战争,一些城邦国家寻求征服其他城邦国家,建立更大的帝国。大约公元前 2350 年,阿卡德城邦国家的国王萨尔贡将苏美尔人的城邦一一征服。萨尔贡自称"苏美尔人和阿卡德人共同的国王",他也是第一个将城邦国家统一的强有力统治者。在经过阿卡德人 200 年统治后,美索不达米亚的城邦国家在乌尔第三王朝(公元前 2112—前 2004)重获独立,但也重新陷于城市之间的战争,并因此衰落。最后,古巴比伦国王汉谟拉比发起一系列战争,将自己的控制权扩大到美索不达米亚的大部分,包括苏美尔和阿卡德,苏美尔人的国家、文化影响消失了,苏美尔人建立的城市也逐渐消失。后来,一系列外部列强相继统治这一地区。随同消失的还有世界最早的文字,不过苏美尔人的部分文化遗产继续存在,融进了征服者的文学、哲学、宗教、法律和城市建筑风格。

希腊的城邦国家也多半处于不稳定状态。城邦国家政治上独立,但在文化上因为共同使用希腊语和自公元前 776 年以后每 4 年举办一次的奥林匹克运动会等而统一。当一个城邦国家无法养活更多人口时,它就会向外殖民,这是城邦国家彼此矛盾的起源。雅典城邦领导希腊各城邦国家击败波斯帝国,但雅典随后也产生了支配其他城邦国家的愿望,组建提洛同盟,开始入盟自愿,后来却不准退出,还要求其他城邦缴纳贡赋。与此同时还形成了斯巴达城邦国家同盟,与雅典城邦同盟产生利益冲突,并最终发生伯罗奔尼撒战争,虽然斯巴达最终取得胜利,但随后又陷入底比斯和科林斯两个城邦竞争对手之间的战争。每个城邦国家都寻求对其他城邦的优势,在断断续续的战争中,强大的城邦不断强迫弱小的城邦加入自己主导的联盟。即使是城邦国家甚至是城邦的民主国家,也不能避免相互的利益冲突。

亚历山大的帝国为满足扩大版图的愿望,战争和征伐就从没有停止过,直到亚历山大本人死亡。亚历山大对于反叛的城市色雷斯予以攻占并焚毁,杀害 6 000 居民,将 2 万名活着的反叛者卖为奴隶。在东地中海沿岸,他在提尔要塞遭到长达 7 个月的抵抗,他再次显示了他的权力和残忍,屠杀了 7 000 人,并将多数为妇女和儿童的 3 万人变卖为奴。

罗马治下的和平和罗马帝国扩张征服过程中的残酷。公元前 27 年到公元 180 年,罗马实现了其治下的和平,这是其最强盛的时候,社会相对平静。罗马帝国早期,在对待卡普阿市及罗马的坎帕尼亚区等曾经反叛地方时,罗马采取了一种所谓的"新智慧"政策,即对待敌人的残酷蛮力政策。罗马将坎帕尼亚区 70 名元老院议员全部处死,300 名贵族和其他一些人投入其信任的盟友的监狱,大量居民卖为奴隶。在蓄意挑起的第三次布匿战争中,罗马将迦太基铲为平地,将生还者卖为奴隶,把盐撒到地里,让地里再也长不出庄稼。罗马将迦太基吞并,作为帝国的非洲行省管辖。公元前 148 年,罗马再次实施"新智慧"战术。希腊城邦国家科林斯及其盟友藐视罗马意志，甚至攻击罗马特使，罗马将整个科林斯铲平，并将所有幸存的居民卖为奴隶，所有艺术品运往罗马。恺撒大帝对高卢历时9年的战争总共杀死敌人119.2万人，100万人被俘。护民官台比留·格拉古提出有利于平民的改革政策，遭到元老院反对，反动势力将台比留及其300多名支持者用棍棒打死，他的兄弟加伊乌斯·格拉古继续改革，同样没有得到好的下场，同样被谋杀。加伊乌斯的继任者弗拉库斯命运更悲惨，与其3 000名支持者惨遭杀害。罗马的斗兽场一天之内被杀害的人就达到数百人。

二、残酷的奴隶制度

奴隶制度是奴隶社会的最重要标志。对待奴隶，统治阶级显然没有把他们当成平等的人看待。奴隶没有人身权利，可以随意转送。甲骨文中记载有人向商王分别送506个和50个奴隶。安阳殷墟的祭祀坑，众多被杀祭的人牲堆于一坑。据对1976年发掘的191座祭祀坑的统计，坑内共杀祭1 178人，残酷无比。

西周大盂鼎铭文记载周王（康王）册令盂职务并行赏赐情况。"锡汝邦司四伯，人鬲自驭至于庶人六百又五十又九夫。锡夷司王臣十又三伯，人鬲千又五十夫。"

春秋时盟誓较多，在山西侯马市东郊浍河北岸台地上的盟誓遗址有埋盟书的竖坑，其中有埋牛、马、羊等牺牲的兽坑和埋有人殉人牲的排葬坑。

战国时，魏国邺令西门豹是一位无神论者，他破除"为河伯娶妇"的迷信，严厉惩办迷信残害人民的邪恶势力。这表明此时仍然存在活人祭祀河神的习俗。战国时人殉的残余仍然存在，在《史记》《战国策》等文献中都有记载。从死是当时思想意识受压制下的牺牲品，也是奴隶制的残余习俗。战国末期，仍有作为奴隶社会标志的奴隶制度。秦国商鞅变法规定"因弃本求末，或游手好闲而贫穷者，全家罚为官奴"，表明秦国还存在官营的奴隶事业，私人也还拥有奴隶。

刘易斯·芒福德的研究认为：苏美尔在经济等级底端的是奴隶。沦为奴隶有4种情况：在战争中被俘，因获罪被判处为奴，出于贫穷和财务原因自卖或被家庭成员变卖为奴，天生为奴。苏美尔及其城邦中到底有多少奴隶，没有统计，但是法典有大量有关奴隶的规定表明，奴隶是广泛存在的。20世纪20年代，英国考古学家伦纳德·伍利爵士对靠近乌尔王室墓地的陪葬坑进行了考古挖掘，做了如下描述："6个拿着刀斧的仆人排成一排，站在墓墙的入口。在他们的前面有一个大铜盆。铜盆的旁边有4个竖琴师，其中一个人的手指还放在竖琴上。在坑的其他部位，还有64名排列整齐的宫女。他们都身着庆典服装……很显然，这些人并不是像牛一样被屠杀的可怜奴隶，而是身着官服，怀着敬意和希望，自愿来参与这样一个升入另一世界的仪式，在地球上服侍一个神，到另一个世界去服侍同一个神。"

雅典城邦在前415年征服米洛斯岛后，雅典人杀死了所有能够服兵役的米洛斯人，将妇女和小孩卖做奴隶。

早期罗马帝国作为奴隶制国家，对奴隶的使用登峰造极，罗马将近1/4的农业劳动力是奴隶。罗马对被压迫的奴隶的反抗镇压毫不留情，有3场奴隶的起义演变为战争，在镇压第三次斯巴达克斯率领的奴隶起义时，10万名奴隶战死，6 000名被俘奴隶被钉在通往罗马的道路两旁，罗马用对他们的折磨和他们的死亡来严厉警告其他潜在的造反者。哥特人于公元410年入侵的时候，"罗马的奴隶每天像潮水一般地涌出城外，加入外国人的队伍，导致他们的人数多出罗马方面4万人"，充分体现了奴隶们是怎样受到奴役及何等向往自由。

第五节 奴隶社会市场要素发展

一、货币产生及发展

夏代二里头遗址（今河南偃师县）中有海贝、仿海贝制作的骨贝和石贝，表明当时货币已经出现。

商代殷墟遗址出土的货贝不计其数，仅妇好墓就出土了6 800多枚，分大小两种，大者居多，贝壳前端琢一圆孔，便于穿系。殷墟货贝的出土状况充分说明了商代货贝流通已经十分普及。

令簋铭文记载：王姜赏赐给"令贝十朋、臣十家、鬲百人"。庚姬尊记载帝"赏庚姬贝卅朋"。西周青铜器铭文中还有周王因射箭奖赏10块饼金的记载，金也应该开始发挥货币的作用。还有研究称西周时布匹也可能用作货币。

从出土货币看，春秋时期铸造流通了铲形金属铸币，即一般所说的布。在东周王都，即今河南洛阳及其附近，多次发现空首弧足布钱。河南和山西等地还曾出土一定数量的空首尖足布钱。春秋时齐国管仲改革措施中有一条为"铸造和管理货币，调节物价"，表明中国很早就有通过控制货币发行调节物价的经济管理思想，这一思想在当时足够先进。

战国时期，铸币广泛流通。适应商品交易活跃的需要，金属铸币的流通范围日益扩大，流通数量激增，种类明显增多。战国的金属铸币有铜币、金币、银币3类，铜币又分为布币、刀币、圆钱和贝币4种，其中布币、刀币因国家不同，大小、重量、型制、单位、价值都有不同。当时黄金是各国通用货币，铜币则是某一国家或地区的通用货币。战国时期铸造的各国铜、金、银货币，后世有大量出土，较春秋时期明显丰富，说明该时期商业流通十分发达。

二、贸易、市场、税收

1981年陕西岐山县出土的齐生鲁方彝盖铭是记载西周中期商人商业贸易的资料。铭文说齐国贵族名鲁的人，开始从事商业贸易，获得丰厚利润，为纪念其父"乙公"的教诲而铸器，说明齐国贵族中已经有善于经商活动的人。齐国人（应在今山东）铸的方彝在陕西出土，则说明经商活动的范围可能很广。颂鼎记载证明西周就有税务官员。驹父盨盖记录，宣王十八年正月，南仲邦父命驹父同南诸侯之长高父到淮夷催缴贡赋，并提出要尊重夷人风俗和礼仪的策略，很顺利地从夷人那里收到贡赋，表明西周时不仅从直接控制区征收税收，还从臣服夷人方国征收贡赋。

从考古发现看，春秋时期各国都城建设都有专门的市场区域，商业已经成为城市不可缺少的一部分。春秋时期手工业分民间和官府两种，官府手工业规模较大，种类有冶铁、铜器铸造、陶瓷、纺织、玉石、漆器、车船、编织。民间手工业主要是纺织。商业与手工业类似，以官营为主，即所谓"工商食官"，这种格局在春秋中后期才逐渐被打破。春秋时齐国和郑国对商业比较支持，故齐、郑两国商业较发达。随着井田制度的崩溃，春秋时期各诸侯国不得不建立新的税收制度，以弥补公田收入的缺口。齐国在管仲执政时实行了"相地而衰征"的政策。鲁国在宣公十五年（公元前594年）实行"初税亩"。楚国对不同的土地规定不同的军赋。郑国在子产执政时实行履亩而税的办法，后又作"丘赋"。

战国时期由于生产力水平明显提高，无论是农产品还是手工业品都更加丰富，商业贸易明显扩大。商品主要是农副产品、土特产、手工业制造的各种生产工具、日用手工业产品以及贵族们使用的奢侈品。大多数城市都有固定的交易场所"市"，在军队驻地还有临时的"军市"出现，农村有定期的集市（中国相当多的农村至今还有定期集市）。贸易的繁荣催生了一些巨富商人，最知名者有吕不韦。他经商积累起千金家产，以"奇货可居"闻名于世，曾辅佐秦始皇登上帝位，自己则任秦朝相国，秦始皇称其为"仲父"。他创下中国商人转而从政的历史纪录。秦国税收政策有一定代表性。商鞅变法规定，生产粮食和布帛多的，可免除本人劳役和赋税，明确了以农业为"本业"，商业为"末业"，并且限制商人经营的范围，重征商税。商鞅规定凡一户之中有两个以上儿子到立户年龄而不分居的，加倍征收户口税。秦国的税收名目较多，有按土地好坏征收的农业税，有商业税，有户口税，还有劳役等。

波斯帝国期间，大流士将波斯帝国扩展到印度次大陆的深处，在印度的行省或总督辖地提供了波斯年现金收入的1/3。波斯统治者将过去各地税收差异统一起来，将税收合理化。他们丈量农田的大小，估计其生产率并记录下来，将税率固定在收获的两成。每个总督辖地的税收人员要对工业、矿业、水、商业零售业等进行征税。总督辖地要将税收的大部分交给皇帝，但也留下一部分作为行政和发展费用。

罗马帝国向被征服人民征收贡赋、税收、租金和兵员。加伊乌斯建立的骑士团充当税吏，有权收取他们能够收到的任何数量的税收，但其缴纳给国家的税是固定的。这一制度使罗马国家的税收过程缺乏监管，导致税吏对人民的盘剥，很多税吏因此致富。加伊乌斯还将亚洲行省的征税权加以拍卖。这些制度有利于那些精英的利益，并能够确保他们对加伊乌斯的个人忠诚，却将罗马行省的居民置于贫困境地。

满足和供应罗马的需要是帝国经济政策的首要目标。奥古斯都时代，罗马人口达到

100万人,最重要的谷物,罗马要从西西里、埃及、北非海岸、西班牙和黑海沿岸地区进口。商人还从意大利内部各地、西班牙和地中海沿岸各地进口棕榈油和酒,从莱茵地区进口陶瓷和玻璃,从法国南部进口皮革,从小亚细亚进口大理石,从不列颠、法国北部、比利时和荷兰进口毛纺织品,从很多地方进口奴隶。为了在罗马圆形大剧场进行格斗表演,他们从非洲和亚洲引进狮子,从苏格兰引进熊,从西班牙引进马,从埃及引进鳄鱼和骆驼,从北非引进豹子和犀牛。为满足富有和有权势的人的需要,出现了小规模、长距离跨洲奢侈品贸易,从红海海上商道进口乳香、没药和其他阿拉伯半岛和非洲之角的香料,这些货品中有的甚至是来自印度和中国的香料和纺织品。他们经陆路丝绸之路进口来自中国西安和洛阳的商品,主要是又轻又有价值的丝绸,也有漆器和其他财宝。罗马在奢侈品贸易中支付的大多是贵重金属,历史学家在印度南部发现大量罗马铸造的金币。历史学家老普林尼说贸易吸光了意大利的贵重金属,但是得到的回报是超额利润。考古发现,很多从事丝绸之路奢侈品贸易的都是草原游牧人、匈奴人和其他部族人民。可见罗马帝国贸易商品品种繁多,贸易利润丰厚,贸易范围十分广阔,其统治时期国际贸易盛行。

三、土地制度的发展

夏代已存在公社和井田制度。商殷时期,《孟子·滕文公上》所说的"惟助为有公田""同养公田"的"公田",就是说公社的"公田"由公社农民来集体耕种。

西周推行的是等级土地所有制和占有制,周王是全国土地所有者,诸侯在本国内是土地的所有者,但新侯继位必须得到周王的册封方有权,而且周王有权将土地改赐给他人,所以周王是全国土地的最终所有者。在井田上劳动的农夫毫无土地所有权和占有权,只有对土地的短期使用权。当然,西周的土地所有制也不是一成不变的。大体上西周以前以周王为代表的国家对土地的控制十分牢固,中晚期出现诸侯间或卿大夫间交换土地的现象,反映了土地所有制发生缓慢变化。西周土地制度与商代基本相似,仍然是井田制,分公田和私田,土地最终所有权都属奴隶制国家。

春秋早期,仍然实行井田制,井田的最高所有权掌握在国家和贵族的手里,农民只有使用权,井田仍沿袭传统分公田和私田,公田仍由农民协作耕种,收获归国家和贵族,私田由农民以户为单位耕种,收获归农民自己(奴隶需要上交一部分)。随着经济发展,农民种公田积极性逐渐减退,致使公田荒废,杂草丛生,大小贵族争相开辟私田,井田制度开始崩溃。于是各诸侯国开始改革,避免公田荒废造成税收减少,公田、私田的划分逐渐淡化,取之以按田(分田档次)纳税。春秋时晋国改革最彻底,公田赏给贵族,农民土地不再定期分配,实际上逐渐成为他们的私有土地。土地开始进一步私有化(贵族、部分农民成为土地所有者)是奴隶社会私有制经济的再一次进步。

战国时期,是井田制度完全瓦解,新的封建土地制度建立时期。秦国根据商鞅变法的制度安排,开阡陌封疆,实行土地私有,是战国时期土地改革制度最典型的代表。这是土地制度的根本变化,标志着井田制度彻底消亡。更早一点进行改革的魏国同样进行了土地制度的变革。李悝改革正式废除了中国传统的井田制,采取"尽地利之教"的政策,鼓励老百姓垦荒，废除原本井田制下的土地界限，允许土地私有买卖，同时对国家境内所有土地进行测评，估算国家的土地产量，制定合理的税收政策，按照土地的贫瘠程度分配给农民土地，提高农民生产的积极性。韩国和赵国由晋分裂而来，在春秋时晋国已经进行废井田，允许土地私有的改革。通过土地制度改革，土地实行私有、允许土地买卖的封建土地制度基本建立起来。

从夏代开始，直到西周，中国在土地制度上实行奴隶社会的井田制度，维持奴隶制统治制度的收入主要靠井田制中公田上的收获，初期由于从原始共产主义社会进入奴隶社会，人们对公田的耕种尚能维持，加上生产力水平尚不发达，劳动协作也还有必要，但随着时间的推移，进入春秋时期（东周）后生产力水平提高，铁器普遍使用、牛耕普及，人们思想观念也发生变化，私有制更加深入人心，因此人们在公田耕种上的责任心变了，更多私田得到开垦，公田耕种逐渐得不到重视，并最终荒废，奴隶制国家统治的经济基础被动摇，于是需要土地制度的改革来继续维持统治阶级的统治。各诸侯国纷纷进行改革，到战国末期基本完成了封建的土地私有制改革。春秋战国的土地改革是一种进步，它适应了生产力的发展，适应了人们思想观念的转变。

试图为罗马穷人带来平等的格拉古兄弟提出并进行了罗马帝国的土地制度改革。护民官台比留·格拉古提出有利于平民的改革政策，提议将一些公共土地分给平民，尤其是要分给那些贫穷的士兵。这一建议遭到元老院反对，反动势力将台比留及其300多名支持者用棍棒打死，尽管如此，公共土地的分配还是得到执行。台比留的兄弟加伊乌斯·格拉古继续改革。他在迦太基战争中征服的土地上，包括迦太基本土，通过建立新的殖民地来安置罗马穷人，扩大了其兄弟分配公共土地的政策。他的政策受到元老院敌视，同样没有得到好的结果，同样被谋杀。

四、统一度量衡，统一语言文字等为经济和社会发展创造条件

战国时期，各诸侯国出于征收租税、发放俸禄、商品交换、地方向中央上缴"上计"的需要，均很重视度量衡的制造和制度的统一，都先后颁布了度量衡制，各国在自己的国家范围内基本完成了度、量、衡的统一，并且制作标准的度量衡器。如秦国商鞅改革中把"百步为亩"扩大为二百四十步为亩，颁布了标准量器商鞅铜方升。统一的度量衡为经济正常运行、为市场流通创造良好条件。

在美索不达米亚萨尔贡（约公元前2334—前2279年在位）的阿卡德帝国，长度、面积、干湿东西的质量、可能还有重量的标准在全帝国内被统一。

波斯帝国和罗马帝国均统一铸造帝国货币。

各奴隶制帝国还统一语言文字。希腊城邦帝国、波斯帝国、罗马帝国以及中国的秦帝国均进行了这类统一。

五、交通运输条件发展

商代已经有可考的车马。河南殷墟郭家庄出土的车，轴长约3米，辕长2.66米，轮

径1.4米，辕上横木2.2米，驾两匹马。有车，即表明有行车的道路。

据《史记·周本纪》记载，周武王"遂率戎车三百乘，虎贲三千人，甲士四万五千人，以东伐纣。十一年十二月戊午，师毕渡盟津，诸侯咸会"。该记录表明渡河规模庞大。甲骨文中有了"舟"字，形似小船。以上事实表明商代已经能进行较大规模的水上运输。

西周时期的交通已经有很大改善，马车的出现为解决运输问题提供了方便，宣王征荆蛮出动西六师"其车三千"，说明规模之大，民间造马车技术应当很成熟了，因此民间用马（牛）车解决运输问题应当已经普遍存在。

西周已经有官修的大道。中国语言中有"周道"一词，其解释之一即周代官修的大道，后泛指大道。《诗经·小雅·大东》上有"周道如砥，其直如矢"的形容，即大道平坦似磨石，笔直像箭杆。周王朝在国都镐京和东都洛邑之间修建了一条特别宽广平坦的大道，号称"周道"，又称为"王道"。据《周礼》载，道途专管庐舍候馆的官员称为"野庐氏"。他负责筹办京城500里内所有馆舍的车马粮草、交通物资，要保证道路畅通，宾客安全，要安排白天轮流值班和夜间巡逻之人，还要及时组织检修车辆平整道路等。

西周时期造船已经不在话下。周代对乘船有严格的等级规定——天子乘坐"造舟"，诸侯乘坐"维舟"，高级官员乘坐"方舟"，一般官吏乘坐"特舟"，普通百姓只能乘用"桴"。"造舟"由多只船体构成，"维舟"由4条船构成，"方舟"由两条船并成，"特舟"是单体船，"桴"就是木筏和竹筏。这表明，西周造船业已经比较发达，各种大小船均能制造。

春秋时期继续发展，在道路建设方面，一是周道，有可能延伸到了东方的齐、鲁；二是开辟了水上航道，有了著名的"泛舟之役"；三是吴王夫差修建人工运河邗沟，沟通了长江和淮河，后又西接济水、北接沂水，把淮河和黄河贯通起来（按当时铁器可能尚没有全面普及的生产力水平，其工程规模甚至不亚于当今的南水北调和长江三峡水电站工程）；四是已经利用沿海航线进行军事行动和运输，如《左传·哀公十年》记载，吴大夫"徐承帅舟师将自海入齐"。

春秋时期制造交通工具的技术从制造战车的技术可见一斑，大国战车4 000辆，中等3 000辆，说明造车已经不在话下。

春秋时期还完备了传遽制度，到处都有驿站，四通八达，如郑弦高曾自滑使告秦警于郑（《左传·僖公三十三年》）。

春秋战国时期，我国南方已有专设的造船工场——船宫。诸侯国之间经常使用船只往来，并有了战船的记载。战船是从民用船只发展起来的，但是战船既要配备进攻手段，又要防御敌方进攻，因此在结构和性能上的要求都比民用船只高。吴国水军的战船是当时最有名的，包括"艅艎""三翼""突冒""楼船""桥舡"等多种舰艇。艅艎是王侯乘坐的大型战船，战时作为指挥旗舰。吴国就是凭借这些战船先后在汉水和太湖大败楚、越两国的。后来勾践卧薪尝胆，越国灭吴时的战船已经发展到300艘之多。

战国时期，交通运输工具的生产应更加进步，运输的规模也不断扩大。随着技术进步、铁器的广泛使用，车更加坚固耐用。贵族和官员用车装饰也越来越豪华，除两马拉的车外，还出现了四匹马拉的车。战国时还有肩舆（人力轿子，1978年河南固始县出土）。步兵的重新崛起使战国时战车在战争中的地位相对削弱，战车制造的数量可能相对有所减少。由于水战减少，战船制造不如前代受重视。战国时水上还有桥，如黄河上就架设了浮桥。当时出现的骑兵可自行解决部分军需运输。为解决远行的吃住问题，当时已有国家开设的驿站客馆和私人开设的客舍。河北易县燕下都出土了"武城遽阳玺"，遽阳即指驿传。《左传·文公十六年》记载，"楚子乘驲，会师于临品"，杜预注：驲，传车也。

苏美尔人的交通运输设施十分先进。他们用世界上最早的有轮马车和帆船以及轻便蓬车运输货物，用自己富余的东西与北部山区的居民交换木材、石头和金属。他们乘帆船驶往波斯湾换到铜和锡，还沿阿拉伯海岸继续航行，远至印度河谷，并在那里获取象牙和陶器制品。他们从陆路往东翻越扎格罗斯山，从埃兰带回玛瑙珠子。在苏美尔发现地中海的贝壳说明，苏美尔往西，也许通过陆路的贸易通道也同样存在，说明那时的苏美尔运输工具先进，陆路、水路通道均通畅。

早期，在尼罗河三角洲有不少港口（如布托城和欧迈里），成为黎凡特（现在的叙利亚、黎巴嫩、以色列）和美索不达米亚货船停靠的口岸。在这些港口，货物必须卸下来，再用小船或驴拉篷车转运到孟菲斯附近的玛迪（玛迪是连接尼罗河三角洲与上埃及的商业中心）。在埃及中王国时期（约公元前2040—前1640年），埃及贸易两个方面进展显著，一是尼罗河三角洲与巴勒斯坦之间穿过西奈沙漠北部的商队贸易，贸易商品有香料、松香和矿产品。二是通过地中海东部，由王室成员指挥的长途海运贸易，购回官方建设和装饰所需的松香、木材、天青石、铜和象牙。

波斯帝国期间，大流士一世（公元前522—前486年在位）的阿契美尼德（波斯人对自己的称呼）王朝挖通了穿越沙漠的运河，将红海和尼罗河连接起来，这一开始被埃及人当作商道的早期"苏伊士运河"，成了波斯人控制埃及的运兵路线。大流士还在帝国境内建立了公路系统，其中最有名的就是1 700英里（约合2 700千米）长的皇家公路，从都城苏萨穿越安纳托利亚，直达萨迪斯（没有完全抵达地中海）。沿着这些公路，大流士一世还建立了一系列供旅客休息的旅馆以及每隔15英里（约合24千米）就有一个的导游服务站。

亚历山大大帝在其短暂统治的帝国境内也修建了道路、运河。

罗马帝国期间，交通运输当然也有大发展。罗马帝国的疆域大部分在海边，因此大宗商品的运输特别是帝国境内的运输，大多通过海运来完成，说明罗马帝国海运事业发达。从地中海直接到印度、到中国的海上运输路线随着罗马帝国的建立而建立起来。

条条大路通罗马——罗马帝国为了加强其统治，修建了以罗马为中心，通向四面八方的大道。据史料记载，罗马人共筑硬面公路8万千米。还有32万千米的次级公路。

第六节　奴隶社会改革

一、中国春秋时期以前的改革

商汤（商开国之君）任用奴隶出身的伊尹为右相，伊尹帮助商汤制定"网开三面"（原意为把捕禽的网撤去三面，比喻采取宽大态度，给人以出路，愿从者从之，不愿从者去之）的新政策，那些受夏桀欺凌的诸侯纷纷倒向汤，商汤收到壮大自己、削弱夏王朝的政治效果。该政策下一时归汤者36国，为商汤灭夏奠定了基础。

西周把同姓诸侯分封在王畿周围和战略要地的分封诸侯政策，是在汲取商代经验基础上进行的国家封建政策上的重大改革，但由于没有其他相关政策（如世卿世禄政策并不能保持分封诸侯忠诚和能干如一）的配合，并没有保持西周王朝的长时间延续。

齐桓公成为春秋第一霸主，归功于管仲推行的一系列改革措施。他的改革措施主要包括：政治上推行国、野分治的"参国伍鄙"之制，即由君主和二世卿分管齐国；士、农、工、商各行其业；实行租税改革，对井田"相地而衰征"，即按土地好坏分等而征税；采取有利于农业和手工业发展的政策，如适当征发力役，禁止掠夺家畜；用官府力量发展盐铁业；铸造和管理货币，调节物价（该措施堪称现代宏观调控）。从此，齐国政治稳定，国力大振。

楚庄王本人具雄才大略，任用贤人孙叔敖为相，进行政治改革，减少统治集团的摩擦；整饬军备，提高战斗力；发展生产，"商农工贾，不败其业"（《左传·宣公十二年》），终成楚国霸业。吴国争霸则是吴王任用贤人伍子胥和任用军事家孙武取得的成功。越王勾践的争霸则是君王失败后励志的典范。

二、轰轰烈烈的战国时期改革

中国战国时代是普遍改革时代，也是改革发挥重要影响的年代，战国七雄的改革大大促进了时代的进步，促进了经济的发展。在战国以后经历了2 000多年的封建社会，能与之媲美的改革很少，只有中华人民共和国成立后的改革开放，才超越了其历史光辉，取得了更加卓越的举世瞩目的改革成就，谱写了一曲新的改革光辉篇章。

（一）魏国改革：李悝变法[①]

李悝变法，即战国时魏国任用李悝为相进行的变法改革，主要内容是：废除奴隶制时代的世袭制度，取消旧贵族原本享受的世袭官爵制度，按照"食有劳而禄有功"的原则招

[①] 朱大渭主编：《中国通史图说》，九州出版社1999年版。以下战国时期改革内容均参阅此书。

募贤才，发展生产；正式废除中国传统的井田制，采取"尽地利之教"的政策，鼓励老百姓垦荒，废除原本井田制制度下的土地界限，允许土地私有买卖；同时对国家境内的所有土地进行测评，估算国家的土地产量，制定合理的税收政策；按照土地的地力标准分配给农民土地，鼓励农民生产的积极性。他颁布"平籴法"，用"用收有余以补不足"的办法平抑粮价，防止商人垄断粮价。实行法治，建立完备的魏国法律《法经》，用法律把封建制度固定下来。李悝改革使魏国成为战国早期最强盛的国家。

（二）韩国改革：申不害变法

申不害是战国时期的法家人物，在韩国进行了改革，主要内容是：主张以法治国，实行以"术"治国方略。他主张君主专制独裁，用阴谋权术加强君主集权统治，平时"无为"，决策时"独断"，牢牢掌握任用和生杀大权，不许官史越职办事，平时加强监督和考核，以出其不意的办法慑服臣下。

（三）赵国改革：胡服骑射

胡服骑射即战国赵武灵王在位时期进行的影响深远的改革，全国士兵将传统的宽大战服改为紧小为特征的胡服，改传统的步兵为主体的军队结构为骑兵和弓弩兵为主体的军队构成。赵武灵王这一改革取得成功，这次改革使赵国在一个时期内跃居军事强国。

（四）齐国改革：邹忌变法

公元前357年齐威王即位。齐威王任用邹忌为相，进行政治改革，广开言路，提倡进谏，厉行法治，监督官史，注意选拔重用人才，除去不称职的奸吏，奖励得力的将领和官吏，处罚不力的官员。改革有力促进了社会生产的发展，巩固统治秩序，谋求国家富强的目的顺利实现。经过改革，齐国从一度衰落又转为强大，成为战国七雄中主要的争霸力量。

（五）楚国改革：吴起变法

吴起曾经在鲁国和韩国为将军、邺令，不为所用辗转到了楚国，楚悼王用他为令尹，主持变法。他的变法内容有：均爵平禄，凡封君的贵族，已传三代的取消爵禄；对疏远公族，削除其公族籍。无能无用和无关紧要的官，一律裁减，削减官史俸禄，节省开支，将节约的财富用于强兵。剥夺王室贵族的威权，使他们不能徇私情，因私废公。为了整治官场腐败，禁止官员之间私下请托，"使私不害公，馋不蔽忠，言不取苟合，行不取苟容，行义不顾毁誉"。改革使楚国群臣不顾个人荣辱一心为国家效力。吴起还制定法律并将其公布于众，使官民都明白知晓。在军事上提"厉甲兵以时争天下"。吴起变法使楚国一时实力大增，但因为触动贵族利益，最终归于失败。吴起被贵族所害。

（六）秦国改革：商鞅变法

商鞅变法为战国时最知名、最全面、最彻底的改革。这次变法使秦国的经济得到发展,军队力量不断加强,为秦成为战国后期最强盛的国家奠定基础。商鞅变法的内容前文多有叙述,此处不再赘述。

(七) 燕国改革

燕王哙在位时,看到各国通过变法逐渐强大,也欲在燕国进行变法改革,但因轻信将国家禅让给子之,导致内忧外患,几乎亡国。后虽经昭王图治走上相对富裕之路,但燕国的改革很不彻底,实力也衰落得厉害,最终在燕惠王时走向衰亡。

奴隶社会时代世界其他国家知名改革主要是梭伦等进行的改革,在第一篇第一章中已有叙述,此处不再赘述。

第六章　封建社会发展

中国的封建社会，从秦始皇统一中国的公元前221年开始，至1911年辛亥革命取得胜利为止，历时2 100多年。在漫长的时间里，中国经历了统一、分裂、再统一多次循环，经历了强大、衰落、再强大、彻底衰落的反复起落，社会有一定发展，但经济始终起色不大，核心在于生产力发展水平没有根本进步，核心生产技术基本原地踏步，偶尔一代的繁荣因皇帝的个人品质决定，没有建立持久优秀的领导体系。2 000多年的中国封建社会，生产力发展水平始终没有大的提高，自给自足的小农经济始终在持续。小农经济组织形式是中国封建社会典型生产方式，男耕女织是中国封建生产力最形象的描述。"鸡犬之声相闻，老死不相往来"表现的则是中国封建社会的封闭。

一般认为，公元476年西罗马帝国的灭亡是西欧由奴隶制向封建制过渡的重要标志，至公元11世纪，西欧的封建化过程才基本上完成。西罗马帝国灭亡后，东罗马帝国由于其本身具有的特点暂时保持了奴隶制，延缓了向封建社会的转变。封建关系在这些国家出现的时间一般都比较晚，而且发展缓慢，封建制度的形成也迟于西欧。但这些国家在6世纪到9世纪期间基本先后进入了封建社会。欧洲最早的英国资产阶级革命从1640年开始，1688年取得胜利，法国资产阶级革命1789年开始，德国要更晚一些。但是，欧洲的封建社会总体是进入较中国明显晚，结束明显早。

比较中国封建社会与西欧封建社会，有一点是相同的——都是建立在小农经济基础之上，使人依附于土地之上的社会制度。西欧是"封建领主+大量自耕农"模式，中国则是"大地主+无数自给自足的农民家庭"模式。西欧的封建领主（均为一级一级分封而来）和中国的大地主（有少数为分封的封建王侯，多数是在市场中自我发展形成的大地主）在对其大量土地的经营管理方式上基本相同，即作为一个相对较大的农业单位自己耕种一部分，西欧可能使用奴隶，中国雇长工，其他土地则租给农民耕种，收取租金。不同之处在于上层建筑，西欧实行的封建制是建立在封建（层层分封）制度基础上的社会，甚至没有国家概念，到处都是独立的封建领主，领土之间互相独立，是一种分散、松散的体制，一个领主只对上一级领主承担义务。西欧的封建领主既是大地主，又是具有政治管理功能的领主。由于封建等级制度是因土地的层层分封而形成的，各级封君与封臣之间都互有义务。封臣即附庸只承认自己直接受封的领主为封主，而对自己封主的封主却没有臣属关系，所以中世纪的西欧出现了"我的附庸的附庸不是我的附庸"的奇怪现象。中国的地主则没有政治管理职能，郡（州）县制为基础的中央集权制度（同时辅以封建的王侯食邑制度，有时没有封邑，如秦代）执行管理职能。

第一节　封建社会科学技术发展

一、农业生产技术发展

（一）种植业技术发展

秦代在先进地区已大量使用铁制农具和进行牛耕。铁农具有秦始皇陵出土的全铁犁铧。该器较战国时的铁口木铧易于起土发垅，功效显著提高。其他铁农具有铁铲、铁锛、铁锸、铁斧等。秦时生产技术也有提高，《吕氏春秋》中记录了秦统一前的农业生产技术，集中体现在《任地》《辩土》《审时》三篇中，其中包括对不同的土地要选择不同的耕作时间，施用不同的耕作方法，不同的土地加以不同利用，以使土地各尽其宜的记载。粮食作物仍为麦、稻、黍（黄米）、菽（大豆）、禾（即稷）、麻（一种麻子）、答（小豆）等，稻谷分为籼稻和糯稻。秦国当时有"万石一积"和"十万石一积"的粮仓。经济作物出现规模化商品生产，如"安邑千树枣；燕、秦千树栗；蜀、汉、江陵千树桔"；"陈、夏千亩漆；齐鲁千树桑麻；渭川千亩竹"；"山居千章之材"（《史记·货殖列传》）。

汉代初期，铁制农具已经推广到中原以外的很多地区。汉武帝时，冶铁铸造归国家垄断，铁农具传播更为迅速，在偏远的地区都有西汉的铲、镬、锄、镰、犁铧等铁制农具出土。在出土农具中，铁耙开始出现较多，有二齿和三齿耙。汉代出土的铁犁铧数量众多，宽窄大小不一。最大的铧宽达42厘米。汉代耕地主要用牛耕，兼有马耕。西汉普遍使用的是两牛抬杠的犁耕法，《汉书·食货志》中所说的二牛三人的耦耕，也是二牛抬杠。武帝时出现二牛一人的犁耕法，节省两个人力，是农业生产的重大进步。为保护耕畜，汉代法律规定偷盗牛和马，要加倍重罚。西汉晚期，播种用的耧犁也开始使用，辽宁辽阳和北京清河汉代遗址中都有铁制耧足出土。西汉农民已有"深耕概种，立苗欲疏"的经验。汉武帝时广泛推广代田法。该法先把土地开成深宽各一尺的沟，称为甽，甽旁堆成高广各一尺的垄，把种子播在甽中，可以防风保墒，耨草时用垄上的土和耨除的草培植苗根，盛夏垄土用尽，甽垄培平，作物的根扎得深，长得牢，不畏风旱。该法实现了同一地块上的轮作，产量还有提高，是耕种技术的明显进步。汉代已经出现水碓，据说它在谷物加工方面的功效比用足践碓高10倍，比杵臼高百倍。

魏晋南北朝时期，水稻和养蚕技术取得令人瞩目的成就，三国东吴时已出现"再熟之稻"，东晋时更有了"三熟之稻"，稻谷品种众多。东晋时基本沿用二人一牛的牛耕方式，但也有一人一牛的情况。敦煌莫高窟壁画显示，北魏时牛耕的形制是一牛双辕犁，用牛轭套住牛颈，犁铧为三角形，耕者一手扬鞭，一手扶犁，说明核心农业生产技术取得了重大进步。养蚕方面，这一时期已经开始了多性化蚕和柘蚕的饲养，并已经懂得用低温控制蚕卵的孵化，以求增加蚕的饲养次数，于是一年之内"四熟""五熟"乃至"八熟"之蚕在不同地区出现。这时的南方已经开始成为中国最富裕的地方。原本不产于中国的棉花，在这一时期开始种植利用，意义重大。南北朝时，南朝梁时顾野王所编的字典《玉篇》中有"棉"字，释文说：木也。可见当时有棉的种植。《太平御览》第八百一十九卷引裴渊著《广州记》说，"蛮夷不蚕，采木棉为絮"，说明南方交、广一带在南朝时已经植棉。在西晋时还有"士卒百率，不得服越叠"的规定，越叠即南方所织的棉布。《梁书·高昌传》记载，高昌多草木，草实如蚕，茧中丝如细纻名为白叠子，国人多取织以为布。布甚软白，交市用焉。可见南北朝时棉花种植和棉布产量已经有一定规模。

唐代前期比较重视农业生产，农业主要生产技术有所改进。唐代将过去使用的直辕犁改进为曲辕犁（与现代使用的犁基本一样），这种新式犁使用起来便于转弯，改进了耕作技术，提高了劳动生产率。从唐代的各种耕作图看，唐代的牛耕既有一人两牛制的牛耕方式，也有一人一牛制的耕作方式。唐代采取了系列有效政策发展农业，包括采用新的土地制度，放宽土地买卖限制，重视水利事业等，农业蒸蒸日上，户口殷实，府库充溢。唐代时南方农业得到较大发展，人口迁徙的增加和水利工程建设使水稻产量明显提高，江淮成为全国重要的粮食产区。西北的吐鲁番和南方的云南、两广、福建等地，各族已越来越普遍地种植棉花。茶叶成为重要的经济作物，名茶达20余种，遍及长江中下游。

宋代农业又进一步发展，从主要农业生产工具看，一人一犁一牛的耕作方式已经普及，也仍有使用直辕犁的情况。宋代利用水力（水碓和水磨）和畜力进行粮食脱壳和碾磨等加工已经比较普及，其人力粮食加工工具（如脚踏式舂米）一直到20世纪50年代，我们的父辈还在使用。宋代均使用铁制农具，扬州发现的宋代铁犁铧、刃边为钢质，有光泽而且锋利，可见当时的农具制造水平较高。宋代用各种办法扩大耕地面积，以"圩田"（或围田）、"山田"最多。围田以坚固的圩岸把河湖的水隔开，圩岸之内又有河渠，可以通过水闸控制圩田的灌溉，做到旱涝保收。至20世纪70年代，作者所在生产队还有50亩"围子"之说。山区还依山建田，层层而上，远望如梯，故名梯田。宋代注意推广良种，北宋时，河北临津县令黄懋成功将早稻引种河北，南方山区也引进北方的麦、豆、粟等，最著名的是占城稻的推广，占城稻原产越南中南部。经济作物不断发展，培育新的桑树品种。四川广种甘蔗，甘蔗面积占耕田面积的1/4。棉花种植更加普及，茶树在许多地区广为种植。

元代的农业生产技术有所改进，农具的改进尤其显著。元代自发成立的锄社对农业发展有一定贡献。

明代北方出现大量无主荒地，农业领域为恢复生产和加强国防，实行了广泛的屯田制，分民屯、军屯和商屯，其中民屯、军屯规模较大。山西省洪洞县为明初由山西迁往各地屯田的农民集中出发地。农业生产技术方面水力翻车技术有所改进，效率提高，沿海滩涂盐碱地的利用已经总结出排碱技术，滩涂地利用增多，新的高产农作物番薯（也称红薯、白薯等）和玉米已经引入中国种植。烟草自明代中叶引入中国种植，很快遍及全国。

关键的农业生产工具基本如前代。

　　清代初期采取了一些措施恢复农业生产，如对跑马圈地政策进行废止，限制满族贵族的某些特权，对明代藩王田的归属进行明确，并明确税收政策，鼓励垦荒土地，灾荒之年免除赋税等，对清初经济发展发挥了一些作用。在农业生产工具改进、农业生产技术方面，经过了267年的清代基本没有改进和发展。

　　公元455年罗马陷落，公元476年日耳曼将军鄂多西克废掉西罗马帝国最后一个皇帝，鄂多西克成为意大利的第一位"野蛮人"皇帝。北方的"蛮族"给欧洲带来新的粮食作物裸麦（黑麦）、燕麦、小麦和蛇麻草（现称啤酒花）的种植，带来了三圃制的耕种方式（指三年种两次的耕作方式），取代了地中海地区原来的二圃制（两年种一次的耕作方法），还带来了重要生产工具重轮犁（是生产工具重大进步）。重轮犁在蛮族地区公元前1世纪就在使用，它有个轮子控制犁地的深度，可使犁地的人省力，新式犁有面犁刀划土和一个模板翻土，这样犁出来的沟又深又整齐，使南方使用老式十字犁田法成为多余（老式犁效率极低，要犁两遍）。使用新犁时农民一般合伙用牛耕地，起初因马耕地的挽具落后而浪费马力，用马耕地较少，9世纪、10世纪时，挽具改进，马颈圈和马蹄铁从亚洲传入欧洲后，马耕地才开始在北欧使用。据记载，公元前16年欧洲出现立式水轮磨盘，卧式水轮出现更早。公元1086年，英国有磨坊5 000多个。12世纪时风车出现了，第一次见于记录的是公元1180年诺曼底的一个风车，这种风车有一个卧式的主动轴和垂直的帆翼。

（二）水利事业发展

　　战国时兴修的郑国渠仍发挥重要作用，使粮食产量达每亩6石4斗。秦代对水利事业是重视的，在中央设立都水长丞，统一管理全国水利事业。在地方也设官员，管理水利，如琅琊郡设有"琅琊都水"，都水掌管水利，征收渔税。秦代除利用战国时修建的水利工程如都江堰、郑国渠等外，还兴建了灵渠、秦渠，沟通汨罗江相关水流的汨罗之流，疏凿兴成渠为漕渠，"起咸阳，抵潼关，三百里"。灵渠主要为军事运输需要而建。

　　汉代时水利事业有很大发展，促进了农业发展。汉代大型水利建设事业众多，武帝时关中开凿了许多渠道，形成一个水利网，漕渠自长安引渭水东通黄河，不仅便利漕运，而且灌溉农田万顷；泾水和渭水之间修建白渠，灌溉4 500顷；其他如龙首渠、六辅渠、灵轵渠、成国渠等灌溉面积都很大。京师以外也兴修了不少水利设施，羹颉侯刘信在舒（今安徽庐江西南）修建七门三堰；汉文帝时文翁在蜀郡穿湔江以灌溉；朔方、西河、河西、酒泉等郡引黄河及川谷之水，汝南、九江等郡引淮水，东海郡引巨定泽，泰山郡引汶水，都灌溉万余顷。汉武帝时对黄河决口进行治理，使黄河流归故道，后80年未成大灾。东汉初年，黄河复决口，黄河以南很多地区的人民受灾达60年之久。公元69年，王景与王吴率士卒几十万人修治黄河，消除了水患。东汉广泛修建陂池对发展农业生产起了很大作用（小水利受重视）。东汉末年，已经出现提水工具翻车、渴乌。翻车"设机车以引水"，渴乌"为曲筒以气引水"，这是中国最早出现的水车，但比埃及的水车晚了许多。

魏晋南北朝时期亦重视水利建设，修建了众多的水利工程。曹魏时期发明家马钧制造的灌溉工具翻车不但能把低处的水引上高坡，还可用来排水。

隋朝修建大运河，沟通南北经济和文化联系，有着深远的历史影响，但修建太急，每年之内征调民力太多，影响了正常生产。

唐代水利灌溉技术有所提高，农民不仅用传统的碓转和桔槔汲水，而且制成水车、筒车，用以灌溉地势较高的耕地。北方旱地还使用立井式水车溉田。唐代的水利工程70%兴建于唐前期，兴建了很多渠、塘、堰，均能灌溉数千亩。

北宋和南宋均兴修了一些水利工程。水车进一步普及，宋农耕图中的四人式二人式脚踏水车一如现代所见水车，还有靠水力转动的筒车。

元代重视水利，发明的各种翻车就多达六七种，一次可将水面提高10丈。

明朝政府大规模组织农民兴修水利，对以前的大型水利工程进行修复，进行水道的疏导，打通了大运河的全线运输。

清代服务于垦田，有一些围堤建设、原有水利设施维护，其他没有太多成就，水利工具与前代基本无异。

（三）畜牧业发展

秦代时西北各部已有大的牧主，以牧致富。

汉代各类牲畜的饲养与现代基本无异，畜牧业中尤以养马业得到国家层面的高度重视，汉武帝在"罪己诏"中提出修马复令（养马者得免徭役）以补缺，以求不乏武备。

魏晋南北朝时期有的地区十分重视畜牧业。北魏时期，仅河西牧场在其兴旺时就有马200万匹、骆驼100余万头、牛羊无数，为其统一中国北方奠定了良好的物质基础。

唐代对养马业非常重视，甚至将其提升到政治的高度，设马政，唐玄宗继位任命王毛仲为检校内闲厩兼知监牧使，迅速恢复马政，养马业迅速发展。玄宗批准了朔方军西受降城为交易市场，每年用金银缯帛换取突厥马匹，放在河东、朔方、陇右的监牧中牧养，还大力发展民间养马业，规定私人养马数量不受养马者有无荫的限制；能养10匹以上之家，免去部分杂役；定户时马匹不算资产，全面放开了民间养马的限制。马政的兴盛为军队提供了大量精良马匹，造就了唐朝强大的军事实力。

宋代畜牧业发展成就因地域限制不及前代。

明代、清代畜牧业没有突出的成就。

二、陶器制作技术

秦代陶瓷制作分官营和私营两种，前者由宗正属官都司空令和少府属官左右司空令管辖，主要生产建筑用陶，后者则分布广泛，以咸阳的咸里比较集中，侧重日用陶瓷烧造。秦代陶器工艺有了显著进步，秦始皇陵发现的陶窑，其窑室容积普遍增大，窑床升高，火膛降低，即将原来的立焰变成半倒焰，既利于增加熔烧量，也利于火候的均匀提高，因此制陶业有了较大发展，这突出表现在陶制兵马俑上。日用陶器从出土情况看，进步不明显。

汉代的陶器制作已经相当普及，大小汉代墓葬中都会有陶器，且品种繁多，也有一些精美陶器出土。

魏晋南北朝时期，南方以青瓷为主，北方以白瓷为主，烧制技术在不断改进。

唐代陶瓷制造方面，烧制的技巧更加成熟高超，不仅传统的越窑青瓷更有进步，其瓷器有"类玉""类冰"的美誉，而且邢窑（在今河北邢台）的白瓷质量极高，瓷器可类银、赛雪。施釉技术有了新的提高，出现了"唐三彩"即在无色釉的白地胎上用铅黄、绿、青等画成花纹，烧制成瓷器，是施釉技术的一重大突破，是唐代瓷器的标志性特征。秘色瓷出现于晚唐，以其高雅的釉色、精美端庄的艺术造型、成熟的工艺为世人瞩目，法门寺地宫出土的葵口圈足秘色瓷盘是越窑这项独有技术的最高体现。

宋代陶器制造业在现代看来是最有成就的手工业，在历史上具有极为重要的地位。宋代陶器美观大方，制作精细，色彩丰富，品种多，数量大。著名的制作地有定窑、汝窑、官窑等。河北曲阳定窑烧制的白瓷质白如粉，胎薄且轻。河南临汝的汝窑烧制的青瓷以淡天青为基本色调，别具一格。河南陈留的官窑烧制的瓷器呈粉青色，釉色莹澈，十分精美。钧窑瓷器的特点是釉色多变，绚丽多姿。江西景德镇的瓷器，青白互见，被称为"影青"。宋代知名瓷器产地还有河北磁县的磁州窑；浙江龙泉县兄弟的哥窑和龙泉窑，哥窑以瓷器通体布满"开口"的龟裂纹片为特征，龙泉窑以青瓷闻名；还有吉州窑、耀州窑、建窑、越窑等知名窑场。宋代瓷器大多敷以单色釉，表面分布着碎纹，经过烧制形成奇丽的窑变色，美不胜收；在装饰上有划花、绣花、暗花、印花、嵌花等技法。

明代的陶器业有很大发展，制瓷技术有很大改进，由转轮旋刀代替了竹刀旋坯，由吹釉法代替了蘸釉法。瓷器造型美观、色泽艳丽，不论数量和质量都超过前代。景德镇是全国制瓷中心，白瓷和青花瓷最为著名。明代彩瓷盛行，成化斗彩取得较高工艺成就，比较知名。明代中叶后民窑发展很快，景德镇官窑58座，民窑超过900座，民窑比官窑大3—4倍，官窑每次仅能烧制300件器物，民窑可烧1 000多件。明代出现新兴瓷器景泰蓝，又名铜胎掐丝珐琅，比较知名。创始于宋代的紫砂器，在明代开始盛行，宜兴紫砂比较知名。

清代瓷器生产也许是清代最值得引以为骄傲的手工业，瓷器产地共有90余处，以江西景德镇为代表的制瓷业取得了辉煌的成绩，传统的青花、五彩更加精美，还创造了粉彩和珐琅彩等一系列新的工艺。景德镇瓷器的产量和质量都有很大提高，分工更加细密，产品种类大大增加，产品畅销全国，而且出口海外。

与欧洲比，陶器制作是到了封建社会末期中国少数还有些许优势的产业。

三、玉器制作技术

秦代有重视玉器的传统。早在战国时，秦国就收藏"昆山之玉"，并夺取和氏璧等宝物，秦始皇使用玉玺，并规定为天子所独用。出土秦代玉器不多，主要是中小型秦墓出土，工艺水平不高，可能与大型墓葬尚未挖掘有关。

汉代的玉器制作有了更大的进步。出土汉代的玉器很多，以河北满城汉墓出土的玉器最精致。

唐代玉器玉料精美，种类多样，工艺精湛，内涵丰富，以超凡的文化艺术品质在中国悠久的玉文化历史上留下了光辉灿烂的一页。

宋代的玉器制造范围已经从仿造古礼器扩大到生产日常生活用品。宋代玉雕以纤巧取胜，较之唐代华丽的风格有了很大变化。

宋代以后中国玉器制作手工艺更为成熟，在手工业者中代代相传。

四、铜冶炼和铜铸造技术

秦统一后，没收天下兵器，"聚之咸阳，销以为锺鐻"，又铸铜人12个，重各20万斤，"置廷宫中"（《史记·秦始皇本纪》）。铸造如此大的铜人，体现了铸造技术水平的进步。秦代的铜兵器采用了铬化处理方法，对青铜武器进行了改进。秦代还出现了铜车马等新铜器。秦代炼铜手工业发达，官营的冶铜规模相当可观，咸阳宫殿附近的一处冶铜作坊占地南北150米，东西60米。青铜器制造一般经过铸造、加工和拼装等过程。浇铸方法多样且成熟，加工方法有锉磨、抛光、钻孔、斩凿、截割、抽丝，推测已使用多种相当精密的加工机械和钢铁质工具。青铜武器坚韧锋利，持久耐用。

西汉时铜矿开采和冶铜业也很发达，铜主要产地在江南的丹阳郡和西南的蜀、益等州郡。西汉初期，准许私人铸钱，汉武帝时，铸币权集中到中央，在上苑三官铸钱。私人作坊出土物品以铜镜最出名。汉代铜器制作工艺复杂，制作精美，价格较贵，所以一般为富人所用。河北满城中山靖王刘胜之墓中出土了大量的铜器制品，其制作之精美，工艺之复杂，为世间罕见，是汉代铜冶铸业的代表。"长信宫灯"和"错金博山炉"等一批铜制品代表了汉代铜器制造的最高水平。

唐代的青铜器也不乏精品。河南洛阳龙门禅宗七祖荷泽神会墓出土的塔形盒子即是其中之一。此盒子外观为塔形，半球形盖上有7层塔形钮，造型精奇。铜镜制造也有不少精品，主要体现在铜镜的纹饰艺术水平的高超上。

宋代青铜器以仿制古代器皿为主。

明代青铜器冶炼的水平体现在永乐大钟上。该铜钟通高6.75米，钟壁厚度不等，最厚处185毫米，最薄处94毫米，重46.5吨。钟体内外遍铸经文，共22.7万字。铜钟合金成分为铜80.54%、锡16.40%、铝1.12%，为泥范铸造。

五、铁钢冶炼技术

秦代的冶铁属于官营，发展很快，铁器种类很多。秦统一六国后，将东方一些冶铁业主加以迁徙，调整生产力布局（这是具有现代思维的产业发展的思想进步），重点发展了临邛、宛等地的冶铁业，如孔氏迁南阳，"大鼓铸，规陂池"（《史记·货殖列传》）。大鼓铸，标志着秦代生产规模的扩大和生产能力的提高。考古发现，秦代的农具和工具大多数已经是铁器，少数为铜器，只有极少数为骨石器。在湖北出土了铁釜和铁鏊等铁炊器，这在前代少见，表明铁器在秦代除在重要的生产活动应用普及外，在日常生活应用中开始普及。

西汉时，冶铁业实行官营，西汉后期，冶铁规模很大，开山采铜铁的工人每年都超过10万人。西汉冶铁技术，铁器的种类、数量和质量都比以前有很大的发展。因为铁器官营，各地皆有铁官。冶铁作坊分布广泛，20世纪以来在山东、河南、江苏等省发现了很多冶铁遗址。古荥遗址发现了中国历史上最早用煤的遗存。"淬火法"则大大提高了铁器的坚韧和锋利程度。汉代冶铁业最大的进步恐怕还是通过铁器官营专营实现的冶铁业在全国范围的普及和铁器产品在全国范围内的推广普及应用，这是对经济发展的巨大贡献。

魏晋南北朝时期，蜀人蒲元总结出当时世界上最先进的"淬火法"，诸葛亮"铸刀三千口"，锋利非常，削铁如泥，名曰"神刀"。西晋十六国时，出现了"百炼钢刀"。东魏北齐间的綦毋怀文不但掌握了牲畜的油脂和尿溺的淬火技术，而且开始采用以生铁为渗碳制的"灌钢法"。

中国古代冶炼鼓风，初用皮囊，汉代发明排扇，并逐渐使用马、驴、水等作为启动排扇的动力。陕西榆林石窟西夏第三窟东壁中反映的锻铁生产的画面体现的是唐代冶铁场面——左面锻铁，右面鼓风，其中鼓风部分为双扇门的立式梯形风扇，这种双扇活门能交替开闭鼓风，使风量、风压均匀，连续不断，当时属先进技术。金属铸造技术方面出现了手摇、脚踩的金属切削器具。

宋代的冶铁业有较大发展，河北省沙河县綦阳村是当时的冶铁中心，现存十七八座炼铁炉遗址，炉中流出的铁水有几吨重，可见当时冶铁技术之先进，规模之大。宋代煤炭开采业已成规模，煤炭应用于冶铁大大促进了冶铁业发展。

明代有官办冶铁事业，年度生产定额1840万斤，1395年，罢各省官冶，使民冶得到发展，当时全国产铁地区达100多处，广东佛山、山西阳城、福建尤溪都有规模较大的冶铁业，河北遵化的炼铁炉深一丈二尺（明代一尺约32厘米），能熔矿砂2000多斤，还能冶炼熟铁和钢，炼铁的燃料大部分用煤，煤占70%，木炭占30%。

清代佛山为冶铁中心，最出名的铁器产品为铁锅，如此而已。

铸铁或生铁13世纪在欧洲出现，水力被用来推动铁匠炉的风箱，这是水力最重要的利用。15世纪，水利推动鼓风炉普遍使用。

英国用煤作为燃料的尝试在16世纪开始，1589年和1607年及1612年分别有人获得用煤炼铁的专利。

六、金银器制作技术

金银冶炼在秦代已经技术成熟。1963年陕西临潼武家屯出土的金饼，直径6厘米，重250克，呈圆饼形，通体光素，色泽金黄，含金量99%，正面刻文字"四两半"。秦代上等货币为黄金，以镒为单位，20两为一镒，其货币单位足够大气，按秦制一镒约320.31克。山东淄博窝托村1979年出土的一件银盘也"足够大气"，高5.6厘米，口径37厘米。

金银冶炼和金银器制造在汉代有很大发展，汉代墓葬中金银器时有发现。西汉废帝刘贺（海昏侯）墓出土大量金饼、马蹄金和麟趾金，棺椁里还发现了20块金板。

唐代能用灰吹法提取纯度很高的白银。唐代金银器的加工工艺十分高超。一件河南洛阳北邙出土的鎏金狩猎图纹高脚银杯完全足以代表唐代金银器加工的高超工艺和艺术水平。当时金银器的数量也极为丰富，1970年西安南郊何家村出土的金银器有270件，江苏丹徒丁卯桥唐代窖藏共出土金银器956件，表明唐代金银器使用较普遍。

宋代金银器加工水平较高。这一时期的金银主要用于制造奢侈品，用于流通的较少。宋代长期与金、蒙交战，战争频频失利，多以赔偿金银告终，至南宋时金银数量已经很少。宋代喜奢华，开封城内的小酒馆餐具均为银器，酒客上门，一色以银器招待。

七、纺织技术发展

秦代时间很短，纺织技术与战国时相当。

西汉时纺织业为重要手工业，临淄和襄邑（今河南睢县）设有规模庞大的官营丝织作坊，生产产品主要供皇室使用，长安也有东西织室，规模也很大，每年花费超过5 000万钱。高级丝织品采用提花织机，由于工艺复杂，产量较少。比较著名的织工如巨鹿陈宝光妻的绫机用120蹑，能织成各式各样花纹的绫锦，织成一匹要60日，一匹值万钱。湖南长沙马王堆西汉轪侯夫人墓出土的纺织品，种类繁多，花纹色泽丰富多彩，丝织品有绢、缣、绮、锦、纱、罗等。马王堆墓中还出土了刺绣品、麻布。汉代纺织品还有毛织品（包括毛毯）。汉代的公子王孙多衣绢帛，一般平民及下级官员则常以麻布为衣。

唐代丝织业非常发达。丝织品色彩绚丽、图案新颖，而且吸收了一些波斯风格和织法，印染技术也有所提高。北朝的蜡染法在唐代使用更加广泛。唐代还先后出现了夹缬法和绞缬法等新技术。唐代织品技法多样，丝织品品种丰富，妇女日常已经穿如现代的褶裙。当时的麻纺织也很发达，黄州（湖北黄冈）的赀布被列为第一等。棉纺织在唐代也有较显著的发展。

宋代纺织业继续发展，南方的纺织业逐渐超过北方，尤以两浙、川蜀地区最为发达。纺织业是宋代农村家庭手工业的主要形式，许多农村妇女都从事纺织工作，以补贴家用或织柞丝、麻缴纳租税。宋代的丝织品细而薄，江西上饶的醒骨纱"夏日衣之，清凉适体"，扬州的纱如轻云，亳州纱若蝉翼。宋代的刺绣工艺精湛，不仅色泽艳丽，而且有立体感，人物花鸟栩栩如生，刺绣专为宫廷服务，设有乡院，集天下善绣者300余人，称为"神针"。缂丝技艺以定州最为著名，使用这种方法织出的丝织品，图案有如雕镂而成，故名缂丝。西南地区以麻织品更为有名。瑶族人民创造蜡染法，所染斑花布水平很高。毛织业集中在西北的党项族地区，其中白驼毛织成的白毡被商人转售世界各地。南宋国土面积小于北宋，但朝廷征收的丝、麻织品却超过北宋，一方面表明纺织业的发展，另一方面可能是负担加重所致。宋代纺织业突出成就就是棉纺织业的兴起。

明代生产水平提高最突出的是纺织业。花楼机的构造比过去更为复杂，可以织出不同纹路花样的绫罗绸缎；弘治时福建的机匠已改用新式织机，叫改机；万历时嘉兴濮院镇的机匠改土机为新式纱绸机，制造尤工，擅绝海内。在明末的苏州市场上，作为商品出售的织机就有绫、绢、纱、罗、绸、布6种。棉纺工具也有改进，出现了脚踏纺车和装脚的搅车，弹弓又有改进，改竹弓为木弓，绳弦改以腊丝线为弦。松江地区棉纺织业成为普遍的家庭副业，产品行销天下。

清代的纺织业仍为手工业，但手工工场的规模有所扩大。在丝织业中，道光年间已经出现了"开五六百张机"的规模较大的手工工场，还出现手工业工人要求改善待遇罢工（即"叫歇"）的斗争。纺织手工业工具更加复杂和精细，制作出来的产品更加丰富——南京产的丝织品不下几十种。

13 世纪，欧洲的纺纱车发展起来，与此同时，水力也被用于矸布——这是一种在水里敲打布使其收缩的操作，使布加厚和耐用——这项工作以前由手工完成，到 12 世纪下半叶，用水推动的桩锤就用来矸布了。后来，水力推动的桩棰还用来压碎染坊用的菘蓝和制革业的树皮。

虽然欧洲在封建时代利用水力进行纺织，但就手工技术而言，与中国基本相差不多，中国在技术上还更加细腻，英国早期除进口中国丝绸外，中国布的竞争力也强于英国自产布。

八、漆器与竹器制造技术发展

秦代的漆器在胎骨、品种、装饰和制法等方面都继承战国并有所发展。

汉代的漆器是重要工艺品，漆器制作工艺复杂，工序繁多。制作出来的器具考究别致，精美绝伦，价格昂贵，只有达官贵人才能消费得起。长沙马王堆汉墓出土的漆器最为精美，至今仍色彩斑斓，鲜艳如新。

唐代的漆器以襄州（今湖北襄樊）知名，有"襄样"漆器之称，为南方重要的手工艺品。

宋代漆器有新的发展。漆器有金漆、雕漆、剔犀、犀皮、螺钿等品种。雕花漆是在漆胎上多次涂漆后再进行雕刻。宋人多用红漆，常"朱厚堆至数十层""漆坚厚而无敲裂痕"。襄阳是宋代漆器著名产地，所制漆器为宫廷用品，仍被称为"襄样"。金漆可分为戗金和描金。

九、建筑技术发展

秦代在一定程度上因其大规模建筑而亡，其建筑的主要特点是规模宏大。咸阳都城人口当在 100 万人以上，咸阳城的总面积在秦昭王时约 460 平方千米，在秦始皇时达 2.5 万平方千米。秦代以关中为中心进行空前的建筑活动，增扩宫室、苑囿、宗庙和皇陵，仅离宫别馆建在关中的就有 300 多所，关外各地 400 多所，皆体量庞大、高台凌云、复道如虹，呈现一派前所未有的壮观景象。秦始皇模仿六国宫室，扩建皇宫咸阳宫，又另造阿房宫。据《史记·秦始皇本纪》记载，阿房宫东西长 500 步（690 米），南北宽 50 丈（约 115 米），殿上可容纳 1 万人。秦始皇陵在其即位后就开始修建，秦统一六国后征召 70 余万人从事建陵工程，直至秦亡，尚没有全部竣工，前后建设达 30 余年，有内外夯土围墙，内围墙长约 1 300 米，宽 578 米，周长 3 800 米（秦兵马俑只是秦始皇陵附属工程）。秦长城是古代最宏伟的军事防御建筑之一，秦统一六国后，秦朝把战国时燕、赵、秦三国北部的长城连接起来，建成东起辽东，经内蒙古、河北、陕西、宁夏，西至甘肃临洮（今岷县），全长达 5 000 余千米的长城。秦代建筑材料技术比战国时有所发展，瓦当、砖（包括空心砖）的花纹更加绚丽而丰富多彩。值得指出的是，出现了直径达 52 厘米的大瓦当，出现了横断面呈五角形的大型陶水管道。1974 年在阿房宫遗址范围内的长安县小苏村出土了 6 件铜建筑构件，有方形圆孔、方形浅圆窝、圆筒形 3 种，体现了建筑材料的进步。

汉代吸取了秦代灭亡的经验，在兴建必要的水利工程之外，并没有大兴土木。汉代比较流行阙等特殊的建筑物，富人多建楼阁、水榭等，东汉豪强地主兴建的带有碉楼的庄园式建筑是汉代后期建筑的特色。从汉代出土文物看，当时已经大量使用金属作为建筑物构件，使建筑物更加结实稳固。

魏晋南北朝的建筑以留存至今的山西大同的云冈石窟和河南洛阳的龙门石窟最为著名。这两处石窟开凿于北魏时期，是石刻艺术和建筑的结合。

隋朝工匠李春建造的赵州（今河北赵县）安济桥，是中国现存最古老的一座单孔空腔式大拱石桥，跨度空前，设计巧妙。尤其是主拱两侧的小拱，可分洪，减轻洪水对桥身的冲击力，又节省工料，减轻桥的重量，在中国建筑史上具有重要地位。该桥建成于公元605 年，距今 1 400 多年，经历了 10 次水灾，8 次战乱和多次地震，仍然屹立不倒。

唐代建筑至今仍然留存的以雕刻建筑和塔式建筑知名，雕刻建筑如龙门的卢舍那佛、昭陵六骏、乐山大佛，塔式建筑有位于安阳县城西北的修定寺塔，为单层砖浮雕舍利塔。河南登封有三塔：永泰寺塔，为砖塔，高 20 余米，共 11 级；法王寺塔，为砖塔，高 40 余米，共 15 级；净藏禅师塔，为墓塔，高 9 米多。五台山佛光寺正殿为我国最古老的佛殿之一，也是现存最大的唐代木结构建筑，建于公元 857 年。

宋代时，李诫编成《营造法式》一书，对以往的建筑经验和建筑技术进行了总结，这是最早的建筑理论书籍。能代表宋代建筑业水平的著名宋代建筑物有开封祐国寺的"铁塔"、开封开宝寺的福胜塔、开封的虹桥、泉州的洛阳桥和安平桥等，这些建筑充分代表了宋代建筑的高超水平。

最能反映中国古代建筑技术水平的是明代建筑。这些辉煌建筑流传至今。明代都城、宫殿、陵寝的建筑水平都很高。南京城有聚宝门（今中华门）、朝阳门（今中山门）等 13 个城门，其中聚宝门是中国最大的城堡，有 3 道瓮城，最外一层瓮城内侧有 27 个藏兵洞。南京城垣十分坚固，历 600 年不衰。北京故宫的紫禁城是明清两代的皇宫，是中国现存最大最完整的古建筑群，集中全国优秀工匠，征调二三十万兵卒和民工历时 15 年建成。北京坛庙中最宏伟的是天坛。明代的南京皇陵和北京十三陵均工程浩大。明代长城也是重要建筑。这些建筑水平都很高，但从中可看出统治阶级的关注重点及其奢靡。

清代宫殿建筑基本沿用明代的故宫。清代建设的主要知名建筑有颐和园、圆明园，以及承德的避暑山庄。清代帝陵也是工程浩大的建筑，花费巨资建设。

一个美国作家估计法国人在公元 1170—1270 年的 100 年里建造了 80 座教堂，所花费的人工和材料按照现在的价值值 10 亿美元。建筑技术也有发展，地板面积和周围支壁总横切面的比例在中世纪由 4∶1 增加到 8∶1，大大节省了建筑材料。1250 年砖瓦匠大师维拉·德·奥尼古尔有了他的笔记。1480 年哥特式建筑大师马梯阿斯·劳立沙写了一部建筑学的书，在书中列出了一些他自己发明的几何构造式样①。

封建社会中国和欧洲建筑成就，可以说各有千秋。

十、医疗技术发展

（一）中国医疗技术发展

秦代时间短，医术方面成就不多。

汉代是中国医疗技术大发展时期，主要医学著作有《难经》《诊籍》。一般认为《黄帝内经》便是在西汉最后写定的，这是中国现存最早的一本医书。东汉时期出现了《神农本草经》，共收录药物 365 种，是中国第一部完整的药学著作。马王堆汉墓还出土了《五十二病方》。河北满城汉墓还有医具金针、银针等出土。出土的这一时代的物品还有医药专用量具一分铜量；东汉针灸陶人，按女性经络穴位，分布着数十个细小的针孔。汉代医学名家很多，西汉有淳于意（仓公），东汉有涪翁、郭玉。

魏晋南北朝时期，医学、医疗技术有长足进步。汉魏之际，张仲景、华佗在医术上造诣都很高。张仲景著《伤寒杂病论》；华佗发明麻沸散，擅长外科手术，功效非凡。西晋时王叔和著《脉经》，皇甫谧著《针灸甲乙经》，东晋时葛洪著《玉函方》。葛洪还在世界上第一次记载"虏疮"（即天花），并开始了对"尸注"（结核性传染病）、"恐水病"（狂犬病）的治疗。萧梁时陶弘景编成新的《本草经集注》。

隋朝医学家巢元方撰写的《诸病源候论》是中国第一部详细论述病因、病症，以及鉴别诊断的著作，内容涉及 67 个门类、720 种病候，开辟了后世病因学和病理学的研究途径。

唐初的医学和药物学家孙思邈被后人尊称为"药王"。他撰成的《千金药方》《备急千金翼方》广收博采自古代至唐初的重要方剂，诊治要诀、针灸之法在中国药学史上占有重要地位。公元 659 年，唐朝颁布世界上第一部官修的药典《新修本草》。

宋代重视对医书的修订，北宋先后修订《开宝本草》《嘉祐本草》《图经本草》《证类本草》《本草衍义》等。其中，《证类本草》收录药物 1 700 多种，还收录了许多单方。宋代还加强了对医方的整理，如《太平圣惠方》录方 1.6 万个。宋代对临床医学分科更加细致，已经分出九科，尤以小儿、妇产、针灸科最有名。王惟一设计的针灸铜人构造精朽，造型逼真，受到医学界重视。

代表明代医药学最高水平的是李时珍的《本草纲目》。李时珍编写《本草纲目》历时 27 年。该书收载药物 1 892 种，载入药方 11 096 个，绘制了 1 160 幅插图，总结了 2 000 多年的药物知识和经验，纠正或澄清了前人的错误或表述含混的地方，增加了新发现的药

---

① ［英］斯蒂芬·F. 梅森：《自然科学史》，上海人民出版社 1977 年版。

物及其功能,是一部不朽的医学巨著。明代还有《黄帝内经灵枢》明刻本。明代知名医学家王肯堂编著有《六科证治准绳》《古今医统正脉全书》等。著名医家吴有性写成医书《瘟疫论》,对瘟疫发病的原因及特点进行了深入探讨,将历代医家把瘟疫作为伤寒的一种的认识向前推进了一步。明代外科、骨科、眼科方面的技术已经比较发达,王承业、顾东浦合著有《接骨入骱》一书,是接骨复位的专著。

清代前期名医辈出,基础医学、临证医学、药学、方剂学等都取得新的进展,尤其是温病学达到很高水平。医学家叶桂比较知名,善医时疫和痧痘等症,尤长于治温病,是温病学奠基人,著有《温热论》。

(二) 欧洲医疗技术的发展

1. 文艺复兴时期医学发展。早在文艺复兴时期,艺术家就进行人体解剖,后来帕多瓦的医科大学教授也开始进行解剖。解剖学的知识主要是由学者们,特别是帕多瓦的医学教授们,如安得烈·维萨里、哥伦布和海尔龙尼姆·法布里克斯加以发展的。外科技术的进展则主要是由理发师/外科医生法国人安布罗斯·巴雷(1510—1590年)取得的。他的主要外科成就有:证明医治枪伤最好用敷镇痛药的方法治疗,而不是传统的用沸油来治疗。他发现,断肢以后出血最好扎紧割开的动脉来止血,而不是采用通常的烙铁烧灼的方法。他发现某些难产的病例可以在分娩前使胎儿转变位置而顺利生产。他发明了能够机械地做许多动作的精巧假肢。弗兰德斯人维萨里于公元1543年在帕多瓦出版了他的主要著作《人体的构造》。他否认了古代医学权威盖仑的观点,即在人体里血液从右心室通过中膈流入左心室。宗教改革者塞尔维特提出了另外一个解释。他认为血液是通过肺从右心室流入左心室的。乔尔丹诺·布鲁诺在公元1584年以后发表的好几本著作中也提出了血液循环的设想。威廉·哈维在1628年建立了血液循环学说,这是医学领域划时代的伟大贡献。哈维还通过40多种有血动物(包括蠕虫、昆虫及鱼类)证明了血液循环的普遍性。哈维也是第一个把血液的运动归于机械原因,即肌肉的收缩的人。他把心脏比作一个水泵,证实了血液借助心的结构经过肺传递到整个主动脉中。1628年,他出版了《论心脏与血液运动》,进一步证明了心脏的肌肉收缩是血液循环的机械原因。哈维留下了许多没有解决的问题,这些问题在17世纪才得以澄清。人们后来用显微镜找到了毛细血管。

2. 炼金术到医疗化学的进步。欧洲的医学理论到中世纪时仍然没有什么进步,盖仑将希波克拉底的医学理论一直传递到文艺复兴,因而在中世纪时使用综合多达六七十种不同成分的万灵药成为标准的治疗方法,这些药物仍然多数取自生物,1818年最早的伦敦处方书中就列有胆汁、血、公鸡冠以及木虱等作为口服的药物。欧洲的古代后期和中世纪开始有人对炼金术在医学上的应用感兴趣,这种应用在瑞士医生帕拉塞尔苏斯(Paracelsus)时达到顶点,他试图把医学和炼金术结合起来成为一种新的医学化学科学或当时称之为医疗化学。他把炼金术定义为:把天然的原料转变成对人类有益的成品的科学。他摒弃了欧洲传统的人体健康由四种组织体液所决定的观点,提出了人体本质上是一个化学系统的学说(对欧洲原有认识的进步),这个化学系统由炼金士的汞和硫及他自己所增加的盐3种元素组成。他主张,人的疾病可能是由于元素之间的不平衡引起的,恢复平衡可以用矿物药物而不用有机物。每一种疾病都有一种特效的化学治疗法。他反对万灵药,主张服用单一的物质作为药剂。这一思想进步促进了专科疾病的研究。1531年,帕拉塞尔苏斯发表了他关于疾病的论点。几年后,吉罗拉摩·法拉卡斯托罗发表了与帕拉塞尔苏斯类似的学说,认为疾病本身是种子一样的实体,这一说法解释了传染性疾病的原因。他认为有各种疾病的原子或种子存在,它们能够自行繁殖,并通过接触或空气由一个人传染给另一个人。医疗化学理论给药剂师的技术提供了一种理论,并让他们按照自己的考虑进行医疗实践。此后,药剂师公司纷纷成立,药剂师还取得了行医权力。医疗化学由布鲁塞尔的一个贵族约翰·巴帕梯斯特·范·赫尔蒙脱进一步加以发展,他的主要著作《论医学的发展》在他死后于1648年出版。他不赞同帕拉塞尔苏斯把人体基本物质说成是三元素构成的论点,并主张水一定是基本物质。他还觉得空气可能是个独立元素。他还是第一个区分气体和空气元素的人,这一观点使他分离和鉴别了好几种气体,特别是碳、氮、硫的氧化物。化学家英国人罗伯特·波义耳对医疗化学很感兴趣,他和他的信徒们在生理学研究方面取得成就。他和他的信徒如罗伯特·胡克、理查德·洛厄和约翰·梅奥进一步证明了在肺内暗红色的静脉血变成鲜红的动脉血,是由于摄取了一部分空气,而这样被吸收的空气在体内起了一种类似化学燃烧的作用。波义耳发现动物在缺乏新鲜空气时不久便会断气,所以胡克认为呼吸起着一种类似燃烧的作用。公元1674年出版的约翰·梅奥的《医学自然科学五论》综述并扩充了波义耳、胡克和洛厄的研究工作。梅奥认为,呼吸和燃烧不可缺少的、空气中的生命所需要的部分是由某种"氮—空气微粒"组成的。梅奥关于"氮—空气微粒"在化学和生命过程中所起作用的见解,与现代关于氧的化学和生理作用的概念有些不同,但人们有时却把他说成曾经预言过这个概念[①]。

比较封建社会的医疗技术,中国的中医治疗讲求对症下药的方法。实事求是地说,应该比欧洲包治百病的药物技术先进不少,中国人口增长快于欧洲应该也有中医的贡献。但是,在欧洲封建社会后期开展的医学科学的研究取得突出成就之际,中国仍在传统医学领域徘徊。

十一、军事装备技术

(一) 中国古代军事装备技术

秦代兵器仍以青铜兵器为主,主要有远射兵器、长兵器和短兵器。铜弩机、铜镞、铁镞、铜标枪、铜殳(一种用于击打的长兵器)、青铜扁茎剑、青铜钩形兵器、铜戈、铜矛、铜铍等,均为秦兵马俑出土。秦代还修建了南方的灵渠,北方专门用于防御匈奴的战备道路,以通岭南和北方边陲的军事给养,修五尺栈道,以达西南。

汉代用兵较多,尚武之风甚盛,在已经挖掘的汉墓中,多发现有尚武的画像石和画像

[①] [英]斯蒂芬·F. 梅森:《自然科学史》,上海人民出版社1977年版。

砖。高度重视军事训练是汉代军队取得成功的重要原因之一。画像石中还有士兵守卫武器库的情形。汉代战士的兵器种类繁多，1993年出土于连云港市尹湾汉墓的武库永始四年兵车器集簿，武库所收藏的兵器、车器的名称和数量逐项有记录，兵器、车器种类及物件共有240种。汉代铁制武器占有主导地位，主要有铁剑、铁匕首、铁长刀、铁矛、铁铤、长铁剑、铁镞，也有与铁兵器基本相同的铜兵器，还有铜弩、承弓器等。

魏晋南北朝时期，主要武器装备、兵种与汉代差不多，但有一种弩机技术更为先进了。三国曹魏的弩的发射机关可同时射出四五支箭，比西汉时只能射一支进步了许多，是重大军事技术进步。当时船舶制造方面，能造出各种军事用途的船只，大的可载2 000人，足见造船技术之先进。当时战争较多，军事家的军事思想得到充分发挥。

唐代军事排兵布阵理论有独到之处，知名将领在这方面理论和实战结合，取得巨大军事成就，如李靖的"六花阵"与"八阵图"运用灵活，奇正相合。李光弼将军还多次成功运用地道战。孙思邈的《丹经》中已经有类似火药的配方，后来又有人制作了伏火矾法，这两种配方实际上就是一个初期的火药配料方子。到了晚唐，火药已经从方士手中转到军中，并且逐渐开始运用于战争。最新的造船技术也应用到军事领域，造出了增强海上平稳性的海鹘船，还有车船，采用了连续转运的轮桨，脚踏转动，大大提高了战船航行速度。唐代十分重视养马业，这也是军事成功的一个重要因素。

宋代火药被广泛运用于军事领域，曾公亮《武经总要》载有当时用火药的三种配方：药球毒烟、火炮、蒺藜火球。制造的武器有火球、滚球、火药弹等，南宋1132年陈规发明了一种火枪，1259年有人制成"突火枪"，以巨竹为筒，内装火药和"子窠"射出，响声如雷，这种技术后经改良，把竹筒改为金属，便产生了较原始的枪炮。宋代制造的抛石机是中国古代应用杠杆原理，以人力抛投弹丸的大型抛射兵器，不但可抛射石弹，也可抛射火药弹，最大可抛射50多公斤的石弹或火器，射程达50步以外。宋代多轮战船也比较先进，最大者有22桨轮，每侧11轮及1尾轮，可载官兵二三百人。

元代兵器业是优先发展的行业，元至南宋后网罗少数民族军匠600人及汉人能制炮的技术人才，集中起来研制新式火炮。元朝拥有当时世界处于领先地位的火器制造技术，刀枪、弓箭、盔甲质量也颇精良。

明代出现了各类火器，如神火飞鸦、铜火铳，西方发明的鸟铳、一窝蜂（几十支火箭放在一个竹筒内齐射）、火龙出水（世界最早的二级火箭）、架火战车、佛郎机（指葡萄牙）铳、红夷火炮（由荷兰传入），但只有后二者威力较大。火药为中国发明，明代时主要火器为进口，表明明代时中国军事技术已经开始落后。

清代武器制造方面没有取得进步，前期尚可以自造大炮，到后期主要通过洋务运动仿造西方枪炮子弹和舰船，主要机器、材料、零部件均要进口，有的甚至是破旧机器，水平不高，不能抵御外国的坚船利炮，在侵略者面前屡战屡败。

（二）欧洲古代军事装备技术

在欧洲，火药于13世纪首次出现。第一次提到火药的是罗吉尔·培根在公元1249年写的一封信。火炮首先在公元 1325 年被人提到，第一次被论述则是在公元 1327 年，当时描述的火炮表明早期的火炮是一种瓶子式设计，射出一个有箭头的炮弹。后来欧洲的火炮则用若干铁条箍成筒形，但是不久便采用浇铸方法，先用铜，后来改用铁①。

蒙古人入侵欧洲之前，中国军事装备技术是领先于欧洲的，但之后，逐步被欧洲超越，明代时火器要从欧洲进口，清代时，火器、军舰都要从欧洲进口。

十二、造纸技术、造纸业及印刷业

纸是中国四大发明之一，为人类文化文明进步做出巨大贡献。中国大规模使用纤维造纸，大约始于东汉和帝时。和帝时的宦官蔡伦总结前人经验，用树皮、麻头、敝布、破渔网造纸，这种纸与以前相比造价低很多，人们称这种纸为"蔡侯纸"。从出土文物看，蔡伦前应已有造纸活动，如 1986 年出土于甘肃天水放马滩的纸，可能为西汉文景时期出品；出土于甘肃敦煌马圈湾的麻纸，伴有西汉宣帝元康、甘露年间的竹简。

魏晋南北朝时期，浙江绍兴是纸的著名产地。据载，"书圣"王羲之就把那里生产的 9 万张精美的纸送给谢安。

唐代后期，造纸业有长足进步，著名产地均在南方，知名的有韶州（今韶关）的竹纸，成都的"十色笺"独具一绝。中唐至晚唐已经出现了雕版印刷技术，为唐代重大技术成就，并且发展得较为成熟，唐晚期的雕版印刷技术甚至可以印制佛图。雕版印刷技术的出现又带动出现了专门的印刷行业。

宋代的造纸业和刻版印刷业有了普遍的发展。宣州的宣纸，会稽的藤纸、竹纸，四川的广都纸都很有名。潭州也盛产纸。"前美如花"的苏州粉笺，又有创新。建阳书坊制造出一种椒纸，有香味，坚韧耐久，还可防虫蠹。雕版印刷使印刷业大有发展，印制儒家经典、佛经、道经形成了专门的产业。毕昇于公元 1041—1048 年发明的活字印刷技术使印刷排版更为简便，为印刷业的发展做出了巨大贡献。

明代出现新的造纸业中心，如江西广信府的铅山，成为新的造纸中心。

欧洲的造纸业在 1150 年时已经很发达了。1189 年，基督教国家里的第一座造纸厂是在法国的埃罗建立的。到了 1276 年，造纸术传到了意大利的蒙特法诺，1391 年传到日耳曼的纽伦堡，而英国的第一座造纸厂是在 1494 年建立。欧洲木版印刷的最早记录是公元 1289 年，由拉文纳进行，接着很快改为活字体和金属板印刷。这些印刷版的样品于 1381 年在法国的利摩日、1417 年尼得兰的安特卫普、1435 年尼德兰的哈勒姆都曾经出现过，1436—1450 年，在日耳曼美因兹的古登堡，早期的近代印刷术臻于完善②。

十三、酿酒业

酿酒有悠久的历史，西汉时酿酒是重要手工业，东汉时大地主的庄园均有酿酒业。魏晋南北朝时期《齐民要术》中记载了许多种酒的名称和酿造方法，此时期的酒不仅

---

① ［英］斯蒂芬·F. 梅森：《自然科学史》，上海人民出版社 1977 年版。
② ［英］斯蒂芬·F. 梅森：《自然科学史》，上海人民出版社 1977 年版。

种类多,各种酒曲因原料与配制方法不同,所制出的酒的味道、功效、用途也不同,反映出这个时期酿造工艺已经达到很高水平。杜康酒更是在魏武帝曹操诗中出现。

唐代酿酒器物、设备已有较高水平,并可酿制蒸馏酒。唐代榆林石窟西夏第三窟千手千眼观音经变中酿酒生产的图像反映了古代酿酒生产的基本器物及工序,灶上覆叠的方形器物系酿造高浓度烧酒的蒸馏器。剑南春酒在唐代即是名酒。

宋代酒是国家控制的专卖产品,通过专卖大受其益。

元代除白酒外,葡萄酒已经流行。蒙古西征,在中亚和我国吐鲁番等地喝到葡萄酒,遂将酿造技术带到内地。

十四、煤炭、天然气开采

宋代大量开采煤炭是引人注目的产业发展。当时的采煤技术已经有了明显的提高,一个煤矿有采煤者数百人,已经掌握了成熟的排水技术,有排水井和木制的辘轳等设备,煤炭大量开采使开封及河东地区的居民用煤作为日常生活的燃料。煤的另一重要用途是冶炼。

汉代四川便已经有火井煮盐,宋代四川自贡利用瓦斯(天然气)煮盐已成一定规模。

明代煤炭开采已经成为重要的工业部门,煤炭成为钢铁冶炼不可缺少的燃料。明代中后期,煤作为燃料已经被用于日常生活和许多手工业部门。从《天工开物》中的南方挖煤图可以看出,当时的人们已经掌握了在开采之前先将有毒的瓦斯气体排出的简单而有效的方法。

清代手工煤炭开采比较普及。1882年李鸿章创办的开平矿务局是中国最早使用西方技术机器开采的大型煤矿,表明清末时中国的煤炭开采技术已经远落后于进入资本主义社会的欧洲。

十五、天文历法等其他各类技术

(一) 中国其他各类技术发展

汉代历法初期沿用秦代的《颛顼历》,武帝时曾造《太初历》,但未使用,王莽时代又作《三统历》。天文学有3种不同学说,即宣夜说、盖天说、浑天说。西汉时司马迁收集了四象二十八宿的各种星名,比先秦典籍多了350多颗,并发展为五宫二十八宿的星象体系。汉代出土文物中有众多星象图。天文仪器有浑仪、圭表和日晷等器具,据说浑仪最早为落下闳所造,圭表和日晷为远古流传下来的仪器。

汉代最著名的数学著作当属《周髀算经》和《九章算术》。《周髀算经》出现于汉武帝时期,是中国第一部天文历算著作,记载了用竿标测日影以求日高的方法,从而认识了勾股定理。《九章算术》是中国古代第一部数学专著,成书于公元1世纪左右。该书最早提到分数问题,首先记录了盈不足等问题。1983年湖北江陵张家山汉墓出土的《算数书》比《九章算术》早200年。汉代还出现了专门的农学著作《氾胜之书》。

在计量工具上，1987年北京市征集的始建国铜卡尺，与现代所用卡尺大同小异，是对人类技术的贡献。还有两种计时工具，直到钟表传入中国前一直沿用：一件是铜漏壶（计时器具），出土于河北满城汉墓，它是经科学挖掘出土、有准确年代可考的最早漏壶；还有一件铜圭表尺，1965年江苏今仪征市石碑村东汉墓出土。

魏晋南北朝时期，一些领域的技术取得值得称道的进步。数学方面，曹魏时的刘徽撰成《九章算术注》《海岛算经》，以首次运用割圆术，求出较两汉时精确的3.141 6圆周率，宋齐人祖冲之则翻了11翻割圆至12 288边形的边长，计算出圆周率近似值在3.141 592 6—3.141 592 7，这在世界上是第一次。他还算出了圆周率的密率和约率分别为355/113、22/7。他的儿子刘晖在世界上第一个求出了球体积的公式：球体体积 = π × 直径的平方 ÷ 6。天文历法方面，东晋虞喜发现了同"岁差"，祖冲之据此原理编订出更为先进的《大明历》，即一回归年为365.242 814 81天，比实际数值约差50秒。化学方面，葛洪的炼丹求长生不老之药虽然荒谬，但开创了古代化学的先河。地理学方面，西晋时裴秀的《禹贡地域图》、北齐时郦道元的《水经注》是地理学方面两大成就。农业学方面，晋人嵇含著《南方草木状》、戴凯之著《竹谱》，最有实用价值和影响最深远的是贾思勰的《齐民要术》，该书完好流传至今。

隋朝天文学家刘焯比较精确地计算出五大行星的近日点和远日点。天文学家耿询制成了天文仪器浑天仪。隋朝地理学取得新成就，特别是地图的编绘技术有显著进步，先后编成《诸州图经集》100卷、《区宇图志》129卷。裴矩的3卷《西域图记》专门记述了西域的山川、风俗。

唐代在天文和历法方面取得明显进步。敦煌出土的《全天星图》约抄绘于公元8世纪初唐中宗时期，共有星1 348颗。唐代在天文学和数学方面的杰出代表是僧一行。他与梁令瓒共同研究的兼具计时、观测天象双重功能的铜铸水运浑仪，是世界上第一部使用机械动力的天文钟。他用自己制成的"复矩图"令人到河南若干地点测量，测出地球子午线的一度的长度为123.7公里，这是世界上第一次实测子午线（经线）。他还在世界上第一次发现了恒星的位置变动。他编成的《大衍历》草稿，在数学上具有杰出贡献。他使用了不等间距的二次差内插法，具有正弦函数性质的表格和含有三次差的近似内插公式。唐代在地理学方面著作成果斐然，知名的有唐太宗第四子魏王李泰延揽大批学士编撰成的《括地志》，共550卷，全面叙述了唐初政区的建制沿革，并介绍了各地的山岳、河流、风俗、物产及人物故事，还有贾耽编撰的《古今郡国县道四夷述》《皇华四达图》《贞元十道录》《海内华夷图》，李吉甫撰成的《元和郡县图志》，杜佑编撰的《通典》，樊绰所著的《蛮书》等。

两宋时期科技光辉灿烂。指南针在航海中得到实际应用，《武经总要》中有指南鱼的详细制作方法。在这一时代，活字印刷技术得到应用。沈括的《梦溪笔谈》是一本涉及数学、天文、历法、物理、化学、地理、冶金、建筑、动植物等内容的科学著作，反映了北宋中叶最新技术水平。北宋数学家贾宪在《黄帝九章算法纲要》中首先提出"开方作法本源图"，即现指数为正整数的二项式定理系数表，比西方数学史中的"帕斯卡三角"早

600余年。秦九韶的《数书九章》分9类，每类9个问题，共81题。9类依次为大衍、天时、田域、测望、赋役、钱谷、营建、军族和市易，主要涉及应用数学问题。南宋杨辉著的《续古斋奇算法》中的纵横图，现代称为魔方，是古代数字游戏。杨辉的另一本《详解九章算法》，分解题、细草和比例三部分，对《九章算术》中的260个问题按照所运用的数学方法进行分类。该书涉及了开平方的方法及其几何图形。北宋天文机构曾先后5次对恒星位置进行大规模的观测，据第四次观测结果，南宋初由黄裳绘成天文图，后来又由王致远刻石于苏州，即举世闻名的苏州石刻天文图。宋代地理知识得到发展，乐史的《太平寰宇记》以宋初十三道、四夷为叙述范围，以府州为纲、县为目，全面反映了宋代初期州县的建置沿革、地理环境、社会历史和风貌，是我国古代地理总志的一部继往开来的巨著。宋代的地图学比唐代更为发达。《白鹤梁石鱼题记》在四川涪陵城北长江中，是长江著名水文记录古迹，记录自唐代（764年）的水文情况，断续记录72个年份的历史枯水位情况。

明代徐光启的《农政全书》是中国古代集农学之大成的巨著。宋应星的《天工开物》是一部全面介绍中华民族从事农业和手工业生产技术的百科全书。程大位的《算法统宗》一书最早使用珠算方法进行开平方和开立方。明代在科技上实际已经落后，开始向西方学习科学。徐光启向利玛窦学习数学、天文等，翻译有《几何原本》（前六卷）。徐霞客的《徐霞客游记》是一部重要的地理学著作。

清代没有能与西方科技成就媲美的科技成果。科技成就的匮乏正是清王朝落后挨打最终归于灭亡的首要原因。

封建中国的明清时代，当欧洲的各类科学技术发展已经成为正式的科学之际，中国技术的发展且不说在科学层面发展，就是在技术层面也是不仅没有进步，而且还在退步，火药、火器便是最典型一例。

（二）欧洲各类科学技术发展

在欧洲，13世纪才出现罗盘，到15世纪，佛兰德的罗盘制造商纠正了罗盘所指的北方和真正的北方之间的差异①。机械钟在13世纪出现，因形体巨大，一般安装于大型公共建筑。欧洲造钟的技术进步很快，到16世纪，纽伦堡就已经造出了怀表。文艺复兴时期的一些艺术家全都通过解剖的实践，研究了人的生理结构。波提切利、丢勒还研究了光学，丢勒制定了图画上比例法则。阿尔布莱希特·丢勒在公元1525年还出版了一本几何学著作。十字军东征（公元1204—1261年）占领君士坦丁堡使西方世界接触到阿拉伯文的西方早期的希腊和罗马科学著作，并掀起文艺复兴运动（对欧洲的资产阶级革命意义重大）。当时兴起建立大学的热潮，巴黎、牛津、剑桥、那不勒斯等大学均是这时建立的。

欧洲兴起了一股实验之风、科学之风。1202年，列奥纳多写了《计算书》。培根做过光学实验。他还预测人类能够制造出自动舟船和车辆，也可以造出潜水艇和飞机。实验家

---

① ［英］斯蒂芬·F. 梅森：《自然科学史》，上海人民出版社1977年版。
以下关于欧洲科技发展的内容除特别指明外，均参考此书。

皮埃尔·德·马里古特做了大量磁力实验，还在1269年写了一本磁力实验的小书。他发现了磁子午圈，论述了异性磁极相吸、同性磁极相拒。他相信磁针指向北极星而不是地球北极，球形磁石能够自转。蒙丁诺·德·卢西在解剖学方面进行了研究，并写了一本解剖学方面的书。炼金术的重新兴起产生新的化学产品，如矿石酸、酒精、汞等。牛津、巴黎等大学开展了冲力学的大讨论和研究，研究中他们把运动分为均匀运动、不均匀运动和不规则运动3种，在此过程中有不少学者提出了地球每天在自身的轴上自转一周的观念。

欧洲的宗教改革与科学革命迎来科学的春天。欧洲宗教改革通常以1517年马丁·路德提出《九十五条论纲》开始，到1648年《威斯特伐利亚和约》的出台为止。宗教改革是欧洲文艺复兴带来一次思想解放以后的再一次思想解放运动，它使欧洲尤其是欧洲中北部的思想得到较彻底解放。《自然科学史》对新教对科学的贡献给予了很高评价，提到法国科学院1666年成立200年以来有92个外国人当选该科学院院士，其中71个是新教徒；英国皇家学会1829年和1869年两个时期有同样多的天主教和新教徒外国会员，但英国之外有1.39亿天主教徒，只有4 400万新教徒，说明宗教改革后新教信众具有更明显的科学意识。随之而来的是欧洲的科技革命，各类科学与实验蔚然形成风气，工匠和学者共同研究，新教徒以极大热情投身科技和技术革命。

出生于波兰的尼古拉·哥白尼在他于1530年写的《短论》的小册子中提出了他的新世界体系。该体系把太阳放在宇宙的中心，并规定地球有3种运动：一种是地轴上的周日自转运动，一种是环绕太阳的周年运动，还有一种是用以解释二分差的地轴的回转运动。后来哥白尼在他的《天体运动》中更加详细地解释了行星运动。哥白尼的理论是科学史上的大事，除了其作为科学本身的贡献，最重要的是它动摇了基督教大厦的根基，是科学对宗教的革命。后来，德国天文学家开普勒用行星沿一个椭圆轨道环绕太阳运动学说完善了哥白尼的天文学说。

16世纪，工匠和学者之间的障碍消除。意大利的一个冶金工人写了《论火法》一书，该书谈论了金属冶炼，大炮、炮弹、钱币以及火药的制造。在磁力问题上，当时最杰出的是伊丽莎白女王的御医威廉·吉尔伯特，他的《磁石论》发表于1600年。他做了大量的实验，发现了不少磁现象，并且建立了一个相当重要的理论体系，他还认为引力，无非就是磁力。培根是著名的哲学家，但他为发展科学，在科学的方法论上做了巨大的努力，意图用科学的方法，促进科学发展。他的第一部书是《学术的进展》，主要著作是《学术的伟大复兴》，遗憾的是还没有写完便去世了。

伽利略·伽利雷，意大利著名数学家、物理学家、天文学家和哲学家，近代实验科学的先驱者。他在比萨斜塔上做了"两个铁球同时落地"的著名实验，从此推翻了亚里士多德"物体下落速度和重量成比例"的学说。他创制了天文望远镜并用来观测天体，发现了月球表面的凹凸不平，并亲手绘制了第一幅月面图。他发现了木星的4颗卫星，并借助望远镜先后发现了土星光环、太阳黑子、太阳的自转、金星和水星的盈亏现象、月球的周日和周月天平动，以及银河是由无数恒星组成等。这些发现开辟了天文学的新时代。他著有《星际使者》《关于太阳黑子的书信》《关于托勒密和哥白尼两大世界体系的对话》和《关于两门新科学的谈话和数学证明》。人们争相传颂，"哥伦布发现了新大陆，伽利略发现了新宇宙"。他在物理学的力学方面有杰出成就。

法国哲学家勒奈·笛卡儿与培根一样有着对科学的热情，在自然哲学方面，一方面要研究推广在力学科学中发展起来的数学方法；另一方面要通过这种方法树立一个能说明自然界作用的一般机械图景。他的《方法论》著作对第一个方面做了研究，他的《哲学原理》对第二方面进行阐述并有所扩充。他的数学方法和机械哲学在当时影响很大。

英国的艾萨克·牛顿爵士是一位英格兰物理学家、数学家、天文学家、自然哲学家和炼金术士①。1665年，牛顿证明普通的光是由七色组成的。牛顿还进一步测定了不同颜色的光的折射率。他把上述发现用到制造望远镜上，一举制成了不带颜色的折射望远镜，奠定了现代大型光学天文望远镜的基础。他提出的万有引力定律以及他的牛顿运动定律（惯性定律、力和运动的关系的定律、作用和反作用定律）是经典力学的基石。牛顿还和莱布尼茨各自独立地发明了微积分。牛顿被誉为人类历史上最伟大的科学家之一。

16世纪、17世纪的科学成长推动了人们对光学的研究。为了开展科学研究，荷兰密德堡的眼镜商汉斯·立帕席和沙加里亚斯·詹森发明了望远镜和复合显微镜。开普勒奠定了近代实验光学的基础。正确的光的折射律是由莱顿的一位数学家里布里德·斯涅尔在1621年发现的，这个定律由笛卡儿于1637年公布于世。笛卡儿学派发展了光是空间的以太传播作用的学说。光的波动说是由意大利波伦亚大学的一位耶稣会派数学教授弗兰彻斯科·格里马第首先倡议的。惠更斯在公元1678年和1690年提出的理论比较接近正统的光的波动学。惠更斯的同事奥利斯·雷默曾经发现光行有一定速度。公元1670年，丹麦的伊拉斯谟·巴塞林发现光线能被冰洲石的结晶体一分为二，一束遵守折射定律，另一束不遵守，但原因不明。法国数学家比埃尔·莫泊丢把费尔玛的最小量原理给光的微粒说保留下来。他假定最小量是光线的作用量，即速度乘距离，而不是时间，即速度除距离。

英国化学家罗伯特·波义耳发现气体的压力与体积成反比，他通过观察发现了一大批特别的化学现象，如盐能溶于水而不能溶于油，金子却溶于汞而不溶于水和油，硫又溶于油而不溶于水和汞等，但他没有做出成功的解释。他通过改进当时采用的化学步骤和这个课题的一般公理对现代化学做出了贡献，他要求把化学建立在大量实验的基础上，特别要求对化学变化作定量研究。波义耳指出用纯净和均一的物质进行研究的重要性并在这方面提出了化学元素的现代定义，这是他对化学研究进步的重大贡献。

荷兰人作为欧洲最好的罗盘制造者，改正了磁针和真正北方方向上的偏离。马丁·瓦尔德西米勒，斯特拉斯堡的一位数学家，在1522年前后发展了一种初具雏形的经纬仪。荷兰人盖拉德·麦卡托出版了一份根据他自己发明的设计绘制的世界地图，该图是当时航海家最为理想的航海图，盖拉德把经度的子午线都画成等距的平行线。

虽然仍处封建时代，但是如上所述的欧洲已经为科学的发展做了一系列准备，并取得丰硕成果。英国1660年还成立了皇家学会，英国的企业家赞助建立专门从事科学教学的

----
① 《世界通史》编委会主编：《世界通史》，中国书店出版社2011年版。

格雷山姆学院,为科学发展创造了环境。

到欧洲的封建社会末期,各类科学技术如天文、物理(光学、力学、磁力学等)、化学、数学、生物学、医学等已经被作为科学(为知其然,且知其所以然的技术)对待,而不是像从前一样凭经验(知其然,不知其所以然的技术),初步比较完整的科学系统建立起来,为欧洲的资本主义发展奠定了科学基础,提供了科技动力。科技在经济发展中的巨大作用前所未有地显示出来。

比较封建社会的中国和欧洲科学技术,在封建社会的前期,中国有四大发明值得骄傲,技术上整体领先欧洲(关键的农业技术基本相当),但到了封建社会后期,中国的技术发展几乎完全陷于停滞,此时的欧洲却在文艺复兴思想的旗帜下取得突飞猛进,各类技术层出不穷。

第二节 封建社会人口发展

一、中国人口情况

秦代初期约有 2 000 万人口。秦始皇二十六年(公元前 221 年)最终完成统一六国大业,之后领土持续不断扩张,到秦始皇三十七年(公元前 210 年),全国总人口约 3 000 万。

汉代时,根据《汉书》记载,汉元帝建昭四年(公元前 36 年)共有 12 233 062 户,59 594 978 人。据西汉末年统计,当时全国有 1 220 多万户,人口 5 970 多万。据《史记》记载,"首都长安有户 8 万余,人口 24 万"。另据《汉书·地理志》和《续汉书·郡国志》粗略比较,扬州人口从 321 万增加到 434 万,荆州从 374 万增加到 627 万,益州从 455 万增加到 724 万。其中,荆州的零陵郡人口增加了 7 倍多,长沙郡增加 4 倍多,桂阳郡增加 3 倍多。南方户口增加,除了本地生产率提高促进增长和北方人南移的原因外,还与南方很多原来不入户籍的部族民众大量成为东汉的编户齐民有关。

公元 609 年,隋朝疆域东、南到海,西至且末,北至五原,以西京长安、东京洛阳为中心,下统 190 个郡(州)、1 255 个县,有 890 多万户,4 600 万人。隋进行严格的户口检查,称为"貌阅",即对相貌特征进行详查。

据《资治通鉴》记载,唐代贞观年间,全国户口不满 300 万户,到公元 754 年(天宝十三年)增加至 9 069 154 户,52 880 488 人。如果将逃户、隐户计算在内,实际户数当在 1 300 万—1 400 万户。唐玄宗天宝十四年(755 年)有 8 914 709 户,52 919 309 人。当时的史学家杜佑(唐代中期宰相)估计这一年的唐朝人口有 1 200 万—1 300 万户,人口数在 6 900 万—7 500 万人。《唐令》规定"三年一造户籍"(相当 3 年一次人口普查),唐代户籍只登载户口与土地,每户都登载人口、丁壮、田亩。"手实"是民户向政府申报户口、土地的文书，如唐代西州手实内容是由户主申报家口姓名、性别、年纪、身状、土地地段、亩数、四至。

北宋熙宁十年（公元1077年），"有户14 245 270户，有口30 807 211口"。元祐元年（公元1086年），"有户17 957 092户，有口40 702 606口"。绍圣元年（公元1094年），"有户19 120 921户，有口42 566 243口"。元符三年（公元1100年），"有户19 960 812户，有口44 914 991口"。崇宁元年（公元1102年），"有户20 264 307户，有口45 324 154口"①。至宋徽宗大观四年（1110年）全国有20 882 258户、46 734 784口，宋代户口只统计承担赋役的成年男丁，故认为实际人口远超以"口"计人口数。

据《元史类编》记载，至元十三年，"有户15 788 941"。这是见于记载的元代最高的户数记录。元史中至元二十七年（1290年），始见有全国户口记录，计"户13 196 206，口58 834 711"，尚不及至元十三年未取得福建等七路以前的数字，户口统计不实显而易见。元世祖至元三十年（1293年）全国有14 002 760户，无人口数记载，这是《元史》记载的元代户口峰值。元代户口统计本身就有一定误差，由于元代很多少数民族地区不纳入人口统计，蒙古贵族军将们又有大量的私户，此外还有军户、匠户等均不纳入人口统计，考虑到以上种种因素，现代中外学者认为当时的实际人数比统计数要多。元代末年，由于战乱人口有所减少，估计有6 000余万人。

据《明太祖实录》（卷140）记载，明代明太祖洪武十四年（1381年）有10 654 362户，59 873 305人。明太宗永乐元年（1403年）有11 415 829户，66 598 337人。这是所有明代史料记载的明代户口统计数据的峰值。关于明代人口数，学者们估计实际人数远超史料记载的数据。

康熙六十一年（1722年），全国人口上升到1.5亿人。清高宗乾隆五十九年（1794年）共有人口313 000 110人，清仁宗嘉庆二十五年（1820年）383 100 000人，清宣宗道光三十年（1850年）430 000 000人，清德宗光绪二十七年（1901年）450 000 000人，清逊帝宣统三年（1911年）户口调查统计有92 699 185户。

中国封建社会从秦（公元前221年）开始，到清（1911年）结束，前后2 132年，人口从2 000万增加到1901年的4.5亿，人口数量增长22.5倍，年均自然增长率1.468‰。从秦代到宋代的人口峰值宋徽宗大观四年（1110年，大体按1.1亿人口计算），这段时间约1 331年，平均人口增长率为1.3‰。从宋徽宗大观四年到1901年，这段时间约791年，平均人口增长率为1.75‰。封建时代的后期较前期人口自然增长率加快。在中国人口发展史上，人口数量在各朝代中，由于战乱、瘟疫、饥荒等因素的影响，多次出现接近减半的波动惨剧，如汉、唐、宋、元、明都因战乱致人口大量减少，其中元代最为明显。

二、欧洲人口情况②

在公元元年时，全欧洲共有3 100万人。公元200年，欧洲有3 600万人。公元400年

---

① 摘自《宋史·地理志》。口是指男性人口，中间有的年号期间户数大幅减少估计应是受境域面积的变化影响。
② ［英］科林·麦克伊韦迪、理查德·琼斯：《世界人口历史图集》，东方出版社1992年版。

时，人口稍有下降，降至 3 100 万人。公元 600 年，欧洲人口数量减少到 2 600 万人。此次人口减少主要受查士丁尼瘟疫和罗马帝国解体过程中战争等因素影响。9 世纪初（约 801 年），欧洲人口达到 3 000 万人，到公元 1000 年达到 3 600 万人。到 14 世纪初（1301 年），欧洲人口总数达到空前的 8 000 万。到公元 1400 年，由于鼠疫在欧洲横行，人口出现大幅度减少，减少至 6 000 万人左右。公元 1500 年，欧洲的人口整体恢复到 1300 年时的 8 000 万左右，公元 1600 年增加到 1 亿左右。欧洲人口在 1620—1650 年出现了一个间歇，在 1700 年达到 12 000 万人，1750 年达到 14 000 万人。在随后的差不多 100 年时间里，人口数量快速增长，1845 年人口上升到 25 000 万人。

传统上认为欧洲约公元 476 年进入封建社会，公元 400 年和公元 600 年的人口数据分别为 3 100 万和 2 600 万。假设人口数量为均匀下降，则公元 476 年大约有人口 2 910 万。英国在 1689 年便取得资产阶级革命胜利，资本主义的发展如火如荼。欧洲各国都在酝酿资产阶级革命，因各国进入资本主义时间不一，公元 476—1700 年，欧洲人口从 2 910 万人增加到 12 000 万人，1700 年人口相当于 476 年人口的 4.124 倍。历经 1 224 年，欧洲人口平均自然增长速度为 1.16‰。公元 476—1750 年，欧洲人口平均增长速度为 1.23‰。这两个推算结果均低于中国封建社会的人口平均自然增长速度。从公元 476 年至 1301 年，人口平均自然增长速度为 1.23‰。从 1301 年至 1700 年，人口平均自然增长速度为 1.02‰。从 1301 年至 1750 年，人口平均自然增长速度为 1.25‰。因此，不论是欧洲的全部封建社会时期，还是封建社会的早期和后期，其平均人口自然增长速度都低于中国。

可见，封建社会时期，欧洲人口无论在总量上，还是在增长速度上，均低于中国，分析原因：首先是中国封建社会在大多数时候（除清代中后期外）经济发展水平应该高于欧洲；其次，多数时候中国的医疗水平高于欧洲，另外中国热饮热食的生活习惯比欧洲坚持得好；最后，中国的封建集权制度优于欧洲层层分封的松散封建制度，主要是动员能力强，在控制疾病，特别是瘟疫传播方面发挥了极大作用，中国对疫区采用隔离制度（或对患病人员置于封闭区域实施隔离，这种制度现代尚有少量留存）发挥了关键作用，而欧洲体制只能放任瘟疫肆虐。

第三节　封建社会思想文化教育艺术体育发展

一、文字统一状况

中国在战国时期由于政治上的割据，各国所用文字虽然基本结构相同，但字体的繁简和偏旁位置有所差异，一字多体。秦始皇接受李斯提的建议，采用"书同文"的措施，即以秦字为基础，废除与秦文不同的原六国的异体字，制成小篆，并写成范本，在全国推行，实现了文字的全国统一，为文化发展、社会交流、经济交流创造了有利条件。秦在统一篆书基础上还产生了草书和楷书,向现代文字更推进了一大步。秦以后的中国历代均保持了中国汉字文字的传承和统一,为中华文化发展做出巨大贡献。

在欧洲,封建社会时期基本上也是统一在拉丁语的旗帜下。在世俗统治领域,罗马帝国的官方语言是拉丁语,在帝国的众多行省中,无论是东方还是西方,拉丁语都是市政管理的主要语言,在军队,无论士兵在何处招募,拉丁语都是军队唯一的军事指挥语言。西罗马帝国灭亡被神圣罗马帝国取代后,则规定官方语言和外交语言都为拉丁语。在东罗马帝国,直到7世纪,其官方语言都是拉丁语。基督教世界从3世纪开始使用拉丁语,《圣经》从希伯来语翻译成拉丁语《圣经》后很快成了法定文本,拉丁语随即成为礼拜语言,用于弥撒、洗礼、婚礼、葬礼等宗教仪式和教堂的日常祈祷。直到1893年,拉丁语《圣经》始终都是罗马教会的唯一文本;在基督教宗教旗帜下,直到1965年,拉丁语都是天主教的"圣坛语言"。无论是天主教国家,还是新教国家,拉丁语都是"有知识的人的母语"。直到1850年,拉丁语还是全欧洲的语言。从欧洲近代的早期开始,拉丁语始终都是官方规定的大学教学语言。17世纪末以前,欧洲的学术著作都是用拉丁语写作的。可以说欧洲的封建社会是拉丁语的天下[①]。

二、思想发展状况

(一) 各代思想发展

秦代的思想实际上是自战国以来的法家思想,为维持法家思想在思想领域的统治地位,秦代毫不留情地欲将其他思想予以根除。秦曾经实行焚书坑儒,制造了中国历史上的第一次文化大劫难。

汉代在思想上"罢黜百家,独尊儒术"。汉代初期,道家的无为思想受统治者提倡,居于支配地位,至武帝时,出于加强中央集权的需要,"罢黜百家,独尊儒术",此后官吏主要出自儒生,儒家逐渐成为此后2000年统治人民的正统思想。

汉以后中国历代均以儒家思想占统治地位,宋明时期儒学以理学思想继续统治中国。

中国的儒家思想从孔子时代开始发展,历经2000多年封建社会,理论框架虽然在各代特别是宋、明时期有所创新,但主要是从封建的唯心主义哲学高度对儒家经典进行重新构造,使其理论体系更加充实完善,思想也有所发展,如"存天理,灭人欲"是理学各派的共同纲领,是对孔子思想的重要发展,但其"灭人欲"的思想与西方的禁欲主义、与佛道有关思想如出一辙,对经济发展的负面影响不可小视。

欧洲封建社会的思想发展见第一篇第一章的相关内容。

(二) 重农抑商思想

1. 中国的重农抑商。

重农抑商思想贯穿中国封建社会的始终。

---

① 唐晓琳:"语言的权力",《社会科学家》,2011年第11期。

秦始皇统一中国后，继续推行战国时商鞅变法推出的重农抑商政策，《琅琊台刻石》碑刻铭文，是秦始皇东巡时留下的，歌颂了秦始皇的功绩。其中有"皇帝之功，勤劳本事。上农除末，黔首是富"的记载，还有秦始皇颁布的七科谪戍条例，"治狱吏不直者，诸尝逋亡人，赘婿，贾人，尝有市籍者，大父母、父母尝有市籍者"，其中有四种人就是商贾及商贾的后代。七科谪戍条例原为秦朝惩罚犯罪官吏和商人的一项制度，条例充分表明了秦代对商业的抑制。

汉代采取了比秦代更严厉的重农抑商政策。汉初一方面减轻农民的负担，减轻田租至十五税一；另一方面对商人进行压制，不许商人衣丝、操兵器、乘车骑马，不许做官，加倍征收其算赋，打击囤积居奇的商人。汉文帝、景帝时曾重申商人不得为吏的禁令。汉武帝时实施了严厉的直接打击大商人的措施。公元前119年，武帝实行"算缗钱"，规定商人、兼营手工业的商人以及高利贷者，无论有无市籍，其财产数额都必须向政府申报，"每二千钱纳税一算"，即120钱，自产自销的手工业品"每四千钱一算"。轺车，除了属于规定免算者外，一乘一算；商人轺车加倍。船五丈以上一算。商人有产不报或报而不实，罚戍边一年，没入家财。有市籍的商人及其亲属，不许占有土地，违令者没收其土地和奴仆。公元前114年，武帝又下令"告缗"。在这次告缗中，政府没收的财物以亿计，没收的奴婢、田地众多，商人的势力受到沉重打击。汉代往往还把商人首先作为实边、迁徙的对象。王莽新法中也采取众多措施对商人和高利贷者进行了打击。汉代的一种征兵方式为"谪发"。"谪发"之人，与秦代谪戍条例中的7种人完全相同，可见汉时商人受官府严厉压制。

隋朝继续实施重农抑商政策，隋文帝恪守以农为本的经济政策，抑制工商。开皇十六年（公元596年），文帝下诏不准工商入仕为官，体现了封建王朝重农抑商的一贯传统。店肆必须设在官置的市内，官市则限于郡、县治所。当时政府对工商业的限制都是很严格的。

唐代，抑商不如前面朝代严厉，但还有些重农抑商政策。如唐《选举令》规定，"身与同居大功以上亲执工商，家传其业不得仕"（《唐律疏议·诈伪》）。唐有禁止工商之人乘马之法令。唐中期后，国库空虚，常令商人进奉献助。唐肃宗时，籍江淮蜀汉富商右族，訾畜十收其二的"率贷"，诸道重税商贾以充军，凡千钱以上者有税。唐僖宗时籍长安城东、西两市之商旅钱财输于内库，不满商人告状悉受杖杀①。此外，唐代曾执行较严格的坊市制度，但唐代后期也有所松动。

宋代仍然规定"工商杂类"等9种人不得进入官学、不得与士人平等交往，等于断了商人从政的途径，但宋代对千余年来执行的对商业经营的诸多限制被彻底废除，是一大进步，因此宋代商业繁荣。

明代对商业采取了轻税政策，凡商税，三十取一，嫁娶丧祭、舟车丝布之类，皆不征税。明代重农抑商政策可能没有体现在具体政策上，但体现在削弱天下巨富的具体行动

---

① 龚昌菊、庞昌伟："中国古代'重农抑商'政策表现、成因及启示"，《商业文化》，2014年第27期。

中。明朝学习汉朝刘邦削弱天下巨富是要消除他们对明朝统治地位的威胁。明朝因反倭寇需要，实行海禁政策，对海外贸易有一定影响。

清代前期实行严格的海禁。对外国商人在中国经商的地点和时间进行严格控制。这些贸易限制令一直执行到鸦片战争时帝国主义打开中国的大门。中国的商人也仅限于与邻国经商。清代继续实行食盐专卖制度。

2. 欧洲早期重农抑商思想。

欧洲实行重重分封的封建体制，基本没有如同中国一样的重农抑商思想，更谈不上政策举措。原因在于，重重分封的体制在体制上没有可能从上到下实现其政策；封建皇帝有自己应得利益，强调重视农业的必要性也不是很大。需要指出的是，欧洲重重分封体制导致小国林立，关卡林立，各自为政，层层征税，总体看对经济发展，特别对商业流通在客观上是有很大制约的。这一点远没有统一大国发展商业流通方便。

欧洲的抑商思想主要体现在宗教领域。《圣经》思想对经济发展起到抑制作用。基督教主要思想家与《圣经》思想保持一致。奥古斯丁是基督教早期的重要思想家，在他的经济思想中，农业占据重要地位，对商业却抱非难态度。他认为农业是高于一切的行业，是所有手艺中最纯洁的手艺。从事小商业尚情有可原，而从事大商业是绝对不能容忍的，因为小商业是为了糊口谋生，而大商业是以营利为目的，进行贱买贵卖，是一种败行，因此一切正直的人都应当起来反对它。中世纪，神学大思想家托马斯·阿奎那对宗教经济思想进行了一些调整，放弃了对商业的非难态度，并承认从事商业也是一种劳动，也应该取得应得的"劳动报酬"。对于当时已经大量出现的信贷活动，他巧妙地论证了利息的合理性，但阿奎那宗教经济思想中抑商意识仍然存在。例如，阿奎那认为金银财富作为人为财富，不应成为国家和个人追求的目标。虽然阿奎那对宗教中的抑商思想做了一些调整，但宗教中抑商的意识仍然还存在，这种影响一直延续到加尔文的宗教改革①。

（三）学术思想、宗教伦理影响

公元前后，佛教从中亚传入中国，中原信佛之人渐多，早期主要是达官贵人，到了东汉末年渐传入民间。汉代，道教开始以宗教形式传播，有张角的太平道和张陵的五斗米道，其中太平道因传播广、弟子众多最终演变为黄巾起义。

魏晋南北朝时期，佛教和道教都曾一度繁荣，但后期均遭政府打压。

唐代哲学思想有所发展，主要代表人物有唯心主义思想家韩愈和李翱，唯物主义思想家柳宗元和刘禹锡。韩愈著《原道》《原性》，推尊儒学，认为宗教宣传无君无父，违背传统的纲常名教，因此极力反对佛、道，尤其激烈排斥佛教，他因谏阻皇帝迎佛骨而被贬。柳宗元著有《天说》《天对》《封建论》，他反对"天人感应"和"君权神授"，认为宇宙是由元气构成的，天即自然，没有意志，并不能对人间进行赏功罚过。刘禹锡著《天论》三篇，他认为宇宙间充满物质，"天"也是物质，天与人"交相胜，还相用"，人虽

---

① 许志峰、李德深、马万里主编：《社会科学史》，中国展望出版社1989年版。

然不能干预自然界规律，但可以利用和改造自然，刘禹锡的唯物主义认识论是对哲学思想的重大贡献。唐代道教和佛教一度也较盛行，但时间很短。

宋代，由于有程朱理学作为解释，儒学的"正宗"地位不可动摇，而佛、道两家在辅翼儒学的前提下找到了自己的合理位置，儒、释、道三教合一成为一种普遍的社会潮流。

明代宗教方面相对较开明自由，儒家思想占统治地位，佛教、藏传佛教、道教、伊斯兰教、天主教、萨满信仰及民间宗教都有传播。

清代仍是以程朱理学为主的儒学思想占统治地位，各种思想均有一定发展，形成了以黄宗羲、顾炎武、王夫之、颜元等为代表的杰出唯心主义理学，提倡经世致用，反对封建专制的进步思想，其中王夫之还是朴素的唯物主义者，建立了朴素唯物主义思想体系。清代的宗教思想更趋多元化。

总的来看，自汉以来，佛道思想逐步扩大传播，虽不是中国主流思想，但其中一些经济伦理，如钱财乃身外之物，生不带来、死不带走，清心寡欲，安贫乐道等对教徒的现实经济生活还是有相当的负面影响，教徒大多对经济生活没有追求。朴素的唯物主义的产生是中国封建社会理论上的重大进步。

欧洲的思想中世纪前就是基督教的思想，整个欧洲大陆都被基督教思想覆盖，罗马帝国分裂成东罗马帝国和西罗马帝国后，基督教也发生了分裂，公元1054年分别形成了以罗马为中心的天主教和以君士坦丁堡为中心的东正教。15世纪后期，在君士坦丁堡败给土耳其后（1453年），莫斯科开始称自己为"第三罗马"，是恺撒和拜占庭王朝精神和政治上的继承者。西欧宗教改革后，还产生了新教和清教等，都是源于基督教。

欧洲在中世纪后不得不提的文化上的大事即文艺复兴运动，它是对欧洲后来的资本主义发展产生巨大且深远影响的思想解放运动，鉴于其对资本主义发展的重要性，将其放置在第二篇《资本主义的发展》中介绍。

三、教育事业发展

秦代在焚书坑儒中还禁止了私学，对儒家创立的私学教育事业（体系）造成毁灭性打击。秦规定，若有学法令者（因秦代采用的是法家的思想），以吏为师。秦代使教育事业形同消灭。

汉代教育重新受到重视。武帝时下令为太常博士兴建学校，名为太学，使学生在太学中随博士受业。武帝还令天下郡国皆立学校官，从而建立起地方教育体系。东汉时郡国学校也纷纷建立起来。东汉后期，太学生最多时达3万人，当时的学生们清议朝政，形成了一股较大力量，对腐败势力形成制约。

唐代教育体制较健全，在京师，设国子学、大学、四门学、律学、书学、算学六学，统隶国子监。此外还有私学。少数民族及亚洲各国君长亦遣子弟入国学。唐代开创的律学、书学、算学、医学教育也许是世界上最早的法律、书法、数学、医学专业高等教育，值得称道。

北宋开始推行重文轻武政策（致战斗力薄弱），完善科举制度，扩大科举录取名额，使官办学校和私人书院遍布各地。宋太祖时设国子监，仁宗时仿汉制改锡庆院为太学，传授各种专门知识和技艺，有武学、律学、医学、算学、书学、画学等。仁宗时州学成为定制，即各州、府自建学校，县也有县学。宋代民间还有村塾为主的最基本的启蒙教育形式，启蒙教育非常普遍。宋代书院教育在教育中占突出地位，白鹿洞书院成为学者士人向往之地。

明代朱元璋建立了比唐、宋更为完备的学校制度。学校分为国子学和府州县学两种，国子学的学生叫监生，结业后可直接做官或通过科举做官。

清代中央最主要的官学是国子监，1644年设立，既是最高教育机构，又是主管全国学校的最高行政机构，学生来源众多，还招收部分留学生。教学内容包括《四书》《五经》《性理》《通鉴》《十三经》《二十一史》及习字等，较唐宋明显退步。地方按照行政区划设府、州、县学，乡镇地区设社学，洋务运动后开始引进西方教育。

四、文化、艺术、娱乐、体育事业发展

（一）文化事业发展

秦代以前文化典籍因秦始皇焚书坑儒遭受毁灭性摧残，损失无法估量。

汉代是中国史学发展的重要时期，最有名的历史学家是司马迁和班固，其代表作分别为《史记》《汉书》。汉代在文学领域取得较高成就，开创了几种文学形式。汉代的赋比较知名，代表人物有贾谊、司马相如、东方朔、班固、张衡等。乐府民歌也是一种文学形式，最著名的有叙事诗《孔雀东南飞》。汉代还发展形成了五言诗体。此外，汉代的散文也比较知名，著名散文家有贾谊、晁错、司马迁等。

魏晋南北朝时期，文化繁荣，思想发展，史称第二次百家争鸣。当时文化艺术事业更是空前繁荣。文学方面，诗、文、小说、文艺理论等在中国文学史上都占有重要地位。曹魏时期出现了"三曹"（曹操、曹丕、曹植）"建安七子"以及蔡琰为代表的建安文学；东晋时的陶渊明，刘宋时的鲍照、谢灵运等均很知名，陶渊明的作品更是中国文学的瑰宝。民歌（如《木兰辞》）、小说（如《搜神记》等）、文艺理论（如《文心雕龙》等）也很繁荣。书法方面，王羲之被称为"书圣"，他的儿子王献之与其齐名。绘画艺术方面，有被中国绘画史上称为"画圣"的顾恺之。雕塑艺术方面也成就非凡，今大同的云冈石窟和洛阳的龙门石窟以及甘肃敦煌的莫高窟同为我国雕刻艺术的三大宝库。在史学方面，魏晋南北朝时期著述丰富，有陈寿的《三国志》，关于两晋的史书有26种之多。此时期历史方面开始出现一些杂史、地方志等。

唐代是中国文化艺术事业空前绝后的繁荣时期。诗人们创作了鼎盛辉煌的唐代诗歌，诗歌创作达到中国历史的极盛时期，成为社会文化生活中的主要内容。《全唐诗》辑诗5万首，作者达2 200多人。唐代诗歌创作主要经历4个阶段，唐初奠定了律诗的形式，代表人物为唐初四杰的王勃、杨炯、卢照邻、骆宾王；盛唐时期诗歌体裁众多，风格各异，

有以王维、孟浩然为代表的田园诗人，有以高适、岑参为代表的边塞诗人，最知名的是伟大的浪漫主义诗人李白，伟大的现实主义诗人杜甫，白居易也是杰出现实主义诗人；唐中期著名诗人有李贺等；晚唐诗人代表人物有"小李杜"李商隐和杜牧。唐代兴起的古文文学改革运动取得巨大成就，韩愈、柳宗元是这一运动的代表人物，他们创作的古文散文脍炙人口，在中国古文散文中占有重要地位。唐代的历史学说成就也不小，官修史书有《晋书》《梁书》《陈书》《周书》《北齐书》和《隋书》。唐代史学最大成就是刘知几的《史通》和杜佑的《通典》，前者是史学理论，后者开创典章制度历史先河。

宋代也是文学艺术空前繁荣的时期，达到很高程度，一方面是诗、词、古文为主体的古典文学的发展，另一方面是以话本、杂剧为主体的民间文学的发展。宋代诗词有众多杰出代表。宋代史学成就显著，史学著作有司马光的《资治通鉴》、袁枢的《通鉴纪事本末》、郑樵的《通志》、李焘的《续资治通鉴长编》，知名的地方志有乐史的《太平寰宇记》、王存的《元丰九域志》。宋代还开创了金石学；类书是中国古代百科全书，重要的有《太平御览》《太平广记》《册府元龟》等。

明代文化事业也有一定成就，除著名理学家宋濂及其学生方孝孺外，还有代表主观唯心主义的王学（也称"阳明新学"）。王学是程朱理学的反对派，代表人物是王守仁（世称阳明先生）。其他理学家还有李贽、王夫之、黄宗羲等。明代最大文化成就是编辑了《永乐大典》，全书共 22 937 卷，目前仅剩下副本 400 卷左右，不及原书的 4%。明代在文学方面也有一定成就，小说繁荣，著名的有罗贯中的《三国演义》、施耐庵的《水浒传》、吴承恩的《西游记》等。戏剧以汤显祖的《牡丹亭》最知名，堪称明代传奇艺术的最高峰。

清代编辑的《康熙字典》是我国古代收字最多的字典。《古今图书集成》，全书 1 万卷，5 020 册，是一部有很大参考价值的工具书。《四库全书》是中国历史上最大的一部丛书，历时 15 年缮写完毕，分经、史、子、集 4 部 44 类，共收图书 3 457 种，79 070 卷。清代文学有较高成就，知名作品有蒲松龄的《聊斋志异》、吴敬梓的《儒林外史》、曹雪芹的《红楼梦》。

欧洲封建社会时期的文化艺术成就主要体现在中世纪开始的文艺复兴运动，参见第二篇《资本主义的发展》。

（二）音乐及器具、舞蹈等艺术事业发展

在音乐方面，秦始皇设置音乐机构乐府及管理官吏大乐令丞、乐府令丞等，将六国的乐人舞伎集中于咸阳宫，并收集、整理、改编民间音乐，还创作了一些为秦朝服务的新乐曲，在郊祀、宴享等场合表演。始皇二十六年（公元前 221 年）令乐人歌弦《仙人真诗》。相传筝为蒙恬所作。弦鼗（可能是琵琶的前身）为当时从西域传入，还出现了一种新乐器筑。古乐器缶则是西戎之乐，秦俗沿用之。1977 年陕西临潼秦始皇陵附近出土的乐府钟比较知名。

秦代美术在宫室建筑上得到普及。1977 年湖北省出土的漆壶彩画牛马图反映了秦代绘

画艺术已具有很高的艺术水平。

秦代的雕刻艺术是秦代艺术的精华，雕塑以秦兵马俑出土的陶俑、陶马为代表，堪称中国雕刻艺术的典范。丞相李斯还是有名的书法家，书法艺术名声很大。

汉代乐府民歌也是一种重要的音乐形式。这一时期的绘画有较大发展，出土绘画以长沙马王堆的帛画最为知名。汉代音乐舞蹈丰富多彩，名妃李夫人和赵飞燕均以善舞而得君王宠爱。

唐代的绘画艺术有极大发展与独特创造。初唐的阎立德、阎立本兄弟为人物画家，著名作品阎立本的《历代帝王图》和《步辇图》；盛唐有被称为画圣的吴道子，擅画动感立体感作品，号称"吴带当风"。唐代的书法艺术更是水平高超，名人辈出：唐初有四大书法家虞世南、欧阳洵、褚遂良、薛稷；盛唐有颜真卿；晚唐有柳公权等，这些书法家作品至今仍为多数人学习的楷模。唐代音乐舞蹈十分发达，唐初设十部乐，后改设坐在堂上演奏的坐部伎和立于堂下演奏的立部伎。唐代舞蹈多来自西域，舞分健舞和软舞。

两宋绘画艺术有进一步提高，张择端的《清明上河图》享誉世界，亦有皇帝成为知名画家。宋代书法艺术发展成就较高，出现许多知名书法家，如号称四大家的蔡襄、苏轼、黄庭坚和米芾。宋代歌舞艺术在形式和内容上有所突破，有歌、有舞、有念白，以曲词边缀而成，已略具戏剧的雏形。讲唱艺术也有发展，有鼓子词、赚词和诸宫调等。宋代石雕刻艺术也颇具成就，如大足石刻。

明代朱载堉在音乐上完成了十二平均律的计算和十二平均律律管的制作，解决了2 000余年音乐史上旋宫转调的理论难题。

在欧洲，中世纪后，文化空前繁荣。绘画艺术成就卓著。达·芬奇、米开朗基罗、拉斐尔、丢勒都闻名世界。文学艺术上名人辈出，如拉伯雷、塞万提斯、莎士比亚、雨果、巴尔扎克、歌德、普希金等。音乐迎来大发展，1600年至1750年的巴洛克时代是欧洲音乐大发展的时代，在这150年的历程中，歌剧、协奏曲、奏鸣曲等题材相继被创造发展出来。1750年至1827年称为古典时期，在这个时代大显身手的是维也纳古典乐派的3位大师：海顿（交响乐之父）、莫扎特（音乐神童）、贝多芬（乐圣）。1827年至19世纪末称为浪漫主义时期[①]。

（三）体育、娱乐事业蓬勃发展

秦国的体育、娱乐事业与战国时期几乎完全相同。

汉代的体育活动丰富多彩，主要有角抵、蹴鞠、投壶、围棋、六博等，还有杂技表演。汉代已经有把体育和强身健体联系在一起的思想，长沙马王堆的《导引图》和华佗编的五禽戏都是这种思想的体现。汉代高度重视军事训练，训练科目主要有武术、手搏、角力、骑马、射箭等，为检验军队训练质量，汉代有"都试"和"秋射"之制，这种考试每年举行一次，汉代的军事成就与高度重视训练不无关系。

---

① 《世界通史》编委会主编：《世界通史》，中国书店出版社2011年版。

魏晋南北朝时期体育事业似不及汉代繁荣，体育活动的丰富程度也似不及汉，有五禽戏、罗汉十八手、蹴鞠、杂技等，但围棋比较受重视。曹操、孙策等众多名人都酷爱围棋，齐高帝萧道成别出心裁举行了一次全国围棋比赛，还担任冠亚军争夺战的总裁判，比赛经过两天一夜苦战，琅琊人王抗获得冠军。

唐代还保有以前的各类体育活动，但以投壶、马球、狩猎比较盛行。

宋代人体育活动主要有射箭、投壶、蹴鞠、马球、宋代相扑、围棋、象棋、双陆棋，成书于北宋的《棋经十三篇》是中国广为流传的棋艺理论。

明清时期，传统的体育活动有所荒废，新的体育活动也未产生。

五、法制思想发展

（一）中国法治思想

秦朝已经制定比较完整的封建法典《秦律》，这是中国已发现的最古老的法律条文。《秦律》内容十分广泛，包括现代的刑法、诉讼法、民法、军法、行政法、经济立法等方面，构成了封建法制的体系，较战国时李悝的《法经》有重大发展。

汉代取秦代法律之宜于时者加以增益，制定了《九章律》作为治理国家的法律工具。

唐代制定并颁布实施了完备的法律制度，颁布律令格式，"律"是指刑律，"令"指国家各种规章制度所定的条例，"式"是指各种章程细则，"格"基本上是皇帝不断以制敕形式颁布的禁令汇编。影响最大的是不断修订的《唐律》，还有《唐律疏议》。《唐律》是传世的中国古代最早、最完整的一部法典，影响远播海内外。

宋初主要沿袭唐和五代的律、令、格、式，而以敕令作为随时损益的手段。宋太祖建隆四年（公元963年）颁布了宋代第一部法典《宋刑统》。

明代朱元璋称"治乱世应用重典"，以严刑峻法治国，耗30年制定了《大明律》。《大明律》中规定的"谋反大逆"罪，不论首从，都要凌迟处死，凡造"妖言"和"擅专铨选""纠结朋党"也都处以死刑，体现了明代法律的严峻。

清代的《大清律例》是中国封建社会最后一部法典。共分47卷，律文分为7篇，首篇是名例律，其次是吏律、户律、礼律、兵律、刑律和工律，故称七律。总计30门，436条。

（二）西欧封建法律

1. 中世纪前期西欧法律（5—11世纪）。日耳曼各部落联盟灭亡西罗马帝国后，在原帝国领土上建立了一些"蛮族"国家，存在时间最长、版图最大、最具有代表性的是法兰克王国。各王国在适用法律时实行属人主义，即对本族人实行原有习惯法，对被征服的罗马人则仍实行罗马法，两种法律发生冲突时以日耳曼法为准。由于同时实行日耳曼法和部分罗马法，两种法律逐渐融合。5世纪末6世纪初，多数日耳曼王国在罗马法学家的协助下编纂了成文法典，主要记载各部落联盟的习惯，逐步演变为分散的地区性法律，通常称为地方法。

2. 中世纪中后期西欧法律（12—17世纪）。地方习惯法伴随着罗马法的复兴和对罗马法的研究，逐渐被编纂为成文法典，著名的有：法国的《诺曼底大习惯法》和《博韦习惯法集》、德国的《萨克森法典》和《施瓦本法典》等。

3. 教会法。自12世纪开始，天主教教会法以《格拉提安努斯教令》（约1140年）的编纂为主要标志，进一步发展起来。教会法院的管辖范围不断扩大，体现了作为西欧封建制度社会支柱和国际中心的罗马天主教会权力的加强。教会的法令得以施行，是中国与西方法律体系的重大区别，在封建中国教规是没有法律地位的。

4. 商法。11世纪前后，随着西地中海沿岸海上贸易的复兴和自治城市的出现，西欧的商法也逐渐发展起来。它渊源于各地的贸易习惯，由各地商事法院判决积累而成，受罗马法影响很大。为解决各地贸易习惯的冲突，各城市间通过订立贸易条约或协定，使多数规则大体一致起来。逐渐形成了西欧统一的商法。

5. 两大法系的萌芽。从11世纪开始，英国法律形成了案例法法律体系，与欧洲大陆各国大陆法（成文法典）并行发展。

第四节　封建社会稳定状况

一、中国封建社会稳定状况

秦代统一后实际上并不稳定。正如《汉书·食货志》所云，"竭天下资财以奉其政，犹未足以澹其欲也"，由于秦代赋役繁重（田租户赋还有苛捐杂税），统治基础受到威胁。秦朝允许大规模兼并土地，并对租户残酷剥削，高达50%的地租使大量失地农民难以为生。大规模修建宫室、大规模修建王陵、大规模修建长城、大规模修建道路工程，这些超大规模工程远远超出国力所能承受的范围。秦代还以严酷的刑罚进行统治，刑罚名目繁多。横征暴敛、大兴土木、残酷刑罚导致了秦王朝的速亡。

西汉中前期，政局稳定，政府注意减轻赋税，虽然也有北方匈奴的袭扰，但王朝内部相对稳定。汉武帝时，通过战争战胜匈奴，彻底解除了匈奴的威胁，汉朝进入全盛时期，注重农业技术推广，粮食充足；宣帝时，谷价最低至每石5钱，百姓可足食。宣帝之后，汉王朝开始走下坡路，朝政日益败坏，成帝时大兴徭役，加重赋敛，百姓困苦，外戚专权，不法分子贪掠无度，农民土地大量被侵占，社会矛盾激发。王莽时期，农民暴动风起云涌，农民起义运动推翻了西汉政权。西汉宗室刘秀在义军中以"复高祖之业"相号召，借势恢复了汉政权，东汉仅刘秀一人成为称职的皇帝，恢复了一些元气，之后在宦官和内戚轮番专权的压力下日益衰落，贪腐官员较西汉末有过之而无不及。桓帝时查抄专权的内戚梁冀时，竟抄出家财达30亿钱之多，朝廷用此收入减收当年天下租税的一半；之后却没有阻止宦官专权，公开卖官鬻爵，政治腐败到极点，民不聊生，最终在农民起义（黄巾起义等）的打击下，东汉统治结束，政权被曹魏挟持。没有形成好的可持续的最高领导机制和没有稳定合理的政府权力运作机制是汉代统治终结的重要原因。

隋炀帝暴政，招致不稳定。隋炀帝开始还是有所作为的，但他骄奢淫逸，好大喜功，完全不考虑社会承受能力，走上了秦代暴政的老路，导致农民反抗起义频发，最终葬送政权。

唐王朝一度繁荣昌盛，为以后历代所称道。唐王朝出现的不稳定以至最终的崩溃，首先源于统治者自身的不作为。后宫武则天篡位开启了最高统治权力长期不稳定、不牢固的祸端，广建佛寺、筑"明堂""天堂"、造"天枢"、铸九鼎浪费大量人力物力。玄宗继位初尚能励精图治，后在歌舞升平中贪图享受、挥霍浪费、怠问政事，以至后来在政治体制上出现多处重大失误：一是军事制度改革和沿边节度使制度的建立，造成地方藩镇势力大于中央，长期无法节制；二是因怠政造成的最高领导权大权旁落，形成朝中官员专权、宦官专权、内戚专权、党派相互争权、后宫干政，造成最高领导权的频繁更替和失控；玄宗后最高统治者已经是想作为而不可为了，多数时候已经沦为专权宰辅、宦官、内戚等官员的工具。唐朝后期，藩镇势力相互争夺势力范围，战争不止，为筹措军费，各藩拼命压榨底层百姓，税赋繁重，残酷的战争更是造成生灵涂炭，土地兼并空前严重，大土地所有制恶性发展，赋税繁重，贫富严重不均，逃户激增，统治者把逃户的课役分摊给邻伍负担，这种"摊逃"又加重未逃户的负担，迫使他们先后成为逃户，出现"所在群盗，半是逃户"的局面。百姓陷水深火热，纷纷揭竿而起，农民起义风起云涌，唐王朝正是在这多层压力下土崩瓦解，曾经创造封建王朝辉煌的唐王朝正式被其自身制造出来的藩镇势力和宦官势力彻底灭亡。

宋代自创立到最后灭亡，没有经历多长时间的稳定。宋初用了几十年的时间南征北战，才结束唐以后五代十国军阀混战割据的分裂局面，好不容易完成统一大业。由于宋朝实行重文轻武的大政方针，军事力量薄弱，统一后一直受到少数民族的致命威胁，在割地求和、纳币称臣的屈辱中度日，内部最高统治者大多数时候软弱无能，大权旁落，宦官、内戚、宠臣反复专权，同时由于土地高度集中，地主阶级剥削严重，佃农地租少者50%，多者达80%，农民无以为生，致农民起义频发。统治阶级贪图享受，不思进取，奸人当道。最终宋朝在内焦外困中在蒙古人的铁骑下走向灭亡。

元朝统治者奢侈成风，赏赐无度，财政亏空巨大，政府滥发纸币，造成物价昂贵，蒙古人对汉人采取歧视政策，进行残暴统治，加上元末天灾连年不断，农民起义在多处大规模暴发，最终推翻了元朝的统治，元朝统治时间不足100年。

明代有几代君主相对贤明，但也仅维持封建统治，没有大的建树。明太祖朱元璋、明成祖朱棣也有十分残酷的一面。朱元璋以胡惟庸谋反的名义，杀了李善长等一大批功臣，株连被杀者达3万多人，后又加主要将领蓝玉谋反罪，牵连被杀者达1.5万人；朱棣夺位后，杀建文帝党羽1万多人，建文帝文臣方孝孺惹怒朱棣，其友朋、学生被另作一族"一并诛之"，史称"诛灭十族"。明朝更多的时候皇帝都比较无能，要么懒政、怠政，要么被宦官、后宫和权臣专权，统治能力十分虚弱，明世宗甚至30多年没有见过朝臣，明熹宗特别痴迷于做木工，还有的痴迷佛事道事，不理朝政，这种统治下明朝没有更早灭亡实属万幸。明代长期遭受倭寇之患，幸有戚继光等战将抵抗，虽取得胜利，但倭寇仍长期在沿海为患。明代时北方先后有蒙古人、女真人为边患，特别是对女真人的警惕性不够，加上明末席卷大半个中国的李自成领导的农民大起义，政权最终被推翻。

清代在灭南明、平三藩之后，有一段较长的稳定时期，经济得以恢复，人口快速增长，但在农业和手工业技术上均没有什么进步，经济只是在原有技术水平下随着人口增加而出现简单规模扩大。清代中期以后开始出现严重不稳定局面，内忧外患层出不穷，内部农民起义风起云涌，内地和北方的少数民族叛乱。清最大规模的农民起义是洪秀全的太平天国运动，几乎将清朝灭亡，后期还发生了反帝反封建的义和团运动，末期爆发了资产阶级革命。清统治者为维护统治，对内实行残酷统治。清朝官员巧取豪夺，贪腐成风，嘉庆时期查抄专权贪腐官员和珅，抄出家产折银2.2亿两，约为当时清朝廷年财政收入的3倍。外部更是陷入帝国主义国家的疯狂侵略和掠夺。清廷战争赔款众多，海关权力长期被垄断。北方领土不断被蚕食，战争赔款数额巨大，仅马关条约赔款即达2亿两白银。英国、俄国、德国、法国均先后参与对中国的侵略和掠夺。八国联军强迫清政府签订《辛丑条约》，赔款4.5亿两白银，分39年付清，年息4厘，本息共计达9.82亿两白银，帝国主义贪婪本性在侵略中国时暴露无遗。清代的中国灾难深重，备受欺凌。

二、封建社会时期世界社会稳定状况

欧洲的封建社会同样充满不稳定因素①。欧洲虽然在政治体制上与中国有所不同，实行分散、松散的层层分封封建体制，但是同样充满内外部矛盾和不稳定因素。

（一）欧洲遭遇阿拉伯帝国势力扩张影响

公元7、8世纪，穆斯林持续扩张，他们占领了东罗马帝国的中东和北非地区（包括叙利亚、巴勒斯坦、埃及、利比亚等地），东罗马帝国只有巴尔干地区和现在的土耳其地区没有沦陷。

阿拉伯人公元741年征服了西哥特王国，占领了比利牛斯半岛，越过比利牛斯山，侵入高卢西南部。公元732年在波瓦都战役中法兰克王国宫相查理·马特战胜了阿拉伯人，阿拉伯势力向欧洲内陆扩张的势头才被终止。

（二）十字军东征

欧洲经历了前后近200年的8次十字军东征。欧洲团结在基督教的旗帜下，十字军东征是一系列在罗马天主教教皇准许下进行的有名的宗教性军事行动，是由西欧的封建领主和骑士对地中海东岸的国家以收复阿拉伯入侵占领的土地名义发动的战争。大规模的东征

---

① 《世界通史》编委会：《世界通史》，中国书店出版社2011年版。

共 8 次，其中第一次（1096—1099 年）是唯一胜利的一次东征，参加的各路骑士三四万人。第二次东征（1147—1149 年）在法国国王路易七世和"神圣罗马帝国"皇帝、德意志国王康拉德三世率领下进行，以失败告终。第三次（1189—1192 年），是在"神圣罗马帝国"皇帝红胡子腓特烈一世、法国国王奥古斯都腓力二世和英国国王理查一世率领下进行的，没有多大战果。第四次（1202—1204 年）由教皇英诺森三世发动，目的本是要攻占穆斯林所控制的埃及，作日后行动的基地，却占领了君士坦丁堡，建立拉丁帝国。第五次（1217—1221 年），十字军因不团结没有取得战果。第六次（1228—1229 年），是在"神圣罗马帝国"皇帝腓特烈二世率领下进行的，通过与埃及谈判，这次远征使耶路撒冷在 1229 年暂时回到基督教徒手中。第七次（1248—1254 年），由法国国王路易九世发动。结果是路易九世的弟弟阿图瓦伯爵被杀，路易九世被俘。直到 1254 年，路易九世和他的士兵才被释放回国。第八次（1270 年）由法国国王路易九世领导，进军突尼斯。十字军在突尼斯登陆不久便遭遇传染病，路易九世染病身亡。

（三）教权和皇权之争

在西欧封建社会中，教会权与王权孰强孰弱不是一成不变的，而是在斗争中互有消长：最初是教会权从属于王权，继之是教会权凌驾于王权之上，随后是教会权走向衰落和专制王权的崛起。

罗马帝国灭亡后，拜占庭王国把持教会权力，罗马教皇的权力向天主教各教区延伸。此时罗马帝国的制度继续发挥作用，但领导权和罗马军团掌握在日耳曼人和其他入侵者手中，罗马帝国分割成好几个完全分开的地区，没有中央政府，但罗马教皇从政治地位上仍只是皇帝及其他统治者统治下的臣民，还难以在教会事务中与之抗衡，教士由国王任命并听命于国王。

查理大帝统治时期（768—814 年），主教和修道院院长的任命完全由他一人决定，是皇权极盛时期。公元 800 年，罗马教皇给查理加冕称帝，号为"罗马人的皇帝"。查理曼之后，主教的任命已成为国王独有的特权，推选教皇的权利原操在罗马城教士和教友手中，查理曼统治时已成为世俗政权控制。查理大帝成为古罗马世界帝国的皇帝和基督教会的保护人。

此后加洛林王朝多次分裂，帝国权力碎片化，罗马教皇产生了不仅控制帝国西部宗教，还要控制帝国西部世俗权力的强烈愿望并付诸实施。但在 11 世纪下半叶之前，王权在与教会权的相互关系中占据着绝对有利的地位，王权把持着教会权，国王为了加强和巩固封建集权统治，获得教会的支持，加强了与教会的联盟，达到了集权统治的目的，同时又使教会的权势在王权的支持下扩大，成为封建统治集团中较强大的政治势力，构成了对王权的威胁。

10 世纪起在教权阶层展开的一场加强教会权威的活动，称为克吕尼运动。该运动后期甚至要求教皇权力高于一切，可以废黜世俗君主，此理论主张还得到了实践。运动最主要的代表人物是教皇格里高利七世（1073—1085 年在位）。这些纲领的实行，引起与德皇亨利四世以及依附皇权的主教们的冲突。

1056 年，亨利三世去世，其子亨利四世年仅 6 岁，皇后阿戈尼斯摄政，软弱无力。各大公爵瓜分了皇室的领地，教俗封建主对德意志皇室领地和政治权利的瓜分大大削弱了皇权的集权统治。教皇趁机摆脱皇帝监护，新的教皇选举法把选举教皇的权力授予枢机主教会议，从而杜绝了皇帝对选举施加影响。

1075 年，教皇格里高利七世规定各地主教的任免权在教皇，世俗君主无权干涉教会事务。1076 年，亨利四世召集国内忠于皇帝的主教在沃姆斯召开宗教会议，宣布废黜教皇；随后教皇则在拉特兰召开会议，宣布开除亨利四世的教籍，废其帝位，解除德国臣民对亨利四世的效忠誓约，煽动众诸侯反对亨利四世。亨利四世迫于形势，于次年 1 月亲自身披悔罪衣，赤足冒雪前往教皇在意大利居住的卡诺莎城堡请罪。待他实力增强后，又以武力把教皇驱逐出罗马，另立新教皇。"卡诺莎事件"是西欧教俗权利之争的第一个高潮，以后授职权的斗争持续不断，直到 1122 年双方达成妥协，签订《沃姆斯宗教协定》，规定主教的授予权由世俗君主和教皇共同掌管，皇帝只授予象征世俗权利的权标，教会授予象征宗教权利的指环和权杖。圣职、帝国财产和帝国权力被完全分开。此协议使皇帝和教皇争夺主教续任权而进行的一个半世纪的斗争暂告一段落。

德意志斯陶芬王朝的末代君主腓特烈二世为恢复一统天下的已经虚无缥缈大帝国，放弃王权，换取世俗诸侯和教会诸侯支持，由此德意志王国的荣誉称号虽然还保留了许多世纪，但权力已经消失，德皇只是诸侯中的佼佼者，德意志产生了林立的诸侯小国。教皇成了基督教世界的唯一万能权力的代表。十字军的 8 次东征正是这一权力的体现，教会的这一权力持续到 14 世纪初。此后教权与封建领主的权力继续进行着斗争。

（四）维京人袭扰欧洲沿岸

维京人是诺尔斯人（斯堪的那维亚人）的一支，他们是从公元 8 世纪到 11 世纪侵扰并殖民欧洲沿海和英国岛屿的探险家、武士、商人和海盗。他们在公元 800 年到 1070 年处于统治地位，对海上交通构成威胁。在某些不为人知的原因驱使之下，他们在公元第八世纪后期突然开始攻击性地入侵欧洲沿岸。793 年，异教的维京人攻击在林狄斯芬的大修道院，这座修道院由爱尔兰的僧侣建立在英国东北海岸对面的海岛上。其他的武力沿塞纳河溯流而上并包围巴黎两年之久，一直到收取献金与劫掠品之后才撤走。另一个族群统治了从基辅往西的俄罗斯地区。在 10 世纪，法国国王以分裂部分领土（诺曼底，由古代挪威人或诺曼人来统治）给维京人买回和平，其他的诺曼人亦征服了西西里、大半的意大利，并在巴勒斯坦建立十字军的王国。维京的入侵在 10 世纪末期便已停止，部分原因是他们在成为基督徒后不再听从过去异教信仰的战士价值观。

（五）查理曼大帝对欧洲的征服战争①

公元 768 年查理曼登基。查里曼展开了前后超过 30 年的领土扩张战争。第一次战争

---

① 《世界通史》编委会：《世界通史》，中国书店出版社 2011 年版。

发生在 772 年，最后一次在 804 年。772 年，旷日持久的萨克森战争开始，反对萨克森人的战争打得极为残酷。查理曼和他自己的伦巴第妻子蒂赛德拉塔离婚后，挥军进入意大利北部，774 年大败伦巴第人，将意大利北部并入他的版图。778 年，他对西班牙的阿拉伯人发动侵略，在西班牙北部建立了边防区。787 年，巴伐利亚战争爆发。查理大帝轻松取得胜利。征服巴伐利亚后，查理曼同匈牙利人和阿瓦尔人进行了一系列的战争，战争持续8 年，查理曼最终彻底打败了阿瓦尔军队。随后，查理大帝又征服了北欧人。

法兰克人在查理曼 45 年的统治期间进行了 54 次出征，成功地使西欧大部分地区都归属于他的统一领导之下，领土从易北河到比利牛斯山脉南麓，从北海到巴塞罗那和本尼文托。自从罗马帝国衰亡以来，欧洲还没有这么广阔的领土被一个国家控制过。

（六）震撼欧洲的蒙古人入侵

蒙古军队从 1235 年开始，先后征服不里阿耳（保加利亚）、俄罗斯，进掠波兰和匈牙利，取得重大战果。1241 年底，蒙古军队终因汗位继承问题撤军东归，但蒙古铁骑的入侵对全欧洲造成极大震动。

（七）英法百年战争

英法百年战争是世界最长的战争，主要指英国和法国 1337—1453 年间的战争，断断续续进行了 116 年。战争第一阶段在 1337—1360 年，法国屡战屡败，英国战胜法国，迫使法国签订不平等条约；第二阶段在 1369—1396 年，法国反攻收复部分失地（英国仍占领法国沿海），1396 年签订 20 年停战协定；第三阶段，1415—1424 年的英国争夺法国王位继承权的战争，法国遭到侵略者的洗劫和瓜分；最后是法国军队收复全部失地的第四阶段（1424—1453 年），1453 年 10 月，驻波尔多英军投降，除加来外，法国领土全部收复。

（八）黑死病

欧洲的黑死病灾难参见本书第一篇第二章。

（九）农民起义

9—14 世纪，欧洲也不断出现隶农的暴力反抗。欧洲的农民起义与中国农民起义不同，因为欧洲小邦林立，起义规模都比较小，其中规模比较大的有：821 年的法国里西安农民起义、997 年的诺曼底农民起义、1024 年的布勒通农民起义、1075 年的萨克森农民起义、1358 年的扎克雷农民起义、1381 年的瓦特·泰勒农民起义。其中，法国的扎克雷农民起义和英国的瓦特·泰勒农民起义规模较大，席卷全国。1525 年 3 月，德国闵采尔在缪尔豪森城领导人民推翻了城市贵族的统治，建立了民主政权[①]。

此后在欧洲大陆还经历了宗教改革引起的宗教战争，战争在法国、德国等地展开，欧

---

① 王昌沛："中世纪欧洲农民起义特点浅析"，《山东行政学院学报》2006 年 2 月第 1 期。

洲大陆的主要国家都参与其中。其中,在法国的战争就有 8 次。还有英国和西班牙的争夺海洋霸权的海战,英国击败西班牙无敌舰队,成为欧洲海上霸主。

第五节 封建社会市场要素发展

一、对中国政治、经济和社会发展产生长远重大影响的事件

秦代建立的多项统一制度对中国后代影响深远。秦代进行了多个方面的统一,首先,也是最重要的,是在政治上实行高度集中统一的中央集权的郡县制度。其次包括书同文,统一文字并设立文字标准范文,车同轨,统一度量衡。秦代还统一了货币,统一了法令。秦以后的汉、唐、宋、元、明、清等中国历代封建政权均坚持了这些统一制度,使中华文化得以延绵不断。

二、封建社会中国货币及发展

秦始皇统一中国后,他以政府法令规定,由国家统一铸钱,严禁地方和私人铸钱,还法定全国通行两种货币:黄金为上币,以二十两一"镒"为计算单位;铜钱为下币,圆形、方孔,"质如周钱,文曰'半两',重如其文,而珠玉龟贝银锡之属为器饰宝藏,不为币"。这是中国货币种类和单位的首次统一。

汉代的主要货币形式为铜钱,铜钱又以半两和五铢为主,黄金也时常作为货币使用,是用于大额支付的特殊货币(主要有金饼、马蹄金、麟趾金)。铸钱由国家统一进行,私人不得铸钱。汉武帝即位,改铸三铢钱,同时禁止私铸,盗铸者罪至死,后又以五铢钱代替三铢钱,取消郡国铸钱的权力,专令水衡都尉所属的钟官、辨铜、均输三官负责铸造新的五铢钱,名为三官钱。

魏晋南北朝时期,由于朝代更迭比较快,分裂国家多,各朝各国均铸造货币,该段时期货币种类繁多。

公元 621 年,唐代废除隋五铢钱,铸开元通宝钱,每十钱重一两,是唐代长期通用的货币。唐后期还出现了为商人、官僚储存钱物的"柜坊"和新的支付方式——汇兑票证"飞钱"(又称"便换"),有了银行的雏形。

宋代商业繁荣使货币和信用关系获得空前发展。货币以铜钱为主,铁钱为辅,金银也有少量流通。北宋铸造了大量金属货币(北宋一朝铸造的货币约 2 亿贯)。北宋中期,在成都富商联合发行信用交换卷的基础上,官府发行了世界上最早的纸币"交子"。南宋时各地还发行了"会子""钱引""关子"等纸币。宋代金银仍是作为财富的象征而被收藏,在流通中使用极少。白银仅限于对外贸易、赏赐、进贡、征税、罚款、官俸等官方场合。

元朝货币有钞、有币,元代曾经在全国范围内使用纸币,但由于发行纸币过多,造成

"物重钞轻,公私俱弊",又铸造铜钱,实行交钞、铜钱并用,有时还允许金银买卖。

明初的货币政策是钱钞兼行。洪武四年,改铸大中、洪武通宝为小钱,统一了货币。但因为铜钱不便于用于大宗贸易,政府又决定发行纸币。洪武八年开始发行大明宝钞,并严禁使用金银。由于纸币贬值,到明朝中后期,白银取代宝钞,成为主要货币。

清代货币有多种,有银两、铜币等,银两有多种,各省均有不同,按重量有50两、10两、5两、4两、2.5两、2两等,形状各异。铜币有铜板、铜钱。铜板上印的一般都是"元宝"或"重宝",相当于几十元钱币。铜钱一般称为"通宝",外圆内方,相当于现代的硬币。清代有3个时期发行纸币。

三、封建社会中国商业贸易、市场、税收

秦统一后,尽管有重农抑商政策的影响,但随着需求的增加,商业还是得到发展。秦代对冶铁实行官营,冶铁业发展很快,铁器种类颇多。铜冶铸和制陶亦有官营。司马迁在《史记·货殖列传》中描述由于关中地区"五方杂厝",使"玩巧而事末""商贾为利"成为一时社会风气,商业颇为兴旺。

秦代的赋役十分繁重,主要田租户赋,田租租率约为十分之一。秦代还改行"舍地而税人"的制度,户赋是按人头征收,每人约缴120钱,还有多种苛捐杂税。秦代的徭役更是繁重至极,依照秦制,劳动人民15—60岁要服役,一生中须为正卒1年,屯戍1年,每年还要为更卒1个月,还有额外徭役,有的甚至不计其期。

汉代商业虽然受重农抑商影响,但仍有相当发展。汉代对盐铁(含铜)实行专营(王莽时期对盐、铁、酒、铸钱、五均官营,不许私人经营),在产铁区设立铁官,采冶铸造,发卖铁器;在产盐区设立盐官,募人煮盐,产品由官家收购发卖。西汉时商业贸易遭严厉贬谪,但一些人由于经商有道,还是很快富裕起来。汉代已经建立起陆上和海上丝绸之路。

汉初减轻农民负担,田租实行十五税一;文帝时曾下令全免田租,丁男徭役减为3年征发一次,算赋也由每年120钱减为40钱;景帝时田租减为三十税一,并成为汉朝定制。

汉代进行了有效的市场管理,其部分宏观管理思想理念一如现代,十分先进。汉武帝时实行"平准法",由大农在京师设立平准官,接受按"均输法"由各地输送长安的货物,按照长安市场价格涨落情况,贵则卖之,贱则买之,用以调节供需,节制市场。当时还实行了盐铁专营。公元10年,王莽下诏实行"五均六筦",目的在于节制商人对农民的盘剥,制止高利贷者的猖獗活动。"五均"是在长安、洛阳等大城市设立五均司市师,管理市场,每季的中月,司市师评定本地物价,叫作市平。物价高过市平,司市师照市平出售;低于市平,听民买卖;五谷布帛丝绵等生活必需品滞销时,由司市师按本价收买。百姓因祭祀或丧葬需要用钱,可向钱府借贷,不取利息,欲经营生产而缺乏本钱的,也可低利借贷。"六筦"是指由国家掌握盐、铁、酒、铸钱、五均赊贷等五项专营,不许个人经营。

魏晋南北朝时期,西晋规定每个丁男要课田50亩(占田70亩),丁女20亩(占田

30亩），次丁男25亩，次丁女免课，课田的田租50亩收4斛，边远少数民族居民不课田，每户交3斛，再远者5斗，极远者每人28文。此外，农民还要交户调，丁男为户主的每年交绢3匹、锦3斤，妇女或次丁男为户主的，户调折半缴纳。在占田、课田、户调政策下，边远的长江中下游、两广、福建地区经济得到快速发展，经济重心南移。西晋的田租比曹魏高出一倍，户调增加1/3。北魏时，按当时田租户调法，一夫一妇每年向国家缴纳帛一匹，粟2石，奴婢交纳平民租调的1/8，一牛每年缴纳平民租调的1/20。

隋朝初期力行从轻的赋役制度，大力减轻农民的赋役负担，规定承担赋役的成丁从18岁提高到21岁，力役从每年的1个月减少至20天，未被役的丁男纳绢代替，称为"庸"。后又规定，年满50岁者纳庸后免除防戍之役，户调绢从一匹（四丈）减为二丈。在均田减负有利政策影响下，隋朝社会经济迅速发展，赋税收入激增，出现空前的繁荣富裕。西京太仓、东京含嘉仓和各大型转运仓储备的粮食多的上千万石，少的也有几百万石；两京、太原国库存储的绢各有数千万匹。隋代有官营的纺织、造船等官营手工业。

唐代商业繁荣，长安作为政治文化中心，是商业繁华的大都市。长安有100万居民，设东南和西南（东、西）两市，洛阳则设有三市，漕运便利，各方商贾云集；每个州治和县治所在，都设有专供商品交易的市，除了长安、洛阳，还有许多城市都是繁华大都市。唐代还有官营手工业，但基本只生产供应官府自用的产品，各手工行业均对私营手工业开放。唐初国力强盛，不重盐铁之利。后因战乱，朝廷不得已又开始重建盐铁专营。盐利多的时候约占当时政府全年财政收入的一半。唐朝实行对外开放政策，对外贸易有大发展。从西周到唐代，城市建置的格局一直是市（商业区）与坊（汉代称里，即住宅区）分设，市内不住家，坊内不设店肆。市坊制度到了唐末已经开始打破这一界限，长安的"要闹坊曲"亦有商贩交易，还出现了夜市，邸店进一步发展。唐代出售同类商品货物的商铺集中在同一区域，称为行（如丝行、帛行等）。行有行首，主持对官府纳税和交涉等事务，表明唐代已经有商业行会组织。

唐代课役方面实行租、庸、调制度。《唐令》规定，每丁纳粟二石，调则随乡土所产，每年交纳绫（绢、絁）二丈、绵三两，不产丝棉的地区纳布二丈五尺，正役二十天。唐朝赋役制度规定，若不服劳役，可纳钱代役，称为"庸"，每日折绢三尺。如果官府额外加役，十五日免调，三十日租调皆免。唐代征户税，唐把民户根据财产和户内丁口多少划为九等，并根据户等高低征收税钱，以供军国传驿、邮递、外官月料及公廨之用。唐代征地税，根据籍内之田，每年每亩纳粟或麦、稻二升，原为义仓储粮，以备荒年赈灾之用，后演化为国家一项重要税收。

宋代商业发展成就引人注目，千余年来对商业经营的限制被彻底废除，拆除坊墙，废止宵禁，出现了夜市、庙市（开封大相国寺以每月五次庙会闻名，也称"瓦市"，来时瓦合，去时瓦解），街上还有推独轮车沿街叫卖的游商，街头理发店，相命先生所设摊位等，村镇有草市（集市）等。北宋时期实行中国历史上品种较多的商业专营制度，对盐、茶、酒、矾、香料、醋（有时还有煤、铁）等实行专卖，禁止私人经营，官府控制这些物品的生产并垄断销售，大获其利。宋代对外贸易活跃。

北宋农民需要向政府缴纳赋税，还要承担夫役。田税，又称两税，是根据土地数量和土质好坏，分夏秋两季征收，夏税钱，秋税米，税额各地不一（一般按每亩年纳一斗，江南等地每亩年纳三斗）。自身无田的佃户（约占总户数 1/3）向地主租田种植，向地主缴纳地租，佃农往往要把收成的五成或五成以上交给地主，如果租用地主的牛和农具，佃户交纳的地租甚至达到收成的 80%。此外，还有身丁税，即丁口之赋，凡 20 岁至 59 岁男子均要缴纳，可纳钱、可纳米及其他实物。北宋政府还通过"支移、折变"手段增加农民的负担。农民还要承担夫役。政府规定夫役有很多项目，如治河、营建宫殿、运送物资、修城挖壕等。

南宋时赋税与北宋相似。南宋商税为 2%，每过一个税场均要纳税。宋代财政收入很大一部分来自其盐、茶等的专营收入。宋代是商品经济繁荣的时代，自古以来首次实现商业税（含专营收入）占财政的大头。根据《文献通考》记载，太宗至道末年（公元 997 年）赋税总收入为 3 559 万贯，其中农业两税为 2 321 万贯，约占 65%；茶、盐、酒、商等税为 1 238 万贯，约占 35%。真宗天禧末年（公元 1021 年）赋税总收入为 5 723 万贯，两税为 2 762 万贯，占 48%，其他税收收入为 2 936 万贯，占 52%，开始超过两税。神宗熙宁年间赋税总收入为 7 070 万贯，两税为 2 162 万贯，占 30%，其他税收收入为 4 911 万贯，占 70%[①]。

元朝商业上也实行盐、茶、酒、醋征榷，由官府垄断，统一发卖，收取课税，元朝的榷盐制度由官府向盐户征收上来盐后，以盐引的形式出售给盐商，销往全国，盐课收入占到元朝财政收入的一半到 80%。

明代商业进一步发展，商品生产在一些地区渐成规模，资本主义萌芽出现。明代手工业工人实行轮班和住坐两种，除在规定时间内必须为封建国家服役外，其余时间可自由趁作，且规定为国家服务时间也可以纳银代役。明代商业税三十税一，并规定农具及军民嫁娶丧葬之物、舟车丝布之类全都免税。明代开放矿业，允许民众自由开采，政策上对商业发展比较有利。运河两岸的主要城市，四方百货，倍于往时，北京全国商品汇集，店铺林立。全国 33 个城市增收商税。

明代手工业有一定发展，如嘉兴的王江泾镇，多织绸收丝缟之利，居民有 7 000 多家，脱离耕地种植。吴江盛泽镇的居民更是"尽逐丝绸之利，有力者雇人织染，贫者皆自织"。松江有众多的专业织布户、轧花户、浆染户、踹坊、制袜作坊等，分工较细。资本主义萌芽产生后，在苏州有众多织工专以出卖劳动力为生，景德镇瓷业中有数万雇工，工资以银按日计算。明代仍然有对盐、茶的国家专卖制度。

明代的税收沿用唐代的两税法，规定凡官田亩税五升三合五勺，民田减二升，重租田八升五合五勺，没官田一斗二升。明初的役法规定，田一顷出丁夫一人，不及顷者以别田足之，名曰"均工夫"。役分"里甲""均徭""杂泛"等。明代规定的税收较低，但执行有差异，苏州、浙西每亩要二三石。明中后期赋税更重，过去"永不起科"的开垦土地

---

① 项怀诚：《中国财政通史》，中国财经出版社 2006 年版。

已全部征税。明万历初年,张居正进行赋役改革,推行一条鞭法,重点改革役法,把原来的按照户、丁派役的办法改为按照丁、粮派役,或丁六粮四,或粮六丁四,或丁粮各半,再与夏秋两税和其他杂税合编为一条,取消力役,以雇役代之,应役者出银代役。一条鞭法还规定赋役均以银两折纳。

清初,商业贸易得到一定发展,大运河为南粮北运进行贸易创造有利条件,清政府每年运送 400 万石粮食到北京。清政府实施粮贵平粜,粮贱发帑购贮政策,对平抑粮价、稳定社会秩序有一定积极作用。清初瓷器和丝绸在国际上有竞争优势,是国际市场畅销产品,出口量较大。清代继续对盐实行专卖,政府颁发盐引,凭照运销。边境贸易、边区贸易有相当规模,肃州(酒泉)和西宁的牲畜贸易一次驱赶万只甚至 10 万只牲畜。这一时期出现了一些盐、丝绸、铁等商业中心。清中后期是中国商业贸易深受帝国主义欺凌时代,英国利用鸦片输入搜括中国巨额财富。

清代的税收基本承袭了明朝的赋役制度,沿用明朝的"一条鞭法",但免除了明末加派的"三饷"。雍正时下诏全国推行"摊丁入亩"政策,丁银随地而征,解决了丁役负担不均的问题,简化了赋役制度。

四、欧洲的商业在封建时代中后期的发展

欧洲的商业在封建时代中后期发展较快。

欧洲的庄园经济严格讲也是一种完全的自给自足小农经济(这一点与中国大量的大、中地主并无异),加上欧洲层层分封的封建制度,小国林立、关卡林立,对于商业发展是十分不利的。另外,宗教信条中对商业贸易的歧视(有的是限制,如信贷)使得欧洲的工商业发展环境并不比中国好多少。但是,工商业在欧洲还是顽强发展起来。13 世纪,工商业开始繁荣起来,最早是欧洲的南部,意大利的佛罗伦萨率先成为工商业中心。1338 年的佛罗伦萨拥有 10 万人口,以制造布料为主,纺织业吸纳了 3 万多名工人。随着工商业的发展,本地商人和工厂主们组成了一种贸易组织,称为行会。行会控制着商品的价格、工人的薪水、生产和贸易的质量和数量,还控制着学徒的招募、熟练工的培训和技师的认证。行会成员进入市议会,以此保证工商界的利益。随着欧洲的贸易在沿海和内河主要港口城市(有的是自治城市)快速发展,为了保护共同利益,他们建立了跨国行会,其中最有名的是汉萨同盟。该同盟建于 13 世纪中期,代表德国、波罗的海及北海各大港口城市主要船商的利益,总部设于德国的吕贝克。汉萨同盟的港口圈西至伦敦、布鲁日(今比利时),东至俄罗斯诺夫哥罗德。在这个区域范围内,汉萨同盟向各国政府游说争取有利于自己的法律制度。14 世纪,大约有 100 多个港口城市与该同盟建立了联系。英格兰和瑞典控制波罗的海后统治这片海域 200 年的汉萨同盟才寿终正寝。汉萨同盟后的欧洲贸易,先是由西班牙、葡萄牙和瑞典等早期海上强国控制,后来荷兰从西班牙获得独立后逐渐成为海上强国、贸易强国,最后英国战胜西班牙,又战胜荷兰,成为欧洲贸易的最强国[①]。

[①] 马克斯·韦伯:《经济史纲》,《人民日报》出版社 2007 年版。

五、欧洲的封建赋税制度

什一税源起于旧约时代，是由欧洲基督教会向居民征收的一种主要用于神职人员薪俸和教堂日常经费及赈济的宗教捐税。这种捐税要求信徒按照教会规定或法律要求，捐纳本人收入的十分之一供宗教事业之用。什一税可以作物、牲畜等物缴纳。尽管遭到激烈的反对，随着基督教传遍欧洲，纳什一税还是成为硬性规定，6世纪欧洲教会法即予以确认，自8世纪以来又获得世俗法律的支持。公元779年，法兰克王国查理大帝明确规定，缴纳什一税是每一个法兰克王国居民的义务。英格兰在10世纪规定必须缴纳什一税。欧洲宗教改革后，有的国家取消什一税，有的保留，如英国保留到1936年。

欧洲的封建领主向自由农和农奴收取的赋役有所不同，主要根据土地租佃的形式决定赋役。对于分散在村社之外的土地有三种租佃形式：一种是对国家高层负有劳役义务的封地；一种是只在领主的土地上负有劳役义务的自由民封地；还有一种是定居地租佃，领主常常将土地按一种固定的租税租佃给需要在此定居的农民耕作，同时不负有劳役的责任并世袭占有，形成了所谓的免役租佃地。庄园地产及其所属土地主要由领主保有地（包括由领主的管事直接管理的自营地和分散于自由民村落的属于领主的土地）、农民保有地和海德份地构成；后者又分为负有无限劳役的奴役份地和负有有限劳役的自由份地。劳役也有区别，是常年用人力或耕畜服役，或者只在耕作和收获期服役等。庄园主主要征收以下赋役：一是对自由民征收实物（后来改成货币），农奴除缴纳实物地租外还须服劳役（农奴从农奴主手中分得一块份地，作为代价他们必须无偿耕种领主土地，服各种劳役，并上缴大部分劳动产品）；二是如果租佃权发生转移，则要收过户费，这是领主作为土地所有者强制推行的；三是农民把土地交给亲子或亲属来继承要征收继承税，当有人要把女儿嫁出去则征收婚姻税；四是征收森林税或牧场税，这是农民在森林中获取林木或牧场里获取牲畜饲料的条件；五是征收修桥捐、筑路捐、建筑堂庙捐等。所有这些赋役和捐，都是通过庄司（庄头）来征收①。

比较中国和欧洲封建时代的税负，欧洲的税负甚至可能比中国还要沉重。中国的税收最早也是建立在十一税基础之上，秦代田租为十税一，汉代改三十税一，但增加了丁税，后历代虽然税制不同，税负上基本向秦汉看齐。欧洲仅教会的什一税就与中国税率相当，加上田租、劳役、租佃权过户费、继承税、婚姻税、森林牧场税、各类捐款等，税负相当繁重。

六、土地制度与户籍管理的发展

(一) 中国的土地制度

土地制度、户籍管理制度及与之相关的一些制度是封建国家实施统治的基础，封建国

---

① 马克斯·韦伯：《经济史纲》，《人民日报》出版社2007年版。

家都是建立在此基础之上并依赖它进行持续统治。

置田是中国封建社会积累财富的通行方式。这使中国土地实现集中化。

中国的继承制度意味着农业生产方式不断走向小农模式。中国继承制度为诸子均分，加上封建社会男性在娶妻的同时，允许纳妾，越是大的财主，纳妾越多，因此大地主都存在多子化倾向。大财主田产在其子孙后代不断继承过程中农业生产规模便不断小型化。

大动乱导致中国封建社会不断的改朝换代，革命一般都以均地分田为目的，这也是中国经济小农化的一种重要途径。中国有多朝代实行均田。

秦代实现土地私有，秦始皇曾经下诏"使黔首自实田"，即让百姓自报田亩数量，开展土地普查，以确定应征收税赋。秦朝"尊奖兼并之人"，于是地主阶级，尤其是军功地主侵夺土地，广占田宅，社会上出现"富者田连阡陌，贫者无立锥之地"（《汉书·食货志》）的状况，失去土地的贫苦农民只得为人佣耕，或被迫"耕豪门之田，见税什伍"，"耕豪门之田"缴纳的税赋是国家税收的5倍，劳动人民遭受沉重剥削。秦代进行严格的户籍管理，早在秦献公十年，便实行以告奸为目的的"为户籍相伍"的措施，打散了国野制的区分，把个体小农按五家为一伍的编制，编入国家的户籍，使所有人都成了国家的"民"，即所称的"编户齐民"。户籍制度加强了封建国家对劳动人民的控制。"齐民"即所有的百姓，"齐"即在法律面前百姓地位平等。户籍从此成为国家统治人民的一项根本制度。

汉代也实行土地私有，汉初因军功赏赐得到土地，新形成了大量军功地主，是西汉王朝的支柱。汉代王莽时期，由于土地兼并日益严重，王莽下诏改田地为王地，改奴婢为私属，都不许买卖，规定男口不足8人而土地超过一井（900亩）的人家，把多出的土地分给九族、邻里、乡党。无田者则按一夫百亩受田，有敢违抗者，流放四夷。但是，这一改革没有坚持到底。东汉时实行以豪强地主的庄园经济为重要特点的土地制度，豪强地主是政权基础。此后，土地日益集中到大地主手中，众多农民失去赖以生存的土地，这是东汉最终失去政权的重要原因之一。汉代定户律，为保证赋役制度的实行，汉代政府实行极严密的户籍制度，规定凡政府控制的户口都必须按姓名、年龄、籍贯、身份、相貌、财富情况等项目一一载入户籍，被正式编入政府户籍的平民百姓称为"编户齐民"。编户齐民具有独立的身份，依据资产多少承担国家的赋税和徭役、兵役。各地八月"案户比民"，将各户占有的土地及其他财产记入户口登记册，作为征收人口税和分派兵役、力役的依据。户籍这时是人口、土地、赋役3种册籍合一。汉户籍三年一造，谓之"大比"，并3年上计一次；每年征赋前的校核谓之"小案比"，属经常性登记统计。

魏晋南北朝时期，为发展经济，保障粮食供应，在土地制度上均采取了一些改进措施。三国时，主要实行屯田制，有军屯和民屯之分，为解决粮食短缺发挥了一定作用。西晋时（公元269年）下令禁止游食商贩，奖励开荒耕种。为了扩大耕地面积，西晋（公元280年）正式颁布了占田、课田和户调制法，规定男子占田70亩，女子占田30亩。还实行按官品占田、荫客、荫亲属的制度，规定一品官可占田50顷（每顷100亩），官级每递减一品，占地递减 5 顷，9 品可占田 10 顷；同时，各级官员可以按官品荫庇数量不等的佃客和亲属，一品二品官可荫 15 户，三品可荫 10 户，四品 7 户，五品 5 户，六品 3 户，七品 2 户，八品九品 1 户。被荫的佃客或亲属可免除政府赋役，受贵族官僚的役使剥削。东晋时还规定了官僚占有山林的制度。到了十六国北朝时，北魏（公元 485 年）颁布均田令，规定男子 15 岁以上受露田 40 亩，女子 20 亩，二年轮作制则加倍，三年轮作三倍。初受田者男丁每人给桑田 20 亩，作为永业田，死后不还，不宜种桑的地方，男子给麻田 10 亩，妇女 5 亩；奴婢与平民一样受田，不给桑田；丁牛一头受田 30 亩，每户以 4 头为限；露田不允许买卖，身死及年满 70 岁时归还朝廷。其后继续推行均田制，期间还推行打击隐户、隐丁、隐地的活动，均田制使北方社会经济得到迅速发展。

隋朝继续实施均田制。公元 582 年，隋文帝下令重颁均田令，规定自亲王以下至正七品的都督授永业田，100 亩—40 亩递减；普通百姓丁男授露田 80 亩，（妇女减半），永业田 20 亩。官员按级限额以内的奴婢与平民一样授田。

唐代继续实行均田制。规定民户中 18 岁以上，60 岁以下的男子每人受永业田 20 亩，口分田 80 亩。官员按品阶受数量不等的永业田，勋官按勋品受勋田。唐代三年一造户籍。由民户自己申报户口、田地，记入"手实"；里正据手实造籍，每户都登载人口、丁壮、田亩。官员按各户资产多寡、丁口强弱量定户等（户分九等），据以征收户税。上计已改为一年一次，两次造籍中间年份按各年呈报的手实注于籍册，相当于异动登记。又为防止低报丁龄、伪报病老等，官员检阅人丁形貌，称"团貌"（300 家为一团）。

宋代"不抑兼并"的土地政策。宋朝开历史之先河，采取"田制不立""不抑兼并"的土地政策（《宋史·食货志》），顺应了土地私有制的发展要求，从本质上来说，就是授田制基本被废弃，承认并保护土地私有产权的合法性及土地的商品化，允许土地按经济规律进行流转买卖，国家不再加以干预，甚至国家也参与其中。"不抑兼并"的土地政策直接推动了土地垦殖数量的增加和面积的扩大。宋代允许农户将荒闲田土开垦为自己的恒业，规定凡是新垦土地一律不征税，宋代掀起了垦田的热潮①。宋代征收赋税渐以田亩为主，因此高度重视户籍管理，户籍按有无土地分为主户、客户，并按土地多少分别户等（农村分五等）；同时，设置各种单行的田亩账册图簿，地籍逐渐从户籍中分离出去。

元代从大的土地政策看，实行投下分封制，通过对蒙古贵族、功臣分封人口和土地，形成一个个投下。投下主在自己的封地内设立不同的管理机构，在草原的封户，采用千、百户编制，任命千、百户长进行管理；在中原、江南的封户，凡分地的，投下主有权派达鲁花赤和朝廷任命的官员共同管理。达鲁花赤的任命由投下主提名，须经朝廷批准。分散在各路府州县的封户，则由投下派遣官民头目，设立机构进行管理。元代的户籍管理复杂，分为军户、站户（指驿站等）、匠户（为国家和王室工作工匠）、灶户（煮盐）、僧道、儒户（读书授徒的儒生）、打捕户、鹰房户、民户，还有众多专业户。元代的土地主

---

① 郑辉："宋朝'不抑兼并'的土地政策"，《中国市场》，2010 年第 24 期。

要有屯田、官田、寺观田和民田4类。屯田、官田是国有土地，统称为"系官田"，寺观田和民田为私有土地。官田是指屯田以外的所有国有土地，分一般官田、赐田、职田和学田四大类，各类官田基本上都采用租佃制的生产形式出租给农民种植，也有的实行包租制，由二地主再出租。民田，包括地主、自耕农、半自耕农占有的土地，地主土地所有制在民田中占有绝对支配地位。

明朝土地制度和其他各项典章制度一样，"多因前代旧制"。其"土田之制，凡二等，曰官田，曰民田"。明朝政府实行严格的户籍管理，编制黄册并在调查户口变化、进行土地丈量的基础上实行里甲制和关津制，把人民牢固束缚在土地上。

清初，贵族在河北、山东、山西等地实行圈地运动，造成大量农民失地，他们实行落后的封建农奴制。康熙时下令废止圈地令，限制满族贵族的某些特权。清初对明朝藩王等遗留下来的田地称"更名田"，也叫"更明田"。康熙对"更明田"需要向政府缴纳"易价银两"的措施进行修正，规定其与民田一样输粮，免其纳租，不再收易价银两，已经征收的，允许抵次年正赋，同时承认农民对这部分土地的合法权利，他人不得认产。康熙时鼓励官民垦荒，对农民、官员采取了一系列奖励政策，康熙朝末时增加耕田360多万顷。经济发达的中原（汉族）地区实行土地租佃制。

（二）欧洲的土地制度

西欧封建制度：封建主之间形成特殊的封主封臣关系，并形成了与封主封臣制相适应的封土制度。在中央权力衰落后，各封建主在各自的领地内有独立的政治权力。

以土地为纽带，国王和百姓、封主和封臣都遵循一种契约关系（合同）。每个人都对他人负有某种义务，国王有权强制执行。如果一个国王侵犯了一个封臣的权利，封臣们也可联合起来反对他。封臣们组成国王的议事会。国王应按照封臣的劝告行事。如果封臣觉得国王滥用权力，可以对他进行限制。因此，封建制度下的王权是有限的，封建主之间的关系是相互的，互相制约，具有契约（合同）性质（见图6-1）。

```
帝王                    帝王
↑（效忠和提供军队）     ↓（给予土地和保护）
大封建主                大封建主
↑（效忠和服兵役）       ↓（给予土地和保护）
小封建主                小封建主
↑（服劳役和耕种）       ↓（提供农耕土地）
农民                    农民
```

图6-1 西欧封建等级制度及相互义务关系示意图

以土地为载体，形成政治、经济和土地合一的封建制度。封建领主在其封土内首先明确拥有的是土地的所有权，进而在王权衰落后，又逐步取得了王权在地方的权力，其中包括行政、司法、税收、铸币等权力。

以长期拥有土地为目标，封建主逐渐取得世袭地位，农民则变成了依附农。封建土地关系的确立，以在东西法兰克王国，分别以《米兰敕令》和《克尔西敕令》为标志，并承认贵族领地世袭。

欧洲早期实行无条件分封土地的制度。查理·马特时土地分封有所不同，实行有条件分封，封臣须服兵役，且只限终身，土地可收回重新分封。877年，查理的《克尔西敕令》颁布，承认贵族领主的采邑和特权世袭。贵族实行由长子继承的制度。

封建主与农奴、自由农的关系则表现为依附与被依附的关系。自由农和农奴耕种的土地是封建主的土地，承租土地者必须依法接受领主的司法管辖，这一点束缚了依附者的迁徙自由。土地的继承需要向领主缴纳税收，农奴的婚姻（须经领主同意才能结婚）和家庭受封建主的直接干涉和控制不能自主。

稳定土地制度，稳固税收来源。欧洲形成了维护农民保有土地的政策基础，即王室或王侯，不允许农民出让自己的海德份地，以使贵族不能靠购买土地的方法积聚大量土地，从而保证担负赋税的土地面积不至于减少，即土地不能买卖（西欧土地不能买卖与中国土地私有允许买卖完全不同）。

西欧的世袭制度、长子继承制度，禁止出让份地等制度表明欧洲的土地制度更加稳定。

（三）中国和欧洲土地制度异同

比较封建时代中国和西欧土地制度，有相同之处，亦有不同：

相同之处：一是土地都是封建皇帝的国家的土地；二是都会对土地进行分封，欧洲分封普遍，但中国分封很少，仅对皇族和极少数功臣分封；三是中国和欧洲都以不同方式把农民固定在土地上，并依此对农民征税。欧洲通过对自由农民和奴隶租佃土地、建立人身依附关系制度把农民固定在土地上，确保税源稳定。中国则利用地主和农民租佃关系、户籍制度、保甲（各代有不同）等制度把农民固定在土地上，稳定税收来源。两者殊途同归。

不同之处：一是中国允许土地买卖，而西欧不允许。二是欧洲的土地所有权的固化比较稳定，普通封臣保持一辈子土地关系不变，贵族实行长子继承，保持了贵族的土地永远不变，农民海德份地世代不变，土地关系相对稳定；中国土地是建立在允许市场买卖和中国继承制度诸子均分基础上的，中国土地所有权始终处于动态变化之中，这种变化存在截然不同的两个方向，一方面是土地规模扩大化趋势，地主们在其本人一代之内可能不断扩大土地规模，另一方面受诸子均分影响，地主持有土地规模逐渐走向小型化。三是中国早期封建国家定期进行均田、授田，实行均田制度，宋代以后允许私有土地买卖，不再抑制土地兼并，不再进行均田（土地权由相对稳定到不稳定）。欧洲查理·马特时期规定对领主分封只限终生，之后收回再分封，到后来形成贵族的稳定世袭继承（土地权由相对不稳定到稳定）。

七、交通运输邮政事业发展

中国在秦代已经在全国范围内建立起以咸阳为中心的陆上交通网。修筑了"东穷燕齐，南极吴楚"（《史记·秦始皇本纪》）的两条驰道，驰道与各郡县的道路连接，在长江以北的黄淮流域形成了比较完整的道路网。驰道"广五十步，三丈而树，厚筑其外，隐以金椎，树以青松"（《汉书·贾山传》），规模相当壮观。交通工具陆上有马、有车，水路用船（秦代多楼船）。秦代还建立了几种交通管理制度。一是关禁制度，即在水陆要冲、边陲要塞层层设卡，以行督察征税之责；二是车舆制度，从皇帝到百官，各有等差，不得僭越；三是邮驿制度，秦代在全国范围内设立了比较健全的邮传网，并制定了相应的法律和规定。

西汉时，大道把全国各地区、各都会联结在一起。北方运输以车为主，江南多水，船是比车更加重要的交通工具。吴王濞所造的航行于长江的船只，一船所载相当于北方数十辆车。广州曾发现较大的汉代造船遗址。

魏晋南北朝时期，三国东吴造船技术先进，能造装载六七百人的大船，较小商船也能装载80匹马。西晋时，龙骧将军王濬奉命大造楼船，船上以木为城，开四道门，起楼橹，走战马，每船能载战士2 000多人，足见造船技术之先进。北魏时期已经建立起与波斯和拜占庭帝国的联系，北魏遗址出土的波斯银币和拜占庭帝国金币证明了这些联系。

唐代尚书兵部四司中有驾部，设员外郎和郎中各一名，负责管理传驿工作。当时全国有陆驿1 300余所，水驿260余所，水陆驿70余所。驿站遍布全国，每30里一站，能保证及时将情报一站传一站，送达目的地。最新的造船技术也应用到军事领域，造出了增强海上平稳性的海鹘船，还有车船，采用了连续转运的轮桨，靠脚踏转动，战船航行速度大大提高。唐代高度重视养马业，民间养马亦普遍，陆上交通用马较多。

宋代泉州、温州、台州为造船中心，他们所造大型海船可载粟2 000斛，钟相、杨幺起义时，曾造"高十丈，分三层，可载千人"的大船，船上装有轮子，其快如飞。

明代造船业居于世界先进水平，广东、福建和南京是著名的造船中心。广船、福船不仅供国内，而且还出口，驰名世界，郑和下西洋的宝船为南京江南船厂所造（今宝船公园），最大的长44丈4尺（长约148米），宽18丈，设备齐全，火器精良，仅船锚就重达千斤，可容数千人。他的舰队有船只200余艘，其中大船63艘，下西洋所带官校、旗军、勇士、通事、买办、水手等人达2.7万人。这样规模（接近西班牙海军无敌舰队1588年8月与英国皇家海军作战时3万人的总规模）的出使达7次之多。郑和下西洋最南到达爪哇，最西到达非洲东海岸的肯尼亚，最北到达波斯湾、红海、麦加，充分体现了明代造船技术、航海技术的先进。

清代洋务运动中，福建船政引进西方造船技术，是洋务派创建的最大的轮船修造造厂。该厂机器设备多购自法国，但均为废旧机器。中国现代造船有了起步，后马尾船厂被法国所毁灭。清代已经开始建设铁路，但路权均为出资帝国控制。

在欧洲，航海出现新的发明，据说在13世纪时汉萨同盟的商船上使用船尾舵和牙樯。船尾舵可以将船驾驶得很灵活，牙樯则允许主帆的前下角拉到船头外面，使船舶能加速迎风行驶。中国明朝时期郑和的船队规模不亚于后来的西班牙无敌舰队，并比欧洲更早进行远航。到了封建社会的末期，欧洲先后出现的几个海上强国西班牙、葡萄牙、瑞典、荷兰、英国，其造船技术、航海技术均超过了停滞甚至倒退的清代中国。

第六节　封建社会改革

一、中国隋朝进行的改革

中国隋朝进行的改革，一是废除前朝政治制度，实行三省六部制。确立实行以尚书、内史（即中书）、门下三省为行政中枢的制度。内史省是决策机构，负责草拟颁发皇帝的诏令；门下省为审议机构，负责审核政令，驳正违失；尚书省是执行机构，下设吏、民、礼、兵、刑、工六部。三省分权，职责明确，互相制衡，加强了皇权，形成了完整严密的中央机构运转体系。二是强化地方控制力，改州、郡、县三级为州、县两级，合并部分州县裁汰冗员，九品以上地方官员一律由吏部任免、考核，州县佐吏必须选用外地人，且3年更换，不得连任。三是废除按门第高低选拔官吏的九品中正制，选官不问门第。设立两种新的考试科目—进士和明经，选拔人才。四是改革府兵制度，府兵全家一律入州县（改变过去士兵为职业兵，全家为军籍，仅鲜卑人可当兵，汉人务农）户籍，授田耕作，只本人作为兵士由军府统领，成为兵农合一、寓兵于农的新制度。五是编制《开皇律》统一法度，还统一了货币和度量衡。隋朝的改革曾经创造了中国历史上短暂的高度繁荣。

二、宋代王安石改革

王安石变法主要从富国、强兵和用人三方面进行，采取了以下措施：

富国方面采取6项举措：一是均输法，规定发运司（负责采购各方货物以供京城的机构）经费，按照"徙贵就贱，用近易远"的原则进行购买，从而节省购价和运输费用。二是青苗法，在农民春夏粮食青黄不接时，向农民贷款，收取二分或三分利息，在夏秋收获后随着"两税交还"，解农民受高利贷影响之困。三是农田水利法，政府奖励、贷款支持广修水利。四是募役法，又称免役法，废除按户在州县政府当差役的办法，改由州县政府出钱募人充役，募人钱按户征收。五是市易法，政府设立交易所，收购市场滞销商品，销路变好时货物赊给商人贩卖，半年还款，加息一分，一年还，加息二分。六是每年九月政府丈量土地核发地符，作为交税和拥有土地的凭证，各县田赋按土地数量的质量均摊。

强兵方面采取4项举措，但未见成效；用人方面，主要是改革科举和学校制度。

王安石改革终因保守势力的阻碍夭折。

三、欧洲的改革

欧洲的知名改革有查理·马特改革，奠定欧洲封建制度基础。715年，查理·马特废除了无条件分赠土地的制度，创立推行采邑制。采邑制是一种有条件的土地占有制，接受采邑的贵族必须提供自备马匹武器的骑兵，上下之间结成封主与附庸的关系。领主有责任保护附庸，附庸要宣誓为封主效忠，随时应召为封主作战。如果附庸不履行臣属职责，如拒服骑兵役、滥用权力、窝藏盗贼、不敬敕谕、拒纳贡税等，就要收回采邑。查理·马特实行采邑制后，各个次级封建主纷纷效仿，他们都把自己的封地逐级赐给下属，就这样逐步形成了欧洲以国王为首的金字塔式封建等级体系[①]。

欧洲的宗教改革是一场对欧洲产生深远影响的改革运动，对资本主义的产生、发展影响深远。

第七节　封建社会发展评述

一、中国封建社会发展评述

中国封建社会持续时间超过2 000年，远比欧洲的时间要长，中国作为大国、文明古国，较西方更早进入封建社会，一些技术也曾经在世界上处于领先地位，但在西方国家启动资本主义发展步伐几百年之后，中国仍然停滞不前，原因何在？我们认为，原因有如下几点：

1. 思想受封建的儒家思想中的消极因素的禁锢而长期停滞不前。中国从汉代开始就建立了以儒家思想为主导（为正统并占统治地位）的思想体系，延续不断，人民思想被牢牢束缚。在漫长的封建社会，这种束缚不仅没有放松，反而更严格（理论也更加严密），导致中国没有思想的进步，而没有思想进步的引导，发展也就停滞了。说到儒学思想体系，当然要说"三纲五常"。"三纲"即父为子纲、君为臣纲、夫为妻纲，是规范封建社会秩序基本规范，按照现代观点，本身也没有先进性，因为它没有体现平等的意识，这姑且不说，关键是在执行中出了很大问题，主要的问题是把三纲中的君、父、夫三权绝对化。影响最大的当然是"君"权的绝对化，中国封建社会广为流传的一句话最能表达君权的绝对化，"君要臣死，臣不得不死；父要子亡，子不得不亡"，这句话的前半句绝对是封建社会的真实写照，君权绝对化绝对不是戏言，而是封建社会残酷的现实，有多少人正是因这句话含冤而死。值得指出的是，君、父、夫三权绝对化不只是"臣不得不死"那么简单，它更大的影响还在于对中国社会人的思想的禁锢。在一个国家，只允许皇帝有人格完全独立的思想，在一个家庭，只允许丈夫、父亲有人格相对独立思想，这种对思想的禁锢才是中国封建社会长期停滞不前、经济发展停滞不前的思想根源。孔子提出的仁、义、礼、智、信，是人民应有的好的道德规范，但统治者也往往假仁假义。宋明理学对儒家思想的重大发展"存天理，灭人欲"的思想，在理论上是发展了孔子思想，在实践中其

[①] 《世界通史》编委会主编：《世界通史》，中国书店出版社2011年版。

"灭人欲"思想则具有非常大的负面作用，尤其体现在经济领域时更是如此，造成国家、人民在经济生活中无所欲求，不思进取，安于现状，阻碍了经济的发展——当然，这实现了维护封建统治的目的。在中国传播较多的佛教和道教思想，在对经济发展影响上，整体也是偏负面。最为遗憾的是，中国2 000多年的封建社会，没有一次如欧洲文艺复兴的真正的思想解放，使封建思想牢牢占据统治地位。

2. 中国封建社会技术虽然有一定进步，但进步非常有限。中国封建社会技术进步，前期还是很明显的，中期以后陷入停滞甚至倒退状态。中国农业、水利、各类手工业的技术进步，原本领先世界，但到了封建社会中期，特别是到了唐宋以后，技术原地踏步。从农业生产技术看，汉代就基本普及的铁犁牛耕技术是中国封建时代核心生产技术，到了清朝仍然没有变化，这是中国始终处于农业社会的根本原因。水利方面水车技术也是在唐宋后没有变化。铁器是封建社会主要的生产资料，铁器冶炼汉代已经比较普及，过了2 000年的清代，铁器中心佛山的知名铁器仅铁锅而已。中国引以为傲的瓷器和丝绸，始终是手工制作，明清时期也仅是手工工场规模扩大和一些产品制作更加精细而已，效率普遍不高。中国建筑有一定成就，但保留下来的地面建筑以明清时期为主（包括长城，与罗马帝国差不多同时代的秦汉代长城均已坍塌），似乎比不上罗马帝国建筑物历经2 000多年后的屹立不倒和时间更长的埃及金字塔，但中国长埋于地下的帝王墓非常宏伟壮观（如秦始皇墓等历朝帝王墓）。中国中医药也许是中国对世界的较大贡献，中国始终保持较大人口规模与中医的贡献也许有较大关系。中国军事装备技术与其他文明国家不相上下，但明清后甚至将输出的火药技术以洋枪洋炮的形式反向进口，中国最终被自己发明创造的火药技术彻底打败。中国技术进步对人类的文明进步有很大贡献，但对自身生产力水平的提高影响有限。唐宋以后更是整体陷入技术进步停滞状态。没有技术的进步，人口还大量增加，所以生活水平也谈不上有大的提高。此外，中国封建社会的技术均是建立在工作经验上的技术，多数是只知其然，不知其所以然，没有像西方封建社会晚期的资本主义发展阶段技术一样走上科学的道路。

3. 封建国家绝大多数时候都无法为发展创造良好环境。封建的国家体制使国家陷入经常性、长期的混乱，走不上发展的正轨。封建统治阶级以君权神授作为自己统治的理论依据（借口），本身便荒谬，封建的王位继承制度多数时候选不出合格、称职的接班人，所以中国历史上能够说得上比较称职的皇帝不多。他们多数没有考虑国家发展的意愿，更没有治理国家的强大能力，他们考虑更多的只是如何贪图享受、妻妾成群、长生不老（包括死后如何享受，修建豪华陵墓等）。由于皇帝的无能，国家常常陷于宰辅专权、宦官专权、内戚专权、藩王叛变等内乱之中，国家几无宁日。

反复遭遇战争使封建国家发展困难。在中国漫长的封建社会中，每一个朝代都会出现分封藩王的叛乱和平叛，有的甚至快要断送国家的命运。每一个朝代都会出现农民起义，有的起义规模宏大，动摇了统治阶级的根基，有的正是农民起义断送王朝的命运。每一个朝代都会遭遇外部敌人的入侵，有时能通过战争抑制，有的则遭遇灭顶之灾。战争导致人口锐减（有时甚至减半），还导致经济发展遭遇困难，壮年男性大量死亡使生产力下降。

4. 中国封建社会自始至终实施重农抑商。中国封建社会从秦代开始，以农为本，重农抑商始终是统治阶级治国基本理念、基本国策，使中国始终走不出封建的小农经济格局。重农抑商，措施众多。从政治上，严厉打击商人，不许商人从政、不许商人乘车、不许商人着特定颜色、款式服装，使社会上形成商人低下的政治经济地位。把有利可图的工商事业由国家掌握，实施重要商品如盐、铁、丝、茶等商品的国家专营制度，把主要工商利益控制在国家手中。严格进行工商事业的监管，实施坊市制度，从事商业必须在规定的地点、规定的时间进行经营，不得逾制（宋代以后才彻底改变）。对国家之间的商业贸易进行严格限制，内地有边禁、海上有海禁，直到清代，外国商人在中国经营在时间上都控制非常严格，有一半时间不得在中国居留进行贸易，对中国商人经营外贸也进行严格限制。对大商人进行打击，甚至巧取豪夺，如汉代和明代都将大商人集中到京城，加以严密防控，严防商人做大威胁国家统治，国家财力不足直接向商人调取。动辄将商人发配充军。对商业征取高额税收，使商业无利可图。重农抑商政策严重抑制了工商业的发展，使小农经济始终处于中国社会的主流。社会缺乏追求发展、追求财富的动力。

5. 中国的财产继承制度和均田制使经济始终向小农经济方向发展。中国帝位继承制度多实行长子继承制，但中国普通家庭的财产继承制度都是诸子均分制度，按封建的婚姻制度，越是大的地主商人家庭，男人除娶妻子外，娶妾往往很多，家庭中有众多儿子参与继承，而儿子们也同样是妻妾成群，过不了几代，大家都变成了小农。中国财产继承制度，不像西方国家贵族大家庭实行长子继承制度，始终保有雄厚的经济实力，可办一些大事，财产的小型化趋势使中国资本主义的发展受到限制。中国的古话"富不过三代"与继承制度有密切关系。许多朝代的均田制度也是中国小农经济的重要原因。

6. 土地户籍保甲制度将农民固化在乡村，极力维护封建统治。把农民固化在土地上，保持始终稳定的向封建统治者纳税，保证遵纪守法，是中国封建制度追求的目标和赖以存在的基础。中国封建社会的早期统治者，为实现耕者有其田，均实行授田制度，大封建王朝建立之初，向成年男性（女性减半）授予一定数量的耕地，但在宋代以后，统治者对农民是否真正拥有土地也不关心了，授地均田这一制度取消了，土地大量集中，农民开始以租佃耕地方式获得土地。为了把农民固定在土地上，封建统治者还建立起户籍制度，将每户拥有的土地、人口及应纳赋役详细加以登记，作为纳税的依据；为强化管理，还建立如宋代的保甲制度，明代实行里甲制和关津制，这种制度实际上从汉代就开始，汉代的五家为"伍"，十家为"什"，百家为"里"；唐的四家为"邻"，五邻为"保"，百户为"里"；北宋王安石变法时提出了十户为一保，五保为一大保，十大保为一都保；元朝又出现了"甲"，以二十户为一甲，设甲生。至清，形成了与民国时期十进位的保甲制极为相似的"牌甲制"，以10户为1牌，10牌为1甲，10甲为1保，由此建立起了封建王朝对全国的严密控制。这些类似制度的实质是通过联保连坐法将全国变成大囚笼。联保就是各户之间联合作保，共具保结，互相担保不做政府规定违法之事；连坐就是1家有"罪"，9家举发，若不举发，10家连带坐罪。中国封建社会就是这样将土地制度、户籍制度、保甲制度结合在一起,建立起将农民牢牢束缚在土地上,遵纪守法,积极纳税统治制度,以此来稳定乡村社会,从而稳固封建统治。

二、欧洲封建社会发展述评

欧洲从西罗马帝国灭亡到英国、法国、德国等分别建立资本主义制度,时间有1 200年至1 400年,虽然比中国的封建社会时间要短,但也很漫长。

(一) 欧洲思想的发展

欧洲早期的思想主要受两种思想影响,一种是封建思想,另一种是文艺复兴思想。在封建思想影响下建立的封建制度实行层层分封,小国林立、关卡林立,小国寡民意识浓厚,这种思想似乎并不比东方的中央集权的封建思想先进,甚至还不如中央集权下的经济发展条件好。欧洲发挥重要影响的思想是基督教宗教思想,欧洲封建时代主要受宗教思想的禁锢(虽然也有积极的方面),特别是对经济发展而言,宗教思想负面的影响比较大,信众更多地把追求放在追求来世进入天堂的幸福,对在世的经济状况并不太关心,对在世的经济改善并不重视。因此,直到文艺复兴以前,欧洲的经济不如中国好,甚至落后不少,中国汉代便基本普及铁犁,而欧洲大陆、英国都还有不少是木犁铧,核心生产技术落后于中国。文艺复兴运动开始后,欧洲经历了一次普遍的思想解放运动,受到文艺复兴影响的欧洲的发展明显加快,随着欧洲宗教改革运动的进行,以及随后的资产阶级革命的成功,欧洲走上了资本主义发展道路,欧洲的发展迅速超越中国。

(二) 欧洲的科学技术发展

欧洲的技术发展,在文艺复兴前,更多的方面都落后于中国,包括农业生产技术、纺织技术(工业革命前的技术远不如中国、也不如印度)、铁冶炼技术、武器制造技术(在蒙古军事技术面前全面落后,差点被蒙古的10多万大军横扫)、医疗技术(包治百病的药丸没有太多针对性),造纸、印刷、火药、指南针都源自中国,天文、地理成就也不十分突出,但数学如几何等方面明显较中国数学技术先进。文艺复兴后,欧洲技术进步明显。蒙古人的入侵给欧洲人带来的火药技术,欧洲人如获至宝,发现了其巨大应用价值,很快制造出火枪、铁火炮,欧洲人征服非洲、美洲全依仗此两项技术应用,打败中国同样依靠这两样武器。欧洲的医学科学研究开始起步,很快获得重要成果。欧洲的天文、物理(光学、力学、磁力学等)、化学、数学、生物学、医学等已经被作为科学,取得丰硕研究成果,欧洲的文化、艺术事业百花齐放,突飞猛进。虽然在封建时代,欧洲在生产力上并没有全面超越中国,但是欧洲比中国早了200多年进入资本主义社会(英国1688年资产阶级革命成功、法国1789年资产阶级开始,中国1911年才建立资产阶级政权),凭借科学技术上的优势,科学技术应用产生强大的生产力,一举大大超过了中国。

(三) 欧洲的封建时代前期发展环境并不比中国好

在欧洲先后经历了宗教扩张,8次十字军东征、长期的皇权和教权的斗争、查理曼大帝欧洲 30 多年征伐、英法百年战争、维京人 200 年在沿海河地区的劫掠、英法百年战争、黑死病如恶魔般在欧洲大地几百年的传播，导致人口减半、蒙古人的入侵、封建小邦彼此间的利益争夺、农民起义的反抗。总的看来，欧洲在封建时代平静的时候也不多。欧洲的众多封建小邦国家结构正是欧洲经不起蒙古帝国大军冲击的核心原因，因为无法组织起一支强大的军队。封建小邦设立的关卡林立，层层收税，更无法建立适于经济发展的大市场。

（四）欧洲沿海、河沿线商业发展为欧洲的发展开辟了道路

欧洲没有如中国一样的重农抑商，对商业持相对开放的态度，也没有如中国一样的实行长期海禁，限制海上贸易。不靠海、河的欧洲腹地的人们因关卡林立贸易不便，更多的是过着自给自足的生活，领主们也希望把农民固定在土地上，以获得稳定的税收。在沿海、沿河港口地带的自治城市则呈现另一番景象，从意大利的佛罗伦萨，到德国的吕贝克、汉堡，到伦敦以及到俄罗斯的诺夫哥罗德，在这些地方商业在封建时代的后期快速发展起来，为维护商人利益，甚至建立起广泛的城市商业联盟如汉萨同盟等。欧洲的封建时代的后期，在文艺复兴思想的影响下，思想家们为国家富强、人民幸福着想，产生了重商主义思想，形成了"准自为"的发展意识，这一思想为欧洲商业发展、为经济发展、为下一步的资本主义发展，打下了经济思想基础，各国你追我赶，形成了相互竞争发展的浓厚氛围，从而使各主要国家都走上了快速发展的资本主义道路。

（五）欧洲封建时代最大成就

文艺复兴思想的产生及在其影响下获得的各领域的众多成果为欧洲资本主义发展打下了思想基础、技术基础。此外，商业发展和殖民主义积累的资金为资本主义发展打下了经济基础。

第七章 资本主义的启蒙

资本主义的启蒙，源于欧洲。欧洲的资本主义发展为什么会领先于亚洲及其他大陆？根本原因是欧洲进行了两次思想启蒙运动：一次是文艺复兴，另一次是宗教领域思想改革。这两次思想启蒙推动了欧洲资本主义思想的传播和资本主义的快速发展。这两次思想解放运动，其影响不仅在欧洲，而且延及北美洲、澳大利亚、新西兰，而此时的亚洲，中国还被完全束缚在封建主义的传统礼教中，封建的儒家思想占据统治地位，坚如磐石，不可动摇。欧洲领先了，资本主义率先发展，中国落后了，坚守着落后的封建教条。

第一节 文艺复兴带来资本主义思想

文艺复兴于14世纪中叶在意大利兴起，以后扩展到西欧各国，于16世纪在欧洲盛行，给欧洲带来了以人文主义精神为核心的资本主义思想，带来了资本主义思想启蒙。

文艺复兴是欧洲的第一次思想解放运动，为资本主义的发展奠定了思想基础，为资本主义经济发展奠定了科学技术基础（天文、数学、物理、生物、化学、医学全面发展），沿海沿河贸易繁荣则为资本主义准备了经济基础，可以说文艺复兴为资本主义发展进行了全面准备。

一、欧洲文艺复兴运动兴起

中世纪的欧洲处于王权相对衰落，宗教统治异常黑暗时期，但此时生产力已经有了一定的发展，沿海沿河贸易兴隆，新兴的资产阶级不满教会对精神世界的控制，故人心思变。关于文艺复兴的起因，一般以多重起源说解释。

在经济上，14世纪时，随着工场手工业和商品经济的繁荣，资本主义关系已在欧洲封建制度内部逐渐形成，资本主义初步发展本身需要有人的自由，需要变革。

在政治上，当时的意大利处于城邦林立的状态，各城市都是一个独立或半独立的国家，即城邦。14世纪后，各城市逐渐从共和制走向独裁。封建割据已引起普遍不满，民族意识开始觉醒，欧洲各国大众表现出了要求民族统一的强烈愿望。独裁者自身耽于享乐，信奉新柏拉图主义，希望摆脱宗教禁欲主义的束缚，大力保护艺术家对世俗生活的描绘。

宗教方面，思想趋于解放。罗马教廷这时走向腐败，滥售赦罪符、公开出卖圣职，甚至出卖教皇的最后决定搜罗财富，历届教皇虽然还坚持着禁欲主义的教条，但享乐比世俗独裁者还要厉害，他们也在保护艺术家，允许艺术偏离正统的宗教教条。由于教廷的腐败，宗教激进主义力图摒弃正统宗教的经院哲学，歌颂自然的美和人的精神价值。

关于文艺复兴时留下的大批艺术珍品和各种书籍，有学者认为，14世纪末，由于奥斯曼帝国占领东罗马（拜占庭），许多学者带着大批古希腊和罗马的艺术珍品和文学、历史、哲学等书籍逃往西欧避难。还有人说，这些艺术珍品等是十字军3次东征（尽管第三次半途而废）带回来的纪念品，他们在路上还发现了一些书，就搬了回来藏在教堂的地下室，后被人发现，人们惊叹古希腊、古罗马的艺术、文学等成就，就开始极力传播，意图达到古罗马时的成就。

另有人认为，1295年由威尼斯商人出身的马可波罗出版的《东方见闻录》引发了欧洲人对高度文明、富饶的东方世界强烈的探索欲望，欧洲人的视野得到开阔，东西方文化的交流促使文艺飞速发展。此外，欧洲的文艺复兴运动还得益于从中国传入的造纸、印刷技术，这些技术的应用使文化、科学思想得以迅速传播。

在上述背景下，欧洲的哲学、科学、文化、艺术等都逐渐朝着比较宽松的氛围发展。新兴资产阶级认为中世纪文化是一种倒退，希腊、罗马古典文化则是光明发达的典范，"复兴"表面上是要恢复古希腊、罗马的进步思想，其实是新兴资产阶级在知识和精神层面的空前解放与创新。

二、文艺复兴的精神实质是人文主义

文艺复兴的核心内涵是追求人文主义精神。人文主义提出以人为中心而不是以神为中心，"人乃万物之本"，肯定人的价值和尊严；主张人生的目的是追求现实生活中的幸福，而不是以追求死后进入天国为目的；倡导个性解放和人权，反对神学，反对禁欲主义；提倡科学，反对迷信，认为人是现实生活的创造者和主人。

文艺复兴一词的原意是指"希腊、罗马古典文化的再生"。当时西欧各国新兴资产阶级的文化革命运动包括一系列重大的历史事件，其中主要的是人文主义的兴起，艺术风格的更新，空想社会主义的出现，近代自然科学开始发展，印刷术的应用和科学文化知识的传播等。这一系列的重大事件，与其说是"古典文化的再生"，不如说是"近代文化的开端"；与其说是"复兴"，不如说是"创新"。文艺复兴在人类文明发展史上标志着一个伟大的转折。它是新文化，是当时社会的新政治、新经济要求的反映，是新兴的资产阶级在思想和文化领域里的反封建斗争。因此，文艺复兴的精神实质就是一次资产阶级的思想解放，它彻底将人们从封建王权和神权对思想的束缚中解放出来。思想的解放是文艺复兴的最主要成就，其他成就都建立在这一基础之上。

三、文艺复兴影响深远

（一）促进了思想解放和资本主义发展

1. 人文主义为资本主义发展进行了思想启萌。文艺复兴使人们从封建神学的束缚中慢慢解放，开始慢慢探索人的价值。文艺复兴充分肯定了人的价值，重视人性，成为人们冲破中世纪层层纱幕的有力号召，这种敢于挑战权威的斗争性成为此后资本主义革命和宗教革命取得胜利的法宝。文艺复兴是新兴资产阶级在意识形态领域里的一场革命风暴，这一时期被称为"出现巨人的时代"。

2. 文艺复兴为资本主义发展创造了有利环境。主张人生的目的是追求现实生活中的幸福，而不是追求死后进入天国，这一思想转变为发展资本主义找到了理论依据。文艺复兴源于意大利，后由地中海沿岸传播至大西洋沿岸，出现了著名的新型城市，如罗马、佛罗伦萨、威尼斯以及尼德兰等，资本主义工商业也跟随思想传播开始茁壮发展，财富开始源源涌入新兴资产阶级的囊中，为同时进行的新航路开辟、宗教改革以及今后的资产阶级革命或改革提供了必要条件。

（二）促进了科学与文化繁荣

文艺复兴的最大成就是激活了科学的发展，而科学的发展一方面促进了人们认识水平的提高，从而进一步促进了思想解放运动，另一方面是通过科学成果的应用，极大促进了经济发展。

1. 天文学动摇了宗教的根基。波兰天文学家哥白尼1543年出版了《天体运行论》，提出与托勒密的地心说体系不同的日心说体系。哥白尼的天文学彻底动摇了以地心说为基础的宗教的根基。意大利思想家布鲁诺在《论无限、宇宙和诸世界》《论原因、本原和太一》等书中宣称，宇宙在空间与时间上都是无限的，太阳只是太阳系而非宇宙的中心。伽利略1609年发明了天文望远镜，1610年出版了《星界信使》，1632年出版了《关于托勒密和哥白尼两大世界体系的对话》。德国天文学家开普勒通过对其老师丹麦天文学家第谷的观测数据的研究，提出了行星运动的三大定律，判定行星绕太阳运转是沿着椭圆形轨道进行的，而且这样的运动是不等速的。

2. 数学成就为其他科学发展奠定基础。代数学在文艺复兴时期取得了重要发展，三、四次方程的解法被发现。意大利人卡尔达诺在他的著作《大术》中发表了三次方程的求根公式。四次方程的解法由卡尔达诺的学生费拉里发现。邦贝利在他的著作中阐述了三次方程不可约的情形，并使用了虚数，还改进了当时流行的代数符号。符号代数学是由16世纪的法国数学家韦达确立的，他还改进了三次、四次方程的解法，建立了二次方程和三次方程方程根与系数之间的关系，称韦达定理。三角学在文艺复兴时期也获得了较大发展。德国数学家雷格蒙塔努斯的《论各种三角形》对平面三角和球面三角进行了系统的阐述，还有很精密的三角函数表。哥白尼的学生雷蒂库斯在重新定义三角函数的基础上制作了更多精密的三角函数表。法国人笛卡尔于 1637 年在创立了坐标系后成功地创立了解析几何学。费马建立了求切线、求极大值和极小值以及定积分方法，对微积分做出了重大贡献。他将不定方程的研究限制在整数范围内，从而开辟了数论这门数学分支；还提出概率论的基本原则——数学期望的概念。

3. 物理学成就斐然。在物理学方面，伽利略通过多次实验发现了自由落体、抛物体和振摆三大定律，使人对宇宙有了新的认识。他的学生托里拆利经过实验证明了空气压力，发明了水银柱气压计；法国科学家帕斯卡发现液体和气体中压力的传播定律；英国科学家波义耳发现气体压力定律。笛卡尔在《屈光学》中第一次对折射定律提出了理论上的推证。他还第一次明确提出了动量守恒定律：物质和运动的总量永远保持不变。

4. 生理学和医学取得关键进步。比利时医生维萨留斯发表《人体结构》一书，对盖伦的"三位一体"学说提出挑战。西班牙医生塞尔维特发现血液的小循环系统，证明血液从右心室流向肺部，通过曲折路线到达左心室。英国解剖学家哈维通过大量的动物解剖实验，发表《心血运动论》等论著，系统阐释了血液运动的规律和心脏的工作原理。他指出，心脏是血液运动的中心和动力的来源。

5. 地理发现新大陆。航海技术产生了一次革命性的飞跃，葡萄牙、西班牙、意大利的探险家们开始了一系列远程航海活动。哥伦布和麦哲伦等人发现新大陆，为地圆说提供了有力的证据。

6. 新的建筑风格诞生。一般而言，文艺复兴的建筑是讲究秩序和比例的，拥有严谨的立面和平面构图以及从古典建筑中继承下来的柱式系统。这一时期的建筑对建筑的比例有强烈的追求，例如必须是 3 和 2 的倍数，使用对称的形状，集中式恢复"自然"，以尺规作图制图，以圆形和正方形为主，反对哥特式建筑。

7. 文学巨匠纷纷产生。各地的作家都开始使用自己的方言而非拉丁语进行文学创作，带动了大众文学的创作和发展，替各种语言注入大量文学作品，包括小说、诗歌、散文、民谣和戏剧等，代表性的有意大利文艺复兴前期出现了"文学三杰"。在法国，文艺复兴运动明显地形成两派，一是以"七星诗社"为代表的贵族派，二是以拉伯雷为代表的民主派。"七星诗社"以龙沙和杜贝莱为代表，他们最早提出统一民族语言的主张，促进了法国民族语言和民族文学的发展。在英国，代表人物有托马斯·莫尔和莎士比亚。托马斯·莫尔是著名的人文主义思想家。他的《乌托邦》是空想社会主义的第一部作品。莎士比亚是天才的戏剧家和诗人，他同荷马、但丁、歌德一起，被誉为欧洲划时代的四大作家。他的作品《哈姆雷特》《李尔王》等集中代表欧洲文艺复兴文学的最高成就。在西班牙，最杰出的代表人物是塞万提斯和维加。塞万提斯的长篇讽刺小说《堂吉诃德》最著名。维加是戏剧家、小说家和诗人，最杰出的代表作是《羊泉村》。

8. 美术大师如云。文艺复兴时期的意大利画家主要有乔托·迪·邦多纳、马萨乔、保罗·乌切洛、多米尼哥·基兰达奥、桑德罗·波提切利、列奥纳多·达芬奇、拉斐尔·桑齐奥、提香·维切利和米开朗基罗。他们以不同的艺术手法创作了众多举世闻名的不朽画作。

第二节　资本主义思想在欧洲普及

宗教改革是欧洲的第二次思想解放运动，它在宗教领域进行，使资本主义思想在欧洲得以全面普及。没有宗教领域的改革，资本主义思想很难说在欧洲已经普及，因为欧洲的思想在中世纪是被宗教完全控制着的[①]。

一、中世纪欧洲宗教的控制

中世纪的欧洲皇权和神权相互斗争，最终神权战胜了皇权，神圣罗马帝国的皇帝最终也需要由教皇任命，欧洲进入政教合一的罗马教皇统治时代。欧洲完全沉浸在教会统治的浓厚宗教氛围中，欧洲的思想完全被宗教思想所控制。欧洲宗教思想的传播、宗教对教徒思想的控制，主要是通过教会利用举办的宗教活动来实现的，这是欧洲人的日常生活，这是基督教宗教思想传播的主要形式。

教育也是传播宗教思想的途径，中世纪欧洲的教育的职责也是传播宗教思想。中世纪以前的欧洲，教育几乎完全为修道院所垄断。学校分两类：一类为内部学校，设在修道院内，专门吸收那些准备出家修道的儿童；另一类是外部学校，接受普通儿童。学校管理非常严格。学习内容主要是拉丁语和七艺，分别由"三科"和"四科"组成，"三科"为文法、修辞和逻辑，"四科"为代数、几何、天文和音乐。修道院学校教学目的是为基督教服务。6世纪时出现教区学校，由教堂和修道院应查理曼大帝要求开办，学习的内容与修道院学校基本一样。11世纪，欧洲出现世俗学校，有两种类型，一种是城市或行会的拉丁语学校，另一种为城市或私立的写作或算学学校。教会不允许各地方开办世俗学校，认为侵犯了教会办学的传统特权，但由于适应当时工商业发展的需要，世俗学校因需求大而快速发展。面对这种情形，有的教会要求学校将收费的三分之一交教会。

12世纪，大学在意大利、法国、英国的中心城市兴起。中世纪大学一般开设法学、医学、神学和人文学科。大学教育虽然具有独立、自治和精英教育特点，但仍充满着浓厚的宗教气氛。因此，不难想象，欧洲是一个完全在基督教宗教思想统治下的社会，没有宗教领域（包括神职人员和为数众多的信众）这一庞大系统的思想解放，就难以说欧洲的思想解放。

[①] 本节主要参阅资料为：迪特夫·拉夫：《德意志史》波恩 Inter Nationes 出版社1987年版。
《世界通史》编委会主编：《世界通史》，中国书店出版社2011年出版。
［美］霍华德·斯波德：《世界通史——公元前10000—2009年》，（吴金平、潮龙起、何立群等译），山东画报出版社2013年9月出版。
本章后面的宗教改革同样参考这几本著作。

二、宗教改革

以人文主义精神为核心的资本主义思想如果不渗透到宗教领域，等于文艺复兴所推动的思想解放运动作用（成果）有限，因为受文艺复兴影响的人只是欧洲比较有文化的人，人数十分有限。欧洲绝大多数人文化水平较低，有相当多还是文盲，他们还是在宗教思想的统治影响之下，宗教领域没有变革，等于欧洲的思想仍然是铁板一块，欧洲还是封建宗教思想的天下。因此，宗教改革是一场是比文艺复兴的范围更加广泛、程度更加深入、影响更加深远的思想改革，甚至可称为欧洲第二次思想改革，是资本主义思想在普通民众中通过宗教进行的一场普及运动。这也是新教国家资本主义发展得更好的原因。

宗教改革是在文艺复兴之后欧洲16世纪、17世纪前后兴起的一场基督教社会改革，以反对教会的极端统治、宗教教义的异化和教会组织对民众的压迫而闻名，其实质是新兴资产阶级反对宗教组织对社会发展的阻碍而发动的一场大规模的社会政治文化运动。欧洲宗教改革从反对罗马教廷出售"赎罪券"爆发，到英国国王亨利八世改革宗教，将新教作为国教而到达高潮，在欧洲历史上产生了重大影响，是欧洲资本主义发展的一个必然结果，也是基督教发展史上的一个里程碑。

中世纪后期的欧洲，教会势力越来越大，教会占有土地，出售"赎罪券"，出卖圣职，阻碍社会、政治、经济、文化的进步。罗马天主教会与欧洲各主权国家及社会各阶层存在日益尖锐的矛盾冲突。教会和一些教士的腐化极其严重，宗教教义走向异化，各阶层民众对之日益不满，基督徒要求重新改革振兴基督教。因此宗教领域内部发动了一场反特权、反封建、反宗教压迫的社会政治改良运动。主要目标是反对教皇通过教会对全国社会政治文化的控制以及天主教会内部存在的骄奢腐化现象。1517年10月31日，德国维登堡大学神学教授马丁·路德发表《九十五条论纲》，抨击罗马教廷出售"赎罪券"，矛头直指罗马教皇，拉开了宗教改革的序幕。1520年，路德又发表《关于教会特权制的改革致德意志基督教贵族公开信》，敦促教廷和教会恢复使徒时代的廉洁和简朴。此后宗教改革迅速在欧洲展开，并且形成不同派别。

马丁·路德提出的宗教改革主要内容有：《圣经》是信仰的最高权威，不承认教皇和教会有解释教义的绝对权力，教会不再是天国的管理者和中间人，而是教徒的集合体，教士只应通过布道济世来为它服务。这就剥夺了教会和高级教士作为上帝恩慈的中间的人特殊地位，动摇了罗马教会的基础。改革要求民众用民族语言举行宗教仪式，简化形式；主张教士可以婚娶，等等。路德的主张得到市民中上层和部分德国诸侯的支持。1555年，奥格斯堡宗教和约以帝国法律的形式确立了天主教和路德教的平等地位。

1536年，法国加尔文出版《基督教原理》，认为人得救与否全凭上帝预定，主张废除主教制，并且在日内瓦建立政教合一的共和政权。他与路德一样，认为《圣经》是信仰的最高权威；他又与路德不同，认为传扬《圣经》不能全靠上帝，还需当局推动，且国家有义务帮助建立上帝的统治。他坚信教徒有权反抗任何没有履行这一义务和违反上帝意志的世俗政权。这等于承认了反抗的权力，加尔文成为现代民主的开路先锋。他主张教徒平等。加尔文教的影响力、冲击力是路德教没有的。加尔文教传播具有深远的世界意义,瑞士、德国不少地方,法国、荷兰、英国、苏格兰及北美洲都深受其影响。

英国国王亨利八世因自身离婚原因,于 1534 年与罗马教廷决裂,在国会通过《至尊法案》,宣布国王为"英国教会在世的唯一最高元首",有权确定教义和任命神职人员,并规定脱离天主教的英国基督教为英国国教。英国国王的这一反抗影响很大。北欧各国世俗君主也相继摆脱教皇控制,置本国教会于自己控制之下。运动的直接结果是产生了包括路德宗、加尔文宗和安立甘宗三大宗派的基督教新教,各种民族语言的《圣经》也相继出版(原来只允许用拉丁文)。宗教改革沉重打击了封建制度和天主教教会,促进了民族意识的觉醒和民族语言文化的发展,为后来的资产阶级革命扫清了道路,在政治、经济和社会各方面具有深远的影响。

三、新教教义对资本主义思想的引入是欧洲资本主义发展的重要原因

加尔文教经济伦理的调整是宗教领域革命性的变革,是资本主义思想被引入新教的重要标志。加尔文教(也称新教,主要在欧洲中北部、英国传播)对中世纪禁欲主义占绝对统治地位的封建宗教经济伦理进行了调整(堪称革命性调整)。加尔文教教育教徒要勤奋苦干,因为只要工作有成绩,取得成功,就同时证明这样的生活是上帝满意的。加尔文派教会公社如雨后春笋似的发展起来并且成为一种从宗教角度看来应予以肯定的资本主义的代表。加尔文教对封建宗教经济伦理思想进行的根本调整,把资本主义经济思想引入新教,是对欧洲资本主义发展的重大贡献①。

首先,加尔文教完成了西方宗教经济伦理思想调整的过程。16 世纪,城市工商业迅速发展,贸易极大扩张,财富急剧增长。在这一背景下,财富成为人们热切追求的对象,哥伦布甚至写道,"金子构成财富,谁拥有它,谁就能得到他在尘世所需要的一切,也就有办法把灵魂从炼狱拯救出来,让他们重获天堂的欢乐"。因此,基督教的改革家不得不对原有的财富观加以修正或者进行变革。马丁·路德仍在为传统教义寻找出路,他说,"人可以拥有财物,但必须懂得和善于管理,做财物的主人"。约翰·卫斯理提出的财富观则是,"尽你所能赚钱,尽你所能节省,尽你所能奉献"。加尔文则更进一步,他并不反对积聚财富,而是反对为了纵欲或炫耀滥用财富。显然,新教是第一种承认并欢迎经济美德的系统的宗教教义,有人评价说"新教的胜利扫清了使用金钱的所有限制或指导"。这就意味着西方世界打通了经济发展所必需的物质资本积累渠道。

其次,加尔文教把人文主义的资本主义思想引入宗教。该教认为,信奉基督教的国家有义务在人们中间建立上帝的统治,教徒有权反抗任何没有履行这一义务和违反上帝意志的世俗政权。这样反抗的权力被承认,加尔文主义成为现代民主的开路先锋。该思想将文艺复兴的人文主义核心思想引入新教。

谈到上述内容,我们不得不了解一下早期基督教的宗教经济伦理。看一看早期的宗教

---

① 迪特尔·拉夫:《德意志史》,波恩 Inter Nationes 出版社 1987 年版。

经济伦理，就会发现欧洲在发展资本主义过程中调整宗教经济伦理的重要性。

耶稣反复强调的人生目的"不是人一生在世的未来，而是人们死后在天堂的未来"。"财主很难进入天国，我再次告诉你们骆驼穿过针眼，比财主进天国还容易呢。""在天国一切都会颠倒过来。"这些暗示虽然不是最重要的教义，但胜似重要教义，使大量贫苦民众安于贫穷，转而通过宗教信仰追求来世进入天堂，享受永福。

在要禁欲主义盛行的时代，中世纪的经院学者强调财富为人服务，而非人为财富服务。为了不让经济利益妨碍宗教事务，处处都有限定、制约和警告。人为了维持他所处地位的生活而追求必要的财富是正当的，但是追求更多的财富不是进取，而是贪婪，而贪婪是一种弥天大罪[①]。

看看早期的宗教经济伦理，再看看加尔文的宗教经济伦理，就不难理解其宗教改革的资本主义特性，宗教改革从宗教领域为资本主义发展进行了思想准备和动员。

---

① 张志鹏："宗教对积累财富的态度"，《中国民族报》，2010年4月26日。

第八章 英国资本主义发展

第一节 英国为什么率先发展成为最强大的资本主义国家

英国作为一个在欧洲原本并不强大,一度落后于西班牙、瑞典、挪威、荷兰等海上传统强国的小岛国,一下超越传统欧洲大国强国,并在相当长时间内走在世界的最前列,思想引领至关重要,以下两点正是根本原因。

一、率先进行最完全彻底的宗教改革

英国宗教改革先于资产阶级革命,为资产阶级革命提前进行了思想准备。英国宗教改革的发起者是国王,这使改革成为一场自上而下的运动。英国宗教改革的序幕由亨利八世拉开。

亨利八世并不是一个天生的宗教改革者,起初他对英格兰的宗教改革运动态度坚决,那就是把这些异教徒送上火刑柱。

英国的宗教改革成功比欧洲大陆来得容易,但此时执行教义与罗马天主教并没有什么差别,只是摆脱了罗马教会控制,国王成了英国教会最高首脑。

1553年,信奉天主教的玛丽继位,她恢复天主教,残酷迫害新教徒。1558年,信奉新教的伊丽莎白成为女王并恢复了国教,释放大批被关押的新教徒,玛丽女王时代逃往欧洲大陆的新教徒也纷纷回国。后来英国按新教教义修改了教义教规,清教徒由此得名。英国宗教改革的胜利使英国国民思想从宗教领域在欧洲率先得到解放,为资产阶级革命打下了思想基础。

二、在欧洲率先进行并完成资产阶级革命

英国率先取得欧洲宗教改革胜利,清教运动在英国大规模进行。文艺复兴的人文主义思想解放动摇了专制统治的精神支柱。重商主义思想已经在英国广泛传播并影响重大,圈地运动进行完毕,资本主义工商业取得很大发展,到17世纪中期,英国通过殖民扩张,已经变成拥有广大殖民地的海上强国。市场扩大了,财富也随之增加了,英国资本主义取

得了长足发展。资本主义经济的发展大大增强了资产阶级和新贵族的势力。当时,英国的封建经济基础瓦解了,但是保护它的上层建筑却不愿自动退出历史舞台,这成为资本主义进一步发展的最大阻碍。

(一) 查理一世召开新议会

伊丽莎白去世后,英国进入斯图亚特王朝统治时期,国王詹姆士·斯图亚特、查理一世实行专制政策,从政治、经济、宗教上都触犯了新兴资产阶级的利益,使社会矛盾日益尖锐,最终导致英国资产阶级革命爆发。

首先起来反抗查理一世统治的是苏格兰人民。当时苏格兰和英格兰虽然都由查理一世统治,但苏格兰内政仍保持一定的独立性,与英格兰是两个国家。查理一世把专制统治推行到苏格兰,引起苏格兰人民的愤怒,苏格兰贵族和资产阶级联合发动了反英战争,并于1639年攻入英格兰北部。

查理一世为了筹划军费镇压起义,被迫于1640年恢复长期关闭的议会。年度议会通过了《大谴责书》,列数查理一世擅权渎职的罪行,是资产阶级的纲领性文件。英国资产阶级革命也由此开始。资产阶级和新贵族联合起来,利用议会同国王进行斗争,他们要求限制王权,取消国王的专卖权,监督国王和大臣的活动。最终,查理一世拒绝接受,挑起了内战,组织王军向议会军进攻。

1643年,克伦威尔①在英格兰东部募集了一支主要由自耕农和城市平民组成的骑兵,在马斯顿荒原战役、纳西比战役等战役中屡次击溃王军。内战结束后,1649年,查理一世被送上断头台处死。君主制正式宣布废除,共和国成立。

(二) "光荣革命"

1653年,克伦威尔发动政变,解散议会,英国由此进入克伦威尔独裁时期。克伦威尔死后,英国重新陷入混乱。1660年,斯图亚特王朝复辟,查理二世复辟20多年,实行血腥报复,严重损害了资产阶级和新贵族的利益。

1685年,查理二世病亡,他的弟弟詹姆士二世继承王位,继续推行反动措施。1688年,一场反抗詹姆士二世的革命风暴逐渐酝酿成熟,酝酿邀请詹姆士二世长女玛丽及丈夫回国执政。关键时候,本无子的詹姆士二世1688年6月喜得贵子,使玛丽的王位继承权发生新的变化。

最终在1688年,支持议会的辉格党人与部分托利党人邀请詹姆士二世的女儿玛丽和当时荷兰奥兰治执政的女婿威廉(后来的玛丽二世和威廉三世)回国执政。他们发动宫廷政变,推翻斯图亚特王朝封建统治,建立了资产阶级新贵族的统治,史称"光荣革命"。

英国资产阶级革命的过程历时约半个世纪,交织着议会斗争和革命战争,共和与独

---

① 奥利弗·克伦威尔(Oliver Cromwell)是英国资产阶级革命家、政治家、军事家、宗教领袖,同时他也是英国历史中最具争议性的人物之一。1599年出生在英国的一个农业小镇亨廷顿。在17世纪英国资产阶级革命中,是资产阶级——新贵族集团的代表人物、独立派的首领。他曾就读剑桥大学的雪梨苏塞克斯学院,信奉清教思想。

裁，复辟与反复辟的曲曲折折，最终通过资产阶级与地主贵族的妥协（1688 年"光荣革命"）而宣告结束。

（三）《权力法案》的颁布

资产阶级和新贵族利用自己在议会中占多数的有利条件，使议会通过了限制国王权力的《权利法案》，在英国确立君主立宪制的资产阶级专政政治体制，不仅为英国资本主义经济发展和资本主义政治、经济制度的建立开辟了道路，而且反映了世界历史发展的潮流、趋势，对欧洲和世界其他地方都有广泛的影响，标志着世界一个新的历史时期的到来。在世界史上是划时代的重大历史事件。

英国资产阶级革命是从 1640 年查理一世召开新议会的事件开始，到 1688 年迫使詹姆斯二世退位，光荣革命取得胜利结束。革命以法律形式对国王的权力（限制国王的立法权，财政权和控制议会的权利，确立了议会为国家最高权力机关，国王只能依据宪法和法律进行统治）进行严格限制，为限制王权提供了宪法保障；确立了议会高于王权的政治原则，建立起君主立宪制的政治体制。人类社会由专制转向民主，由人治转向法制。

英国资产阶级革命意义深远。它是人类历史上资本主义制度对封建制度的一次重大胜利，为英国资本主义迅速发展扫清了障碍。它对欧洲和北美资产阶级革命运动序幕的揭开发挥了重要的思想启蒙作用，推动了世界历史的进步，是世界近代史的开端。它为资本主义的顺利发展创造了长期稳定的政治局面，为英国开展工业革命和成为工业强国创造了前提。它推翻了封建君主专制，确立了资产阶级自己的统治地位。

当欧洲大陆的宗教改革进行得如火如荼，甚至还为新教信仰自由进行宗教战争的时候，英国已经早早将新教定为国教；当欧洲大陆资本主义思想在传播过程中还在与落后的封建制度作残酷斗争的时候，英国的资产阶级革命已经早早取得胜利，建立起了资产阶级领导的君主立宪政权，这比欧洲大陆最早的法国资产阶级大革命爆发（1789 年）整整早了 100 年，比 1776 年美国的独立也早了近 100 年。英国的宗教改革和资产阶级革命使英国人的思想得到解放，使资本主义思想得到自由传播，使资本主义得到自由发展并拥有了欧洲最好的稳定发展环境。正是抓住改革领先的机遇，英国成功赶上并实现超越。这正是英国率先实现工业化的原因。

第二节 英国科学技术发展直接促进产业发展

英国的科学技术在工业革命前远远谈不上先进。农业仍是主要经济来源，从英国农具的使用可以比较清楚地观察生产力发展水平。17 世纪以前，英国农业生产中传统的农具是简陋的木犁，铁制的锄、铲、镰刀、耙、叉、钩、连枷等。其中农业生产的核心农具仅为木犁，这在亚洲、欧洲大陆都属于落后生产力——中国在公元前的汉代就基本上普及使用铁犁。从纺织行业看，英国工业革命前也是落后的。17世纪40年代，英国文献中还没有关于棉纺织业的记载。英国的棉纺织业是之后才开始发展起来，直到16世纪60—70年代，英国的棉纺织业无论是生产技术，还是生产规模和产品质量都比当时的中国和印度差得多（当然中国和印度也不过只是手工业技术娴熟一些），其产品在价格上也不具有竞争优势。当时的棉织品粗糙，缝纫和染色都很困难。这是英国工业革命早期的技术水平状况。

然而，英国人在工业革命中实现了对所有国家的技术超越，并通过科学技术的产业化实现了全世界最早的工业化，成为头号工业大国，成为日不落帝国，科学技术在英国变为世界强国过程中居功至伟。

一、摆脱封建束缚后的科学技术快速发展，英国科技在世界独占鳌头

公元1600—1900年，在世界重要的科学发明中，英国人占有极其重要的地位。当时79项比较重大的科技发明中，英国人独占25项，占31.6%。德国人有11项，法国人10项，美国人有8项——英国的发明差不多等于后3个国家的总和。这足以解释为什么英国在这期间成为世界最强大的国家，因为有最先进的科技作为强大支撑。尤其是在第一次工业革命中起决定性作用的蒸汽机的发明，对英国最早实现产业机械化发挥了至关重要的作用。很关键的一条是，英国科技发明能迅速转化为生产力，这是英国成功的经验。以下是英国的主要科技贡献：

1605年，培根著《学术的进展》，提倡以实验为基础的归纳法。

1628年，哈维发现血液循环。

1660年，胡克发现弹性定律。

1666年，牛顿提出万有引力定律。

1666年，牛顿用三棱镜分光。

1687年，牛顿提出力学三定律和绝对时间、绝对空间的概念。

1701年，贝努利创建变分法。

1728年，布拉德雷利用光行差测光速。

1750年，米切尔设计测静电力扭秤，并提出磁力的平方反比定律。

1781年，瓦特改良蒸汽机。

1798年，卡文迪许用扭秤测定万有引力常数。

1801年，杨用干涉法测出光波波长。

1802年，特里维西克造出蒸汽机车。

1808年，道尔顿发表提出化学原子论。

1827年，布朗发现液体中的微粒做无规则运动。

1831年，法拉第发现电磁感应现象。

1845年，法拉第发现磁场使光的偏振面旋转。

1849年，开尔文提出热力学第一和第二定律。

1850 年，赫姆霍芝提出能量守恒定律。

1852 年，焦耳和汤姆生发现气体膨胀制冷效应。

1859 年，达尔文发表《物种起源》开创了生物进化论。

1875 年，克尔发现电光效应。

1879 年，麦克斯韦出版《电磁通论》，集电磁理论之大成。

1889 年，菲茨杰拉德提出收缩假说，以解释迈克尔逊—莫雷实验的"零结果"。由于发表其论文的英国《科学》杂志不久停刊，直到 1892 年荷兰的洛伦兹独立提出收缩假说才为世人所知。

1897 年，汤姆生通过阴极射线证实电子的存在[①]

二、棉纺织业率先发展，技术进步使其逐步成为世界纺织业最强国

（一）纺纱技术呈几何级数级进步

英国早期的手工纺织业乏善可陈，效率很低。英国纺织业的进步起步于 1733 年，凯伊发明飞梭大大提高了织布效率，很快造成纱线供不应求。为了突破棉纱供应瓶颈，英国工艺学会于 1761 年悬赏鼓励发明能提高纺纱效率和提高纱线质量的机器。1764 年前后，兰开夏北部的詹姆斯·哈格里夫斯发明了能同时纺 8 根纱的纺纱机，名为"珍妮纺纱机"，并于 1770 年取得专利。1768 年，该机改善后可以同时纺 16—18 根纱，到 1784 年能纺 80 根纱。到了 18 世纪末，大型珍妮纺纱机的纱锭数已经增加到 100—120 枚，极大提高了劳动效率。1788 年，英格兰和苏格兰的棉纺业已经有 20 070 台珍妮纺纱机，每台有 80 个纱锭；1811 年珍妮纺纱机增加到 155 880 台。起初珍妮纺纱机还是人工转动，后来理查德·阿克赖特在 1769 年发明了水力纺纱机，到 1790 年英国有 155 个水力纺纱厂，31 万纱锭。1785 年，瓦特的蒸汽机首次用作纺纱厂的动力。1790 年，理查德·阿克赖特在他自己重建的工厂安装了他的第一部蒸汽动力纺纱机。1779 年，博尔顿的塞缪尔·克伦普顿发明了走锭精纺机（也称为骡机）。这种机器纺出的棉纱精细而又结实，既可以做经线，也可以做纬线，织出的布质量高，使英国制造的棉布首次超过印度。起初骡机只有 20—30 枚纱锭，到 1820 年一对骡机可以带动 2 000—2 500 枚纱锭。1825 年，理查德·罗伯特发明自动骡机并于 1830 年进行改进，采用蒸汽作动力。自动骡机是 19 世纪上半叶最重要的技术发明。经过改进的自动骡机在一个男工和两三个童工的帮助下，可以同时运转 1 600 个纱锭。到 1834 年，英国共有 520 台自动骡机，20 万枚纱锭。纺纱机的发明和改进使纺纱工的劳动生产率大大提高，技术进步后 1 个纺纱工所生产的棉纱相当于以前 200—300 人在相同时间里完成的工作量，且纺出的纱结实而精细。

（二）动力织机成 10 倍提高织布效率

1760—1788 年，纺纱技术发生了革命性的变化，棉纱产量大幅提高，价格下降，但织

---

① 根据互联网资料整理得出。

布技术没有太大变化，织布成为纺织工业发展的瓶颈。1774年，诺丁汉的罗伯特和托马斯·巴伯取得了一种织布机的专利。这种机器可以用人、马、牛或水力推动，但离成功还差一步。成功的织布机是由埃德蒙·卡特赖特发明的，他在木工和铁工的帮助下手工制造了织布机，于1786年取得动力织布机的专利。1789年，卡特赖特建立了一家有20台动力织机的织布厂，当地的报纸称其一天织的布相当于老办法7天织的布，可惜卡特赖特后来破产了。

动力织布机在商业上取得成功是在苏格兰。1793年，罗伯逊在格拉斯哥和邓巴顿安装了数台织布机，取得了成功。当时的织布机还有缺陷，经常会停顿。这一缺陷很快被托马斯·约翰逊、威廉·拉德克利夫和罗斯克服。1803—1813年，约翰·霍洛克斯制造了高效的全金属织布机；再后来，罗伯茨和夏普改进了霍洛克斯的机器并于1822年投入市场，自此动力织布机的质量完全可以和手工织机的质量媲美了。1840年，布莱克本的肯沃斯和布洛发明了自动押幅器，可以任意停止和启动的织布机，动力织布机获得现代织布机的形式。经过不断改进，织机的动力也由水力改为蒸汽机，织布效率大大提高。据估计，1832年英国共有10万台动力织机，还有手工织机25万台。19世纪40年代，织机织布工人数超过手工织布工，1850年，手工织布工大部分消失，棉纺织工业的机械化基本完成。随后，棉纺织行业实现专业化，有了专门从事纺织机械生产，布匹漂白、染色和印花等各工序均实现了机械化，运输也实现机械化，纺织行业成本全面下降，厂商的利润提高，加之此时英国殖民地范围最为广阔，英国棉纺织业发展达到惊人的程度。

从英国国内看，棉纺织工业迅速从一个很不起眼的工业部门一跃成为英国最重要的产业，其重要性很快超过英国传统的毛纺织产业。1802年，棉纺织可能只创造了英国4%—5%的国民收入，但这一数字到1812年就达到了7%—8%，超过了毛纺织业。到1815年，棉纺织的出口量占英国出口总值的40%，毛纺织则下降到18%，1830年棉纺织品出口占出口总值超过一半。

在棉纺织工业完成机械化以后，毛、麻、丝纺织业也跟着很快发生了技术革命，完成了机械化的进程。

看看纺织工业革命后英国的棉纺织工业占世界的地位：1860年，英国有动力织机40万台，1866年法国才8万台，1875年德国才5.7万台。英国的工厂最大，劳动生产率最高，其奥尔德姆纺纱厂1 000枚纱锭所占用的劳动时间不到法国和德国的1/3。英国进口的棉花1751年297万磅，1800年达到5 601万磅；1800年英国棉花消耗量5 200万磅，1830年达2.48亿磅，1850年增加到5.88亿磅。英国棉纺织业在世界占绝对统治地位。在英国出口商品价值构成中，1830年纺织品出口占67%，达到最高，1850年占63%，之后继续下降，1951年只占19%。1830年纺织品生产在英国各产业中确实举足轻重，英国堪称纺织王国，其单一行业在世界上的地位恐怕是世界上任何国家的单一行业都很少达到的（中国的水泥产量大体达到这一地位，但都是国内使用）。

英国棉纺织行业的成功不是偶然的，它是建立在机械化基础之上的成功，是建立在蒸汽机基础上的成功，没有蒸汽机的出现，也就没有英国棉纺织工业的率先突破

三、钢铁行业为英国的工业发展强大奠定坚实基础

英国的钢铁工业最初的状况与纺织工业基本相同，在欧洲算不上先进，在世界上更没有地位。在面临木炭资源因森林资源限制而遭遇瓶颈时，钢铁工业甚至出现倒退。但是因为找准了发展突破方向，成功突破几大技术瓶颈，英国钢铁工业也成为世界最强，为英国的崛起，随后成为世界超级大国奠定了工业基础。

（一）木炭炼铁受限，焦炭炼铁法取得成功

木炭炼铁但受制于森林资源。英国最初的铁冶炼是以木炭为燃料的手工工场，炼铁炉一般都集中在森林资源丰富的地方，在发展过程中遇到四方面障碍：一是燃料的缺乏，森林资源不断砍伐减少，破坏自然环境随后受到政府的限制；二是铁矿的品位不高；三是缺乏机械动力；四是交通运输困难。在上述条件限制下，钢铁工业不仅没有发展，一段时间内还有倒退，1625—1635 年，英国铁的产量曾经达到 2.6 万吨，到 18 世纪 20 年代，铁产量只有 2 万—2.5 万吨，在接近 100 年的时间里不仅没有进步，还退步了。最大的制约是森林资源的限制，其次是技术没有突破。

焦炭炼铁法取得成功，瓦特蒸汽机推动风箱功不可没。英国有丰富的煤炭资源，尝试用煤炭炼铁便是可能的出路。从 1589 年开始，英国多人做过煤炼铁的探索，可惜这些试验在商业上都没有取得成功，他们的方法还存在许多缺陷。用煤炼铁的成功尝试者是亚伯拉罕·达比，达比在什罗普郡塞文河的支流科尔布鲁克戴尔地区进行用煤炼铁的试验，没有成功。用煤炼铁的主要困难在于煤里面含有杂质，它会使铁变脆。后来达比改进了方法：第一，把煤炼成焦炭，除去煤中的杂质；第二，增加高炉的容积，增加铁矿石与焦炭接触的时间；第三，采用瓦特蒸汽机推动风箱，比较彻底地解决了高炉鼓风的问题。他炼出的铁可以用来铸锅、铸造火炉和壁炉等，但不适合制作工具、锁、螺钉和铁铧等。后来达比的后代不断试验，改进焦炭炼铁的方法，增加高炉的进风量提高炉温，在矿石中加入生石灰和其他加速反应的物质，减少了铁的杂质，增加了韧性，使这项技术日臻完善。在 1750 年以前，煤焦炼铁技术还不普及，许多炼铁炉还在继续使用木炭，在此之后焦炭炼铁法才得以推广。1788 年，英国生产的 6.13 万吨生铁中，有 4.82 万吨是用焦炭冶炼的；到 1806 年，在总产 25.82 万吨的生铁中，仅有 7 800 吨是用木炭冶炼的。达比家族的事业在科尔布鲁克戴尔获得很大成功，到 1800 年，科尔布鲁克戴尔的铁工厂雇用了 1 000 人以上。

（二）蒸汽机为炼铁炉鼓风成为炼铁发展的转折点

鼓风机大约在 1760 年由斯密尔顿采用铸铁气缸代替传统的风箱。1769 年罗巴克的卡伦铁厂安装了第一台蒸汽鼓风机。1776 年，约翰·威尔金森安装蒸汽机为炼铁炉鼓风，18 世纪 70 年代中期蒸汽机在冶铁业中的使用可以看作炼铁工业发展史上的转折点，从此冶铁业进入蓬勃发展时期。从 1788 年到 1806 年，一个鼓风炉的平均产铁量从 800 吨增加到

1 130 吨，到 1839 年增加到 3 566 吨。

（三）热风炉炼铁法

1828 年，詹姆斯·博蒙特·尼尔森发明热风炉炼铁法，把炉温提高一倍，铁产量提高三倍，煤炭消耗量降低一半以上，而且热风炉炼铁可以直接使用原煤，是冶铁业重大技术发明。该技术大大降低了吨铁煤消耗，同时大大提高了炼铁炉的容量。

焦炭炼铁技术获得推广后，生铁冶炼成本下降，价格下降，为行业的发展开辟了新市场，铸铁逐渐取代木料、铜、铅等材料大量用于制造机械及零部件等，并在建筑中得到广泛使用。达比三世与约翰·威尔金森在塞文河上全部用铸铁件建造了世界上第一座铁桥。1874 年，伦敦的一家面粉厂也完全用铸铁建造。

（四）搅炼法和碾压法

科特发明搅炼法和碾压法，炼出质优价廉的熟铁。煤焦冶炼生铁成功后，人们开始探索用焦炭冶炼熟铁的方法。1762 年卡伦铁厂和 1766 年科尔布鲁克戴尔铁厂在用焦炭冶炼熟铁方面取得部分成功。1783 年，朴次茅斯附近丰特列的亨利·科特发明搅炼法，1784 年又发明碾压法，炼出质优价廉的熟铁。科特的发明有一系列的优越性，它把过去冶炼熟铁的几道工序——融化、搅动、捶打和碾压——变成一个不间断的过程，节省了时间和燃料，提高了效率。后来科特的滚轧机采用蒸汽机作动力，把碾压生铁的效率提高了 15 倍。1782 年，约翰·威尔金森在他的冶炼厂安装了汽锤，1 分钟可以锻打 150 次，这就缩短了冶炼熟铁的时间。过去用锻锤炼 1 吨棒铁需要 12 小时，在同样多的时间里用搅炼法和汽锤可以炼 15 吨。熟铁生产的技术革命提高了生铁的需求量，焦炭炼铁炉的数量迅速增加，由 1790 年的 81 个迅速增加到 1805 年的 166 个，木炭炼铁炉迅速减少。铁产量飞速增加，由 1760 年的约 3 万吨提高到 19 世纪头十年的平均 100 万吨以上，每年有 6 万吨出口。冶铁业创造了英国 6% 的国民收入，这一数据在 18 世纪 60 年代仅占 1%—2%。英国铁产量占世界生铁产量的比重从 1800 年的 19% 提高到 1820 年的 40%，1840 年更是提高到 52%。铁的大量生产铸就了英国最辉煌的时代。冶铁技术进步还发挥了产业带动作用，上下游众多产业如采矿、煤炭、炼焦、机械、造船随之兴起。

（五）坩埚炼钢法

在发明新的炼钢法之前，英国已经有炼钢之法，只不过产量很低。刀剪工业中心谢菲尔德大约 13 世纪就能炼钢。炼钢方法有 3 种：泡钢、剪钢、束钢。工业革命启动后对钢的需求极大，根本无法满足，需要大量从瑞典进口。在需求刺激下，人们积极探索新的炼钢方法。1750 年，亨茨曼发明坩埚炼钢法。这种方法炼出的钢在硬度和韧性方面高于以前产品，是制作刀剪、发条、链条等金属器具的好材料。亨茨曼为保密没有申请专利，其技术被一个叫塞缪尔·沃尔克的人装扮成乞丐在寒冷的冬天请求在炉旁烤火而偷偷学走。塞缪尔·沃尔克 1748 年建立了坩埚炼钢炉，开始用新法炼钢。亨茨曼在谢菲尔德近郊也建立了炼钢厂，成批生产坩埚钢。18世纪90年代，坩埚炼钢法炼出的钢在英国已经普遍使用，但该法仍然产量低，质量不稳定，成本高。钢还没有得到普遍使用，主要还只是用在制造刀具、钟表弹簧、专用工具和武器等方面。很多需要钢铁的地方都是用熟铁来代替，社会对硬质钢的需求迫切。

（六）转炉炼钢法

1856年，英国发明家亨利·贝塞麦发明转炉炼钢法。他设计出了一个固定垂直炼钢炉，可以加入350千克熔融的生铁，炉底有6个通风口，当空气从炉底的通风口吹进后，铁水中的矽和碳发生猛烈燃烧，炉温从1 350度上升到大约1 600度，使铁水从黏稠状变为液体状，铁水中的杂质在高温和氧气作用下燃烧，形成烟雾逸出炉外。经过25—30分钟，一炉铁水就烧成了钢，整个过程不需要添加任何燃料。在冶炼过程中如果加入不同的金属元素，如锰、镉、镍等，通过控制碳的含量，可以制造硬度和用途不同的钢。为了便于操作，贝塞麦将固定式的炉子改为可以向一侧倾倒的转炉。1857年，贝塞麦取得了这项发明的专利。贝塞麦转炉的炉衬是用酸性材料做成的，所以称为酸性转炉。贝塞麦的炼钢方法发明后，钢价从每吨40—90英镑降到11—18英镑。酸性转炉炼钢存在一个致命弱点，即不能冶炼品位低、含磷高的生铁，用含磷高的生铁冶炼出来的钢质地很脆，而当时英国的铁矿石含磷量很高。20年后，威尔士业余化学家吉尔克里斯特·托马斯发明了碱性转炉炼钢法，成功解决了这一问题。他的方法是把贝塞麦转炉的硅酸质炉衬改为研发碱性耐火砖作炉衬，冶炼时在鼓风的同时加入石灰石，使炉渣呈高碱性，达到脱磷的目的，1879年，托马斯在米德尔斯巴勒试验用这种方法炼钢获得成功，并用于工业生产。这一技术得到广泛应用，盛产含磷铁矿石的国家如德国和比利时均受益。

（七）平炉炼钢法

威廉·西门子本是德国人，后加入英国籍，他受到良好教育，在冶金学方面有很高造诣。他在炼钢炉的两端建造由砖格组成的蓄热室，用炼钢炉排出的热气加热蓄热室，使吹进炉子的空气在这里预热以节约能源。1864年，法国冶金学家埃米尔·马丁改造炉体，并采用西门子用蓄热提高炉温的办法，用生铁和废钢炼出了优质钢。1868年，西门子用生铁和铁矿石炼钢取得成功，这种炼钢炉称为平炉，又称西门子—马丁炉，其炼钢法称为西门子—马丁炼钢法。平炉炼钢时，空气经过预热室进入盛满沸腾铁水的炉体，铁水中的碳和其他杂质被燃烧和氧化，炉温可以达到1 650度，从而炼出优质钢。平炉冶炼一炉钢需要一整天时间，比转炉慢，但炼钢量大，一次可以冶炼100吨钢，产量比旧的炼钢法大为提高。平炉炼钢产量大、质量高、性能稳定、容易控制，可以冶炼的钢品种多，直到20世纪60年代以前，平炉炼钢法在炼钢工业中一直占主导地位。

英国人发明了主要的炼钢方法，然而英国却从钢铁第一大国的地位很快下滑到第三位。1871年，英国共生产钢锭和铸钢32.9万吨，到1914年其产量达到783.5万吨。德国1870—1879年平均产量只有31万吨，1910—1914年增加到1 479万吨；同期美国钢的平均年产量从 38 万吨增加到 2 657 万吨。此时英国的相对衰落已经开始。

四、蒸汽机的发明和机械制造业的进步是英国工业革命取得成功的关键

人类很早就尝试取得取之不尽、用之不竭的自动化动力。最早是利用畜力、水力和风力。英国各种纺织机械的发明和运用,使对机械动力的需要变得非常迫切。

早在瓦特之前就有为利用蒸汽动力的不懈努力。利用蒸汽动力的努力在公元前一世纪的埃及时代就开始了。在埃及亚历山大的赫洛所留下的著作中,就有关于蒸汽力的记述,他已经知道汽缸、活塞和阀门的作用。英国的伍斯特侯爵曾经发明一种用蒸汽提升水位的控水机器。法国人丹尼尔·帕平被认为是蒸汽机的发明者,他因受宗教迫害离开法国(这恰恰体现了具有资产阶级革命性质的英国宗教改革胜利的先进性),可惜他的研究成果没有流传下来。1698 年,英国人托马斯·萨维利发明了用于抽水的蒸汽机,称为大气压力机。1700 年,他在伦敦对国王和皇家学会做了演示,但他的机器很不完善。1705 年,纽康门发明了有实用价值的蒸汽机,1767 年仅纽卡斯尔及其附近地区就安装了 70 台蒸汽机,纽康门蒸汽机还走出国门。但是,这种蒸汽机存在不少缺点,由于汽缸要轮流加热和冷却,热能被大量浪费,机器运转也比较慢,且体积庞大,价格昂贵,难以广泛推广。

(一) 蒸汽机的发明

蒸汽机是人类历史上的伟大发明,是第一次工业革命赖以推进的核心关键技术,可以说没有蒸汽机,就没有第一次工业革命,其他所有行业的发展都依赖这一技术,都是在这一技术应用基础上的发展,纺织工业、钢铁工业、铁路运输、船舶运输、煤炭开采、农业机械无不以此为动力,这一技术发明在英国,且首先在英国的纺织、钢铁、采煤业中得到广泛应用,因此它也是英国领先于其他国家发展的核心的原因。瓦特利用修理纽康门蒸汽机的机会,仔细研究了这种蒸汽机的缺点。他在 1763 年到 1769 年制成了新的蒸汽机并不断完善,在新的机器里安装了他发明的冷凝器、气缸绝热套,避免气缸在反复冷却和加热过程中的热能浪费。1769 年,瓦特取得了第一个蒸汽机专利。瓦特蒸汽机用蒸汽带动活塞运动,而不是像纽康门蒸汽机那样靠大气压力带动,所以是真正的蒸汽机。他的蒸汽机比纽康门蒸汽机效率高 5 倍,而煤耗只有后者的 1/4。1775 年,他制造出了第一台令人满意的蒸汽机。也是在这一年,他制造的蒸汽机被安装到煤矿为矿井排水,安装到铁厂为高炉鼓风,取得成功。1882 年,瓦特又制成了联运式蒸汽机,这种机器可以由偏心轮和连杆组成的传动装置把往复运动转变为旋转运动。1788 年,他发明离心调速器和节气阀,增加了蒸汽机运转的可控性。经过不断改进,蒸汽机变成了具有广泛用途的动力机械。1800 年以前,瓦特的蒸汽机得到议会的保护,传播受到一定限制,专利失效后,蒸汽机得到广泛使用。它被用来纺纱、织布,煤矿用它来排水和提升煤炭,炼铁厂用来鼓风,铁加工厂用来推动镗床、轧机、切割机、锻压机,交通运输部门用来推动火车和轮船,农业上用来发动农业机械,在造纸、食品、建筑等许多领域也有广泛用途。

（二）机械工业适应需求迅速发展

在蒸汽机的基础上，为了适应各个行业的生产特点，各种专业机械适时发明出来，并有了专门生产机械的工厂。瓦特发明气锤，亨利·科特用滚轧机锻压搅炼铁。1770 年，英国的仪器制造商杰西·拉姆斯登制造了螺旋切床。1775 年，威尔金森发明了镗床，约瑟夫·布拉默发明了水压机、木刨机、印钞机和其他机械。亨利·莫兹利在伦敦开设机器制造厂，制造蒸汽机，1800 年他发明了切割螺纹的车床。他还制造了标准量规。亨利·莫兹利一共发明了 43 种机器，1810 年他还与人合作建立专门生产蒸汽机和船用引擎的工厂，在英国机器制造史上写下光辉的一页。克利福德取得了制钉机的专利，1800 年雷尼把铁制磨面机引进伦敦的面粉厂。莫兹利的助手内史密斯发明了螺母自动铣削机、刨床和蒸汽锤，1845 年内史密斯发明了打桩机，大量用于各类建筑工程。莫兹利的学生理查德·罗伯茨发明了刨床和钻孔机。莫兹利的另一个学生约瑟夫·惠特沃斯发明测度机，使测量精度达到百万分之一英寸，他还制定了螺栓、螺丝钉的标准螺距。到 19 世纪初，特别是 19 世纪三四十年代，各类机械制造厂相继建立起来，还出现了制造专门机器的工厂，如纺织机械、蒸汽锅炉、蒸汽机、火车头、农业机械等，19 世纪英国机器制造一直走在世界前列。1851 年，在伦敦水晶宫举行的万国博览会上，来自世界各地的参观者无不为英国展示的各类机器表示赞叹。这次展会是英国工业革命成就的一次大展示，英国制造的机器对欧美各国工业革命发挥了巨大作用。

1850 年英国有 129 万马力的蒸汽机，占欧洲的 58.5%。

五、其他工业成就

英国首先把蒸汽机用于船舶运输，也是第一个用铁板和钢板制造轮船的国家，是世界造船大国。

英国还是世界上最大的采煤国。1850 年，英国的煤产量达到 4 940 万吨，法国只有 400 万吨，德国 610 万吨。1861 年，英国煤炭产量达到 8 360 万吨，1900 年更是达到 22 520 万吨。

六、英国工业革命取得的综合经济成就

英国的国民财富从 1760 年的 16.3 亿英镑增加到 1800 年的 20.7 亿英镑，1860 年达到 46.4 亿英镑，100 年间增长 184%，平均每年增长 1.8%[①]。国民生产总值从 1760 年的 9 000 万英镑增加到 1800 年的 1.4 亿英镑、1860 年的 6.5 亿英镑，在 100 年中增长 6.2 倍，年均增长 2%。

---

① 作者用水平法计算，这一数据为 1.05%。

第三节 建设快捷、高效、廉价的交通运输系统

运输是经济的命脉,有了命脉的畅通、快捷,工业才有发展的基础和条件。到1830年,仅英格兰就开凿了2 500(约4 023.36千米)英里的运河,它们与河流连接在一起,在全国形成水路交通网。公路从泥泞的土路发展为全天候公路,成千英里的现代公路四通八达。从1825年修建第一条铁路开始,英国在短短的几十年内就建成了连接全国主要政治经济中心的铁路网,到1850年建成铁路6 084英里(约9 791.25千米),1900年达到16 680英里(约26 843.86千米)。英国注册的船舶总吨位从1788年的127.8万吨增加到1850年的356.5万吨,1900年达到930.4万吨。到19世纪晚期,英国还成为最大的航海国。交通运输事业的发展为英国工业发展,为原料和产品运输创造了条件。英国交通运输事业的发展也是在技术进步的基础上实现的,没有技术的进步,交通基础设施的进步也无从谈起。

一、公路运输事业发展

(一)道路建设公司化市场运营管理

18世纪以前,英国的道路在欧洲几乎是最差的。道路的维护由道路所在教区负责,效率很低。英国政府为了保护道路,曾经规定所有货车车轮的宽度不得少于9英寸。由于英国资本主义快速发展,老的土路已经不能适应发展需要,为适应经济发展,新的道路建设工作按照市场经济的方式开始启动。1663年,赫特福特郡的韦德斯米尔建立了英国第一家道路公司。18世纪,英国通过议会立法,在全国普遍建立道路公司。私人道路公司有权以固定利率筹集资金,并对过往车辆收取通行费。道路公司用所筹集的资金修建和维护所管辖的公路。在这一政策下,英国公路建设迎来高潮。19世纪头25年,英国在道路和桥梁方面的投入平均每年在300万—350万英镑。至19世纪30年代,连接重要工商业中心的道路多为道路公司修建,但次要的道路建设仍沿袭旧制。1938年,英国共有22 000英里(约35 405.57千米)的收费道路,另有10.5万英里(约168 981.12千米)的其他道路。收费道路的质量和管理普遍好于其他公路。

(二)新的筑路技术运用

经济的快速发展迫切需要改进路面质量,使其在各种气候条件下都能够通行。新的技术应运而生。英国筑路技术的创新主要与麦特卡夫、特尔福德和麦克达姆等人有关。约翰·麦特卡夫为了增加路面硬度,用石块加固路基,再在其上铺几层细碎石子,将其夯实轧平,并让路面呈弧形,在道路两边挖沟排水,这样既可以防止路面凹陷,又可以避免路面

积水（这种方法罗马大道时已经采用）。这样的公路在晴天和雨天都可通行。托马斯·特尔福德擅长修建桥梁。他特别重视打好坚实的路基，在路基底部铺垫两层 3 英寸大小的石块，表面再铺 1 层 7 英寸厚的稍小石块，表面再铺一层 1 英寸厚的沙砾，把路面轧平，他修的路坚实平整，能承受比较大的重量。在可能的地方，他把路线截弯拉直，尽量缩短公路距离。约翰·劳登·麦克达姆的方法是使道路高出周围地面，在路边开挖低于路基的排水沟，用几层破碎石头代替大石块，再在上面铺上几层小碎石，夯平路基，用白垩和其他修路的材料混合，把路面轧平，防止路面透水，最终形成坚硬的路面。与特尔福德的方法比，他的方法成本要低得多，降低了修路费用，但耐久性要差一些。

新的筑路方法采用后，公路状况明显改善。1742 年，从伯明翰到伦敦要走 2 天，到 1782 年，12 个小时就够了。17 世纪 20 年代，由于收费公路林立，英国掀起了合并道路公司的运动，1861 年逐渐取消了通行费。

二、水上运输事业发展

英国作为一个岛国，水上运输条件较好，加上水上运输廉价和适应运输体积大、重量重的货物的优势，英国水上运输比较发达。适应英国工业革命的发展，英国的水上运输经历了以下几个发展阶段：

（一）河道的疏浚和改造

河流的疏浚对提高河流的通航运输能力意义重大。1712 年，英国地方当局下令对兰开夏和柴郡的河流进行勘察，目的是提高河流通航能力。在前运河时期，英国经历了 3 次改造河道的高潮，分别是 1662—1665 年、1699—1705 年、1718—1720 年。在最后一次高潮期间，有 6 家公司从事这项工作。到 1724 年，英格兰可以通航的河流达到 1 000 英里（约 1 609.34 千米），在过去的一个世纪通航里程增加了一倍。到 18 世纪中叶，英国的河道通航能力进一步提高，完成了几十项疏浚河道的计划。

（二）兴起修建运河的热潮

18 世纪中期，为了进一步提高河道的通航能力，人们在天然河流之外开挖人工河道——运河。开凿运河最早是为了满足运煤的需要，1757 年修建了从默西河到圣海伦斯的桑基运河。1759 年，布里奇沃特公爵为了运输自己土地上开采的煤炭，修建了沃斯利到曼彻斯特包括隧道、渡槽的运河，全长 10.5 英里（约 16.90 千米），1761 年通航，这在当时被认为是工程上的杰出成就。布里奇沃特公爵为修建这条运河花费了差不多 25 万英镑。许多历史书都把布里奇沃特公爵修建的这条运河当作运河时代的开始，这条运河称为英国第一条运河。修建运河后，曼彻斯特的煤价下降了一半。修建运河的成功使英国迎来了开凿运河的热潮。后来用了 5 年时间，曼彻斯特的运河延长到郎科恩，再过 9 年，运河已经通到了默西河，曼彻斯特的船只可以一直航行到利物浦。

布里奇沃特公爵修建运河成功的经验极大鼓舞和启发了那些急需解决交通运输困难的

富裕地主和商人。他们冒险将多年的积蓄、抵押土地所获得的钱以及从亲戚朋友那里借来的钱投资到开凿运河上来。8年后,伯明翰的商人开凿了伯明翰运河的第一段,18世纪末通航的赫里福特-格洛斯特运河使莱德伯里煤价从24先令降至13先令6便士。接着,连接默西河、特伦特河和塞文河的大干线运河于1777年建成通航。到18世纪末,英格兰约有2 000英里(约3 218.69千米)的通航河道,其中1/3是1760—1800年修建的运河,另1/3是自然可以通航的航道,剩下1/3主要是1600—1760年人工疏浚的河道。"运河热"一直持续到19世纪30年代"铁路热"到来才消退。到19世纪30年代,英国为建设和改进内河航道共花费了2 000万英镑。通过运河建设,英国的3条河流被连接起来——1772年默西河和塞文河连接起来,1777年默西河和特伦特河连接起来,1789年塞文河和泰晤士河连接起来。至此,伦敦和布里斯托尔、伯明翰、利物浦和赫尔等大城市已经通过水道连接起来。1793年,从米德兰到伦敦的主要干线运河大枢纽运河开始修建,1805年通航,它把英格兰重要工业区和首都伦敦连接起来,具有非常重要的历史意义。到1815年,英国有约2 200英里(约3 540.56千米)借助船闸通行的水道和2 000英里(约3 218.69千米)河流可以开放通航。

英国水上运输事业的发展走的是完全市场化的道路,修建运河的主要出资人是与今后运河的使用有着直接利害关系的地主、商人和企业家。有时市政当局、银行和大学也参与投资,一些个人受运河可观经济前景的诱惑,期待获得资本收益,也以股东的身份进行投资,有的投资红利十分可观,如牛津运河在长达30年的时间里每年投资红利都在30%以上,老伯明翰运河最初一股140英镑,在"运河热"顶峰时期的1792年一股可以卖到900英镑。当然,也有时运河投资业绩不佳,如农业区的运河经济效益都不高。

运河建设大大降低了运输成本,例如把一吨货物从利物浦运到曼彻斯特,通过陆路要40先令,通过运河只要6先令,即水运费用不到陆路运输费用的1/6。水上运输大大降低了煤炭、钢铁、陶瓷、砂石建材等生产企业的成本。

(三) 修建码头和港口热潮

运河热的同时,也出现了修建码头和港口的热潮。在18世纪的前75年,英格兰建成的码头和港口设施占地还不到150英亩,在该世纪的最后25年,这一面积增加一倍,而在19世纪的最初30年,码头占地面积扩大了4 700英亩,是1799年的10倍以上。1799年到1815年,议会批准的用于伦敦码头建设的资金超过550万英镑。

(四) 汽船的发明和推广使用

汽船的发展是水上运输的革命。过去船是靠风力或人力推动,蒸汽机发明后,开始了蒸汽机推动船舶行使的研究。苏格兰的造船业主达尔斯文顿的米勒先生1788年在詹姆斯·泰勒的帮助下制造出了第一艘用蒸汽机做动力的船,每小时航行5英里(约8.05千米),1789年航行试验时速达7英里(约11.27千米)。以后米勒的合作者塞明顿继续实验,在邓达斯勋爵的资助下,1803年建成汽船"夏洛特·邓达斯号"下水试航,拖着另外两艘各载重 70 吨的船,航行了 17 英里(约 27.36 千米),到达格拉斯哥的邓达斯港。汽船明轮激起的水浪大,容易对运河两岸造成破坏,遭到运河委员会的反对,塞明顿的汽船搁置起来。格拉斯哥的亨利·贝尔和美国的罗伯特·富尔顿受塞明顿汽船的启发,继续进行汽船研究。富尔顿从伯明翰的博尔顿·瓦特公司引进蒸汽机,安装在他的"克莱蒙特号"上。该船 1807 年在纽约的哈德逊河下水试航,航行速度达到 9.25 千米,完成了 228.7 千米的航程,取得完全成功。亨利·贝尔建造了"彗星"号汽船,1812 年在克莱德河上试航成功。公众对汽船的怀疑逐渐消失,此后汽船航行在英国的各条水道上。1816 年,汽船开始在海上航行,当年开辟了从格林诺克到贝尔法斯特的汽船定期航线,从此英国水面上的汽船不断增加。在英国各港口之间,在英国和爱尔兰之间,汽船运输逐渐经常化。1821 年建造的两艘 400 吨的客船航行在利斯至伦敦的航线上,每艘船上有 100 位旅客的住宿设施,船上安装 100 马力的引擎,续航能力 60 小时。1819 年第一艘明轮汽船"萨凡纳号"从美国穿越大西洋到达英国的利物浦和俄国的圣彼得堡,然后返回美国。汽船在制造技术上取得很大进步,蒸汽引擎日趋完善。早期的汽船由于蒸汽机效率不高,需要装载大量煤炭,竞争力尚不如帆船,1830 年发明螺旋桨后,螺旋桨取代明轮,汽船的数量才迅速增加起来。1850 年,英国拥有帆船 24 979 艘,排水量 339.7 万吨,汽船只有 1 187 艘,排水量 16.8 万吨,到了 1883 年,汽船的吨位超过帆船,那时英国有帆船 18 415 艘,排水量 351.4 万吨,汽船 6 260 艘,排水量 372.8 万吨。1853 年,一艘总吨位达到 18 918 吨"大东方号"铁船建成,该船自重 6 250 吨,能乘坐 4 000 名乘客,1858 年下水,航行速度达到 14 海里,到澳大利亚航行时间 75 天。19 世纪 80 年代,由于钢铁工业发展,铁船逐渐被钢船取代,并开始采用双螺旋桨、三级膨胀式发动机、四级膨胀式发动机、齿轮传动汽轮机、柴油发动机等新技术。造船技术更加先进。

三、铁路建设

(一) 使用人力和畜力拉动的铁路建设

铁路运输是陆上运输的一次重大革命。英国在 16 世纪就有了铁路轨道,用人力或畜力拉动。在英国腹地,矿主尝试使用轨道车运输煤炭。在普通道路上,一匹马拉的车只能运 17 英担(一英担为 50.802 千克)的货物,而一匹马拉的轨道车可以载 42 英担。早期轨道是木制的,后来在木轨上钉上铁皮或铁板,这样的轨道称为板轨铁路。后来人们开始使用生铁铸造轨道。大约在 19 世纪初,铁轨改用锻铁铸造。早期轨道车用木轮,1753 开始使用铸铁轮轨道车。1789 年,轨道和轨道车的车轮做了重大改进,斯密顿和威廉·杰索普建议采用窄轨侧立的铸铁轨,轨长 3 英尺(约 91.44 厘米),这种轨道把轨道上的缘移到车轮的内侧。这种模式的轨道和车辆成为以后很长一段时间的标准模式。这时铺轨开始用枕木,后来用石枕。当时轨道之间的宽度和轨道车的形状还没有统一标准。

1801 年,萨里铁路公司获得议会颁布的法令,被允许完成其铁路的第一段,即从旺兹沃斯到克洛伊登的铁路。这是英国议会通过的第一个《铁路法》。英国也建立了第一家铁路公司。英国第一条铁路 1804 年建成，车辆用马力牵引。从 1801 年颁布第一部《铁路法》到 1821 年批准修建斯托克顿到达林顿的铁路这段时间，英国议会共通过了不下 19 个铁路修建法令。早期铁路尚不是运输主力，但在解决煤炭、铁矿运输到运河边的问题上发挥了重要作用。蒸汽机牵引机车的研究已经提上议事日程。

（二）蒸汽机车的发明

理查德·特里维西克是南威尔士梅瑟蒂维尔煤矿的工程师，他 1804 年制造出一台蒸汽机车，在他所在的煤矿使用了一段时间，开始能拉 10 吨货物，后来提高到 25 吨，平滑的车轮在平滑的轨道每小时行走 4 英里（约 6.44 千米）。理查德被称为"机车之父"。真正实用的机车是乔治·斯蒂芬森发明的。1814 年，他建造了第一台蒸汽机车。从此机车在铁路上的使用逐渐多起来，首先是在矿区。如 1814 年在基林沃斯矿一条坡度 1/150 的铁路上，一辆机车拉着 8 节载重 30 吨的列车以每小时 4 英里的速度上行，取得成功。现在史书上一般都说斯蒂芬森是机车的发明者，其实这一发明有着众多人的贡献，没有瓦特的蒸汽机更是无从谈火车蒸汽机车。

（三）铁路建设高潮和铁路网的形成

最初，铁路机车速度并无太大优势，修建运河还是铁路哪个划算还存在争议。1821 年，英国议会终于通过从斯托克顿到达林顿铁路建设法令。1823 年斯蒂芬森开始铺设这一铁路，该铁路长 37 英里，于 1825 年建成，当年 9 月 27 日通车。经过改进的斯蒂芬森蒸汽机车拉动一节客车和 6 节货车车厢，载重 80 吨，以 10—15 英里（16.09—24.14 千米）的时速行驶。通车时盛况空前，有 4 万人观看。不久以后，该铁路延伸到威顿帕克煤矿，使铁路到始点站斯托克顿的距离延长到 125 英里（约 201.17 千米）。该铁路通车后，运输收入连年攀升，1827 年仅运煤收入就达 14 455 英镑，其他货物收入 3 285 英镑。该铁路通车后，客运和货运逐步从公路运输转移到铁路运输。

1825 年底，英国共有各种铁路 300—400 英里（约 482.80—643.74 千米），而且多数靠人力和畜力牵引，从斯托克顿到达林顿铁路的成功推动了铁路建设的热潮，1826 年议会批准了 18 条新铁路计划，其中包括曼彻斯特到利物浦的铁路建设。在铁路即将竣工之际，在使用什么作为动力来牵引机车的问题上也产生争议，最终还是动力机车占了上风，乔治·史蒂文森的儿子罗伯特·史蒂文森设计的"火箭号"赢得了铁路公司董事征集最好机车的悬赏。在通车典礼上，"火箭号"机车牵引 8 节特别车厢，载着包括首相威灵顿公爵在内的 700 多名贵宾，以平均 14 英里（约 22.53 千米）的时速驶完全程。曼彻斯特到利物浦铁路解决了两地之间巨量货物往来无法通过运河满足的运输难题，铁路投资人还取得了可观的投资收益。

1835 年，英国另一条干线铁路利物浦到伯明翰的铁路与从纽顿到沃灵顿到伯明翰的两条支线衔接起来，全长 80 英里，是当时英国最长的铁路。

在建设利物浦到伯明翰铁路的同时，伦敦到伯明翰的铁路建设也提上议事日程。该铁路的建设法案于 1833 年在议会获得通过，铁路在 1838 年全线贯通。

伦敦到布里斯托尔的铁路随后也开始建设。该铁路（大西铁路）法案 1833 年获得议会通过，1839—1841 年，大西铁路各段先后通车。到 1860 年，英国铁路已经建成 9 069 英里（约 14 595.14 千米），铁路网基本建成，经过改进的机车使火车运行时速平均达到 30—40 英里（约 48.28—64.37 千米）。

此后，英国铁路领域经历了铁路的合并和轨距的统一，铁路运行走上正轨。由于英国的铁路均由各公司分散进行建设经营，还有轨距不统一造成的巨大障碍。公司合并成了趋势。乔治·赫德控制了 1 500 英里（约 2 414.02 千米）的铁路。伦敦银行家乔治·卡尔·格林的公司到 1850 年控制了 6 000 英里（约 9 656.06 千米）的铁路。1846 年英国议会通过了《轨距法》，全国铁路的轨距一律统一为 4 英尺 8.5 英寸（约 1.48 米）。

英国铁路网提供了稳定、可靠、及时和廉价的运输，为英国经济发展提供了良好的运输条件，铁路还对运河运输造成很大冲击，使其逐渐衰落。

第一次工业革命中的第一次技术革命，英国人独占鳌头，他们出尽风头、尝尽甜头，但在第二次技术革命中，英国就没有那么幸运了。第二次工业革命虽然英国仍是主要参与者，但德国、美国、法国等国家在科学技术发明上逐渐后来居上，超过了英国，虽然英国也在发展，但相对地位逐渐下降，到 20 世纪初已经被美国和德国超越。在第二次工业革命中兴起的化学工业上，德国人独占鳌头；内燃机为德国人创造，汽车虽然是英国人发明的，却在美国、德国大放异彩；石油工业美国人率先打出第一口油井；电力工业、电气机械让美国人和德国人占了先机；通信行业英国人发明了电报，但美国人进行了商业应用，电话则由美国人发明；在传统的钢铁、煤炭、纺织、机械等行业，英国也被美国、德国人超越。

第四节　英国成为全球超级大国

一、实行殖民和掠夺，完成资本原始积累

英国利用工业革命成就带来的强大军事实力在全球实行殖民和掠夺，奴隶贸易等获取了巨额利益，包括大量不义之财，积累了大量财富，完成了资本主义发展的原始积累。

（一）用强大军事实力开路，在全球推进英国利益

为了争夺殖民地和商业利益，英国利用其逐渐强大起来的军事实力发动了一系列的战争，最早的战争是 16 世纪末与西班牙的战争，英国消灭西班牙无敌舰队，获得海上霸权。后来荷兰从西班牙获得独立后进步神速，很快成为海上霸权国家，英国在 17 世纪中期又发动了 3 次对荷兰的战争，虽然没有彻底击败荷兰，但英国已经成为海上霸主。18 世纪，

英国又发动了"西班牙王位继承战争",并在战争中获益很大,占领了直布罗陀战略要地,扩大了北美殖民地,还把触角伸向了南美洲。"奥地利王位继承战争"英国也参与其中,其目的是打击法国。法国当时势力还比较强大,对英国利益的扩大形成障碍。这场战争称为"七年战争"。1763 年,英法缔结《巴黎和约》,"七年战争"结束。根据和约,英国获得巨大利益,巩固了在北美占领的领土,其中包括加拿大、除新奥尔良以外的密西西比河和俄亥俄河流域的全部土地,布雷顿岛和对劳伦斯各岛屿。在印度,法国只保留印度沿岸的本地治理等 5 个城市作为商栈。"七年战争"是英国争夺世界霸权的一个转折点,战争削弱了法国在海外的力量,巩固和扩大了英国在北美洲和印度的殖民地,确立了英国的海上霸权地位,使其成为世界上最大的殖民帝国,并为它的进一步扩张奠定了坚实基础。

(二) 在全球推进殖民活动,成为全球最大殖民国家

英国的殖民活动在欧洲不算早,前期规模也不算大,西班牙、葡萄牙、荷兰都曾是比英国大的殖民国家,英国通过军事手段,逐渐取而代之,成为世界最大的殖民国家。17 世纪初,英国开始入侵北美洲,至 1733 年在北美洲东岸建立了 13 块殖民地,1612 年向百慕大群岛殖民。17 世纪的 20—30 年代,英国先后占领了西印度群岛的巴巴多斯、尼纳斯、托尔图加、蒙特塞拉特、安提瓜、普多维登斯、巴哈马、特克斯瓜德罗普和马提尼克;1713 年通过西班牙王位争夺战获得法国割让的纽芬兰、新斯科舍、哈德逊湾和圣基茨岛,西班牙的直布罗陀和米诺卡岛;通过与法国的 7 年殖民争夺战的胜利,夺取了法国在北美洲、西印度群岛、非洲、印度等地的大量殖民地。1781 年,英国从荷兰人手中夺得苏门答腊,并割占马六甲和槟榔屿。18 世纪末英国殖民者的触角伸向太平洋,并于 19 世纪把澳大利亚和新西兰变成了它的殖民地。19 世纪英国还对中国进行多次武装侵略,逼中国割让香港,把中国轮为半殖民地国家,后来还通过战争控制了中国的海关系统,控制了中国经济命脉。英国的殖民帝国相当广阔,殖民过程以直接的军事殖民为主,公司化殖民为辅如英国东印度公司,在北美洲的伦敦公司和普利茅斯公司。

英国获得殖民地的目的有:进行农业种植和商业经营,获取殖民地国家的廉价原材料,大量销售英国本地商品,为英国本地产品寻找出路。

(三) 殖民过程中的直接掠夺

英国在殖民过程中不曾怀怜悯之心,直接掠夺是基本策略。

在英国工业资产主义确立以前,殖民活动大多采取直接掠夺的方式盗窃殖民地的财富,抢占殖民地人民的土地,掠夺其金银财宝和各种资源。从美洲掠取的金银和印度的财富是主要来源。

英国殖民者每占领一块印度的土地都会大肆抢劫。他们劫掠地方国库,仅在 1757 至 1765 年间就抢劫了孟加拉邦国库 3 700 万英镑的物品,还有大量财物落入个人腰包。他们逼迫印度当局给予免税待遇,以大大低于市场的价格收购商品。据估计,与法国的 7 年战

争获得印度殖民地后的55年里,英国通过东印度公司掠夺的财富超过50亿英镑。

英国侵略中国除获得商业利益外,还通过军事侵略胁迫中国签订不平等条约掠夺中国财富;第一次鸦片战争英国取胜,签订中英《南京条约》,中国向英国赔款2 100万银元(指西班牙银元,约1 470万两白银);第二次鸦片战争前期签订《天津条约》,中国向英国赔款400万两白银,后来英国不满足于前次赔款,又签订《北京条约》,将赔款增加到白银800万两。八国联军侵略中国时签订《辛丑条约》,本息共4.5亿两白银,其中向英国的赔款为5 062万两。在向八国联军支付的赔款中,有学者估计中国实际赔款达到白银5.76亿两。

第二次鸦片战争期间,英、法两国组成联军发动侵华战争,掠夺焚毁圆明园。

1900年8月中旬,八国联军占领北京以后,英国参与八国联军掠夺中国皇宫和颐和园。此外,英国在中国从事不光彩的鸦片贩卖获益数额巨大。

(四)从事带血的奴隶贸易,成为世界最大奴隶贩运国

奴隶贸易是资本主义发展史上最血腥的一页。英国是奴隶贸易的主要参与者。早在16世纪,英国就开始进行这项罪恶的贸易。1562年,霍金斯第一次到非洲的塞拉利昂捕获了300名奴隶,并贩卖到西印度群岛。英国政府批准成立的特许公司如几内亚公司(1588年)、伦敦开发非洲贸易公司(1618年)、皇家开发非洲贸易公司(1660年)、皇家非洲公司(1672年)和南海公司(1721年)等都在奴隶贸易中赚取了丰厚的利润。英国主要港口城市利物浦、布里斯托尔和伦敦都在奴隶贸易中起了重要作用。利物浦更是英国,乃至欧洲从事奴隶贸易的中心,它的繁荣渗透着非洲奴隶的鲜血。奴隶贩子从事所谓的三角贸易,将英国或者欧洲大陆生产的廉价工业品,如纺织品、玻璃制品、烟、酒、刀剑、枪支和其他金属制品运到非洲,用交换、欺骗或暴力等手段从非洲掳掠黑人奴隶,然后运到美洲出售给当地的种植园主,再从那里运回本国工业急需的棉花、烟草、蓝靛、糖、树脂、木材等。奴隶贩运船只上的奴隶在船上境遇悲惨,死亡率很高,能够活到目的地的大约只有半数。尽管如此,奴隶贸易的利润率还高得惊人,一般都有几倍至几十倍。根据"西班牙王位继承战争"后签订的《乌特勒支和约》(1713—1714年),英国从西班牙手中夺得了在非洲和西属美洲之间贩卖奴隶的特权,从此英国成为最大的奴隶贸易国。英国还把奴隶贩运到北美洲的棉花和烟草种植园,此后用奴隶廉价劳动生产的棉花、烟草源源不断运到英国,有力支持了英国的工业革命。

二、圈地运动为资本主义发展准备了资金和充足的劳动力

英国的圈地运动发生很早,进行的时间很长,早期的圈地运动从15世纪最后30年开始到资产阶级革命以前。这段时间圈地导致农民失地,影响社会稳定,因此受到政府的限制,圈地的规模不大。根据盖伊(E. Gay)的估计,1455年至1607年共圈地约516 673英亩,约占英格兰总面积的2.76%。资产阶级革命后,圈地被完全合法化,议会成了最高权力机关,圈地的批准权转移到议会,称议会圈地(见表8-1)。

表 8-1　　　　　　　　　　　　　议会圈地的规模

时间	公用地和部分荒地		纯荒地	
	法令数（条）	面积（英亩）	法令数（条）	面积（英亩）
1700—1760 年	152	237 845	56	74 518
1761—1801 年	1 479	2 428 721	521	752 150
1802—1844 年	1 075	1 610 302	808	939 043
合计	2 706	4 276 868	1 385	1 765 711

议会立法通过的法令有两种：一种是私法，即为特定地点的圈围而制定的法律；另一种是圈地总法，即为一般圈地而制定的法律。1845 年以前，大部分圈地是通过私法进行的。按圈地总法进行的圈地相对简单。英国大部分的可耕地圈围是在 1850 年前完成的，此时英格兰和威尔士有 200 万—300 万英亩未圈围的公用地，其中有 25 万英亩可耕公用地。经过大约 3 个世纪的圈地运动，英国的耕地几乎全部圈占。根据对 1790 年英格兰和威尔士土地占有情况估计，400 家年收入 5 000—50 000 英镑的大土地贵族拥有的土地占全部耕地面积的 15%—20%，乡绅占有土地 50%—60%。

英国圈地运动造成的后果主要有：第一，形成大量农民失地，失地给农民造成痛苦，在圈地高潮中农民曾进行激烈的反抗，有几次反圈地的农民起义规模都达到 1 万—2 万人，但是圈地运动也为英国工业革命准备了大量产业后备军。第二，圈地运动本身是资产阶级在农村进行的资本主义产业革命，它虽然造成农民失地痛苦，但它造就了一大批农业资本家，实现了农业领域由封建小农经济向规模化资本主义农业经济的进步。第三，农业资本家通过农业规模经营实现了资本的原始积累，在农业规模经营过程中对农民的剥削是明显存在的，甚至是残酷的。《工匠法》具有鲜明的阶级性，规定治安官应每年根据情况决定最高工资额。农业资本家却有大的收获，积累了大量资金为后面的工业革命打下基础，后期工业革命中的工业（如纺织、钢铁）、交通（公路、运河、铁路）投资者有很多都是这些大地主资本家。第四，圈地运动促进了农业生产。圈地不仅没有造成农业产量下降，反而促进了农业产量增加，对农业本身是一种促进。

三、英国教育事业发展为资本主义发展奠定了知识和技术基础

文艺复兴后，英国人经过资产阶级革命和宗教改革，思想在欧洲最解放。欧洲在德国古登堡开始使用印刷技术后，知识的传播速度加快。在资产阶级思想影响下，英国的牛津大学、剑桥大学在 16 世纪末和 17 世纪初的大学教育发生了革命性变化，两所大学开设了数学和理科课程，并增设了自然哲学、道德哲学、阿拉伯语、物理、植物学等课程，两所大学培养了威克利夫、吉尔伯特、波义尔、胡克、培根、牛顿等一大批科学家，大学已经成为科学家的摇篮。

16 世纪下半叶，英国建立了一个讲授近代科学知识的学院——格雷山姆学院，其创始人格雷山姆是麦塞斯公司的老板、皇家交易所的创始人和女王伊丽莎白一世的财政大臣，他在遗嘱中要求用他在伦敦的房地产建立一所学校，专门传授新的科学知识。这所学

校成为英国讲授实用科学和科学家聚会的中心。苏格兰在 15 世纪先后成立了安德鲁斯大学（1412 年）、格拉斯哥大学（1451 年）、阿伯丁大学（1494 年）3 所大学，1582 年又成立了爱丁堡大学。苏格兰的大学也培养了一批在科学技术领域有重大影响的人物，如古典经济学家亚当·斯密和发明家詹姆斯·瓦特都在格拉斯哥大学学习和工作过。可见，英国的教育事业发展在第一次工业革命时期对英国的科技事业的发展起了重要作用，对经济发展的作用是不言而喻的。

四、英国人口的增长

英国在中世纪人口增长很慢，1066 年诺曼入侵英国时，英格兰人口约 200 万多一点，诺曼征服 200 年后，人口达到 275 万，那时英格兰人口翻一番大约花了 435 年，此后相当长一段时间人口增长缓慢，人口再翻一番用了整整 400 年时间。16 世纪末，英格兰人口大约 500 万，17 世纪末，英格兰和威尔士大约有 136 万个家庭，按伦敦平均一个家庭 5.5 人计，英格兰约有人口 550 万。

（一）工业革命后的人口快速增长是英国经济保持快速增长的重要条件之一

英格兰人口的快速增长始于 1740 年，根据 P. 迪恩和 W. A. 科尔计算，英格兰和威尔士的人口在 1701 年为 582.6 万人，1751 年为 614 万人，1801 年为 915.6 万人，18 世纪上半叶增长 5.4%，下半叶增长了 49.1%。1740 年以前，人口年均增长率不到 0.25%，以后增加到 0.6%—0.8%；从 18 世纪 80 年代到 19 世纪 20 年代，年均增长率达到 1.45%；1811—1821 年达到 1.8%。从 16 世纪中期到 18 世纪中期，英格兰人口翻一番用了两个世纪。在 19 世纪，英国人口翻一番用了不到 50 年时间，1781 年到 1831 年，英格兰和威尔士人口增加了一倍。19 世纪，英国的人口从 1801 年的 1 050.1 万人增加到 1901 年的 3 700 万人，增长了 2.5 倍；1801 年到 1821 年增长了 34%，1821 年到 1841 年增长了 32%，1841 年到 1861 年增长 25%。1870 年以后，特别是 1910 年以后，人口增长放缓。英国人口经历了一个多世纪的高速增长，人口的高增长也是英国经济在工业革命中维持高增长的重要原因，因为人口的增长创造了大量需求。当然，另一方面经济的增长也刺激了人口的增长。1 050 万人口的市场与 3 700 万人口的市场是完全不可同日而语的。此外，人口快速增长为经济发展提供了足够的劳动力。

（二）英国人口一个多世纪高速增长的原因

一是工业革命的成功进行带动了、刺激了人口的增长，因为工业快速增长带来劳动用工的快速增长，人们能成功就业，没有就业压力，人口的增长自然能适应工业增长，而且人口的快速增长与工业革命基本同步也充分证明这一点。人口的增长反过来也促进了经济的快速增长，促进了工业革命，二者有相互促进的作用。二是医疗条件的改善和医疗技术的进步是人口增速加快的重要原因。医学在 18 世纪取得重大进步。1700 年，伦敦还只有两家医院，全国也只有 5 家（这一点恐怕远落后于同一时代的中国），到 1800 年，英国的医院至少增加到50家。1769年，伦敦建立了第一个诊疗所，到1800年，又建立了18个，这些医院的诊疗所在医治疾病、传播卫生知识方面起了积极作用。在医疗技术方面，助产科已经作为医学的专门分支出现，新生婴儿和产妇的死亡率下降。细菌学已经取得重大成就，科学家已经弄清楚一些疾病的传播渠道，知道了传染病与住房、通风、卫生、水源和环境有关，并采取了一些控制传染病流行的措施，致命的传染病如鼠疫等得到控制。中国人预防天花的办法得到应用，后来该技术在英国得到进一步改进，"种牛痘"的办法使天花死亡率大幅下降。19世纪40年代还发明了麻醉剂，使外科死亡率降低。三是生产关系的进步促进了结婚年龄的下降。在农村，过去雇工大多住在雇主家里，奴隶结婚是要经过主人同意的。后来，有自己住房的雇工增加，结婚相对自由了，结婚年龄提前。在城市，过去有1563年通过的《学徒法》对结婚的限制，学徒一般要学7年（学徒期），学艺期间不允许结婚，所以学艺者一般结婚年龄比较晚。1814年，《学徒法》不再强制执行。18世纪初，英国人平均结婚年龄约27岁，在纺织工业区和矿区，结婚年龄降到20岁。结婚年龄提前明显提高生育率。四是经济发展。居民营养状况的改善使身体素质提高，死亡率降低，出生率提高。

值得一提的是，英国在人口高增长阶段还出现了大量移民。如果没有移民，英国的人口增长率可能会更高。

英国人口增长与GDP增长和人均GDP增长的关系

从1700年到1801年，英国的GDP年均增速为0.86%，人口年均增长0.63%，人均GDP增长0.23%。瓦特发明蒸汽机后，增速明显加快，1801年到1820年，GDP年均增速为1.88%，人口年均增长1.46%，人均GDP年均增长0.42%。

表8-2　　　　　　　　1820—1998年英国人均GDP增长和人口增长　　　　　　单位:%

时期	1820—1870年	1870—1913年	1913—1950年	1950—1973年	1973—1998年
人均GDP增长率	1.26	1.01	0.92	2.44	1.79
GDP增长率	2.05	1.9	1.19	2.93	2
人口增长率	0.79	0.87	0.27	0.48	0.21

资料来源：安格斯·麦迪森著，伍晓鹰、许宪春等译：《世界经济千年史》。

英国的人口增长数据和经济增长数据的关系表明：在科技不发达的年代，经济的增长主要靠人口增长推动。瓦特发明的蒸汽机真正起作用以前（大体按1801年以前计算），1700—1801年，经济年均增长0.86%，人口年均增长0.63%，人均GDP仅增长0.23%；直到19世纪前20年，经济增长主要还是由人口的增长来推动的。1820年以后，人均GDP增长率才开始高于人口的自然增长率，表明科技产生的贡献明显加大。越是到现代，人均GDP增长率高于人口自然增长率的幅度越大，这充分表明：在科技发达的年代，经济的增长主要是靠科技来推动的，人均GDP的增长必须有科学技术的进步作为基础才能实现。

五、较长时间稳定为发展提供良好环境

英国在17世纪中期开始的资产阶级革命结束后（1688年结束），社会矛盾基本消除，

除个别城镇的食品暴动以及 1715 年和 1745 年"王位觊觎者"在苏格兰发动暴乱以外,英国国内长期保持政治稳定和社会稳定的和平环境,即使参加国际战争(包括同西班牙、荷兰、法国等),战争也是在境外进行,没有对英国的经济造成破坏。这样长期稳定的环境极有利于发展经济,有利于进行商业冒险和吸引长期投资。同期,在欧洲大陆的主要国家,德国、法国、奥匈帝国、俄国在欧洲大陆经常进行着大国间争霸战争,还同时进行宗教战争,以及后来的资产阶级革命战争,始终处于混乱中,没有稳定环境集中精力发展经济。这也为英国发展经济提供了绝佳的时机,而资产阶级革命胜利正是要追求发展所带来的利益,资本主义找到了绝佳的一心一意发展时期,正是这段稳定时期成就了英国的崛起。稳定作为发展的重要条件在英国得到充分体现,原来比它强大的国家落后了。

六、走向法治,为资本主义发展提供法律保障

英国在资产阶级革命取得胜利后,依法办事的风气逐渐形成。英国运河、公路和铁路的兴建都是在议会通过法律后开始实施的。英国较早有了专利保护法保护专利。成立殖民地东印度公司等众多殖民地公司也是英国议会通过法律授权的。具有讽刺意味的是,贩运奴隶的多家公司都是英国议会批准的合法公司。圈地运动中的每项圈地活动也是一个个议会法案在议会通过的。走向法制,大大减少了社会矛盾,维护了市场的秩序,英国资本主义在法制的框架范围内快速成长。走向法制,体现了英国资本主义本身的公平,但是其法制的资本主义特点尽显,它完全没有考虑对殖民地国家、对被贩运奴隶的公平。

七、伦敦成为世界金融业中心

在英国工业革命的准备阶段和进行过程中,银行和金融业都起了非常重要的作用。

(一) 英国的银行

英国的银行成立于 1694 年,当年一个富人集团筹集 120 万英镑,以 8% 的年利率贷款给政府,条件是给予这个集团成立银行的特许证。因此,1694 年英格兰银行成立了,当时的主要职能是对政府贷款,而且取得发行货币的特权,并且很快取得了由议会担保的发行国债的权力。1700 年,英格兰银行被授予储备进口黄金、承兑汇票并以黄金储备为后盾发放贷款,处理政府海外财政事务的权力,但不允许经商。英格兰银行占有联合股份银行的垄断地位,在一个多世纪里阻止了合股银行的发展,但私人银行还是发展起来,到 1750 年,伦敦的私人银行有 30 家,1800 年有 70 家。伦敦以外也出现了银行机构,1780 年有 119 家,1800 年增加到 300 家。大约在 18 世纪初,私人成立的地方银行(Country Banks)出现,1784 年只有 120 家,1800 年 370 家,1810 年有 650 家。

银行业在扩张过程中也经常发生危机,特别是在经济不景气时,更容易引发危机。1809—1830 年,有 311 家地方银行破产,其中 179 起都发生在 1814—1816 年和 1824—1826 年两次经济危机期间,英格兰银行甚至到了停止支付的边缘。

针对小银行的混乱局面,英国政府于 1826 年采取紧急法律行动,削弱地方银行,当

年法令禁止发行面额小于 5 英镑的银行券。1826 年和 1833 年的《银行特许法》允许英格兰和威尔士的银行向公众发行股票,在伦敦及其周围地区建立股份银行,其条件是不得发行银行券。此后股份制银行迅速发展起来,到 1850 年,英格兰和威尔士已经有约 99 家股份制银行,600 家分支机构。1875 年,股份制银行增至 122 家,其分支机构增加到 1 364 家。1850 年仍有 327 家私人银行。

19 世纪,英格兰银行成为整个世界的结算中心。英格兰银行在满足英国铁路热资金需求后,在海外为本国剩余资金找出路,广泛参与国外生产性投资,购买外国政府债券,为英国工商利益发展做出了巨大贡献。

英国银行在发展过程中通过合并和兼并,资金实力增强,规模扩大,数量逐渐减少。1825 年英国共有银行 715 家,1850 年 459 家,1875 年 381 家,1913 年减少到 88 家。

(二) 货币和信贷政策

英国 18 世纪基本上属于银本位制。对银币的投机和贸易逆差使银流出英国,银本位制无法坚持,1816 年法律正式确立金本位制。当时的英国,市场流通的货币除硬币外,广义货币还有支票、银行券、汇票、不具名票据等。支票在 17 世纪就已经出现。英格兰银行发行的银行券一般只能在伦敦流通和兑现,直到 18 世纪 90 年代,英格兰银行没有发行过低于 10 英镑面额的银行券。地方银行发行面额较小的银行券,如 1 英镑、5 英镑、10 英镑等面额。期票和期票贴现在银行和商人之间逐渐流行,为现金困难企业提供了方便。英法殖民战争曾经对英国金融造成严重冲击,造成英国金本位停止,当时英格兰银行被授权发行面额 5 英镑以下的银行券,英格兰银行发行的钞票首次成为英国法定货币。1821 年,战时紧急财政政策结束,英国正式恢复金本位制度。此时英国金融系统的构成为:第一,中央股份银行-英格兰银行,起着国家银行和国家黄金保管者的作用。第二,几十家没有银行券发行权的伦敦私有大银行。第三,800 家小的私有地方银行,它们有权发行银行券,但面额受到限制。

英国金融业还产生了众多金融形式,如证券经纪公司,后来又演变为票据贴现所,伦敦还有银行票据结算所,18 世纪还成立了证券交易所(其前身为 1571 年成立的皇家交易所),为企业筹集资金,进行有价证券交易。1801 年交易所移到伦敦老城圣保罗大教堂附近的专门建筑物内,并制定严格的交易程序。证券交易所最初主要从事政府债券、东印度公司和英格兰债券交易,后来业务扩大,一些工业企业的有价证券也上市交易。

伦敦逐渐成为全球金融中心,至今仍然是世界主要金融中心和最主要的外汇交易中心。

第五节 "日不落"帝国的衰落

英国一度空前强大(见表 8 - 3),为什么会在不到 100 年的时间里迅速衰落呢?

表 8-3　　1820—1913 年主要国家在世界工业生产和世界贸易中所占比重（库钦斯基估计）　　单位：%

年份	占世界工业生产比重				占世界贸易比重			
	英国	美国	德国	法国	英国	美国	德国	法国
1820	50	10	12*	12—20	18	8	—	—
1850	39	15	15	—	21	10	—	11
1870	32	23	13	10	22	8	13	10
1890	18	31	16	7	19	12	13	9
1913	14	36	18	6	15	11	13	8

注："*"表示该数据为 1840 年数据。

一、科学技术发明退出 300 年左右的领先地位

前面已经讲到，英国从 1600 年到 1900 年，保持了约 300 年全球科技领先的地位，其实力无人能及，但在这 300 年的最后 50 年，德国迎头赶上。1901 年到 1993 年，全球共有 58 项重大科技发明，英国只有 7 项，美国已经占绝对优势，多达 24 项，德国达到 9 项，俄国有 4 项。从技术发明的角度，足以说明英国的衰落。

二、科学技术的产业化（第二次工业革命）处于绝对劣势

科学技术转化为生产力是经济发展的最大动力。与第一次工业革命不同，英国在这场竞争中完全处于下风。工业主要原材料钢铁，英国 1914 年产量 783.5 万吨，而德国 1910—1914 年的平均产量已经增加到 1 479 万吨，美国已经增加到 2 657 万吨。英国已经被远远超越。化学工业方面，英国颜料制造 19 世纪下半叶已经被德国人的人工合成颜料超越。化学肥料，英国仅在过磷酸钙方面有成就，而德国人和意大利人还制造出了钾肥和氮肥，并形成产业化。在工业机械之母的内燃机制造方面，英国也明显要落后一些。德国人奥托 1854 年制造出以煤气为燃料的内燃机。1893 年，这种内燃机的功率已经达到 200 马力。1883 年，德国人戴姆勒研制出以汽油为燃料的内燃机。1892 年，德国人鲁道夫·狄塞尔研制出自动点火的柴油内燃机。英国人则只在煤气内燃机方面有所建树，而汽油、柴油内燃机成了日后工业应用的主流。在汽车制造方面，德国人卡尔·本茨 1885 年制造出以汽油内燃机为动力的三轮汽车，时速达 20 千米，并创建世界上第一家汽车公司。戴姆勒 1886 年成功制造四轮汽车，引人注目。美国汽车工业开拓者亨利·福特于 1892 年开始研制汽车，1896 年获得成功，1903 年在底特律创建福特汽车公司，大批生产他设计的 A 型汽车。后来他的公司对汽车零部件实行标准化生产，并采用传送带和流水线装配，使汽车生产实现了规模化，汽车从一种奢侈品成为大众交通工具。英国汽车业起步最早，但英国政府对道路汽车行驶的苛刻要求使英国汽车发展步伐受到制约，贻误了汽车发展最佳时机。英国汽车业比德国和美国从规模和技术上都要落后。1903 年，美国莱特兄弟制造出世界上第一架飞机，开创了飞机制造业。1909 年，法国人驾驶飞机成功飞越英吉利海峡。适应内燃机的应用，美国 1857 年钻出了第一口油井。在电力方面，丹麦、英国、法国、德国、美国等国科学家对电力工业的产生和发展从理论和实践上做出了贡献。在电力的应用

上，英国进一步落后。英国因习惯了煤气照明，对电的应用不甚积极，因而德国、美国在电力应用上远超英国。在通信方面，英国人 1684 年就发明了光学发报机，此后无进展。1792 年，法国人改进了光学发报机，使信息传播的距离达 1 000 千米。1794 年，法国人发明了"臂板信号机"。1837 年，英国人研制磁针式电信机。1838 年，美国发明家莫尔斯制成了实用型的单线电磁式电报机，这种技术终于在世界上广泛应用开来，有线电报成为重要通信工具。1894 年，意大利青年科学家发明了无线发报装置，他在祖国不受重视，来到英国发展，这种技术很快在全球得到应用。1875 年，美国发明家亚历山大·贝尔发明磁石电话机，电话作为大众通信工具迅速普及。在纺织工业方面，德国人和法国人分别发明了简易缝纫机。19 世纪 50 年代，美国人发明了实用缝纫机。在第二次工业革命的主要方面，英国几乎全面落后。在 1870 年到 1913 年，美国的工业产量增长 8.1 倍，德国增长 4.6 倍，法国增长 1.9 倍，而英国仅增长 1.3 倍。美国、德国不仅在第一次工业革命中主要产业方面超越英国，在第二次工业革命中，在内燃机、电力、化学工业、光学玻璃、电气设备方面，英国更是一起步就处于落后地位。

三、两次世界大战进一步削弱地位

两次世界大战，英国都深度参与，都是战胜国，战争耗费大量人力、物力、财力，却没有带来利益。

在第一次世界大战中，英国损失巨大。1917 年，德国展开无限制潜艇战，英国每年被击沉的船只达 370 万吨，船舶和货物损失巨大。英国作为第一次世界大战的战胜国，并没有更加强大，反而走向衰微的趋势更加明显，战争消耗了巨大的人力和物力资源，战争中陆海军死亡人数达 616 382 人，伤 1 656 735 人，这还不包括殖民地和自治领死亡人数。由于战争期间贸易逆差巨大，战争结束后，英国的海外资产减少了四分之一，英国从战前的债权国变为债务国，欠美国的债务高达 8.5 亿英镑，内债更是从 6.45 亿英镑增加到 66 亿英镑。

在第二次世界大战中，从 1938 年到 1945 年，英国的出口额从 4.71 亿英镑下降到 3.99 亿英镑，进口额却从 8.58 亿英镑上升到 10.53 亿英镑，贸易逆差从 3.87 亿英镑增加到 6.45 亿英镑。战争爆发时的 4.5 亿英镑的黄金和美元储备迅速告罄，只得向美国贷款。到战争结束时，英国已经负债累累，财政赤字累计高达 100 亿英镑。到 1945 年，英国海外债务达到 33.55 亿英镑，为偿还债务，被迫卖出了 10 亿英镑最有利可图的海外资产，增加了 37 亿英镑的海外短期债务，国内投资减少 31 亿英镑，上述损失加在一起，相当于损失了战前国家财富的三分之一。战争期间，英国资本设备大量损耗，航运能力损失四分之一，国外投资减少一半。

四、对殖民地的过度依赖和殖民地的缩减使英国雪上加霜

英国的强大，在一定程度上是依赖殖民地的庞大市场发展起来的，殖民地为英国提供廉价原料和广阔的独占市场，一度为其带来巨大利益。美国的崛起带来负面影响。殖民地经济欠发展，经济长期增长缓慢，对英国经济带动有限，两次大战后英国因过多关注殖民

地没有利用好发达国家市场，使英国经济没有往高端发展的动力，从而失去国际竞争力。英国银行和企业热衷帝国投资，忽略了国内投资。英国为维持殖民地，阻止殖民地国家独立，花费了大量资金开展战争。20 世纪 60 年代殖民地的土崩瓦解又给了英国致命一击，其市场进一步缩小。

五、教育制度存在一定缺陷

英国教育发展历史悠久，自然有其长处，但也有不足，主要是重文科、轻工程技术，重理论、轻实践，学校不注重培养学生的生产技能。美国和欧洲大陆国家重视职业技术教育，工程技术人员多，有利于提高国家竞争力。

六、研发投入不足

英国躲在功劳簿上，似乎忧患意识不强。在第二次工业革命中，英国不仅在新兴产业上一开始就落后，在自己的传统优势产业上，也被其他国家迅速超越。最典型的是在英国的传统产业纺织业上，美国人发明了更先进的环锭精纺机，英国没有及时采用。1913 年，美国环锭纺纱机的应用占纺纱能力的 87%，而英国只占 19%。美国在 1894 年发明了诺斯罗普自动织布机，1914 年美国新织布机已占一半，英国只有 1%—2%。钢铁、造船都曾经是英国强项，但都因技术落后被超越。

七、英国的投资率低于其他发达国家

英国工业投资率不高，在两次世界大战之间，投资率还下降了。1911—1938 年，英国毛投资率（投资在国民收入中的比例）从 25% 下降到 16%，净投资率从 17% 下降到 6%—7%。第二次世界大战后，英国在制造业中的投资增速也比其他发达国家慢，1960—1973 年，英国制造业总投资年均增长 2.64%、联邦德国 2.99%、法国 7.84%、美国 6%、日本 11.14%、意大利 2.99%。

八、体制和管理没有跟上时代发展潮流

19 世纪末，美国、德国等都建立了以股份公司为代表的现代企业制度，而英国继续沿用老的企业制度。在企业管理上，公司内部结构简单，典型的商号是由所有者和有亲属关系的人管理，管理人员对成本核算不精细、生产组织粗放，生产技术的发展主要靠经验，企业在成本核算、管理组织、营销手段、技术革新方面都落后于竞争对手。在国家管理上奉行自由主义，没有发挥国家应有作用。

九、致富后安于享受削弱了企业家和社会的竞争意识和进取精神

致富后安于享受是一种比较普遍的社会规律，中国有句古话，"三十年河东，三十年河西"，英国的逐渐衰落正是这种情况，所有发达国家都应重视这一情况并努力克服这一社会现象所造成的影响。

第九章　美国资本主义发展

第一节　欧洲思想解放的继承对美国发展至关重要

美国最早是一个主要由欧洲移民建立起来的国家。在1790年进行的美国人口普查中，392.9万人口中，80.7%是白人，非白人占19.3%。在白人中，英国血统的占78.9%，德国占8.7%，荷兰占3.4%，法国占1.7%①。这些来自英国、德国、荷兰、法国等国家的移民，将正在英国、法国、德国产生深刻影响并促进欧洲资本主义发展的思想，从欧洲带到了美国，这成了美国一笔非常宝贵的财富，不可小觑。它为美国为资本主义发展做好了思想准备，为美国的资产阶级革命做好了政治准备，为美国资本主义经济的发展做好了科学和技术的准备，使美国顺利走上了资本主义发展的道路。

一、欧洲文艺复兴的思想成就的继承

文艺复兴的影响在欧洲是巨大的，在欧洲出生，最后移民到美国的人，多数都是受过文艺复兴思想影响的人，这些人已经从中世纪思想的禁锢和贫乏中解放出来，文艺复兴的人文主义思想已经在他们脑海中扎根。他们为了追求个人自由、生活幸福来到美洲，他们在人文主义思想指导下进行生产生活，他们又将人文主义思想在美国代代相传。人文主义思想逐渐在各行业、各领域生出思想的火花。《独立宣言》正是人文主义最闪亮的火花。《独立宣言》提出的当时资产阶级最激进的政治思想，即自然权利学说和主权在民思想，是文艺复兴思想在美国的继续深化。

二、欧洲的宗教改革（新教改革）成就的继承

从来到美国的移民的国别构成看，英国最多，其次是德国、荷兰、法国。这些国家是宗教改革的主要区域，特别是英国，宗教改革最早取得成功，新教成为英国的国教。作为

---

① ［美］乔纳森·休斯、路易斯·P. 凯恩：《美国经济史》（第七版），北京大学出版社2015年版。（本章主要参考资料均为此著作。）

美国移民来源的主要国家,英国的宗教改革成就自然而然被移民们带到了美国,而新教的改革,是文艺复兴思想在宗教领域的深化,是欧洲的一次思想再解放运动。如果说文艺复兴运动使文化人具有了改革思想,宗教改革运动则使更多的普通人甚至文盲也具有了改革思想。因此,来到美国的新教徒,大多受过人文主义的资产阶级思想的洗礼,自然对美国资本主义发展具备了得天独厚的条件,而不用单独在美国再发动一次思想解放运动。

三、欧洲资产阶级革命思想的继承

1607 年,英国在美国建立最早的殖民定居点詹姆斯敦。1688 年,英国的资产阶级革命已经取得成功。1790 年,美国第一次人口普查,美国的 392.9 万人绝大多数都是在英国资产阶级革命取得成功后来到美国的。1680 年时,美国殖民地人口为 15.15 万人,1700 年时,殖民地人口也只有 25.14 万人。因此,美国独立战争开始时的人们,多数是受过欧洲特别是英国资产阶级革命熏陶的。他们来到美国时就已经为美国资产阶级革命做好了思想准备,时机成熟,革命便顺理成章,有了这一思想准备,美国独立运动才如此顺利。

四、因思想而产生的发展差异

作为欧洲殖民地(英国)的美国,为什么会发展得更好,而同样作为欧洲殖民地(西班牙)的墨西哥却没有能发展得更好?这让人感到困惑。作者认为核心的差异在于思想引领的差异。资本主义先进思想引领美国,封建思想引领墨西哥,导致两国发展走出完全不同的轨迹。来到美国的移民是以英国人为主,包括法国、德国、荷兰等国家的经过文艺复兴洗礼、资本主义启蒙的移民,他们也是经过欧洲中北部宗教改革洗礼的人。他们的思想更加解放,高度重视教育事业,非常崇尚发展科学技术,这些正是美国经济发展的真正动力。从西班牙来到墨西哥的移民虽然也受到文艺复兴影响,但不是来自文艺复兴核心地区,受影响不大,受宗教改革的影响同样也很小,因此来到墨西哥的移民思想更加保守。在 1776 年时,北美洲 13 个英国殖民地拥有 250 万人口,却拥有 9 所高等学府,这些学校包括哈佛大学(成立于 1636 年)、耶鲁大学(1701 年)、宾夕法尼亚大学(1740 年)、普林斯顿大学(1746 年)等,人们受到了更好的教育,当时已经比英国本土的教育水平还高。当时拥有 500 万人口的新西班牙(指墨西哥)却只有墨西哥市、瓜达拉哈拉各有一所大学。从大学教授的内容看,英国殖民地大学学术自由,教授的内容不带宗教色彩,重点放在教授实用的技术和培养人的创造性上,代表性人物如本杰明·富兰克林,他们思想解放、开明、自由。在美国,个人拥有更大的自由度追求经济利益。墨西哥两所大学教授的重点是神学和法律,这一点几乎是欧洲中世纪大学的标准做法。体制上美国已经是自由资本主义,而墨西哥宗教法庭维护着严格的审查制度,相当于还处于黑暗的中世纪,压制了墨西哥人民的思想自由,维护着相当于西班牙的传统统治,沿袭世系贵族、长子继承等,导致西班牙殖民地没有经济活力,人民缺乏创业精神,大量土地为非墨西哥在地地主(他们居住西班牙,通过继承拥有)所有。他们很少关心拥有土地的发展,只关心既得利益。这是美国和墨西哥走出两条发展之路的核心原因。当然美国发展还有其他重要因素的影响，如人口的发展路径也不同，美国人口通过移民持续快速增长，市场持续扩大等促进了美国发展。

第二节　美国资产阶级革命

美国的资产阶级革命可以分为两次，第一次是美国独立战争，第二次是美国南北战争。独立战争是北美殖民地新兴资本主义与老牌的宗主国英国资本主义的斗争。南北战争是自由资本主义与带有奴隶制残余的资本主义的斗争。

一、独立战争

独立战争起因更多是经济方面的：一是在西部开发过程中英国限制殖民地居民向西部移民的权利。按照规定，获得土地占有权必须由已建政府进行授权，而在阿巴拉契亚山脉以外的地区建立政权并不是一件容易的事，英国和法国都声称拥有密西西比河流域土地的所有权，双方为此不时发生冲突，这种冲突贯穿了殖民时代的始终。那片土地本来的主人是印第安人，这使土地权的争夺更加复杂。直到英国人在 1763 年加入法印战争并取得胜利，法国在这一地区的所有权才真正结束。弗吉尼亚、马萨诸塞和康涅狄格对土地的要求，以及最初由弗吉尼亚宪章所赋予的特许状，都仓促地被英国皇室颁布的《1763 年界线公告》（Proclamation Line of 1763）限制了，这一公告将跨过阿巴拉契亚山脉定居的范围限定在了已经被皇室认证的土地上，殖民地居民将不能跨过流入大西洋河流流域向西去定居。然而，阻碍向西部移民的更主要因素是更早时英法冲突中法国人在加拿大的权益被英国人获取，英国人在信奉天主教的魁北克建立了政府。《1774 年魁北克法案》（Quebec Act of 1774）将俄亥俄河以西的所有土地都划入了那个行政区，这一举动刺激了新英格兰的清教徒们。在《魁北克法案》颁布的同年还颁布了宣告结束《魁北克法案》的《波士顿港口法案》（Port of Boston Act），这两个法案被殖民地居民认为是完全的和直接的战争法案。

二是英国的贸易政策对殖民地的影响。1651 年英国颁布《航海法》划定了这个帝国的范围，并且限制它与外面世界的航运和贸易。法案中有关殖民地的主要禁令包括以下内容：英国生产的商品不许由其他船只运送，只能由英国船长领导的英国船只（包括殖民地）来运输，而且船上至少 3/4 的水手必须是英国属民（这一条款还适用于从亚洲、非洲或者美洲的非英国殖民地的部分商品进口）。除了英国属民，任何人都不许在殖民地做商人或代理人。除了有 3/4 的水手是英国人的船只，任何船只都不能在英国港口之间运送商品。这一政策导致殖民地的运输受到了很大限制，特别是与在美洲的其他殖民地的贸易运输限制和其他国家的贸易。这一政策制约了与其他国家的贸易和运输，对殖民地寻找英国外的市场影响较大，英国的利益与殖民地的利益产生冲突。

三是殖民地地区的货币短缺和货币贬值，通货膨胀。1741 年，英国议会通过了《在国王陛下的美洲殖民地和种植园防止无保证的计划和行为的法案》，"无保证的计划和行为"包括成立私有的股份公司，以土地为质押来发行货币。1751年，英国议会还禁止赋予新英格兰纸币法定货币地位，1764年这一禁令推广到全部殖民地。殖民地货币短缺，还无法行使发行货币充分自由的权力，怨言自然产生。

四是1765年英国通过的《印花税法案》触犯了殖民地的利益。

五是唐森德税法的影响。1767年英国国会通过向北美殖民地征税的法案，该法案由财政大臣C.唐森德提出，公布后引起北美殖民地人民的愤怒抗议，要求废除。

六是英国派驻殖民地驻军在波士顿的暴行引起殖民地民众的愤怒。

七是英国政府授权东印度公司在殖民地垄断高价销售茶叶。

独立战争是资本主义的宗主国英国的利益与殖民地新兴资本主义的利益之争，是美国历史上的第一次资产阶级革命，是新兴资本主义国家美国战胜了老牌宗主帝国英国资本主义的一次革命。美国摆脱了英国殖民统治，建立了世界上第一个没有国王的联邦总统制共和制国家，铲除了殖民时期封建残余的长子继承法、续嗣限定法和代役税，奴隶制契约也基本上废除，从而解放了生产力，为美国资本主义的发展开辟了更加宽广的道路。推动了欧洲和美洲资产阶级革命的进程。

二、南北战争

南北战争的起因是南北两种劳动制度的冲突。这两种制度一种是以奴隶劳动为主的南方大型种植园土地制度，另一种是以白人为主的北方家庭农场制度。根据有关学者做出的全面分析，19世纪60年代在美国中西部各州，很少有农场超过500英亩，然而在南方棉花种植区，这样的农场占40%。南方棉花种植区的平均规模是135.9英亩，比中西部农村的平均规模64.5英亩大一倍多。更大的农场产生规模效应，加上有免费的奴隶劳动可供使用，南方的奴隶主成为美国最富有的阶层，由奴隶加上土地、器具和建筑组成的一个典型的奴隶州的农场市场价值7 102美元，而自由州的价值仅有3 311美元。奴隶主平均比北方人富5倍，比南方未蓄奴隶的农场主富有10倍以上。南方落后的不道德的劳动制度造就奴隶主既得优势，却对北方的自由劳动力造成间接利益损害（主要是心理的不平衡）。这两种劳动制度在同时向西部延伸时遭遇，发生了冲突。在1789年制定宪法后的头70年里，美国的主题就是"西进"，关于奴隶制的新的冲突可能使宪法破裂。在1787年的《东北法令》中，冲突已经有所体现，俄亥俄州以北的"新地区"禁止奴隶制。《密苏里妥协案》（1820年）、《1850年妥协案》、1854年的《堪萨斯—内布拉斯加法案》都试图以法律途径解决这个殖民时期就埋下的隐患。北方选择的是自由的土地、自由的劳动力，没有贵族阶级；南方的选择是奴隶劳动力和拥有土地的贵族阶级。南北两种选择的矛盾解决牵涉到经济利益、政治哲学、道德、宗教。南方奴隶主依靠奴隶的生产制度有着与北方相比巨大的优势，有着巨大的经济利益，因此这两种劳动制度存在着巨大的利益冲突，不可调和。最终不得不通过战争解决问题。

法国和英国先后废除了其领土上的奴隶制，推动了美国的废奴运动。在北方的支持下，废奴运动取得了一些进展，制定了一些法案，成立了废奴组织。1850 年，在南方奴隶主的操纵下，《堪萨斯—内布拉斯加法案》通过，规定南北自由决定是蓄奴还是建设自由州。1860 年，林肯当选为总统，支持他的是决心把奴隶制保持在西部之外的北方集团，协议被撕毁，南方退出联邦建立一个新的国家。1861 年，南方军炮击并占领萨姆特要塞，美国内战打响。林肯颁布《宅地法》和《解放黑奴宣言》迅速赢得广泛人心，最终联邦军队获得胜利。

南北战争是自由资本主义（自由土地和自由劳动力）与带有奴隶制残余的旧式种植园资本主义的利益之争，是美国历史上的第二次资产阶级革命，是自由资本主义战胜带有奴隶制残余的旧式资本主义的一次革命，维护了美国国家统一，废除了奴隶制度，进一步扫除了资本主义发展的障碍，使美国迅速成为工业化强国，迅速成为世界第一的经济强国。

第三节　科学技术创新和发展理念创新

在联邦成立不久之后的 1790 年，美国大部分制造业活动仍处于原始状态，当时美国人所穿的衣服有三分之二或四分之三是家庭自制的。然而，到 1913 年，仅仅 123 年的时间，美国的工业产出几乎相当于欧洲所有国家的总和，创造了英国工业革命一样的奇迹，奇迹产生的首要原因在于美国的科学和技术的革命。

一、美国对欧洲的原有产业进行了继承和发扬

虽然英国对技术输出进行管制，但技术还是通过欧洲大陆，通过移民，传到了美国。从科技领域看，1875 年以后，美国的科学发明便开始超出英国，特别是与第二次工业革命相关的科技，美国明显领先。美国发明了电灯、电话，以及飞机，美国的汽车产业也领先于英国，且规模庞大。这些科学技术发明促进了产业发展，使美国处于领先地位。到 1913 年，美国已经成为世界第一强国。

1920 年后，美国的科学技术领先优势进一步扩大。1920—1990 年，全世界有重大的科技发明的 39 项，美国占了 23 项，占全部重大发明的 59%。正是这些优势造就了美国在第三次工业革命浪潮中继续保持绝对优势。第一台回旋加速器、第一枚原子弹、美国人乘阿波罗 11 号宇宙飞船第一次登月、第一台计算机、第一个软件开发工具、第一个应用软件、第一个微处理器、美国航天飞机第一次升空、哈勃望远镜被送上太空、第一个互联网，美国人持续创造着人类科学技术史上的一幕幕奇迹。依靠这些原创技术，美国在信息化时代、航空航天时代始终站在时代的前端，引领着信息产业、航空航天产业的发展。有上述强大的科学技术支撑并能高效迅速地让这些先进技术产业化，美国持续保持世界超级大国、世界第一经济大国的地位也就不足为奇了。

二、美国的重大科学技术发明

美国的重大科学技术发明有：

1925 年，亚当斯发现天狼星光谱线的引力红移，再次验证了广义相对论。

1929 年，哈勃（E. Hubble）发现星系的红移与离地球的距离成正比——宇宙膨胀。

1931 年，劳伦斯建成第一台回旋加速器。

1932 年，安德森在宇宙射线中发现正电子。

1939 年，奥本海默和斯奈德预言黑洞。

1941 年，美籍意大利人罗西和美国的霍耳由介子蜕变实验证实时间的相对论效应。

1942 年，阿伦间接证明中微子的存在。

1942 年，在费米等人领导下，根据铀核裂变释放中子及能量的性质，芝加哥大学建成了第一个热中子链式反应堆。

1945 年，在奥本海默领导下研制成功原子弹。

1946 年，第一台计算机 ENIAC 在美国问世。

1946 年，伽莫夫（G. Gamow）提出大爆炸宇宙模型。

1947 年，肖克莱、巴迪恩与布雷顿发明晶体三极管。

1952 年，格拉塞发明气泡室。

1960 年，梅曼制成红宝石激光器。

1961 年，格拉肖提出电弱统一理论。

1964 年，彭齐亚斯和威尔逊在检测接收卫星信号的天线时，发现在波长 7.35cm 处有 3.5K 的宇宙微波背景辐射。

1969 年，阿波罗 11 号宇宙飞船成功登月。

1971 年，Intel 公司制成微处理器，开始第二次计算机革命。

1971 年，凯汀和海弗尔携带原子钟环绕地球飞行 80 小时，证明了时间的相对性。

1978 年，泰勒等观测短周期双星证实引力波，这是对广义相对论的一个验证。

1981 年，航天飞机第一次升空。

1990 年，哈勃望远镜（口径 2.4m，重 12.5 吨）被送上太空。

从上述美国重大科学技术发明中应该可以找到美国在信息化、航空航天等众多的领域及其产业化后的相应领域领先世界的原因，从而找到美国经济领先世界的原因。

第四节　科学技术支撑下的产业发展

一、农业及其技术

1793 年，伊莱·惠特尼发明了轧花机，将轧棉的生产效率提高了约 50 倍，使美国南方山地短纤维棉花成为一种有利可图的作物。轧花机的发明一方面促进了美国南方的经济繁荣，巩固了南方蓄奴制庄园经济，另一方面还在无意中为美国南北战争的战前格局埋下伏笔。

表 9-1 说明了轧花机发明后美国棉花产量快速增长情况。

表 9-1　　　　　　　　　1790—1860 年的棉花产量

年份	产量（千包）
1790	3
1800	73
1810	178
1820	335
1830	732
1840	1 348
1850	2 136
1860	3 841

到 1820 年时，英国大量消耗的原棉中有 75% 来自美国。美国生产的棉花不仅满足了本国需要，还满足了英国等世界其他国家的需要。黑人奴隶在南方棉花生产中做出了巨大贡献，为白人奴隶主创造了巨额利润，南方庄园奴隶生产模式与北方传统家庭式农场的矛盾最终引发了南北战争。

1851 年，伦敦水晶宫展览会上就已经有美国麦考密克的收割机。此后，美国农业机械化的程度越来越高。20 世纪初期，美国有 4 580 万人生活在农村。到了 1991 年，这个数字下降到当初的 1/10（460 万人），仅仅占美国人口的 1.8%。随着农业人口的减少和个体农场数量的减少，农业产量极大提高。20 世纪 70 年代末期，每小时农业产量是 1950 年的 4 倍。同一时期每个农业工人供养的人口数从 15 人上升到 52 人。1920 年，650 万农场供养 10 570 万人，每个农场供养 16.3 人；2002 年，每个农场能供养约 135 人。美国人平均将不到 10% 的可支配收入用于农产品消费，直到 20 世纪 30 年代，这个数字为 25%。美国农民是世界主要农作物最大的出口商，2004 年，世界上超过 60% 的玉米（黄玉米）、超过 40% 的大豆和棉花、26% 的小麦出口来自美国。

美国南方棉花生产的机械化一方面降低了生产成本，另一方面置换出几百万的工人到北部和西部寻找工作。到 20 世纪 60 年代，几乎用机械收获全部丘陵的棉花。南方的劳动力就这样被大量置换出来。

随着农业机械化水平的提升，美国农场面积大幅增加，1920 年美国农场的平均面积是 147 英亩，到 1997 年达到 434 英亩。500 英亩的和更大的农场（只占全部农场个数的 18.4%）实际上占全部农地的 79.2%。农业机械的改良没有比拖拉机的应用更为重要的了。早期的拖拉机很大并主要用于犁耕和耙掘。多用途拖拉机，能够耕耘正在生长的作物，也能牵引其他设备。多功能联合收割机（收割、脱粒、秸秆粉碎等）、摘棉机、牧场打草机（打捆）等一系列的农业机械使美国农业生产由人力生产彻底转变为机械生产。美国成为农业机械化程度最高的国家。

美国农业的进步除农业机械方面的进步外，还有农业种子技术的进步——美国普遍种植高产、抗病植物。例如，杂交玉米在美国广泛种植。化学肥料的广泛使用也促进了农业增产。据估计，美国1910年到1940年肥料的购买翻番，在接下来的30年，由于化工技术的进步，化肥的实际价格下降，化肥的购买量增长了8倍。化学农药在农业中也发挥重要作用，如除草剂的使用使传统农业中一个收获季节进行的多次除草成为多余，各种专用杀虫剂对克服病虫害作用明显。畜牧业中广泛采用优质种牛进行人工授精，大大提高了畜牧业产量。

美国农业技术的进步，农业发展所取得的成就毋庸置疑，但现代美国农业也掺杂了非市场的因素，如美国政府农业补贴数额巨大等。

二、纺织业

美国的纺织技术在19世纪60年代就已经超过英国。那时，英国的纺织厂平均拥有1.7万个纺锤、276台纺机，而在新英格兰的纺织厂平均只有7 000个纺锤、163台纺机。美国棉纺织业拥有的纺锤数是英国的20%，劳动者数量约为英国的25%，消耗的棉花却高达英国的40%，美国的生产率已经比英国高。

三、钢铁从繁荣到明显衰落

钢铁是第一次工业革命的主要产业，英国是那个时代的绝对主角，其生铁生产量一度达到世界产量的52%。然而，在第二次工业革命中，美国迎头赶上。1879年，威尔士业余化学家吉尔克里斯特·托马斯发明的碱性转炉炼钢法很快传入美国。特别是钢铁行业中的两项重大创新，酸性转钢炉（旧称贝氏转炉）和西门子平炉相继出现。酸性转钢炉发明于1856年，在南北战争之后被成功引入美国，它使美国的炼钢业跃居世界第一。然而，酸性转钢炉刚刚"获胜"，它就被平炉技术超越了。1860年，一个好的美国高炉每天可生产7—10吨钢，到1910年，这一数字达到500吨，而且有了保存和利用其释放的高温废气的技术，生产效率也更高了（之前这些废气都被浪费掉了）。到1913年，美国的钢铁产量为3 409万短吨，基本与全欧洲的产量相当，对于美国来说，这是一个重要的里程碑。1870—1913年美国的钢铁产量如表9-2所示。

安德鲁·卡内基（Andrew Carnegie）与人合伙创办了当时美国最大的炼钢企业。该企业以酸性转钢炉为基础，在整个炼钢行业占据主导地位。卡内基成功的秘诀就是不断用新技术创造竞争优势。他知道，采用新的平炉技术带来的成本下降和产量提高可以带来他想要的销售额。卡内基毫无保留地抛弃了他的大型酸性转钢炉工厂，安装了西门子平炉。据说他曾经在召开董事会时说：技术过时得很快，一个竞争的经济环境迫使人们不断采用创新的技术，那些跟不上脚步的人只能认输。也许卡内基是那个时代美国的产业界不断创新和不断利用技术创新成果的代表性人物。

表 9-2　　　　　　　　　　1870—1913 年美国的钢铁产量①

年份	总量 （千短吨）	酸性转钢炉 （千短吨）	平炉 （千短吨）	百分比（%）	
				酸性转钢炉	平炉
1870	77	42	2	54.5	2.6
1880	1 379	1 203	113	86.1	8.1
1890	4 779	4 131	566	86.4	11.8
1900	11 227	7 481	3 638	66.6	32.4
1910	28 330	10 478	17 672	37	62.4
1913	34 087	10 604	23 340	31.1	68.5

技术的进步并没有停止，美国钢铁在走上世界的巅峰后，由于在技术进步方面没有跟上时代的步伐，在世界上所处地位逐步下降。20 世纪 50 年代，炼钢出现了两个革新，美国钢铁生产者在采用基础氧熔炉（BOF）和较大规模的小扁坯连铸两方面都落后于其他国家。

1950—2005 年部分年份世界和美国的钢铁产量如表 9-3 所示。

表 9-3　　　　　　　　　1950—2005 世界和美国的钢铁产量

年份	粗钢产量（百万短吨）		美国占世界的百分比（%）
	世界	美国	
1950	207.9	96.8	46.6
1960	379.7	99.3	26.0
1970	654.2	131.5	20.1
1980	790.4	111.0	14.2
1985	792.9	88.3	11.1
1990	849.4	98.9	11.6
1995	829.4	104.9	12.6
2000	931.5	112.4	12.1
2005	1 135.4	106.0	9.3

如同卡内基早先毫无保留地抛弃了他的大型酸性转钢炉工厂一样，美国当时的竞争对手日本也废弃了平炉技术。到 1978 年，日本以 30%—35% 的成本优势在连续铸钢中达到 51% 的原钢产量，而美国只有 15%。还有一个严重的问题是，新技术基础氧熔炉长时间得不到美国人采用，1964 年美国只有 12% 的钢产品来自氧熔炉，而日本已经接近 44%，接近最高水平。美国 1959 年第一次出现了钢铁进口大于出口的情况。此外，美国钢铁产业

---

① 表中数据单位千短吨，每短吨约合 907 千克。

还出现了投资决策上的失误——大钢铁公司大量投资过时技术。此外，在利用大型高炉高效炼钢上，美国也在世界主要国家中居于落后状态。截至 2015 年底，日本是拥有 5 000 立方以上高炉最多的国家，5 000 立方以上高炉达到 14 座，美国一座也没有。2 000 立方以上的高炉美国只有 7 座，比巴西还少 1 个。中国是 2 000 立方以上高炉最多的国家，有 109 座。美国钢铁行业相对衰落，技术落后是主要原因，劳动力成本过高也有重要影响。

四、汽车产业从极度繁荣到相对衰落

美国汽车工业的开拓者亨利·福特于 1892 年开始研制汽车，1896 年获得成功，1903 年在底特律创建福特汽车公司，大批生产他设计的 A 型汽车。后来他的公司对汽车零部件实行标准化生产，并采用传送带和流水线装配，实现了汽车的规模化生产，生产成本大幅降低，汽车从一种奢侈品变成了大众交通工具。在 1913—1914 生产年度中，福特汽车厂出产了 248 307 辆完整的汽车，平均每个工作日生产近 800 辆汽车，10 年后福特的装配流水线达到了其产量的顶峰，每 15 秒就生产一辆 T 型汽车。英国最早发明了汽车，但美国汽车产业发展成就远超英国。

美国汽车生产曾经创造辉煌成就（见表 9-4），该成就也许将来也无人能及。

表 9-4　　　　　　　　1950—2004 年世界和美国的汽车产量

年份	产量（百万辆）		美国占世界的百分比（%）
	世界	美国	
1950	10.5	8.0	76.4
1960	16.5	8.0	48.5
1970	29.3	7.9	27.0
1980	38.9	8.0	20.6
1985	43.9	11.7	26.7
1990	48.1	9.7	20.2
1995	50.0	12.0	24.0
2000	57.5	12.8	22.2
2004	64.0	12.0	18.7

美国汽车业取得辉煌成就后地位逐步下降。在 1950 年到 1980 年间，世界汽车产量经历了快速增长。世界汽车产量翻了近两番，美国汽车业却原地踏步，产量维持在 800 万辆。1980 年至 2004 年，世界汽车产量增长 64.5%，美国只增长 50%，也没有赶上世界步伐。20 世纪 70 年代，同保护钢铁一样，美国对汽车生产也进行了保护，限制外来产品的竞争，其结果与钢铁产业一样，美国汽车产业停滞不前了。

美国汽车业不仅从总的汽车产量上在世界的地位下降，就其国内市场看，其国产品牌汽车也没有维持优势地位，市场也被国外品牌的汽车侵蚀近半（见表 9-5）：

表 9-5　　　　　　　　1937—2004 年美国汽车市场份额　　　　　　（单位:%）

年份	通用汽车	福特	戴姆勒-克莱斯勒	其他美国品牌	国外品牌
1937	41.8	21.4	25.4	11.4	
1946—1950	41.8	21.4	21.6	15.1	0.2
1961—1965	49.7	26.2	12.2	6.0	6.1
1966—1970	46.2	24.3	15.8	2.8	10.6
1971—1975	44.1	24.0	13.4	3.3	15.2
1976—1980	46.8	21.1	10.1	1.8	20.1
1981—1985	43.8	17.8	10.4	2.0	25.9
1986—1990	37.1	20.6	10.7	3.2	28.4
1990—1995	34.6	21.1	9.0	5.9	29.3
1996—2000	30.7	20.3	8.7	6.0	33.4
2001—2004	25.8	15.8	6.4	8.9	43.1

造成美国汽车地位下降的原因：美国汽车业地位的下降不完全是技术原因，主要原因有：一是美国对汽车产业的保护，导致美国汽车自身竞争力下降。二是美国汽车界对市场分析的判断失误和对自身生产的六人座汽车过于自信，让 4 人座外国品牌小汽车占据了市场。三是美国汽车油耗不占优势，日本、德国等对汽车征收高额消费税的国家制造的小型汽车比较注意降低油耗，特别是 20 世纪 70 年代的石油危机出现时，低油耗小车成为新的潮流，占据了美国更多的市场。四是国际联合和外国公司在美国本土生产让外国厂商绕过了市场保护和关税壁垒。

尽管美国汽车较最繁荣的时代在世界的地位有所下降，但其在技术上仍占明显领先地位。

五、飞机制造业是美国制造业始终保持世界技术优势的楷模

1903 年，美国的莱特兄弟以内燃机作为发动机，制造出了世界上第一架飞机，并试飞成功。在第一次世界大战中，德国、法国、英国都已经使用飞机作战，参战的飞机数量越来越多，英国皇家空军最多时拥有 188 个飞行中队。作为航空发源地的美国，在此期间已经尝到了准备不足的苦头，但军界高层的认识不足一度制约了美国军事航空力量的发展。1934 年，波音公司研制的 P-26"玩具枪"试飞。此后以技术为基础，美国的军用和民用飞机均占领世界主要市场，每一代飞机都领先其他生产国家成为世界一流飞机。美国的波音系列飞机占据了世界民用航空领域的绝大部分市场，尽管后来遭遇欧洲空中客车公司的竞争，但仍然占领世界超过一半以上的市场。飞机制造是美国引以为傲的产业，为美国获得无数经济、军事、政治利益。飞机制造是目前美国最成功、地位最稳固的制造产业。世界十大飞机制造公司中的前两位都是美国公司。

美国飞机制造业的优势主要来源于其强大的技术优势。

美国工业中目前仍然创造着辉煌业绩的是军火工业，凭借各个领域的技术优势，美国

军火工业普遍领先其他国家,这为美国创造了巨额利润。瑞典斯德哥尔摩国际和平研究所最新报告称,2011—2015年,美国是世界最大军火商,"美国在5年内向96个国家出售或赠予重要武器装备,美国军事工业界的出口订单继续高速增长,包括9个国家订购的共计611架F-35战斗机",以单价平均2亿美元计算,价值1 222亿美元。美国销售的其他战机、军舰、导弹、直升机、雷达等都价值不菲,无不带来大量收入。以高技术支撑的美国军火工业是现代美国制造业中仍然靠自行生产的少数亮点。

美国从第二次产业革命开始,在众多的产业,如纺织、钢铁、汽车业上都保持过世界绝对领先地位,如今在传统工业那些最赚钱的产业中,如军工、飞机制造等,美国仍然占有世界极为重要的地位。可以说,第二次工业革命以来,美国保持了100多年的优势。

六、抓住新经济,创造新动能,引领新潮流

美国的众多传统产业在世界经济的竞争中逐渐衰落,这是传统产业在没有技术优势条件下的宿命。没有技术优势的产业,依靠成本优势形成的领先都将是暂时的或短暂的,只有长期能够保持技术优势的产业才能始终保持在世界市场上的领先地位。美国经济的成功之处正是在于紧紧抓住了高端产业的技术优势。第二次世界大战后,美国走的就是这样一条道路。美国始终走在电子工业、信息工业的前面,以这些工业支撑了战后美国经济。

(一)半导体的发明使美国引领世界电子工业的长期发展

1947年贝尔实验室的约翰·巴迪恩、沃尔特·布雷顿和威廉·肖克莱发明了晶体管,这一事件推动了现代电子工业的产生。电子产品的最初用途主要在军事领域,美国的军事和空间项目为晶体管提供了最初的主要市场。美国政府还资助了产业初始研究与开发的绝大部分资金。德克萨斯仪器公司推出第一款成功的商业硅晶体管,被应用于雷达和导弹系统。在20世纪50年代,仙童半导体公司在罗伯特·诺伊斯的领导下开发了一款以平面处理为基础的应用集成线路。这个发明在贝尔实验室开发,在仙童公司完成,使即时成批生产半导体成为可能。诺伊斯认识到这一平面处理使得将一个完整的电子线路放到集成块上成为可能。1968年,诺伊斯从仙童公司辞职,一个月以后他和戈登·摩尔创立了英特尔公司。他们与同类公司如摩托罗拉和德州仪器公司竞争,后两者集中于新技术的研发和使用。参与竞争的还有众多老牌企业,但老牌企业对新技术的关注不够。到20世纪70年代末期,美国企业占有世界范围内半导体销售份额的59%、集成线路销售份额的74%。10年后,这两个份额还占43%和45%。这时日本企业一度占据了优势,主要原因是美国企业更多的是满足军方的需要,而此时民间消费需求迅速增长,日本企业抓住这一机遇,其冰箱、彩电等白色家电产品一度攻陷全球市场。到1990年,日本的4M容量的DRAM(动态随机存储器)在市场上占据98%的份额。

日本企业保持了在DRAM上的优势,但市场在变化,这次转变不是存储器而是转向微处理,转向个人电脑(PC)。PC市场在1989年占据了集成电路销量的40%,5年后达到52%。一个英特尔公司就占据了绝大部分市场,到1994年,它的市场占有率达到世界微

零部件生产的 31%。PC 需求的增长使美国电子工业重振雄风，芯片生产是美国的强项，发明才能和对需求的响应再次发挥了作用。美国在芯片设计和生产上采取了全球化的完美战略，芯片设计在美国完成，芯片生产在专门的外国公司进行，利润都回到美国国内，美国还不需要在芯片生产上进行大量厂房和设备投资，节省了费用。中国也参加了芯片的封装生产，需要投资厂房设备，却只赚取了少量的加工费。美国是芯片产业的最大受益国，中国则是芯片的最大进口国，每年进口需要消耗 2 000 多亿美元外汇，超过了中国石油2016 年进口 1 164.69 亿美元和铁矿石等大宗商品进口消耗外汇额。美国半导体行业掌握着市场并随市场而变，成为市场的领头羊，中间虽然也有波折起伏，但能及时调整战略夺回优势，没有像其他传统行业如纺织、钢铁一样衰落。表 9-6 清楚表明了几种电子产品的成功历程。

表 9-6　　　　　　　　　1971—2004 年美国出口价值　　　　　　　（单位：百万美元）

年份	计算机总量	晶体管	集成微电路	印制电路板
1971	1 675.1			
1975	2 123.2			
1980	8 076.8	599.7	6 605.7	
1985	19 292.6	655.3	10 910.2	3 490.3
1990	25 630.0	682.3	16 623.3	7 174.5
1995	49 038.1	942.3	48 437.9	8 367.3
2000	62 856.9	1 569.3	11 891.8	73 663.7
2004	39 540.3	656.0	4 964.9	65 950.0

（二）美国统领世界计算机产业

1. 计算机的发展与应用。从 20 世纪 50 年代早期的计算机发明开始，美国就统领了计算机行业。计算机的发展经历了不断的技术升级和产品创新。IBM 从一开始就占据大型计算机产品的统治地位。至于微型计算机、PC 和工作站有着世界众多的企业参与提供产品。

与半导体一样，美国公共部门为计算机研发提供了初创资金。计算机的生产者从最初的关注科学应用，很快转到关注商业特别是会计功能。IBM 是市场的领导者，但也有来自美国、欧洲的企业的竞争，后来还有日本加入竞争，但 IBM 的地位基本没有动摇。虽然日本地位有上升。IBM 在世界范围内的优势来自它的钱德勒式的三方投资：技术、市场和管理。20 世纪 50 年代 IBM 推出了功能更强大的家庭计算机。

早期计算机不同型号之间是不能兼容的，或用于科学，或用于商业。1964 年 System 360—真正的模块化计算机问世才解决了这个问题。正是这台计算机奠定了 IBM 的领导地位。计算机领域大型机的生产很快被小型机器的风头盖过。

第一台小型计算机是数码设备公司（DEC）的 PDP-1，于 1960 年问世。小型机和微型计算机的发展得益于整体电子线路的发展。小型机主要适用于制造企业和研究型实验室，一般不提供软件支持，还有一些企业专门提供这些服务。

英特尔公司在1971年成功推出了第一代商业微处理器,这是一项非常重大的技术创新,其最显著的成果是微型计算机的快速普及。

到了20世纪90年代,许多曾经只能由大型计算机完成的特定功能,小型和微型计算机也能通过网络完成,因此这两个分割的市场合二为一。同时计算机硬件和软件也因反垄断的要求基本分离,但无论计算机硬件还是软件,美国均保持着其国际统领地位。

2. 美国的软件业。美国的软件业是在美国反垄断要求下独立出来的产业,原本是与计算机硬件一体的,因为政府的要求,因为社会对专门软件需求的日益广泛,软件产业逐渐独立出来,并成为比硬件利润还要丰厚的大产业。

20世纪70年代晚期PC机的问世引发了计算机软件工业爆炸式增长,尤其是两款标准PC机:IBM和MAC。IBM无力开发特有的操作系统,因此决定从外部购买与其他客户具有相同基础的微软MS-DOS操作系统,而且没有限制微软卖给其他客户。IBM关心的是它的PC机能够将为微软BASIC操作系统开发的程序运行得和MS-DOS一样好。因此,软件领域对大量的进入者而言都是开放的。

美国软件业的成功是有其原因的。在软件业的生产中,人力资本和知识资本显然比物质资本重要得多。在美国,人力资本开发已经在大学层面上制度化,美国的大学里计算机科学已经成为课程表的重要部分,吸引着来自世界各地的学生。私人部门(数据控制公司和IBM)和政府(国家科学基金)提供了资金支持。知识资本包括政府政策——美国比其他国家更加关注软件业的知识产权问题,其他国家始终只是追赶者角色。美国始终掌控着软件业操作系统、应用开发工具、应用软件三方面的发展方向。

20世纪90年代,美国软件业受到互联网的挑战,但其发展步伐没有停滞,还在续写一幕幕神奇。互联网最初由美国政府出资建立,称为ARPANET,ARPA代表美国国防部高级研究计划署。互联网的诞生开启了全球信息化的全新时代。在1995年由私人接管之前,ARPANET由美国国家科学基金掌控。互联网被美国人主导,核心的网址分配权始终掌握在美国人手中,软件开发的工具也由美国人创立。互联网浏览器也是美国人设计。总之,美国人统领着互联网。

美国的软件事业发展催生了一大批软件巨头。微软公司是美国一家跨国电脑科技公司。据报道,微软公司2016财年营业收入为853.20亿美元,净利润为167.98亿美元。甲骨文股份有限公司(Oracle)、英特尔公司都是世界知名软件公司,收入和利润同样数额巨大。谷哥公司的安卓操作系统,世界主要手机厂商均安装使用,同样收益颇丰。

美国的半导体、计算机、软件、互联网等续写了世界第二次工业革命以后的信息产业辉煌,世界尚无人撼动其地位。至此,美国已经在世界的第二次工业革命、第三次产业革命—信息产业革命中连续两次保持了近一个半世纪的世界领先地位。科学技术引领经济发展尽显神威,这是美国强大的根本原因,具有非常重大的意义。

七、美国制造业新理念不断进步

美国的制造业,不仅依托技术的优势参与市场竞争,还在市场竞争中为取得竞争的优势创造了技术之外的新工业理念，这些理念在市场竞争中助了美国产业一臂之力。早期美国工业有两大显著特征：利用机械来节约劳力、挥霍地使用原材料。美国的制造业理论是根据美国当时的国情决定的——缺少劳动力，原料却极为丰富，因此美国谨慎使用稀缺资源，自由地利用丰富的资源，还创造了很多工业理念。

（一）不断创新机械，节约劳动力

美国很早就不遗余力地向欧洲学习，发明和创新不断涌现。由于劳力资源十分稀缺，美国企业家不得不不断发明新的机械，以节约劳动力，同时提高工人待遇。机械的使用使劳动生产率大幅提高，使企业有能力给予工人相对的高工资，同时保持利润的增加。在这一趋势下，美国产业不断提高资本和技术密集程度。英国则由于劳动力过剩，对机械的使用没有太多的紧迫感，甚至不断出现工人对机器的抵制，以至打砸机器。英国产业走上了劳动密集的道路。在创新中，美国对专利的保护是比较严格的。这保护了创新者的利益，从而有利于更进一步地创新。

（二）采用流水线作业，进行合理分工

1784—1785 年，发明家奥利弗·埃文斯（Oliver Evans）在费城郊外建造一座由重力、摩擦力和水力驱动的流水线面粉磨坊。100 多年后，亨利·福特在高地公园工厂装配第一条真正的汽车流水线。在流水线上，按照分工，2 人在其固定工序上进行自己熟悉的重复劳动，而不是每个人去熟悉每一道工序每个流程上的工作。

（三）采用零部件标准化、可互换理论，实行大规模生产

早期的工业生产没有标准化概念，枪是一条一条造，每条都不一样，坏了修复很费时。19 世纪 30 年代，零部件标准化，可互换概念已经在美国广泛使用。这一理论在美国军事工业中发挥了重要作用。

（四）独特的"抛弃型经济"消费观极大扩大美国各类商品的市场规模

美国人想要即刻拥有工厂制造的产品，从而把他们从劳动中解放出来，以便从事更加迫切需要的农业和采掘业。他们关注的是工具的即时供应，而不管其外形。在英国，猎枪是一种地位的象征，在美国，猎枪是一种工具，就像铲子和斧子。对于服装，人们期待衣服能穿一季，就购买相应质量的衣服，不要更多，并不关心它是否耐穿，下一季再重新购买好看的。这种消费偏好极大地扩大了商品需求的规模，为大规模生产创造了市场，形成与美国工业大规模生产的完美结合。现代婴儿用品尿不湿是这类经济最典型的代表。用了就扔的生产和消费理念不仅在美国，在世界其他国家也日益普及。

（五）对企业实行科学管理，提高劳动生产率

泰勒的科学管理思想产生背景是美国资本主义经济发展很快，企业规模迅速扩大，但

由于生产混乱，劳资关系紧张，工人"磨洋工"现象大量存在，导致企业生产效率低下。泰勒认为，企业效率低的主要原因是管理部门缺乏合理的工作定额，工人缺乏科学指导。因此，必须把科学知识和科学研究系统运用于管理实践，科学地挑选和培训工人，科学地研究工人的生产过程和工作环境，并据此制定出严格的规章制度和合理的生产定额，采用差别计件工资调动工人的积极性。

（六）生产利益最大化模式

生产利益最大化模式即企业只抓产品设计与产品直接营销一头一尾，外放中间生产，大幅节约成本同时掌握实现利益主动权的生产模式。这种模式在现代美国工业中广泛使用，为美国带来巨大财富，节约了天量的产品生产投资。一是抓产品的设计，产品设计是一个产品能否畅销的关键，同时包涵大量的核心技术，掌握了产品的设计，就掌握了核心技术，就掌握了主动权。二是抓产品的最终直接营销（这种模式完全有别于生产和销售分开的传统模式），即为了把生产产品的利益紧紧掌握在企业自己手中，通过营销引导消费，通过广告营造浓厚的消费氛围，牢牢掌握产品的销售，实现企业利益的直接掌控。三是产品生产外包，即把产品生产这一中间环节委托给其他公司，这意味着美国公司在国内或国际上都不必在产能上大量投资，把这部分投资完全交由承担生产任务的公司去承担，这为企业节省了大量的厂房设备投资，同时解决了现代生产设备容易过时、淘汰太快、费用昂贵的问题，同时通过将生产交给发展中国家承担，还大幅降低了生产的人工成本，使产品的利润实现了最大化。

八、以创建新时尚、新业态、新商业模式引领服务经济发展

美国处于全球经济的最上游，不断创立新时尚、新业态、新商业模式，引领美国服务经济发展。

在服装行业，特别是体育服装、制鞋行业，美国以其众多时尚品牌引领了全球产业发展。这些产品并无多高科技含量，只是因为引领时尚，引发消费者热捧，形成可观的"高端产业"。美国并不生产这些产品，但严格的设计和经营着这些品牌，创造了可观价值。

美国创造的最大规模新业态莫过于在互联网架构下创造的互联网及相关产业，其规模异常庞大，同时以此为基础不断创造出新的业态。

美国还创造了快餐商业模式。麦当劳是世界知名快餐店，在全球拥有 3 万多家门店。它的基本赚钱策略是，其一是运用一套选址条件淘取价值不高而又适合麦当劳经营的地点，将其购入或长期租下，装修成门店，然后以较高价格出租给经营者，获取一笔稳定回报；其二是经营者要交纳高额的加盟费，形成第二笔回报；其三是通过供应标准配餐原料，形成第三笔回报。麦当劳没有特别高级的核心技术，技术含量与电子信息技术相差甚远，但是在商业模式上却大获成功。肯德基商业模式与麦当劳有些差异，但相差不大。

美国还创造了消费信贷，形成一种全新消费模式，改变了从前通过已经赚取的收入购买物品的方法。20 世纪 20 年代开始，以未来收入分期付款购买耐用消费品的消费模式为

美国经济注入新的活力。

现代美国经济还有许多成功的生产经营模式,每个都有自己的特点,不再一一叙述。

第五节 人口发展

美国成为世界超级大国,除保持技术领先这一关键优势外,成为世界第三人口大国也是重要因素。假设美国只是一个和德国人口相当的国家,在只是技术略微领先德国的情况下,美国当前的国际地位会大打折扣。

一、美国早期人口发展情况

1607 年,得到詹姆斯一世特许状的一家公司在弗吉尼亚建立了第一个英格兰的永久殖民地。其后,法国、荷兰、西班牙均在北美洲(包括现今美国多数地区)纷纷建立殖民地,这些国家都向北美洲的殖民地进行了移民。在后来的殖民地争夺(或欧洲霸权争夺)战争中,英国先后战胜了西班牙和法国获得胜利,并占领或获得了他们的殖民地。因此,早期殖民地的居民包括欧洲主要国家的移民,当然还有从非洲贩运来的奴隶。1623 年对弗吉尼亚公司的调查显示,公司曾经运送 6 000—10 000 人前往殖民地,虽然最多只有 2 500 人留下来,但是英国仍然在北美洲的许多地方建立特许公司,进行殖民活动。有的地方的殖民活动取得成功,人数开始增加。1640 年,波士顿已经有差不多 2 000 人,整个殖民地有 1.2 万人。在 1790 年进行的美国人口普查中,392.9 万总人口中 80.7% 是白人,非白人占 19.3%。表 9-7 是美国殖民地早期人口变化情况。

表 9-7   1610—1790 美国殖民地人口估计

时间	1610 年	1630 年	1650 年	1680 年	1700 年
殖民地人口总量(人)	350	4 646	50 368	151 507	251 444
黑人总量(人)		60	1 600	6 971	28 373
黑人百分比(%)		1.3	3.2	4.6	11.3
时间	1720 年	1750 年	1760 年	1780 年	1790 年
殖民地人口总量(人)	467 465	1 186 408	1 593 625	2 797 584	3 929 000
黑人总量(人)	68 667	252 068	325 806	587 905	757 000
黑人百分比(%)	14.7	21.2	20.4	21.0	19.3

从 1610 年到 1790 年有正式人口普查的 180 年间,美国的殖民地人口平均每年增长 5.32%。由于来自欧洲各国移民众多,且移民相对自由,美国殖民地人口增长速度惊人。

二、美国 1790 年后人口发展情况

根据美国人口普查数据,从 1790 年到 2010 年,美国人口年均增长 2.1%,其中前 100

年年均增长2.82%，1890—1990年年均增长1.38%。第二次世界大战以后美国政府对移民的节制（条件限制）导致移民减少，人口的增长速度逐步下降（见表9-8）。

表9-8　　　　　　　　　　1790—2010年美国人口数量情况

时间	1790年	1800年	1810年	1820年	1830年	1840年	1850年
人口总量（百万人）	3.9	5.3	7.2	9.6	12.9	17.1	23.2
时间	1860年	1870年	1880年	1890年	1900年	1910年	1920年
人口总量（百万人）	31.4	39.9	50.2	63.1	76.0	92.4	105.7
时间	1930年	1940年	1950年	1960年	1970年	1980年	1990年
人口总量（百万人）	122.8	131.7	151.3	179.3	203.3	226.5	248.7
时间	2000年	2010年					
人口总量（百万人）	281.4	309.8					

（一）移民对美国发展贡献巨大

到美国的移民相对比较年轻，正是进行生产（经济）活动的最佳年龄，是经济活动的生力军。1900年时，美国人口年龄的中位数仅为22.9岁，这是一个极为年轻的国家。作为普遍比原国家居民更具冒险精神的人群，加上殖民地地域辽阔，资源丰富，移民的状况普遍好于其来源国，唯此才会有新的移民源源不断来到新大陆。移民中具有一技之长的相对多一些。这些都对美国经济发展产生了重要影响。早期的移民要进行识字测试，移民被要求有一定的文化水平。第二次世界大战后期，美国对移民更加挑剔，他们更多吸收来自世界各国的精英，这些精英为美国的科技和经济发展做出了更大的贡献，同时为美国政府节约了巨额的教育培训费用。当然，也有出于政治目的的移民，但数量不多。

（二）美国人口增长与经济增长关系紧密

表9-9的3组数据揭示了人口增长与GDP增长的关系

表9-9　　　　　美国人均GDP增长、GDP增长和人口增长　　　　（单位：%）

时期	1820—1870年	1870—1913年	1913—1950年	1950—1973年	1973—1998年
人均GDP增长率	1.34	1.82	1.61	2.45	1.99
GDP增长率	4.2	3.94	2.84	3.93	2.98
人口增长率	2.83	2.08	1.21	1.45	0.98

资料来源：安格斯·麦迪森著，伍晓鹰、许宪春等译：《世界经济千年史》。

一国GDP的增长，有一部分是由于人口的增长诱发产生的，我们将这部分经济增长归因于由人口增长引发的经济增长。当一国的生产部门不能满足人口增长带来的需求时，就会导致人均GDP下降，从而导致人均GDP增长的减速。如果人口的增长为零，那么人均GDP增长就和GDP增长一致。当一个国家有巨大的人类生存空间时，利用好人口的增长可促进经济的增长，从而快速放大经济总规模。美国正是利用了具有巨大的人类生存空间这一优势,通过来自世界范围的移民使经济长期保持快速增长,曾经人满为患的爱尔兰则成为移民输出国。1913 年以前,美国的 GDP 快速增长,一多半是通过人口的快速增长实现的。1913 年以后,人口增长对 GDP 增长的贡献有所下降,且人口增长速度低于人均 GDP 增长速度。

美国实现了人口增长和人均 GDP 增长"双快",1913 年为分界点,以前是人口增长快于人均 GDP 的增长,以后则是人均 GDP 增长高于人口增长。这表明,当前面阶段和后面阶段比较时,后面阶段美国科学技术对经济的促进作用愈发明显。

第六节　交通运输发展

交通运输是经济发展的先行条件。早期的美国运输业发展几乎经历了与英国完全相同的过程,美国也运用市场的手段,很好地解决了经济发展的先行条件运输问题,为美国经济发展奠定了坚实基础。

一、公路建设

美国早期的运输主要靠公路解决。城际建设收费公路是解决交通运输难题的办法。数百家城际收费公路企业投资了超过 2 500 万美元的私人资本。1810 年时,美国城际收费公路有 4 600 英里(约 7 402.98 千米),到 1830 年时已达 27 800 英里(约 447 397.63 千米)。据估计,收费公路的利润率不高,只有 3% 到 4%(收费公路的建设有来自政府的资金,因此公路费率受到特许状的限制)。到 19 世纪 30 年代,收费公路被后面建设的运河超过。

铁路建设高潮之后,是高速公路的建设。建设高速公路的动议很早就已出现。1939 年,美国国会第一次收到了支持建设州际高速公路系统的报告。两年后,富兰克林·罗斯福任命一个委员会负责完善这个概念。1944 年,美国国会批准了委员会的报告,该报告包含了"国家州际高速公路系统"的观点,但当时处于战时,因此国家并没有提供任何的资金。1940 年开通的宾夕法尼亚高架桥是这些道路中的一条,它得到了联邦公共事业振兴署的帮助及复兴银行的资助。战争后的振兴,特别是以机动车为基础的城市化,导致对新道路的需求激增。

1956 年《州际高速公路法案》以国家防御作为"前言",授权了 42 500 英里(约 68 397.12 千米)的封闭式高速公路建设,同时建立了高速公路信托基金作为融资系统。这项工作由国家完成,历时 12 年,耗资 250 亿美元,其中联邦政府负责 90% 的费用。

美国交通运输部成立于 1968 年,两年后,随着《城市轨道交通法案》的通过,美国进入布鲁斯·西利所说的"基础设施发展的黄金时期"。

整个 20 世纪 60 年代,美国铁路业遭遇了与高速公路的激烈竞争,进入衰退期后就再也没有恢复。高速公路系统建成后,铁路的日子便越来越难过。

美国公路系统和城市道路系统是一个较高效而庞大的系统。截至 2014 年，美国拥有公路 672.1 万千米，其中高速公路 10.44 万千米（中国这一数据 2015 年分别为 457.73 万和 12.35 万千米）。2014 年汽车保有量，中国 1.2 亿辆，美国 2.2 亿辆，美国为世界最多。

二、水上运输事业发展

美国的运河挖掘时代主要在 1815—1843 年。收费公路和运河联运，政府的资金参与是主要特征。南北战争前，美国进行了大规模的运河建设。据哈维·西格尔（Harvey Segal）教授估计，1815 年到 1844 年，美国对运河的投资为 3 100 万美元，其中 73% 来自政府。1844 年到 1860 年又投资了 6 600 万美元，其中政府资金占 66% 左右。政府资金是运河建设主要资金也许是非常重要的特征（不同于公路建设）。纽约州的立法机关通过一项法案，决定独自在哈德逊河和伊利湖之间修筑运河，资金来自专项税收、州信用贷款以及运河部分航段开通后的收费。这条运河全长 363 英里（约 584.19 千米），耗资 700 万美元，大获成功。宾夕法尼亚州 1826 年州立法机关投票同意用州的资金修建主线运河（Main Line Canal），于 1835 年竣工，建筑成本 1 200 万美元。因受到 1837 年经济萧条的影响，这条运河在经济上失败了。在美国中西部的部分地区，自然水道为运河提供了良机，那里的运河建设也主要由政府主导。其他州还进行了一些不那么成功的运河投资（如印第安纳、俄亥俄州等）。

汽船的使用为美国内地农业的发展创造了条件，由于汽船吨位大，运输效率高，运输费用大幅下降。伴随内地的发展，西部运河上运营的汽船迅速增加，1811 年时仅有 1 艘汽船，1815 年增加到 7 艘，以后逐年增加，1860 年达到 817 艘。激烈的竞争也使运输费用降低。1815 年到 1860 年，美国内河运输向上游的运费下降了 90%，向下游的运费下降了 40%（向下游的运费本来就比较便宜）。

汽船建造的热潮还伴随着新的技术进步。马克和沃尔顿认为，从 1815 年到 1860 年，汽船的每单位生产率增长了 9 倍。南北战争期间对内河水系的破坏导致马克·吐温等人热烈赞誉的汽船辉煌时代画上句号。铁路取代了汽船。

美国的海上航运事业的发展也是超前的。殖民地重镇最早都是建在沿海交通便利处，在美国发展过程中，沿海建立了众多的港口，美国还高度重视建立自己的运输队伍，在建国早期还曾经规定，进出口货物必须由美国船东运输。在第一、第二次世界大战中，美国更是通过政府力量建立了空前庞大的海上运输船队。

三、铁路建设

铁路在美国历史上一段时期的经济发展中发挥了极为重要的作用。历史学家认为，铁路更加彻底地开放了这个国家，还大幅降低了运输成本，解决了内河运输冬季因冰冻长时间不能通航的问题。

美国的铁路建设与英国差不多同步。1825 年英国开始第一条铁路建设；1830 年，美国第一条铁路巴尔的摩至俄亥俄铁路开始运营。随后，美国掀起了铁路建设热潮。1830

年,美国的铁路运营里程约为37.01千米,1835年3 070.63千米,1840年4 535.13千米,1845年7 456.09千米,1850年14 517.89千米,1855年29 570.09千米,1860年49 287.77千米,到1869年铁路建设规模已经不小,但相对铁路建设这个行业的高峰年代,还只是一个起步。1930年,美国有运营中的铁路干线(main track)419 073.18千米(如果包括所有车场、转轨线路等,总长为691 829.63千米),这是一个巨大的成就。到南北战争之前,美国的铁路里程超过了英国、法国和德国的总和。美国铁路建设的规模从一个方面也能解释其经济为什么会超过英国、超过欧洲。

美国铁路建设的资金量巨大。截至1860年,美国对铁路的投资超过10亿美元,比运河的投资高出5倍多。政府也参与了铁路建设,政府参与度在南方最高,约占总投资的50%,在新英格兰和中西部的主要线路中,政府资金只占总投资的10%。

美国的铁路建设经历了一轮又一轮高潮,仅在19世纪晚期就有3次建设高潮:时间分别为1868—1873年、1879—1883年和1886—1892年。铁路网达到前所未有的规模,铁路能够提供更加稳定、快捷、便利、规律的运输,虽然成本要比水运略高,但仍然凭借自身优势战胜并逐渐取代了水运(运河是被其自身劣势打败的,如额外的马车搬运、转运、运输过程中的货物损失、航行季节短、运输速度慢等)。这是市场的选择,是铁路和水运输竞争的结果,而不是任何人所左右的,正如铁路被高速公路超越一样。铁路在其唱主角的时代对经济发展的贡献有目共睹。

美国铁路运输系统后来转为由政府运营,但运输作用下降。

四、建立世界最大的空中运输系统

自美国莱特兄弟发明飞机以来,美国始终走在世界飞机制造业的前列。美国目前拥有世界数量最多、战斗力最强大的空军部队,还拥有世界上数量最多、运输能力最强大的民用航空运输机队。美国交通统计局网站数据显示,2011年,美国的航空公司拥有的载货或载客飞机数量达7 168架。民用航空客运量和货运量都居世界第一位,远远超出世界其他国家。美国还拥有世界最多的机场。无论是军用飞机、民用飞机的制造,还是机场的建设,美国都是世界上技术最先进的,是名副其实的世界航空最强国。2015年,美国及外国航空企业通过美国机场运输的旅客数量超过8.95亿人次。2015年,中国民航客运量为4.36亿人次,而美国人口数量只有中国的1/4。

第七节 美国成为稳定红利巨大国家

自从独立后,美国只经历了一次相对短暂的南北战争,从1861—1865年,时间为4年。此后,美国很快成为世界第一经济强国,参加了第一次、第二次世界大战以及众多的地区战争,这些战争有的还是美国挑起的,但所有的战争都是在美国本土之外,对美国本土经济的发展几乎没有受到冲击。在战争中，美国经济甚至发展更快，因为其稳定的生产为其他参战国提供了战争所需物质、军事装备等支持，美国不仅未因参与战争而实力受到削弱，反而因战争地位更加得到加强。在政治上，美国国内长期保持稳定，为经济发展创造了稳定的环境。由于长期稳定，美国还吸引了来自世界各地的人才，成为世界科技最发达的国家。科技成为美国经济的主要推动力，而且其吸引的人才是别的国家已经培训好的，美国由此获益无数。美国收获了全球最大的稳定红利。

第八节　教育事业促进经济发展

根据阿尔伯特·费希洛（Albert Fishlow）的研究，美国花在 1860 年之前的劳动力队伍上的教育成本占 GNP 的 1%。到 19 世纪 50 年代，公立的普通学校在北方分布比较广泛，然而它们在南方的大部分地区还较为罕见。据莱博高特估算，即使到了 1870 年，北方的学龄儿童一年里只有 3 个月待在教室。尽管教育如此稀缺，在美国教育似乎仍然比在欧洲更容易获得。到 1850 年，美国人口中平均有 18% 的人（包括各种年龄）在某种学校里上学，实际上美国当时在这方面是世界第一（德国第二，比例为 16%，英国为 12%）。

美国是一个高度重视教育的国家，义务教育得到充分保证。在美国，16—18 岁之前必须在学校就读。现在，美国的许多州要求必须就读到 18 岁。有些州只规定必须就读到 14 岁。美国义务教育规定为 12 年制（另加一年幼儿园，合计算起来有 13 年），全部由政府出资（私立学校例外）。也许美国的义务教育在成绩上来看不是世界上最出色的，但美国学生到了大学阶段却能显示其后发优势。

美国的高等教育是世界较高水平的高等教育，教育质量全球领先，主要体现这两个方面：一是在世界前 100 名的最知名学府中，美国占尽优势，占了 30 所，其中排名前 10 位的学校美国占 6 所（分别为哈佛大学、斯坦福大学、耶鲁大学、加州大学伯克利分校、麻省理工学院、普林斯顿大学），第一、第二位的均是美国学校。二是美国高等学校吸引着不仅本国的一流人才，而且吸引着全世界大量的一流人才云集，美国一年招收的留学生达上百万人。由于占领了教育高地，世界经济中发挥最重要作用的核心技术（如半导体、计算机芯片、软件核心技术、互联网技术）基本为美国人垄断。这与高度发达的美国教育密切相关。

第九节　稳定而健全的法律

一、美国法律的渊源

美国法律源于英国，又根据本国政治、经济、文化等特点进行了修正，如对财产权、继承权等都做了适应本国的修正。美国实行与所谓大陆法不同的普通法。普通法也称判（案）例法（Precedent Law），不同于来自正规立法程序的所谓成文法（Statutory Law）。从历史和文化渊源上讲，美国普通法来自英国的普通法，而后者又是受罗马法的影响。

美国法律是保持美国社会稳定、保持经济持续稳定较快发展的重要保证。首先是宪法的稳定。虽然美国宪法也出了多达 27 个的修正案，但其基本精神在修正案中变化不大。美国宪法的修正案更多体现的是时代进步的精神和人的认识的进步，如"权力法案"、废除奴隶制、给予白人以外的其他人种选举权、给予女性选举权等。保护持有与携带武器的权利便是在宪法修正案中提出的。虽然由于现代美国饱受枪支泛滥之害，包括奥巴马总统在内的许多人都曾提出修正宪法该条款，但始终没有得到修正，这也表明了美国宪法的稳定。

美国的经济法律是其经济健康持续发展的重要保障。早期的美国是资本主义经济自由竞争的时代，但那时的经济立法也不少，正如英国一样，美国修建运河、公路、铁路，建立特许权的法人企业等都是通过议会通过的法律进行的。早期的金融管理也是通过法律途径实现，如通过公债条例、建立国家银行、通过国家银行法。在关税方面，有关税法等法律保护美国经济。美国还有铁路管理方面的法案。19 世纪末到第一次世界大战前，美国的经济立法增加，如铁路管理立法，反垄断立法。1889 年，堪萨斯州带头制定了反托拉斯法，随后各州纷纷效法。1890 年，美国联邦国会通过了联邦第一部反托拉斯法——《谢尔曼反托拉斯法》；1914 年又通过了《克莱顿反托拉斯法》和《联邦贸易委员会法》，同时实行财税金融立法，消费者保护立法。第一次世界大战后，美国立法众多，涉及的领域也多。此后的经济立法，自由经济的成分逐渐掺入许多政府的管制甚至直接干预，战时的法案更是如此，美国经济逐渐不那么自由。在众多的美国经济法律中，有些法律对美国经济影响深远，如《美国专利法》《美国商标法》《美国反垄断法》。这些法律对促进美国经济健康发展，保持企业竞争力和保护企业在全世界的利益发挥了重要作用。反垄断则使企业始终处于竞争状态，促进了技术的不断发展。

当然，美国的刑法、民法等也比较健全，为维持正常的社会、经济秩序发挥了重要作用。

二、美国的调控新潮——生活质量运动

从 1929 年经济危机开始，政府对经济的管制明显增加。随着人们对自身生活环境和非生物物理环境的关注，关于生活质量的新观点出现，这种思潮从关注产品质量、生产生活安全、环境保护，到关注经济安全等。1962—1972 年，美国开始了经济史上的有名的调控新潮，这股新潮使美国历史上出现了大量的干涉性规范（均以法律的形式出现）。例如：1962 年出台的《食品和药品修订案》，该法案极大增加了食品药品管理局的权力；《空气污染控制法案》，制定了国家空气污染标准；1964 年《民权法案》，禁止工作中的种族歧视；1965 年《水质法案》，要求国家制定标准提高水质量。1966 年《公平包装和标签法案》，要求生产商在罐头和包装上增加产品信息；《儿童保护法案》，保护儿童免受危险玩

具的侵害；《交通安全法案》建立了国家高速公路委员会，对底特律汽车产品的必备安全工具和健康要求进一步提升；1967年《农业公平交易法案》，为农产品贸易制定了一系列强制标准；1968年《信贷法案》，要求各种放贷者要处于大量借贷人的仔细监督之下，并且放贷人要明确说明借贷条件；1970年《清洁空气法案》，目的是要提高国家空气质量，促进公共健康和福利，提高人口素质；1972年《水污染控制法案》，目的是保护国家水资源物理、化学性质及生态的完整性；1973年《濒危物种法案》，目的是制裁危及物种安全的违法行为，并对即将消失的物种进行保护；1969年通过的《环境政策法案》是最具有影响的，它要求联邦财政计划提交环境影响报告；1970年《经济稳定法案》，提出建立一般性的价格和工资管制；《证券投资保护法案》要求证券经纪人保证其运作经营的账户不亏损；《国家空气质量法案》，给予环境保护部门制定空气污染标准的权力。或许1970年的《职业健康和安全法案》是最有影响力的法案，国家同时创建专门负责职业健康和安全的机构并赋予完全的权力强制执行工作安全标准。1972年出台了《噪音污染控制法案》和《消费产品安全法案》，消费产品安全委员会负责数以万计产品的安全特性。这一系列法案的颁布实施表明，美国对经济的干预更多了，对经济发展的要求更严了，更加关心生活、生产安全，关心产品质量、生活质量，关心环境质量，关心国家经济安全。

美国1935年通过的《社会保障法案》和20世纪80年代美国医疗体系改革的里程碑1985通过的《统一综合预算协调法案》，这两个法案使美国社会保险和医疗保障体系建立起来。这两项法案是对美国人民生活和美国经济发展均有较大影响的法案。

美国政府对经济的干预自调控新潮后并没有减少，只是应用各类调控更有经验、更加娴熟，效果更好。

第十节 强大的金融、财政和税收体系

强大的金融系统是美国重要的支柱，不可或缺。金融促进了美国的经济发展，多次帮助其渡过难关。金融巩固、强化了美国的经济大国地位，支撑了美国在相对衰落后的世界地位，金融也是美国与其他经济大国竞争的有力武器。

一、殖民地时期源于英国的金融和财政、税政体系[①]

殖民地早期，美国在货币上使用英国的金银复本位制的金银货币，但是英格兰法律禁止本国硬币出口，甚至是运往殖民地都不允许，对外国硬币和金银条进口却没有限制。因此，殖民地遭遇了金银币的短缺，当时一种比较流行的支付方式是汇票，国际交易也可以进行，这是早期的贸易方式。由于日常市场交易存在事实上的金银货币短缺，殖民地很早

---

① [美] 乔纳森·休斯、路易斯·P. 凯恩：《美国经济史》，北京大学出版社2015年版。

便开始流通纸币。1781 年，革命国会（大陆会议）授权成立一家股份制的发钞银行（美国使用纸币比英国还早 10 年），这也是美国国家商业银行的最早出现。为解决流通中的货币短缺问题，殖民地还通过与南欧和加勒比地区的贸易获利获取金银币，这使西班牙、法国、葡萄牙和荷兰的金银币在殖民地大量流通。1728 年西班牙铸造的一元硬币成了 1792 年铸造美元时的范本。殖民地还采取其他方法获取金银币，如通过货币贬值，通过法律提升外国货币在本地的价值。1652—1684 年还存在过马萨诸塞铸币厂铸造银币，有 1 令和 1/4 先令。在遭遇货币短缺的情况下，殖民地还出现过实物货币。

殖民地时期的利率保持适中，所有殖民地都有高利贷法规规定利率上限，17 世纪在马萨诸塞的上限为 8%，后来在宾夕法尼亚为 5%，表明早期的殖民管理当局对高利贷限制相当严格（远比现代严格，值得借鉴）。

随着纸币的出现，出现了通货膨胀，殖民地货币与金银币之间的汇率降低了。1751 年，英国议会禁止赋予新英格兰纸币法定货币地位，这一禁令推广到全部殖民地，但是纸币本身并没有被禁止。这一禁令推动了纸币的贬值，纸币在各地贬值幅度不一。新英格兰纸币贬值幅度最大，罗德岛纸币跌得最惨时，纸币与金银币之间的汇率为 26∶1，马萨诸塞跌到 7.5∶1。殖民地早期英镑的升值速度很快，但在 1840 年后，随着美国经济发展，汇率稳定下来，纸币贬值不再失控。

1740 年，马萨诸塞土地银行曾经对英国人和部分美国人发生警告。一年以后，英国议会通过了"在国王陛下的美洲殖民地和种植园限制和防止几种无保证的计划和行为的法案"，"无保证的计划和行为"包括成立私有的股份公司，以土地为质押来发行货币——这是未来边疆银行业的雏形。1733 年，一群波士顿商人发行了可兑换为白银的票据，他们与土地银行对抗，并且成功使英国议会听从了他们的意见。股份制银行一直到 1781 年才出现，大陆会议授权成立了北美银行。

殖民地时期，没有中央政府，也没有财政征税权力，在独立战争中，新生的美国政府解决战争费用的最主要途径是印刷纸币。战争中，美利坚合众国发行了"大陆币"，一种依靠预期财政收入兑换回正币的钞票。直到 1780 年，这种纸币几乎是支付战争所需的唯一手段。从 1775 年开始，发行了 2.41 亿美元的大陆币，只有极少的一部分被兑换，流通中的数量比这个数值要小。发行的高峰是在 1779 年，这一年，新生的美国政府发行了 14 次货币，总发行量达到 1.4 亿美元。由于大陆会议没能限制纸币发行量，各州同时还发行了 2.09 亿元自己的钞票，造成大陆币恶性通货膨胀，但是通过土地出售和经济成长，"大陆币"还是得到了赎回和吸收。他们还通过没收亲英派的土地，战后发给被欠薪士兵作为补偿，解决了部分战争费用。金融帮助美国筹措了独立所需资金。

二、金融体系初步建立（美国独立至 1860 年）

（一）中央银行的建立与关闭

大陆会议在 1781 年授权成立的北美银行，在很大程度上扮演了中央银行的角色，有的学者称这是美国第一个真正的中央银行，而这一称号通常是用来称呼 1791 年授权成立的合众国第一银行（获得 20 年特许状）的。1787 年北美银行获得了宾夕法尼亚州的特许状，变成了一家州银行。

由于中央政府不能征税，从公共土地销售中获得的收入极少，1783—1787 年中央政府的财政状况恶化得很厉害，被迫向外国（荷兰）银行家借钱维持生存。1789 年《宪法》为联邦政府提供了一种全新的、潜力极大的经济基础，赋予联邦政府征税、举债、发行货币并"调控"其价格的权力，同时各州放弃了发行货币的权力。在宪法之外，财政部长亚历山大·汉密尔顿还设计了许多充满活力的政策，这些政策只获得部分成功，而且还遭遇当时许多人的强烈反对，但现在那些政策被当作伟大构想。

汉密尔顿的政策主要有：征收关税和其他税项作为联邦财政收入；发行新债券（并安排好偿还事宜）以偿还战争期间大陆会议欠下的债务；由联邦政府承担各州在战争时期欠下的债务；建立一个中央银行；以新铸的金属币为基础建立一个全国货币标准。1835—1836 年，美国几乎还清了这些债务（联邦承担并还清战争债务极大树立了联邦的威信），但当时又以更高的利率借了新债。各州根据宪法失去了发行自己纸币的权力，然而各州授权的银行却可以发行纸币，而且确实这么做了。1792 年，《铸币法》规定在费城建立一座铸币厂，并规定美国以金银复本位为基础：15 盎司白银等于 1 盎司黄金。这些金属币是以十进制为基础铸造的。国内将发行面额 10 美元的金币（鹰币）、1 美元的银币以及更小面额的辅币。没有全国性的纸币。合众国第一银行较好完成了自己的职责，但是在 1811 年没有获得特许状的延期（仅以差 1 票失利）。1812 年，美国再次在没有中央银行的情况下同英国开战并因此狼狈不堪，政府筹集资金遭遇很大困难。1816 年，一家新的银行即合众国第二银行得到特许状，成为新的中央银行，但它的特许状延期在 1832 年被安德鲁·杰克逊否决（合众国第一银行、第二银行都是私人银行的直接竞争者，且两个银行的股票都有外国人持有）。下一个中央银行（联邦储备体系）直到 1914 年才成立。美国的铸币制造不算成功，受到汇率的影响，金币一生产出来便被运往欧洲，银币被运往加勒比地区，因此很长时间美国市场没有自己的金属币，好在有各州银行发行的纸币提供了支付手段。

（二）州银行与其发行的纸币在美国较长时间发挥的重要作用

州银行在美国金融史上发挥了重要作用，确保了美国经济的正常运转，尤其是在没有中央银行期间。尽管 1789 年《宪法》禁止各州发行纸币，但各州保留了成立特许法人公司的主权。这种权力很快被用来创建由州颁发特许状的私人银行，这些银行则发行它们自己的纸币，提供人们需要的纸币供应。由于各州都可以颁发特许状，独立战争后，南北战争前，随着经济的大发展，州银行迅速扩张，1810 年有 88 家由州授权成立的银行，1820 年有 300 多家，到 1860 年，尽管倒闭了不少，美国仍有 1 562 家州银行，流通中的纸币大约有 1 万种，有时候人们拿纸币去银行兑换金银，纸币的发行者却早已消失在历史中。有人认为，没有中央银行的约束导致了 1837 年的经济危机和 1839—1843 年的经济萧条。然而，事实是尽管没有中央银行，银行系统不那么完美，但美国经济仍然保持增长，州银行发行的纸币也没有造成严重的通货膨胀。1816—1860 年，物价总体是下降的，只是在 19 世纪 30 年代和 50 年代有周期性上扬。但是，公众对州银行的欺诈和倒闭存在不满，还对州银行发行货币过量和不足导致的价格波动（特别是 3 次物价高涨和 3 次物价下跌）严重不满。

由州授权成立的银行是美国金融中介体系发展的一部分，是由美国的需求和法律决定的。由州授权的银行是单一制银行（不设立分支行的单一制银行）。早期的州银行存在明显的寻租行为，但相互竞争的"自由银行制"在各州的扩散发展也体现了经济发展对金融中介的需求。1863 年产生了美国的银行管理法律《国家银行法》。州授权成立单一制银行和《国家银行法》，两者也只是美国的金融试验。这两者后来又让位于州银行调控委员会和全国银行体系。美国人更希望商业银行只从事银行业务，并把主要资金用在发放短期贷款上，这种意识最终导致 1913 年《联邦储备法》的出台。美国银行管理逐步演化并正规化。

（三）金融中介业务发展

中介是在储蓄者和借款者之间的所有中间人活动。最纯粹的中介就是捐客。从事中介业务的有银行、保险公司、储蓄借贷联合会、股票市场，这些机构的任务是进行资本动员。许多早期的新英格兰银行是信贷银行而不是储蓄银行，它们的主要任务是折价出售商业票据，而不吸收存款。这些银行是银行和企业的混合体，银行出售股份给圈外人，通过这种方式筹集资金供给圈内人。19 世纪早期的银行并不是现代意义上真正的商业银行；相反，它们基本上是投资俱乐部，银行股份的出售使小储蓄者可以购买多样化的投资组合的股份，各银行投资组合不同。

（四）存款部分准备金制度

早期的银行家认识到，他们不需要随时有足够支付所有存款的资金，只需要保存存款总量的一部分就够了，剩下的可以放贷。银行家能够通过部分准备金制度创造出数倍于存款的需求。至于准备金，谁也没有准确的比例，结果问题便出现了，当危机来临时，银行停止将纸币和存款兑换成金属币。在 1819 年、1837 年和 1857 年的经济危机和 1860 年，几乎所有银行都停止了金属币的兑换，危机中出现这种状况一直延续到 1933 年。

（五）早期的杠杆

通过部分准备金制度创造出来的比存款更多的贷款便是一种经济杠杆，运转正常时，它能带来经济增长，不正常时，则可能带来通货膨胀，甚至造成银行倒闭。

（六）金融调控的发展

努力进行金融调控首先是私人行为。私人调控的主要例子是波士顿银行萨福克体系（Suffolk System）。早在 1819 年，基于少量准备金发行的乡村银行钞票就在波士顿流通，将波士顿萨福克银行的钞票逐出了流通领域。为了报复，萨福克银行定期将乡村银行的钞票拿到其他银行那里要求兑换成金属币，迫使乡村银行提高准备金率。1824年，另外6家波士顿银行也加入这一行动，随后乡村银行同意如果波士顿银行不要求将其钞票兑换成金属币，它们就将准备金存在波士顿银行中，结果乡村银行的准备金率上升了，流通的钞票减少了。这一体系是现代联邦储备体系要求成员银行储备非营利性存款的做法的先驱。19世纪50年代，美国主要城市如波士顿、纽约、费城，出现票据交易中心后，票据交易所对银行执行了更严格的规定，迫使银行采取谨慎态度。

州的权力也被用来调控银行界的行为（似乎是天职，因为特许状为州颁发）。1827年，为了鼓励银行家更加谨慎，纽约的银行股票持有人被要求承担加倍责任（银行股票面额的两倍）。美国的这种做法迅速传播开来。1829—1838年，纽约进行了一场著名的州调控实验。它要求银行家购买强制性存款保险"纽约安全基金"，任何持有特许状的纽约银行都必须在基金中存款，数额相当于其资本总量的3%，作为发行钞票的准备金。这一基金在1837年经济危机中因银行倒闭太多，导致安全基金也破产了。州的调控努力以失败告终。

提高准备金率的调控尝试取得了明显效果。其中最著名的是路易斯安那州的福斯托体系（Forstall System）。它成立于1842年路易斯安那州的所有银行都关门之后，福斯托体系要求将相当于钞票和存款总量1/3面值的金属币储备起来，并限制州银行的贷款，同时要求商业票据有90天的期限。这种谨慎的做法带来的好处是，在1857年的经济危机中，当美国的大部分银行关闭时（纽约的银行只有1家没有关门），路易斯安那的银行仍然能够支付金属币。福斯托体系的成功探索居功至伟。1863年以后，高额现金储备成了全国性银行的特点。

（七）成立竞争性自由银行运动

1838年，在纽约引领下，出现了竞争性自由银行运动。在这一体系下，任何一群人只要遵循一些总体规则进行登记，同意按州的章程进行银行业务，就可以获得银行特许状，其他州模仿纽约，银行的数量又增加了数倍。

（八）其他金融中介的发展

为了适应市场需要，其他金融中介相继产生。

1. 纽约证券交易所1817年正式成立。它在正式成立前已经非正式存在了20年。它逐渐成了美国资本市场的中心，其他城市也出现了服务于当地需求的证券交易所，各个主要中心用电报联系起来，纽约证券交易所是焦点、是中心。

2. 互助储蓄银行。互助储蓄银行为受到精心管制的针对穷人的储蓄所，其重点强调贷款的安全性，尽管利润很低，但与经常倒闭的商业银行相比，它创造了令人羡慕的可信记录。第一家储蓄所1816年成立于费城，到1860年美国有278家互助储蓄银行，专家认为，当时美国10家最大的企业中有9家是储蓄银行。

3. 人寿保险公司和火灾保险公司。这两类公司出现于19世纪早期。同时出现的还有葬礼会社、建房会社和私人救火公司等。

4. 美国南方的棉花金融。由于美国南方大量生产棉花供应英国，棉花金融一度如当今的石油美元。

在从美国独立到1860年将近100年的时间里，美国金融看似混乱，但它的存在却创造了美国经济增长的辉煌。美国金融体系逐渐建立，金融管理逐渐正规，各类金融工具逐渐健全。

三、金融业的进一步健全发展（1863—1914年）

（一）《国家银行法案》与全国性银行建立

1861年，南北战争爆发。当时为应付战争，美国联邦财政极其困难。1861年，约有1.8亿美元的长期债券卖出；1862年金融家杰伊·库克帮助联邦卖出了3.62亿美元债券；同年，财政部还另外卖出了1.5亿美元债券，借了6.82亿美元短期债务，发行了9.15亿美元的纸币。面对如此财政困境，必须找到新的办法驾驭银行体系，以满足联邦财政部的需要。办法是迫使州银行接受联邦债券。他们真的这样做了。1863年，《国家银行法案》通过，1864年又作了修订。根据修订的法案，全国性银行根据其所在城市的规模而有不同的最低资本要求，通过购买相当于最低资本1/3的合众国债券并将债券抵押（储蓄）在审计官处，每家银行可获得相当于债券票面值90%的全国银行钞票（每家银行的名字被凸印在钞票上）作为回报，全国银行钞票是除了海关偿付外所有场合的法定货币。全国银行钞票流通需要缴纳半年一次0.5%的小额税款，存款需要缴纳0.25%。1864年6月，州银行的钞票开始被征收2%的税。由于银行家对这一方案没有表现多少热情，1865年3月，对州银行的钞票的税率从2%上升到10%。由此，银行家对全国银行兴趣大增。最初人们认为全国银行体系会彻底取代消灭各州特许银行，事实上也接近消灭，国家银行资产在1868年一度占国家银行和州银行资产总额的90.6%，但后来变成了两种体系并存，州银行很快学会了不发行纸币而仍然牟利的方法，州银行体系迅速恢复。州银行的做法是通过活期存款的方式借钱以及在这种账户的名下签发支票，这种支付方式久已存在，但是让普通市民广泛使用支票则是金融领域的一项重大创新，它意味着州银行不用印刷自己的本票来创造银行信用——货币，它使州银行渡过难关并与国家银行并存。

全国性银行成立后，州银行钞票在19世纪70年代末期从流通中消失了，随着美国全国性银行数量（1870年，美国有1 937家全国性银行和州银行，1880年3 355家，1890年8 201家，1900年12 427家，1910年24 514家，1914年27 236家）的增长，全国性银行钞票的流通数量也不断增长，美国不断积累贸易顺差，世界范围贵金属的广泛、大量开采使流通中货币黄金增多、货币白银增多，美国货币偏少问题解决。1870年时每存在1美元的金属币，就存在5美元的纯纸币，到1900年时，每1美元金属币对应的只有40美分的纸币。

此阶段，早期金融管理的经验不足，货币没有及时随着需求的涨落而伸缩，货币供应缺乏弹性。各地流通货币量差异很大，有的地方很充裕，有的地方极为短缺。小型银行的债券储备偏高。全国银行体系不成系统。支票清算活动非常缓慢且代价高昂，也没有一个中央协调机构。金融在动荡中支付困难，甚至因"怀疑一切"而拒绝支付正币。活期贷款利率在1893年的大萧条中达到70%，1907年更是达到125%。在这些问题面前，银行系统十分脆弱，美国财政部四处紧急拨款也无济于事。在纽约市的金融动荡中，在年事渐高的金融家摩根的领导下，很多潜在的损失得以避免。这要归功于摩根采取的行动——联合银行资金、信用配额、对股票市场空方的管教。这是他从英格兰银行那里学来的危机处理办法。他的手段是在没有中央银行的情况下开展中央银行业务，并且奏效了。这也间接催生了联邦储备体系。

(二) 联邦储备体系的建立

美国联邦储备体系（以下简称美联储）的建立是世界金融史上的重大事件，它重新开启了美国建立中央银行的历史。进入20世纪，美国金融改革启动。1908年，国会通过了《奥尔德利奇—弗里兰法案》，要求建立一个全国货币委员会为银行体系的改革提供建议。他们建议建立联邦储备体系。委员会的主席罗德岛参议员纳尔森·奥尔德利奇于1911年提出建立一个联邦储备联合会的计划，1912年威尔逊和民主党赢得选举，充满改革思想的他们接管了国会的立法工作，进行改变满足他们自己的标准。《联邦储备法案》于1913年12月由威尔逊总统签字生效。这是一项建立联邦储备银行、提供弹性货币、提供再贴现商业票据的手段，从而对银行业实行更加有效的监管的法律。

最初，除了纯技术性的结算支票和为联邦政府的金融操作服务的功能外，联邦储备体系不过是个空壳。12个银行的央行业务对于奥尔德利奇的方案来说过于简化，美联储的设计意图并不像当时的其他央行（如英格兰银行、法兰西银行、德国国家银行或瑞典央行等）一样，成为一家垄断的中央银行。这12家银行的每一家都应该位于该地区的金融中心。《联邦储备法案》下建立的联邦储备体系吸取了历史教训，成了永久性安排。美联储与其他银行做生意，它是银行的银行。它不直接与大众进行交易，不像早前的其他央行会与私人银行竞争。会员银行被要求在本地区的银行中存入无息的现金，要求的储备曾经多次改变，显得非常复杂。最初的《联邦储备法案》还包括一个存款保险方案，因银行家反对而作罢。1929—1933年经济危机后，这一构想再次被提起，联邦存款保险公司（FDIC）成立。

联邦储备体系的所有权和管理权从一开始就是一个"大杂烩"。拥有特许状的全国性银行被强制从属于这一体系。它们从地区银行购买最初的股份。每家全国性银行必须购买相当于资本和盈余6%的联邦储备银行的股票（3%解款，另3%在未来要求清偿）。每家地区银行拥有9名理事，分为3类，每类3名：第一类代表银行家，第二类代表工商业和农业，第三类代表公众。第二类理事不能是任何银行的员工、董事或官员。第三类也有限制，他们不能拥有任何银行的股票。州银行被邀请参加这一体系，但可保持其州特许状；

或者不用参与这一体系，也可以使用美联储的支票结算功能。将这些结合在一起的是联邦储备委员会，拥有 7 名成员，最初包括财政部长和通货审计官，总统在参议院的建议下任命其他 5 名成员，并需经参议院同意。美联储章程试图将总统通过任命成员控制这一系统的可能性最小化。地区银行的高级官员需经过联邦储备委员会的同意。每家地区银行将有一名来自联邦储备委员会的"代理人"，以促进内部交流和合作。地区银行可以在定期举行的联邦咨询委员会上对联邦储备委员会提出建议和意见。地区银行将根据其购买的商业票据发行自己的本票。同时，为了满足健全货币的需求，还有一个要求，即发行钞票需以黄金为背后支撑（最初黄金持有量包括在资本的数量中）。这种"钞票要求"一直持续到 1968 年，不过数额降至 25%。地区银行利润超过 6% 的部分将与美国财政部平分，用来偿还国债或作为未来绿背钞票发行的基础。

美联储的结构和功能后来还发生了很多变化。自美联储建立，其主席便迅速成为世界金融舞台上的主角。第一任主席本杰明·斯特朗在 20 世纪 20 年代还发明创建和运营了公开市场委员会。到 20 世纪 70 年代，几乎完全基于政府债券购买的联邦储备钞票成为"弹性货币"，这超出了绿背钞票支持者的想象。

美联储在第二次世界大战以后逐渐成为世界金融政策中心，其影响力已经远远超过国际货币基金组织和世界银行。美联储的决定随时都可能对世界其他国家和地区的金融体系（中心）造成重大影响（甚至冲击）。

（三）投资银行在美国盛行

学者兰斯·戴维斯发现，美国 19 世纪 20 年代掀起的企业兼并运动导致产生了一批巨型企业，银行业则出现越来越多的小银行。1900 年左右，美国拥有许多巨型工业企业和众多小型商业银行。英国则与此相反，他们拥有少数巨型银行，分支遍及全球，而工业企业没有兼并现象。戴维斯研究了两个国家的金融业，发现两国差异的关键：投资银行。美国的投资银行善于把股票和证券放在投资者手中，包括那些为数众多的小型商业银行。英国大银行实力强大，因此英国企业家无须放弃自己独立的企业跟别人合并。美国的企业家可以搞到大钱，却很难搞到小钱。为这种筹集资本的工业重组服务的专门机构是位于金融中心的投资银行。知名的投资银行家有 J. P. 摩根、布朗兄弟等人，他们运作了美国众多的兼并、重组。根据戴维斯的观点，美国大企业是投资银行造就的。摩根就是一个典型代表。他以 4 亿美元成功并购当时卡内基的美国头号钢铁企业，成为当时工业史上最大的一笔并购。摩根成立美国钢铁公司，通过发行 5.5 亿美元普通股、5.5 亿美元优先股、3.04 亿美元债券完成了这次并购。美国钢铁公司掌握了美国 2/3 的产能。

（四）资本市场发展至功能强大

美国资本市场很早便开始发展。资本市场存在从事借贷的各种金融中介机构，有各类商业银行、投资银行，也有非银行金融机构，有州银行、全国性银行、互助储蓄银行、保险公司以及有管理职能的联邦储备系统。这些机构，有的从事收集资金，有的从事放款，有的兼而有之。有的金融机构从事传统的个人担保和实物抵押贷款，有的则从事金融市场标准工具——商业票据、债券、股票等业务。更多的金融工具被挖掘使用，如股票、债券等。金融中心在发展中应运而生。美国有12个地区证券交易中心，纽约证券交易中心则在19世纪70年代成为全国的货币和资本市场中心，有大量的银行和中介机构，华尔街集中主导了整个美国的金融业，成为中心的中心。美国发展成为一个功能强大的资本市场，成为调动资本的机器。美国南北战争耗资巨大，但通过资本市场轻而易举解决了战争费用的难题，这是美国资本市场发展中期对美国历史最大的贡献。

四、金融助力美国领先世界（1914—1945年）

（一）增强美国金融地位的第一次世界大战

1913年，美国对宪法进行了修改，"国会将有权力设置和收取收入税"。1915年到1919年（第一次世界大战期间的财政年度）征收总税收114亿美元，其中的60亿美元（或53%的比例）来自对个人和公司征收的收入税。起初最高档的边际税率只有7%，但为第一次世界大战一度提高到77%，战后最高档降至25%。

1916—1919年，因为战争，美国增加了240亿美元的债务，这些债务都是由构成合理的借贷实现的。财政部长威廉·麦克阿杜从南北战争中吸取了教训。这时的金融体系比1861年复杂得多，有了联邦储备债券。如果公众直接购买债券，那么资源占有权就会从公众手中转移到政府手中。如果美联储要回笼债券，货币供应就会增加，这是因为美联储、商业银行购买大量的政府有价债券。在原本的金本位体制下，银行可根据持有联邦债券的数额发行等量货币，条件是必须有黄金作为"背后支撑"。为获得支持战争收入，美国政府对黄金储备比例作了调整——将支持联储债券的黄金储备改为40%，以满足1914年联邦储备法案中黄金储备须能够支持2倍以上银行货币的要求，而且在1917年不再要求美联储成员银行必须持有黄金储备。结果是到1920年美国流通中的货币和活期存款数量比1914年增加了100%。美国政府通过国债发行得到了想要得到的战争收入，轻松解决了战争费用不足问题。但是，战争期间采取的中央管制经济使基本生活需求领域通货膨胀得到的抑制，在战后基本都得到了释放，1918—1920年出现了巨大的通货膨胀。

第一次世界大战使美国从债务国变成了债权国。战争开始后，黄金从欧洲流入美国。到1916年，黄金本位制的银行系统占用了大约20亿美元的黄金，这是单一国家拥有过的最大数量的一笔黄金。从美国购买军火和物资的欧洲政府清偿了美国公民的国债，几乎在一夜之间，美国就变成了一个"到期的债权国"，而就在3年前美国还是一个长期的净债务国。

（二）金融监管失当加剧1929年经济大危机

从1929年开始的大萧条是由生产过剩引起的，从第一次世界大战时期就开始的投资高增长，1921—1929年在一些主要领域仍然在持续，1915年固定厂房设备和工业制造装备上的费用是 6 亿美元，到 1920 年就达 24 亿美元，增长速度惊人。战后一些主要领域的投资，如建筑行业和汽车行业继续大发展，住房建设的高潮持续到 1929 年。1921 年到 1929 年，汽车产量增加了 3 倍，产生了大量投资，这两大领域几乎同时出现过剩。第一次世界大战后美国实施的新的限制移民的政策则加剧了过剩。

1. 金融创新使股票市场泡沫急剧膨胀，同时使泡沫快速破裂，加深了生产过剩的影响，甚至发展成为经济大萧条。

（1）经纪人贷款（尤其是其贷款的杠杆制度）是股市泡沫的最大元凶。由于经纪人利用这些基金为他们的客户提供财政支持，贷款成了股票市场这一信用主要来源的杠杆。由于短期贷款到期后可以立即通过非银行借款者还清，短期看有划算的收益。经纪人发现了"新大陆"，这种业务迅速扩大：1923 年经纪人贷款中，非银行资源的贷款只占 28.5%，1928 年这一比例达到 60.3%，1929 年 10 月，当经纪人贷款达到 85 亿美元时，66 亿美元来自非银行机构，占 78%。在经纪人贷款的推动下，股票一路高歌猛进。1921 年，股票指数仅为 86，1925 年达到 139.7，1929 年达到 326.1。投入股市的资金大多是短期资金，加上杠杆的影响，一有风吹草动很容易发生"踩踏事件"。当股市下行时，成千上万股票账户被直接平仓关闭。

（2）投资信托基金是引发股市泡沫的另一个重要元凶。投资信托基金是一种类似现代共同基金的金融工具。一种托管基金可以向公众出售自己的有价证券、股票或债券，用获得的收益购买其他股票。那时的股票（包括现在）以保证金的形式购买（购买者只花费其一部分自有现金，通常是 10% 的保证金），其余的由经纪人出，即股票的杠杆制度，杠杆达到 10 倍。第二次世界大战以后的大多数时间，杠杆被降低至 2 倍，即买 2 万美元股票需自出 1 万美元。因此，美国的投资信托基金发展迅猛，美国基金集团 1922 年成立时仅有 500 美元，1929 年发展到有 13 家公司、超过 10 亿美元资产。1928 年，美国有 186 个信托基金。投资信托基金成了将资金转移到股票市场的重要渠道，并极大刺激了股票市场。

从股票市场发展历史看，不当的金融创新、过高的市场杠杆会导致股票市场的大起大落，股票市场甚至会发生脱离实体经济，走出单独的股票市场的繁荣和崩盘危机。

2. 由股市崩盘触发的银行大面积倒闭使危机更加深重。由于股市崩溃，大量公司、个人失去了财富，信用体系崩溃，大量储户涌进银行要求兑付存单，发生了大面积挤兑。1933 年 3 月 4 日，美国 38 个州的所有银行都暂停了业务。两天后罗斯福宣告全国银行放假。当银行在联邦监管之下重新开业时，有 4 000 多家破产和被清算。在此之前，美国银行中 1929 年已经倒闭了 659 家，1930 年倒闭了 1 352 家，1931 年倒闭了 2 294 家，1932 年倒闭 1 456 家。1921 年美国有 31 076 家独立商业银行，1934 年减少到 16 305 家。

大量银行的倒闭使美国经济遭遇发展的资金障碍，经济深陷萧条，现价的国内生产总值几乎腰斩，1933 年只有 564 亿美元，直到 1941 年达到 1 267 亿美元，才超过美国 1929 年的 1 036 亿美元。美国经济深陷连续十多年的萧条，影响深远。

（三）为第二次世界大战提供资金

美国逐渐找到解决战争或其他用途资金的办法，就是财政部直接将债券卖给美联储，虽然会增加货币供给，带来通货膨胀隐患，但战时的价格管制会暂时克服一些影响。第二次世界大战时债券销售有新的特点，美国开展了爱国运动，名流广泛参与，结果有1 570亿美元的债券卖给了公众，高于销售给金融机构的数量。

（四）建立并基本控制国际金融体系

美国是第二次世界大战最大的赢家，由于其拥有强大生产能力，产品从工业品到军事装备，而欧洲严重缺乏，欧洲的资金（黄金）都用到了进口美国产品上，并使美国拥有了全世界2/3的黄金储备。美国主导的国际金融体系建立。建立联合国时，同时筹划建立布雷顿森林体系。建立这一体系有3个目标：一是设定固定汇率，方便短缺资本流动。二是提供一种方法释放和扩大1931—1945年被限制的长期资本流动。三是设定降低关税和消除直接贸易壁垒的框架。布雷顿森林体系找到了达到上述目标的办法：一是建立国际货币基金组织（IMF），它为国际汇率设定了新的目录，并管理目录，根据黄金保证金，或者IMF成员国的捐助金，发放短期贷款。捐助金的支付是按比例分配的，美国是最大的捐助者。二是建立国际重建和发展银行（世界银行），提供长期贷款和其他形式的资本援助，由非政府资源提供长期借贷担保。三是建立国际贸易组织，作为联合国的一个机构，利用权力规范世界关税。由于这一体系美国是创始国，其又是最大的出资国，美国在这一体系有很大的话语权力（权力与出资额度成正比）。美国至今仍然支配利用这一体系，对世界各国经济产生影响。

第十一节　政府参与经济和加强经济管制

美国曾经长期是自由市场经济国家，在此过程中也饱受经济剧烈波动的影响。随着时代推进和政府的需要，美国放弃了完全自由经济，政府越来越多地直接参与经济活动，加强经济的管制（管理）。这种干预产生了效果，第二次世界大战以后，美国也曾经出现金融领域的一些波动，但基本都没有影响到美国实体经济的正常发展，这是美国加强经济管理的成就，避免了实体经济的大起大落。干预还能够更多保证消费者利益，部分限制资本主义发展过程中的消极面，使企业承担起少量社会公益责任。

一、第一次世界大战时的统制经济

第一次世界大战时，美国为了快速组织资源设立了5 000个新的联邦机构。美国成立了国防委员会，一个包括内阁秘书长在内的完全由政府提供资金的战事组织，国防委员会受顾问委员会指导，后者由私人部门的高层领袖组成。顾问委员会有决定性作用，为食品控制、产业配置、出版物检查制订计划。1916年的《国家防御法案》组建了一支常规商船队，由美国船舰委员会控制。1917年8月的《利弗食品控制法案》赋予联邦权力发放商业许可、征用商品甚至直接控管工厂以及确定最低小麦和其他作物价格的权力。依据该法成立了粮食管理局，赫伯特·胡佛被任命为粮食管理局主席；燃料供应也受到管制，产量的确定和价格也是管制的，建立了燃料管理局来控制和稳定煤炭价格。1917年夏天，战时工业委员会成立，以确定制造工业的优先权，稳定价格以及协调政府采购，工业委员会还将工业各个部门的生产进行了标准化。战争给养都由政府组建半公共企业来完成：美国谷物公司，购买粮食和其他商品以稳定价格；美国房屋公司用政府的资金供应防御工事用房；紧急船队公司建设造船厂，组织原料和招募工人来组成大规模海洋运输舰队；战时金融公司用联邦资金给私人工业签发银行贷款。还有组建的公司实行公私合营。联邦政府接管了电话和铁路系统。到1918年，联邦政府已经成为美国最大的单个劳工雇主。政府权力确定的价格都倾向于最低价格。美国政府还通过努力控制国际市场一些商品的价格，迫使卖方将货物压到最低价格，如古巴的蔗糖。

二、罗斯福新政

美国经济遭遇1929年股市大崩盘和随后的银行大量倒闭后进入长期萧条。在实施新政前，罗斯福就采取了行动。1933年，政府通过《紧急银行法案》，禁止黄金出口；同年通过《紧急证券法案》，把华尔街的操纵者掌控在联邦贸易委员会下。罗斯福还签署命令，禁止储藏黄金，把黄金投入流通。

（一）第一次新政

第一次新政采取的行动：颁布《国家工业复兴法案》旨在减少企业竞争；成立国家复兴委员会，任命休·约翰逊为委员会主席；颁布《农业调整法案》，要求政府提供低利率贷款给予间接储备粮食的农场主。新政的核心是改革金融体系。1933年的《格拉斯—斯蒂格尔法案》使商业银行从大多数证券业务中分离出来。1935年，联邦储蓄保险公司代替了1933年《格拉斯—斯蒂格尔法案》的临时安排。《银行法案》重构了联邦储备体系。美联储理事会被给予对银行储备和证券贷款额外要求的任意控制权力。理事会的委员会被转移到华盛顿。联邦公开市场委员会被重新命名，并拥有12名成员，其中有7名是联邦储备委员会成员。财政部长和通货管理审计长不再管理美联储。总部在华盛顿的联邦储备体系的货币权得到加强。美联储的公开市场委员会迁移到华盛顿，并且政治任命联邦储备委员会成员为自动大多数，货币决策决定中的私人力量被削弱。消除证券风险和鼓励美德的《证券交易法案》1934年获得通过，后来还成立了证券交易委员会来控制资本市场。美国政府设立众多机构安排政府工程，投入政府资金，创造就业，无数失业工人被安排在各种工程项目中工作。1935年的劳工法案《瓦格纳法案》增加了工会的权力，劳工有权组织起来选举他们自己的谈判代理人并进行集体谈判，雇主不得参加这一过程，并不得因工会行动惩罚雇员；国家劳工关系委员会建立并被授权决定和仲裁结果。《社会保障法案》提高了贫困阶层待遇，主要内容有：为老年人提供一份收入；由劳工雇主提前预付一份失业补偿金；为老人、盲人和受抚养的孩子提供无条件的救济帮助。这一法案被认为是伟大进步。

（二）第二次新政

第二次罗斯福新政主要包括：1938年通过的《公平劳动标准法案》。联邦规定工资、工时和工作条件的权力都建立起来，其中包括特定行业农业、商业管理人、水手和特殊岗位人员等可豁免。加班工资设定为常规工资的1.5倍。1935年成立了农村电气化管理局。通过组建农村电气化合作社，千百万美国农场都由中心电力资源实现了首次供电，农村从厨房家电到谷仓和牧场的用电问题得以解决。通过田纳西流域管理局的系统，雄伟的西北多用途大坝、平原各州创建的灌溉和电力系统把电力带到美国的农村。电力企业（包括私营企业）还通过《公用事业控股公司法案》被置于证券交易委员会的控制之下。

三、第二次世界大战的统制经济

第二次世界大战沿用了第一次世界大战的统制经济，政府通过立法拥有广泛的权力，包括价格管理办公室的价格管制、战时生产委员会的产品分配的优先权和配给程序。战时动员办公室实行定量配给、实物控制，政府建立大量工厂和设施等。

四、马歇尔计划

马歇尔计划又称欧洲复兴计划。第二次世界大战的欧洲被摧残得残破不堪，也没有资金进行自我恢复。美国国务卿乔治·马歇尔提出了一个计划。该计划从1947年7月开始，持续4个年头，仅仅依靠120亿美元的直接援助，包括资金、技术、设备等各种形式的援助，西欧很快实现复兴。到1951年，所有的欧洲经济合作组织（OEEC）国家工业产量都超过了战前最高值。该计划实质是美国是对欧洲经济的一种正面干预，标志着美国政府不仅对本国经济进行干预，而且已经具有影响、干预和调控国际经济的广泛能力。美国干预影响世界经济的能力在第二次世界大战以后越来越突出。

第十二节　美国经济的未来

美国未来的经济增长将是低速增长，随着人口增速继续下降，经济增速将进一步下降。

从乐观的方面看，在较长时间内，美国仍将维持世界头号经济强国地位，仍将维持世界头号科技强国的地位,仍将维持世界第一军事强国地位,仍将维持世界金融第一强国及世界金融秩序的掌握者地位。美国头号超级大国地位短期无人可以撼动。这是有利于美国经济增长的大环境。

本书推论,中国人均 GDP 水平赶上美国至少需要 46 年的时间。

如果按总量计算,2016 年中国 GDP 折算成美元约 112 028 亿美元,美国 GDP 为 185 691 亿美元,2016 年前后中国 GDP 增长 6.5% 左右,如果今后按 6.5% 计算,美国 GDP 按 2016 年前后约增长 2% 计算,还需要至少 12 年时间,即到 2028 年,中国 GDP 238 518 亿美元,美国 GDP 235 501 亿美元,中国 GDP 总量才有望赶上美国 GDP 总量。

美国仍将维持世界头号科技强国的地位。根据美国现有科技实力、现有教育水平特别是高等教育水平,在 20 年内,恐怕没有国家能够撼动美国头号科技强国的地位。

美国仍将维持世界第一军事强国地位。根据美国现有军事实力、军工科技能力,世界任何国家在 30 年内恐怕无法撼动美国头号军事强国的地位。美国 11 艘超级航空母舰就足以征服世界绝大多数国家。

美国仍将维持世界金融第一强国及世界金融秩序的掌握者地位。从目前状况看,美国世界金融第一强国的地位最为稳固,其拥有单一国家拥有的最多黄金储备 8 133 吨,比第二名德国多出约 5 000 吨,还有许多国家将黄金储存在美国。美国是世界金融体系的事实掌握者,在 IMF 和世界银行都拥有绝对话语权。美国还有强大的军事实力保障其金融地位,在可预见的将来,美国将维持这一地位。

从隐忧方面看,有以下几点:一是美国科技强国的地位受到挑战,中国在一些基础研究、应用研究领域成果频出,如量子通信、量子计算机等领域,这有可能是改变"游戏规定"的重大发明。美国近年经济增长速度下降,恐怕主要原因还是科技的贡献有所下降,科技进步的难度加大,而且随着时间推移,其经济增速有可能进一步下降。同时,由于美国是世界上最发达国家,国家的经济增长主要靠科技创新推动,自然其经济增长也受科技创新的制约,这一点比不上发展中国家有巨大的发展空间。二是美国的人口成了"定时炸弹"。第二次世界大战以来美国人口自然增长率一路下降,2016 年人口自然增长率已经不足 0.7%,人口增速的下降会直接导致经济增速的下降,加上美国收紧移民政策,更会让美国增长动力减弱。如果出现日本一样的人口增长情况,美国经济增长的格局将会与日本相似。三是美国的高福利政策(西方发达国家和一些发展状况较好的发展中国家均面临这一问题)正在削弱相当一部分人的进取之心,培养了一批懒汉,不利于经济长远发展。四是由于美国的综合国力相对下降,其占世界 GDP 比重相对势力下降,这一比重要维持绝对军事实力便会吃力。五是美国赤字连年,2017 年 7 月 3 日,美国财政部长称,美国政府债务总额为 19.8 万亿美元,约为 GDP 的 104%,远远超过 60% 的安全线,这是美国经济金融的重大隐患。

综上所述,我们认为美国未来经济增长率将主要在 1%—2% 波动,随着人口增速下降,经济增速还将有所下降,也许从表 9-9 的趋势中能看出美国经济的未来。

表9-9　　　　　　　　　2000年以来美国GDP、人口增速　　　　　　　　（单位:%）

年份	GDP增速	人口增速
2000	4.10	1.10
2001	1.00	1.02
2002	1.80	0.97
2003	2.80	0.93
2004	3.80	0.90
2005	3.40	0.90
2006	2.70	0.95
2007	1.80	0.98
2008	-0.30	0.93
2009	-2.80	0.97
2010	2.50	0.97
2011	1.80	0.76
2012	2.80	0.76
2013	1.90	0.74
2014	2.40	0.78
2015	2.40	0.78
2016	1.60	0.70
17年平均	1.98	0.89

第十章　德国资本主义发展

德国是受文艺复兴思想和宗教改革思想影响最大的国家之一。文艺复兴虽然发源于意大利，却繁荣于德国。德国在 18 世纪出现了众多音乐家、诗人、哲学家、剧作家，他们在欧洲声名显赫，甚至无人能及。德国更是宗教改革的发源地，路德教的创始人是德国人马丁路德，宗教改革家瑞士人慈运理传统上也属于德意志人。加尔文教发源于巴黎，而法国是德国的近邻。宗教改革的影响地区主要在欧洲的中西部，德国属于核心地区。因此，在欧洲，文艺复兴和宗教改革对德国的思想影响都是很大的。这些思想对德国资产阶级思想的产生、资本主义的发展影响甚为深远。因处于分裂状态，发展条件差的德意志诸侯国家在资本主义思想的积极影响下，经济发展并没有落后欧洲主要国家多少。

第一节　德国资产阶级革命

一、德国资产阶级革命的起源

在欧洲，1688 年，英国的资产阶级革命就取得胜利。100 年以后的 1789 年，法国大革命爆发。1892 年，法国资产阶级取得政权，法兰西共和国成立，拿破仑横扫欧洲更是对德国造成冲击。在北美洲，1775 年美国独立战争打响第一枪，并很快取得胜利。德意志国家在欧洲大陆，自然深受英国、法国和美国资产阶级革命的影响。早期的德意志国家除了奥地利、普鲁士、瑞士 3 个较大的王国外，其他还有 360 多个德意志诸侯与教会诸侯，1 000 多个帝国直属自由市、自由帝国骑士以及修道院构成的封建等级领地。封建贵族决定一切，众多的封建贵族很难形成统一的国家意制。德国的资产阶级革命思想产生晚于法国，早期的资产阶级思想在德国音乐家巴赫、亨德尔、海顿、莫扎特、贝多芬，诗人克洛普施托克，剧作家莱辛、歌德，哲学家康德、黑格尔等的思想中出现，且在欧洲非常知名、权威。拿破仑在占领的德意志国家地区实行了资产阶级的改革。普鲁士和奥地利在法国的压力下也进行了一些改革，但资产阶级革命迟迟没有发生。随着法国革命和美国革命的胜利，德意志国家意识逐渐产生。1817 年，德意志国家产生了 35 个主权国家和 4 个自由市组成的松散联盟"德意志邦联"，产生了邦联议会，但该邦联很难有所作为。在反拿破仑战争中成熟起来的青年,他们在德国的高校中开始酝酿革命的思想。1815 年,耶拿成立了德意志大学生协会,其目的是"至少在大学里自己的生活范围内实现未能在全国达到的统一",并致力于"建立一个自由和统一为基础的德意志民族国家"。他们选择黑、红、黄三色作为运动标志,这三色旗就成为德国统一运动的旗帜,1949 年成为联邦德国的国旗。学生们为他们的理想开展活动,他们开始构思德国宪法。1832 年 5 月的汉巴赫大会有 3 万多名大学生和公民参加,发生了体现资产阶级革命要求的声势浩大的示威。示威遭到残酷镇压,数百名反对派成员遭到长期监禁。当 1837 年汉诺威国王宣布中止已经在革命中颁布实施的新宪法时,思想一度稍开明的普鲁士牵头建立了德意志关税同盟,民众体会到统一带来的好处。但是,随后普鲁士国王腓特烈·威廉四世在邦议会上表态反对建立立宪政体,反对新的宪法。

1847 年,普鲁士近邻瑞士发生了资产阶级革命,并取得胜利。这一运动鼓舞了欧洲其他国家。1848 年 1 月,意大利发生动荡,在英国支持下成立了自由派政府并颁布了宪法。法国 1848 年 2 月再次发生革命。这些深深地鼓舞了德国人民。德国的资产阶级就越过所有小邦的一条条边界走到一起,发起了把自由主义成分和民族国家成分联系在一起并由学者担任领导的统一的政治运动。1846 年和 1847 年召开的民主主义者大会和自由派议员大会成了全德国的聚会,并提出建立全德宪法国家的要求。自由派议员巴瑟尔曼在法国"二月革命"前就提出动议,"议会应恭请国王以适当方式促使邦联议会中各德意志等级议会的代表创造一个能共同立法和建立统一国家机关的可靠手段"。该动议尽管受欢迎,但没有作用。在巴黎革命影响下,2 月 27 日在曼海姆召开的人民大会上有人提出要求新闻自由、成立刑事陪审法庭、结社自由、全民武装和召开德意志议会。这些要求在德意志各邦普遍受到欢迎并通过传单广为散布。革命传单体现资产阶级的改革众多要求,也成了德国革命的基本要求。

二、德国资产阶级革命以失败告终

资产阶级革命浪潮在德国各地风起云涌。腓特烈·威廉四世在与民众的博弈中不得不做出让步,撤出了城市,柏林落入革命者手中。革命暂时在普鲁士取得了胜利。革命者召开了预备国会,选举了五十人委员会负责筹备立宪国民议会。1848 年 5 月 18 日,国民议会会议召开。

国民议会的任务是制定宪法。宪法制定中,人们在德意志人的基本权力上取得一致意见,并作为宪法的第一部分,这些权力包括:人身自由和法律平等、经济生活自由、营业自由、迁徙自由、不被随意逮捕、不受法官和警察侵犯、出版自由、宗教信仰自由、拥有在科学方面结社和集会的权力以及职业选择自由等基本原则。

议会在讨论民族问题、联邦国家问题和立宪问题时遇到困难:关于帝国大小有小德意志派和大德意志派;在联邦关系上小德意志派主张中央集权,大德意志派主张邦联制;温和派主张君主立宪制,激进派主张共和制。最后,议会于 1849 年 3 月 27 日以 267 票对 263 票通过了成立小德意志的方案。第二天,议会在有 248 票弃权的情况下以 290 票选举普鲁士国王腓特烈·威廉四世为德意志皇帝,并派议会代表恭请他接受皇帝称号,但被腓特烈·威廉四世拒绝,德意志统一的方案彻底告吹。轰轰烈烈的德国资产阶级革命戛然而止。议会长时间的争议耽误了大量时间,反动势力利用这一时间恢复了元气,撤出柏林的军队又占领了柏林,旧的统治完全恢复,之前通过的宪法被作废。

德国的资产阶级革命形式上彻底失败了,但是在普鲁士重新颁布的宪法中保留了大部分自由主义的内容,这也算是其资产阶级革命的重要成果。还有一个重要的成果是,经历1848年革命的年轻一代把全部精力集中投入经济发展,在19世纪50年代和60年代大显身手。他们使德国变成了工业国,从而多半实现了资产阶级革命的目标。

第二节　德国资本主义发展历程

一、未完成统一前的德意志关税同盟区域在第一次工业革命中已小有成就

资产阶级革命前德国工业小有成就。德国的工业发展是克服了小邦林立的情况,在有进步意识并能够认识发展重要性的普鲁士的牵头下建立关税同盟后才真正开始的。

1. 德国工业的发展。1835—1850年,德国的纺织业虽然增长很快,但还只有有限发展,远不能与英国相比,工厂数只有法国的1/3。普鲁士纺织工业1846年只有3.79%实现机械化。在普鲁士与英国签订的交易协议中,英国向德国容克①开放谷物市场,关税同盟区则向英国工业品开放市场,这阻碍了德国纺织业的发展。

铁路成了德国工业化的先锋。1825年英国建成世界第一条铁路,德国人认识到铁路建设的重要性,为统一的铁路发展创造了条件。李斯特从经济上论证了"新交通革命"的重要性,还设计了铁路规划。在他的推动下,1835年德意志第一条铁路建成。这条铁路从纽伦堡到菲尔特,长达6千米。1840年,除奥地利以外的德意志空间里已建成铁路468千米。到1850年,所有德意志的大城市都已经有铁路相连,建成铁路里程增加到5 859千米。

铁路建设的发展带动了德国钢铁工业和采矿工业的发展。钢铁工业技术不断进步,新的铁轨辗压技术得以发明,埃森的克虏伯用新的处理方法生产出2吨重的钢块。萨尔的斯图姆通过引进来自英国的新搅炼处理程序和对焦炭高炉进行改进,不仅使钢铁产量翻了一番,还完成了钢铁生产的集中。

铁路钢铁发展促进了煤炭产业发展。煤的采掘在鲁尔掀起向深井开采的高潮。1840年,普鲁士采矿业中已有174台蒸汽机共5 400马力,1849年332台蒸汽机共13 200马力。除奥地利以外的德意志,1815年至1834年煤的生产只缓慢上升了50%,而到1839年

---

① 容克,德语Junker的音译,泛指普鲁士贵族和大地主。

就又上升了50%，1849年比1834年上升110%，就业者人数到1848年增加了3倍。冶金、钢铁在鲁尔成为领导性工业部门。

铁路事业发展造就了机械工业，奥古斯特·波希成为著名人物。1851年德意志生产的1 084个火车头有62.2%出自他的企业，1854年一年就生产了500个火车头。机械工业迅速建立起来，1846年，关税同盟区域内已经有423家机械制造厂，工人12 518人。煤气工业也随着采掘炼钢业出现。1850年，关税同盟区域内有35家煤气生产企业。化学工业在此阶段也已经产生，开始为纺织工业提供苏打、氯和硫酸。德国的机械化、技术进步成就也相当了不起。1815年到1850年，德国的工业生产大约增长了7倍，机械数量和其马力匹数不断增加。1845年，在关税同盟区域内，除铁路和航运业以外，已有1 818台蒸汽机共26 192马力，仅普鲁士就有608台共11 641马力，其中21.3%在纺织部门，64.1%在采矿、冶金、生铁与机械工业中。在普鲁士，除纺织、采矿、冶金3个部门外，另有13 600家工厂共17万工人。到1850年，德国最骄傲的铁路建设比英国少3 000千米，英国1850年有129万马力蒸汽机，德国仅26万马力。1850年，英国的煤产量达到4 940万吨，德国610万吨。小有成就的德国与英国比仍有较大差距。

2. 成就卓越的德国工业。资产阶级革命后至统一前，德国工业成就相当卓越。革命的一代埋头发展经济贡献很大。

1850—1873年，德国取得工业化突破。煤、钢、蒸汽锤与齿轮成为这一阶段德国工业的基础。采矿和钢铁工业成为德国工业中的领导部门。在关税同盟区，1850—1870年，石煤采掘量从550万吨上升到2 639万吨，褐煤采掘量从150万吨上升到760万吨。铁矿开采量增长了4倍，生铁产量从21万吨上升到126.1万吨。鲁尔成为欧洲最大的重工业集中地和工业人口最稠密的地区，德国的煤钢时代到来。机械工业也迅猛发展，金属加工业增长了4倍，手工工场升级为机器工厂的速度同样加快4倍，到1871年，已有60%的企业成为拥有50—400名工人的中型企业。1869年，德国已经有340家煤气企业。1847年，西门子公司开辟德意志第一条公共电报线路，新的通信业诞生。电报把德国与欧洲和北美洲联结在一起，德国开始在尖端工业中崭露头角。化学工业方面，随着苯环的发现、有机化学的发展，一批新化学工厂建立起来，化学工业产品更加丰富。1850—1870年，德国棉纺业全面实现机械化；原棉消费量从1.71万吨上升到6.4万吨；纱锭数量从94万锭上升到151.9万锭；铁路网从5 859千米增加到18 876千米；43%的铁路为国家所有；蒸汽机总能力从26万马力上升到248万马力；关税同盟区的净国民生产总值翻了一番，从73亿马克上升到142亿马克。

德国是第一次工业革命的迟来者，但经过后期的加速追赶，于19世纪60年代末70年代初，在大部分地区完成了第一次工业革命。

二、统一和科学技术使德国在第二次工业革命中如虎添翼

德国的统一为德国资本主义发展创造了极佳的条件。1871年1月18日，德意志帝国的"助产士"俾斯麦宣告德意志帝国正式成立，德国统一大业完成。德国统一为发展创造

了稳定环境，创造了统一的巨大市场空间。德国统一后成为西欧头号人口大国，影响巨大。

在第二次工业革命中，德国借统一之东风，以先进技术为动力，一举实现了对英法的超越，成为仅次于美国的工业国家。

1. 新技术不断涌现。德国统一以后在长达42年的时间内，经济长期保持高速增长。1870—1880年，德国经济年平均增长达到4.1%；1880—1890年年平均增长6.4%；1890—1900年年平均增长6.1%；1900—1913年年平均增长4.3%。就工业生产而言，1874年，德国超过法国，1895年超过英国。在德国实现高速增长的过程中，科学技术的运用起了最重要的作用。

在传统工业领域，煤炭和钢铁实现高速增长得益于技术应用。1870—1913年，德国的煤炭开采量从3 400万吨增加至27 730万吨，钢产量从17万吨增加至1 832万吨，铁产量从139万吨增加至1 931万吨，1913年德国钢铁产量比英国和法国的总和还多。这两个产业快速发展也是得益于新的技术应用。在煤炭开采方面，德国大量使用机械采煤和运输，在炼钢方面迅速采用1876年英国人托马斯和吉尔克利斯特发明的碱性转炉炼钢法，使对本国丰富磷铁矿的利用成为可能。德国利用英国的技术实现对英国的超越。

在新兴工业方面，德国开始更多运用自己发明的科学技术，实现快速发展。在电力工业方面，德国基本上是电气机械的主要发明者。韦尔纳冯·西门子和埃米尔·拉特瑙为德国电气工业做出重大贡献。西门子制造出第一架大功率直流发电机，首次完成机械能转变为电能的发明。1879年，西门子又发明了电动机，实现了电能转化为机械能。他一人解决了发电问题，又解决了如何将电能转变为机械能，使工业革命有了新的方向。西门子公司因此成为强电流方面最主要的公司。西门子还建造了第一条电车轨道，并很快在全德国推广有轨电车。拉特瑙则从美国带回了爱迪生发明的电灯专利，并于1883年创办了德国的爱迪生公司（后来的通用电气公司），这两家公司成为世界电业巨头。

电气工业成为带动德国经济的主要动力。1882年德国工业调查还没有设立"电气"一栏，数千名电业工人被列入"其他"项目之下；到1895年，"电气"工业项下已经有2.6万名工人，1906年增加到10.7万人。到1910年，德国已有195家电气公司，资本总额12亿马克，1891年到1913年的电气工业总产值增加了28倍。德国制造的电缆出口到了电缆工业的故乡英国。到1913年，德国生产的电气产品占全世界的34%，居各国之首，美国的这一份额当时仅占29%。德国在电炉炼钢、铁路电气化等电能应用方面也都居世界之首。

化学工业在还没有统一的德意志关税同盟区就取得令人骄傲的成就。在第二次工业革命中，化学工业大放光彩。以合成染料、人造橡胶以及新药品为主要内容的新兴化学工业，在很大程度上得益于以煤焦油为主的煤的副产品的利用。1864年，染料工业在德国迅速发展。德国第一家染料公司弗里德里希尔公司染料厂成为世界知名企业。1900年，世界所用染料80%出自德国。1861年，德国化学工业部门工人数量2.66万人，1907年增加到17.2万人。英国人虽然发明了人造染料,后来却派人向德国学习染料技术。

从德国统一到1913年,在世界科学技术史上共有37项比较重大的发明,其中德国有8项,英国和美国分别有6项。德国在重大技术发明上赶超了英国,甚至超过了美国。再加上德国善于以最快的速度利用科学技术(如电气化技术应用),其经济超越英国便不足为奇了。

2. 注重科学技术成果运用。德国在将科学技术运用于工业生产环节上动作十分迅速,往往比英国和法国快3—5年,还有的技术在英、法开花,在德国结果。得益于科学技术成果涌现和对成果的迅速运用,德国工业地位迅速上升。从工业生产占世界比重看,1870年德国占13%,居美英之后,1910年达16%,仅次于美国,成为欧洲第一世界第二的工业强国。

3. 不遗余力推进殖民扩张。统一后的德国积极仿效英、法、美、俄推行帝国主义殖民政策。德国统一之时的世界已经被列强基本瓜分完毕,作为后起帝国,为了让经济获得外部发展空间,德国全力参与重新瓜分世界。19世纪末,德国在南非发展利益与英国产生利益冲突;1905年德国和法国在争夺摩洛哥利益时发生激烈冲突,差点酿成战争。德国还在中东参与争夺,全力推进修建具有战略意义的巴格达铁路计划,即修建一条从博斯普鲁斯海峡到波斯湾、横贯土耳其亚洲部分的铁路,从而打通从德国到中东的铁路通道,把中东纳入德国势力范围。德国早就预谋在中国获得立足点,1897年,利用所谓的"巨野教案",德国远东舰队夺取青岛,中国清政府被迫签订《中德胶澳租借条约》,青岛成为德国在东亚第一块殖民地,山东成为其势力范围。1900年,德国与列强一起出兵镇压中国义和团,通过《辛丑条约》获得4.5亿两赔款中的9007万两白银赔款,加上利息,远超出此数。在太平洋,德国获得了萨摩亚群岛。此外,德国还广泛发展同拉丁美洲的外交关系,扩展经济利益,力图在商业竞争中占得上风。由于四面出击,到处伸手,德国与列强矛盾日益尖锐,最终触发世界大战。

三、第一次世界大战及以后德国经济的恢复和发展

(一)得不偿失的战争

1914年,德国羽翼渐丰,而世界市场早已经被英国、法国、俄国、美国、日本等国瓜分完毕。德国作为世界排名第二的新兴经济强国,占领的殖民地仅为290万平方千米,于是早在1905年就开始策划战争。1914年,德国发动了蓄谋已久的第一次世界大战。然而,战争并不如发起者之愿,德国惨败,德国的工业文明遭到毁灭。

(二)战后的长期混乱

战后尽管建立了共和国,但是德国仍然陷入政治、经济上的严重混乱。战胜国法、英、美在《凡尔赛和约》中规定重划德国边界,德国失去13%的领土;战胜国瓜分德国全部殖民地;限制德国军备,陆军不得超过10万人;赔款总额未确定前,德国以黄金、

有价证券和实物偿付200亿金马克,实物赔偿清单内容无所不包。这对德国政治、经济造成巨大压力,战后出现了空前的通货膨胀,一个小面包200亿马克,一份报纸500亿马克,马克和美元比值为42亿马克比1美元,德国出现了严重的经济危机。政治上工人起义、政治暴动频发,资产阶级革命和无产阶级革命交织进行,最后资产阶级取得政权,但政权并不稳固。战后,德法矛盾尖锐,法国为获得战争赔偿直接占领鲁尔工业区。战后的德国较长时间里陷入很严重的经济和政治双重危机。

(三) 经济的恢复和发展

1. 道威斯计划的提出。1923年,施特雷泽曼组织的联合政府进行了货币改革,建立养老金银行,发行养老金马克,规定1养老金马克等于1金马克,每4.2养老金马克等于1美元或100亿纸币马克,新货币发行量最高限额规定为32亿的养老金马克。1923年底,德国出现令人意外的经济和政治安定局面,随即转入经济恢复和发展期。此时的第一次世界大战战胜国,却在为恢复德国的赔偿能力做工作(或为得不到赔偿发愁)。他们制定了稳定德国经济的办法,并制定新的赔款计划。这个计划被称为道威斯(美国银行家)计划,包括平衡预算,规定德国国家银行体系和全部货币流通业务由战胜国控制;规定了赔款来源。该计划暂未规定赔款总额,只规定第一年的赔款数,以后逐年增加,第5年为25亿金马克;作为赔款条件,德国可从美、英等国获得赔款贷款,总额2亿美元;法国、比利时两国从鲁尔撤军;成立战胜国组成的拨送赔款委员会,监督德国履行赔款义务。该计划为德国经济输入新的血液,使德国迅速恢复和发展。计划的主要作用有:为德国复兴创造了宽松的国际环境;为德国大量吸引外资打开了大门,从1924年到1930年外国对德国的贷款和外资共计达326亿金马克;为德国引进外国先进技术创造了条件。

2. 经济快速恢复。道威斯计划实施后,德国经济很快恢复。工业方面,1927年德国工业已经接近战前水平。1928年,德国工业生产超过战前一倍多,重工业发展尤快。1923—1929年,德国的硬煤和钢产量都增加了1.6倍,生铁产量增加了1.7倍,发电量增加了6倍,汽车产量增加了6倍,铝产量增加了31倍。在化学、电子技术、精密机械和光学工业方面,德国再次居于世界前列。德国重建了其远洋船队,规模居世界第四。德国农业1928年恢复战前水平。外贸方面,1927年德国对外贸易总值超过战前,1929年实现外贸略有出超。1929年,在世界进出口贸易中,德国分别占9%和9.7%,仅次于英国和美国。

3. 科技再显神威。德国科技在经济恢复和发展中再显神威。德国的机器制造、电气工程、化学、物理学等领域一直处于世界领先地位,诺贝尔奖的获得就是有力证据。20世纪20—30年代,德国获得诺贝尔奖人数最多,达16人,同期,英国14人,美国12人。德国大力开展的合理化运动加强了企业管理,降低了劳动消耗,提高了劳动生产率。战后成立的资产阶级政权魏玛共和国进行的一系列改革发挥了积极作用。但是,德国经济的恢复和发展是建立在对外国资金尤其是美国资金的依赖基础上,美国资本深深地渗透到德国的银行、电气、石油、汽车、有色金属等行业和部门,实现了对这些部门不同程度的控制，因此德国经济比较脆弱。这种对美国资金的依赖在经济危机中暴露无遗。1932年，德国经济比危机前的最高点下降了40.6%，下降幅度在主要资本主义大国中排名第二，仅次于美国46.2%的下降程度。同期，英国经济下降23.8%，法国下降32.9%，意大利下降33.1%，日本下降32%。

4. 发展后走上歧途。第一次世界大战后，德国最大的错误是没有吸取战败的深刻教训，而是谋求复仇。在德国经济恢复并重新走上发展道路后，德国在政治上走上了错误的道路，首先是兴登堡（德国总统）上台导致封建反动势力复活，继而希特勒领导纳粹反动势力获得了领导权，希特勒成为总理，此后又将总统、总理职位合二为一，取得了最高领导权。

四、发展倒退及联邦德国资本主义的全面发展和繁荣

第二次世界大战导致德国经济发展严重倒退。希特勒为建立"大德意志帝国"，悍然发动非正义的第二次世界大战，但结局仍然是失败，战争给全世界人民带来深重灾难，给德国人民带来无穷苦难。

第二次世界大战给世界带来的人员损失在本书其他章节中已经叙述，带来的经济损失同样巨大。第二次世界大战各国军费消耗1.1万亿美元，战争造成的直接物资损失4万亿美元，间接损失多到难以估量。

（一）战争造成巨大破坏

1. 基础设施遭到重创。德国入侵其他国的区域远远大于德国本土，对其他参战国造成的破坏也远大于对本国的破坏。第二次世界大战后初期的德国满目疮痍，到处是废墟。柏林、汉堡、科隆等大城市以及其他一些德国主要城市几乎在空袭和炮击中被彻底摧毁。柏林没有住宅，没有商店，没有运输，没有政府建筑物，成为一座死亡的城市。战争使德国交通陷于完全瘫痪。战争结束时，德国的铁路、公路、桥梁、内河航运遭到重大破坏，如在当时的英占区，1.3万千米的铁路只剩下不相连接的1 000千米可以行车。全德国有2 395座铁路桥梁不能使用。莱茵河上的桥梁全部被毁，多数铁路设施不能使用，火车头只有50%能使用。莱茵河里沉没了1 700只船，全程不能通航。巨大的破坏有的是盟军造成的，有的是德军执行自己制定的焦土政策疯狂破坏的。整个德国工业生产能力受到极大破坏，30%—40%的工厂不能开工。美占区的1.2万家工厂只有10%能从事有限生产；英占区钢铁厂的产量只能达到总生产能力的5%。1946年，美、英占领区的整个工业产量与1936年相比，仅为其月平均水平的33%，1947年达到38%，1948年上半年为47%。战争使德国的银行陷于崩溃，财政陷于混乱，货币贬值，债台高筑，战争结束时国债达7 000亿金马克。住房损坏是德国最严重的问题，整个德国有1/4的住宅被炸毁，英美占领区18%的住宅被摧毁，29%受到损坏。在破坏最严重的大城市，被炸毁的住宅占2/3，大约500万套。有1 300万人从东欧、东南欧被强迫迁回德国，房屋供应极度紧缺，直到1948年英美占领区仍然缺少住房530万套。

2. 生活物资严重短缺。战争后，生活必需品奇缺，食品供应严重不足，盟国管制委员会规定每个德国人食品配给热量 1 550 卡/天，战后前三年只有 1 300 卡，而实际配给只有 700—1 200 卡，其他各类生活物资奇贵无比，饥饿严重威胁着德国人民的生命。战争结束后，德国还严重缺乏衣服和鞋等御寒物资。人民生活在水深火热之中。

3. 经济恢复不容乐观。一方面破坏严重，还要进行战争赔款；另一方面，以美国为首的战胜国对德国采取压迫和严厉的限制政策，并不打算马上恢复德国经济。初期的盟国想把德国从一个工业国变成农业国，要将德国人的生活降至 1932 年的水平，将工业设施作为赔款计划的一部分，在西方国家占领区就要拆除 1 546 家工厂。拆卸计划得到了一定程度的实施，德国工业能力进一步削弱。美国还对德国美国占领区的经济生活进行了种种限制，并认为这是德国人应负的责任。盟国对德国的钢、化学制品、重型机器制造、水泥、车床等生产资料的生产和消费品的生产都进行了限制，纺织和制鞋只能使用一半生产能力，汽车只能使用 20% 的生产能力，军品生产完全禁止。远洋船舶、飞机、合成汽油、橡胶、铝、轻金属、电子管、重型机床等也被禁止生产。德国的科学技术优势被削弱，研究机构被关闭，专利、商标、许可证等被没收。

战争的另一严重后果是造成了德国的分裂，形成了联邦德国和民主德国分属不同阵营。

（二）经济恢复

直到 1947 年，美国与苏联展开冷战对峙，美国对德国的占领政策才从控制和惩罚向重建转变。同年，美国实施马歇尔计划，标志着德国重建的开始。随着马歇尔计划的执行，从 1948 年开始，到计划执行完毕，德国总共得到 15.6 亿美元的援助，其中农产品 6.83 亿美元，工业品 7.55 亿美元，运输领域 1.21 亿美元。同时，由于限制措施的取消，德国的西方占领区恢复了与西欧其他国家的贸易往来，民心和政治局势得到稳定，西方占领区经济得到恢复。从 1948 年开始，到 1951 年，这一区域生活水平逐渐达到战争前的水平，1948 年到 1952 年，联邦德国的工业生产增长 110%。

（三）联邦德国资本主义的全面发展和繁荣

第二次世界大战后，德国在经济上奉行社会市场经济，政治上实行民主，防范纳粹死灰复燃。德国战后经济实现腾飞的条件主要有：近代以来的工业化和现代化进程为其腾飞打下基础，战争对德国工业生产能力破坏并不严重，战后工业设备资产价值比 1936 年还多 20%——虽然生产停顿，但能力尚在。德国的科学技术和教育事业非常发达，因此也相应拥有高素质的科技人才和工业技术劳动力，从东部、东南部被强制迁到德国的 1 200 万难民也成为丰富的劳动力资源。奉行和平发展，减少军费开发，可把更多的资源投入发展。同时，和平发展的国际环境也为其繁荣提供了稳定的国际环境。

（四）经济的腾飞及稳定

从 1950 年到 1960 年，联邦德国国内生产总值年均增长达到 8.6%，在 1950 年到 1966

年长达 16 年的时间里，联邦德国的国内生产总值实际增长 2 倍，平均每年增长 7.1%，实现长时间高速增长，德国再次成为欧洲第一、世界第二的经济大国。

1966—1967 年，德国经历了一次严重的衰退，高增长基本宣告结束。1967—1973 年，联邦德国的国内生产总值年平均增长率为 4.6%，增速放低。20 世纪 70 年代，德国被日本超越。1973—1975 年，受石油危机影响，德国经济增长陷入低迷，1974—1981 年国内生产总值年平均增长率仅 2%。从 1982 年开始，德国经济发展摆脱 20 世纪 80 年代上半期的低迷，增速回升。

五、统一后的经济发展

1990 年，联邦德国和民主德国实现了统一。德国统一后，也出现了不少问题，"东德"地区生产下降，生活水平下降，失业人数急剧增加，失业人口从 1991 年的 75.7 万人增加到 1998 年的接近 500 万人，失业成为严重的社会问题。

统一后的德国第一件重要工作是整合经济。为此，德国制定了振兴东部战略——《共同促进东部地区发展的计划》，规定在 1992 年至 1993 年两个财政年度中，联邦政府向东部地区各州追加 120 亿马克，向整个东部地区提供 1 800 亿马克援助。这些资金主要用于学校、医院和养老院的修缮，扩大交通领域的基础设施建设和采取措施提供更多的就业岗位。为筹措援助东部资金，政府实施了增税政策，提高了税率。联邦政府和各州有关机构为东部经济转轨和重建投入了大量资金。据统计，这笔资金 1991 年为 1 335 亿马克，1992 年为 1 620 亿马克，1993 年为 1 785 亿马克，1994 年为 1 800 亿马克，1995 年为 1 940 亿马克。为吸引资本进入东部地区，政府规定对私人资本投入东部给予补贴，仅 1991 年至 1994 年为投资补贴的税收逆差就有约 146 亿马克。在政策优惠推动下，德国西部和外国资本源源不断进入东部，1991 年为 230 亿马克，1992 年为 390 亿马克，1993 年为 460 亿马克，1994 年增至 560 亿马克。经济复苏计划初见成效。

整合东部经济的主要任务是国有企业的私有化改造。联邦政府专门成立的托管局制定了专门的改造计划。经过 4 年的艰苦努力，到 1994 年底，托管局使命结束，大约 1.4 万家国有企业实现了私有化，3 600 家企业关闭。

东部农村，则是改造原农业合作社，合作社大规模解体。1994 年，改造后的农业企业 2.9 万个，其中有 2.4 万个为自负盈亏的私人个体企业。"东德"的市场经济改造很快完成。在改造过程中由于投入东部的资金大幅超过西部，联邦政府对 420 万套住宅进行了修缮和设备更新，新建住房 37.5 万套；交通通信投资 1 000 多亿马克，新建、扩建、重建公路 1.1 万千米，铁路 5 000 千米，程控电话从 190 万门增加到 780 万门。基础设施建设为经济复兴创造了条件。

两德统一后，从 1991 年到 1995 年，东部新建州生产总值年平均增长约 8%，成为欧洲增长最快的地区。1995 年增速降至 5.3%，1998 年增长 2.4%，略低于西部地区的增长 2.8%。两德的整合基本完成，两德经济的顺利整合为德国经济的发展创造了条件。

第三节　第二次世界大战后德国发展经验

一、科技助力经济发展

德国第二次世界大战后取得了经济上的成就，首先归功于繁荣的科技。

在经济腾飞中，德国科学技术水平得到极大提高。在农业方面，1950年到1975年，拖拉机使用从13.9万台增加到144.4万台，基本实现了农业机械化。在工业领域，传统的采矿业、纺织业、食品工业、钢铁工业的比重下降。与现代科技紧密联系的工业部门，如机械制造、石油加工、汽车与航空、电子工业则发展迅速。化学工业这一德国传统强项在这一阶段继续保持着领先的地位，其中石油化工发展尤为迅速。

德国政府对科技的支持始终不渝。首先，在经费上联邦政府是大量重要的研究和发展项目经费的提供者。对具有良好发展前景的高新技术，如微电子、生物工程、新材料、新能源的开发技术，海洋技术及宇航空间技术等，国家进行了巨额投资，这其中有的领域正是引领德国经济增长的行业，如汽车、航空、电子、机械等。承担重点领域研究的13个大型研究中心和马克斯—普朗克协会、弗劳恩霍费尔协会等，其经费大部分都是联邦和各级政府提供的。对于无力负担技术创新费用的中小企业，国家给予一定补贴。联邦政府还充分调动社会积极性，筹措风险资金，建立风险投资银行，鼓励对高新技术的投资。

战后的德国在科研方面投资巨大。20世纪60年代，科学研究方面的经费年均增长15%，科研投资占GDP的比重逐渐上升，1981年达414亿马克，占GDP的2.7%，1988年高达600亿马克，占GDP的2.9%。据经济合作与发展组织统计，从20世纪70年代中期到80年代中期，联邦德国研发开支占国内生产总值的比重一直居经济合作与发展组织国家的前列。政府还采取专利政策、税收优惠政策来鼓励科学研究和技术发明创新。德国高等院校是科研工作的主体之一。德国还十分重视参与国际科技合作和引进国外先进技术。联邦德国是西方国家中最大的许可证进口国之一，从1950—1973年，专利许可证进口支出从2 300万马克增长至16.54亿马克。1951年进口专利9 757项，1969年33 532项。科技的进步使德国劳动生产率保持较高平均增长速度，1951—1965年为4.5%，大大高于美国的2.5%，1966—1979年仍然为4.5%，同样高于美国等国家。对于德国经济的腾飞，科技的贡献当记头功。

二、经济和科技发展与重视教育分不开

从1950年开始，联邦德国教育经费总额占国内生产总值的比重节节攀升，1950年教育经费总额24.23亿马克，占国内生产总值的2.4%，1960年教育经费93.5亿马克，占国内生产总值的2.9%，1970年教育经费234.7亿马克，占国内生产总值的3.4%，1975年

教育经费532.7亿马克，占国内生产总值的5.2%。按人均计算，联邦德国人均教育经费1951年为51马克，1965年242马克，1975年871马克，1980年1 185马克，30年间增长22倍多。到了20世纪90年代，如果算上各方面的投入，每年投入的教育经费一般占到国内生产总值的7%。

联邦德国实行统一的教育制度，学生在小学毕业后可升入三类中学：文科中学、理科中学、普通中学。后两类学校的学生经过5—6年学习，毕业时十五六岁，一般需要进入职业学校接受2—3年的职业技术教育。德国的职业教育纳入了中等义务教育的范围。联邦德国普及了9年制或10年制中等义务教育，职业教育纳入中等义务教育是德国教育制度的主要特点。德国职业教育以"培养为明天工作的人"为目标，采用双轨制，学生一方面在职业学校学习科学理论知识，另一方面在企业的培训车间进行实际操作训练，达到理论和实际快速有效结合。德国高等教育比较发达，高等院校门类齐全，适应各个层次、各种人才的培养。20世纪80年代，德国有高校280多所，90年代超过300所。德国高等教育与社会，尤其与经济界结合非常密切，是科学研究的主力军，教学与科研高度统一、紧密结合，这是德国教育的另一个重要特点。德国教育既培养了大量科学技术人员，也培养了大量的技术工人，还培养了工匠，为德国工业始终保持繁荣发展的良好势头做出了卓越贡献。

三、出口带动战略对保持德国经济快速（良性）增长发挥重要作用

积极发展对外贸易，充分利用国际发展空间是德国经济保持长期增长的秘诀。德国的对外贸易增长速度在第二次世界大战后的几十年时间里长期高于其经济增长速度，德国长期处于世界第二贸易大国之地位，对外贸易为带动德国经济增长做出了贡献，是出口带动战略的主要实践国和最大受益国。德国是一个缺乏资源的国家，需要进口原料，但德国有技术和人才的优势，生产许多国家需要而又自己不能生产的优质工业产品。把别的国家暂时不能利用的发展空间视为己用，德国是世界上做得最成功的国家之一。

德国在发展对外贸易中高度重视拓展与世界各国的贸易关系，尤其是在冷战条件下，不仅重视利用西方阵营的市场，还大力发展与东方阵营如苏联和东欧国家的市场，成为这些国家主要的贸易伙伴国。德国还注意发展与亚、非、拉国家的贸易关系。1952年，联邦德国的对外贸易在战后首次由逆差转为顺差，此后德国始终保持顺差局面，长期的顺差为德国经济提供了重要的资金来源，还使德国成为主要的资本输出国，壮大了其经济的实力。仅在20世纪70年代的10年里，德国中长期资本输出就达到1 445.5亿马克，1980年到1981年高达580亿马克。

为避开一些国家的市场保护或享受一些优惠政策，德国持续大量向国外输出资本。联邦德国公司的国外子企业生产在其国内生产总值中的占比由1967年的4%上升到1979年的8%。出口占GDP百分比，在1950年为8.5%，1970年达到18.5%，1980年达到23.5%，1981年高达25.6%。有些行业依赖出口的程度更高，1980年通用机械制造业的出口依赖程度为46.7%，运输工具制造业为41.6%，钢铁工业为39.4%，化学工业为36.0%，电气电

子业为 30.5%。联邦德国就业对出口的依赖程度，在 1960 年为 14.8%，1977 年达到 20.5%。德国的汽车、机床、机车、重型工业设备、发动机、飞机、化工等出口产品行销世界。

四、德国在创造建立发展优势上比较成功

许多发达国家由于房价高、土地价格高、劳动力价格高，在一般的工业领域早早失去竞争优势，德国则至今保持制造业领域的较强竞争优势，原因在于德国政府十分注意调控生产要素价格。德国的房价在西方不算高，其房屋出租租金受到政府严格控制，基本没有炒作房地产之风。德国的土地价格在西方也不算高，劳动力价格在西方国家中也保持适中。注意生产要素价格管控让德国制造业仍然保持相当强的竞争优势，让出口导向型经济始终保持活力。

德国自第二次世界大战后长期保持贸易顺差与德国政府十分注重维持本国竞争优势关系密切。德国政府在 2016 年主动接纳了超百万的叙利亚等国难民，从经济上看，意图还是维持劳动力市场的竞争，抑制劳动力价格过快上涨，以利于经济发展。

五、统一和稳定让德国受益

难能可贵的是现在的德国政府和人民普遍都能够深刻认识战争的危害，深刻反省德国纳粹给其他国家人民造成的伤害，成为其他在战争中加害他国的帝国主义战争发起国的学习榜样。正由于此，德国政府与其他国家的关系都比较融洽，泯去历史恩怨，融入世界大家庭。因此，德国与世界各国经济贸易关系都很正常。

德国统一、稳定和成为人口大国带来的好处巨大。1871 年，以普鲁士为中心使大量德意志小国统一在一起，形成欧洲一股强大的力量，德国成为欧洲重要人口大国。统一后的德国经过一段时间的发展，很快成为欧洲第一、世界第二的经济大国，成为欧洲最主要的强国，实现了众多小德意志国家人民梦寐以求的统一梦，首次体会到了统一带来的好处。战争后的分裂成为多少德国人的心头之痛。1990 年联邦德国和民主德国的统一带来的好处显而易见，德国综合国力增强了，在国际政治舞台上的地位迅速提升，越来越重要，成为欧盟的最重要支柱。德国统一带来的另一个好处是其一举成为西欧第一人口大国，1990 年统一时人口达到 7 936 万（包括民主德国 1 600 多万人），比其他西欧大国（英、法、意）多出约 2 000 多万（联邦德国时仅比英、法、意多 600 多万），成为欧洲第一大市场和举足轻重的力量。

德国 1871 年统一后，德国政局稳定，到 1914 年，经历 43 年稳定快速发展，成为欧洲第一经济大国。第二次世界大战结束以来，德国享受了和平稳定带来的好处，从战后残破不堪，到重新成为世界第二经济大国，目前为欧洲第一经济大国，世界第四大经济大国（后被日本、中国超越）。由于当代德国珍惜稳定的环境，其已成为世界重要的和平力量，同时也成为西方国家中最稳定、最健康的经济体。

第十一章 日本资本主义发展

日本资本主义的发展始于明治维新这一决定日本发展走向的改革，19世纪中叶的日本国内矛盾丛生，诸藩割据，农民举行起义寻找出路。1858年，美国人佩里的舰队迫使日本开放。《安政五国条约》（五国指美国、荷兰、俄罗斯、英国、法国等国）中不仅日本开放港口，外国还获得领事裁判权和协定关税权（关税由日本和当事国通过协议决定，部分丧失主权）。也应该看到，日本的改革也是其有志之士对东亚及世界形势的深刻认识的结果。日本资本主义发展比起英国要晚近200年，比美国晚100年，日本一度成为世界第二经济大国，目前仍为第三经济大国。

明治维新后，日本确立了君主立宪形式的资本主义国家体制，摆脱了封建割据的幕府政治，走上资本主义发展道路并迅速崛起。

第一节 产业科学技术发展

日本在早期资本主义发展中，技术并不突出，主要是师从欧洲学习一些技术为己所用，而其本国并没有如英国和美国经济发展中出现的不断的技术创新，引领经济发展。

到明治维新的后半期，日本人引以为豪的工业还只是酿造业，主要是青酒酿造和酱油等调味品的酿造。

一、明治维新到第二次世界大战前的日本经济

这一时期的日本经济，以富国强兵为目的。富国是指致力于发展经济，强兵是为了维护和拓展日本经济利益，以成为强大的大陆国家为梦想，以强大军事力量大肆对外殖民和扩张是日本这一时期的主要特征。

（一）三次企业创建高潮

从1886年到1913年，日本经历了3次企业大发展，期间虽然也有一些小的波折，但在长达28年的时间内，日本经济保持快速发展，名义GNP平均增速达到约7%。这一长期较快增长在世界经济史上也不多见。

1. 第一次企业创建高潮。从1886年开始，日本经济史上出现了其第一次企业勃兴。在这次产业发展中，从行业看，发展最快的是食品和纤维行业，两个行业在总量上并驾齐驱。分产品看，早期糕点糖果业进入大正期后一度跃居食品业的首位，但并没有持续。之后是日本传统的青酒独领风骚，但酿造行业基本上还是以手工业为主。生丝、棉线、棉织品等纺织行业在机械化之后爆发式增长。1888年后，机械化生产的棉线织成的棉布直线增加，至1897年，棉线的出口额大大超过进口额。这一时期的日本纺织业还创造了将棉纺织分散交给农民家族生产的"问屋制"（代理加工）生产方式。煤炭行业在明治时期有日本人与英国人合资经营的高岛煤矿，较早引入了西洋技术，但其他煤矿多数还是劳动密集型采矿。化学工业开始起步，1886年东京人造肥公司创立，生产过磷酸钙。在日本的第一次产业勃兴中，真正较全面实现机械化的就是棉纺织。过去传统的手摇缫丝机在19世纪末也用引进的技术对日本技术进行了改良，机械缫丝的产量开始超过传统的手摇缫丝。

2. 第二次企业创建高潮。中日甲午战争后，日本借助战争获得的2亿两白银（相当于当时日本约7年的财政收入）启动了第二次企业勃兴，以战争赔款为基础实行大规模的财政扩充政策，带动了民间重工业、电力、机械等行业的投资。后来成为日本钢铁业发展中心的八幡制铁所（官营）就是在甲午战争后利用从中国获得的战争赔款设立的。日本政府还在1896年设立了专门提供长期产业资金的日本劝业银行。这次发展热潮曾在1899年和1900年中断。

3. 第三次企业创建高潮。日本的第三次企业勃兴是在1905年日俄战争结束后的战后经营中出现的。这次企业勃兴有3个特点：一是重化学工业化。在重化工方面，造船业得到日本政府航海奖励法和造船奖励法的支持，企业积极引进技术和设备，造船技术和能力大幅进步，军工厂引领机械工业的发展，电气机械在重型电机方面建立了东京的芝浦制作所（现东芝），在通信机电方面建立了日本电气。民间钢铁产业则在日俄战争后开始兴起，神户制钢所、住友制钢所、住友制钢管、日本制钢所、日本钢管即当时兴起的著名企业。化学工业的新发展典型的是第一次世界大战前的代表性化肥硫酸铵的生产，取得成功的企业是日本氮肥会社。二是企业组织的大规模化。日本引进西方企业管理及企业结构，通过管理人员获得股票成为大股东；或以家族资本控制的控股公司为核心，通过集中个人、企业的股票将各个领域居垄断地位的企业纳入旗下，企业出现大规模化趋势，有的甚至合并成为垄断企业。三是城市化有关的投资亢进。这一时期开展了以完善城市基础设施为目的的大规模都市建设，地方财政在这方面的支出大幅增加。1911年与1905年相比，都市财政支出扩大6.3倍，都市之间开展了激烈的城市建设竞赛。这些支出主要用于港湾建设、自来水、电气轨道、电力供应等公共事业的开发，后来还开展了镇村建设。基础设施建设带动了经济增长。

第一次世界大战以前，日本已经取得了很多"战果"，经济实力大增，军事力量增强，取消了治外法权（指领事裁判权），恢复了关税自主权。

（二）两次高速增长

第一次世界大战到第二次世界大战期间，日本经济经历了两次超高速经济增长。

1. 第一次高速增长。日本利用第一次世界大战的"机遇",作为本土没有战争,仅小规模参与战争的国家,成为欧洲工业品输入亚洲的主要受益者。1914 年,日本出口约 6 亿日元,到 1919 年快速增加到 21 亿日元。战争为日本的海运事业带来空前的繁荣。造船业发展最为显著,1913 年民间造船建造量为 5.1 万吨,1919 年达到 63.4 万吨。钢材产量 1913 年 25.4 万吨,1919 年达到 54.8 万吨。生丝产量 1914 年 1.2 万吨,1919 年达到 2.3 万吨。棉纺织业产量 1914 年 265 万锭,1919 年达到 381 万锭。这一时期日本经济实现了前所未有的惊人增长。1914 年到 1918 年七年间,平均实现了约 22% 的名义增长（1914—1919 年的实际国民总支出年均增长 7.3%）。日本借此大发展机会,与美国一样由过去的净债务国变成净债权国。

电力工业从 1914 年到 1929 年是日本工业中发展最显著的。发电装机容量从 54.9 万千瓦增加到 318.5 万千瓦,这段时间电力投资额巨大。

动力革命。随着电力的普遍应用,日本发生了机械动力革命,这是重大的技术进步。1927 年,电动机在制造业动力机中所占比重开始超过蒸汽机,到 20 世纪 20 年代末期,制造业电动机的占比已经超过 80%。

纺织工业方面,1926 年,丰田佐吉发明了全工序机械化的丰田式自动织机,这进一步增强了日本纺织业实力。

2. 第二次高速增长。在 1929 年世界金融危机后,美国经济陷入了长达 10 年的停滞,而日本在所谓"高桥政策"（脱离金本位和低汇率政策,积极的财政政策,低利息政策）的支持下（笔者认为是主要在日本占领区广阔市场的拉动下）,很快恢复了经济增长,再次实现经济快速增长。从 1932 年到 1939 年,在长达 8 年的时间里,日本经济实现了 6.9% 的平均增长速度。在财政政策的刺激下,设备投资增长迅猛,1932 年,民间固定资本形成 9.37 亿日元,1933 年达到 12.72 亿日元,1936 年达到 21.95 亿日元,4 年的时间翻了一番还多。这期间,投资对经济增长的贡献达到 25% 左右,带动作用明显。20 世纪 30 年代重化学工业发展的是以钢铁业为中心的金属工业以及造船、电器机械等机械工业,由于设备投资兴盛,重化学工业的生产扩大,反过来又催生了设备投资需求,也促进了新一轮生产的扩大,这是 30 年代日本经济重要特征。化学纤维工业为中心的出口产业也比较繁荣。野口遵利用电解法建成了世界领先的合成氨工厂。电力的发展及廉价电力为铝冶炼发展创造了有利条件。日本这一阶段在殖民地广泛布局工业（如电力、铝、硫酸铵等）。日本政府实行对老化船舶置换新船进行补助政策,对海运和造船业发展做出了贡献。日本在汽车领域还采取限制外商,补助本国厂商的办法,从而实现汽车国产化目标。日本在 20 世纪 30 年代后期开始采用计划经济的手段介入产业发展,电力实行国家管理。日本政府实行价格管制,将物资价格及工资、津贴、地租、房租全部停留冻结在 1939 年 9 月 18 日。

二、第二次世界大战后的日本经济发展

（一）美国对日本战后经济的改造

1. 解散财阀。日本投降后,美国初期对日本的方针是推进日本的非军事化,并以此

为手段，实行对日本政治和经济的民主化。美国对日本在产业和金融上支配本国大部分工商业的大企业组织实施了解体计划。1945 年 11 月，三井、三菱、住友、安田四大财阀停止经营活动，随之进行解散和清算，旗下财产被接管分批转让和出售；1946 年，另外 83 家大型控股公司进行了解体整顿；1947 年十大主要财阀家族 56 名成员的股票被没收，255 名财阀家族成员和其他主要经营者被从管理层清除。个人财产被征收高额累进税，10 万日元以上征收 25%，1 500 万日元以上征收 90% 的累进税，资本家财产相当于被没收，总共征了 294 亿日元的税。

2. 排除集中，禁止垄断。美国以美国反托拉斯法为模板，发布了日本禁止垄断的法律，指定日本 325 家企业为垄断企业，作为分割对象。其中，三井物产和三菱商事彻底分解为 170 家和 120 家公司。

3. 进行劳动改革。日本相继发布了《劳动工会法》《劳动关系调整法》《劳动基准法》。其中，《劳动基准法》规定以所有劳动者为对象，实现男女统一工资、8 小时工作制，引入每周休假制度，改善劳动者的劳动条件。

4. 进行农村土地改革。日本进行了两次土地改革，在第一次不太彻底的情况下，第二次政府强制收买了不在村地主的全部农用地，在村地主只能保留一公顷的土地，其他土地以政府制定的价格出售给耕种这片土地的佃农。

日本战争赔款问题，由于朝鲜战争暴发，美国需要就近取得军需则没有严格执行，转而让位于日本尽快复兴，为朝鲜战争提供后勤服务。

（二）战后的复兴

日本实际国民收入 1945 年大体下降到只有战前峰值的 54%，1946 年后开始重建。虽然经济下降多，日本本土的工业设备损失并不大，保留下来的约有 66%。第二次世界大战后，日本发生严重通货膨胀，后来采取封锁存款的办法基本控制物价。为扩大生产，日本设立了复兴金融金库，1948 年末融资总额达到 1 300 亿日元，主要用于投入有关工业部门。美国银行家道奇作为美国总统公使到日本协助解决经济难题。他介入 1949 年预算编制，并改变了其中的内容：一是从一般会计收支中拿出 7 040 亿日元平衡该年度预算，形成超均衡预算。二是废止诸如价格差额补给金、进出口补助金等一切补助金。三是全面停止复兴金融库的新建融资，开始偿还复兴金融债券。他还改变了对日援助的方式，把日本纳入西方的布雷顿森林体系，将美元对日元汇率设为 1 美元兑 360 日元。加上朝鲜战争爆发，日本经济迎来了快速复兴的机会。战后恢复时期，日本经济又以年均超过 10% 的增长速度迅速恢复，1952 年实际国民收入恢复到战前峰值。到 1955 年，日本的人均国民收入基本恢复到战前的最高水平。

（三）战后经济的长时间高增长

从 1956 年到 1973 年这段时间，日本经济经历了长时间的高速增长，平均实际增长速度保持在 9.4%，最高增长速度达 13% 左右，最低也有接近 6%。其中，以化学和钢铁产业为代表的重化学工业（主要包括化学、石油、煤炭制品、初级金属、金属制品）平均实际增长速度达到 18.2%。在化学工业中，合成纤维制成的物美价廉的衣服极大丰富了日本国民的衣着品种。以电器机械和精密仪器为代表的加工组装型产业（包括一般机械、电气机械、输送机械、精密机械）平均实际增长速度更是高达 20%，这两个行业成了拉动日本经济增长的主力军。日本还创造了电气机械行业（含新兴的家电行业）在世界经济领域成绩辉煌，在 1956—1973 年平均保持了 27.6% 的年增长，堪称经济奇迹。日本的一般机械、输送机械、精密机械在这高增长的 17 年中，同样保持了高速增长，年平均增长分别达到 19.1%、19.5% 和 18.7%。其他行业在这 17 年内的平均增长速度也不低：采矿业平均增长 7.4%，建筑业平均增长 10.8%，电力、煤气、自来水行业平均增长 11%，服务产业平均增长 9.5%，只有农业较低，平均增长仅 1.1%。

在农业领域，农业生产技术实现了飞跃。化学肥料和农药的运用广泛推广，机械化进展巨大。以水稻种植为例，20 世纪 50 年代，耕种机、拖拉机开始普及，70 年代，又普及了收割机、播种机，水稻种植几乎实现了全面机械化。

高增长中也有产业走向衰落，棉纺织业是其中之一。第二次世界大战前，日本的棉纺织业一直稳坐出口世界第一的宝座，1955 年创下了仅次于钢铁的出口额。由于化学纤维面料出现急速增长，加上棉纺行业工资上升，贸易摩擦导致日本实行纺织出口管制，日本中小纺织受到重创。20 世纪 60 年代，为消除纺织过剩产能，日本政府采取了收购并废弃纺织织机的政策，日本棉纺成了夕阳产业。煤炭产业在战争前和战争中都是日本占有举足轻重地位的产业，与钢铁一样重要，而中东开始开发优质低价的石油，再加上油轮日益大型化，石油越来越便宜，20 世纪 50 年代末使用石油比煤炭更划算，煤炭陷入萧条和严重产能过剩，虽然经日本政府扶持，也没有改变煤炭产业衰落局面。

（四）战后实现高增长的原因

1. 国民收入倍增计划。日本政府对世界经济发展趋势的认识（主要是技术应用在发展中的作用）使日本把握了发展机遇，发挥了政府的引导经济增长的重要作用。"当务之急是要趁着世界技术革新的东风，让日本走向新的建国之路"（日本经济企划厅，1956 年），1960 年日本政府制订了国民收入倍增计划，宣称从 1961 年开始的 10 年时间让国民收入翻一番。"收入倍增"成了当时的流行语。日本决心在旺盛的民间设备投资和消费需求的带动下，通过将技术成果商品化，实现收入倍增下的高增长。

2. 引进和创新技术，充分发挥技术在经济发展中的巨大作用。第二次世界大战时日本技术发展陷入停滞，战时沿用下来的设备老化严重，与西方国家技术差距拉大。战后随着日本纳入西方体系，对日本出口技术限制取消，在日本政府及企业共同重视下，战时及战后西方开发的先进技术被集中引入日本，还有朝鲜战争期间美国先进军事装备在日本生产留下的先进技术在民用领域发挥作用，日本企业以引进的新技术为基础，进一步改良和创新。技术革新从原材料产业开始，逐渐波及加工组装产业，如轧钢部门的技术革新应用到汽车和家电产品领域。高增长初期，发展主要依靠引进技术，后期应用了自我创新技术。

3. 出口带动战略的应用。日本充分利用了"道奇方针"中将美元对日元汇率设定为单一固定汇率（1美元兑换360日元）这一有利汇率政策，以及加入国际货币基金组织（IMF）和关贸总协定（GATT）将日本纳入西方经济体系这些有利条件，获得了稳定而巨大的市场，使出口长期成为带动经济增长的重要因素。

4. 投资带动战略的实施。以技术进步为基础的投资带动战略是这一阶段日本经济增长的重要特色。从1956年开始，到1973年，日本民间固定资本形成在经济增长中的贡献比战前和1973年以后的时间的贡献都要大得多。20世纪50年代后期，以化学、金属、机械产业为主的重化工业部门投资增长尤为明显，对这些产业进行投资不仅扩大这些产业生产能力，而且还通过需求的波动诱发相关产业的投资，如扩大汽车产业投资就会增加钢铁需求从而带动钢铁投资，钢铁投资扩大同时也会扩大电力需求从而带动电力投资。日本投资就这样靠互相带动持续了近20年，保持了高速增长。技术进步伴随投资是投资的重要特点。朝鲜战争时在西方开发并应用的产业技术这一时期被集中引入日本，缩小了因第二次世界大战隔绝而扩大的与西方的技术差距。20世纪50年代中期后，设备投资在日本GDP中所占的份额从10%增加到20%，可以看出这一时期日本设备投资活跃。日本企业利用这些技术实现产品批量生产，同时推行提高品质、降低能耗、降低价格的技术自我创新。日本自身的技术革新，从原材料产业开始，逐渐波及加工组装型产业。各类家用电器、汽车成为日本优势产品，大举占领国际市场，丰田公司成为世界第一大汽车生产厂商。

5. 城镇化和人口高增长带来的大量需求刺激。高增长时期，日本的城镇化已经基本完成。1950—1973年，人口自然增长率达到1.15%。

6. 日本制造业理念。高增长时期，日本学习了美国许多制造业理念，形成了日本制造业理念（与美国制造业体系比较），如流水作业生产线、企业管理等，但真正称得上日本特色的理念，只是日本企业高度重视与股东、银行、交易方、职工等企业的利害关系者之间建立长期稳定关系，以维持稳定发展。日本制造业理念似乎无法与美国先后形成的大量制造业理念相比。这一特色理念在20世纪80年代以后逐渐失去光环。

三、20世纪70年代后的经济增长

（一）1973—1985年经济中低速增长

从1949年确定开始实施的固定汇率成了维持日本出口产业竞争力的绝对条件，但固定汇率体系崩溃，日元开始升值，这给日本出口带来重大影响。1971年日元被迫升值到1美元兑换308日元，并且这一汇率没有维持多久，于1973年2月转为浮动汇率制，日元维持继续升值。1973年发生第一次石油危机，原油价格从2美元左右大幅提高到11美元左右。恰恰日本经济当时能源消费主要依赖石油，发电领域多数都已经"煤改油"。这两件大事对日本经济冲击很大。1973年石油危机没有发生时消费者物价指数已经达到

12%，在石油危机影响下，1974年的批发物价和消费者物价指数分别达到30%和23%，称为"疯狂物价"。日本此时还遭遇从农村到城市的劳动力转移的急剧减少，劳动力不足，加上物价疯狂上涨，劳资矛盾激化，石油危机则导致原材料价格大幅上涨。1979年第二次石油危机，原油价格又从每桶12美元陡升至34美元。在多种情况共同影响下，日本经济增速大幅回落。1973—1985年，日本经济进入中低速增长状态，直接从原来的17年年平均实际增长9.4%降至3.6%，只相当于高增长时期增速的38.3%。

在1973—1985年日本经济中低速增长期间，重化工业和加工组装型产业仍然保持了较高增长速度，年平均增长了5.9%和8.9%。这一时期，日本的汽车产业抓住了能源危机中节油型汽车领先世界的机会，向美国和世界大销日本汽车，尤其是在美国市场，日本节能汽车迅速占领美国市场，到20世纪70年代末，日本汽车业已经可以与世界上最大的汽车生产国美国抗衡，汽车产业成为日本这一时期值得骄傲的产业。日本抓住了与中国外交关系正常化的机会，向中国出口了大量成套工业机械设备，向中国出口家用电器，这种状况一直延续到20世纪90年代。日本获得了与中国建立外交关系的极大经济好处，使这一时期的机械、电器产业等保持了高增长。服务业取得较快发展，年平均实际增长率达到4.4%。

中低增长中进入萧条的产业众多。1978年，日本政府认定钢铁（电炉平炉）、铝精炼、合成纤维、造船、氨制造、纺织等14种产业为结构萧条产业，根据政府制订的稳定基本计划，共同将过剩设备废弃，并对特定萧条地区制定了一系列法律、措施等，为消化过剩产能投入了大量资金。

（二）1985—1990年的中高速增长

进入20世纪80年代，日本和美国的贸易摩擦日益激烈，日本对许多产品采取出口自愿限制，同时采取在美国等其他国家实行当地化生产的方式避免摩擦。为了从制度上限制日本出口，1985年召开的发达国家财政部长和央行行长会议达成明确调整美元升值和宏观经济政策的国际协调的"广场协议"。1985年9月，美元兑日元汇率为1∶250左右。"广场协议"签订后3个月，美元对日元汇率迅速下跌至1∶200。此后美国不断要求日元继续升值，3年后最低跌至1美元兑120日元。此后，日元持续处于升值通道，2011年日元兑美元升至76.25日元兑1美元。在最初的日元升值后，并没有出现日本顺差减少的情况。日本政府为了应对可能出现的出口减少，实施了一系列扩大内需政策，如扩大以公共投资为中心的财政支出，出台促进民间投资扩大的政策，废止小额储蓄优待税制，减少储蓄等。然而，由于日本进出口顺差始终维持较大数额，美国持续敲打日本。

此后日本为抑制日元升值，采取了降低日元利率的政策，官方利率从最高5%调到最低2.5%，这一政策助推了日本出现股市泡沫和房地产泡沫。1985年日经平均股指为12000点左右，至1989年12月30日升至38915点的历史最高纪录。股价从1990年开始下跌，到1992年最终跌破15000点。房地产泡沫几乎同时出现，1986—1990年，商业用地价格以每年10%以上的速度上涨，1987年创下上涨21.9%的记录。日本土地价格因泡沫经济上涨了 2 倍多。地价 1991 年开始连续下跌 15 年，到 2006 年才略微上升。

在广场协议使日元急剧升值的情况下，日本经济仍保持了 5 年左右的中高速增长，堪称奇迹。这段时间，日本经济年平均实际增长速度达到 5.2%。其中部分行业保持了较高增速，重化学工业年均实际增长 6.4%，加工组装型产业增长 8.4%，建筑业增长 8%（自身扩大内需政策影响），服务业增长 5.2%。这一时期日本经济的快速增长，相当程度是得益于中国经过 5 年左右的改革开放，经济进入快速发展阶段，设备采购能力和日用电器等采购能力大幅增加，日本对中国贸易实现较大顺差，1986—1989 年顺差分别达到 76.6 亿美元、36.7 亿美元、31.4 亿美元和 21.4 亿美元。另外，中国还通过转口贸易大量向日本采购，中国改革开放初见成效阶段对日本的高增长支撑作用明显，此后设备、家用电器等实现"自制"后，中国对日本经济支撑效应明显减弱，至此日本经济的高增长彻底终结。

（三）失效的安倍经济学

进入 21 世纪，日本首相安倍晋三信心满满，试图带领日本走出长期低谷，"安倍经济学"应运而生。安倍经济学的主要内容有：（1）实行宽松的货币政策。安倍首先强势要求日本央行配合发钞，不惜撤换保守的央行行长。（2）推行积极的财政政策。安倍在 2013 年 1 月 11 日通过了 1 170 亿美元、总数 2 267.6 亿美元的政府投资。（3）出台有利于出口的汇率政策，实现日元贬值政策。2012 年 12 月 26 日到 2013 年 2 月 15 日，不到两个月的时间，日元对美元贬值幅度就超过 8.4%，日元对美元汇率曾一度贬值到 1 美元兑 101 日元以上，贬值近 30%。

安倍的主要政策目标是：实现通胀，目标定为 2%；促使日元贬值，增加出口；政策利率降为负值，促进消费；无限制实施量化宽松货币政策；进行大规模的公共投资（国土强韧化）；日本银行通过公开市场操作购入建设性国债；修改日本银行法加大政府对央行的发言权等。

安倍经济学除在实施的第一年特别是上半年有一定效果外，其他时候基本失效。安倍为赢取民心，将政策重点转向政治，修改和平宪法，解禁集体自卫权，试图复活日本军国主义，引起周边国家的高度警惕。

四、21 世纪日本科技

21 世纪以来，日本科技实力似乎有所增强，据中国网 2016 年 10 月 5 日《诺奖获得者仅次于美国，日本拿奖到手软有何秘诀》一文报道，日本人汤川秀树 1949 年首次获得诺贝尔物理学奖，这是日本诺奖第一人。此后，日本分别在 20 世纪 60 年代、70 年代和 80 年代有过零星几次获奖。获奖爆发期是在进入 21 世纪后，获得诺奖人数共 17 人之多（包括日裔科学家），获奖人数仅次于美国，排名世界第二。

虽然获得奖项增多，但具有重大经济带动作用的没有，因此日本经济进入 21 世纪颓势始终未变，说明一般性的科技进步对经济增长的作用是非常有限的。

产业科技方面，日本在发展过程中与英国和美国有很大不同。日本的科技发展始终没有成为世界产业科技的领头羊，而是始终处于追赶、学习过程中。日本在追赶学习过程中曾经创造了经济奇迹，一度成为世界第二经济大国。

第二节　教育事业发展

明治维新的早期，政府以"富国强兵"为目标，将教育视为实现目标的途径，要求"一般的人民，必须邑无不学之户，家无不学之人"，奖励实学，制定基于"国民皆学"制度。不过，最初效果不佳，直到1900年颁布第三次小学校令，确立四年制普通小学免学费的义务教育制度，未就学儿童的比例才大幅下降。

日本侵略中国获得的战争赔款成为日本提高教育水平的资金来源。1886年《帝国大学令》发布后提出的"在近畿也设置帝国大学"的要求，因财政困难而被搁置。1895年，西园寺公望提出用甲午战争获得的赔款设立京都帝国大学，1897年6月第二所帝国大学京都帝国大学成立。

日本还对中国的台湾，朝鲜等进行殖民奴化教育，全面推行日文教育，试图割断与母文化的联系。

第二次世界大战后，日本教育事业快速发展。日本1955—1973年的高速增长期间，教育水平大幅提高。1954年，高中入学率为50.9%（男55.1%，女46.5%），大学、短期大学入学率为10.1%（男15.3%，女4.6%）。1974年，高中入学率为90.8%（男89.7%，女91.9%），大学、短期大学入学率为34.7%（男39.3%，女29.3%）。

进入21世纪，日本教育已经在世界处于领先水平。

第三节　相对的长期稳定

日本在明治维新后便开始实施富国强兵战略，并很快走了军事扩张主义的道路。在军事扩张的过程中，除第二次世界大战将战争引至本土外，其他的军国主义扩张战争都是在境外进行，对其本土基本没有影响，保障了日本经济稳定发展，并通过战争获得了巨额利益，大大增强国力，同时通过战争带来的殖民地占领形成的广大市场需求促进了其资本主义经济发展，如日本获益最大的甲午战争，主要在海上和中国境内进行。

八国联军占领北京，日本是主要帮凶之一。日俄战争则主要是在中国的东北进行。日本参加的第一次世界大战，战争主要在中国的东北和苏联远东进行。第二次世界大战，日本几乎将战火烧到东亚和东南亚。第二次世界大战因日本战败短暂将战争引致日本本土，其通过战争得到的殖民地和好处，最终都彻底失去，化为乌有。

第二次世界大战以后，日本在美国的军事保护伞下专注于经济发展，取得了比战前更加辉煌的经济成就，经济总量一度排名世界第二。

明治维新以来的 150 年时间里，日本经历了很长时间的和平，为日本经济发展提供了稳定的发展环境。然而，日本似乎忘记了这一深刻历史教训，忘记了和平发展带来的好处，扩张军事，背离和平发展宪法的意图在安倍政府上台以来越来越明显，值得警惕。

第四节 交通运输事业发展

1872 年，明治政府借助英国的技术，在新桥和横滨之间开通了第一条铁路。明治政府见识了铁路运输的高效，大力推动铁路建设，日本迎来铁路建设高峰。后来，日本铁路建设进入以民营为主时代。1881 年成立、1883 年开始营业的"日本铁道"是以华族为中心的民营铁道公司，其铁路网遍布东北和北关东地区。19 世纪 80 年代后期，日本陆续有 4 家民营铁路开业。它们与早期开业的"日本铁道"并称民营五大干线公司。

1906 年，日本通过铁道国有化法案，包括日本铁道等 17 家私营铁道公司被收购，1908 年成立铁道院，铁道院 1920 年升格为铁道省。铁道国有化后，日本的私营铁路建设一度停滞，1910 年和 1919 年，日本又分别出台《轻便铁道法》和《地方铁道法》，受此影响，都市郊外型私铁在第一次世界大战时期取得飞速发展。

20 世纪 20 年代，在日本城市化急剧扩张时期，日本在主要的大都市进行了城市市内和城市到市郊的大规模交通运输设施建设，修建了许多从市中心到郊区的私人铁路。

20 世纪 70 年代，田中角荣发表《日本列岛改造论》，进行了日本新干线的架设（高速铁路建设），修建了大量高速公路，为实现日本在 70 年代实现的高增长创造了条件。

日本曾经在比较长时间内是世界第一造船大国，泡沫经济在 20 世纪 80 年代破灭后，日本造船业逐渐失去竞争力，后来逐渐被韩国超过。日本建成的、机场、航空运输、高铁运输、高速公路体系在世界上是比较发达的，虽然因经济停滞，运输事业没有更多发展，但水平还是世界一流。

第五节 日本人口增长与经济发展

1892 年，在编制近代日本第一部户籍制度时日本人口为 3 481 万人，此后的人口以每年超过 1% 的速度递增，到 1940 年达到 7 193 万人，1944 年到 1945 年，因战争人口减少。战后，日本一直保持人口增加，2005 年全国人口达到 12 777 万人，成为世界人口大国。

在明治维新以前，日本的经济增长率很低，人口增长率也很低，人均 GDP 增长率同样很低。明治维新之后，人口增长率明显上升，经济增长率猛升，人均 GDP 增长率较高。技术进步在高增长中发挥了重要作用，但也要看到，人口增长在 GDP 增长中贡献也不小，在 1870—1950 年这 80 年中，差不多有一半的 GDP 增长是由人口增长推动的。

2006 年以后，日本人口陷入负增长。此时的日本，基本上已经是世界最发达的经济体。在经济增长方面，日本与最发达国家美国还不同，美国大体保持约 1% 的人口增长，日本则呈负增长，技术的进步还不如美国，因此日本的经济增长状况不如美国也就成了必然。

2006 年，日本人口第一次减少，2010 年全国有 12 804 万人，到 2014 年，日本人口 12 714.2 万人，4 年人口减少 0.7%。按美元计算的国内生产总值，2010 年为 54 954 亿美元，2014 年为 46 015 亿美元（含安倍新政导致日元贬值的影响）。人口的萎缩导致日本经济规模不仅没有扩大，反而有所缩小。日本经济 2014 年负增长 0.1%，2015 年仅增长 0.4%。近年经济停滞、徘徊趋势十分明显，人口增长停滞、萎缩是重要影响因素，人口因素对于日本经济发展的负面作用尽显。

第六节　曾经的军事强国战略

日本较长时间推行军事帝国主义并一度从这一战略中获益巨大。

通过中日甲午战争，日本从中国获得 2 亿两白银的战争赔款，加上其他勒索，合计约 2.6 亿两白银，这是日本获得的最大一笔不义之财。在这次战争中，日本还掠得实物财富，同样数额巨大。利用战争赔款，日本掀起企业创立高潮，甲午战争后实现的金本位制也是以战争赔款为基础建立起来的。

为侵占中国的东北和朝鲜，日俄战争爆发，战争主要在中国的东北进行。这次战争，日本虽然没有获得赔款，但获得了俄国从中国夺取的库页岛北纬 50 度以南的地区及其附属一切岛屿；获得俄国承认得到在朝鲜的特权；获得俄国在中国东北的权益。

日本占领朝鲜。日本图谋朝鲜之心由来已久，通过甲午战争，终于掠夺了朝鲜的商权；日俄战争后，又掌握了朝鲜的外交权。1910 年，日本强迫朝鲜签订了《日韩合并条约》，正式吞并朝鲜。

日本参加第一次世界大战。大战爆发，日本立即决定加入协约国参与战争，8 月向德国宣战，到 11 月占领了中国山东省的德国租借地和青岛的一部分以及赤道以北的德属南洋诸岛，借此大大扩大了在中国和太平洋地区的权益，还迫使中国接受丧权辱国的不平等"二十一条"，致中国爆发全国范围的反日民族运动。日本还向西伯利亚派出多达 7 万人的部队，试图干涉俄国十月革命，并长期在西伯利亚驻军，试图在俄罗斯东部获取利益，后未得逞退出。

1931年，日本发动"9·18事变"，侵占中国东北全境，还有内蒙古的部分地区，面积128万平方千米，相当于日本国土面积3.5倍，人口3 000多万。

1937年，日本发动卢沟桥事变，全面侵略中国，占领了中国东部南部大片领土。

日本全面参与第二次世界大战。在占领中国多数地区后，日本偷袭美国珍珠港，发动对美国的战争，并逐步扩大战争范围，控制了东亚、东南亚的多数地区，占领地区已经达到其本土面积的几十倍。

日本利用战争获得的财富扩充经济实力，扩充军备，利用军事实力扩充领土，扩大占领区域的人口，完全垄断并利用这些区域吸纳本国工业产品。日本在第一次世界大战中实现了经济繁荣和高速增长。这正是得益于日本对其殖民地垄断销售其工业产品，获得巨大经济利益，在全世界经济形势均不佳的20世纪30年代，取得了经济上难得的增长，增长趋势一直延续到1939年第二次世界大战爆发。日本经济学家对此似乎有点遮遮掩掩，将高增长归为所谓的"高桥财政"。

日本军事帝国主义强国策略让其一度获益良多，但作恶多端终将遭受惩罚。在第二次世界大战中，日本广泛侵略亚洲，试图征服美洲（美国），被侵略国家团结一致，最终战胜日本，日本的军事强国策略画上句号，回归起点。但是，日本国内对侵略战争犯下的滔天罪行始终认识不深刻，值得亚洲和世界各国人民警惕。

第七节 金融业发展

一、银行、保险等行业发展

日本的国立银行于1872年成立。1882年，日本银行设立，发行兑换纸币。1883年，日本规定国立银行停止发行纸币，变成普通银行。经过几年的探索，日本银行积累了管理经验，拥有专管国库、国债业务的职能，确立了政府银行的地位。日本银行于1880年还创立了横滨正金银行，专门供给金银币流通，后来地位仅次于日本银行。1896年，日本政府设立了专门提供长期产业资金的日本劝业银行，在各县设立劝业银行分行性质的农工银行、北海道拓殖银行，在1900年设立以证券流通化及外资引入为目的的日本兴业银行。

日本银行业发展也经历了大量出现中小银行阶段和逐渐减少为以大型银行为主阶段。大量出现中小银行时，1900年曾经有多达1 890家银行，第一次世界大战后出现基于大银行主义的银行合并高潮，银行数量明显减少，到1944年，大约合并成不到100家大的银行。

日本保险业在1880年才开始正式出现。各种保险种类如海上保险、火灾保险、人寿保险等相继出现。

1894年，日本确立金本位制度，这是在有望获得中国战争赔款情况下建立起来的金融制度。

1917 年崩溃的日本金本位制到 1930 年恢复,在世界经济大危机影响下,1931 年金本位制重新崩溃。日本还学习美、英利用发行国债筹措资金,解决赤字问题,解决战争资金问题,甚至发明了所谓的国债的日银认购发行,即有货币发行权的日本银行不通过市场直接认购国债,其结果是政府重新供给与国债发行额度相同的通货。

二、政策失当导致的经济困难

日本在第二次世界大战后因金融政策失当发生了严重的通货膨胀。为解决通胀难题,日本实行了从 1946 年 3 月至 1948 年 7 月长达 2 年多时间的存款封锁:禁止旧日元流通,要求兑换新日元,旧日元兑换新日元时,必须将旧日元存入银行(过期未存入将强制作废),而提取兑换后的新日元的金额被严格限制(每月户主可提取 300 日元,每位家庭成员可提取 100 日元)。此举控制了物价。

战后的日本,经济恢复困难,虽然生产的多数能力还在,但缺乏经济启动资金。在 1946 年 6 月的内阁会议上,石桥藏相主导了对民间企业实施金融融资的内阁决定,1947 年 1 月成立了复兴金融金库,该金库是由政府全额出资的金融机构,集中对煤炭、电力、肥料、钢铁等行业实施融资,将 36% 的融资资金投入煤炭部门,融资总额在 1948 年末达到 1 300 亿元,这一金额超过全日本银行信贷总额的 20%。一个巨大的政策性银行由此诞生。由于政府资金不够,需要发行日银承兑的公债来筹措,从 1947 年到 1948 年末,日银券的发行增加了 800 亿日元。这一举措对日本经济的恢复发挥了作用。

美国派到日本的公使道奇于 1949 年 4 月确立的固定汇率制度是助日本得以恢复并长期发挥重要作用的金融政策,使日本的出口产业长期保持竞争优势。随着布雷顿森林体系的崩溃,固定汇率制度结束,1971 年 12 月后,日元被迫升值。日本的高增长随之结束。

三、广场协议

广场协议,是深远影响日本经济的重大国际金融事件。1985 年 9 月,美元兑日元汇率为 1:250 左右,广场协议签订后 3 个月,迫于美国的压力,日元升值,美元对日元汇率迅速下跌至 1:200,此后,美国不断要求日元继续升值,3 年后最低跌至 1 美元兑 120 日元。这一国际金融政策最初并没有将日本出口完全击垮,但长期来看,最终将日本经济打垮的还是广场协议。日本实体经济再也没有恢复往日的繁荣,此后虽然出现了房地产繁荣和股市繁荣,但也很快因泡沫破灭而崩盘。

四、房地产和股市泡沫破裂

股市繁荣后,日银实施了金融紧缩政策,从 1989 年 5 月起改变持续 3 年多的温和政策,上调贴现率,到 1990 年 8 月,一共上调了 5 次,法定利率从 2.5% 涨到 6%。房地产泡沫出现后,1990 年 3 月大藏省对房地产金融实施总量控制政策,这一政策抑制了房地产金融,抑制了地价。房地产泡沫和股市泡沫随之破灭,大量金融机构破产。为控制风险,日本政府对金融机构进行了救助，1998 年对 21 家大型金融机构投入 18 156 亿日元公共资金进行救助，1999 年又向 15 家大型金融机构投入 74 592 亿日元的公共资金进行救助。

日本 1999 年后的政策利息实际上降至以下（零利率政策），这一政策仍然维持。零利率政策这样宽松的货币政策也未能促进日本经济出现繁荣，这是日本经济的"天花板"在起作用，是经济规律在起作用。

安倍新政又将汇率政策作为主要政策，遗憾的是效果不佳。

第八节　长期停滞及其经济增长条件极限

一、日本经济的长期低增长与增长停滞

20 世纪 90 年代日本股市和房地产泡沫破裂，从此日本经济即陷入长期的低增长。日本长期维持低利率政策，然而这既不能刺激实体经济，也没有刺激股市和房地产。20 世纪 90 年代以后的日本历届政府进行了诸多改革，开了很多"药方"，却没有一个管用，即使管用也是短暂的，包括安倍新政。

二、经济增长的条件极限决定了日本的低增长

日本经济陷入当前的低增长是由经济规律决定的，在经济增长的条件极限规律下，现在的低增长就是日本经济的正常增长，今后也极难出现高增长，除非条件发生变化。

日本低增长是由以下条件决定的：首先，日本已经成为世界最发达国家之一，国民已经拥有世界上能拥有的日用消费品和耐用消费品（多数还是高端的），住房由于人口减少还有富余，基础设施已经世界一流，归纳为一句话，就是日本国内已经没有更多市场的需求托起经济增长，即没有了发展的空间。国外的需求从日本生产再出口，普通商品由于各类要素成本过高，竞争力不大，市场进一步扩大非常有限。日本当前利用外国市场主要是对外投资，产品在需求国当地生产，这对日本经济没有影响，虽然能够获得投资收益。其次，虽然高度重视技术，也有很多人得到诺贝尔奖，但真正能支撑日本经济快速发展的技术却较少，这样的技术大多由美国拥有，日本即使是应用也没有优势。最后，日本人口减少，这对经济的负面作用极大，而这一趋势还将延续。这些基本条件决定了日本的低增长将持续，并成为当前及 21 世纪日本经济的常态，除非经济增长的条件发生了变化，如出现重大技术发明（能改变经济发展态势的新技术），能引发较快增长，或者日本人口由负增长转为较快增长。

日本历届政府都试图摆脱经济低增长局面，然而规律不可逾越。

第十二章　印度资本主义发展

本书为什么要用单独的章节写印度？凭作者本人的直觉以及理性判断，印度今后必然成为世界最重要的国家之一，这个国家有众多的人口，有高度的智慧，有辽阔的国土面积，同时是不结盟国家创始国，金砖国家之一，20 国集团成员之一。假以时日，印度必然超过日本，跻身世界前三强，能否成为世界超级大国，让历史来回答吧。

第一节　影响印度经济发展的宗教文化

印度是世界上受宗教影响最深的国家之一，宗教的影响深入渗透到它的社会与文化的每个角落。宗教在这个国家及其绝大部分人民的生活中扮演中心和决定性的角色。印度被称为"宗教博物馆"，其中最重要的宗教是印度教，全印有超过 80% 的人口信仰印度教。根据 2001 年的人口普查数据，印度人口的 80.46% 左右信奉印度教，13.43% 左右信奉伊斯兰教。此外，还有 2.34% 的人口信奉基督教；1.87% 的人口信奉锡克教；0.77% 的人口信奉佛教；0.41% 的人口信奉耆那教；其他宗教如拜火教、犹太教的信仰者约占 0.65%[①]。

一、印度教的特点

印度教在印度占支配地位，对印度政治、经济、文化产生着至关重要的影响。印度教的组织形式比较松散，但也有一种独特的社会组织形式，即所谓的"种姓制度"。这种制度的典型特征是：社会分隔、等级制度、饮食与社交限制、不同集团具有不同的世俗和宗教权利、职业世袭以及内婚制和顺婚制（即高等种姓的男子可娶较低种姓的女子，反之则被视为大逆不道）。印度教的宗教仪式相当繁复。一个正统的印度教徒一生中要经过家庭祭祀和公共祭祀的 16 种圣礼。

二、印度教对经济的影响

印度教与其他宗教一样，都有其对社会的积极一面，如自我克制思想，"不害"（不

[①] 张弩："印度教及其对印度社会的影响"，《宗教与世界》，2011 年第 9 期。

杀生）观念，羯磨说与自我心理调节，宽容精神等，都有积极意义。就印度教对经济的影响而言，印度教虽然将精神追求视为人生最高目标，但也没有一味地全盘否定物质财富对人的作用，获利同样是人生的目的之一。例如，印度教认为人生有四大目的——利、欲、法、解脱，其中"利"就是指获得经济利益和财富。印度教把理想的人生分为四期，其中的第二期在人生的20—50岁，人们在这一时期内要娶妻生子、积聚财富、履行世俗义务，这一时期是求财求欲的时期。现实生活中，印度教的财神女神拉克希米也受到广泛的崇拜。但是，从以下分析中可以判断，印度教对经济发展的负面影响可能会大于正面影响：

一是种姓制度是印度教社会特有的等级制度，这一制度从理论上把人划分为四个高低不同的等级：婆罗门（神职人员）、刹帝利（武士和国家管理者）、吠舍（工商业者）、首陀罗（工匠和奴隶）。此外，还有地位最低下的贱民（不可接触者）。种姓制度既是一种等级制度，也是一种严格固定的职业划分，印度人一出生就被这种制度固定在与生俱来的职业上，即使想改变，也无能为力。这大大限制了人的主观能动性，限制了人们对其他职业，对更好美好生活的追求。高种姓的人不需要努力即可获得优厚待遇，低种姓的则努力也无法改变命运，这使社会陷入一种都无须努力向上的心态，阻碍了社会的进步和经济发展。在英国殖民者对印度进行了200年的殖民统治之后，世袭的种姓集团仍然是构成印度几十万个村庄中社会组织的柱石。也就是说，殖民统治并没有对种姓制度造成重大破坏，它仍然完整保留下来。印度独立后从法律上废除了种姓制度，但其影响长期存在，至今不绝。

二是印度教与佛教的追求类似，注重来世，对现世的贫穷落后、苦难能保持平和心态，认为这是为了赎上辈子的罪，是自己应得的惩罚，自己应该承受，这一切都是为了来世出人头地。这种印度教"业报轮回"的思想观念，对于低种姓的印度人民，对于种姓之外的贱民（这两类人约占印度人数的60%），则为他们的社会和人生的现实境遇（尤其是为低种姓和贱民的境遇不佳）提供了一种宿命论的解释，使人们安于现状、不思进取，这使人们缺乏追求，从而限制了经济和社会的进步。

印度教对精神的执着追求是最高人生目标，对物质享受的追求远不及精神追求。印度教徒对超验世界的无限向往（对来世美好生活的向往）使其对世俗世界丧失了可欲性和追求价值，使个人的社会责任感、参与政治的积极性和经济上的努力降到次要地位。印度教对超脱现世、"梵我合一"的普遍追求把人们引导到了逃避现实的道路上，抑制了进取心、成就感等积极精神气质的发展。更有甚者，为实现精神追求，禁欲和苦行在印度发展到了非常极端的程度（它把人对生存的需求降低到维持生命的最低极限）。这种对物质追求的漠视，对精神追求的重视的普遍心态，无疑对个人物质生活条件的改善，对需求和社会经济发展产生很大的制约。

印度教中也有对妇女的赞美，但更主要的是对妇女的歧视和压迫。与对妇女的歧视和压迫相比，对妇女的赞美和崇拜处于次要地位。对男性生殖力的崇拜在多数印度教派中占据主导，女性被看作天生比男性低劣，女人只有得到男子的帮助才有可能获得解脱。在这种理论之下，女性的独立人格和社会地位被忽略，沦为男性的附庸和生育工具。印度教重要的社会和伦理规范《摩奴法论》中就有对女子地位和行为的一系列限制规定,"无论在幼年、成年或者老年,女子即使在家里也绝不可自作主张,女子必须幼年从父,成年从夫,夫死从子,女子不得享有自主地位,贤妇应该永远敬夫若神,即使他沾有恶习,行为淫乱或者毫无优点,她也应该逆来顺受,意念清静,守节居贞,渴望着一夫一妻的无上功德一直到死"。印度教的这些观点造成了印度社会对妇女的普遍歧视。由于印度妇女处于被歧视、受压迫的地位,其在家族发展上的主观能动性自然受到制约,因为她们不能自主。因此,印度妇女在社会经济中发挥的作用受到极大限制。

第二节 英国殖民统治对印度经济的影响

为攫取利益,1600年英国的东印度公司成立,以贸易为名,对印度进行疯狂掠夺。他们除了收缴巨额贡赋,还设立多个贸易站和英国代理店,从事贸易和掠夺活动。到19世纪40年代,英国占领了印度大部分领地。在蚕食印度领土同时,英国将法国东印度公司和荷兰东印度公司的殖民势力赶出印度,最后独占印度并实施殖民统治,初期是东印度公司统治,后改为由总督对印度进行统治,直到1947年印度独立。

一、传统村社制度和自给自足的自然经济被摧毁

英国殖民前统治印度的莫卧儿帝国的土地制度:皇帝是国家全部土地的所有者,直接占有八分之一的土地,把其他土地作为军事采邑赐给封建贵族,通常不能世袭。领有土地的封建主享有征税权,但要向皇帝上缴田赋和一定数量骑兵。各土邦王公臣属帝国可世袭占有土地,向帝国纳贡。寺院占有一部分土地。农民没有土地,他们耕种封建主的土地,向封建主缴纳地租和一切捐税。帝国也负有兴办和维护公共灌溉系统的传统职责。

印度村社的基本特征:土地共同占有,农业和手工业牢固结合,村社社员之间分工固定,村社向土地的最高所有主国家缴纳田赋,对其所耕种土地具有永久占有权。村社占有的土地一般按人口平均的原则分配给社员耕种,社员耕种自己的份地,每家纺纱织布供自己消费。村社内农业和手工业牢固结合,同时也存在与市场无联系的农业和手工业的传统分工。每个村社形成一个自给自足的经济单位。

早期东印度公司是殖民者掠夺印度的大本营。田赋是其每年掠夺的最大一笔收入。起初公司是利用印度傀儡政权攫取租税,1765年起,公司直接管理孟加拉的财政大权。接管前最后一年只收到81.7万英镑田赋,接管的第一年收到147万英镑。残酷的剥削导致连年饥荒,1770年孟加拉大饥荒饿死1 000万人,占当时孟加拉人口的三分之一。残酷统治还激起两次较大规模的农民起义反抗。为缓和反抗,殖民统治者对税制进行了改革。

对英国在印度的早期殖民地孟加拉的农村地区,1793年开始推行固定的柴明达尔制(一种包税制)。柴明达尔向公司缴纳的田赋确定为当年实际地租收入的10/11,剩下的

1/11 归柴明达尔自己所得,由此确定下来的田赋以后固定不变。土地作为柴明达尔的私有财产,可以自由买卖和转让,而且还可以任意增加地租。对后来成为殖民地的马特拉斯和孟买等新纳入版图的地区实行莱特瓦尔制,即农民租佃制。这种制度使村社农民直接置于东印度公司控制之下,每个农民应缴纳田赋由公司直接确定,农民获得土地占有权,但要向殖民当局缴纳总收成的 1/3—1/2 作为地租,农民成了英国殖民者的佃农。这种新制度使殖民统治者的收入大幅增加,许多农民陷入赤贫和无地状态。殖民者在北印度推行马哈尔瓦尔制,规定耕种者个人不属于政府,而是一个村庄,耕地归农民占有而村社统一纳税,通过村社头人征税。1843—1849 年,殖民者武力兼并信德和旁遮普后,通过所谓农村租佃制征税。

在新的税收制度下,东印度公司税收大增。1800—1801 年,田赋总额 480 万英镑,随着以后占领土地的增加,1856—1857 年增加到 1 772 万英镑,农民负担加重。出现了更为广泛的封建主阶层和更多贫困的农民,传统的村社制度和自给自足的自然经济被瓦解,印度独立后出现经常性的粮食短缺充分暴露了殖民体制带来的负面影响。

二、殖民统治摧毁了印度传统的手工业

作为印度的殖民统治者,英国人恐怕从来也没有考虑帮助印度发展,他们考虑最多的是如何通过殖民统治获益,如何将英国生产的商品销售给印度,如何从印度获得英国没有或者不足的原材料。殖民统治期间,英国人正是按照这一思路实施对印度掠夺的。

殖民统治者的贸易政策将印度手工业逼致崩溃。印度的纺织品(棉纺织、丝绸等)工艺精湛,在英国和其他欧洲国家很畅销。工业革命后,随着纺织工业的机械化,英国生产的纺织品日益增多,为支持英国工业发展,英国取消了东印度公司的贸易垄断权,对印度出口到英国的产品征收高额关税,英国输往印度的产品则只征收低额关税。英国输入印度的棉、丝织品税率为 3.5%,毛织品税率为 2%;而印度输往英国的棉织品税率为 10%,丝织品税率为 20%,毛织品税率为 30%。英国对印度自产自销的棉织品也层层征收税捐,棉织品最高要缴纳 17.5% 的捐税。由于关税不平等,加上机器纺织本身成本低,竞争力强,印度纺织业很快步入困境,印度从一个出口国变为进口国。印度向英国出口的棉布从 1814 年的 126 万匹降至 1835 年的 30 万匹,同期英国向印度出口的棉布却从不到 90 万码激增至 5 100 万码。英国将印度手工业逼入绝境。

三、殖民统治者将印度发展成为廉价原料供应基地

英国在将印度发展成为英国商品广阔销售市场的同时,也没有忘记印度幅员辽阔,物产丰富,将其建成原料供应基地条件优越;还有一个现实的考虑是要让印度人通过生产出售原料获取支付购买英国商品的费用,形成发展英国经济、殖民地经济的良性循环。1833 年,英国议会允许英国人在印度兴办种植园,但生产主体还是印度传统生产者。当然,把印度作为原料基地英国人也不会慷慨到使印度百姓获取丰厚收益,他们仍然唯利是图,强迫农民种植和出售他们指定的农作物,签订的是奴役性价格合同。印度输往英国的原料主

要是棉花、黄麻、蓝靛、羊毛、粮食等。1833 年到 1844 年，印度向英国出口的棉花从 3 200 万磅增加到 8 800 万磅，亚麻子从 2 100 蒲式耳增加到 237 000 蒲式耳，羊毛从 3 700 磅增加到 270 万磅，分别增长了 1.75 倍、119.86 倍和 728.73 倍。输往英国的粮食价值从 1849 年的 85.8 万英镑增加到 1858 年的 380 万英镑，增长了 3.43 倍。

四、部分印度买办商人获益匪浅

殖民统治者为了方便同印度老百姓打交道，在打击排挤印度商人的同时，还培植了一批当地的商人买办（主要是孟买管理区的帕西商人和古吉拉特商人），作为殖民统治者利益的代理人。对这些买办，殖民统治者也给予一些利益，后来由于对买办的依赖，给予的好处增加，买办们也跟着发了不少财。19 世纪 40 年代，英印政府赐予孟买商人同中国进行鸦片贸易的垄断权，获益不小。在美国南北战争期间，美国棉花向英国的供应中断，印度棉花向英国出口大增，买办们获得良机，在短短的几年内收获 5 亿卢比的巨额利润。

五、殖民统治者严格限制印度民族工业发展

作为殖民地，印度在工业上取得的成就与美国摆脱殖民统治作为独立国家所取得成就比简直不可同日而语。英印政府的殖民工业政策与其在北美洲的殖民时期如出一辙，其政策核心必须服从于英国本土的工业利益，服务于英国的国家利益，对殖民地的工业发展是严加限制，其政策核心是殖民地作为原料基地将原料输送到英国，在英国本土生产工业制成品，再返销殖民地，确保英国本土工业的发展，不许与英国工业形成竞争。最明显的莫过于在 1750 年颁布的《冶铁法令》，该法令鼓励殖民地向英国出口生铁和铁棒，禁止殖民地新建切割铁工厂，禁止建设可能与英国工业竞争的钢厂及炼钢高炉（最生动而具有说服力的例子就是印度 1900 年的铁路里程已经以万千米计，钢铁厂和水泥厂却一家也没有，用的谁的钢铁和水泥自然就不用说了）。英国还颁布了《呢绒法令》《制帽法令》等，严格限制殖民地工业发展。这些也是北美殖民地要摆脱英国统治的原因。英印政府还通过税收政策限制印度本土工业发展，英国商品在全印度境内通行无阻，且免税收，而印度本土生产商品在各土邦要征收 25% 的过境税。当 1860 年英国纺织面临竞争压力时，英国强行对印度纺织品征收 25% 的出厂税。英国政府还通过单向自由贸易政策（对英国产品到印度免税或低税，对印度出口产品到英国征收高额税收）和航海政策（《航海法》）等维护英国本土利益，限制殖民地利益。

印度在殖民统治时期的工业成就十分有限。

棉纺织业，达瓦尔于 1851 年在孟买开办第一家印度人的棉纺织公司，到 1876 年棉纺织厂增至 47 家，9 100 台织机，110 万枚纺锭，1914 年棉纺织厂增至 271 家，10.42 万台织机，677.9 万枚纺锭，1939 年棉纺织厂增至 415 家，19.91 万台织机，932.6 万枚纺锭。

黄麻产业是印度特色产业，早期是由英国人垄断的一个工业部门。1855 年英国人乔治·奥克兰德在加尔各答建立印度第一家小型麻纺厂，1868 年增加至 5 家工厂。19 世纪 70 年代，加尔各答贸易代理行利用国际联系获得市场信息，印度麻纺织业快速发展，1913 年有

64 家麻纺企业，织机 3.6 万台，纺锭 74.4 万枚；1938—1939 年度增加到 107 家麻纺企业，织机 6.79 万台，纺锭 135 万枚。印度的麻纺织战胜了英国在这一领域的传统垄断，算是印度工业的一个小小成就。

1929—1930 年度，印度只有 27 家糖厂，1937—1938 年度，增加至 136 家。

印度在 1914 年只有 1 家水泥厂，到 1934 年时有 8 家。

钢铁工业由于殖民当局的政策限制和百般阻挠，直到 1901 年，塔塔公司才在印度历史上迈出重工业的第一步，开始筹建冶金联合企业，启动筹建工作后仍然受到殖民当局的多方阻挠。1907 年塔塔钢铁公司才正式成立，1908 年 2 月破土动工，1911—1912 年度炼出第一炉钢。塔塔钢铁公司生铁产量 1916—1917 年度为 14.7 万吨，1937—1938 年度增加到 64.4 万吨，钢产量从同期的 13.9 万吨增加到 72.6 万吨。

印度煤炭工业第一次世界大战末时产量为 2 000 万吨，1938 年增至 2 830 万吨。

印度以上工业成就与美国比实在惨不忍睹，完全不在一个数量级。美国 1910—1914 年平均钢产量达到 2 657 万吨，平均煤产量达到 47 400 万吨。比起德国、英国，印度的成就同样差得很远。中国 1913 年采煤量 763 万吨，1920 年增至 1 413 万吨；同期生铁产量从 9.7 万吨增加到 25.9 万吨。印度殖民时期有限的工业成就多为印度企业家不屈抗争取得（如塔塔钢铁建设）。殖民统治者恐怕从来没有想过帮助印度发展民族工业。

从技术上看，印度工业完全来自英国，就是多数技术人员也是来自英国。印度基本上没有什么技术基础。

六、为了英国利益而发展的印度铁路等服务事业

英国对印度实行殖民统治，目的在于有利于英国本土的发展，一是要大量向印度各地销售英国本土的商品，二是要从印度各地把原材料运到沿海，通过海路运往英国，为此英国在印度大力发展铁路运输。1853—1857 年，印度总共建成铁路约 463.49 千米，1871 年约 8 170.64 千米，1881 年达 15 918.02 千米。到 1900 年，印度铁路长度达 39 472 千米。印度建成了当时亚洲最先进的铁路运输体系。此后，铁路建设步伐放慢，到 1947 年独立，印度共修建铁路 53 596 千米。印度的铁路建设比当时的中国进步了很多，1901 年中国才建成铁路 1 516 千米。但是，印度的铁路是为英国利益服务的，并没有给印度经济发展带来明显的促进。

总之，英国殖民统治者来到印度，目的就是掠夺利益。掠夺分两种：直接掠夺和间接掠夺。直接掠夺：一是在征服过程中，掠夺国库、敲诈王公贵族、收受贿赂等；二是在统治期间收取大量田赋；三是对印度自用工业品征收高额税收；四是征收单边有利英国的关税，对英国输向印度的工业品免税或实施低税政策，英国产品在印度各地畅通无阻，对印度产品出口征收高额关税。间接掠夺，有两种形式：一是压低价格强迫购进原材料；二是抬高价格向印度销售制成品。

英国殖民统治给印度带来资本主义思想，然而印度人的资本主义理想却无法实现，因为殖民统治者利益和印度的利益存在根本的利害冲突。这就是印度在英国殖民统治下只能

取得有限发展的原因。比起英国人掠夺的大量印度财富，印度发展成就十分有限。他们来到印度，打破了一个旧世界，却没有建立起一个新世界，留下的是一个烂摊子。

第三节 印度独立后的发展

一、独立初期的纷争和进步

印度在圣雄甘地的领导下，按照甘地确定的非暴力不合作的斗争原则，经过 32 年与英国殖民当局的斗争，经历多次非暴力不合作运动，终于在 1947 年取得独立。独立后的印度是在首任总理尼赫鲁的领导之下。当时的印度，英国人留下的是烂摊子，粮食极度短缺、物价飞涨、教派冲突，圣雄甘地被刺杀。独立初期是印度探索发展道路的阶段，在印度国大党进步力量（以尼赫鲁总理为主，抱有社会主义理想，主要代表社会底层的低种姓和不可接触的贱民利益）和保守力量（以副总理萨达尔·巴特尔为首，主要代表封建地主和资本家）的相持中，印度逐步形成了一条民主社会主义和国家资本主义相结合的混合经济发展道路。

印度独立初期最大的成就是以宪法的形式从制度上基本废除了不平等的种姓制度，为此后各阶层的自我发展创造了公平的法律环境。印度宪法第 15 条规定，"任何人不得因种姓、宗教、出生地而受歧视"，尤其禁止以此为理由对使用公共场所（包括使用水井、水塘、河边浴场、道路以及全部或部分利用政府经费兴办的供普通民众使用的公共场所）施加任何限制。第 17 条明文规定，废除 "不可接触制"。为了保证低种姓人和贱民的教育和求职权力，印度还实施了著名的 "保留政策"。然而，印度种姓制度是千百年来形成的，在法律上废除不代表实际生活中不存在，种姓制度在实际生活中的影响是逐步缩小的，以至于在其独立后的几十年内仍有影响。

二、印度的前三个"五年计划"

（一）"一五计划"

经过长期酝酿（包括对苏联和中国的考察），印度的《第一个五年计划》于 1952 年 12 月正式出台。该计划总投资 206.9 亿卢比（实施完计划后总投资 235.6 亿卢比）。这一计划给予农业、农村发展、灌溉和动力以最优先的地位。农业和农村发展投资 35.7 亿卢比，灌溉和电力 66.1 亿卢比，占总投资的 43.2%，工矿业只有 17.9 亿卢比，交通运输 55.7 亿卢比，社会服务 53.3 亿卢比，其他 6.9 亿卢比。印度在 "一五" 期间推行了土地改革（重新分配土地），规定拥有土地的最高限额为 "每户拥有额的三倍"，租赁土地者合法地租不得超过收成的四分之一、五分之一，同时进一步规定凡租种地主没有收回的土地的佃户可取得土地的完全所有权，条件是按照法律规定付给地主补偿费。组织建设合作农场，在乡村的村一级建立"合作制度"（合作耕种土地，以合作和自助为原则，类似于中国的初级社）和"村评议会制度"，并赋予一定的职责（取代高种姓对农村政治和经济的支配）。

印度在"一五"期间还制定了限制私营企业发展、加强对私营企业监督和控制的《一九五一年工业（发展与管制）法》。该法规定，未经中央政府发给许可证，任何从事新建企业或大规模扩充现有厂房和设备的活动，均不得进行。公营部分要在工业发展方面超过私营部分起主要作用。为实施计划，印度还成立了计划委员会、国家发展委员会。上述农村改革计划虽然根本没有执行，但是投资的计划基本得到执行。

（二）"二五计划"

印度的"二五"计划总投资480亿卢比（实施过程中因财政困难减少）。农业和农村发展56.8亿卢比，灌溉和电力91.3亿卢比，占总投资的30.8%，工矿业89亿卢比，交通运输138.5亿卢比，社会服务94.5亿卢比，其他9.9亿卢比。印度的"二五计划"有两个大的转变，一是将对农业的高度重视转变为对工业的高度重视，"一五"时期农业和灌溉支出费用比重达到34.6%，"二五"时期这个比重下降到17.5%。二是由对私营投资的重视转变为对公营部分（国有）投资的重视，在总投资概算480亿卢比中，公营部分投资定为380亿卢比，为"一五"时期的2.5倍，而私营部分的投资预计为240亿卢比，比"一五"时期只增长50%。这种局面在工业投资中体现更加明显。1956年确定的印度工业政策规定国家将为建立新的工业企业和发展交通设施逐步承担主要的、直接的责任；将以更大规模从事"国营贸易"，私营部分也将有发展和扩大的机会（机会大幅减少）。政策规定将工业分三类，第一类是17种基础的和具有战略意义的工业，包括公用事业在内，在这类工业中只有公营部分可以建立新的企业。私营企业可以扩大或与国家合作建立新的企业。第二类是12种主要工业，这些工业也主要由公营部分发展，但私营部分在或独立或与国家合作前提下有发展机会。第三类是其他一切工业，公营和私营都可发展。这一政策对私营工业的限制非常明显。

在农业方面，改革仍然困难重重。为推进农村改革，印度政府规定了筹措资金（贷款）在经济上的关键作用。然而，有关方面也只是提出在1958年以前完成土地拥有最高限额的立法，并重新分配土地，但没有得到地方政府高层的承诺。1959年，尼赫鲁将农村改革提速，《那格浦尔决议》将原定完成土地改革的时间大大提前至1962年。这一决议受到党内保守势力广泛攻击，很快尼赫鲁退却了。此后，国大党放弃了创办合作社的培训，从事更多的"国营贸易"平抑粮食价格的努力因粮食部长对"国营贸易"态度消极也未能实现。重新分配土地政策很不理想，废除柴达明制没有改变地主对土地的所有权。对土地最高限额的立法迟迟不能出台，使土地所有者有大量时间分散和转让土地，逃避法律影响。有的立法（对个人经营的解释不当）的漏洞让地主钻了空子。有产阶级还取得了村合作社和评议会的控制权。印度农村改革远达不到政府设计的初衷。但是，"二五计划"增加工业投资的方法提高了印度的工业能力。

（三）"三五"计划

前两个"五年计划"中除农业以外的发展计划大体实施良好，虽然保守势力也反对公营计划，但计划仍然得到执行。印度的第三个"五年计划"试图走上激进的农村改革道路，但在计划初期便遇到强烈反对，虽然计划通过，但在农村改革，尤其是土地改革和粮食贸易政策方面遭遇失败，土地改革中关于土地最高限额的政策在法律上遭遇失败，土地最高限额的合法性基本被最高法院的一个关于土地问题的案例判决否定，政府为了维护规定土地最高限额的立法的合法性而修改宪法的努力在国大党内没有得到足够的支持。"三五"计划时期，尼赫鲁在1964年5月逝世。夏斯特里当选尼赫鲁的接班人，他逐渐改变了尼赫鲁重视依靠公营发展工业，特别是重工业，与实行农村土地改革和合作化的发展战略，放弃了尼赫鲁的一些社会目标，强调发挥公营和私营的相互补充作用，在符合1956年工业政策的前提下，对私营部分的扩充实行最低限度的限制，鼓励私人向工农业投资，公营部分能显示较高的生产效率时才主要依靠它们。

三、英迪拉·甘地时代的印度发展

1966年1月，夏斯特里在苏联的塔什干访问时突然去世。印度随即进入英迪拉·甘地时代。

印度的"四五计划"在"三五"时期反复酝酿，几经周折，仍然被推迟决定（有3年的计划暂停期），甚至计划委员会也被从一个权力很大的政府机构变成了一个专家组织，权力被下放，中央各部计划由各部门内部制定，邦一级制定计划的任务交给新成立的计划局承担，邦中各厅负责制定准备列入计划的各个具体方案和项目。至此，尼赫鲁推行的政策告一段落。

英迪拉·甘地推行了比夏斯特里总理更倾向市场的改革政策，包括新农业战略，给外国私人在肥料和石油工业中提供投资机会，放松工业许可证政策，放松价格和市场管制。这些政策的突出表现是1966年6月一次性将印度卢比贬值36.5%，实行较为自由的进口政策等。改革使1967年印度大选国大党遭遇重大失败，此次选举是印度政治上的一个分水岭，标志着印度独立后长期的一党统治制度的崩溃。在长期的发展中，印度人民的思想不断觉醒，他们以各种方式争取自身权力。人民的觉醒也是印度进步的标志，同时使印度进入政治斗争尖锐时期，国大党正式分裂为执政派和组织派。英迪拉·甘地推行国有化，快速实施了印度14家最大商业银行的国有化（占银行存款总数的56%，全国信贷总额的52%）并奇迹般地迅速完成（但遭到了最高法院的否决，认为其侵犯了宪法中规定的基本权力）。印度政府在1970年还宣布新的许可证制度，重新加强对私营企业的管制和对私营进入领域的限制。

印度总额1590.2亿卢比的"第四个五年计划"出台，为党内斗争和最后议会选举胜出奠定了民意基础。1971年印度人民院选举，国大党执政派获得的选票为43%，在518席议员的人民院获得350个议席，大获成功，而原国大党组织派仅获10%的选票和16个议席，甘地夫人获得了觉醒的农村和半城镇绝大多数群众的支持。为了顺利推进改革，印度对宪法进行了修订。印度政府1971年5月颁布总统令，将普通保险公司的经营管理权交给政府，政府接管了214家焦煤矿的管理权，1972年5月将其收归国有。在1972年的邦议会选举中，国大党又大获全胜。1973年5月，整个煤矿工业实行国有化。印度政府还禁止任何个人的股份公司持有报业公司5%以上股权。但是，反对派政府许诺的经济发展和政治经济体制改革不能推进。印度第四个"五年计划"没有达到工矿业预算支出费用原定目标，确定投资费用达3 140亿卢比，当时预计从1974年4月1日起执行的第五个"五年计划"无法执行。该计划提出了一些令人鼓舞的目标，但在计划草案完成之前就表明政府在组织上没有能力实行各项经济改革，实施土地最高限额的措施再次失效，政府粮食贸易政策失败，粮价飞涨，为抑制通货膨胀，甚至采取了强制储蓄的政策。不少邦出现混乱甚至暴乱，不得不实行总统直接统治，印度陷入乱局。甘地夫人于1975年6月26日宣布实施紧急状态，5天后宣布《二十点经济纲领》。然而，这些纲领与以前一样始终没有找到贯彻到基层的一种正确的组织形式。1975—1976年度印度农业因好天气获得了创纪录的好收成，解决了印度独立后长期粮食短缺问题，粮食库存一度达到1 800万吨，物价随之趋于稳定。紧急状态的稳定使公营产业获得很大提高，尤其是电、煤以及有关的耗电工业如钢铁，制铝、制铜和氮肥。由于没有足够的国内需求，增产的东西甚至出现积压。外汇储备1977年末达到280亿卢比，印度经济形势好转。

紧急状态期间，英迪拉·甘地还广泛放宽了工业许可证政策，放松物价管制，对新的投资实行优惠等新经济政策（但成效不大）。1977年，延误已久的第五个"五年计划"（规定开支3 900亿卢比）重新推出，还推出了针对青年国大党员的《四点纲领》，英迪拉·甘地的儿子桑贾伊在政治上崭露头角。紧急状态期间，政府如愿修改了《宪法》，还成功实行了人口控制计划（节育计划）并取得明显成效。

1977年1月，英迪拉·甘地宣布进行一次新的人民院选举，并释放反对党领导成员在内的政治犯。反对派迅速成立联合竞选的党人民党应战。国大党内资深领导人拉姆退出国大党并成立民主国大党，人民党以43%选票赢得选举，德赛成为印度独立后的第四任总理。整整30年的实践，印度发展几起几落，虽然也小有成就（如部分实现国有化、公营投资扩大了经济中国有经济比重），但农村土地分配，建立村级评议会、建立村级合作社的理想多数都没能实现。自力更生的发展原则基本得到坚持（虽然有时也依靠外援）。

四、任期不长的德赛总理

由于人民党内不同意识形态的人不能在经济战略上取得一致意见，德赛执政后，国大党很快分裂，英迪拉·甘地领导建立国大党（英派）。人民党同样陷入激烈的内部派系斗争，代表下层种姓的查兰·辛格脱离人民党成立人民党（世俗派）。德赛在议会失去多数无奈于1979年7月辞去总理职务。1980年，印度第七届人民院选举国大党（英派）获胜，英迪拉·甘地再任总理。到20世纪80年代，尼赫鲁改造印度社会的理想已经所剩无几。在1983年10月31日，英迪拉·甘地遭遇锡克教刺杀身亡。

五、拉吉夫·甘地率领印度进入自由经济时代

1984年12月，拉吉夫·甘地赢得大选，成为总理。执政后，他在经济上实行对外开放，经济政策大大超越了他母亲实行的有限度的自由化经济政策，同时积极引进技术资金，鼓励政府大公司参与高技术产业发展，提高进口原料的外汇限额，降低公司和城市上层中产阶级的税率。1987年批准的"新工业政策"集中体现了经济自由化的政策主张。在对外关系上，拉吉夫·甘地致力于改善与发展与西方国家和邻国的关系，特别积极主张与中国的友好关系。1991年5月21日，拉吉夫·甘地遭遇自杀式爆炸袭击身亡。

六、印度社会发展成就

（一）农业发展成就

经过运用国外农业先进技术，使用农药化肥，到20世纪80年代中期，印度基本解决了长期存在的粮食短缺问题；他们还进行白色革命，大力发展养牛与牛奶业，到1985年印度成为世界第一养牛大国，2001—2002年印度共生产牛奶8 300万吨，居世界鲜奶及奶制品生产大国榜首。1950—1951年度到1984—1985年度，印度粮食产量从0.5亿吨增至1.46亿吨，棉花产量从51.7万吨增至140万吨。

（二）工业发展成就

1950—1951年度，印度包括制造业、建筑业的第二产业占本国GDP的比重为15%，到1989—1990年度，这个比重上升至27%。重工业得到重大发展，资本品（生产资料）工业在印度工业总产值中的比重加大。据统计，1953年到1983年，这个比重上升到50%；橡胶、石油、化学、机械等工业所占的比重则由20%升至46%。到20世纪70年代中期，印度已初步建成自给率较高的重工业生产体系，形成了门类较为齐全的民族工业体系，基本实现了尼赫鲁独立自主、经济独立的夙愿。

（三）科技发展成就

印度在原子能、电子、高分子、空间技术等方面达到较高水平，已能制造飞机、导弹、人造卫星，建造原子能发电站等，但多数为苏联等其他国家援助技术。印度1974年成功引爆了第一颗核装置，算是印度科技上取得的较大成就。

（四）思想政治成就

印度农民、低种姓和贱民的思想不断觉醒，种姓制度影响明显缩小，世俗化进程取得进步，这是印度取得的重要政治成就。印度独立后取消了种族制度，将原来的贱民及原始部落称为落后阶层（约占总人口的16%），将原来的首陀罗称为其他落后阶层（约占总人口的四成以上）。印度落后阶层在《宪法》的保护下摆脱了原来对高种姓阶层的依附（人

身依附），实现了思想的独立、人格的独立，这一巨大思想政治成就使印度超过56%的人口成为印度市场上独立、平等的主体，为其市场经济发展注入活力。落后阶层的思想觉醒成为印度独立后的重大政治成就，为印度以后的改革奠定了发展基础。

（五）国家经济发展成就

从增长速度看，印度按不变价计算的国民净产值的平均增长率，第一个五年计划时期（1951—1956年）为3.4%，第二个五年计划时期（1956—1961年）为4%，第三个五年计划时期（1961—1966年）为2.6%，第四个五年计划时期（1969—1974年）为3.3%。1970—1980年国内生产总值年均增长3.0%，1980—1990年为5.9%。中国1952—1981年（以1952年为100计）按可比价格计算的国民收入总指数为525.4，年平均增长6.11%，这一增速比印度上述任何一个时期的增速都高。中国1952—1981年工业总产值年均增速更是高达11.22%。

印度国有经济发展取得进步。1973—1974年度，公营部分占GDP的14.7%，至20世纪80年代末期，国有经济比重占到了印度GDP的25%。在工业中，公营经济在20世纪80年代初期占有组织的工业产量的45%。1981—1982年度，印度最大的8家企业均属于公营企业；按资本总额来计算，30家资本最雄厚的企业，有24家属于公营企业，公营企业在重工业、基本工业、基础工业、银行和其他长期信贷机构中占据主导地位。

主要工业产品产量的比较能让印度和中国在20世纪80年代以前的发展成就立判高下。印度独立和中华人民共和国成立时两者发展相差不大，印度略有领先。如表12-1所示，到1980年，中国已经全面领先印度，而且已经远远把印度甩在后面，中国主要工业产品产量均是3—4倍于印度。

表 12-1　　　　　　　　　　1980年印度中国主要工业产品产量

主要工业产品	中国产量	印度产量	中国/印度（倍数）
粗钢（万吨）	3 712	943	3.94
煤炭（亿吨）	6.2	1.14	5.44
原油（万吨）	10 595	940	11.27
发电量（亿千瓦小时）	3 006	1 193	2.52
水泥（万吨）	7 986	1 780	4.49
化肥（万吨）	1 232	302	4.08
棉布（亿米）	134.7	83.13	1.62
汽车（万辆）	22.23	12	1.85

印度殖民时期重要成果的铁路，延续了其优势，到1990年，印度铁路长度增加到62 367千米，中国则增加到53 400千米，中国虽然仍然少于印度，但1949—1990年，印度铁路营业里程仅增加了7 613千米，中国则增加了31 600千米，新增里程是印度的4.15倍。

印度独立后，发展相对于中国步伐明显要慢，原因在于工业许可证制度（严格限制私营经济发展）异常烦琐，国有经济受资金限制发展有限，私营经济受制度约束不敢发展，不能发展，且时刻担心被收归国有。印度在有条件引进外国资金技术的情况下，实行封闭的对外政策；同时，独立后长期的粮食严重短缺使政府无法集中精力搞经济建设。

第四节　印度的改革开放

一、印度改革开放背景

印度自拉奥总理推行改革以来，改革步伐持续不断。印度的经济改革，整体要比中国慢 10 年，但有少量改革却比中国超前。印度改革释放了巨大的活力，使其经济进入较稳定、较快速的增长阶段。通过改革，市场的力量发挥主要作用，使私营经济、外资在印度市场发挥更大作用，使低效的国有经济退出（让出）市场，取消大量对私营、外资进入领域的限制，使印度所有领域得到均衡发展。

印度启动改革开放，部分受国际环境影响。20 世纪 70 年代印巴战争以来，印度一直与苏联保持密切关系，并试图走有印度特色的民主社会主义道路。1990 年苏联、东欧的巨变，对印度触动极大。印度对自己的发展道路、发展模式和政策等进行了认真反思，当然也有对亚洲"四小龙"取得成就的羡慕，更重要的是对与中国差距进一步拉大的担忧——曾经发展水平相当的邻居中国的明显进步对印度的发展产生压力。印度悄然开展向中国学习改革开放。

与此同时，印度内部在经济上问题重重。核心的问题是长期的贸易赤字使其在 20 世纪 90 年代初期暴发严重的国际收支危机。从 20 世纪 50 年代初期到 70 年代末，印度在对外贸易中只有两年为贸易顺差，且数额较小，其余均为逆差。进入 80 年代，印度放松了对商品进口和外商投资的限制，贸易逆差更加严重，80 年代的 10 年累计逆差高达 582.28 亿美元。长期的外贸逆差导致外汇储备不断减少，印度经常项目逆差持续上升。1990—1991 年度，印度对外贸易逆差激增至 94.38 亿美元，外汇储备从 1980—1981 年度的 58.5 亿美元下降到 1989—1990 年度的 39.62 亿美元。1990 年的海湾危机更增加了印度的国际收支压力，至 1991 年 6 月，外汇储备降至不足 15 亿美元。印度爆发独立以来最严重的国际收支危机，只得用国家黄金储备应对。长期以来的财政赤字政策使中央政府财政赤字占国内生产总值比重上升，20 世纪 70 年代财政赤字率为 3%—4%，80 年代赤字率上升至 8%—10%。财政赤字导致政府债务负担沉重，到 80 年代末期，仅支付利息的支出就占印度中央政府财政支出的 20% 以上。财政赤字还导致卢比贬值，通货膨胀严重，1991 年 8 月通货膨胀率达到 17%。印度长期以来人口膨胀，失业率居高不下，生态环境遭到破坏，人民生活水平难以改善，各类矛盾交织，难以形成国内发展合力。

通过对国内外形势的判断,通过广泛讨论,印度逐步形成了改革开放共识,1991年拉奥任印度总理,启动了一系列大刀阔斧的经济改革。

二、拉奥总理的主要改革政策

(一) 实施经济稳定措施:首先是解决财政危机

按照世界银行和国际货币基金组织的处方,稳定政策主要是降低财政赤字和控制通货膨胀。1991年6月,卢比一次贬值22%,以此来增加出口收入,同时压缩进口。重点是鼓励出口,增加关税收入,削减各种补贴,减少对社会经济的过度投资。

(二) 实施工业改革

1991年7月,拉奥政府公布了工业政策宣言,改变传统保护体制,引入自由竞争机制,扩充私营企业经营领域,改善国有企业经营管理,并部分实行私有化。

1. 改革工业管理制度,放松管制:基本取消工业许可证制度,除特别规定的5个产业(军工、原子能、危险化学品、烈性酒、烟草)外,所有产业的许可证制度都取消。除实行公共部门垄断的产业外,其他行业都向私人开放。防止和控制垄断。减少国家对企业的干预,国家对企业不直接下达生产指标,国家通过宏观政策进行引导。

2. 放松对外国投资的限制。外资持股比例从不得超过40%到允许外国直接投资达到重点项目股本总额的51%,并不许在其中设置障碍,但投资红利的外流仍受一定控制。

(三) 改革公营企业政策

在改革公营企业政策方面,主要措施是:

减少公营企业经营领域和取消许可证。设立工业与金融复兴委员会,对病态企业进行整顿或关闭处理。建立国家复兴基金,为工业重组企业工人退出提供补偿。通过撤资和出售股份,完善公营经济组织形式,大力发展合营经济。改革公营企业管理,扩大企业自主权。整顿公营企业领导班子,限制公营企业中政府代表人数最多不超过3人,任命塔塔等一些经营良好企业的领导人为公营企业的总经理,把私营企业管理机制引入公营企业,延长企业领导任期(由2—3年延至5年)以充分发挥其才智。

(四) 允许基础设施私有化

私营企业被允许参与电力、航空运输、公路运输、通信等一些基本服务项目,私人可投资修建公路、桥梁和港口等设施。

(五) 改革调整外贸政策

进口许可证、中间品和资本品的进口许可证被取消。商品进口关税大幅降低,最高关税率由355%降至55%。大力促进商品出口,设立经济特区,并给予一系列优惠政策,特区企业进口原料和资本货物给予免税。

（六）实施金融改革

政府放松从事金融活动限制，允许银行撤并关闭分支机构，允许私营部门成立银行等金融机构、放松外资银行在印度设立分支机构的限制，允许外国投资者个人或机构在印度证券市场投资等。放松贷款计划控制。调整利率，逐渐使商业银行贷款利率自由化。加速银行呆账处置，成立工业金融复兴银行。加强对资本经营监管，成立证券交易委员会，管理、促进和领导证券交易所运行。

（七）农业改革

改革初期农业只是增加了投入。1994年拉奥进行农业改革，最大的农业改革成就是废除农产品交换的地区限制，尤其是粮食，建立起全印度统一的农产品交换市场。

拉奥改革实现了政策的大转变，被评价为更有条理、更加系统，也带来了更加持久的增长，使印度从半管制经济走向自由的市场经济，从公营经济走向私有化，从半封闭经济走向全球化，从进口替代转向新的自由贸易。各项改革取得明显成效，印度逐步摆脱了财政危机和国际收支危机，抑制了通货膨胀，实现了经济局势的稳定；摆脱了经济增长缓慢局面，实现了较快增长。拉奥改革成效显著，印度经济增速节节攀升，1992—1993年度经济增长率回升到5.1%，后逐渐上升，1997—1998年度经济增长率达到8.1%。

三、瓦杰帕伊总理的改革

瓦杰帕伊在1998年大选中当选印度总理，延续之前政府进行的各项改革。瓦杰帕伊上台后，印度面临严峻复杂的政治局面。1998年，印度和巴基斯坦分别进行了5次和6次核试验，引起国际社会震动，双双跨过"核门槛"成为核国家。印度遭遇西方国家严厉制裁。亚洲金融危机对印度造成严重冲击。瓦杰帕伊本人具有很大的政治抱负，强烈希望印度成为世界强国，继续深化印度改革。瓦杰帕伊的主要改革措施有：

第一，将信息软件业作为优先发展产业予以大力支持。印度政府为此制定了专门的信息技术政策（包括一些优惠政策），瓦杰帕伊的重要成就之一就是培植了软件产业，使该产业成为印度的重要支柱产业。

第二，继续推进公营企业改革。瓦杰帕伊实行了加强战略性企业，出让非战略性企业的政策；对许多企业提出了撤资方案；提出了激进的私有化计划，对于由政府和一般为私营金融企业或其他私营公司的合伙人共同组成的具有特殊目的的实体，政府在其中的股份应在51%以下，这种实体将负责接管并促进一家公营企业的私有化进程。

第三，大胆进行农业改革，制定农业20年长期增长计划，加快农业技术转让，允许农产品自由贸易，发展农产品期货贸易，将包括粮食在内的生活必需品公共分配系统交由各邦经营，每年粮食收购和供应也由各邦完成，印度粮食公司只保存一定数量的储备粮。

第四，减少对经济发展过程的干预。首先是废除食糖、药品、化肥和石油4类商品管制价格。印度自独立以来规定许多产品保留给小型工业生产，瓦杰帕伊决定把鞋类、皮革制品、玩具等产品从保留名单中删除。

第五，深化财政金融体制改革。财政方面：从 2000—2001 年度起，印度把银行金融、广播、录音、科技咨询服务等 14 种新兴服务部门纳入征税范围。扩大征税群体，直接税的纳税人数从 1998 年的 1 000 多万人增加到 2 300 多万人。调整税收结构，把 8%、16% 和 24% 的国产税率合并为 16% 的单一税率。扩大各邦政府财权。裁减中央政府人员，减少开支。金融方面：降低银行利息率，将公营银行自有资本比例提高到 90%，要求银行将不良资产比例降至 5% 以下。决定由证券交易委员会和公司法管理署联手惩处利用股票发行诈骗坑害股东的投机商。向私营部门开放更多的银行金融服务，如向私营部门开放保险领域等。

第六，进一步扩大对外开放。一是放宽对商品进出口的限制，1998 年将 340 种商品从限制进口名单转移到开放进口许可证名单上，同时简化手续；2001 年又取消了所有商品的进口配额限制，对进口实行关税化管理，同时取消了 10% 的关税附加税。放松对外资进入的限制。放松对印侨投资股票的限制，将其从原来占公司股票的 1% 提高到占 5%。把外国机构投资者对印度证券投资占该公司实收资本的最高比例从过去的 40% 提高到 49%。放松对国际收支资本账户的管制，鼓励印度公司投资海外，允许每家印度公司每年向海外投资 5 000 万美元。

第七，对印度劳工市场进行大胆改革。修改劳工立法，将原定 100 人以下工业企业可自行解雇员工的权力扩大到 1 000 人以下的工业企业。

瓦杰帕伊改革取得了较好的效果，在他执政期间，印度经济保持较快增长。1998 年印度 GDP 增长 6%，最低 2001 年增长 3.9%，2004 年增长 7.9%。瓦杰帕伊领导的人民党被称为"富人党"，代表的是城市精英，因此其改革的受益者人数偏少，数量庞大的低收入群体没有真正得到经济改革的实惠。

四、曼莫汉·辛格的改革深化和调整

2004 年，印度进入辛格时代。曼莫汉·辛格是印度经济改革的象征，被称为"印度经济改革之父"。在拉奥任总理期间，他任财政部长，是拉奥改革的主要谋臣。

（一）辛格总理第一任期改革

辛格任总理后，继续推进一系列经济改革，如坚持对公营部门的改革，鼓励公营部门之间的合并，长期亏损国有企业在给予工人应得收入和补偿后被出售或关闭；支持私营部门发展，允许私营部门建立经济特区和参与基础设施建设；扩大外商投资领域；引入增值税并逐渐取消原有的中央销售税和附加货物税；允许印度卢比在资本项目下自由兑换，从而向卢比自由化迈出重要一步；积极参与经济全球化，促进区域经济一体化；通过建立经济特区启动第二代经济改革，推动对外贸易；设立国家制造业委员会为政府对话提供长期论坛，以推动食品加工、纺织服装、工程、消费品、医药品、资本货物、皮革和 IT 硬件

等制造业发展。

辛格总理在第一任期内推行帮助弱势群体、农村地区、落后地区的政策，制定《国家就业保障法》，启动大规模工作换食品计划，以解决城乡贫困家庭困难。政府同时在财政、金融、贸易等领域积极对落后邦提供支持。

辛格政府执行基础设施建设优先政策，将道路、港口、发电、铁路、供水、污水处理和卫生设施等基础设施的新建与扩建置于最优先地位。基础设施领域公共投入的增加使印度部分解决了发展瓶颈问题，进入长期、快速发展的阶段。

辛格收紧了对印度电信和航空业的海外投资允许比例，海外投资比例分别由原来的74%和49%调低为49%和40%；放松对银行和保险业的投资限制，第一次允许零售业在海外投资。

辛格的第一个任期，印度经济发展成效显著。2004年印度GDP增长7.9%，2005年增长9.2%，2006年增长9.8%，2007年增长9.3%，2008年增长7.3%。这一时期印度经济增速已经很接近中国经济增速，成为印度经济增长最快时期。

（二）辛格总理第二任期改革

借经济增长良好东风，辛格2009年5月16日连任印度总理。在第二任期，辛格总理没有停止改革步伐。

1. 继续放松政府控制，拓宽私营部门进入领域。这一时期，印度仅保留军工、原子能及相关矿业、铁路运输四大产业由国家经营，其他全部向国内私营部门开放，但经营酒类、烟草制品、空间、军用电子设备和工业用爆炸品5类需要政府特别批准。这一改革措施极大调动了私营企业投资积极性，私营投资大幅增长。

2. 继续扩大对外开放。印度这一时期大力宣传本国政治、经济和地缘政治优势，积极发展与美国、日本、欧盟和俄罗斯的关系，密切同东南亚甚至南亚国家关系，参加金砖国家（中国、印度、俄罗斯、巴西和后来的南非）国际合作。

3. 继续放松对外直接投资政策。印度外资进入渠道有两种：一是经印度储备银行（印度央行）审核自动获准，二是由政府外资促进局审批。在34种优先发展产业中，依据不同情况，外资比例达50%、51%、74%、100%的项目可自动获批。为促进基础设施发展，又规定电力、公路、港口建设的外国独资项目也可获自动批准。其余项目经"外资促进局"审批，审批时间不得超过6个月。对撤出资本、汇出收益、当地贷款、国际融资等方面实行国际通行做法。但是，农业和房地产这时仍不许外国直接投资进入。

4. 继续支持信息产业。印度政府继续对信息产业在政策上、经费上给予很大的支持和倾斜。软件业、信息网络技术及其产业成为印度增加就业、赚取外汇和推动社会进步的支柱产业。

五、纳伦德拉·莫迪总理的改革

2014年5月，莫迪就任印度总理。他在古吉拉特邦任首席部长时便推行经济改革，取得良好成效,该邦被称为"印度的广东"。当选总理后,莫迪继续强力推行系列市场经济改革。2015年,他顶住保守派的压力,宣布砍掉已有65年历史的国家计划委员会,把权力转移到财政部,这充分体现了推行市场化改革的决心。莫迪政策主要有:

(1) "印度制造"计划。印度在莫迪之前,更倾向于发展服务业,特别是信息技术服务业,服务业占GDP比重高达58%。这一策略对助力印度发展起了作用,但是对解决印度众多的劳动力就业问题作用不大。莫迪计划正符合印度国情又抓住了世界产业转移机遇。2014年9月25日,印度总理莫迪正式推出"印度制造"计划,重点发展基础设施、数字网络、劳动密集型制造业等,立志将印度打造为全球制造业中心,转变基本依赖服务业驱动的经济增长模式。莫迪政府希望2025年将制造业占GDP的比重由16%提高至25%,以期每年新增1 200万个就业机会。印度政府还放宽了外国投资者在国防、保险、航空、电子商务和房地产等重要领域的准入限制和退出机制,并对制造业投资企业给予优待,还将保险业和国防工业的外资占比上限由26%提高至49%;在汽车制造、制药和建筑业等行业中,允许外资投资占比达到100%;在包括货运走廊、高铁等基建项目中,允许公共私营合作融资模式下100%的外资占比等。

(2) "创业印度"计划。也许莫迪是受中国总理"大众创业、万众创新"启发,其于2016年1月16日历史性地推出"创业印度"计划,从多个方面鼓励印度民众创新、创业,有助于培育印度的"企业家精神"。该计划提供了一系列鼓励政策,包括成立4 000亿卢比的政府基金投资初创企业,成立簿记小组,简化公司注册程序,快捷审批,优化资金获取渠道等。专利申请的批复时间也大大缩短,相关申请费用降低80%。印度政府还宣布,创业公司成立后最初3年无须缴税并免受劳工法律的审查。

(3) 推进城市化和"智慧城市"战略。1980年,印度的城市化率为25%,比中国的20%领先一步;2015年,中国的城镇化率已达56.1%,而印度仅增长至32%。当选总理后,莫迪把推进印度城市化进程放到政策制定的优先位置:一方面,投入大量资金用于改善城市基础设施,计划在5年时间里向500个印度城市提供约75亿美元资金,用于投资清洁饮用水、下水道系统、公共交通以及公共空间等基本的基础设施;另一方面,启动了"智慧城市"计划,推行以"智慧城市"为引领的城市化战略,计划在全印度建造100座智慧城市,在大多数邦建立至少2个智慧城市。印度政府将为智慧城市提供基础设施、公共交通工具、网络连接和电子政务体系等,鼓励公共私营合作模式、金融公司和IT服务企业参与该计划。

(4) 推动税收制度进行根本改革。印度原有的税收体系十分复杂,分为邦内税、中央税以及邦际税,中央与地方重复性征税的问题比较严重。此外,由于印度29个邦对各自管辖内的企业实施不同的税率和税法,印度市场的条块分割特别严重。2014年7月,莫迪政府正式提出印度独立以来最大的税制改革计划,推动建立全国统一的商品及服务税税收体系(Goods and Services Tax, GST)以改变一直以来分散混乱且税负过高的税收环境。2016年8月,GST法案终于获得通过。税改后的GST将取代原来的消费税、劳务税、增值税、入市税、过境税等,而以单一税制代替。GST在2017年4月开始实施,大幅改善企业的经营环境，简化税务系统，降低跨邦经商成本，让印度成为真正的大型单一市场。税收改革也可能成为莫迪执政生涯的一笔重大政治遗产。

（5）"闪电废钞"与"莫迪式反腐"。为遏制腐败，2016年11月9日，在一次并未事先通知的电视讲话中，印度总理莫迪宣布了一项令全国惊愕的政策：废除面额500元及1 000元卢比的纸币，现有纸币必须在50天之内存入银行或兑换为新币，否则将沦为废纸。由于新钞准备不足，民众怨声载道，后来因新钞供应不及时时间延后，但该计划仍得以实施。莫迪还在政府中大力推行简政放权反腐。2014年6月，印度政府下发被誉为"莫迪11条戒律"的文件，大力实施政府节约。

印度还建立了门类比较齐全的工业体系，为今后发展奠定了工业基础。

莫迪改革非常切合印度国情，抓住了印度经济发展的关键。2014年是印度经济不平凡的一年，这一年印度GDP增长7.4%，这是其自1991年改革开放后第一次超过中国经济增长速度。2015年，印度经济保持良好发展，GDP增长7.6%。2016年，印度GDP根据2017年初官方估计增长7.1%。印度经济自莫迪上台连续3年大幅增长，印度改革取得了了不起的成就。在莫迪的领导下，印度进入发展黄金时期，今后的经济增长甚至可能出现比现在更高的增速（如超过10%）。

印度的发展有以下几方面需要引起重视。一是印度是人口大国，目前人口仅少于中国，按2015年印度人口自然增长率1.2%的增长情况，不久之后将会超过中国成为世界第一人口大国，其人口红利优势已经超过中国。二是印度的改革持续进行，效果良好。三是印度具有巨大发展空间（包括城镇化水平比较低），且全国上下发展意愿浓厚，发展的进程已经启动。四是印度具有比较齐全的工业体系，假以时日，成为世界工厂不是没有可能。

当然，印度发展弱项也不少。一是基础设施落后，改进基础设施的进展偏慢。二是内部矛盾多，有的还比较尖锐，社会方面问题突出。三是体制比较僵化，办事效率低。四是财政赤字和外债呈"双高"状态，这是印度发展的重大隐患。

第三篇 中国改革开放

第十三章 中国发展条件

中国是世界第一人口大国，有着庞大的市场，经济发展一经启动，具有得天独厚的优势，对于微观企业的发展十分有利，是世界各地企业梦寐以求的市场。

中华人民共和国成立时的1949年末，中国拥有人口54 167万人，1978年中国改革开放启动时有96 259万人，2014年有136 782万人；而全欧洲2014年人口72 568万人，美国32 262万人。这也正是中国市场吸引人之处。

第一节 中国特色社会主义思想的引领

俄国十月革命胜利，给中国送来了马克思主义。在中国革命和建设过程中毛泽东思想、邓小平理论、"三个代表"重要思想、科学发展观、习近平新时代中国特色社会主义思想先后形成。

一、中国革命伟大胜利和建设成就

在中国革命初期，以毛泽东同志为核心的中国共产党找到了一条具有中国特色的、符合中国国情的革命道路：建立农村革命根据地，农村包围城市，最终武装夺取政权。1937年，建立抗日民族统一战线的方针大获成功，战胜日本帝国主义；解放战争时期，国民党反动派被打败；1949年，中华人民共和国成立。

长期革命过程中形成的毛泽东思想推翻压在中国人民头上的"三座大山"，引领中国人民战胜一个又一个困难，取得一个又一个胜利。这无论在中国历史上还是世界历史上都是重大事件，它让中国走上重新崛起的道路，为中国发展打下良好基础，改变了世界力量格局。

中华人民共和国成立后，在毛泽东思想引领下，中国经济建设也取得了相当的成就。中华人民共和国成立之初，在经济建设方面，虽然没有将经济始终放在突出位置，但通过5个"五年计划"，中国经济建设的步伐没有停止，特别是经过努力，克服干扰，生产仍有较大的发展（从实物量看，经济成就很大），如粮食产量从1952年的1 639亿千克增加到1980年的3 205.5亿千克，钢铁产量从1952年的135万吨，增加到1980年的3 700万吨，煤炭产量从 1952 年的 0.66 亿吨，增加到 1980 年的 6.2 亿吨，石油产量从 1952 年的 44 万吨，增加到 1980 年的 10 595 万吨，发电量从 1952 年的 73 亿千瓦时，增加到 1980 年的 3 006 亿千瓦时，其他工业产品如自行车、缝纫机、手表、水泥等增加的幅度更大。发展中比较突出的问题：一是产业结构过于偏重发展重工业（与苏联一样），与民生有关的轻工业没有得到足够重视，导致日常生活用品供应极度短缺，多数工业用品需要凭票供应。二是在经济工作中"吃大锅饭"，长期忽视效益，不计成本，浪费严重，导致没有创造出更多的增加价值用于改善人民群众的生活。1952 年全民所有制单位职工平均年工资 446 元，1978 年为 644 元，考虑以 1950 年为 100 的职工生活费用指数到 1978 年为 144.7，职工的实际工资上涨非常有限，30 年实际工资基本没变，人民生活水平提高非常有限是这一阶段发展的重要特点。

二、中国取得改革开放的伟大胜利

经过毛泽东时代近 30 年的社会主义建设的摸索，1978 年，党的十一届三中全会召开，中国开启了改革开放的进程，走上了以邓小平理论为引领，建设中国特色社会主义的道路。邓小平 1992 年在深圳提出，"社会主义的本质，是解放生产力，发展生产力，消灭剥削，消除两极分化，最终达到共同富裕"。社会主义的根本任务是发展生产力。中国经济还很不发达，中国将处于并将长期处于社会主义初级阶段。中国共产党确定了在社会主义初级阶段的基本路线：领导和团结全国各族人民，以经济建设为中心，坚持四项基本原则（即坚持人民民主专政、坚持马克思列宁主义毛泽东思想、坚持中国共产党的领导、坚持走社会主义道路），坚持改革开放，自力更生，艰苦创业，为把我国建设成为富强、民主、文明、和谐的社会主义现代化国家而奋斗。这些内容构成了中国特色社会主义的核心内容，中国经济巨大成就正是在这一理论的指导下取得的。中国特色社会主义理论是经过实践证明正确的理论。在这一理论体系中，马克思主义是指导思想，是灵魂。中国共产党是建设中国特色社会主义的领导力量。走中国特色社会主义道路、建设社会主义市场经济体制是必由之路，没有其他道路。坚持以经济建设为中心，坚持改革开放是建设中国特色社会主义的永恒主题。把中国建设成为富强、民主、文明、和谐的社会主义现代化国家是目的。党的十八大后，形成了习近平新时代中国特色社会主义思想。党的十八大提出的"两个一百年"奋斗目标成为实现中华民族的伟大复兴中国梦的阶段性目标，全面建设社会主义现代化国家新征程开启。

第二节 和平稳定的国际国内发展环境

从 1949 年中华人民共和国成立至 1979 年，我国经济得到一定发展。1979 年以来，属于和平建设时期。中国充分抓住这一和平稳定的有利时机，经济发展上了一个大台阶。

一、1949—1979 年的发展

从 1949 年中华人民共和国成立到 1978 年 12 月党的十一届三中全会召开,这一阶段可称为中国社会主义建设的探索阶段。这一时段从国际上看,中国面临很不利的发展环境,作为社会主义国家,中国遭到以美国为首的资本主义国家的经济和外交封锁,发展条件十分不利。1958 年的"大跃进"和随后的"三年自然灾害"对国民经济造成重创。同时,由于苏联存在着大国沙文主义,我国与社会主义国家的关系在 20 世纪 60 年代末期后也不十分和谐,基于当时的环境,中国进行了广泛的动员和战争准备,提出了"深挖洞、广积粮、不称霸"的口号,进行了大规模的"三线"建设,在内地深山建设了大量的军工厂。赫鲁晓夫上台后,中苏关系恶化。1966—1976 年,以阶级斗争为纲的斗争哲学使经济建设受到严重干扰,国民经济处于崩溃的边缘。这段时期的国际环境也严重不利于中国发展,经济受到资本主义国家封锁,国内发展环境不佳,又对社会主义的本质认识不足,主要精力放在了建立形式上纯洁的社会主义制度(建立全民所有制的国有经济和农村集体所有制经济制度)和阶级斗争等各种运动上。社会主义建设在一定程度上受到了重视,但受到众所周知的严重干扰,经济在低效率、低效益的状况下运行。

二、和平建设时期的发展

从 1978 年 12 月党的十一届三中全会召开,中国进入长期稳定的和平建设时期。这段时间,国际上创造了良好的外部环境,中国改善了与美国的关系,实现了邓小平对美国的历史性访问,并与美国和绝大多数西方国家建立了外交关系,后来还改善了与苏联的关系,逐步解决了与周边国家的一些边界等历史遗留问题。中国与世界主要国家国际关系的改善,为中国发展创造了良好的外部环境。自工作重心转移到经济建设上以后,出现了长期的一心一意搞改革开放、一心一意搞经济建设的局面。期间虽然有一些小的波折,但全国人民很快凝聚了稳定压倒一切的共识,之后没有出现任何社会波动。从 1992 年邓小平发表"南方谈话"强调思想解放开始,中国掀起了一轮又一轮的经济建设高潮,创造了令世人瞩目的经济奇迹。"聚精会神搞建设,一心一意谋发展"成了 1992 年以来的一个经济建设高潮时代的标志性话语。

第三节 教育事业蓬勃发展

中国有重视教育事业的传统,但重视教育也需要有经济基础,没有经济条件,教育也无从谈起。

一、中华人民共和国成立之初教育状况十分落后

1949 年,中国的每 1 万人口中,在校大学生人数仅为 2.16 人,普通中学人数(包括

初中和高中)19.2人,小学生人数450.3人。那时的中国,大学教育基本还是空白,只有极少数富裕家庭子女能上大学,这一比例约占5‰(据1931年出生579万人推算,未考虑此后人口变动,与实际可能略有出入,下同)。能上初中、高中的人数也极少,大约为2.8%(根据1932—1937年平均出生人数推算),在校小学生的人数估计不足适龄儿童的一半,大约只有47%的适龄儿童入读小学(根据1932—1937年平均出生人数推算)。中华人民共和国成立之前,由于贫穷、战争的影响,教育极为落后。

1949—1978年我国在校学生人数情况如表13-1所示。

表13-1　　　　　　　　1949—1978年我国在校学生人数　　　　　　　(单位:万人)

年份	在校学生总数	高等学校	中等学校	普通中学	小学	人口总数
1949	2 577.6	11.7	126.8	103.9	2 439.1	54 167
1952	5 443.6	19.1	314.5	249.0	5 110.0	57 482
1957	7 180.5	44.1	708.1	628.1	6 428.3	64 653
1962	7 840.4	83.0	833.5	752.8	6 923.9	67 295
1965	13 120.1	67.4	1 431.8	933.8	11 620.9	72 538
1970	13 182.1	4.8	2 648.3	2 641.9	10 528.0	82 992
1975	19 681.0	50.1	4 536.8	4 466.1	15 094.1	92 420
1978	21 346.8	85.6	6 637.2	6 548.3	14 624.0	96 259

二、新中国教育事业发展迅猛

1978年,中国的每1万人口中,在校大学生人数仅为8.89人,普通中学人数(包括初中和高中)680人,小学生人数1 519人。那时大学教育仍然十分稀缺,大约只有1.3%的人可以上大学(据1957—1960年出生平均人数推算,未考虑此后人口变动,与实际可能略有出入,下同)。初中、高中已经比较普及,普及率大约为66.7%(根据1961—1965年平均出生人数推算)。在校小学生人数达14 624万人,超出1968—1972年出生人数总和(1978年全国学制不一样,有的地区5年,有的地区6年)。作者根据本人出生时亲身经历的中国落后的农村状况,可以认为小学教育已经基本普及。

1980—2014年我国在校学生人数情况如表13-2所示。

2014年,中国的每1万人口中,在校大学生人数为186.3人,普通高中人数175.5人,初中人数320.6人,小学生人数691人。2014年普通本科、专科招生人数为721万人,1996年出生人数为1 522万人,因此1996年出生人口升入普通本科、专科就学率达到47.4%(未考虑1996年出生人口变化,实际比例应比此数略高,下同)。普通高中招生人数为796.6万人,1999年出生人数为1 149.5万人,因此普通高中就学率达到69.3%。普通初中招生人数为1 447.8万人,2002年出生人数为1 647万人,普通初中就学率达到87.9%。小学教育完全普及。

表 13－2　　　　　　　　1980—2014 年在校学生人数　　　　　　（单位：万人）

年份	在校学生	高等学校	普通高中	中等职业教育	初中	小学	特殊教育	人口总数
1980	20 706.7	114.4	969.8		4 995.2	14 624.0	3.3	98 705
1985	18 295.9	170.3	741.1		4 010.1	13 370.2	4.2	105 851
1990	17 088.8	206.3	717.3		3 916.6	12 241.4	7.2	114 333
1995	18 956.1	290.6	713.2		4 727.5	13 195.2	29.6	121 121
2000	21 064.8	556.1	1 201.3		6 256.3	13 013.3	37.8	126 743
2005	22 686.3	1 561.8	2 409.1	1 600.0	6 214.9	10 864.1	36.4	130 756
2010	22 160.2	2 231.8	2 427.3	2 238.5	5 279.3	9 940.7	42.6	134 091
2014	20 578.7	2 547.7	2 400.5	1 755.3	4 384.6	9 451.1	39.5	136 782

三、中国教育与高收入国家比差距仍很大

中国教育成就巨大，其中中等教育和初等教育的普及程度与发达国家基本相当，甚至还超过发达国家，但高等教育与发达国家差距还比较大。2013 年中国的高等教育粗入学率为 29.7%。2015 年，中国大学粗入学率提高到 43.4%，比中等收入国家高 11.7 个百分点，比高收入国家平均水平 73.5% 低了 30.1 个百分点，差距还较大。与印度比，2013 年，中国高等教育的粗入学率比印度高 5 个百分点。中国中等教育的粗入学率为 92.4%，比印度高 20.9 个百分点。

第四节　中国发展空间广阔

一、中华人民共和国成立时的发展空间

中国 1950 年人均 GDP 折算为 1990 年国际元为 439 元①，美国这一指标为 9 561 国际元，中国与美国的差距为 9 122 国际元。这表明，与美国相比，中国发展空间巨大（该数为中国人均 GDP 较美国的发展空间，见图 13－1）。照此计算，美国人均 GDP 相当于中国的 20 多倍。

---

① 1990 年国际元是用购买力平价法取代汇率法，对本国货币进行转换后估计出来的。购买力平价估计主要是利用 OECD、欧盟统计局和联合国的 ICP（国际比较项目）数据计算出来的。按购买力平价折算的国际元的中国人均 GDP 大于按汇率折算的美元人均 GDP。

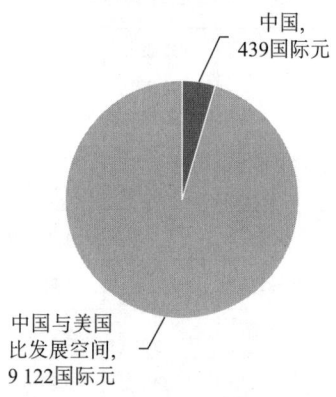

图13-1　1980年中国人均GDP较美国发展空间图示

资料来源：[英]安格斯·麦迪逊：《世界经济千年史》（伍晓鹰、许宪春等译），北京大学出版社2003年版。

二、改革开放初期的中国发展空间

中国1978年人均GDP折算为1990年的979国际元，美国为18 393国际元，中国与美国的差距为17 414国际元（该数为中国人均GDP较美国的发展空间，见图13-2）。照此计算，美国人均GDP相当于中国的18.8倍，经过近30年发展，中国与美国发展差距缩小，但缩小幅度还不明显。

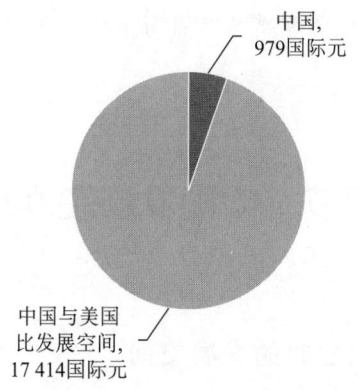

图13-2　1978年中国人均GDP较美国发展空间图示

资料来源：[英]安格斯·麦迪逊：《世界经济千年史》（伍晓鹰、许宪春等译），北京大学出版社2003年版。

三、2014年中国发展空间

中国2014年人均GDP按汇率折算成美元为7 594美元，美国为54 630美元，中国与美国的差距为47 036美元（该数为中国人均GDP较美国的发展空间，见图13-3）。照此计算，美国人均GDP相当于中国的7.2倍，经过30多年发展，中国与美国差距明显缩小，但差距仍然很大。也就是说，中国与美国比较，发展空间仍然巨大。

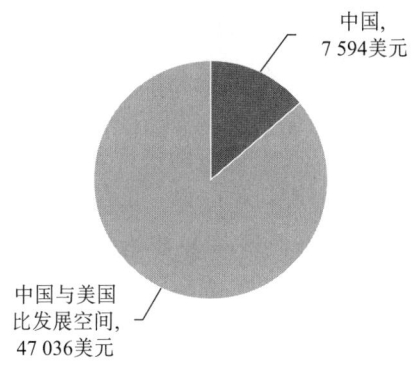

图 13-3　2014 年中国人均 GDP 较美国发展空间图示

资料来源：2015 年《中国统计年鉴》。

四、中国自身发展空间广阔

中国的发展空间广阔还体现在中国作为一个发展中国家，城乡发展存在巨大差距。中国的城市，特别是大城市，发展水平比较高，但还有广阔的农村，人口超过中国人口的一半，其发展水平还比较低，农村人口的生活水平也有较大提高空间。2016 年，中国城镇人均可支配收入为农村的 2.72 倍。中国地域发展差距也很大，东部发展程度相对较高，西部发展程度相对较低。2016 年，上海市人均 GDP 为 11.6 万元，甘肃省人均 GDP 仅 2.76 万元。这种差距意味着中国还有巨大发展潜力、发展空间。

五、中国经济今后发展步伐

中国经济与最发达的美国还存在巨大的差距，这也意味中国还有巨大发展空间，也意味着在正常情况下，能够在较长时间里继续发展，这是由中国还存在的巨大发展空间提供的可能性和中国政府与人民不可动摇的发展决心决定的。

（一）关于中国追赶美国的步伐

中国要追赶上美国的步伐，需要多长时间呢？我们分静态和动态两种情况来测算。

1. 静态：近年中国经济平均约 6.5% 的增速，2016 年中国人均 GDP 8 126 美元，美国 2016 年美国人均 GDP 57 466 美元，将这些数据代入第一篇前文介绍过的公式计算，中国人均 GDP 大约需要 32 年才能赶上美国。或者说，静态讲中国人均 GDP 与美国人均 GDP 相比，还有 32 年发展差距。

2. 动态：与中国平均约 6.5% 的 GDP 增速相比，美国 GDP 平均增速约 2%，2016 年美国人均 GDP 57 466 美元，代入相关公式计算，中国人均 GDP 需要大约 46 年才能赶上美国的人均 GDP。或者说，动态讲中国人均 GDP 与美国人均 GDP 比还有 46 年的发展差距。

（二）中国经济可保持较长时间中高速增长

按人均 GDP 计算，中国追赶美国步伐是漫长的。在追赶过程中，中国经济可保持较长时间中高速增长是确定无疑的,但"中高速"以什么样的速度出现,目前中国众多学者都把"L形"作为今后经济增长趋势,本书认为这是不对的。事物一成不变是不可能的,"中高速"的速度将逐步下降,最初是9%,后来8%多延续了几年,7%多的增速延续3年,进入2016年上半年,增速为6.7%,今后的经济增速大致应该是从5左右递减,一级台阶一级台阶逐渐下行,期间可能会有一些反复,估计7%—4%的水平的增速将会保持较长时间(30年甚至50年),总的下行趋势不会变化,当中国赶上美国发展程度后,GDP增速将与美国等发达国家的增速基本相当。

(三) 正确认识中国当前经济增长速度

2016年上半年,中国经济增速6.7%,如何看待中国该阶段的增长速度?我们认为:

首先,该经济增长速度是新的发展阶段的正常增长速度。中国经济经历长期高速增长后,已经发展到新的阶段。在这一阶段,中国已经是世界第二大经济体,体量巨大,发展的条件发生了巨大变化,生产要素成本明显上升,低成本优势下降,低端产业、劳动密集型产业面临转型。人口红利基本用尽。主要生产产品大多出现产能过剩等。中国经济面临从中低端向中高端转变,发展难度比以往明显加大。在这个新的发展阶段(产能大量过剩,出口不畅等),7%左右的经济增速就是正常增速,这个速度放到世界任何地方,都是高增长(包括美国历史上的高增长时期),中国称之为中高速增长(因为之前有长时间10%以上的增长)。

其次,这一经济增长速度是新政策下更健康更高质量的增长速度。党的十八大对经济发展提出了更高的发展要求,提出"创新、协调、绿色、开放、共享"五大发展理念。绿色发展理念对环境保护提出了更高的要求,还提高了企业的安全生产标准、产品的质量标准;从严治党、终生追责制度对以前在各级政府中存在的腐败现象、政绩工程,不当投资决策和破坏环境的生产活动进行了制约。总之,新的发展阶段新的政策对盲目发展、不健康发展进行了制约。这些新的要求将使中国经济的增长更加健康、经济运行的效率更高。美国在20世纪60—70年代同样经历了这样一个过程,各个行业大幅提高了各种生产标准、质量标准,提高了对空气、水等环境影响的标准,美国的环境自此之后变得更好,美国消费者获得的产品质量也更好了。

最后,这一增长速度是目前就业压力不大情况下完全可以接受的增长速度。中国的就业压力没有以前大了。我们假定以20岁为进入就业的年龄,60岁为退出就业的年龄,对2016年到2020年进入和退出就业人数进行粗略估计,情况如表13-3所示。

对表13-3中的数据(表中各年出生人数为2010年中国人口普查分年龄人数)进行粗略估计可看出,2016年到2020年退出就业的人数与进入就业人数之差达384.6万人(因没有考虑出生人口在5年中的自然变动,可能略有差异),估计至少应有350万左右的就业人数净减少。今后5年要解决的就业,主要是城镇化过程中农村人口进入城市的就业问题,加上5年有350万就业人数的净减少,就业的压力已经小了很多,加上即将进入60年代出生高峰时期人口的退休阶段,今后的就业压力会更小,甚至需要延长退休年龄,增加就业人数，以适应人口结构的变化。在就业压力不大且逐渐减小的情况下，实现6%的增长来之不易，从就业层面看完全可以接受。

表13-3　　　　　　　2016—2020年中国进入和退出就业人数估计

年　份	进入就业人数		退出就业人数		净减少就业人数（万人）
	出生年份	（万人）	出生年份	（万人）	
2016	1996	1 589.4	1956	1 684.8	95.4
2017	1997	1 522.5	1957	1 835.2	312.7
2018	1998	1 539.9	1958	1 661.8	121.9
2019	1999	1 393.6	1959	1 283.9	-109.7
2020	2000	1 445.4	1960	1 409.7	-35.7
累　计	—	7 490.8	—	7 875.4	384.6

（四）中国经济还会迎来一轮较快增长

中国经济在不久的将来还会迎来一轮快速增长，中国还有很大可能出现7%—8%的快速增长，原因很简单：一是中国还只是一个发展中国家，2014年中国人均GDP只相当于美国的13.9%，发展空间巨大。二是中国的真实城市化水平远不如统计数据反映的高，人已进城但未完全融入城市的农民的真正城市化会创造巨大的需求。2015年中国按常住人口计算的城市化率虽然已经达到56.1%，但是中国具有城市户籍的人口比率还比较低，只有30%多。有两个数据可说明城市化率不能完全反映实际的城市化水平：2014年中国流动人口2.98亿；2015年国家统计局农民工监测报告显示，农民工总量达到2.77亿人，也就是说还有大量人口身在城市，却没有真正融入城市，他们绝大多数在城市没有住房，过着蜗居生活。上述人群的城市化市场需求巨大。三是中国已有统计的56.1%的城市化水平，与发达国家相比差距仍然巨大，追赶发展国家的路还很漫长。四是中国城乡基础设施与美国等发达国家比，还存在巨大差距。五是中国经济受产能过剩、结构改革的影响，目前只是蛰伏，待度过困境，企业适应改革形势、适应经济增长方式的转变，迎来新一轮较快增长是完全可能的。

第五节　交通运输等基础设施建设优先发展

一、交通运输

"要想富，先修路"，这是人们经常看到的宣传语。中国各级政府都将交通基础设施建设置于政府优先发展的地位，而且中国的交通设施建设基本都是由各级政府主导，由政府投资，或政府投资，国有企业组织实施。高速公路建设由于市场化程度较高，投资回收较快，基本采用公司化运作，市场筹集建设资金。

从中华人民共和国成立到1978年的改革开放，所有的交通运输投资全部是政府出资，取得了可观成绩。到1978年，中国已经建成铁路4.86万千米，其中电气化铁路1000千米，公路里程89.02万千米，内河通航里程13.6万千米，民用航线长度14.89万千米，其中国际5.53万千米，管道运输8 300千米。

到2014年，中国已经成为发展中国家中交通运输相对较发达的国家。2014年，中国已经建成铁路11.18万千米，其中电气化铁路3.69万千米，高速铁路1.6万千米，超过世界高速铁路里程的一半。公路里程为446.39万千米，其中高速公路11.19万千米（多于美国的约10万千米）。内河通航里程12.63万千米。民用航线长度463.72万千米，其中国际航线176.72万千米。管道运输里程10.57万千米，其中输油管4.52万千米，输汽管6.05万千米。

2014年底，中国拥有沿海规模以上港口码头泊位5 923个，其中万吨级以上泊位1 633个。2014年全世界货物吞吐量前10名港口中，中国占8个，分别为：宁波—舟山港、上海港、天津港、唐山港、广州港、苏州港、青岛港、大连港。外国港口只有新加坡港排名第三，鹿特丹港排名第九。

2014年定期航班通航机场200个，民用飞机期末架数4 168架。民航客运量排名世界第二。

公共交通事业快速发展，2014年底拥有公共汽电车、轨道交通车辆合计639 625标台，出租车1 370 108辆。

二、邮政通信

邮政设施是国家重要的通信基础设施，涉及物流、信息等多个领域。经过长期建设和发展，我国邮政事业已经得到长足发展，形成了广泛的覆盖和密集的网点，特别是对于边远地区，邮政物流更是具有很大优势。随着越来越多具有一定规模的快递公司的加入，我国邮政通信效率、质量持续提高。根据国家邮政局、商务部联合发布的《关于推进"快递向西向下"服务拓展工程的指导意见》，到2020年，我国将基本实现"乡乡有网点，村村通快递"。

中国建立了全球规模最大的固定和移动通信网络。截至2014年底，我国固定电话用户合计24 943万户，移动电话用户合计128 609万户，每百人拥有移动电话94部。互联网普及率为47.9%，93.5%的行政村开通互联网宽带业务，互联网上网人数64 875万人。

中国的各项基础设施在同等发展程度国家、发展中国家中是比较先进的。

第六节 中国发展优势及变化

中国经济参与国际竞争的传统优势在明显下降，特别是低要素成本。中国劳动力充足的优势也在逐渐消失。但是，中国发展环境好、市场大的优势依然存在。新形势下，中国调整经济结构，转变经济增长方式任务繁重，迫在眉睫，需要迅速从利用低成本优势参与国际竞争转换到创建技术优势、科技优势、人才优势上来，只有这样，才能避免掉入"中等收入陷阱"，赶上世界最先进国家的发展步伐，实现中华民族伟大复兴的中国梦。

一、低要素成本优势明显下降

中国的要素成本已经较改革开放时大幅提高，使中国在发展中国家中的成本优势大幅下降，下面以劳动力成本和房屋价格成本（土地和房屋价格成本都体现在房屋价格中）的变化，说明中国要素成本的上升趋势（见表13-4）。

表13-4　　　　　　　　主要要素成本变化情况　　　　　　　　单位：元

年份	平均工资	商品房屋平均销售价格	其中：住宅
1980	762	123	
1985	1 148	205	
1987	1 459	408	
1990	2 140	704	
1995	5 348	1 591	1 509
2000	9 333	2 112	1 948
2005	18 200	3 168	2 937
2010	36 539	5 032	4 725
2014	56 360	6 324	5 933

注：1980年和1985年商品房屋平均销售价格为房屋造价，因此时还是以计划经济为主，故二者差距很小。

2014年全国平均工资相当于1980年的74倍，平均每年上涨13.5%。这一数据可以有两方面的含义：一是改革开放给中国百姓带来了巨大好处，人民收入大幅提高，生活大为改善。二是劳动力的成本上升比较快，对今后经济发展形成制约，特别是对中国经济在参与国际竞争中的制约明显，2014年城镇平均工资最低的河南省也达到42 179元，北京和上海的平均工资分别达到102 268元和100 251元。2014年商品房屋销售价格相当于1980年的51倍，平均每年上涨12.3%，其中北京、上海的商品房屋平均销售价格分别达到每平方米18 833元和16 787元，2016年北京、上海两城市核心地段的房价每平方米已经达到10万元。商品房屋销售价格的上涨也成为要素成本上涨的重要标志。

其他生产要素，如水、电、汽、融资成本，都有较大幅度的上涨。

二、发展环境优势更加明显

目前中国发展的国际政治环境和国内稳定发展环境都维持良好，发展的政策环境虽然不像过去优惠政策多，但在有些领域和地区仍然有政策环境的优势，而且全国政策环境趋于统一，增强了市场竞争的公平性。

中国发展的基础设施完善优势更趋明显。中国交通的便利程度在发展中国家中首屈一指，东部沿海港口从南到北分布均匀，高速公路网络、普通铁路网络、高速铁路网络可从沿海直通中国腹地，中国空运网络也遍及全球。中国电力供应充足，供电的稳定性良好。中国基础设施的完善程度是发展中国家中最好的，甚至比一些发达国家还好。中国推行的"一带一路"建设，正将中国与世界连通。

中国的人身安全环境全球最佳，党的十八大以来，国家大力提倡绿色发展理念，自然环境日益改善。

三、中国市场优势依然存在

中国是一个具有最典型市场优势的国家，人口众多，达到近 14 亿人。中国还有众多的超大城市群，人口上百万的城市超过 100 个，北京、上海人口超千万。中国仍然还是发展中国家，市场潜力、市场容量巨大，中国市场是世界各大厂商必争之地。

四、人口红利优势减少

中国已经成为每年劳动年龄人口资源净减少的国家，人口红利优势减少。如前所述，2016 年至 2020 年，中国已经呈劳动年龄人口净减少局面，但这还不是劳动年龄人口净减少最多的时候，今后这一问题将更加突出，按此计算，中国人口红利已经完全消失。但是，中国城市化进程没有结束，农业已经基本实现机械化，农村大量富余人口进城还有很大余地调剂解决整体劳动年龄人口净减少，从而部分化解人口红利减少问题。

第十四章　改革——启动并推动中国发展的伟大进程

为什么要改革？这要从1978年改革开放以前中国社会存在的主要矛盾说起。当时中国社会存在的主要矛盾是人民群众日益增长的物质文化需要和落后的社会生产之间的矛盾。温饱都还存在问题，生产力落后，生产关系阻碍生产力发展，解决主要矛盾，就是要从改革入手，改革限制阻碍生产力发展的各种体制机制障碍，促进生产力快速发展，满足人民群众的物质文化需求；就是要从改革入手，破除计划经济的藩篱，逐步走向市场，建立起市场经济的体制机制，发挥市场配置资源的作用。中国的改革开放就是在这一背景下实行的。

党的十一届三中全会启动的改革波澜壮阔，直到今天，中国改革的步伐不但从未停止，而且不断深化。中国已经建立起具有中国特色的社会主义市场经济，从改革进程可以清楚看到中国走向市场经济的清晰脉络，这一成就来之不易，也有目共睹。然而，一些西方国家戴着有色眼镜，总拿中国市场经济地位说事儿，拒绝承认中国市场经济地位，其用意当然十分清楚，那就是不愿看到中国强大，试图阻碍中国的崛起。然而，阻挠是徒劳的。2013年党的十八届三中全会通过的《中共中央关于全面深化改革若干重大问题的决定》是中国不断深化改革的重要标志，中国改革的步伐永远不会停止。改革贯穿中国发展的始终，涉及国家政治、经济、社会等各个方面。本章我们主要论述经济领域和社会领域的主要改革。

第一节　解放思想，实事求是，与时俱进

改革的重要前提是思想启蒙、思想解放。改革的启动有时会遇到巨大的障碍，中国的改革同样如此。当遇到障碍时，首要的问题是解放思想，没有思想的解放，不突破思想的藩篱，改革也就无从谈起。中国的改革经历了大体三次思想解放。

一、第一次思想解放

中国在改革过程中的第一次思想解放是党的十一届三中全会前开始的关于真理标准的

讨论。真理标准大讨论带来思想大解放。1978年3月26日，《人民日报》发表了一篇《标准只有一个》的思想评论，明确提出真理的标准只有一个，就是社会实践。1978年5月11日，《光明日报》公开发表《实践是检验真理的唯一标准》，5月12日，《人民日报》和《解放军报》，以及不少省级党报全文转载了这篇文章。到5月13日，全国多数省级党报都转载了此文。这篇文章的发表，在全国引起强烈反响，引发了一场真理标准问题的大讨论。邓小平、叶剑英、李先念、陈云、胡耀邦、聂荣臻、徐向前等老同志纷纷表明态度，公开支持这一讨论。邓小平同志还在全军政治工作会议上就这一讨论发表讲话。中国科学院、中国社会科学院等单位举办讨论会，各类报刊发表了大量关于真理标准讨论的文章。

通过真理标准的讨论，中国历史上一次极为重要的思想解放得以实现，为中国改革开放的实施奠定了思想基础。讨论之后召开的党的十一届三中全会吹响了中国走上快速发展道路的号角，正式确立了改革开放的路线，实现了从以阶级斗争为纲转为以经济建设为中心的伟大转变。以思想解放为基础，作为中国改革起航标志的安徽凤阳县小岗村的家庭联产承包责任制诞生。

二、第二次思想解放

1992年1月17日，88岁的邓小平开始了他的南方之行。从1月18日到2月21日，邓小平视察了武昌、深圳、珠海、上海等地并发表重要谈话，提出"基本路线要管一百年，动摇不得""判断各方面工作的是非标准，应该主要看是否有利于发展社会主义社会的生产力，是否有利于增强社会主义国家的综合国力，是否有利于提高人民的生活水平""社会主义的本质，是解放生产力，发展生产力，消灭剥削，消除两极分化，最终达到共同富裕""计划多一点还是市场多一点，不是社会主义与资本主义的本质区别。改革开放胆子要大一些，抓住时机，发展自己，关键是发展经济。发展才是硬道理"等重要观点，还直接促成了上海浦东新区的开发建设，为中国走上有中国特色社会主义市场经济发展道路奠定了思想基础。小平同志"南方谈话"的发表掀起了改革开放的又一轮热潮。

1992年10月，中共第十四次全国代表大会在北京举行，这次会议形成了社会主义初级阶段的基本路线：领导和团结全国各族人民，以经济建设为中心，坚持四项基本原则，坚持改革开放，自力更生，艰苦创业，为把我国建设成为富强、民主、文明的社会主义现代化国家而奋斗。"一个中心、两个基本点"是这条路线的简明概括。

党的十四大实现了以突破凡事都问姓"社"姓"资"的禁锢，形成了以"三个有利于"作为判断一切是非的根本标准，解决了人们头脑中的许多疑问，冲破了人们头脑中阻碍经济发展的羁绊，成为我国经济发展强大"推进器"，明确提出，我国经济体制改革的目标是建立社会主义市场经济体制。在所有制结构上，建立以公有制包括全民所有制和集体所有制经济为主体，个体经济、私营经济、外资经济为补充，多种经济成分长期共同发展，不同经济成分还可以自愿实行多种形式的联合经营的所有制格局；提出要发挥计划和市场两种手段的长处。国家计划是宏观调控的重要手段之一，而且随着人们思想的不断解放,市场体系的不断完善、规范,市场在释放经济活力、推动经济增长的过程中发挥着越来越重要的作用。

党的十四大以后,在思想解放的带动下,中国迎来以房地产开发和工业为引领的新的一轮发展高潮。

三、第三次思想解放

1997年,党的十五大召开,全会确定了邓小平理论作为全党的指导思想,旗帜就是方向,旗帜就是形象,要高举邓小平理论的伟大旗帜。全会在推进、深化市场化经济改革方面有重大进步,是这次全会的重要特点:提出公有制为主体、多种所有制经济共同发展,是我国社会主义初级阶段的一项基本经济制度;加快推进国有企业改革;要按照"产权清晰、权责明确、政企分开、管理科学"的要求,对国有大中型企业实行规范的公司制改革,使企业成为适应市场的法人实体和竞争主体;抓好大的,放活小的,对国有企业实施战略性改组;充分发挥市场机制作用,健全宏观调控体系;努力提高对外开放水平。全会决定推进机构改革,还提出进行住房、医疗、教育改革等。

这次思想的解放是悄无声息进行的,随后进行的国家从中央到地方的机构改革、国有企业改革(包括粮食流通体制改革、纺织企业改革)、住房制度改革、投资融资体制改革、医疗制度和财政税收制度改革等是改革开放以来进行的重大市场化改革,大大提升了中国经济市场化程度。改革虽然在经济发展上没有收到立竿见影的成效,但是这次改革却为今后的发展打下了基础,此后迎来了中国改革开放以后从2002年以后最长时间的一次经济高速增长。

第二节 农村改革

一、家庭联产承包责任制

1978年11月24日,安徽省凤阳县小岗村18位农民签下"生死状",将村内土地分开承包,开创了家庭联产承包责任制的先河。农村土地承包责任制改革则开启了中国改革的先河,吹响了中国改革开放的号角,拉开了改革序幕,是中国改革开放中的重大事件。1980年5月31日,邓小平在一次重要谈话中公开肯定了小岗村"大包干"的做法。1982年1月1日,中国共产党历史上第一个关于农村工作的"一号文件"正式出台,明确指出包产到户、包干到户都是社会主义集体经济的生产责任制。党的十一届三中全会以后,家庭联产承包责任制逐步在全国推开,到1983年初,全国农村已有93%的生产队实行了这种责任制,绝大部分地区采用的是包产到户的大包干形式。

家庭联产承包责任制改革后,中国农村集体经济体制是家庭联产承包为主的责任制和统分结合的双层经营体制。家庭联产承包责任制,是以集体经济组织为发包方,以家庭为承包方,以承包合同为纽带的有机整体。通过签订承包合同,把承包户应向国家上交的定购粮和集体经济组织提留的粮款等义务同承包土地的权利联系起来(定购任务20世纪90年代取消,改为国家粮食部门按国家确定收购价格按市场原则收购;集体经济组织提留2002年前后全面取消);把发包方应为承包方提供的各种服务明确起来。

这项改革的另一个巨大的,也是正面的、积极的作用是从组织上为中国经济发展提供了大量的自由廉价劳动力,为中国经济腾飞创造了条件,人口红利由此得以实现,劳动力实现了从过去的生产队组织严密控制到完全自由流动,从此为经济发展提供了源源不断的自由劳动力。

二、农产品流通体制改革

1978—1984年是我国由计划调节向市场调节的过渡时期,这一时期家庭联产承包推进,农产品流通体制也开始突破传统的计划经济体制,到1984年底,国家统购派购的农产品由180多种减少到38种,除棉花外,其他农产品完成统购派购任务后可进行议购议销。在1985—1991年期间,我国农产品流通领域开始实行合同定购与市场收购的"双轨制",农产品流通体制的市场化改革进程大大加快。1992—1993年,农产品购销走出"双轨制",进入全面市场化的阶段。由于物资供应丰富,许多地方鸡蛋、肉类、蔬菜等计划票证1992年以前便已经取消。1992年12月,北京取消了鸡蛋票和肉票。1993年,国务院颁布《关于加快粮食流通体制改革的通知》,决定从当年4月1日起,取消粮票和油票,标志着计划经济的各种票证基本取消。但是,在1994—1997年,农产品流通又回归"双轨制"模式。1998年朱镕基总理推行的粮食流通体制改革,基本原则一是实行"四分开",即政府与企业分开、储备与经营分开、中央与地方分开、新旧财务账目分开;二是完善粮食价格机制,实行粮食顺价销售,建立中央和地方两级粮食储备体系,中央储备粮实行垂直管理体制,由国家粮食储备局负责中央储备粮管理,进行原有粮食企业(粮库)改革,减员增效。2004年,国家通过实施最低收购价政策来稳定粮食生产、引导市场粮价和增加农民收入。2007年开始,东北三省和内蒙古自治区首先实行玉米临时收储政策,此后,临时收储的品种不断增加,玉米、小麦、棉花、油菜籽、大豆、白糖都纳入收储范围,收储价格也连年提高。到2014年,这一政策由于收储价格大幅高于国际市场价格而难以为继。粮食收储政策有的地区取消,棉花只保留新疆棉花目标价格补贴试点政策。

三、发展乡镇企业及乡镇企业转制改革

发展乡镇企业是改革开放后中国经济发展中的一支重要力量。在改革开放前,乡镇企业已经有所发展,原称为社队企业。1978年,我国共有乡镇企业152.4万家。20世纪80年代前期是乡镇企业的黄金发展时期。1985年,企业数猛增到1 222.5万家,乡镇企业职工达6 979万人,1988年乡镇企业数量增加到1 888.2万家,乡镇企业职工达9 545.5万人;1994年,乡镇企业数量增加到2 494.5万家,乡镇企业职工人数达12 018.2万人。

1996年，乡镇企业营业收入达到36 616.4亿元。20世纪90年代中期，从发达地区开始进行乡镇企业的改革和改制，通过改革，有的企业转为私营企业。中西部乡镇企业改革主要发生在2005年前后。改革后乡镇企业的数量、职工人数有所减少，但农村集体企业的市场化程度提高。

四、推进农村税费改革

说到农村税费改革，有两次改革不得不提，这两次改革在农村改革中占有极为重要的地位。

（一）取消"三提五统"

"三提五统"① 改革始于2002年前后，当时给农民造成较重负担，每亩土地费用几百元，多的近千元。为减轻农民负担，国家决定试点取消"三提五统"，取消后的原各项费用支出主要由中央财政负担，如村级干部的管理费直接由中央财政支出，每人一年约6 000—10 000元工资，乡村两级办学费用改为县统筹（中央财政支出），彻底改变了不少乡村教师不能及时发放工资的问题。2005年以前，"三提五统"已经在全国范围内全部取消。取消"三提五统"是政府为农民办的第一件大实事、大好事。

（二）取消农业税

2005年底，28个省、自治区、直辖市及河北、山东、云南三省的210个县（市）全部免征了农业税。中国政府决定，2006年1月1日起，全面取消农业税，农业税从此成为历史。中国农业税征收从春秋时期（前594年）鲁国实行的"初税亩"始，到2005年废止，共计实行了整整2 600年。农业税包括农业税、农业特产税和牧业税3种。取消农业税是政府为农民办的第二件大好事，意味着中国农民从此基本不用再缴纳税费，农民种地基本没有负担。此举为农民每年减负500亿元（换句话说是增收500亿元）。

（三）四补贴

随着中央财政收入的增加，为提高农民收入，提高农民种粮积极性，中国政府从2002年前后开始实行粮食"直补"（按种植面积和一定标准给予补贴）、综合直补，粮种补贴和农机具购置补贴。之后，政府还出台过一些农业补贴政策，实现了农民种地不仅不纳税，还拿补贴。

（四）中国农村待完善体制

当前的中国农村，以一家一户为基本生产单位，每家拥有少量土地，多数农民出外打

---

① "三提五统"，是指村级三项提留和五项乡统筹。村提留是村级集体经济组织按规定从农民生产收入中提取的用于村一级维持或扩大再生产、兴办公益事业和日常管理开支费用的总称，包括三项，即公积金、公益金和管理费。乡统筹费，是指乡（镇）合作经济组织依法向所属单位（包括乡镇、村办企业、联户企业）和农户收取的，用于乡村两级办学（即农村教育事业费附加）、计划生育、优抚、民兵训练、修建乡村道路等民办公助事业的款项。

工，土地在农民之间流转形式多样。规模化经营成为今后农业生产的趋势。在农村土地集体所有制前提下，农户家庭少量持有土地，与农业机械化、规模化经营趋势极不适应，矛盾十分突出。如何顺利进行土地流转，实现与大机械化生产（生产力）相适应的农业生产经营，形成稳定适当的规模经营，是当今农村急需解决的体制问题。

第三节 中国经济领域重大改革

一、国有企业改革

国有企业改革是中国最重要的改革之一。改革开放前，中国经济中国有企业占比非常大。1981年工业总产值中，国有占78.1%，社会商品零售总额中国有占80%。1980年固定资产投资中，国有投资占81.9%。我国的国有企业改革分成几个阶段：

第一阶段：在原有计划经济体制下扩大经营自主权阶段。这一阶段主要解决党的十一届三中全会提出的党政不分、以党代政、以政代企的问题，让企业有更多的自主权。这一阶段大约经历了15年的时间，一直到党的十四届三中全会。改革的内容主要有：扩权让利、实行承包经营责任制，扩大企业经营自主权，调动企业和职工的生产经营积极性，实行厂长负责制，实行企业所有权和经营权分离等。

第二阶段：制度创新、机制转换阶段。1993年党的十四届三中全会做出《中共中央关于建立社会主义市场经济体制若干问题的决定》，明确提出国有企业的改革方向是建立"产权清晰，权责明确，政企分开，管理科学"的现代企业制度。在这之后到党的十六大召开的10年间，国有企业改革的重点转向制度创新、机制转换、着眼于全局，抓大放小，减员增效，对国有经济结构实施战略性调整（国有企业有序退出竞争性行业），对国有企业实施战略性重组。这一阶段，中央层面进行的重要改革有：粮食体制改革；国有纺织行业压缩1 000万锭改革，国家投入资金300亿元；石化行业减员增效改革，中石油减员约40万职工，投入资金约400亿元，中石化减员约30万职工，投入资金300亿元；国有企业实施战略性重组，1998年对原来由政府部门（钢铁、电力、煤炭、机械、电子、化工等部门）、总公司领导下的企业，实施战略性重组，形成一大批市场化程度更高的大型企业集团；为国有银行补充注入资本金，进行不良资产剥离改革，成立信达、华融、长城、东方等资产管理公司，从银行剥离不良资产。省以下各级政府同样进行了在中央统一思路下的改革。这一阶段的改革初步解决了国有企业社会负担重、历史包袱多，企业冗员严重的问题。

第三阶段，出资人依法推进阶段。2002年党的十六大提出"国家所有、分级代表""三分开、三统一、三结合①"的国有资产管理体制。十届全国人大通过的国务院机构改

---

① "三分开"：政企分开、政资分开、所有权与经营权分开。"三统一"：权利、义务和责任相统一。"三结合"：管资产和管人、管事相结合。

革方案决定设立国务院国资委,代表国家对非金融性国有资产履行出资人职责,国有企业改革进入由国资委推进阶段。改革的主要内容包括:抓经营业绩,确保国有资产保值增值;以董事会建设为着力点,完善公司治理结构;探索建立适应现代企业制度的选人用人机制,公开招聘高级经营管理者;核定主业,推进重组,调整中央企业布局;加强财务监控和风险监控,强化出资人监管;以建立现代产权制度为核心,规范国有企业改革和国有产权转让。按照分级代表原则,各级进行了相应的国有企业改革。

到 2018 年,国有企业的改革步伐仍然没有停止,正在国有企业中大力推进发展混合所有制经济。

二、大集体企业创建与改革

1978 年,知青开始陆续返城。当时,国有企业招工机会少,国家为了解决职工的后顾之忧,安排其子女和部分其他回城青年在各国有企业广开门路,组织建立劳动服务公司、知青服务队或服务社,由此形成厂办大集体企业(电影《大碗茶》是大集体企业的写照)。此后,"大集体""小集体"纷纷诞生。后来,复转军人家属也有些安置在大集体企业里,大集体企业缓解了就业压力。因为厂办集体企业大多由主办厂投资建立,并非标准意义的集体企业,所以在改制中存在着集体企业和主办厂之间资产和债权债务的界定、分割问题。在市场经济建立和改革过程中,"大集体"多被改制或破产。

三、土地制度改革

中国土地实行两种所有制形式,城市土地实行全民所有制国有,农村土地实行集体所有制。中国在改革开放前的计划经济体制条件下,城市国有土地采取无偿行政划拨的方式交给用地单位使用。无偿行政划拨是指由用地单位提出用地申请,经县级以上人民政府依法批准,在用地单位缴纳土地补偿费、劳动力安置费等费用之后,将该幅土地无偿交付其使用的行为。这一制度的特征:一是土地划拨手段的行政性(没有任何市场的成分在内);二是使用的无偿性(用地单位只需缴纳土地补偿费、劳动力安置费等费用);三是土地使用无期限(划拨时不规定期限);四是土地无流动(即使有流动,也是政府重新进行划拨,没有市场的流动)。农村集体土地则是先征用,转变为国有土地,再进行无偿划拨使用。

在中国改革开放过程中,土地的市场化改革顺应市场经济发展而推进,对土地的计划管理转变为市场化的操作。国有和集体的土地使用权通过(早期为行政手段)市场化操作转让给土地使用者(包括企业、行政事业单位、个人),一般土地使用权交给土地使用者都有明确的使用期限。土地使用者还要缴纳土地出让费用(土地存在级差,好的区段价格更高)。土地使用权还可以转让。土地制度改革是中国实现市场化改革中的很重要的一个环节,没有这一环节的市场化改革,其他的市场化改革的推进都将面临困难,因为无论是市场主体还是非市场主体,都需要有土地。

实行土地国有和集体所有使我国的土地转让比实行土地私有的国家相对容易得多,这也成为中国发展较快的重要的制度原因。这种体制下的土地征用相对价格会便宜一些，名义土地所有者对土地议价能力相对较弱。因为土地的真正的所有者是国家和集体，而征用土地多是国家，因此征用土地的效率比完全的市场征用要高，因此才有了京沪高铁1 000多千米从动工到建成只用3年多时间的壮举。在西方国家，这样的铁路建成少则10年，多则20年。这是中国的一个巨大体制优势，而土地制度优势正是很重要的一个方面。

改革开放后，顺应市场需求，我国进行了土地制度改革。1979年中国通过以土地使用权作为出资兴办中外合资企业或向中外合资企业收取土地使用费，开启了中国土地制度改革探索。1982年，深圳特区开始按城市土地等级收取不同标准的使用费。1986年3月21日，中央"7号文件"《关于加强土地管理、制止乱占耕地的通知》下发，要求抓紧制定《中华人民共和国土地法》，决定成立国家土地管理局。同年6月25日，全国人大常委会第十六次会议审议通过《中华人民共和国土地法》，同时国家土地管理局成立，全面组织大胆探索，加快了土地使用制度改革步伐，中国土地使用从此有法可依。

1987年9月，深圳率先试行土地使用有偿出让，出让了一块5 000平方米土地的使用权，土地使用年限50年，拉开了国有土地使用制度从无偿到有偿，从无限期、无流动到有限期、可流动改革的序幕。1987年11月，国家批准在深圳、上海、广州、厦门、福州进行土地使用制度改革试点。12月，深圳公开拍卖一块国有土地的使用权，这是中华人民共和国成立后的首次土地拍卖。1988年《宪法》修正案规定，"土地使用权可以依照法律的规定转让"，打破了根深蒂固的思想障碍。也是在1988年，《土地管理法》修订，明确实行国有土地有偿使用制度。1990年，国务院出台《城镇国有土地使用权出让和转让暂行条例》，确立了城镇国有土地使用权出让、转让制度，为国有土地有偿使用奠定了基础，清除了障碍。1995年1月，《中华人民共和国房地产管理法》施行，规定商业、旅游、娱乐和豪华住宅用地，有条件的必须采取拍卖、招标方式配置。1997年以后，全国多数城市和地区的土地都采用了有偿出让的方式配置。1998年8月29日，第九届全国人大常委会修订并通过的《土地管理法》，以立法的形式确立了我国土地管理的首要政策目标是切实保护耕地，实现耕地总量的动态平稳，建立了以用途管制为核心的新型土地管理制度。2001年4月，国务院下发《关于加强国有土地资产管理的通知》，要求各地大力推行土地使用权招标、拍卖，为经营性用地协议出让"亮起了红灯"，成为经营性土地非市场配置到市场配置的分水岭，对土地资源市场配置制度的确立具有重要的历史意义。

2004年10月，国务院下发《关于深化改革严格土地管理的决定》，规定除按现行规定必须实行招标、拍卖、挂牌出让的用地外，工业用地也要创造条件逐步实行招标、拍卖、挂牌出让。2007年3月《物权法》出台，进一步明确工业、商业、娱乐和商品住宅等各类经营性用地必须以招标、拍卖等公开竞价的方式配置，奠定了土地资源市场化配置的法律基础。2008年1月，国务院下发《关于促进节约集约用地的通知》，明确提出充分发挥市场配置土地资源的基础性作用。2006年，国家土地监察制度实施，旨在促进规范用地，遏制违法用地和保护耕地，还对各类开发区进行了清理整顿。2006年，国务院下发《关于加强土地调控有关问题的通知》，标志着土地政策参与宏观调控的政策措施体系正式形成，土地政策成为宏观调控政策的一部分。土地管理部门还长期坚守 18 亿亩耕地红线，确保 13 亿人的口粮田得到有效保护。

四、住房制度改革

（一）福利性住房供给制度的市场化演进

在计划经济时期，中国城镇住房实行福利性的供给制度。职工住房由政府或国有单位通过基本建设投资计划进行建设和分配，产权公有，低租金使用。农村则由农户自行解决住房的建设问题，实行农户自有产权。"房地产"一词在中国的媒体上是看不到的。

1980 年，住房商品化的设想提出，城镇住房制度改革在探索中不断推进，住房商品化、社会化逐步推进，准许城镇私人建房、买房，准许私人拥有住宅。新房子可以出售，老房子也可以出售。1980 年 6 月，中共中央、国务院在批转《全国基本建设工作会议汇报提纲》中正式提出实行住房商品化政策。1980 年，中国第一家房地产公司深圳经济特区房地产公司在深圳成立，隶属于深圳市房管局。1981 年，公房出售试点扩展到 23 个省、自治区的 60 多个城市和一部分县；1982 年，在前面试点基础上在郑州、常州、四平、沙市四城市试行公有住房的补贴出售。截至 1985 年，全国有 160 个城市 300 个县镇实行了补贴售房。1986 年，国务院住房制度改革领导小组成立。1988 年 1 月，国务院召开第一次全国住房制度改革工作会议（房改工作会议），同年 2 月，国务院批准印发国务院住房改革领导小组《关于在全国城镇分批推行住房制度改革的实施方案》，标志着住房制度改革进入整体方案设计和全面试点阶段。1991 年 6 月国务院发出《关于积极稳妥推进城镇住房制度改革的通知》，提出分步提租、交纳租赁保证金、新房新制度、集资合作建房、出售公房等多种思路推进房改思路。1991 年 10 月，第二次房改工作会议确定了租、售、建并举，以提租为重点，多提少补或小步提租不补贴的租金改革原则。基本思路是通过提高租金，促进售房，回收资金，促进建房，形成住宅建设、流通的良性循环。1993 年 11 月，第三次房改工作会议召开，调整了第二次房改会议确定的方针，代之以"以出售公房为重点，售、租、建并举"的新方案。此后，住房由实物分配进入住房市场化改革的阶段。

1994 年 7 月 18 日，国务院下发了《关于深化城镇住房制度改革的决定》，指出房改的目标是：建立与社会主义市场经济体制相适应的新的城镇住房制度，实现住房商品化、社会化；加快住房建设，改善居住条件，满足城镇居民不断增长的住房需求。具体内容包括"三改"和"四建"。"三改"，即改变计划经济体制下的福利性旧体制，改变住房建设由国家、单位统包的体制为国家、单位、个人三者合理负担，改变各单位建房、分房、维修和管理住房的体制为社会化、专业化运行体制，改变住房实物福利分配为以按劳分配的货币工资分配为主的方式。"四建"，即建立与社会主义市场经济体制相适应的新的住房制度，包括建立针对低收入家庭的经济适用房体系和针对高收入家庭的商品房供应体系；建立住房公积金制度；建立政策性和商业性并存的住房信贷体系；建立规范化的房地产交易市场和房屋维修、管理市场。1994 年房改决定标志着住房制度改革进入深化和全面实施阶段。

1998 年 7 月 3 日,《国务院关于进一步深化城镇住房制度改革加快住房建设的通知》发布,确定改革的目标是停止住房实物分配,逐步实行住房分配货币化;建立和完善以经济适用住房为主的多层次城镇住房供应体系;发展住房金融,培育和规范住房交易市场,同时决定,从 1998 年下半年开始停止住房实物分配,逐步实行住房分配货币化。至此,中国实行 40 年的住房实物分配制度退出历史舞台(实际操作中停止实物分房时间比这一时间稍晚,有的延至了 2002 年左右)。

(二) 住房制度进入市场化全面推行阶段

1998 年后,房地产改革主要围绕建立完善的保障性住房制度进行,先后推出经济适用房、廉租房、公共租赁房、定向安置房、"两限"商品房、安居商品房等针对不同人群的保障性住房。从 2011 年开始,为做好保障性住房建设,进一步抑制房价上涨,国家加大保障性住房建设力度,大力进行棚户区改造,财政每年投入 1 000 亿元资金,各级地方政府自筹一部分资金,进行了较大规模的保障性住房建设。2011 年,保障性住房开工 1 000 万套,"十二五"期间计划建成 3 600 万套,大大改善了低收入阶层和棚户区居民的住房条件。住房制度改革为市场经济注入了活力,大大改善了城镇居民居住条件。城镇人均住房建筑面积由改革开放前的不足 6.7 平方米增加到 2009 年超过 30 平方米。根据国家统计局 2017 年 7 月 6 日发布的消息,2016 年全国居民人均住房建筑面积为 40.8 平方米,城镇居民人均住房建筑面积为 36.6 平方米,农村居民人均住房建筑面积为 45.8 平方米。住房制度的市场化改革使中国城镇居民住房条件得到很大改善。

住房制度的改革使住房从实物的分配转变为房屋的市场交易,使中国成为世界最大的房地产市场。2015 年,中国经房地产公司开发后销售的商品房屋面积为 12.85 亿平方米,其中住宅 11.24 亿平方米,商品房销售额 87 281 亿元,其中住宅销售额 72 770 亿元。另外,还有大量的城乡居民个人建房每年近 8 亿平方米。中国还有二手房交易市场,交易量巨大。中国房地产市场从原来没有房地产交易,到形成巨大的交易市场,完成了计划经济向市场经济的根本转变。

五、投资体制改革

投资体制改革[①]是中国从计划经济走向市场经济的典型改革之一,是中国计划经济向市场经济推进的最具代表性的也是最重要的领域。改革开放前,我国投资领域实行高度集中的计划管理体制,投资项目审批权限都集中在国家计委,投资的资金(包括财政资金和贷款)均由国家安排。投资体制改革大体上可以分为 4 个阶段,由此可观察投资领域如何从计划经济逐步走向市场经济,投资项目审批权限如何一点点下放到基层政府和企业。投

---

① 投资体制改革相关内容主要参阅张汉亚著作《改革开放以来的投资体制改革》。

资体制改革实现了以下几个方面的转变（核心是投资实现了由计划向市场的转变）：一是实现了投资决策权的集中向分散向下的转变。计划经济条件下的投资决策权完全在中央，主要集中在国家计委，通过改革，转变为政府项目由各级政府决策，企业项目由企业自行决策。二是实现了投资主体的多元化。过去的投资主体主要是国家，是中央财政，投资资金多达80%都是财政资金；改革后形成了各级政府、国有企业、私营企业、外资等多种投资主体。三是实现了投资资金来源的多样化。投资资金来源以财政为主转变为以企业自筹资金为主。2015年中国全社会固定资产投资资金来源中，国家预算资金（财政资金）只占5.29%，国内贷款占10.45%，利用外资占0.49%，自筹资金占71.00%，其他资金占12.77%；而在"一五"时期，国家投资（财政资金）占国有投资比重高达88.9%（当时基本没有其他经济成分投资）。

中国的投资体制改革主要经历了以下几个阶段。

（一）探索阶段（1979—1983年）

1979年8月，为了提高基本建设项目的投资效益，国务院批准了《关于基本建设投资试行贷款办法的报告》，开始在基本建设领域进行"拨改贷"的试点，打破了基本建设由政府财政无偿拨款的计划经济模式。1979年，还在基本建设中试行了合同制、开征企业固定资产税等工作。

1980年开始的特区建设开始让外资直接进入中国的项目建设。1981年国家开始发行国债，部分用于基本建设；1982年试行工程招投标制度；1982年国家计委等部门颁布了《关于试行国内合资建设暂行办法》。

1983年国家计委颁布了规定，国家基本建设大中型项目要进行可行性论证；同年，基本建设项目开始试行"包干经济责任制"等。1983年，国务院决定"把技术改造作为扩大再生产主要手段"，并规定基本建设和技术改造分别由国家计委和国家经委管理；对投资建设实行两级（中央和省级）管理，大中型项目由国家部门审批，小型（1 000万元以下）项目下放给地方政府审批，1亿元以上的项目由国家计委核报国务院审批。1983年，国家能源重点建设基金和建筑税开始征收，用于国家能源项目等重点建设。

（二）扩大改革阶段（1984—1988年）

这一阶段投资体制改革出现了一个高潮，出台了许多改革措施。

1984年9月，国务院颁布《关于改革建筑业和基本建设管理体制的若干问题的暂行规定》，10月批转了国家计委《关于改进计划体制的若干暂行规定》，这两个文件对政府投资的多方面进行了改革，包括预算内基本建设投资全部由拨款改为贷款（1985年，又把教育等公益方面的投资建设改为政府拨款）；对不同行业采取差别利率；大幅简化基本建设审批程序，由原来的审批五道程序改为只批项目建议书和设计任务书；进一步扩大地方的投资项目审批权限，资金额由1 000万元提高到3 000万元，投资2亿元以上的项目由国家计委核报国务院审批；建立城市综合开发公司，对城市土地、房屋进行综合开发；

推行住宅商品化等。

1984年，中国人民建设银行从财政部划出，主要承担基本建设贷款任务，兼具政策性银行和商业银行的职能。

1985年，国务院决定成立中国国际工程咨询公司，并由其承担大中型项目可行性研究报告和大型工程设计的评估。国家计委、城乡建设和环境保护部联合颁发了《工程设计招标投标暂行办法》，招投标制度首先在政府投资建设领域全面推开。

1986年，国务院下达《关于控制固定资产投资规模的若干规定》，规定任何投资都必须纳入全国和分部门、分地区的固定资产投资计划，根据不同情况，分别实行指令性计划和指导性计划。

1987年，国务院明确规定，限额以下的技术改造项目，在计划规模内由企业自主确定；基础设施和基础产业的地方项目审批权限扩大到5 000万元。国务院批转国家计委《关于大型工业联营企业在国家计划中实行单列的暂行规定》。

1988年，国务院原则同意有关部门制定的《关于投资管理体制的近期改革方案》。该方案在加大地方重点建设责任、扩大企业投资决策权、建立基本建设基金、成立国家和地方投资公司、改进投资计划管理、强化投资主体自我约束机制、充分发挥市场和竞争机制7个方面提出了改革的思路，是改革开放之后第一个较为系统的改革方案。国家农业、林业、能源、交通、原材料、机电轻纺六大专业投资公司成立，管理政府经营性项目投资，各地也纷纷成立隶属于地方政府的投资公司。由于投资规模持续膨胀，从1988年第四季度开始治理整顿，其他的改革措施没有实施。

1988年，建设部颁布《关于开展建设监理工作的通知》，我国政府投资项目建设监理试点工作由此起步。在1988年国家政府机构改革中，国家计委和国家经委合并，基本建设和技术改造统归新成立的国家经济计划委员会管理。

（三）深化改革探索阶段（1991—2003年）

1991年，国家取消建筑税，开征固定资产投资方向调节税，指导思想是通过对不同行业投资项目适用不同税率，达到调控投资结构的目的。当年，国家成立国务院生产办公室（后发展为国家经济贸易委员会），把技术改造的管理从国家计委划归国务院生产办管理。

1992年，国家计委开始研究制定投资体制改革方案，当年就颁布了《关于建设项目实行业主责任制的暂行规定》。

1993年，党的十四届三中全会通过了《关于建立社会主义市场经济体制若干问题的决定》，在投资领域要实现市场对资源配置的基础性作用，提出把投资项目分为公益性、基础性和竞争性三类：公益性项目由政府投资建设；基础性项目以政府投资为主，并广泛吸引企业和外资参与投资；竞争性项目由企业投资建设。

1994年，国务院批准发布了《90年代国家产业政策纲要》，这是指导企业投资方向的重要政策文件，也是我国第一部完整的产业政策文件。根据国务院的决定，撤销6个国家专业投资公司，合并组成国家开发投资公司，组建国家开发银行、中国农业发展银行和中国进出口银行,作为国家政策性金融机构,建设银行不再承担政策性金融机构的职能。

1995年,国务院批转国家计委、财政部、国家经贸委《关于将部分企业"拨改贷"资金本息余额转为国家资本金的意见》。国家计委、国家经贸委、外经贸部联合发布《外商投资产业指导目录》,明确了国家鼓励、限制、禁止和允许外商投资进入的产业范围。

1996年,国务院颁布《关于固定资产投资项目试行资本金制度的通知》;国家计委发布《关于实行建设项目法人责任制的暂行规定》,取代了1992年发布的《关于建设项目实行业主责任制的暂行规定》。

1997年,国家计委颁布《关于基本建设大中型项目开工条件的规定》和《国家基本建设大中型项目实行招标投标的暂行规定》。国家计委与中国建设银行等四大专业银行联合发布《关于完善和规范商业银行基本建设贷款管理的若干规定》,允许项目建设单位和贷款的商业银行有互相自由选择的权力(以前为计划部门指定)。

1998年,国家计委将经过多次修改完成的《深化投资体制改革方案》上报国务院。为应对亚洲金融危机,国务院实施积极财政政策,决定增发1 000亿元建设国债用于基础设施等方面的建设,此后几年继续实施:1999年发行1 100亿元,2000年发行1 500亿元,积极财政政策持续到2004年。国家计委发布《国家重点鼓励发展的产业、产品和技术目录》。国家确定在国家计委设立"国家重大项目稽察特派员办公室",对国债项目和国家大型项目进行稽查。

1999年,财政部发布《关于加强基础设施建设资金管理和监督的通知》。

2000年1月1日,《中华人民共和国招标投标法》开始执行;同年,国家计委还公布了《国家重大项目稽查办法》。

2001年,国家计委宣布下放投资审批权限,部分城市基础设施,不需要国家投资的农林水利项目,地方和企业自筹资金建设的社会事业项目、房地产开发建设项目,商贸设施项目等五大类投资项目,投资总额在国务院审批限额(2亿元)以下的基本建设项目,不必报国家计委审批,按"谁投资,谁决策"的原则,地方政府出资的由地方计划部门审批,企业出资的由企业自主决策。国家计委发布《促进和引导民间投资若干意见》。

2002年,国家计委颁布《国家重大建设项目招标投标监督暂行办法》;国务院转发建设部、国家计委和监察部联合制定的《关于健全和规范有形建筑市场的若干意见》。

2003年,党的十六届三中全会明确深化投资体制改革的方向,2004年《国务院关于投资体制改革的决定》出台。当年的政府机构进行改革取消了国家经贸委,把技术改造划归新组建的国家发展和改革委员会管理,不再划分技术改造和基本建设,而是统一作为建设项目管理。

2003年12月31日,国务院原则通过数易其稿的《深化投资体制改革方案》。

(四)继续深化改革的新阶段(2004年以来)

2004年,国务院批准的投资体制改革方案以《国务院关于投资体制改革的决定》(以下简称《决定》)名义颁布,我国投资体制进入继续深化改革的新阶段。《决定》适应我国社会主义市场经济发展潮流,是改革开放以来投资领域最全面、系统的改革方案,为我国投资领域此后一个时期的改革和发展指明了方向。《决定》明确了改革的指导思想和目标,确定了"谁投资、谁决策、谁收益、谁承担风险"的市场原则,确立了企业投资主体的地位。《决定》把政府对投资项目的管理办法划分为审批制、核准制和备案制三类,即政府投资建设的项目,由政府进行审批;对不使用政府投资建设的项目,一律不再实行审批制,区别不同情况实行核准制和备案制;对外商投资项目一律执行核准制。《决定》还规范了政府投资行为,改进了政府对投资宏观调控的手段,加强了对投资活动的监督管理,对投资中介机构进行了规范。

此后一直到2009年左右,相关部门出台了针对《决定》的很多配套政策文件,国家发展和改革委员会颁布了《政府核准的投资项目目录》《国家发展改革委核报国务院核准或审批的固定资产投资项目目录(试行)》《改进和完善报请国务院审批或核准的投资项目管理办法》《企业投资项目核准暂行办法》《境外投资项目核准暂行管理办法》《外商投资项目核准暂行管理办法》《国家发展改革委关于实行企业投资项目备案制指导意见的通知》等13项文件进行配套。国家发展和改革委员会、财政部、国土资源部、商务部、外交部还单独或联合出台了相关配套政策。

2008年,世界遭遇金融危机冲击,中国政府为应对全球金融危机出台了总投资4万亿元的积极财政政策,提出中央拟安排1.18万亿元(通过发行国债扩大赤字的方式)左右,带动地方和社会投资共计4万亿元,2008年第四季度,在原计划基础上先增加安排中央财政资金1 000亿元。除中央安排的资金外,其他投资28 200亿元,主要来自地方财政预算、中央财政代发地方政府债券、政策性贷款、企业(公司)债券和中期票据、银行贷款以及吸引的民间投资等。4万亿元投资主要投向10个民生领域。该政策对拉动中国(乃至世界)经济摆脱困境发挥了重要作用,但在某种程度上加剧了产能过剩。

2016年7月,中共中央国务院出台《关于深化投融资体制改革的意见》,内容主要有:企业为主,政府引导;放管结合,优化服务;创新机制,畅通渠道,打通投融资渠道,拓宽投资项目资金来源,有效缓解投资项目融资难融资贵问题。统筹兼顾,协同推进。

六、财政税收体制改革

改革开放前的财政体制称为"统收统支"[①]的高度集中的计划经济财政体制,改革开放后的财政体制改革即由改革这一计划体制开始。

(一) 对统收统支体制的完善

1979—1980年扩大企业自主权的试点,主要开展了企业利润留成等探索。1981—1982

---

① 统收统支也称满收满支,是一种高度集中的财政管理体制。按此体制,地方的收入统一上缴中央,其支出又统一由中央拨付,预算管理权基本上集中于中央。国有企业的利润全部上缴,财务开支由财政部统一规定,亏损由财政部门进行补贴;行政事业单位的经费由财政部统一拨核。

年全面推行工业经济责任制，把每个岗位的责任、考核标准、经济效果同职工的收入挂起钩来，实行全面经济核算，要求企业的主管部门、企业、车间、班组和职工都必须层层明确企业在经济上对国家应负的责任，改革力求贯彻各尽所能、按劳分配的原则，实行多劳多得，有奖有罚，克服"吃大锅饭"和平均主义，进一步扩大企业自主权，使企业逐步成为相对独立的经济实体。改革实行了多种形式的财政包干。这些改革是在原有计划经济体制下进行的，主要为调动企业积极性。

1980年，国家对财政管理体制进行改革，开始在全国大部分地区实行"分灶吃饭"的体制，主要是按照经济体制规定的隶属关系划分中央和地方财政的收支范围，收入方面实行收入分类分成，支出方面按企事业的隶属关系划分；按照划分的收支范围，核定调剂收入分成比例、地方上缴比例、中央定额补助等收支指标，原则上5年不变。按照核定的指标，地方以收定支，自求平衡，多收可以多支，少收相应少支。

（二）利改税

在相当长的一段时间，中国国有企业不用缴税，代之以上缴利润。1979年开展利改税试点。1983年起先后实行两步利改税。1983年4月24日，国务院批转了财政部关于全国利改税工作会议报告和《关于国营企业利改税试行办法》，决定1983年开始进行利改税的第一步，即实行税利并存的制度。在企业实现利润中，先征收一定比例的所得税和地方税，然后对税后利润采取多种形式在国家和企业之间进行合理分配，并从1983年6月1日起开征国营企业的所得税。1984年9月18日，国务院批转了财政部《关于在国营企业推行利改税第二步改革的报告》和《国营企业第二步利改税试行办法》，并决定从1984年10月1日起试行第二步利改税。第二步利改税的主要内容是将国有企业原来上缴国家财政税利改为向国家缴税，即由原来的税利并存改为完全缴税。利改税标志着财政体制由计划经济向市场经济迈出重要一步，计划经济条件下国有企业向国家上缴利润的历史结束。

1985年实行"划分税种、核定收支、分级包干"财政体制。1984年，第二步利改税完成，国家财政收入由利税并重转向以税为主，国家与企业、中央与地方间的分配关系发生了很大变化。中央与地方基本按利改税后的税种重新划分中央与地方收入，财政收入分为中央财政固定收入、地方财政固定收入、中央和地方共享收入3类。

（三）推行企业经营承包制

依据有计划的商品经济理论，在1984—1992年，国有企业进行了以"两权"分离为特征的改革，主要是推行企业经营承包制，对国有大中型工业企业实行承包责任制（这是重点），对国有小型工业企业实行租赁经营责任制，另外对少数有条件的大中型工业企业还实行了股份制试点。1987年5月，国务院决定在全国普遍推广承包经营责任制。对9 937家国有大中型企业的调查显示，1988年已有9 021家实行了各种形式的承包经营责任制，占企业总数的90.8%，并获得了较好的经济效益。到1991年初，95%的企业签订了新一轮承包合同。

(四) 分税制改革

1994年的分税制①财政体制改革是对计划经济下统收统支的财政体制的根本性改革,是中国改革开放后进行的最重要的财政改革之一,构建了市场经济体制下财政管理体制的基本框架,进一步理顺了中央和地方间的财政分配关系。分税制财政体制主要内容:一是按照中央政府和地方政府的"基本事权"划分各级财政的支出范围。中央财政主要承担国家安全、外交和中央国家机关运转所需经费支出,调整国民经济结构、协调地区发展、实施宏观调控所必需的支出,以及由中央直接管理的事业发展支出;地方财政主要承担地方各级政权机关运转所需经费支出,以及本地区经济、事业发展所需支出。二是根据财权事权相统一的原则,合理划分中央和地方收入。按照1994年税制改革的税种设置,将维护国家权益、实施宏观调控所必需的税种划为中央税;将与地方经济社会发展关系密切、适宜地方征管的税种划为地方税,将涉及经济发展全局的主要税种划为中央与地方共享税。三是与分税办法相配套,建立中央和地方两套税务机构分别征税。国家税务局负责征收中央固定收入和共享收入,地方税务局负责征收地方固定收入。四是税收返还承认现状,分省分别确定税收返还的数额。中央财政对地方税收返还数额以1993年为基期年,按照1993年地方实际收入,以及税制改革和中央地方收入划分情况,核定1993年中央从地方净上划的收入数额,并以此作为中央对地方税收返还基数,保证地方既得财力。1994年以后,中央对地方的税收返还在1993年基数上逐年递增,递增率按全国增值税和消费税平均增长率的1:0.3系数确定,即上述两税全国平均每增加1%,中央财政对地方的税收返还增加0.3%。该项改革彻底结束了僵化的统收统支财政体制,规范和稳定了中央和地方的财政分配关系,极大调动了各级地方政府发展经济的积极性,大大增强了中央政府宏观调控能力。

分税制改革1994年后继续推进。1997年调整金融保险营业税收入划分;1997—2002年多次调整证券交易印花税中央与地方分享比例;2002年实施所得税收入分享改革,按市场经济原则,将企业所得税由按企业隶属关系划分改为中央、地方统一按比例分享。从1994年开始,中央财政出口退税负担不断加重,2004年,按照"新账不欠、老账要还、完善机制、共同负担、推动改革、促进发展"的原则改革出口退税负担机制,建立了由中央与地方共同负担出口退税的新机制。

(五) 完善政府间财政转移支付制度

1995年起,中央对财力薄弱地区实施了过渡期转移支付,2002年实施所得税分享改革后,合并因分享增加的收入,统一为一般性转移支付;2000年起,实施民族地区转移支付;1999—2004年,安排调整工资转移支付资金;2005年开始,实行对县乡"三奖一补"

---

① 分税制财政管理体制,简称分税制,是指在合理划分各级政府事权范围的基础上,主要按税收来划分各级政府的预算收入,各级预算相对独立,负有明确的平衡责任,各级次间和地区间的差别通过转移支付制度进行调节。它是市场经济国家普遍推行的一种财政管理体制模式。

财政奖补转移支付制度；同期，根据经济社会发展的阶段性目标要求，为配合实施中央宏观政策目标和推动重大改革，新增了一些专项转移支付项目，如对农村税费改革、天然林保护工程、社会保障制度建设专项补助等，初步建立了比较规范的专项转移支付体系。财政转移支付制度为缩小地区贫富差距发挥了重要作用。

2003年开始，按照"简税制，宽税基，低税率、严征管"的原则，统一内外资企业税收制度，取消了外资企业在中国的超国民优惠待遇；开展增值税转型改革试点，强化税收调节经济和收入分配的职能。

另外，还进行了预算管理制度改革，推进了国有资本经营预算制度、部门预算、国库集中收付、政府采购、收支两条线等改革。

（六）营业税改增值税

从2012年开始实行营业税改增值税（营改增）试点，2016年5月1日起全面推行营改增改革，在原有许多行业已经试点营改增的基础上，把建筑、房地产、金融和生活类服务业缴纳的营业税改为缴纳增值税。试点是由于原来增值税和营业税分制，营业税按销售额征收，但要重复征收，而制造业实行的是增值税，造成了一定的包括企业行为和财务方面的扭曲。试点改革就是要解决重复征收与企业行为和财务方面的扭曲问题。

（七）其他对中国经济具有重大影响的财政政策

1. 农村税费改革。2000年后，我国进行了农村税费改革，取消了"三提五统"、农业税、农业特产税、牧业税。取消"三提五统"，废止农业税成为对中国农村、农民、农业影响最大，也将成为中国历史上最有影响的农业政策调整。

2. 实施积极财政政策。为应对亚洲金融危机和全球金融危机，中央财政于1998年和2008年推出两次积极财政政策，加强基础设施等领域建设，扩大内需。1998年为克服亚洲金融危机影响，中国提出实施积极财政政策，主要内容包括：向商业银行增发1 000亿元国债专项用于基础设施建设投资，扩大内需，拉动经济增长；发行2 700亿元特种国债用于补充国有独资商业银行资本金，以使其资本充足率达到巴塞尔协议和我国商业银行法要求的8%的水平；中央下拨款180亿元用于国有企业改革和1998年大洪水灾后重建；提高部分产品出口退税率。2008年，为克服全球金融危机影响，中央再次提出积极财政政策，确定了进一步扩大内需、促进经济增长的十项措施。初步匡算，实施上述工程建设，到2010年底约需投资4万亿元。

3. 财政支持保障性住房建设。从2008年开始，到2016年，中央财政每年拿出几百亿到上千亿元的资金，支持城乡保障性住房建设，各级地方财政同样拿出一定比例的财政资金，支持保障性住房建设，每年建成保障性住房少则六七百万套，多时上千万套，极大改善了城乡居民特别是居住在棚户区的居民和农村危房家庭居住条件。

4. 实施出口退税制度，支持出口事业。中国政府从1985年开始实施出口退税政策，并且为适应出口形势的变化，曾多次对出口退税政策进行大幅调整，促进了中国出口事业保持持续、健康、稳定发展。

5. 不断加大教育投入。1986 年,《中华人民共和国义务教育法》颁布并开始实施,这一阶段的义务教育还需要由家庭负担一部分费用。2006 年 6 月 29 日,这部法律重新修订通过,自 2006 年 9 月 1 日起施行,规定实施九年义务教育,适龄儿童、少年开始接受教育的九年不收学费、杂费。国家不断加大财政对教育投入,教育投入占 GDP 的比重 2012 年超过教育法设定的 4% 的标准。国家加大财政投入大大减轻了家庭教育费用负担,尤其是广大农村家庭教育费用负担。这是一项受益范围广泛的政策,同时有利于提高青少年受教育水平。

6. 加大投入建立全覆盖的医保、社保制度。中央和地方政府投入大量资金,个人自筹部分资金,中国政府从 2008 年开始建立全覆盖的社保和医保制度(覆盖城镇和农村,城镇和农村社保和医保水平略有差异,城镇水平略高一些),实行社会保障政府托底,实现了全社会老有所养,病有所医,提高了中低收入阶层生活水平和医疗保障水平,大大增强了人民的安全感、幸福感、获得感。

7. 退耕还林、退牧还草和"三北"防护林带建设。退耕还林工程从 2002 年开始正式全面实施(1999 年开始在一些地区进行了试点),是中国遏制水土流失、根治江河水患、改善生态环境的治本之策。退牧还草工程 2003 年开始实施,旨在让退化的草原得到基本恢复,天然草场得以休养生息,从而达到草畜平衡。到 2016 年,这项政策仍然在执行,国家为实施这两项工程投入了大量资金。

"三北"防护林工程是在中国"三北"(西北、华北和东北)地区建设的大型人工林业生态战略工程。中国政府为改善生态环境,于 1979 年决定把这项工程列为国家经济建设的重要项目。工程规划期限为 70 年,分 7 期进行,2019 年,第 5 期工程建设已启动。中央、各级地方财政为"三北"防护林建设投入了大量资金。

七、金融体制改革

中国金融体制,改革开放前是高度集中体制下的完全计划经济,银行贷款的总规模、贷款额度、贷款对象企业(项目)及贷款的多少全部由国家计划指定,银行就是执行国家计划,利率、利差均由国家规定,没有波动。

在体制上,改革前,人民银行作为唯一银行,既承担中央银行管理职责,又从事普通商业银行的活动。1979 年,中国农业银行、中国银行从人民银行先后分离出来;同年,中国建设银行亦从财政部独立出来。1979 年,国务院决定恢复中断的保险业经营。1983 年,国务院决定,从 1984 年起,人民银行作为国务院领导和管理全国金融事业的国家机关,专门行使中央银行职能,另行成立中国工商银行。与此同时,在城市成立城市信用合作社,在农村成立农村信用合作社。至此,完整的中国金融体系建立起来,各专业银行进行了明确分工,如农业银行办理农村地区业务,工商银行办理工商企业和城镇居民存贷款业务,建设银行办理基本建设贷款业务,中国银行办理外汇业务。1990 年底,上海证券交易所和深圳证券交易所先后成立,并开始公开发行股票。1992 年,中国证监会成立。1993

年,《国务院关于金融体制改革的决定》出台,提出把中国人民银行办成真正的中央银行,对四大专业银行进行商业化改革,分设政策性银行,成立国家开发银行、中国进出口银行和中国农业发展银行,将专业银行的政策性业务划转政策性银行。1994 年,我国开始逐步放宽外资银行进入。1995 年,《商业银行法》发布,第一家中外合资银行成立,此后国家陆续批准外资银行和保险企业进入中国市场。1996 年,中国民生银行获批成立,各市的城市信用合作社合并组成城市合作银行,1998 年更名为城市商业银行;中国人民银行做出重大改革,撤销各省、自治区、直辖市分行 30 家,在全国建立 9 个跨行政区的分行。1997 年,证券经营机构监管由人民银行划归中国证监会。1998 年,中国保监会成立。1999 年,为解决银行体系不良资产问题,我国设立了华融、长城、东方、信达 4 家国有资产管理公司,主要从事收购、管理、处置四大国有商业银行剥离的不良资产,最大限度保全资产、减少损失,化解金融风险。2003 年四大商业银行①进行股份制改革,成功上市。2006 年,中国邮政储蓄银行成立,成为网点最多的银行。

　　在金融政策上,20 世纪 80—90 年代中期,人民银行主要利用再贷款和贷款规模限额两大政策工具进行宏观调控。1993 年,股票发行试点正式由上海、深圳推广至全国。1994 年实现人民币官方汇率与外汇调剂市场汇率并轨。1998 年,人民银行取消对商业银行的贷款规模限制,改革存款准备金制度,恢复和扩大公开市场业务,金融宏观调控由直接调控向间接调控转变。1998 年《中华人民共和国证券法》出台。2001 年我国加入世界贸易组织后,证券市场对外开放步伐加快。2003 年 4 月,央行票据成为调控基础货币的新形式。利率体系建设加快,利率市场化改革稳步推进。2004 年国务院发布《关于推进资本市场改革开放和稳定发展的若干意见》,推动了股权分置改革②等系列改革。2005 年左右,国家还对四大商业银行进行了大额度注资,以提高银行资本充足率。2005 年 7 月 21 日,我国开始实行以市场供求为基础、参考一篮子货币进行调节、有管理的浮动汇率制度,当日人民币对美元当日升值 2%,即 1 美元兑 8.11 元人民币,开启了人民币升值之路。2006 年,国务院发布《关于保险业改革发展的若干意见》,对保险业发展产生了深远的影响。2007 年,货币市场基准利率—同业拆放利率正式运行,存贷款利率市场化改革有序开展。针对不同时期经济状况,国家还采取有差别的政策。1998 年以后长期坚持稳健的货币政策,此后分别采取稳中适度从紧进而向 2007 年以后的从紧的货币政策转变。2009 年后,实施适度宽松的货币政策。2011 年后较长时间实施稳健的货币政策。在货币政策具体措施上,把握货币信贷"闸门",加强信贷总量控制,实行各层次不同的差别利率,发挥利率杠杆作用,加强政策引导和窗口指导,货币政策原则性和灵活性兼具。2010 年 6 月 19 日,根据国内外经济金融形势和我国国际收支状况,中国人民银行宣布"进一步推进人民币汇率形成机制改革,增强人民币汇率弹性",由此人民币从 2008 年后实际钉住美元改为一篮子货币。

　　2008 年 1 月 1 日,《中华人民共和国劳动法》实施,标志着中国针对大量就业人群的

---

① 四大商业银行指中国工商银行、中国银行、中国建设银行、中国农业银行。
② 所谓股权分置,是指 A 股市场上的上市公司的股份分为流通股与非流通股。

社会保障制度，即"五险一金"① 保障制度初步建立，为解决中国广大消费者不敢消费问题解除了后顾之忧（当时流行的说法为不敢失业、不敢生病，努力攒钱买房）。此政策的出台确保了此后中国居民消费保持稳定增长，使中国建立了比较健全的社会保障制度。

第四节　教育、卫生、文化、体育等社会领域重要改革

社会领域的改革也是中国改革的重要内容，改革的方向同样是从计划经济转向市场经济。

一、教育体制改革

改革开放前的中国教育是国家包办教育，有两种办学形式，一种是政府兴办的教育，费用主要由各级政府承担，收取少量的书本费；另一种是乡村办的集体教育，费用主要由乡统筹（集体性质），师资问题由村集体自行解决向学生收取少量书本等费用。由于国家和乡村财力都非常缺乏，义务教育普及程度较低，文盲和半文盲比例较高，高等教育也十分落后。

1977 年恢复高考制度是中国改革开放初期的重大事件，这使中国教育事业回到正轨，也使中国人才培养重新步入正轨。1977 年冬和 1978 年夏的中国迎来了世界历史上规模最大的考试，报考总人数达到 1 160 万人。这次考试还改变了一大批人的命运，特别是那些因历史原因耽误学业的青年，有许多因高考重新获得了改变命运的机会，有的成为中国改革开放的中坚力量。

20 世纪 80 年代初期开始，中国政府大规模派出公费留学生。

1985 年，《中共中央关于教育体制改革的决定》出台，提出把发展基础教育的责任交给地方，有步骤地实行九年制义务教育；调整中等教育结构，大力发展职业技术教育；改革高等学校的招生计划（用人单位出资委托招生；还可以在国家计划外招收少数自费生，教育市场化迈出第一步）和改革毕业生分配制度（改变完全包分配制度，1985—1986 年后自主择业更加普遍），扩大高等学校办学自主权；加强领导，调动各方面积极因素，保证教育体制改革的顺利进行，学校逐步实行校长负责制。

1986 年，国家颁布实施《义务教育法》，提出要经过努力，到 20 世纪末基本普及九年义务教育，基本扫除青壮年文盲。

1993 年，中共中央、国务院印发《中国教育改革和发展纲要》，与市场化相关的主要内容有：确定教育发展总目标，基本实现义务教育，扩大高中阶段职业技术培训，集中力量办好重点大学和重点学科；改变政府包揽办学的格局，逐步建立以政府办学为主体，社

---

① "五险一金"，是用人单位给予劳动者的几种保障性待遇的合称，包括养老保险、医疗保险、失业保险、工伤保险和生育保险，还有住房公积金。

会各界共同办学的体制，基础教育应以地方政府办学为主，高等教育要逐步形成以中央、省（自治区、直辖市）两级政府办学为主，社会各界参与办学的新格局；职业技术教育和成人教育主要依靠行业、企业、事业单位办学和社会各方面联合办学；改变全部按国家统一计划招生的体制，实行国家任务计划和调节性计划相结合（计划体制向市场走一小步）；改革学生上大学由国家包下来的做法，逐步实行收费制度（办学经费开始走上市场化道路）；实行少数毕业生由国家安排就业，多数由学生"自主择业"的市场化就业制度。在合理定编的基础上，国家对教职工实行岗位责任制和聘任制，在分配上按照工作实绩拉开差距；增加教育经费，财政性教育经费支出占国内生产总值的比例在20世纪末达到4%；进一步完善城乡教育费附加征收办法，提高非义务教育阶段学生学费标准，继续大力发展校办产业和社会服务。

1999年，《中共中央国务院关于深化教育改革，全面推进素质教育的决定》出台，与市场化相关的主要内容有：全面推进素质教育，培养适应21世纪现代化建设需要的社会主义新人，扩大高中教育和高等教育规模（提出入学率达到15%）；大力发展高等职业教育；进一步解放思想、转变观念，积极鼓励和支持社会力量以多种形式办学，满足人民群众日益增长的教育需求，形成以政府办学为主体、公办学校和民办学校共同发展的格局（提出了市场化力量办学）；加强产学研结合，大力推进高等学校和产业界以及科研院所的合作，鼓励有条件的高等学校建立科技企业，企业在高等学校建立研究机构，高等学校在企业建立实习基地；加大教育投入，逐步实现国家财政性教育经费支出占国内生产总值4%的目标。

1999年，《国务院关于进一步调整国务院部门（单位）所属学校管理体制和布局结构的决定》出台，规定除教育部及外交部等十多个部门和单位继续管理其所属学校外，国务院其他部门和单位原则上不再直接管理学校，实行中央与地方共建、以地方管理为主的体制。2000年开始进行的改革很快到位。

2003年《国务院关于进一步加强农村教育工作的决定》下发，落实农村义务教育"以县为主"管理体制的要求是该文件的核心要求。这是一项重大改革，改变了乡村学校教育经费依靠农民集体解决的体制，彻底解决了有一部分乡村教师工资得不到按时足额发放的大难题。

2003年3月1日，《中华人民共和国中外合作办学条例》开放了外资办学。

2004年，国务院出台《2003—2007年教育振兴行动计划》，重点落实"以县为主"的农村义务教育管理体制，加大投入，确保乡村教师工资按时足额发放、校舍及时维护建设。建立和健全助学制度，扶持农村家庭经济困难学生接受义务教育。继续设立中小学助学金，重点放在中西部农村地区；对家庭经济困难学生，逐步扩大免费发放教科书的范围，逐步免除杂费，为寄宿学生提供必要的生活补助。大力支持和促进民办教育持续健康协调快速发展。加强教育对外开放等。改革和完善教育投入体制，义务教育经费由政府承担，适当收取少量杂费；非义务教育的办学经费以政府为主渠道，由政府、受教育者和社会共同分担。逐步形成与社会主义市场经济体制相适应的、满足公共教育需求的、稳定和可持续增长的教育投入机制等。

国务院办公厅于 2010 年 12 月 5 日印发《关于开展国家教育体制改革试点的通知》，改革内容主要涉及教育各领域纯业务性体制。

经过持续不断的改革，中国逐步形成了以政府办学为主体、社会各界共同办学的体制，基础教育以地方政府办学为主，高等教育逐步形成了以中央、省（自治区、直辖市）两级政府办学为主，社会各界参与办学的新格局。职业技术教育和成人教育主要依靠行业、企业、事业单位办学和社会各方面联合办学。义务教育费用基本由政府承担，学生免交学杂费（私立学校除外），非义务教育（高中、大学、研究生）费用以政府为主，受教育者、社会共同承担的机制已经形成。总体看，中国教育基本还是政府承办、经费以政府投入为主的格局。2014 年，中国教育经费总投入 32 806 亿元，其中国家财政性教育费用 26 421 亿元，占 80.5%，由个人负担的学杂费 4 053 亿元，占 12.3%，民办学校中举办者投入、社会捐赠经费 211 亿元，只占 0.6%。虽然中国教育费用仍然是以政府投入为主，但市场化程度有所提升，社会办学明显增加，最为重要的是义务教育费用基本由国家负担，减轻了家庭负担（解决了部分困难家庭上不起学的问题），农村义务教育经费得到根本保障（彻底解决了部分教师工资不能按时足额发放问题）。中国还开放了外资办学。

教育改革发展成果巨大，为中国经济发展提供了强大的智力支持，提供了大量高素质的劳动力和高技术人才。中国实现了 9 年制免费义务教育的普及。2015 年，中国大学本科、专科毕业生 680.89 万人，其中本科生 358.59 万人；毕业研究生（博士、硕士）55.15 万人；普通高校达到 2 560 所；高中毕业 797.65 万人。教育部 2016 年发布的第一份《中国高等教育质量报告》指出，2015 年我国高等学校在校生规模达 3 700 万人，位居世界第一，毛入学率 40%，高于全球平均水平。

二、医疗卫生体制改革

（一）改革开放前的医疗卫生概况

改革开放以前，在中国经济仍然比较落后、投入有限（约占 GDP 的 3%）的情况下，中国医疗卫生领域也取得较大进步，人民基本医疗得到较好保障，国民健康水平提高，不少国民综合健康指标达到中等收入国家的水平，形成了包括医疗、预防、保健、康复、教学、科研等在内的比较完整的、布局合理的医疗卫生服务体系。中国改革开放前的医疗成就被一些国际机构评价为发展中国家医疗卫生工作的典范，最典型的进步标志是中国人均期望寿命从中华人民共和国成立前的大约 35 岁增加到改革开放初期 1981 年 67.77 岁。获得诺贝尔医学奖的中国科学家屠呦呦研制的青蒿素正是这一时期的成果。天花、血吸虫、麻风、脊髓灰质炎、疟疾、肺结核等长期困扰中国人民健康事业的传染性疾病均得到非常有效的控制，有的彻底根绝。新生儿死亡率大幅下降，孕产妇死亡率大幅降低。这一时期还形成了比较合理的非营利的城乡医疗机构体系和与当时能力相适应的医疗费用保障体系

(城镇为公费医疗和劳保医疗，农村为农村合作医疗①)。

(二) 改革开放后医疗卫生事业的沿革

改革开放后，中国社会情况发生了新的变化，城市进行市场化经济改革，农村建立了以家庭联产承包责任为主的家庭经营体制（农村合作医疗制度难以为继）。改革势在必行。

1979年，卫生部部长钱信忠提出"运用经济手段管理卫生事业"；同年，卫生部等三部委联合发出《关于加强医院经济管理试点工作的通知》，接着又开展了"五定一奖"和对医院"定额补助、经济核算、考核奖惩"的办法，并展开试点。其中，政府定额补助为重要改革，意味着医院开始走上摆脱完全依靠政府之路。

1980年，卫生部《关于允许个体开业行医问题的请示报告》得到国务院批准。个体行医开始出现，卫生领域市场化又迈出一小步。

1981年3月，卫生部下发了《医院经济管理暂行办法》和《关于加强卫生机构经济管理的意见》，开始扭转卫生机构不善于经营核算的局面。

党的十二届三中全会《中共中央关于经济体制改革的决定》吹响了卫生改革号角，1985年国务院批转卫生部《关于卫生工作改革若干政策问题的报告》（国发〔1985〕62号），并下发《关于开展卫生改革中需要划清的几条政策界限》作为更好贯彻"62号文"的补充性规定。

1989年，国务院批转了卫生部等五部门《关于扩大医疗卫生服务有关问题的意见》，提出五点：第一，积极推行各种形式的承包责任制；第二，开展有偿业余服务；第三，进一步调整医疗卫生服务收费标准；第四，卫生预防保健单位开展有偿服务；第五，卫生事业单位实行"以副补主""以工助医"。其中，特别强调"给予卫生产业企业3年免税政策，积极发展卫生产业"。这个文件进一步提出通过市场化来调动医院、疾病防控、企业等卫生单位和相关人员积极性，卫生领域市场化改革又向前迈出一大步。

1989年11月，卫生部正式颁发实行医院分级管理的办法。医院按照任务和功能的不同被划分为三级十等，不同级别医院收费标准不同，体现了按服务质量收费原则，开始脱离计划经济统一的服务收费价格。

1992年春，国务院下发《关于深化卫生医疗体制改革的几点意见》，卫生部提出"建设靠国家，吃饭靠自己"的精神（实质是医院向市场找出路），要求医院要在"以工助医、以副补主"等方面取得新成绩。这项卫生政策刺激了医院创收，弥补收入不足，但也影响了医疗机构公益性的发挥，造成一段时间"看病贵"问题突出，群众反应强烈，这项改革争议颇大。

1997年中共中央、国务院出台《关于卫生改革与发展的决定》，提出了推进卫生改革

---

① 公费医疗：国家为保障国家工作人员而实行的、通过医疗卫生部门按规定向享受人员提供免费医疗及预防服务的一项社保制度。

劳保医疗：企业单位的医疗待遇办法，职工就医时除交挂号费外，其他医疗费用全部由企业负担。企业职工供养的直系亲属还可享受劳保医疗补助待遇。

农村合作医疗：中国农村社会通过集体和个人集资，为农村居民提供低费的医疗保健服务的一种互助互济制度。

的总要求，医疗领域的改革主要有改革城镇职工医疗保险制度（改革城镇公费医疗和劳保医疗老体制，开始医疗费用保障体制的重构工作）、改革卫生管理体制、积极发展社区卫生服务、改革卫生机构运行机制等。这些指导思想成为这一轮改革的基调和依据。

1998年国务院出台《关于建立城镇职工基本医疗保险制度的决定》。在认真总结各地医疗保险制度改革试点经验的基础上，国务院决定，在全国范围内进行城镇职工医疗保险制度改革，建立适应社会主义市场经济体制，根据财政、企业和个人的承受能力，保障职工基本医疗需求的社会医疗保险制度，城镇所有用人单位都要参加基本医疗保险。基本医疗保险费由用人单位和职工共同缴纳。用人单位缴费率应控制在职工工资总额的6%左右，职工缴费费率一般为本人工资收入的2%。建立基本医疗保险统筹基金和个人账户。

作为贯彻中共中央国务院《关于卫生改革与发展的决定》的总体文件，国务院办公厅于2000年2月转发国务院体改办、卫生部等八部委《关于城镇医药卫生体制改革的指导意见》，之后陆续出台了13个配套政策。这是卫生系统的一次全面改革。此后，各地还进行了改革探索，包括出售国有医院、乡镇卫生院等，有的还进行了医药分家探索。

2002年10月，《中共中央、国务院关于进一步加强农村卫生工作的决定》明确指出，要"逐步建立以大病统筹为主的新型农村合作医疗制度"，随后从较低水平费用（初期个人和政府出资水平均较低）开始组织实施。

2006年初，国务院又发布了《关于发展城市社区卫生服务的指导意见》，在全国铺开建设社区医院并逐渐形成体系。

（三）不断推进的医疗卫生改革

2006年9月，由11个有关部委组成的医改协调小组成立，国家发展改革委主任和卫生部部长共同出任组长，新一轮医改正式启动。党的十七大报告首次完整提出中国特色卫生医疗体制的制度框架包括公共卫生服务体系、医疗服务体系，医疗保障体系，药品供应保障体系4个重要组成部分，这是对新时期卫生医疗体系构成的全面概括。

2009年3月17日，国务院发布《关于深化医药卫生体制改革的意见》，这是中国医疗体制改革的又一个重要举措，总目标是建立健全覆盖城乡居民的基本医疗卫生制度，为群众提供安全、有效、方便、价廉的医疗卫生服务。主要内容是建设覆盖城乡居民的公共卫生服务体系、医疗服务体系（坚持非营利性医疗机构为主体、营利性医疗机构为补充，公立医疗机构为主导、非公立医疗机构共同发展的办医原则）、医疗保障体系、药品供应保障体系，形成四位一体的基本医疗卫生制度。

2009年医改方案中在中国医疗体制改革史上具有重要意义，其内容包括：医疗服务体系建设要坚持非营利性医疗机构为主体、营利性医疗机构为补充，公立医疗机构为主导、非公立医疗机构共同发展的办医原则；加快建立和完善以基本医疗保障为主体，其他多种形式补充医疗保险和商业健康保险为补充，覆盖城乡居民的多层次医疗保障体系。城镇职工基本医疗保险、城镇居民基本医疗保险、新型农村合作医疗①和城乡医疗救助共同组成基本医疗保障体系，分别覆盖城镇就业人口、城镇非就业人口、农村人口和城乡困难人群。坚持广覆盖、保基本、可持续的原则，从重点保障大病起步，逐步向门诊小病延伸，不断提高保障水平。建立国家、单位、家庭和个人责任明确、分担合理的多渠道筹资机制，实现社会互助共济。2009 年开始全面推进各项改革，探索建立城乡一体化的基本医疗保障管理制度。

2012 年国务院发布《关于印发"十二五"期间深化医药卫生体制改革规划暨实施方案的通知》，重要的内容之一是进一步完善医保体系。

围绕 2009 年医改方案的全面推进实施，2009 年以后各年，国务院均发布文件，明确每年深化医药卫生体制改革的重点工作任务。持续不断的医疗卫生改革使中国医疗保障体系逐步健全，保障水平明显提高。2016 年的医保重点任务是：基本医疗保险参保率稳定在 95% 以上，城乡居民医保人均政府补助标准提高到 420 元，人均个人缴费相应提高。城乡居民医保政策范围内住院费用报销比例稳定在 75% 左右。加快推进基本医保全国联网和异地就医结算。巩固完善城乡居民大病保险和医疗救助制度，中央财政安排城乡医疗救助补助资金 160 亿元。推进整合城乡医疗基本保险制度。

中国医保体系的建立，让中国人民的医疗费用保障能力大大提高，让中国人民的健康水平继续提高，百姓幸福指数大幅提升，基本解决了老百姓在一定阶段存在的对医疗领域的重大关切，使城乡居民"生不起病"的问题得到较好解决。当然，中国医疗事业的进步也离不开公共卫生服务体系、医疗服务体系、药品供应保障体系的巨大进步，只是本书主要关注的是医疗领域经济的和市场化的内容。

2015 年，中国卫生领域总费用 40 975 亿元，其中政府支出 12 475 亿元，社会支出（包括企业）16 507 亿元，个人支出 11 993 亿元，政府、社会、个人负担的比例分别约为 30.5%、40.3% 和 29.3%。个人负担的比例从 2001 年的最高达到 59.97% 下降了 30.67 个百分点。相应地，政府负担的比例上升，政府卫生支出比例从 1978 年的 32.16% 降至 2000 年的 15.47%，2015 年回升至 30.45%。社会卫生支出 1978 年为 47.41%，2001 年降至最低 24.1%，2015 年回升至 40.29%。个人成为 2000 年以后中国医疗体制改革的最大受益者。中国 2015 年人均期望寿命 76.34 岁，其中男性 73.64 岁，女性 79.43 岁，居于发展中国家前列，达到中等发达国家水平。

中国医疗体系虽然仍然是以国有医疗和乡镇集体医疗为主、私营个体为辅的医疗体

---

① 新型农村合作医疗，简称"新农合"，指由政府组织、引导、支持，农民自愿参加，个人、集体和政府多方筹资，以大病统筹为主的农民医疗互助共济制度，采取个人缴费、集体扶持和政府资助的方式筹集资金。2002 年 10 月，中国明确提出各级政府要积极引导农民建立以大病统筹为主的新型农村合作医疗制度。2009 年，中国做出深化医药卫生体制改革的重要战略部署，确立新农合作为农村基本医疗保障制度的地位。"从 2003 年起，中央财政对中西部地区除市区以外的参加新型合作医疗的农民每年按人均 10 元安排合作医疗补助资金，地方财政对参加新型合作医疗的农民补助每年不低于人均 10 元"，个人每人缴纳 10 元。2015 年 1 月 29 日，国家卫计委、财政部印发《关于做好 2015 年新型农村合作医疗工作的通知》提出各级财政对新农合的人均补助标准在 2014 年的基础上提高 60 元，达到 380 元。2017 年城乡居民医保财政补助标准进一步由 420 元/人·年，提高到 450 元/人·年。

系,但是已经是一个完全在市场经济条件下运行,以公益为主要目的,兼顾效益的庞大服务体系。

三、文化体制改革

改革开放以前的文化体制,从经济及运行层面看,有两大特点:一是政府办文化,即文化机构(各类文艺演出团体、出版机构、博物馆、电影制片)全部由政府全资举办;二是文艺机构开展的各项创作、文化产品的发行都要依计划开展。

1982年文化部《关于图书发行体制改革工作的通知》提出以国有书店为主体,多种流通渠道、多种经济成分、多种购销形式、减少流通环节的改革思路。图书发行率先走上市场改革之路。

1985年,《艺术表演团体的改革意见》发布,对过多的和布局不合理的文艺团体进行合并或撤销。

1988年,国务院批转文化部《关于加快和深化艺术表演团体体制改革的意见》和1989年中共中央《关于进一步繁荣文艺的若干意见》,提出了实行"文艺双轨制"的改革思路,一轨为国家扶持的少数全民所有制剧团,另一轨为社会力量(市场或民间投资)创办的多种所有制剧团,还提出实行承包经营责任制,实行"以文补文,多业助文"的改革。1989年,国务院批准文化部设置文化市场管理局,标志着文化市场管理体系建立。

1993年和1994年,文化部先后发布《关于进一步加快和深化艺术表演团体体制改革的通知》和《关于继续做好艺术表演团体体制改革的意见》,要求搞活内部经营机制,实行法人负责制,人事实行聘用制度,实行艺术结构工资制。

1993年,广播电影电视部发布了《关于当前深化电影行业机制改革的若干意见》,改变了电影行业统购统销,制片、发行、放映三者之间分配不合理的体制,中国电影公司的垄断权取消,制片单位获得自主发行权。

1996年,中共中央出台《关于加强社会主义精神文明建设若干重要问题的决议》,提出文化改革目的是增强文化活力,调动文艺工作者积极性,文化体制改革要符合精神文明建设要求,遵循文化发展内在规律,发挥市场机制的积极作用,理顺国家、单位和个人关系,形成国家保重点、鼓励社会办文化的格局。《中共中央关于国民经济和社会发展第十个五年计划的建议》提出:坚持把社会效益放在首位,社会效益和经济效益相统一文化改革原则,还提出制定政策,促进文化产业发展。这些文件的精神决定了文化事业在坚持社会效益的同时走向市场的根本方向并将文化作为产业发展。1996年,《广州日报》成立中国第一家报业集团。

1997年中共中央印发《中共中央关于进一步做好文艺工作的若干意见》,对艺术表演团体、电影体制、电视艺术管理体制、企事业单位内部体制改革进行了具体部署。

2000年,国家广电总局和文化部《关于进一步深化电影业改革的若干意见》强调要规范组建电影企业集团,提出对电影业全行业试行股份制,调整产权结构,并对国内影片和进口影片放映的体制机制进行改革。

2001年中共中央批转中宣部等相关部门《关于进一步深化新闻出版广播影视业改革的若干意见》，提出以资本和业务为纽带，组建跨地区跨行业的媒体集团，并明确了媒体公司上市政策和投融资政策。

2002年，党的十六大报告明确了文化体制改革的目的、意义、主要任务和实施重点。文化体制改革全面提速，一系列重大政策出台。

2003年国务院发布《关于印发文化体制改革试点中支持文化产业发展和经营性文化事业单位转制为企业的两个规定的通知》；同年，中宣部等有关部门出台《文化体制改革试点方案》。

2005年，国务院发布《关于深化文化体制改革的若干意见》，该文件提出的文化体制改革的目标任务是：以发展为主题，以改革为动力，以体制机制创新为重点，形成科学有效的宏观文化管理体制、富有效率的文化生产和服务的微观运行机制，以公有制为主体、多种所有制共同发展的文化产业格局和统一、开放、竞争、有序的现代文化市场体系；要形成完善的文化创新体系，形成以民族文化为主体、吸收外来有益文化，推动中华文化走向世界的文化开放格局。具体经济体制改革措施包括：推进事业单位改革、深化企业改革、规范国有企业转制等。

2011年《中共中央关于深化文化体制改革推动社会主义文化大发展大繁荣若干重大问题的决定》指出，文化经济是重要的内容；强调坚持把社会效益放在首位，坚持社会效益和经济效益有机统一，遵循文化发展规律，适应社会主义市场经济发展要求；强调要加快发展文化产业，推动文化产业成为国民经济支柱性产业，将文化产业提到前所未有的高度。

2013年党的十八届三中全会《中共中央关于全面深化改革若干重大问题的决定》提出推进文化体制机制创新，完善文化管理体制，建立健全现代文化市场体系，构建现代公共文化服务体系，提高文化开放水平。

由于国家高度重视在文化领域引入市场机制，文化作为产业得以迅速发展，文化产业为国民经济的发展做出了应有贡献。文化及相关产业创造的增加值占中国GDP的比重，2004年只有2.15%，此后逐年上升，2015年达到3.97%，文化产业的发展明显快于整个经济的发展，文化产业对经济发展的贡献引人注目。

四、中国社会保障体系的建立

社会保障体系涉及人员广，涉及经费数额巨大，是中国社会重要的支撑体系。改革开放以前，计划经济条件下的社会保障体系由3个方面构成，企业保障制度、行政事业单位的政府保障和农村的集体保障，其中前两者保障水平较高，农村保障水平比较低。改革开放后建立的社会保障体系，内容较丰富，主要以养老、医疗、失业、工伤、生育五大保险为核心。

（一）社会保障制度恢复阶段

改革开放后，随着经济体制由计划向市场的转换，社会保障体制也发生变化。部分老国有企业退休人员工资负担沉重，企业难以承受，新市场机制下的劳动合同制工人退休无保障，在此背景下"企业保险"转向"社会保险"的制度开始建立。1983年，政府有关部门提出开展全民所有制退休费用社会统筹。从1984年开始，我国开始尝试养老保险费用的社会统筹，其目的是"还原"社会养老保险的基本职能，并在江苏泰州、广东东莞、湖北江门、辽宁黑山等地开始试行退休人员的退休费社会统筹。1984年4月，中央财经领导小组会议决定在城镇集体企业实行法定养老保险制度，之后制定了《城镇集体所有制企业、事业单位职工养老保险暂行条例》。1985年，福建省率先实行国有企业职工养老保险费用省级统筹。1986年针对劳动合同制工人建立养老保险制度和待业保险制度，1986年国有企业职工待业保险制度建立。1986年起，全国县、市一级的养老保险费社会统筹首先实现，进而省一级的统筹工作也得到推进。至1994年，全国先后有北京等13个省、自治区、直辖市实现了省级统筹，11个行业实行了养老保险的系统统筹。

（二）社会保障制度框架形成阶段

社会保障制度框架形成时间大体是1991年到2000年。1991年6月，国务院发布《关于企业职工养老保险制度改革的决定》，开始尝试性进行社会养老保险结构的改革，规定社会养老保险费用由国家、企业和职工三方共同筹资，职工个人按本人工资的3%缴纳养老保险费。1993年《中共中央关于建立社会主义市场经济体制若干问题的决定》正式提出实行社会统筹和个人账户相结合的社会保险制度，同时建立统一的社会保障管理机构。社会保障行政管理和社会保险基金经营要分开，社会保障管理机构主要行使行政管理职能；社会保险基金经办机构，在保证基金正常支付和安全性和流动性的前提下，可依法把社会保险基金主要用于购买国家债券，确保社会保险基金的保值增值。1994年，生育保险制度开始试行，有关制度和政策在运行中不断完善。1995年3月，国务院发布的《关于深化企业职工养老保险制度改革的通知》具体确定"社会统筹与个人账户相结合"的实施方案，确定"统账结合"是我国城镇企业职工基本养老保险制度改革的方向。1996年，工伤保险制度开始试行。1997年7月国务院颁布《关于建立统一的企业职工基本养老保险制度的决定》，确定到2000年，在省、自治区、直辖市范围内，要基本实现统一企业缴纳基本养老保险费比例，统一管理和调度使用基本养老保险基金，对社会保险经办机构实行省级垂直管理。1998年，城镇职工医疗保险制度开始全面建立。也是在这一年，国务院发布《国务院关于实行企业职工基本养老保险省级统筹和行业统筹移交地方管理有关问题的通知》。1999年颁布的《失业保险条例》对制度进行了调整和完善。也是在这一年，最低生活保障制度首先在城市建立，国务院公布了《社会保险费征缴暂行条例》。

（三）社会保障制度试点落实阶段

2000年，国务院决定选择辽宁省进行完善城镇社会保障体系试点，颁布了《关于印发完善城镇社会保障体系试点方案的通知》，2001年在辽宁试点，2003年在辽宁试点总结基础上在吉林、黑龙江试点。2003年，国家颁布《工伤保险条例》，进一步完善了工伤保险制度。2005 年 12 月，国务院发布《关于完善企业职工基本养老保险制度的决定》，从 2006 年起又将试点改革扩大到除东北三省之外的 8 个省、自治区、直辖市。

（四）社会保障制度全民覆盖阶段

2006 年，党的十六届六中全会从构建社会主义和谐社会的战略高度明确提出到 2020 年建立覆盖全民的社会保障体系。2007 年，党的十七大报告再次提出加快建立覆盖城乡居民的社会保障体系。2007 年，国务院发布《关于在全国建立农村最低生活保障制度的通知》，将最低生活保障制度扩展到农村地区。2009 年，《关于开展新型农村社会养老保险试点的指导意见》发布。2010 年，经过修订后的《工伤保险条例》颁布。

《中华人民共和国社会保险法》获全国人民代表大会常务委员会通过，自 2011 年 7 月 1 日起施行，自此国家建立基本养老保险、基本医疗保险、工伤保险、失业保险、生育保险等社会保险制度，保障公民在年老、疾病、工伤、失业、生育等情况下依法从国家和社会获得物质帮助的权利，并且将多种社会保险用法律的形式强制固定下来。

2011 年，《关于开展城镇居民社会养老保险试点的指导意见》发布。

2015 年发布了两个文件，规定将机关事业单位工作人员纳入基本养老保险。其实施范围确定为按照公务员法管理的单位、参照公务员法管理的机关（单位）、事业单位及其编制内的工作人员。纳入改革范围的单位和人员，实行与企业完全一致的社会统筹与个人账户相结合的基本养老保险，公务员从政府保障变为社会保障。至此，中国统一的社会保障体系建立起来，实现了全社会保障全覆盖。

2015 年中国社会保险基金收入达到 46 012.1 亿元，社会保险基金支出 38 988.1 亿元，其中基本养老保险支出 27 929.4 亿元，失业保险支出 736.4 亿元，城镇基本医疗保险支出 11 192.9 亿元，工伤保险支出 754.2 亿元，生育保险 501.7 亿元。

中国还建立了国家财政支持下的针对特定人群的保障制度。2015 年，中国民政部门为 1 701.1 万城镇居民和 4 903.6 万农村居民提供最低生活保障，为农村"五保户"提供供养，其中 162.3 万人集中供养和 354.4 万人分散供养。民政部门还为困难人群提供医疗救助，仅直接医疗救助支出金额便达到 214.6 亿元。国家还对 897 万名重点优抚对象提供帮助。

中国还建立了以财产保险和人寿保险为主，以国有保险公司为主，外资保险等多种所有制形式的商业保险体系。2015 年，各类保险公司保费收入达到 24 282.5 亿元。

第五节 引入并发展社会主义市场经济

引入市场经济是中国改革开放取得成功的关键举措、关键步骤，但这一选择在最开始并非目标清晰，而是在实践中逐步探索实现的。

一、中国计划经济的特点

计划经济的最重要特点,当然在于其无所不包的"计划"。计划经济体制的计划为指令性计划,在这种体制下,国家在产品生产、资源分配以及产品和服务分配等各方面,都是靠政府指令性计划来实现。中国计划经济还有一个与每个人日常生活息息相关的特征是票证经济,在中国实行严格计划经济阶段,物资供应存在严重短缺,几乎所有日常生活用品都是凭票供应,城镇每家都有粮本,每人每月限额供应粮油,票证包括粮票、米票、面票、肉票、油票、布票、自行车票、电视机票等,日常生活用品几乎都需要凭票购买。

二、市场经济建立的两个阶段

中国市场经济的确立不是一天实现的,而是通过改革逐步实现,这一过程分为两个阶段。

(一)双轨制经济

双轨制经济是在中国改革的前半阶段,计划经济与市场经济并行的一种经济体制。改革的初期是以计划性经济为主,适当发展商品经济(早期思想还没有解放到提市场经济),在双轨制阶段,经济有一部分是按计划来执行的、有一部分是计划之外通过市场实现的:如钢材,按计划生产和调拨的钢材和在市场销售的钢材是两种价格,一般计划价格明显低于市场价格;如外汇,市场牌价(计划)和外汇调剂市场调剂价格也是两种价格。因存在两种市场,两种价格,故称双轨制经济。在双轨制运行阶段,"倒爷"是那个时代最有时代特点的词汇。从计划经济单一体制改为双轨制,大约开始于20世纪80年代中期,随着改革进行,计划管理的商品比例逐年减少,市场化商品比例越来越高,到1997年左右,双轨制基本结束(但在某些领域仍然有一些双轨经济遗存)。与计划经济相适应的票证经济几乎同时消失,如始终与计划经济密切相关的粮票,国家1993年正式宣布停止使用。

(二)社会主义市场经济的全面确立

从双轨制经济改革开始,中国社会主义市场经济逐步建立起来。1993年11月,党的十四届三中全会召开,通过了《中共中央关于建立社会主义市场经济体制若干问题的决议》,明确了社会主义市场经济体制的基本框架,标志着中国建立社会主义市场经济的进程正式开启。在建立市场经济进程中,建立现代企业制度、进行国有企业改革,推进国有经济战略性调整;取消生产资料价格双轨制,开放竞争性商品和服务价格,健全商品市场体系,培育资本、土地、劳动力、技术等要素市场;实行从指令性计划向指导性计划转变,改进中央银行调控职能和方式,建立了以分税制为核心的财政体制和以增值税为主的流转税体系;实行汇率并轨,人民币经常项目可兑换;开放沿江沿边及省会城市;开展多种形式的社会保障制度改革;对科技、教育、医疗、住房等进行改革。2003年,党的十六届三中全会做出《关于完善社会主义市场经济体制若干重大问题的决定》,加快重要领域和关键环节的改革,更大程度地发挥市场在资源配置中的基础性作用。采取的措施包括:完善公有制为主体、多种所有制经济共同发展的基本经济制度;建设现代市场体系,推进生产要素市场化改革;改变城乡二元结构,促进区域协调发展;健全收入分配和社会保障制度;扩大开放等。2013年11月,中国共产党十八届三中全会通过的《中共中央关于全面深化改革若干重大问题的决定》提出"使市场在资源配置中起决定性作用",标志着中国特色社会主义市场经济体制全面确立。

三、引入市场经济的主要途径

中国特色社会主义市场经济这座大厦绝不是一天建成的,而是通过40多年的不断改革逐步建立起来的,市场经济建立的主要的途径有:

(一)逐步减少指令性计划,实行指导性计划

从完全指令性计划经济过渡到市场经济,经历了很长的过程,起初是减少指令性计划的产品范围,后来实施指导性计划(不具约束力),直到基本取消指令性计划。计划的取消为市场经济腾出了发展空间,因此计划的改变是发展市场经济的关键一步,没有计划经济的逐步退出,便没有市场经济的逐步确立。

(二)农村引入市场经济

农村自由市场是在计划经济时代便存在的市场经济,虽然规模不大,范围受到严格限制。实行改革开放后,农村集贸市场经济得到迅速恢复和发展,而且向城市渗透,从大城市到中小城市纷纷建立农贸市场、农产品批发市场,经销农产品、农村工业产品。这是中国经济中最早、最纯正、最活跃的市场经济。

劳动力市场的形成。农村改革的影响不仅是启动中国改革、启动农村发展,更大的影响在于为中国经济发展提供了庞大劳动力市场。大量农村富余劳动力在摆脱农村集体经济的管理束缚后(被称为人口红利),为城市发展提供了一个巨大的自由劳动力市场,为发展创造了绝佳条件,此市场对中国经济的成功发展具有重大而深远的意义。

(三)允许个体私营经济发展是引入市场经济的最重要途径

发展私营个体经济是中国引入市场经济的重要途径。1979年改革开放初始,为解决大量回城知青就业问题,国家即允许发展个体经济,当年就出现了31万个个体户。1987年党的十三大召开,承认私营经济的合法存在和发展。1989年,我国私营企业达9万家,1992年后更是迎来个体私营经济发展高潮。1993年党的十四届三中全会《关于建立社会主义市场经济体制若干决定》进一步促进了个体和私营经济发展。1997年,党的十五大把个体私营经济纳入中国基本经济制度,形成了以公有制为主体,多种经济成分共同发展的基本经济制度,确立了个体私营经济与国有经济的平等地位。2003年党的十六届三中全会以后,国家更是制定政策,支持、鼓励、引导个体私营经济发展。个体私营经济在市

经济条件下得到巨大发展。在工业中，2014年规模以上工业私营企业主营业务收入占全部规模以上企业收入的33.6%，而国有控股只占23.7%，私营工业企业经济规模已经远远超过国有企业经济的规模。在规模以下工业中，私营个体经济比重占绝大部分。私营个体经济已经成为中国经济体系中的重要角色，而且是纯市场的角色。

（四）固定资产投资是市场经济重要切入点：投资主体的多元化

各种投资主体的投资活动决定着经济增量中的经济成分。改革开放后，投资活动中国有经济一家独大的局面（1980年国民经济投资达81.9%）已经彻底改变，私营个体经济、集体经济、外资经济、各种合营经济等蓬勃发展。作为完全市场化的经济成分，2015年民间投资（含农户投资）占全社会投资的比重已经达到64.8%。其中，2015年私营个体投资的比重已经占到全社会投资的32.7%。中国经济成分结构的转变，大部分都是通过投资活动建立新的完全市场化的市场主体最终实现的。

（五）引进外资是引入市场经济的重要一环

引进外资，是中国社会主义市场经济中大胆改革的重要措施，也是引入市场经济的重要形式。利用外资曾经为中国经济发展做出重要贡献。我国1979年开始引进外资，建立合资企业，1996年固定资产投资中利用外资资金占全社会投资资金来源的11.8%，是固定资产投资领域利用外资的高峰。早期的利用外资主要是在工业领域，以工业固定资产投资为主，1996年固定资产投资中的外资资金有70.8%用于工业投资。随着服务业领域的开放，服务业利用外资越来越多，2015年利用外资实际使用金额1 262.6亿美元，其中工业领域420.3亿元，占33.3%，第三产业占64.3%，利用外资实现了从工业向服务业的转变。

（六）房地产市场的形成

1949—1979年，中国没有房地产产业。住宅、宾馆、厂房等各种用途房屋建设均作为计划经济的产物存在于各个行业，不能作为商品在市场上交易，产权的变化只能由国家在企业（单位）之间划拨，住房则实行实物分配，居住者没有产权。改革开放提出了允许房地产业发展的思想，随即出台了一系列政策措施规范房地产业发展，房地产市场逐渐形成并发展壮大，由房地产公司开发新建的房屋全部直接进入房地产市场，其他房屋逐渐被允许进入房地产市场。房地产市场成为交易量非常大的市场，2015年仅新建商品房屋销售额就达到8.73万亿元人民币。

（七）住房市场化改革

住房制度改革是市场化改革的重要一环，这一改革将新建住房纳入市场，将原来实物分配的房改房屋也纳入房地产市场，使房地产市场急剧扩大。2015年，仅40个城市（较大城市）房地产市场的二手房交易量就达到22 587.85亿平方米。中国还有庞大的房屋租赁市场。

（八）土地的市场化

将土地纳入市场是中国房地产市场化改革最关键的一环，没有土地这一环节的市场化，房地产的市场化就无从谈起，甚至相当多的涉及房地产行业的市场化改革都受到影响（如外资工商业投资中国没有土地的市场化就无法实现）。国有土地的市场化改革最先取得突破并日趋成熟。农村集体土地的市场化改革也在不断探索。

（九）向民间投资、外资大幅开放准入领域

在计划经济体制下，各领域都是国有企业（单位）的天下。在改革开放过程中，国家曾经几次发布政策，鼓励民间投资和外资投资，向他们开放投资领域。关于民间投资，2005年2月19日，国务院印发《关于鼓励支持和引导个体私营等非公有制经济发展的若干意见》，内容包括加快非公经济发展的36条措施。其中，在市场准入方面有八条：贯彻平等准入、公平待遇原则；允许非公有资本进入垄断行业和领域；允许非公有资本进入公用事业和基础设施领域；允许非公有资本进入社会事业领域；允许非公有资本进入金融服务业；允许非公有资本进入国防科技工业建设领域；鼓励非公有制经济参与国有经济结构调整和国有企业重组；鼓励、支持非公有制经济参与西部大开发、东北地区等老工业基地振兴和中部地区崛起。2010年国务院再次通过《关于鼓励和引导民间投资健康发展的若干意见》提出民间投资的"新36条"，与2005年的36条措施相比，允许民间投资进入的领域更加宽广，国民经济绝大多数领域都已经向民间投资开放。利用外资则用产业政策进行规范，规定允许外资进入的领域和禁止进入的领域。2007年10月31日，国家发展改革委、商务部发《外商投资产业指导目录（2007年修订）》《外商投资产业指导目录（2011年修订）》经国务院批准发布，自2012年1月30日起施行，2007年目录同时废止。

（十）国有企业的市场化改革

企业的市场化改革是市场主体的市场化改革。对于私营个体经济、外资及港澳台商投资企业，不管其采用什么类型的公司注册登记，都直接成为完全意义的市场化主体。企业的市场化改革主要是国有企业的市场化改革（如本章前面国有企业改革所述），在国有企业改革中，对一部分国有企业直接进行了处置，国有企业从一大批一般竞争性行业退出，这些企业后来成为完全市场化主体。对于国有骨干企业则进行改制，使其适应市场化需求。这些企业的改革至今仍在进行之中，因为在这些企业中仍然或多或少地存在不适应市场需要的体制和机制。当前对国有企业进行的混合所有制改革也是市场化改革。

（十一）建立公平、公正、统一的全国大市场，维护市场秩序

1. 市场经济离不开公平、公正、统一的市场。改革开放初期，市场的秩序并不太好，主要有两大问题：一是地方保护主义盛行，导致低效小企业（甚至出现每县都有啤酒厂）

遍地开花；二是假冒伪劣商品多，打假困难。为解决这两大难题，国家进行了工商和技术监督行政管理体制改革，采取了省以下垂直管理体制，同时提高了这两个部门的级别。2001年，上述两机构分别由原来的副部级的"局"，提升为正部级的"总局"（国家工商总局和国家质量监督检验检疫总局），为建立全国统一大市场奠定了坚实基础。

2. 建立社会主义市场监管法律体系。市场监管，一是靠人，二靠制度。改革开放后，从工商系统到质量监督管理系统，都分别制定了一系列的法律制度来规范市场主体的市场行为，为监管提供了有力的法律依据。

第十五章 科学技术是第一生产力

在中国社会主义建设探索时期,国家就极为重视科技事业,在极为困难的条件下制造出"两弹一星"①,表明了中国科技的能力和潜力。改革开放后,科技得到国家高度重视。

"科学技术是第一生产力"的指导思想首先确立。在 1978 年 3 月召开的全国科学大会上,邓小平提出"现代化的关键是科学技术现代化""知识分子是工人阶级的一部分""科学技术是生产力"等论述,迎来了科学的春天。1985 年,党中央做出《关于科学技术体制改革的决定》,大大解放和发展了科学技术生产力。1986 年,高技术研究发展计划("863 计划")启动,促进农民致富的"星火计划"和促进科技转化的"火炬计划"也随后启动。1988 年,邓小平提出"科学技术是第一生产力"。1995 年召开的全国科学技术大会发布《关于加速科学技术进步的决定》。1997 年,国家重点基础研究发展规划("973 计划")开始实施。1999 年,全国技术创新大会召开,发布《关于加强创新发展高科技实现产业化的决定》。2006 年再次召开全国科学技术大会,制定了《国家中长期科学和技术发展规划纲要 2006—2020 年》,发布了《关于实施科技规划纲要增强自主创新能力的决定》。中国每年召开科技奖励大会,最高奖励人民币 500 万元,国家领导人每年出席大会,充分体现了党和政府领导人对科技事业的高度重视。

第一节 农业科技发展

农村联产承包制度改革,是中国改革开放的源头,具有深远的历史意义。但是,联产承包制度改革只是引起中国农村发生深刻变化的重要因素,而不是决定性因素。联产承包制度改革只是适应当时生产力水平(小农经济,"犁+牛+手工工具"劳动)进行了生产组织方式的正确改革(生产方式即生产关系改革),有效调动了农民的生产积极性,真正引起农村发生深刻巨变的是农业科技,确切地说是选育良种的先进技术、农业机械化、农药、化肥让农村发生了深刻变化。

杂交水稻的出现引领了中国农业科技事业的发展,具有深远的历史意义和重大的现实

---

① "两弹一星":原子弹、氢弹合称核弹,此为一弹,导弹为另一弹;"一星"指人造卫星。

意义。20 世纪 70 年代末期,农业科学家袁隆平繁育的杂交水稻在湖南省开始试种,并收到立竿见影的效果,粮食单产由过去的 400 斤左右一下猛增到 600—700 斤,长期面临的粮食季节性短缺问题立刻化解,良种技术大显神威。

各类作物良种纷纷出现。小麦育种专家李振声、玉米育种专家许启凤、棉花育种专家喻树迅等众多农业专家扎根田间地头,纷纷展开科技研究、攻关,各地高产良种你追我赶,层出不穷,适应各地气候、土壤特点的高产作物品种不断涌现,各类作物单产节节攀升。

1978 年中国粮食每亩单产平均 337 斤,其中稻谷 530 斤①,小麦 246 斤,玉米 374 斤,棉花 59 斤(皮棉)、花生 179 斤。2015 年平均粮食产量达到 798 斤,棉花 197 斤(皮棉),花生 475 斤。中国现在的水稻单产普遍在 1 000 斤以上,小麦 800—900 斤也很常见,玉米单产多在 1 500 斤以上。粮食单产提高,优良种子科技功不可没。

耕种方式的变革也为提高产量助了一臂之力,中国现代农业耕种方式与传统的耕种方式相比发生了很大变化。就播种而言,玉米种植基本实现机器播种,有的实现播种和施肥同时进行,水稻则由过去育秧插秧改为抛秧、直接撒播种子等方式,棉花则采用育苗带土移栽方式。播种方式的变化使秧苗苗壮苗齐,精准的施肥则使庄稼用肥更省,长势更好。传统的中耕方式现在越来越少,除草则基本采用除草剂,节省了大量人工。粮食收割基本实现机械化。

农业机械化的基本实现是中国改革开放重大成就。至 2016 年,东北平原、华北平原的玉米、小麦生产已经基本实现机播机种,机械收割。南方的水稻等粮食生产机收、机种基本普及。随着 2016 年底推出的中国农村土地三权分立体制(土地所有权、承包权和经营权)的确立,土地实现顺利流转,其他主要农业经济作物种植,如棉花采摘等机械化,也将快速普及。

中国农业机械化水平进步巨大:1952 年农业机械总动力为 25 万马力,农用大中型拖拉机 1 307 台,联合收割机 284 台;1981 年农业机械总动力为 21 319 万马力,农用大中型拖拉机 792 032 台,联合收割机 31 268 台;2015 年农业机械总动力为 111 728 万马力,农用大中型拖拉机 607 万台,联合收割机 158.54 万台(平均一个村 2 台以上)(2014 年数量)。农业机械化程度越来越高。

农药、化肥生产技术的进步是中国农业发展、产量提高的重要保障。社会对农药、化肥作用的认识有一定的矛盾,但农药、化肥对农业高产的保障作用是不可低估的。中国建立了庞大的农药、化肥生产体系,农药从改革开放前的高毒农药向高效低毒农药转变,农药毒性大大降低,针对不同虫害特点的不同农药在科研人员的努力下纷纷出现。生物治虫技术的应用也越来越广泛。中国是世界各类化学肥料的最大生产国和消费国,各类化肥品种齐全,除钾肥有部分进口外,其他均可以大量生产,自给有余。充足的农用化肥生产能力可以完全满足农业生产的需要。

1952 年,中国农用化肥产量 3.9 万吨(按折合有效成分 100% 计算,下同),化学农

---

① 根据《中国统计年鉴》计算,作者体验略有疑问,实际比此数可能稍低。

药仅 0.2 万吨；1981 年农用化肥产量达到 1 239 万吨，其中氮肥 985.7 万吨、磷肥 250.8 万吨、化学农药 48.4 万吨；2015 年农用氮磷钾化肥产量达到 7 432 万吨，其中氮肥 4 971 万吨、磷肥 1 857 万吨、化学农药原药 374 万吨。农药化肥的大量生产为农业产量的提高奠定了坚实基础。

第二节 科技助推中国工业发展

中国新"老三件"的更新换代折射了中国工业的变化。20 世纪 80 年代，中国工业发展加快，中国年轻人结婚需要配置的"老三件"为自行车、手表、缝纫机。20 世纪 90 年代，彩电、冰箱、全自动洗衣机成为"新三件"，是那个时代消费的新宠。进入 21 世纪"新三件"已经演变为电脑、轿车和商品房这些动辄上万，甚至数十万元（大城市几百上千万）的大宗消费品。"三件"的变化充分体现了中国工业科技的发展演变，到 2016 年，几乎人手一部的手机（包括智能手机）在"新三件"中都排不上号。

不可否认，中国工业发展取得了巨大成就，中国从一个农业国发展为一个工业大国，成为世界工厂，也许技术有相当部分还不是世界一流，但成为工业大国、世界工厂本身就是了不起的成就。要知道，中华人民共和国成立之初，中国还是一个大量使用洋火、洋灰、洋油、美孚灯、洋钉（中国在相当长一段时间内对火柴、水泥、煤油、煤油灯、铁钉的称呼）的落后国家，能把世界先进的技术广泛引入为己所用，虽然算不上世界的科技进步，但仍然是中国科技的巨大进步。需要特别指出的是，对于广大发展中国家来说，利用世界已有科学技术发展本国生产，同样是科技领域的重大成就，而不一定要刻意追求在世界范围内的新的发明创造，下文提到的中国的产业进步，基本都属于这类科技进步。从中华人民共和国成立到经历改革开放近 40 多年，中国建立起世界范围门类最齐全的工业体系，大多数工业产品产量都居世界第一位。在中国成为工业大国过程中，世界已有科学技术的应用功不可没，中国工业界的急起直追更是成就巨大。

一、纺织、服装 鞋帽生产

几乎所有工业大国都一度成为纺织大国，中国也不例外。1978 年中国布的生产量为 110.3 亿米，2000 年为 277 亿米，2013 年最高产量达到 897.6 亿米。中国生产的布料，按世界人口计，人均 12.5 米。中国生产的服装，1963 年为 2.56 亿件，1981 年为 10 亿件，2014 年达到 299 亿件；中国生产的皮鞋，1957 年为 2 529 万双，1981 年为 2 亿双，2014 年达到约 45 亿双。中国作为纺织、服装、鞋帽生产大国的地位不可动摇。但是，在纺织、服装、鞋帽生产领域，中国作为生产大国而非强国的特征比较明显。高端顶级面料的生产技术还跟不上世界先进水平，各种名牌服装在中国都有大量生产，但中国生产企业只能拿到少量的加工费，获益甚少，世界服装名牌巨头则通过品牌获得巨大收益。中国产品的品牌在世界市场上知名度、认可度还比较低,还无法与知名品牌竞争。中国服装在商业经营理念及盈利模式上,与世界发达国家差距巨大。

二、家具制造

自1985年我国有家具制造统计以来,1985年中国生产11 642万件,到2014年生产77 788万件。

三、医药行业

中华人民共和国成立之初,中国的医药生产底子很薄,当时世界上的先进药物基本不能生产。1952年,化学药品原药生产量仅0.01万吨,1978年增加到4.07万吨,2014年增加到303.4万吨,虽然还有一些特效药品和器材不能生产,但是绝大多数药品在中国都能生产,药品的丰富、医疗保障水平的提高使中国人均寿命接近发达国家水平。

四、化学纤维生产

在中华人民共和国成立初期,化学纤维生产是一片空白,到1957年才有少量生产,但产量仅0.02万吨,1978年增加到28.46万吨,2014年达到4 389.75万吨。

五、水泥、玻璃等建材生产

中华人民共和国成立之初,中国水泥生产量很少,1950年仅生产141万吨,当时水泥大量进口,被称为"洋灰"。到1978年,水泥生产量达到6 524万吨,2014年达到249 207万吨。美国地质调查局2015年1月数据显示,2014年全球水泥产量为41.8亿吨,中国生产的水泥达到全世界水泥产量的60%(实际为59.6%),2014年美国水泥产量为8 100万吨,为世界第二大水泥生产国,日本生产5 791万吨,水泥都用于工程建设,可见中国的建设规模有多大。中国作为水泥生产超级大国名副其实。世界水泥生产的先进技术在中国应用普及,余热发电应用增加。

1950年,中国平板玻璃产量135万标准箱,1978年增加到1 784万重量箱,2014年达到83 128万重量箱。中国玻璃的产量占世界的比重估计也在50%以上。

六、钢铁生产

1950年,中国粗钢产量61万吨,1978年增加到3 178万吨,2014年达到82 231万吨。据统计,2014年全世界粗钢产量16.6亿吨,中国占49.5%。在2016年全球钢铁企业产量前10位排名中,中国有5家企业上榜,分别为河北钢铁集团、上海宝钢集团、江苏沙钢集团、辽宁鞍钢集团、首钢集团。但也需要指出,2016年全球钢铁企业竞争力排行榜前10名中,中国没有一家企业上榜,表明中国钢铁企业大而不强。从技术上讲,中国既能生产航母用、飞机用、深海用特殊钢材,也能生产圆珠笔笔头用钢材等,虽然尚有一些特殊钢材生产质量还达不到世界最高水平,但中国的钢铁生产无疑为经济的高速增长和国家建设做出了巨大贡献。

七、有色金属生产

2002 年，我国铜、铝、铅、锌等 10 种常用有色金属产量一举超越美国，成为世界有色金属生产第一大国。2014 年，我国 10 种常用有色金属产量达 4 696 万吨，占全球总产量的 40% 以上，铜加工材产量达 1 797 万吨，连续 11 年居世界第一位；铝加工材产量 4 014 万吨，连续 9 年居世界第一位。2001—2014 年，我国 10 种常用有色金属产量从 883.7 万吨增至 4 696 万吨，年均增长 13.6%，连续 13 年居世界第一位。

2014 年中国精炼铜（电解铜）产量达到 764 万吨、铅 407 万吨、锌 583 万吨、镍 32 万吨、锡 18.7 万吨、锑 25 万吨、原铝（电解铝）2 753 万吨、镁 87 万吨。

八、汽车生产

在中华人民共和国成立时，中国的汽车工业是一片空白。第一汽车制造厂 1953 年奠基兴建，1956 年建成并投产，制造出新中国第一辆解放牌卡车，这是中国汽车工业的开端。1958 年，新中国第一辆东风牌小轿车和第一辆红旗牌高级轿车出厂。1956 年，我国汽车产量 0.17 万辆，1971 年达到 11.1 万辆，1978 年为 14.9 万辆，1980 年达 22.2 万辆；此后，汽车生产突飞猛进，1988 年达到 64.5 万辆，1992 年突破 100 万辆，达到 106.7 万辆，2004 年达到 509.1 万辆，2009 年达到 1 379.5 万辆，2017 年 2 902 万辆。从 2009 年开始，至 2017 年，中国连续 9 年成为世界最大的汽车生产大国。也应该看到，中国汽车制造大而不强的问题比较突出，发动机制造相对落后，汽车设计与世界顶级还有差距，生产的汽车主要用于内销，国际竞争力不强。

从生产品种看，中国不仅能生产家用小汽车，还能生产各类运输用载货（包括重型）汽车、客车、特种车辆，用电力驱动的新能源汽车近年发展步伐也在加快。

九、船舶生产

中国自古就是造船大国，但现代造船业很落后，100 多年来，从江南机器制造总局发展而来的江南造船厂见证了中国造船业由弱到强、走向复兴的历程。

新中国成立之初，船舶建造发展速度较慢，从 1968 年成功建造万吨轮，到改革开放之初，造船规模始终不大，只有 100 多万吨。目前我国出口船舶占造船产量比重已经从改革开放之初的 2% 上升到 70% 以上，年出口船吨位由 1981 年的 6 万吨上升到了 2010 年的 5 500 万吨。2002 年以来，中国造船产量以年均 35% 以上的速度递增，2005 年首次超过 1 000 万吨大关，达到 1 309 万吨，成为世界造船格局中的重要一极。2010 年，中国造船完工 6 560 万载重吨，新接订单 7 523 万载重吨，手持订单 19 590 万载重吨，船舶业三大指标分别占世界市场的 43%、54%、41%，均居世界第一位[①]。2014 年中国仅民用钢质船

---

① 王炜：" 大船、大时代、大梦想——中国船舶工业发展纪实"，《人民日报》，2011 年 8 月 9 日。

舶生产量便达到 4 852 万载重吨。

如今，中国不仅能建造散货船、油船等常规船型（有的一艘在 30 万吨以上），还成功建造了液化天然气（LNG）船、万标箱级集装箱船、30 万吨浮式生产储油船（FPSO）、3 000 米半潜式钻井平台等一大批高技术高附加值船舶。中国还能自主建造航空母舰、潜艇等系列军用船舶。中国造船能力已跃居世界第一位。

十、计算机生产

在中国，计算机的出现较晚，微型计算机设备 1986 年生产了 4.2 万台，1996 年生产 138.8 万台，2002 年 1 463.5 万台，2010 年生产了 24 584 万台，2013 年达到最高水平，生产了 35 348 万台。中国成为计算机第一生产大国。

在计算机生产领域，中国大而不强的问题最为突出。在计算机硬件方面，使用的核心部件尤其是芯片（如 CPU），主要由美国、日本、韩国等国生产，软件主要由美国生产。

十一、发电

1950 年，中国发电量为 46 亿千瓦时，到改革开放初期的 1980 年，达到 3 006 亿千瓦时。改革开放后，电力工业作为基础产业，继续受到国家高度重视，保持快速发展势头。2015 年，中国发电量达到 58 146 亿千瓦时。

中国建立了火电、水电、核电、风电和太阳能发电等多种发电方式的电力生产体系。至 2014 年，中国发电装机容量达到 132 855 万千瓦，其中火电设备装机容量 93 569 万千瓦，水电设备装机容量 27 182 万千瓦，核电设备装机容量 2 032 万千瓦，风电设备装机容量 7 891 万千瓦。

中国目前的发电量和发电设备装机容量都居世界第一位，2014 年中国发电量比第二名的美国多出 38%。未来，中国和美国发电总量的差距将进一步拉大。

中国建立起了全世界最大的供电网络系统，超高压远距离输送变电居世界一流水平。

十二、日益崛起、强大的装备制造业

在装备制造行业，中国也取得了较大成就。发动机生产基本从无到有，1957 年产量为 50.78 万千瓦时；1980 年 1 869 万千瓦，2014 年达到 214 105 万千瓦。

发电设备制造 1950 年为空白，1979 年生产了 621.2 万千瓦，2014 年生产量达到 15 053 万千瓦，比一个中等国家的全部发电设备装机容量规模还要大。

金属切削机床 1950 年产量仅 0.33 万台，1980 年增至 10.26 万台，2012 年增至 88.68 万台。

铁路运输装备，尤其是高铁装备生产基本已经步入世界领先行列。

中国的建筑机械制造也取得了非凡成绩，产品行销世界。

C919 大飞机 2017 年迎来首飞，歼 20 机型研究阶段基本结束，已经开始少量装备部队，歼 31 战斗机研制有条不紊，运 20 重型运输飞机研制结束，已经开始装备部队，全球

在研最大的水陆两栖飞机 AG600 也已经总装下线。

从以上资料来看，中国工业发展改革开放前和改革开放后这两个阶段都取得了重大成就。由于改革开放前这一阶段执行以发展重工业为主的方针，采取不太注重效益的大锅饭制度，企业生产产品多，创造的增加值少，加之满足发展需求的建设资金极度缺乏，创造的有限增加值多数用于积累、用于投资，用于改善人民生活的资金偏少，这是这一阶段的发展缺陷。

从科学技术进步看，我国的工业技术进步有的靠引进（特别是早期），有的是通过自身研究取得。引进的技术是对现有工业文明的利用。不可否认，外国先进技术对中国经济发展的促进作用是明显和有益的，虽然我们最早只是赚了少量的加工费，但是我国通过引进技术消化吸收创新，在相当多的领域已经由过去的学生变成老师，已经超越原来的技术，成为行业的引领者，如许多家用电器的生产。经过长期发展，中国技术进步方面取得的成就巨大，而且许多技术进步是通过自力更生所取得的，并且是在西方国家对中国采取严密技术封锁的情况下取得的。在家电生产、高铁、建筑机械等领域，我国已经拥有一流技术，在汽车、飞机等领域正在取得重大突破。

中国工业领域迄今已经取得了举世公认的巨大成就，但也要看到，当今中国工业发展也面临一些突出的问题，主要是多数工业大而不强的问题。在世界工业发展竞争日趋激烈的时代，中国自身面临工业发展要素成本急剧上升，竞争优势减少，在相当多领域还不掌握核心技术，生产虽然多，但利润微薄，利润的大头都被掌握核心技术的发达国家拿走；中国商品生产者的商业经销模式比较简单落后，对市场的掌控能力和多渠道获取利益的能力薄弱。这些问题的存在制约着中国从制造业大国升级成为制造业强国，中国要成为制造业强国，实现工业的转型升级，必须着力从核心技术上，从商业经营模式上取得突破。

第三节　建筑设计施工水平日益提升

历史上，中国建设的超级大工程如长城和京杭大运河让世界感叹。但从清朝末年到中华人民共和国成立，中国陷入困境，成为世界上落后国家，建设几乎停滞。从中华人民共和国成立到 2016 年，中国建筑设计施工水平有显著提高，中国建筑工程队伍已经跻身世界顶级建筑设计施工队伍，中国建筑设计建造的众多大型工程又重新让世界刮目相看。

中华人民共和国成立初期的人民大会堂、中国历史博物馆与中国革命博物馆、中国人民革命军事博物馆等代表了当时中国建筑水平。南京长江大桥 1959 年开工，1968 年建成通车，历时 10 年。该工程在那个时代被称为中国超级工程。1985 年 11 月，年产 300 万吨钢的宝山钢铁一期工程建设按照计划节点一次性投产成功，宝钢二期和三期工程又分别于 1991 年 6 月和 2000 年 6 月建成投产。经过 30 多年发展，年钢产量 4 000 多万吨的宝钢已是全球钢铁企业四强之一。这是中国超级工业项目之一。

1995 年成立的神华集团有限责任公司成为超级煤炭企业，2014 年煤炭生产产量达 4.7 亿吨。截至 2015 年底，神华集团公司投运电厂总装机容量 7 851 万千瓦，拥有 2 155 千米的自营铁路、2.7 亿吨吞吐能力的港口和煤码头以及拥有 40 艘船舶的航运公司，总资产 9 314 亿元。

2015 年，中国建材水泥熟料产能达 3.1 亿吨，海螺水泥产量达 1.9 亿吨，是世界知名超级水泥企业。

青藏铁路被誉为"天路"。它东起青海西宁，南至西藏拉萨，全长 1 956 千米。西宁至格尔木段较早建成。青藏铁路格拉段东起青海格尔木，西至西藏拉萨，全长 1 142 千米，其中新建线路 1 110 千米，海拔 4 000 米以上的路段 960 千米，多年冻土地段 550 千米，翻越唐古拉山的铁路最高点海拔 5 072 米，是世界上海拔最高、在冻土上路程最长的高原铁路。

由贵州、云南两省合作共建的世界第一高桥：杭瑞高速贵州省毕节至都格北盘江大桥，桥面至江面高差达 565 米，是目前世界第一高桥。

京沪高速铁路由北京南站至上海虹桥站，全长 1 318 千米，纵贯北京、天津、上海三大直辖市和冀、鲁、皖、苏四省，总投资约 2 209 亿元，设 23 个车站，设计速度 380 千米/小时，建设时间仅 3 年多，是中国速度的真实写照，是一次性建成的最长里程高铁。

南水北调工程，是把中国长江流域水资源输送到华北和西北地区，从而改变中国水资源分布格局的重大战略性工程。南水北调工程有东线、中线和西线 3 条调水线路，总投资额 5 000 亿元人民币。南水北调工程规划最终调水规模 448 亿立方米，其中东线 148 亿立方米、中线 130 亿立方米、西线 170 亿立方米，建设时间约需 40—50 年。南水北调工程 2002 年开工建设。南水北调东线工程于 2013 年 5 月 30 日试通水。2014 年 12 月 12 日，南水北调中线正式通水。至 2017 年，西线工程尚未开工。

杭州湾跨海大桥北起浙江省嘉兴市海盐郑家埭，南至宁波市慈溪水路湾，全长 36 千米。杭州湾跨海大桥于 2003 年开工，2007 年贯通，2008 年 5 月 1 日启用。大桥总投资超过 160 亿元。该桥也为中国巨型桥梁工程。

港珠澳大桥是一座跨海大桥，连接中国香港大屿山、澳门半岛和广东省珠海市，全长 49.968 千米，主体工程"海中桥隧"长 35.578 千米，其中海底隧道长约 6.75 千米，桥梁长约 29 千米，工程预算总投资约 727 亿元，2009 年开工建设。

中国还有如"五纵七横"国道主干线工程，为世界最大规模高速公路网络工程。西电东送工程、西气东输工程等都是投资额巨大的世界超级大工程。首都国际机场 T3 航站楼为世界最大单体建筑。

第四节　中国高科技崭露头角

中国经过多年的奋力追赶，与世界先进科学技术的距离逐渐缩小。2010 年以后，中国科学技术更是取得长足进步，有些方面已经接近西方发达国家水平，少数领域已经赶上西方国家。应该看到，虽然我国高科技领域整体来看与西方国家还有不小距离，但我国这一领域的发展迅猛，可谓日新月异。

一、主要成就

"两弹一星"：原子弹、氢弹合称为一弹，导弹为另一弹；一星指人造卫星。1964 年，中国制造出第一颗原子弹，1967 年爆炸了第一颗氢弹，1970 年人造地球卫星"东方红 1 号"发射成功（包括后来返回式卫星发射成功）。"两弹一星"的研制成功极大加强了中国的国际地位和国际影响力。

杂交水稻的出现。1973 年左右，科学家袁隆平研制成功杂交水稻。20 世纪 70 年代末期，杂交水稻开始大面积推广种植，产量普遍提高 30% 以上。2014 年，袁隆平在湖南省溆浦县横板桥乡红星村的超级杂交稻"Y 两优 900"试种，测得平均亩产 1 026.70 千克。袁隆平的杂交水稻还为众多亚洲和非洲国家的粮食增产做出了贡献。除水稻优良品种外，中国农业科学家在小麦、玉米、棉花等众多的粮食作物和经济作物种植方面都极大地改良了品种，提高了产量。

胰岛素合成。1965 年，我国科学家终于完成了结晶牛胰岛素的合成。

接近解决哥德巴赫猜想。1966 年，我国数学家陈景润在经过多年潜心研究之后，成功地证明了"1＋2"，即"任何一个大偶数都可以表示成一个素数与另一个素因子不超过 2 个的数之和"。这一小步却很难迈出。"1＋2"被誉为"陈氏定理"。

人工合成青蒿素。20 世纪 80 年代，科学家屠呦呦人工合成天然青蒿素。2015 年，她因此获得诺贝尔医学奖。

北京正负电子对撞机对撞成功。1988 年，我国第一座高能加速器——北京正负电子对撞机首次对撞成功，是我国继"两弹一星"研制成功后在高科技领域的又一重大突破性成就。

世界最大的射电望远镜建成。由中科院国家天文台主持建设，位于贵州省平塘县大窝凼洼地的世界最大单口径射电望远镜——500 米口径球面射电望远镜（Five-hundred-meter Aperture Spherical Telescope，缩写成 FAST），于 2016 年 9 月全部建成并初步投入使用，成为世界上现役的口径最大、最具"威力"的单天线射电望远镜。它可使中国天文研究装备保持约 30 年领先。

世界运算速度最快的大型计算机研制进步神速。从 20 世纪 50 年代，中国便持续进行超级计算机研制。1983 年研制成功每秒峰值运算速度千万次计算机，1995 年"曙光 1000"每秒峰值运算速度 25 亿次，2004 年每秒峰值运算速度 10 万亿次的"曙光 4000A"首次跻身全球超级计算机"十强"。2010—2015 年，中国"天河二号"连续 6 年成为全球超级计算机冠军。2016—2017 年，中国"神威太湖之光"计算机夺冠。这标志着我国超级计算机研制能力已位居世界先进行列。2018 年，美国多年之后重夺全球超级计算机冠军。相信中国今后仍然能够再次领先。

神舟系列飞船升空，太空站试验成功。中国自主研究的太空飞船"神舟一号"1999 年 11 月 20 日发射升空。经过几次试验发射飞行，2003 年 10 月 15 日，中国首个载人太空飞船"神舟五号"发射升空，杨利伟成为中国太空飞天第一人。2011年11月1日，"神舟八号"无人飞船与此前发射的"天宫一号"进行了空间自动交会对接。2012年6月16日，"神舟九号"载人宇宙飞船发射升空，与目标飞行器"天宫一号"分别进行了空间自动和手动交会对接。2016年10月17日，"神舟十一号"飞船发射升空，共载3名航天员与"天宫二号"空间实验室进行交会对接。成功对接后，3名航天员入驻"天宫二号"进行长达1个月的空间试验。

大推力运载火箭研制成功。2016年11月3日，大推力运载火箭"长征五号"发射升空。火箭采用5米直径芯级，捆绑4枚3.35米直径助推器，全长约57米，起飞重量约870吨，起飞推力超过1 000吨。中国已经为2020年建成太空站打下良好基础。

探月工程稳步推进。中国探月工程亦称嫦娥工程，于2003年3月1日正式启动，整个计划历时20年。2007年10月24日，"嫦娥一号"成功发射升空，在圆满完成各项使命后于2009年按预定计划受控撞月。2010年10月1日，"嫦娥二号"顺利发射，也已圆满并超额完成各项既定任务。2012年9月19日，探月工程进行了"嫦娥三号"卫星和玉兔号月球车的月面勘测任务。2014年10月24日，"嫦娥五号"试验器在西昌卫星发射中心发射成功。2014年11月1日，探月返回器成功在内蒙古自治区预定区域降落。

"悟空号"发射升空。中国首颗暗物质粒子探测卫星"悟空号"于2015年12月17日发射升空。作为我国第一颗空间高能粒子探测器，暗物质粒子探测卫星承载着很多中国独有的技术。与国际上同类型空间探测设备相比，中国的暗物质粒子探测卫星具有鲜明的特点：能量分辨率最高、工作能段高、技术较先进。

核聚变研究跻身世界领先行列。2016年1月28日0点26分，全超导托卡马克核聚变实验装置EAST成功实现了电子温度超过5 000万℃、持续时间达102秒的超高温长脉冲等离子体放电。这是国际托卡马克实验装置上电子温度达到5 000万℃续时间最长的等离子体放电，展示了EAST作为超导装置在较高参数下开展稳态实验研究的特长和能力。这一里程碑性的成果标志着我国在稳态磁约束聚变研究方面继续走在国际前列[①]。

北斗卫星导航系统投入使用。中国北斗卫星导航系统是中国自行研制的全球卫星导航系统，是继美国GPS、俄罗斯格洛纳斯之后第三个卫星导航系统。北斗卫星导航系统空间段由5颗静止轨道卫星和30颗非静止轨道卫星组成。2020年6月北斗系统最后一颗全球组网卫星成功发射。覆盖全球。

世界首颗量子卫星发射升空。2016年8月16日，我国研发的世界首颗量子科学实验卫星"墨子号"成功在酒泉卫星发射中心用长征二号丁运载火箭发射升空。这将使我国在世界上首次实现卫星和地面之间的量子通信，构建天地一体化的量子保密通信与科学实验体系。

世界首台量子计算机诞生。这是中国科学技术在具有巨大商业前景的现代科学领域首次创造世界领先技术。2017年5月3日，中国科学技术大学潘建伟教授宣布，在光学体

---

① 龚先祖、王亮、常加峰、邵林明：《EAST物理实验获重大突破》中国科学院合肥物质科学院网站2016年2月3日。

系，研究团队在首次实现十光子纠缠操纵的基础上，利用高品质量子点单光子源构建了世界首台超越早期经典计算机的光量子计算机。潘建伟教授及其同事陆朝阳教授、朱晓波教授等，联合浙江大学王浩华教授研究组，在基于光子和超导体系的量子计算机研究方面取得了系列突破性进展。

深海科学研究设备初步达到国际领先水平。1994 年，中国第一台潜深 1 000 米的无缆水下机器人研制成功。2011 年 7 月 26 日，"蛟龙"号载人潜水器进行深海下潜试验，到达深度 5 057 米，2012 年 6 月 27 日，到达 7 062.68 米。2016 年 8 月 23 日，我国自主研制的"海斗号"无人潜水器成为我国首台下潜深度超过万米并进行科考应用的无人自主潜水器，其最大潜深达 10 767 米。2016 年，中国实现深海无线数据传输。

软件行业在世界市场崭露头角。中国的华为等企业已经成长为能够跟美国同类企业形成强劲竞争的国际知名企业。华为专注于 ICT 领域，已经成为全球领先的信息与通信技术（ICT）解决方案供应商。2015 年，华为实现销售收入 3 950 亿元人民币，净利润 369 亿元人民币。

可燃冰试采获得成功。据国土资源部中国地质调查局宣布，我国正在南海北部神狐海域进行的可燃冰试采获得成功，这也标志着我国成为全球第一个实现了在海域可燃冰试开采中获得连续稳定产气的国家。

总结中国改革开放后科学技术事业发展，对比国际科技前沿最高水平，中国科技事业取得的进步也许仍然有限，但与自身技术相比，成就巨大，特别是为中国经济发展提供了坚强有力的支撑，与最发达国家的距离进一步拉近。

二、主要路径

中国科技发展主要通过两条路径：

一是自力更生为主的不断创新。西方国家对中国实施技术封锁从来没有停止，中国自力更生创新技术的脚步也从来没有停止。中国的"两弹一星"便是完全自力更生的成果。对于西方封锁的技术，国家和企业投入力量进行攻关，在农业军工、工业等领域都取得了长足进步。中国原创技术虽然许多还不是世界最先进技术，但解决了我们的实际问题，而且拉近了与发达国家的距离。在大众创新万众创业的今天，中国创新的脚步更快了。

从 21 世纪头 10 年中期开始，中国研发支出加大，2000 年研发支出占 GDP 的 1%，2008 年达到 1.54%，2015 年达到 2.07%。中国科技投入已经接近发达国家平均水平。

随着科技投入的加大，中国科技界原创科技成果频频涌现，随着科技投入的进一步加大，将会有越来越多的处于国际前沿的科技成果涌现，科技创新对经济增长的贡献也将会更大。

二是引进消化吸收国际既有技术并在此基础上创新。改革开放初期，我国主要是引进消化国际既有技术。这一时期比较长，大体从改革开放开始到 21 世纪初。技术来源有两种，一是对于普通不受西方管制的工业技术，中国采用了"拿来主义"，购买西方成套设备生产线，通过交纳专利费使用西方国家技术，生产特定产品。这种形式较多，较为普遍。中国早期的电子产品的生产，包括彩电、冰箱、洗衣机等，均采用这种形式，并且产品大量出口。这一阶段的技术，多不是中国原创，也不一定是国际顶级技术，但切合中国国情，满足了当时的需要，这些来自西方的科学技术对中国经济增长的贡献很大。二是模仿。改革开放早期，在知识产权保护制度不太完备阶段，仿制品在中国国内有一定市场，后来因管理严格这种形式逐渐减少。

进入 21 世纪，中国在消化吸收西方技术基础上的技术创新在国际前沿崭露头角。2000 年以后，引进消化基础上的创新水平不断提高，高铁技术和电子电器产品生产技术都是最好的例证。

第十六章　对外开放

自 1978 年启动改革开放，中国政府便启动了对外开放工作，希望借助外国资金、技术、管理经验和外国市场推动中国经济迅速发展。中国的对外开放秉持循序渐进的路线，最终基本实现全方位对外开放目标，促进了中国经济持续快速发展。

第一节　循序渐进推进对外开放

中国的对外开放，是在国家充分统筹规划下，按照循序渐进的原则进行的。对外开放初期开放的范围不大、领域不多，主要集中在沿海开放地区，随着改革开放的深入，开放的范围和领域不断扩大和增多，不断向内地延伸①。

一、以沿海区域开放为重点的探索开放（1978—1991 年）

以党的十一届三中全会提出对外开放的基本国策为标志，中国结束了长期封闭状态。1979 年是对外开放的关键一年，中美建立外交关系，《中华人民共和国中外合资企业法》颁布，广东和福建两省率先开放。1980 年 5 月，中共中央决定建立深圳、珠海、汕头、厦门经济特区，1988 年又设立海南经济特区将它们作为我国对外开放的先导示范基地和经济体制改革的重要试验地。此后，我国沿海地区对外开放由点到线，由线到面逐步展开。到 20 世纪 80 年代末期，我国已形成较完善的沿海开放地带。1990 年 4 月，中共中央决定开发开放浦东新区，标志着开放由珠江三角洲向长江三角洲推进，是对外开放的重要升级。这一时期开放特点是：中国抓住"亚洲四小龙"产业升级，劳动密集型产业向外转移的机遇，发挥劳动力资源廉价而丰富的优势，大力发展劳动密集型出口加工业，为解决我国经济从计划经济向市场经济转轨阶段的大量问题发挥了重要作用。

---

① 中共中央国家机关工作委员会编：《伟大历程：中央国家机关改革开放 30 年回顾与展望》，人民出版社 2008 年版。

二、对外开放加速向纵深推进，全方位区域开放格局基本形成（1992—2000年）

以邓小平发表南方谈话为标志，中国在全国范围内开始全面推进对外开放，实行沿江和沿边开放，对外开放由沿海向内地纵深推进，全方位的区域开放格局进一步形成。这一阶段的开放特点是，紧紧抓住了发达国家资本密集型制造业和高技术产业中的劳动密集型环节向外转移的机遇，推进外贸体制改革，实施了一系列鼓励扩大开放的政策，大力发展出口导向型、资本密集型制造业和高新技术产业。这一阶段，外资开始大规模流入，对外贸易快速增长，中国经济的国际化程度不断提高。

三、对外开放基本与国际接轨阶段（2001年以来）

以2001年12月加入世界贸易组织（WTO）为标志，中国对外开放进入基本与国际接轨新阶段。加入WTO后，中国对外开放从过去的以政策性开放为主转变为全方位制度性开放。开放的领域由传统的货物贸易向服务贸易等领域扩展；对外经济体制改革全面深化，政府职能转变，行政管理体制取得突破；市场准入的程度进一步提升，市场环境更加改善、更加规范透明。中国与WTO其他成员国相互提供最惠国待遇，兑现当初加入WTO时的承诺，外资在中国实行同等国民待遇。这一阶段的特点是中国抓住了发达国家信息服务业向外转移的机遇，大力发展以信息技术（IT）产业为代表的高科技出口产业。这一时期外贸继续保持快速增长，是改革开放以来增长最快时期。

通过对外开放，中国形成了从沿海到内地的众多开放口岸，大幅降低了通关关税。

第二节　积极利用外资

对于发展中国家，发展的资金是最大的难题，许多发展中国家都面临这样的难题，如今的印尼、菲律宾、孟加拉国、巴基斯坦、尼日利亚甚至印度都面临同样的困难。当时的中国面临同样的困难，解决办法之一便是利用外国资金。

一、利用外资的资金使用特点

改革开放初期，中国利用外资主要有两种形式，一种是对外借款，另一种是利用外商直接投资或其他投资。对外借款一般由中国政府出面统借统还（由政府统借统还，政府安排统筹使用，进行严格控制），包括向外国政府贷款、向国际金融机构（世界银行、国际货币基金组织、亚洲开发银行等，多数有息，少量无息）贷款、其他借款等。利用外商直接投资或其他投资，我们用数据详细分析中国利用外资的实际状况。

（一）利用外资保持持续增长

从改革开放以来，中国利用外资保持持续增长态势。1983 年，这一数据仅 19.8 亿美元，其后经历了 1992—1993 年房地产热期间的快速增长和 2003 年到 2008 年经济快速增长两个快速增长阶段，中国利用外资增长迅速。2015 年，中国利用外资达到 1 262.7 亿美元，多年居世界第二位。中国利用外资还保持了约 20 年居发展中国家首位。

（二）外资利用的转变

利用外资由以改革开放初期国家统筹的统借统还为主转变为全部由外商直接投资。改革开放初期，国家对外商直接投资有严格条件限制，对外借款多数由国家出面统筹进行。随着中国的市场化改革推进，中国市场向外资开放幅度越来越大，限制越来越少，国家也不再进行统借统还利用外资工作，因此，2015 年利用外资均为外商直接投资。

（三）外资固定资产投资比例变化

利用外资用于固定资产投资的比例在改革开放早期相对比较高，在经济增长低潮时的 2000 年跌至 34.5%，但在随后的一轮经济快速增长时，该比例又快速上升，最高升至 2007 年的 86.2%。随后，该比重快速下降，2015 年已经降至 36.3%。固定资产投资是外商进入中国实体经济的主要途径，该比例的快速下降也表明外商投资通过固定资产投资活动进入中国实体经济明显减少。

（四）固定资产投资中利用外资的作用发生巨大转变

改革开放初期，外资在当时资金紧缺情况下发挥了重要的补充作用，占固定资产投资的 4% 左右。此后，外资在固定资产投资中的比重逐步加大，到 1996 年，利用外资占到固定资产投资的 11.8%，达到顶峰，成为中国固定资产投资的重要资金来源之一，一度发挥了十分重要的作用。之后，外资在固定资产投资中的作用逐年下降，到 2015 年该比率下降到 0.5%，已经微不足道。固定资产投资活动中，外资的作用已经发生深刻变化，在中国利用外资总量继续保持增加的情况下，这一方面说明外商直接投资的快速转向，另一方面说明中国固定资产投资活动对外资的依赖明显减少，中国自身建设资金充裕。

（五）外资投向发生根本转变

改革开放 40 多年，外资投向已经由主要用于工业转向用于第三产业，由用于固定资产投资转向用于非固定资产投资（见表 16-1）。1995 年，外商直接投资协议额中有 67.5% 用于工业投资，利用外资中有 57.1% 用于固定资产投资。2007 年，利用外资中有 54.2% 用于工业投资，有 86.2% 用于固定资产投资。2015 年，外资中只有 33.3% 用于工业投资，有 36.3% 用于固定资产投资。

表 16-1　中国改革开放以来利用外资情况

年份	利用外资		固定资产投资中的利用外资		
	总额（亿美元）	其中：外商直接投资（亿美元）	总额（亿美元）	占利用外资比重（%）	占固定资产投资资金的比重（%）
1983	19.8	10.6	33.7	170.3	3.9
1984	27	12.8	30.4	112.5	3.6
1985	25.1	19.6	31.2	124.1	4.4
1986	76.3	22.4	39.8	52.1	4.8
1987	84.5	23.1	48.9	57.9	5.9
1988	102.3	31.9	74.0	72.3	6.6
1989	100.6	33.9	77.3	76.9	6.3
1990	102.9	34.9	59.5	57.8	5.7
1991	115.5	43.7	59.9	51.9	5.8
1992	192	110.1	85.0	44.3	7.3
1993	389.6	275.2	165.6	42.5	9.9
1994	432.1	337.7	205.3	47.5	11.2
1995	481.3	375.2	274.9	57.1	11.7
1996	548.1	417.3	330.4	60.3	11.8
1997	644.1	452.6	323.8	50.3	10.6
1998	585.6	454.6	316.1	54.0	9.1
1999	526.6	403.2	242.4	46.0	6.7
2000	593.6	407.2	204.9	34.5	5.1
2001	496.7	468.8	209.1	42.1	4.6
2002	550.1	527.4	251.9	45.8	4.6
2003	561.4	535.1	314.1	55.9	4.4
2004	640.7	606.3	397.0	62.0	4.4
2005	638.1	603.3	485.7	76.1	4.2
2006	670.8	630.2	543.7	81.1	3.6
2007	783.4	747.7	675.0	86.2	3.4
2008	952.5	924	764.8	80.3	2.9
2009	918	900.3	676.9	73.7	1.8
2010	1 088.2	1 057.4	694.8	63.9	1.6
2011	1 177	1 160.1	783.7	66.6	1.5
2012	1 132.9	1 117.2	707.9	62.5	1.1
2013	1 187.2	1 175.9	697.4	58.7	0.9
2014	1 197.1	1 195.6	659.8	55.1	0.7
2015	1 262.7	1 262.7	458.3	36.3	0.5

注：固定资产投资中的利用外资额，理论上应该小于利用外资数，但在改革开放初期，可能因管理不够严格和统计渠道不同，造成前者大于后者，管理和统计规范后，数据恢复正常。

二、中国利用外资政策的逐步演变

（一）外资享受优惠待遇

改革开放初期，我国经济在计划经济体制下运行，国有经济占绝对主体地位，其次是集体经济，其他经济成分占比微乎其微。1979年，《中华人民共和国中外合资企业法》发布，突破之处在于没有设定外资控股比例的上限，即允许外资进行控股，但设定了中外合资企业外方持股的最低比例不能低于25%，因为最早的中外合资企业可以享受免税和减税的大量政策优惠，25%的比例是要求外商必须投入足够的资金，才能享受外资企业的优惠待遇。

中国政府曾经较长时间执行对外商的优惠政策。1980年五届全国人大三次会议通过并实施了《中华人民共和国中外合资经营企业所得税法》，1981年五届全国人大四次会议通过，自1982年1月实施了《中华人民共和国外国企业所得税法》。早期的外商投资企业主要享受15%的企业所得税优惠税率（在特区、高新技术开发区、沿海港口城市、西部地区鼓励投资的行业，外国企业按15%征收所得税，中国内资企业所得税一般为33%），生产性外商投资企业还享受自获利年度开始，二年免交，三年减半征收的所得税优惠政策，此外还单独设有再投资退税，出口企业和先进技术企业优惠、基础设施项目优惠，软件企业和集成电路企业优惠等各种优惠，在优惠政策刺激下，外商直接投资迅速增长。有的外商投资企业还会从一地搬迁至另一地，持续享受优惠政策，基本不纳税，实际与中国本地企业存在不公平竞争。

（二）外资与中国企业享受同等待遇

从2008年开始，中国政府统一内外资企业所得税税率，《中华人民共和国企业所得税法》于2008年1月1日起施行。新的企业所得税法体现了"四统一"：一是内外资企业统一实行新的企业所得税法；二是统一适用新的企业所得税税率；三是进一步统一和规范税前扣除办法和标准；四是统一税收优惠政策。在具体实施过程中，各地为保持对外商投资企业政策的连续性，保留了一个过渡阶段，即在上述时点之前登记注册的企业，按原合同规定在合同期内继续执行合同优惠。

（三）外商投资领域不断放宽

中国对外商投资的领域和方向由有关政策进行规范。1995年6月20日，原国家计委、经贸委、外经贸部首次联合发布《外商投资产业指导目录》和《指导外商投资方向暂行规定》，成为中国在规范外商投资、引导进出口贸易方面的首部法规，也是操作性最强的法规。此后，《外商投资产业指导目录》在1997年、2002年、2007年、2011年、2015年进行过修订，每次修订都会根据中国产业发展状况对前次目录进行调整，总的趋势是逐步放宽外资进入的领域，使外资进入的领域越来越多，但仍然保留了少数对外资有限制的领域。

三、利用外资的形式

（一）统借统还

统借统还是由中国政府统一对外借款，根据国家计划统筹安排使用资金（包括向外国政府和金融机构）。这些资金或由国家集中使用，或者投放给地方政府和企业，或者投向银行，借款本息由政府负责统一偿还。中国改革开放初期，这是利用外资的主要形式。例如，1981 年至 1985 年，基本建设投资资金来源中，利用外资 296 亿元，其中国家统借统还资金 201 亿元，占 67.9%。

（二）外商直接投资

外商投资有多种形式，早期以外资与中方合资、合作经营为主。

根据国家统计局统计制度中登记注册类型的相关解释，中外合资经营企业是指外国企业或外国人与中国企业（不含港、澳、台地区）依照《中华人民共和国中外合资经营企业法》及有关法律的规定，按合同规定的比例投资设立、分享利润和分担风险的企业。早期规定外方出资比例一般不能低于 25%。

中外合作经营企业是指外国企业或外国人与中国内地企业依照《中华人民共和国中外合作经营企业法》及有关法律的规定，依照合作合同的约定进行投资或提供条件设立、分配利润和分担风险的企业。它起初是广东省结合本省情况，对举办合资经营企业这种利用外资方式加以灵活运用的一种变通形式，后来扩展到更大范围。它在法律地位、组织形式上与中外合资经营企业基本相同，但在具体做法上的突出特点是开办时中方一般只以土地使用权投资，外方则以实物或现金投资。

外资企业是依照《中华人民共和国外资企业法》及有关法律的规定，在中国内地全额投资设立的企业。

外商投资股份有限公司是指根据国家有关规定，经外经贸部依法批准设立，其中外资的股本占公司注册资本的比例达 25% 以上的股份有限公司。凡其中外资股本占公司注册资本的比例小于 25% 的，属于内资企业中的股份有限公司。

对于来自中国港、澳、台地区的投资资金，各地参照利用外资进行管理，并给予相同优惠政策和进入领域的一定限制。

第三节　大力发展对外贸易

一、建立以社会主义市场经济体制相适应的外贸经营管理体制

（一）外贸管理体制变革

从对外贸易的管理看，改革开放以来也经历了对外贸易管理体制的几次重大改革。

最早管理对外贸易的政府机构为中华人民共和国对外贸易部（1952年8月至1982年3月）。1982年，对外贸易部与出口管理委员会、对外经济联络部和外国投资管理委员会合并为对外经济贸易部。1993年，对外经济贸易部更名为对外贸易经济合作部。2003年，国务院机构改革方案和《国务院关于机构设置的通知》（国发〔2003〕8号）发布，原国家经济贸易委员会内负责贸易的部门和原对外贸易经济合作部合并成中华人民共和国商务部，统一负责国内外经贸事务。商务部是主管国内外贸易和国际经济合作的国务院组成部门。这一机构一直运行到现在。

（二）外贸经营体制改革进程

从开展对外贸易的企业看，中国经历了以国有贸易为主渠道到开放对外贸易经营权的重大变化，经历了计划经济贸易体制到市场经济条件下的外贸体制的根本变化，适应了中国经济从计划向市场的转换。

1949年10月到改革开放初期，外贸体制为外贸统制专营，当时中国建立了由对外贸易部统一领导、统一管理，外贸各专业公司统一经营，实行指令性进出口商品计划和统负盈亏的高度集中的对外贸易体制。经营外贸业务的企业全部为国有企业，外贸活动基本由国家各家外贸总公司按国家计划垄断进行。

自改革开放开始，外贸领域也启动了改革。外贸领域改革初期是放权过渡时期，时间大体从1979年至1987年，简政放权是这一时期外贸体制改革的主要特征，主要包括允许留成外汇，允许外贸企业（包括中央和地方企业）不经对外贸易部批准进口非限制类商品。1984年，中国进行了外贸领域的重大改革，开始下放外贸经营权，高度集权的外贸总公司垄断全国外贸的局面被打破，各省及下属外贸组织开始成为外贸活动的主力军。这是外贸领域重大变革，标志着外贸活动国家各专业总公司垄断的结束，省一级外贸自主权扩大。1979年下半年至1987年，全国共批准设立各类外贸公司2 200多家，比1979年增加了11倍多，但这一时期仍以国有贸易为主。

从1988年起，国务院决定全面推行对外贸易承包经营责任制（1988—1990年）。这一改革打破了外贸"吃大锅饭"、干好干坏一个样的旧体制。承包制改革收到了一定效果，

但仍然存在一些问题，如没有完全自负盈亏、助长了局部利益的膨胀、加剧不平等竞争和企业行为短期化等。

1991—1993 年，外贸企业开始转变经营机制。改革把重点放在微观管理层，有两项重大措施：一是取消国家财政对出口的补贴，自负盈亏；二是统一政策优惠，改变按地区实行不同外汇比例留成的做法，实行按不同商品大类统一留成比例。

为吸引外国投资者来华投资，中国政府在改革开放之初就赋予所有外商投资企业自产产品的出口权和自用机器设备、原材料等的进口权。1993 年底，中国有外贸经营权的各类企业达 8 000 多家（不包括已投产的 8 万多家有出口权和自用机器设备、原材料等的进口权的外商投资企业）。

1994 年外贸体制改革是中国外贸体制改革中极其重要的一次。在这一年，国务院做出《关于进一步深化对外贸易体制改革的决定》，提出我国对外贸易体制改革的目标是：统一政策、开放经营、平等竞争、自负盈亏、工贸结合、推行代理制，建立适应国际经济通行规则的运行机制。之后中央推出了一系列重大改革：1994 年实现了计划和市场双汇率并轨改革，改变了不平等用汇状况，为市场化改革创造了条件。为解决外汇储备偏少的问题，国家对外贸进出口企业实现统一结汇制，全部取消外汇留成，并实行经常项目下人民币可兑换（创汇企业进口所需外汇按创汇金额的 50% 自由购买外汇）；不再给进出口企业下达外贸承包指令性计划指标（标志着外贸领域计划经济的中止）；进一步开放外贸经营权，赋予具备条件的国有生产企业、科研单位、商业物资企业外贸经营权；进一步开放进出口商品经营，减少数量限制；实现外贸企业与原主管部门脱钩；对外贸企业进行现代企业制度改革，改组国有外贸企业，推行股份制试点；进一步推行代理制。1991 年，国家外经贸部出台《关于对外贸易代理制的暂行规定》。1994 年 5 月 12 日通过的《中华人民共和国对外贸易法》标志着对外贸易全面走上法制化道路。加强出口退税，出口退税从 1994 年开始逐步过渡到中央财政统一退税。1995 年底，176 个税目的商品进口限制被取消。1996 年 4 月 1 日起，中国进口关税总水平由 35.9% 降至 23%。1997 年，国家对 5 个经济特区的生产企业自营进出口权实行登记制。1998 年，国家对确定的 1 000 家重点企业实行进出口权登记备案制。也是在 1998 年，外经贸部发文《关于赋予私营生产企业和科研院所自营进出口权的暂行规定》，非公经济进入外贸领域，标志着外贸企业真正市场化地位的确立。1998 年，纺织被动出口配额实行招标制，1999 年对 13 种出口商品配额实行有偿招标。

2001 年 12 月，中国加入 WTO，为解决加入 WTO 多边贸易体制相容性问题，中国对外贸法规进行大规模清理、修订和废止。截至 2002 年，中国清理法规 1 400 件，废止 559 件，修订 197 件。

2001 年，中国进一步放宽各类企业申请进出口经营权的资格条件，规定流通企业注册资本金不低于 500 万元（中西部地区 300 万元），生产企业不低于 300 万元（中西部地区、少数民族地区 200 万元）。

为兑现加入 TWO 时的承诺，从 2002 年 1 月 1 日起，中国将 5 300 多种商品进口关税算术平均税率降至 12%，加权税率由 9.5% 降至 5.56%。与此同时，取消对原油、钢材、农药、石棉、胶合板、灯草、二醋酸纤维丝束、氢化钠、聚酯切片、涤纶及部分机电产品的进口数量限制，改为自动进口许可管理。2004 年，成品油、汽车轮胎、天然橡胶的进口数量限制被取消，同时中国全面放开外贸经营权。根据 2004 年修订的《中华人民共和国对外贸易法》，自 2004 年 7 月起，中国政府对企业的外贸经营权由审批制改为备案登记制，所有对外贸易经营者均可依法从事对外贸易。2005 年，国家取消所有机电产品进口数量限制，并对粮食（小麦、大米、玉米）、棉花、植物油、食糖、羊毛及重要农业生产资料化肥，由原来的配额管理改为关税配额管理，2006 年过渡期结束后实行完全关税化。此外，中国还进一步扩大服务市场开放。中国认真履行加入世界贸易组织的承诺，为境外服务商提供了包括金融、电信、建筑、分销、物流、旅游、教育等在内的广泛的市场准入机会。在 WTO 服务贸易分类的 160 个分部门中，中国开放了 100 个，开放范围已经接近发达国家的平均水平。2010 年，中国服务业新设立外商投资企业 13 905 家。2010 年，中国关税总水平已经降至 9.8%，其中农产品平均税率降至 15.2%，工业品平均税率降至 8.9%，关税约束率自 2005 年起一直维持在 100%。至此，中国实施市场化贸易改革，融入世界贸易体系的任务基本完成①。

二、大力发展加工贸易

中国早期发展加工贸易，一方面是解决发展资金不足问题，另一方面是解决大量城乡富余劳动力就业问题。

（一）我国加工贸易的主要形式

1. 来料加工。来料加工是指外商提供全部原材料、辅料、零部件、元器件、配套件和包装物料，必要时提供设备，由我方加工单位按外商的要求进行加工装配，成品交外商销售，我方收取工缴费（委托加工费），外商提供的作价设备价款，我方用工缴费偿还。中国在 20 世纪 70 年代末至 80 年代初把对外加工装配业务作为利用外资的一种形式，在政策上加以保护和支持，因而发展迅速。加工装配贸易额在我国进出口总额中一度占有相当大的比重。

2. "三来一补"。"三来一补"指来料加工、来样加工、来件装配和补偿贸易。"三来一补"企业主要的结构是：由外商提供设备（包括由外商投资建厂房）、原材料、来样，并负责全部产品的外销，由中国企业提供土地、厂房、劳力。中外双方对各自不作价以提供条件组成一个新的"三来一补"企业；中外双方不以"三来一补"企业名义核算，各自记账，以工缴费结算，对"三来一补"企业各负连带责任。补偿贸易是以产品偿付进口设备、技术等费用的贸易方式。它既是一种贸易方式，也是一种利用外资的形式。"三来一补"企业自改革开放初兴起，经过一段时间兴盛后，到 2000 年左右逐渐减少。

---

① 张生玲、张丽平："我国外贸体制改革三十年理论回顾"，《国际贸易》，2008 年第 7 期。
裴长洪："中国建立和发展开放型经济的演进轨迹及特征评估"，《改革》，2008 年第 9 期。

3. 进料加工。进料加工指国内有外贸经营权的单位用外汇购买进口部分或全部原料、材料、辅料、元器件、配套件和包装物料加工成品或半成品后再返销出口国外市场。这是后来发展起来并发挥重要作用的一种贸易形式。

由于中国在发展对外贸易过程中创造了多种如上文所述的进出口贸易形式,且这些贸易形式都有一些共同的特点,于是便产生了对上述贸易形式的统一称谓,即加工贸易。

"加工贸易"是一国通过各种方式,进口原料、材料或零件,利用本国的生产能力和技术,加工成成品后再出口,从而获得以外汇体现的附加价值。加工贸易是以加工为特征的再出口业务,其方式多种多样。根据所承接的业务特点不同,常见的加工贸易方式包括:进料加工、来料加工、装配业务和协作生产。

中国加工贸易从无到有,直到发展壮大,再到后来明显减少,经历了一个长期过程。早期的加工贸易主要是来料加工,1980年来料加工进出口额为13.3亿美元,1987年增加到116.7亿美元,年均增长36.4%,在全国对外贸易中的比重由1980年的3.4%迅速上升到1987年的14.1%。1988—1991年的加工贸易以进料加工为主,1992年以后来料加工和进料加工都快速增长,加工贸易占进出口比重大幅攀升,到1995年,加工贸易1 320.7亿美元,已经占进出口总额的47%,1998年加工贸易1 730.4亿美元,占进出口总额的53.4%,达到历史最高点,之后开始逐步下降①。2016年前三季度,加工贸易出口占出口总额的33%,加工贸易所占比重已经明显下降。根据中国劳动力成本上升趋势,预计未来加工贸易比重还将明显下降。但是不可否认,加工贸易作为一种与普通贸易有很大不同的贸易形式,其产生和发展为中国经济发展做出了重要贡献。它直接快速形成中国制造能力,带来了新产品、新技术、新设备、新产业,促进了技术进步和产业升级,培养了熟练劳动力和技术、管理人才,创造了外贸顺差,为中国工业化提供了资金,为解决就业困难提供了大量工作岗位。

三、出口带动战略的理论与实践

(一) 出口带动战略的沿革

20世纪80年代,中国理论界学者分别开展了外向型经济发展战略讨论和国际大循环经济发展战略讨论。这些讨论在当时声势较大,对各级政府、行业和企业产生了相应影响,在此影响下的实践也如火如荼。

1994年12月,吴仪同志在"20世纪90年代中国对外贸易战略研讨会"上提出了涉及参与方广泛的"大经贸战略",外贸领域高层领导参与的理论研讨,无疑对中国外贸的实践产生了重要影响,大大促进中国外贸事业的发展。20世纪90年代末期,为了克服亚洲金融危机造成的困难,加速外贸大国向外贸强国推进,大力推动高新技术产品的出口,中国提出了"科技兴贸战略",时任外经贸部副部长张祥指出,"科技兴贸战略"的实施

---

① 高尚:《我国加工贸易转型升级对策研究》,天津大学硕士论文,2008年。

对中国外贸发展具有十分重要的意义。

关于出口带动战略，实际上在中国政府层面从没有制定过，更没有将出口带动战略上升为国家战略。但在实践上，中国制定了大量鼓励出口的政策措施，形成了中国出口带动的实际，而且出口带动对中国影响比较大，为拉动中国经济增长发挥了重要作用。另外，中国各级地方政府中，有不少地区将对外开放、出口作为地方战略，认真组织加以推动。还有的行业、企业，都将出口作为本行业、本企业的发展战略，均取得一定成效。

中国出口带动战略的实践是通过外贸领域改革开放以来一系列政策形成的。我国出口带动战略也是对日本、"亚洲四小龙"推行出口导向型战略成功经验的借鉴。中国外贸领域各项改革政策的落实形成了中国出口带动经济增长战略的实践。

（二）出口带动主要措施

出口带动的主要措施有：

（1）鼓励发展加工贸易、建立出口加工区。

（2）引进外资企业专门从事出口活动（早期的利用外资主要是从事出口活动，并且给予外贸进出口权，进口原材料加工后全部用于出口，加入WTO后这一要求取消）。

（3）实施出口免税、出口退税等鼓励措施。

（4）加入世界贸易组织，使中国各市场主体获得进入国际市场更好更容易机会。

（5）降低关税。1982年后，形成了改革开放后也是新中国第二部税则，此后进行过多次关税调整，但到1992年自主降低关税前，我国关税的算术平均税率仍然高达47.2%。中国在没有融入世界贸易体系前，关税税率一直比较高，1996年4月1日前，中国进口关税总水平为35.9%，自当年4月1日起，调降至23%。2001年中国加入WTO，此后平均关税从2001年的15.3%降低至2006年的9.9%。从2002年1月1日起，中国将5 300多种商品的进口关税算术平均税率降至12%，加权税率由9.5%降至5.56%。2010年，中国关税总水平已经降至9.8%，其中农产品平均税率降至15.2%，工业品平均税率降至8.9%[①]。关税的大幅下降体现了中国从计划经济向市场经济转变的进程，也体现了中国外贸规则逐步向国际通行规则转变的过程。

（6）开放进出口贸易经营权，调动所有市场主体进出口积极性。改革开放初期，中国外贸事业是国有企业一统天下，改革首先向外资企业开放了出口权和部分自用产品（主要是用于生产出口产品的原材料）和设备等的进口权。2004年，外贸经营由审批制改为备案制，彻底放开了外贸经营权。到2010年，国有企业、外商投资企业和民营企业进出口分别占中国进出口总额的20.9%、53.8%和25.3%，外贸领域实现了三大根本转变：一是外资企业成为进出口的绝对主角，比例超过50%。二是非国有的民营企业进出口额超过国有企业。三是国有企业已经由外贸经营的完全垄断者降至排第三位。

开放贸易领域，首先是开放商品领域，之后是开放服务领域，不断拓展进出口商品和

---

① 张忆良："中国进出口关税政策的演变及其评价"，《改革》，2008年第9期。
裴长洪："中国建立和发展开放型经济的演进轨迹及特征评估"，《改革》，2008年第9期。

服务的范围。

根据国务院 1994 年做出的《关于进一步深化对外贸易体制改革的决定》，中国进出口银行成立，作为政策性银行，它为扩大中国机电产品、成套设备和高新技术产品出口，推动有比较优势的企业开展对外承包工程和境外投资，促进对外关系发展和国际经贸合作提供了强大金融支持。

四、出口带动战略对中国经济的拉动作用

从表 16-2 中可以清楚地看出，出口对中国经济增长的拉动贡献十分显著。1978 年至 2015 年，出口对经济增长拉动有 20 年是正贡献，有 14 年是负贡献。34 年中经历了 3 个出口对经济增长的连续拉动时期：一是从 1986 年到 1991 年连续 6 年的正拉动，而且拉动作用相当明显，对经济增长贡献比较大。二是从 1994 年到 1999 年连续 6 年的正拉动，拉动作用也比较明显，对经济增长贡献较大。三是 2005 年到 2008 年，连续 4 年正拉动，但作用较前两个阶段有所减弱。2008 年全球金融危机后，中国出口对经济增长的贡献受到国际市场的变化、中国劳动力成本的快速上升等因素的影响，作用开始明显减弱，2009 年至 2015 年 7 年时间，有 5 年的时间出口对经济增长的拉动是负贡献。在劳动力廉价优势丧失后，中国出口对经济增长连续长期拉动将依赖于中国产业转型的成功升级。

表 16-2　　　　　　　　　　中国出口对 GDP 增长的贡献率和拉动

年份	货物和服务净出口		年份	货物和服务净出口	
	贡献率（%）	拉动（百分点）		贡献率（%）	拉动（百分点）
1978	-5.3	-0.6	1999	1.6	0.1
1979	-2.7	-0.2	2000	-0.5	0.0
1980	1.8	0.1	2001	-13.0	-1.1
1985	-50.9	-6.8	2002	4.6	0.4
1986	31.8	2.8	2003	-5.4	-0.6
1987	26.2	3.1	2004	-4.2	-0.4
1988	11.0	1.2	2005	12.5	1.4
1989	44.0	1.8	2006	15.1	1.9
1990	82.9	3.2	2007	10.6	1.5
1991	10.6	1.0	2008	2.6	0.3
1992	-6.8	-1.0	2009	-42.9	-4.0
1993	-38.1	-5.3	2010	-11.2	-1.3
1994	26.0	3.4	2011	-8.1	-0.8
1995	7.2	0.8	2012	1.7	0.2
1996	5.6	0.6	2013	-2.3	-0.1
1997	44.4	4.2	2014	4.3	0.3
1998	16.5	1.3	2015	-2.5	-0.1

注：贡献率指净出口增量与支出法 GDP 增量之比。

拉动指净出口拉动支出法 GDP 增长的百分点。

资料来源：2009 年和 2016 年《中国统计年鉴》。

五、中国对外开放成就巨大

(一) 发展对外贸易成就巨大,中国经济对外依存度提高

1978 年,中国进出口总额为人民币 355 亿元,其中出口 167.6 亿元,进口 187.4 亿元,进出口总额占 GDP 的比重为 9.65%。进出口总额自改革开放以来保持长期快速增长,2015 年进出口总额达到 245 502.9 亿元,其中出口 141 166.8 亿元,进口 104 336.1 亿元,进出口总额占 GDP 的比重为 35.96%,占比比 1978 年提高了 26.31 个百分点。中国服务贸易 1982 年为 44 亿美元,随着对外开放深入,2015 年进出口总额达到 7 130 亿美元(折合人民币 44 408 亿元)。货物加上服务贸易,中国经济 2015 年对外依存度(货物、服务进出口贸易总额占 GDP 比重)达到 42.29%。中国已经超过美国、德国,成为世界头号贸易大国。

(二) 利用外资保持持续增长态势

1983 年,中国利用外资仅 19.8 亿美元,2015 年达到 1 262.7 亿美元,中国利用外资还保持了约 20 年居发展中国家首位。

(三) 对外工程承包发展迅速

2004 年,中国对外工程承包 238.4 亿美元,2015 年对外工程承包额达到 2 100.7 亿美元。对外工程承包扩大为建筑业企业找到了广阔的国际市场。中国还进行对外劳务承包活动,规模也相当大。

(四) 对外开放事业对中国就业贡献巨大

在对外开放的初期,中国存在巨大的就业压力。在城市,大量知青返乡回城进入就业领域;在农村,劳动力富余问题严重,全国就业问题特别突出,通过对外开放,引进外资、发展出口产业、发展来料加工业为解决当时国家就业难题做出了巨大贡献。据专家测算,2007 年中国与外贸有关的从业人员达 1 亿人,其中从事加工贸易的达到 3 000 万人[①]。

第四节 其他领域对外开放

一、创建各类开放、开发区域,促进对外开放事业

(一) 创建对外开放特区

1980 年 5 月,中共中央决定建立深圳、珠海、汕头、厦门经济特区,1988 年 4 月,

---

① 裴长洪:"中国建立和发展开放型经济的演进轨迹及特征评估",《改革》,2008 年第 9 期。

又设立了海南经济特区。

(二) 首批沿海开放城市诞生

1984年，大连、秦皇岛、天津、烟台、青岛、连云港、南通、上海、宁波、温州、福州、广州、湛江、北海被国务院批准为全国第一批对外开放城市。

(三) 其他领域开放

1. 开发开放浦东新区。1990年4月，为了进一步扩大开放，深化改革，中央批准开发开放浦东新区，为深化改革、扩大开放做出重大部署。

2. 出口加工区建设。2000年，经国务院批准同意，试点设立第一批15个出口加工区，主要在沿海城市，也有少量在内地，一般规划面积2—3平方千米。此后，国务院又先后批准过多批次的出口加工区，除了极个别的省、市、自治区外各地都建立了出口加工区，有的省多数地市都建立了出口加工区。

3. 开发区建设。经国家批准，建立了大量开发区，有的省有几个国家级开发区。

4. 保税区建设。从1990年5月国务院批准建立第一个保税区上海外高桥保税区之后，中国很快建有上海外高桥、天津港、深圳福田、沙头角和盐田港、大连、广州等15个保税区。保税区的功能定位为：保税仓储、出口加工、转口贸易。

5. 自贸区建设。自贸区建设是中国新时期对外开放的新平台、新探索。中国第一个自贸区上海自贸区2013年8月获国务院批准建立，至2014年1月，有12个自贸区获国务院批准。此后，自贸区在全国各地普遍建立，功能各异。

此外，中国各地还普遍建立工业园区、科技园区、经济技术开发区等特别区域，用于统筹规划地方经济发展，有的也兼具对外开放的功能，此处不再详述。

二、引进外国智力，助力中国经济发展

中华人民共和国成立以来，历届政府均高度重视通过引进外国智力促进中国发展。为加强来华专家管理，1954年便建立了政务院专家工作局，迄今已经60多年。外国专家来华工作的人数越来越多，据国家统计局和国家外国专家局调查，2015年来华境外专家62.35万人次，其中外国专家50.05万人次，港、澳、台地区专家12.30万人次。在来华专家中，经济技术管理类专家33.07万人次。外国专家为中国经济发展做出了重要贡献。

中国政府还通过派出留学人员、派出在职人员（包括领导干部）到国外学习等途径培养所需人才，获取专业知识和企业管理、政府管理等多方面的经验，已经收到良好效果。

第十七章 发展战略与策略

中国在发展过程中普遍采用了一些战略和策略，这些战略和策略在当时看为促进经济和社会发展发挥了很好的作用，长远来看，有一些仍然行之有效，且对其他国家也有一定的借鉴参考价值。

第一节 投资带动战略是中国地域经济发展普遍方法

对于发展中国家，发展主要靠投资，没有投资带动就没有快速发展，没有投资支撑、促进经济快速发展，发展中国家很难赶上发达国家，光靠消费是不足以支撑一个发展中国家加快赶上发达国家步伐的。发展是第一要务，投资是第一抓手，抓发展主要就是抓投资。中国的各级政府都肩负发展经济重任，将发展作为第一要务，将投资带动战略作为促进发展的主要策略。投资带动战略被广泛应用于全国省、市、县三级政府。综合各地实现投资带动战略经验，大体有两种方法：一是政府主导，规划引导本地固定资产投资活动；二是招商引资。

一、政府主导，规划引导本地区固定资产投资活动

在2008年金融危机以前，中国的各级地方政府在规划引导本地固定资产投资项目上有很大作为，发挥很大的作用。

一是在众多领域由政府直接决策开展投资固定资产投资项目（主要是政府主管的行政事业单位），如交通运输投资项目（铁路、公路）、教育部门学校建设项目、卫生部门的医院建设项目、水利部门的水利建设项目、城市建设部门的城市道路建设（改造）地下管网建设，还有如政府及有关部门的办公大楼建设，金融部门的办公大楼建设等。

二是政府还对城区工业企业（包括国有企业和民营投资企业）通过城市功能新规划，广泛主导引导工业企业撤出城区，进入工业园区等新的工业建设区域，并对此给予一些补贴（有时也是采用市场的办法，因城区的土地价值较高，由城市商业开发机构或房地产公司出资补贴，由政府出面组织实施）。

三是通过规划新的城市、城市功能区、城市新区建设，带来大量基础设施、商业服

务、住房、工业项目等投资项目建设。

影响最大的当然还是中央政府直接决策建立的城市区，如深圳，当初的小渔村从1980年设立深圳特区，发展到现在成为一个常住人口超过1 000万的特大城市，成为中国经济最发达的城市之一。此后，中央政府还分别设立了上海浦东新区、天津滨海新区，这两个新区都在从城市发展到城市经济发展中发挥了重要作用，浦东新区还成为中国重要金融中心。2017年4月，中央决定在河北省建立雄安新区。雄安新区规划建设起步区面积约100平方千米，中期发展区面积约200平方千米，远期控制区面积约2 000平方千米。雄安新区的建设将有力带动河北省的投资和经济发展。

从地方看，影响较大的有建设北京城市副中心，将北京市委、政府机关迁移至北京市通州区，涉及大量基础设施、办公和住房建设，投资规模庞大，对今后数年北京投资增长将产生一定影响。影响比较大的还有河南郑州的郑东新区，规划建设面积370平方千米。2003年1月20日，郑州国际会展中心奠基，标志着郑东新区建设正式拉开帷幕。经过10年建设，建设新区的目标任务基本完成。全国省会城市有不少都建立了新区，开展了政府的搬迁工作。

地区一级城市、县（市）利用规划建设新的城区的现象十分普遍，有的还不止进行一轮的新城区规划，这对带动这两级中国地方政府的投资均发挥了重要作用。

二、大力招商引资

招商引资在各级地方政府都被广泛采用，是实施投资带动战略的重要一环。政府在发展过程中创造了大量的投资空间，由于本地商人缺乏足够的资金，更缺乏先进的技术，政府希望外商（包括外国和外地）带来资金和技术，促进当地发展。政府开展招商引资，大体有如下做法。

（一）创建工业园区，筑巢引凤

在各地招商引资过程中，创建工业园区（或商业、金融、住房开发区等）是必不可少的步骤或环节，每个县以上人民政府，至少都有一个以上的工业园区，政府为此首先做好规划，征好土地并平整到位，修好园区道路、上下水管网，将工业用电线路引致园区，接通通信设施，有的还建好工业用热水电站（接通工业用热水管网）、接通工业用气管网，将园区工业企业生产所需条件准备得尽可能完善，以使外来投资者尽可能满意；也有的将工业企业需用的标准厂房提前盖好（有的由政府出资，有的由企业出资，将盖好的厂房出租给外商），并在一定时间里以优惠价格出租；还有的还可能推出新开发商业区、住宅开发区等新的城市功能区域，吸引外来投资者来本地投资。

（二）拟定招商引资投资项目并实施招商

根据工业园区的功能规划，根据商业和其他城市功能规划，根据本地工业资源、农业资源以及本地工业生产传统优势，有关部门［一般为招商（商务）局或相关部门］定期或不定期推出招商引资项目，向外商进行推介。

（三）完善投资环境

完善的投资环境是吸引投资的关键。政府一般都会着力完善投资环境。首先要完善的是投资硬环境，要建设好连通高速公路（国道）、铁路站点的快捷公路系统，沿海还要建设好港口及公路连接线路等；建设好能够满足工业、服务业生产需要的供电线路（11万—22万伏甚至更高等级供电线路）并确保供电正常；建设稳定的供水、排水、供热、供气设施；建设畅通的通信网络设施等。其次是要完善投资的软环境。一是建立良好的政策环境；二是建立"亲商、安商、富商、爱商、助商"的良好人文环境，树立"人人都是投资环境"的观念。三是维护好社会治安，建立安全稳定的环境，让外商在当地有安全感。

（四）制定对外招商优惠政策

吸引外资（含外地）的竞争，一定程度上是优惠政策的竞争，是影响外商投资决策的重要因素。当然，优惠政策也不是影响外商（含外地商人）投资决策的唯一决定因素，如对于拥有巨大市场的中国，对于像汽车这样的行业，厂家更看重的还是潜力无穷的市场。

因为中国各地地方政府拥有较大的政策自主权，所以早期的招商引资活动也是各地所能提供优惠政策的竞争，各地出台的优惠政策有一定的相似性。随着管理越来越规范（国家规范了土地和税收的制度），各地优惠政策有所减少。不少地区将出台的优惠政策汇编成册。优惠政策主要涉及以下方面：

一是财政、税收政策的优惠，"两免三减"① 是基本优惠，有的地方还会把税收的优惠期限通过先征收、后返还的办法拉长。

二是涉企收费的优惠政策。企业在办理投资相关手续时面临不少涉企行政事业性收费。为减轻外商投资企业投资负担，政府规定对一部分项目实行免费，对一部分项目减少征收。

三是土地费用优惠，一般每个地方政府都会根据当地土地成本确定土地转让的基本价格，由于早期的土地政策国家没有统一最低价格要求，各地自主权较大，对客商使用土地优惠有很多方式，如有的对招商引资的大项目实行零地价，有的项目减半征收，有的由负责引进的单位垫付一部分资金等，有的还实行先征收，后返还。

四是电价的优惠，早期的电价优惠地方有较大自主权，因此优惠形式五花八门。有的允许用电大户建立自备电厂以降低用电成本。

五是水、气等优惠政策。

六是人才优惠政策。对引进的高级人才，有的地区政府会给予住房、资金等支持，有的给予工资待遇上浮等条件；有的由政府出政策，企业出资金，给予人才相应奖励待遇。

七是户籍优惠政策。对愿意调入的人才给予本人甚至家属办理户籍及子女就学等的政策。

---

① "两免三减"政策是指生产性外商投资企业，经营期10年以上的，可享受从获利年度起2年免征、3年减半征收企业所得税的待遇。有的地方政府为吸引国内外客商，对应由地方政府留成并使用的税收也采取类似减免政策。

八是金融优惠政策,包括在申请贷款,提取现金等方面给予方便。

其他方面还有优惠政策,在此不一一列举。

(五)制定招商引资目标、招商引资奖惩措施

政府每年都会制定经济增长目标,为实现经济增长目标,部分目标需要通过招商引资实现,为此每年会制定招商引资目标任务,并将目标任务层层分解。为督促落实招商引资目标任务,政府会定期督促检查,并定期通报各单位完成目标情况。政府还会制定招商引资奖惩措施。招商引资给各单位带来一定压力,但确实为促进地方经济发展发挥了作用。

三、投资带动战略下的中国投资现象

(一)中国改革开放后在投资带动战略下经历的三轮投资大发展和投资热

1. 第一轮投资热。改革开放后,虽然投资体制没有很大变化,但投资仍释放出惊人的活力。从1982年至1988年,在国有投资、集体投资、个人投资以及利用外资等的共同推动下,固定资产投资经历了连续7年的高增长,年均增速达到25.83%。由于产业结构跟不上投资的快速变化,投资价格快速上涨(见表17-1)并发生较严重的通货膨胀,政府不得不实行严格的宏观调控,控制投资过快增长。

表17-1　　　　　　　　　中国第一轮固定资产投资高增长

年份	1982	1983	1984	1985	1986	1987	1988
全社会固定资产投资增速(%)	28.0	16.2	28.2	38.8	22.7	21.5	25.4

注:增速为名义增长,未扣除投资价格上涨因素。

2. 第二轮投资热。中国改革开放的总设计师邓小平发表"南方谈话"后,中国掀起了新的一轮改革开放热潮,房地产热尤为突出,迎来新的一轮投资高潮(见表17-2)。房地产投资连续4年增长在30%以上,其中1992年和1993年分别增长117.5%和165%。在房地产热推动下,6年投资平均名义增速达到32.1%,实际增速达17.6%(均为简单平均数)。这轮投资热造成投资价格指数急速上涨,通货膨胀严重,经济随后不得不进行重大调整。

表17-2　　　　　　　　　中国第二轮固定资产投资高增长

年份	1991	1992	1993	1994	1995	1996
全社会固定资产投资名义增速(%)	23.9	44.4	61.8	30.4	17.5	14.8
投资价格指数(%)	109.5	115.3	126.6	110.4	105.9	104.0
全社会固定资产投资实际增速(%)	13.2	25.2	27.8	18.1	11.0	10.4

3. 第三轮投资热。第三轮投资热是在市场也是在政府推动下实现的一轮最长时间的快速增长,是在工业、基础设施、房地产3个主要因素共同推动下实现的高增长,民间投资在投资中发挥的作用越来越大。从2002年开始,至2012年结束,11年时间投资平均名义增速达到24.5%,实际增速达21.0%。中国迎来投资增长最快、时间最长的时期(见表17-3)。这其中既有经验,也有教训,尤其是2008年以后的高增长,是在政府强刺激政策、宽松的货币政策推动下实现的,带有一些负面效应,推动建设了一些产能过剩的行业继续扩大建设,使产能过剩更加严重,导致在随后几年的经济发展中产能过剩问题难以化解。

表17-3　　　　　　　　　中国第三轮固定资产投资高增长

时间	2002年	2003年	2004年	2005年	2006年	2007年
全社会固定资产投资增速(%)	16.9	27.7	26.8	26.0	23.9	24.8
投资价格指数(%)	100.2	102.2	105.6	101.6	101.5	103.9
全社会固定资产投资实际增速(%)	16.7	25.0	20.1	24.0	22.1	20.2
时间	2008年	2009年	2010年	2011年	2012年	
全社会固定资产投资增速(%)	25.9	30.0	23.8	12.0	20.3	
投资价格指数(%)	108.9	97.6	103.6	106.6	101.1	
全社会固定资产投资实际增速(%)	15.6	33.2	19.5	5.1	19.0	

(二) 亲身经历的深圳速度

从1992年至1993年,本人有幸到深圳工作一年,在市、区政府部门都分别工作一段时间,对深圳速度有切身感受,表17-4是1991年前的深圳增长速度。

表17-4　　　　　　　　　1980—1985年的深圳速度

时间	1980年	1981年	1982年	1983年	1984年	1985年
全社会固定资产投资增速(%)	153.8	109.8	135.9	42.7	71.5	78.2
国内生产总值增速(%)	37.5	78.0	58.2	46.6	68.0	27.0
时间	1986年	1987年	1988年	1989年	1990年	1991年
全社会固定资产投资增速(%)	-26.9	9.6	58.7	28.4	17.2	32.0
国内生产总值增速(%)	4.1	29.2	40	26.7	34.1	28.4

注:增速为名义增长,未扣除投资价格上涨因素。

(三) 亲身经历的县域经济发展中的投资带动

作者 2001 年至 2003 年在江西老区一个县挂职担任县级副职领导，亲身经历见证了县级政府利用县设立的工业园区开展招商引资，壮大县域经济的实践，这是中国县域经济、地方经济发展的一个缩影。刚到县里时，工业园区刚刚规划初建，初期规划 6 000 亩，中期约 1 万亩，但园区还没有像样的道路，供电、供水设施还不齐全。经过短短不到 3 年的大力招商引资，园区各项基础设施建设基本到位，引进项目近 100 家，形成年工业产值十多亿元，税收近亿元。初期规划土地很快使用完毕。此后，县委、县政府紧抓发展不放松，一届接着一届干，工业园规模不断扩大，到 2016 年，该工业园已经占地 4 万亩，有大小企业 600 多家，年工业产值 600 亿元，税收近 20 亿元，形成了具有相当规模的县级工业园。

(四) 到处可见的招商引资宣传语

到中国的一些地方，在一些显目的位置，经常会发现一些招商引资的宣传语。这些宣传语有的是关于改善投资环境的，如"改善投资环境，扩大招商引资""人人都是投资环境，个个代表开放形象""人无我有，人有我优，人优我特""亲商、安商、富商""来帮助我们吸引外资的是恩人，来投资我们的客商是亲人，影响投资环境的是罪人"；有的是要促进招商引资、促进发展的，如"招商引资要发扬五千五万的精神，走千山万水，吃千辛万苦，说千言万语，想千方百计，引千万外资""提出您的要求和想法，其余的交给我们来办，围墙以内的你管好，围墙以我外的我管好""不管东西南北风，咬定发展不放松""小引资只能小发展，大引资才能大发展。小发展，大困难；大发展，小困难；不发展，最困难""不能带民富，不是好干部""能打开招商引资局面的干部是好干部"。各地着力招商引资并用宣传语展示出来，是具有典型中国特色的时代现象，也表明中国各级地方政府不遗余力开展招商引资工作。

第二节 梯度推进战略

从改革开放开始，中国梯度发展的实践是一条从先发展东部沿海（包括特区），在东部沿海地区变得较富裕后，将发展的重心再转向中部、西部地区，实现中国的共同发展、共同富裕的发展路径。

中国梯度发展中具有一定的非均衡发展政策在其中，主要是给予一定地区优惠政策，这些优惠政策不是普惠的，只针对一定地区，而且这些地区有可能比其他地区富裕。

一、发展特区和东部沿海地区

中国梯度发展的第一步，是选择在特区和东部沿海地区承接国际转移产业。改革开放后，把发展的试验田首先选择在深圳、珠海、汕头等，然后是14个沿海开放城市。这样的选择原因是：其一放到国际梯度发展的大视野看，国际产业向成本洼地转移，中国是较佳的选择。在中国，沿海是承接国际产业转移的最佳选择，因为国际转移产业绝大多数都是需要使用进口原材料生产产品再用于出口的产业，中国从南到北众多沿海城市有港口，交通便利，有劳动力、有技术人才、有产业配套条件等，是承接国际转移产业的理想场所。其二，从中国国内看，沿海在改革开放初期是承接国际产业的不二选择，交通是最关键的因素，改革初期的中国交通基础设施普遍较差，还没有高速公路，运输效率低，运输时间长，内地运输难以满足承接国际转移产业时效性方面的高要求。基于上述认识，国家还提出允许一部分地区、一部分人先富起来，为先发展、先致富的地区和个人从政治上"撑腰"。此后出台的一些大的经济政策，不少都是以支持特区、支持东部沿海地区的政策为主。

1984年5月，中国正式决定开放大连、秦皇岛、天津、烟台、青岛、连云港、南通、上海、宁波、温州、福州、广州、湛江、北海14个沿海港口城市，并在这些城市先后建立了15个经济技术开发区。此后，国家还建立了一些经济技术开发区、高科技园区，这些基本上都建立在东部沿海，是梯度发展的第一步后续行动。

为支持梯度发展，国家还给予沿海特区、沿海开放城市一些特殊优惠政策。国家给予这些地区优惠政策，原因在于沿海地区虽然从中国来看条件较好，但就国际而言，还面临比较激烈的承接国际转移产业竞争，有的国家或地区甚至成本更低，为吸引国际转移产业，还有必要给予一些优惠，鼓励沿海特区参与国际产业转移的竞争。为此，中国给予沿海地区如下优惠政策：一是特区所得税优惠政策，深圳特区的所得税税率统一为15%，而内地各地区的所得税实行八级累进税率，最高达55%。二是对外商投资企业实行优惠政策，实行"两免三减"，即生产性外商投资企业，经营期10年以上的，可享受从获利年度起2年免征、3年减半征收企业所得税的待遇。三是在土地使用的政策上更加灵活，在坚持土地国有的基础上，特区率先推出市场化运作的土地使用模式。

为支持特区和东部沿海地区发展，国家出台了一系列重要经济政策，多数都放在了优先支持的东部地区，如允许特区兴建保税区，为大进大出的出口产业提供更好的便利条件；在深圳率先建立股票交易市场；开发建设上海浦东新区，建立浦东金融中心；大力发展上海老工业基地；在上海建立股票交易市场等。

国家对特区和东部沿海地区的政策支持，大致在2000年前后减弱。

梯度发展实践在深圳特区结出硕果，深圳成为人口超千万的发达城市。许多沿海城市经济取得巨大发展。

梯度发展实践在固定资产投资领域，对沿海地区的促进也是非常明显的。1982年中国东部沿海12个省、自治区、直辖市①占全社会固定资产投资的比重为50.6%，内陆占比为42.4%，在梯度发展政策支持下，东部沿海12地区的投资比重持续提高，1987年升至

---

① 东部沿海12个地区指北京、天津、河北、辽宁、上海、江苏、浙江、福建、山东、广东、广西、海南。

55.5%，1989 年升至 58%，1992 年升至 62.8%，1994 年进一步升至 64.1%，此后略有下降，2000 年为 58.7%，东部地区投资占全部投资比重最高时提高了 13.5 个百分点。内陆地区众多省区投资所占比重则从 1982 年的 42.4% 降至 1987 年 39.9%，1989 年降至 37.8%，1992 年降至 36.1%，1994 年进一步降至 32.3%，此后略有上升，2000 年为 38.2%[①]。

二、中部崛起、西部大开发和东北振兴战略

中国梯度发展的第二步，实施产业由东部向西部、东北老工业基地和中部地区转移，同时国家将政策支持的重点向这些地区倾斜。

到了 1990 年前后，中西部地区逐步具备了更好的发展条件。中国经济经过 10 年左右的发展已经大有起色，特别是在分灶吃饭的财政体制下，一些地方财力得到明显加强。各级地方政府的自主发展意识明显加强，发展积极性极大提高。投资的决策审批权限大量下放，除了中央政府提出发展举措外，省级、地市级、县纷纷提出发展规划，为吸引来自国外和外地的资金，各地纷纷建立开发区（有的地区每个乡镇都有开发区）、从东部、中部、到西部一些地区，开发区遍地开花（2003 年前后，国家还因各地建立开发区过多过乱，组织过专门的清理开发区行动）。开发区成为梯度转移第二步主战场，投资——特别是工业投资，主要都是投在了各级地方政府建设的开发区。为与开发区配套，各级政府均制定招商引资优惠政策以吸引外资（主要只涉及地方能确定的优惠，中央定的政策地方无权变动）。经过十多年改革开放，中国的铁路、公路交通条件大为改善，高速公路网络开始形成，沿海港口码头吞吐能力增强，各地机场更加普及，这些为内地发展创造了交通条件。国有企业在第一次梯度转移中积累了资金，迅速在内地扩大生产规模。私营企业开始在产业转移中崭露头角，他们在沿海发展中积累了一定的财富，并且逐渐成为投资主角。与此同时，东部沿海地区经过 10 年左右的发展，要素成本大幅上升，一些加工产业、劳动密集型产业开始向内地转移，寻求相对更低的成本洼地，这正符合产业梯度转移的要求。于是，沿海地区的一些产业向内地转移，一些准备打入中国市场或已经进入中国东部的外商看到有更好的投资地点选择，还可延续享受外商投资优惠政策，选择在内地投资。这样在中国出现了从中国沿海向内地的产业大规模转移，伴随国际产业向中国内地的转移，中国走出了产业梯度转移的第二步。这一步最大的动力在于中央在改革中将项目审批权限下放，特别是外资项目审批权限的下放，让地方各级政府有了更大的项目审批权限，使地方政府一定程度上主导了地方经济发展。

为促进产业转移、促进中西部地区发展，政府随后实施了三项大的发展战略，形成了中央对梯度转移发展战略的支持。

一是实施西部大开发战略。对于条件相对差一些的西部地区，2000 年 1 月，国务院成立了西部地区开发领导小组，由时任国务院总理、副总理分别担任组长和副组长，经过全

---

① 李启明：《中国固定资产投资统计数典（1950—2000）》，中国统计出版社 2002 年版。

国人民代表大会审议通过之后，国务院西部开发办设在国家发展计划委员会，于 2000 年 3 月正式开始运作。西部大开发的历程就此开启。中央对西部大开发给予了政策和项目上的大力支持，政策上给予西部地区优惠；项目上，青藏铁路在 2001 年 6 月开工，2006 年建成，是西部开发的标志性工程。围绕西电东送、西气东输（西部的资源优势）产业战略布局，中央在西部启动建设了大量能源项目。为改善西部地区交通条件，国家建设了大量铁路、公路（包括高速公路）、机场等基础设施项目，还开展了退耕还林、退牧还草富民生态工程。

二是实施东北老工业基地振兴战略。2003 年 10 月 5 日，中共中央、国务院印发《关于实施东北地区等老工业基地振兴战略的若干意见》，制定了各项方针政策，以加快体制机制创新、全面推进工业结构优化升级、大力发展现代农业和第三产业、推进资源型城市经济转型、加强基础设施建设等为主要内容的振兴东北等老工业基地战略拉开序幕，中央相应给予一些优惠政策和资金支持。随后，国务院出台贯彻落实文件，振兴东北老工业基地工作正式铺开。

三是实施中部地区崛起战略。中部地区崛起是中国政府在西部大开发后实施的又一重大战略决策，也是梯度转移政策。2004 年 3 月，温家宝总理在政府工作报告中正式提出"促进中部地区崛起"的重要战略构想，2006 年 2 月中旬，国务院常务会议专门讨论了促进中部崛起的纲领性文件《促进中部崛起的若干意见》。2006 年 3 月 27 日，中共中央政治局召开会议，研究促进中部地区崛起工作。2006 年 4 月 15 日，中共中央国务院印发《关于促进中部地区崛起的若干意见》（中发〔2006〕10 号），正式实施中部地区崛起战略。

在西部大开发、东北老工业基础振兴、中部地区崛起三项政策的合力交织推动下，中国迎来了时间最长的一轮投资高增长和经济高增长。梯度转移战略收到了很好的效果。

实施第二步梯度转移的效果，从投资的东、中、西、东北地区结构变化可以清楚地表明。2000 年中国东部沿海 12 个省、自治区、直辖市固定资产投资占全社会固定资产投资的比重为 58.7%，到 2010 年，该比重下降到 50%，下降了 8.7 个百分点。内地 2000 年省、自治区、直辖市固定资产投资占全社会固定资产投资的比重为 38.2%，到 2010 年，该比重上升到 47.6%，上升了 9.4 个百分点。

2010 年左右，产业梯度转移主要以地方政府推动和企业自发转移为主，中央开始实施相对更加均衡的经济政策，如执行全国统一的财税、土地政策等。中国第二步梯度转移还没有结束，但随着中国生产要素成本的大幅上升（尤其是工资的大幅上升），在中国的外国企业和中国企业的一些中低端产业开始向东南亚、印度转移，而且数量不少。2008 年世界金融危机后，特别是 2010 年以后，中国制造业规模虽然仍有所扩大，但中国制造业从业人数绝对量的减少说明了一部分中国制造业向其他国家的转移。

2012 年后，中国又提出了"京津冀协同发展战略"和"长江经济带发展战略"，这两个战略的实施给区域发展带来积极影响。

三、梯度发展的第三步,"一带一路"倡议

"一带一路"是"丝绸之路经济带"和"21世纪海上丝绸之路"的简称。"一带一路"是中国提出的具有重大国际影响的倡议,是促进"一带一路"沿线国家共同发展、实现共同繁荣的合作共赢之路,是增进理解信任、加强全方位交流的和平友谊之路。中国主动承担国际发展责任,体现了大国担当,体现了中国特色社会主义思想在自身发展后为全人类发展谋利益的理念。中国以市场经济为原则,以自愿为原则,不附加任何条件与"一带一路"沿线国家广泛开展合作,充分体现了平等、共同发展、合作共赢的理念。中国从支持基础设施、基础产业、工业园区建设入手,完全切合沿线国家需要,广受沿线国家欢迎。

第三节 基础设施、基础产业先行

对于基础设施、基础产业对经济发展的重要性,中国政府有着深刻的认识。改革开放以来,政府围绕加强基础设施、基础产业建设做出不懈的努力。根据基础设施、基础产业瓶颈情况,根据基础设施、基础产业缺乏的布局状况,国家通过长期规划、五年规划和年度计划,对基础设施、基础产业建设项目做出安排,对公益性的基础设施,主要由包括中央政府在内的各级政府出资建设,对于经营性的基础设施、基础产业,由政府规划,市场运作,从市场、银行、社会筹措资金。中国基础设施、基础产业建设在各个领域都取得了巨大成就。

一、将交通通信基础设施置于最优先地位

"要想富,先修路",这是各地将基础设施作为优先政策目标的体现,也足以看到政府对交通基础设施的高度重视。中国有不少村庄在极端艰苦条件下,完全依靠人工修建挂在山崖的天险公路,堪称奇迹。中国政府更是将交通基础设施建设视为基本国策,置于最优先地位。交通运输及邮电通信业投资占国有固定资产投资(交通运输投资基本都是国有投资)比重一路攀升,从1981年的9.8%、1985年的14%、1993年的16.8%、1994年的20.9%、1997年的24.6%、1998年升至31%,2000年仍高达30.3%。1981—2000年,平均每年增长速度达到47.1%(按水平法计算),远远高于同期固定资产投资增长速度和经济增长速度。2000年以后,在高速公路和高速铁路投资带动下,交通基础设施投资仍然保持高增长。2001年,全国交通运输邮电业投资6 631.54亿元,2015年达到49 200亿元,平均每年增长15.4%。

(一)铁路建设

在大力对铁路进行技术改造、加固路基、改善路轨条件、实施电气化的基础上,

1997—2007年中国铁路实现了6次大提速。

2000年，中国拥有铁路营业里程6.9万千米，印度拥有6.3万千米。到2015年，中国拥有铁路营业里程12.1万千米，印度拥有6.6万千米。这一对比能充分说明中国对铁路建设的重视和铁路建设的高效。

2008年8月1日，中国开通第一条高铁京津城际高铁，中国进入高铁时代。

京沪高铁，2008年4月18日正式开工，2011年6月30日通车；随即京广（北京至广州）、哈大（哈尔滨至大连）等南北、东西高铁干线相继开工建设。据中国轨道交通网统计，2008年，我国高铁通车里程100多千米，截至2016年底，中国高速铁路运营线路共计82条（段），运营总里程达22 980千米，位居世界第一位。中国已运营高铁比世界其他国家的总和还多。

（二）公路建设

1. 公路国道网络、省道网络、县道网络建设齐头并进。我国公路里程增长迅速，2000年，中国公路里程168万千米，2015年增加到458万千米，平均每年增长7%（按水平法计算），其中不乏质量更高的高速公路。

2. 高速公路网络建设异军突起。中国高速公路建设起步很晚。1988年，上海至嘉定高速公路建成通车，全长20.5千米，中国才有了第一条高速公路。随后，沈阳至大连高速公路通车，开启了中国高速公路建设高潮。据交通部统计，1999年我国高速公路总里程突破1万千米，2003年底超过2.9万千米，居世界第二位，2014年底超过11万千米，居世界第一位。到了2016年底，全国高速公路总里程已经突破13万千米。

（三）港口建设

沿海港口建设和内河港口建设同样成就巨大。港口是中国经济对外交流的窗口，港口建设适应并促进了中国外向型经济发展。中国建设了世界最大规模的沿海港口群，在全世界10大港口中，有6个都是中国港口，前两名也都是中国港口，吞吐量远大于第三名的新加坡港。中国沿海主要规模以上港口货物吞吐量1985年为31 154万吨，到2015年达到784 578万吨，30年间，平均每年增长11.35%（按水平法计算）。

（四）机场建设

机场建设和机群建设进步巨大。据民航局发布消息，2016年民航业完成旅客运输48 796万人次，同比增长11.9%，其中国内航线完成旅客运输43 634万人次，同比增长10.7%，国际航线完成旅客运输5 162万人次，同比增长22.7%。中国是仅次于美国的第二大民航市场。1990年，中国定期航班通航机场94个，民用飞机期末架数503架，2015年为206个，民用飞机期末架数4 554架。1981年，民用航空客运量401万人，2015年为43 618万人，平均每年增长15.26%。

（五）通信设施建设

中国通信设施超前发展，已经成为世界上最大的固定电话和移动电话市场。2015年，中国固定电话用户23 099.6万户，移动电话用户达127 139.7万户。

二、基础产业要先行

基础产业相当于工业的粮食，没有粮食，没有工业口粮，工业难以发展。

中国基础产业，首先高度重视的是电力电网建设。1981年国有经济电力、煤气及水的生产和供应（主要是电力）投资47.55亿元，2000年达到1 575.01亿元，平均每年增长20.2%（没有扣除投资价格上涨因素，下同）；2001年，全国全部电力、煤气及水的生产和供应2 890.47亿元，2015年达到26 722.8亿元，平均每年增长17.2%。

中国电力生产能力突飞猛进。1982年中国发电量3 277亿度，到2015年达到58 145.73亿度，平均每年增加9.1%。中国电力供应网络同步建设，建成了世界最大的电力供应网，中国的远距离超高压输变电技术为世界之最。中国超过美国成为世界最大的电力生产国，发电量比美国多出15 000亿度以上。

能源工业方面，中国原煤产量从1982年的6.66亿吨，增加到2015年37.47亿吨（最高时2012年达到39.45亿吨）；原油产量从10 212万吨增加到21 455.58万吨（主要因为资源不足，影响产量增长）；天然气产量从119亿立方米增加到1 346.1亿立方米，年平均增长7.34%。

原材料工业方面，1982年，粗钢产量3 716万吨，2015年粗钢产量为80 382.5万吨，年平均增长9.76%。1982年，水泥产量9 520万吨，2015年水泥产量为235 918.83万吨，年平均增长10.21%。

中国不是发达国家，但在基础设施的一些领域都保持了世界的领先发展，基础产业保障居世界前列，为中国经济和社会发展创造了良好条件，提供了强劲支撑，使中国成为制造业大国。不足之处在于高端的基础产业方面，特别是计算机芯片等还与世界先进水平有不小差距。

第四节 "无农不稳、无工不富、无商不活"的产业发展策略

在中国，从中央到地方，各级政府均将"无农不稳、无工不富、无商不活"作为经济发展的大原则，形成了具有中国特色的产业发展策略。

一、始终把农业放在突出位置

农业是国民经济的命脉。中国作为一个人口大国，历来重视农业，尤其重视粮食生

产,确保粮食生产能够自给自足是基本国策。习近平总书记指出:我们的饭碗必须牢牢端在自己手里,粮食安全的主动权必须牢牢掌握在自己手中。中国自改革开放以来,这一原则,从中央到地方都始终不渝地坚持。中央每年发的第一号文件都是关于加强"三农"(农业、农村和农民)事务。坚持这一策略的实质是为了稳定。各级地方政府也将粮食供应、市场稳定放在头等重要的位置加以确保。通过政府重视,通过农业科技进步的促进、耕种方法改进,国家农业优惠政策鼓励,化肥农药供应的强有力保障等,中国从改革开放以前时常出现粮食短缺,到实现了粮食自给有余,玉米甚至大量结余。1980年中国粮食产量30 476.5万吨,2015年达到62 143.9万吨。1980年棉花产量为270.7万吨,2015年达到560.3万吨,最高时2007年达到762.4万吨。粮食的供应稳定确保了中国市场的基本稳定乃至社会的稳定。中国改革开放30多年的稳定环境,农业提供的强大基础地位作用功不可没,始终把农业放到突出位置这一点在中国从未动摇。

二、无工不富,找到一条发展致富的途径

中国各个地区、各级城市普遍将发展工业作为致富的主要途径,于是有了前面提到的投资带动战略,有了各地争相招商引资。中国财政体制在划分中央和地方收支范围的基础上实行分灶吃饭,地方政府必须拥有自己的财政收入来源,才能解决公务员队伍等"吃财政饭"人员的收入问题,才能肩负起地方承担的社会责任。首先,发展第三产业,在没有工业基础的情况下几乎是不可能的,因为中国在改革开放初期主要还是农业社会,经济很不发达,说到底是老百姓没有钱,在这一基础上是无法发展第三产业的。唯一途径就是先发展工业,再带动第三产业发展。中国发展工业的途径五花八门,以专业分工为特点,创造了许多经验,如有的地区专门从事制鞋、制革,纽扣、皮带、箱子、皮包、服装、家具、瓷器、建材、卫生洁具等各种高度专一的工业产品生产,有的省(市)主要生产汽车、飞机、船舶、火车,有的主要生产钢铁、煤炭、水泥等,有的专门吸纳港、澳、台投资,各地结合自己特点形成了独具特色的主导产业。各地在建立适合自己特点产业的同时,也找到了发展的道路,使中国成为制造业大国、进出口大国。

三、无商不活,形成中国繁荣的商业

有了一定工业基础后,发展城市商业等各类服务业便有了基础。中国各级政府为了繁荣市场,加强规划组织,利用市场的力量大力发展商业、餐饮、住宿,建立各类商业区,开发各类专业市场,开发房地产,发展金融、交通运输、邮电通信,提升教育、卫生服务水平等。中国已经从改革开放以前各类商品供不应求、严重短缺(多数商品需要凭票证供应),发展为城市规模急剧扩大,城市面貌焕然一新,各类商品琳琅满目,各类服务丰富多彩,商品和服务推陈出新,层出不穷。新型服务如电子商务(电子交易平台)、网购、电子支付、共享单车、网约汽车等服务已经成为中国老百姓日常生活的一部分。

第五节　城镇化战略

一、中国城镇化基本情况

城镇化战略，是各地普遍采用的战略。国家对城镇化战略高度重视。2016 年 2 月 2 日，国务院印发《国务院关于深入推进新型城镇化建设的若干意见》，指出新型城镇化是现代化的必由之路，是最大的内需潜力所在，是经济发展的重要动力，也是一项重要的民生工程。城镇化强调以人为本，推进以人为核心的城镇化；要坚持"四化"同步①、优化布局、生态文明、传承文化的新型城镇化道路。中国在实现城镇化方面，更多的是在市场经济条件下的自然进程，当然也是各级地方政府着力推进的结果。

中国城镇化水平快速提高。1981 年，中国城镇人口比率为 20.16%，2015 年上升到 56.10%，城镇化比例平均每年上升超过 1 个百分点。城镇人口从 20 171 万人增加到 77 116 万人，增加了 56 945 万人。这是世界上最壮观的城镇化活动，成就巨大。

二、中国推进城镇化的主要原则

城镇化是以人为核心、以人为本的城镇化。城镇化的目的是要将中国广大的农村居民转移到城镇；围绕人的城镇化，推进产业发展，将人吸纳进城镇生活。

城镇化活动，工业化是基础。对于没有特殊自然资源的国家和地区来说，没有工业化先行，城镇化基本无从谈起。中国多数地区都是先工业化，再以工业化带动城镇化，包括改革开放最早的城市深圳也是走的这条道路，这是中国实现城镇化的普遍路径。

多产业共同繁荣，协调推进城镇化。仅工业基础带动还不够，还要有交通运输、邮电通信、商业、餐饮、住宿、房地产、教育、文化、卫生等其他服务业的发展和共同繁荣，才能撑起城镇化的大厦，才能吸纳更多的人口进入城镇。中国各地推行无商不富战略是各级政府高度重视发展服务业，重视繁荣城市市场的证据。中国各级城市，从特大城市到大城市、中等城市，再到城镇都呈现市场繁荣景象。服务业创造的增加值 2015 年第一次超过 GDP 的一半，达到 50.2%，2016 年达到 51.6%。服务业已经成为城镇化主要动力。

规划要先行是城镇化顺利推进的重要保障。规划先行，确保城镇化过程中城市配套设施齐全，不搞重复建设、盲目建设，避免"建了拆、拆了建"的恶性循环，使城镇化有序按规划进行。政府也要求不能边建设、边规划。近年中央要求的规划推进城市地下综合管廊建设，就是规划要先行的重要标志，就是为了解决城市马路建了挖、挖了建，形同拉链的中国式城市建设问题。

---

① "四化"同步，即坚持走中国特色新型工业化、信息化、城镇化、农业现代化同步发展。

三、中国推进城镇化的方式

中国的城镇化主要在市场经济原则下,在工业化的带动下,在政府的推动下以多种形式实现。

首先,中国的城镇化是一种市场化的行为,从农村出来的学生、工人、农民进入城市工作,这些人中相当多的一部分成为城市市民,是因为挣到了足够的收入,可以在城市站稳脚跟。在市场化推进城镇化过程中,政府主要负责建设好基础设施,实施筑巢引凤策略,在市场机制下推进城镇化。

其次,有部分城镇化是一种有计划或有组织的城镇化。中国早期的大中专学校毕业学生,现在的公务员、高科技人才(特殊人才)、优秀毕业生都是通过城镇化计划或组织的安排直接获得城镇居民资格的。

最后,还有一些市级政府每年对出色的产业工人进行奖励,向他们提供城市市民资格,包括深圳、东莞在内的许多新型城市都采取这一措施,容纳了大量进城务工的农民成为城市市民。深圳作为拥有几百万户籍人口的大城市,2016年在册户籍人口为405万人,相当一部分是从产业工人转化而来的。有的城市规定在该市工作足够年限即可转为城市市民,有的规定缴纳社保够一定时间即可转为城市市民等。这些措施虽然不是全面开放,但也使一部分进城农民实现了进城梦。

四、中国城镇化中的问题

在城镇化进程中,也有相当数量的农民进城工作,却不能享受市民化待遇,面临常住非户籍城镇人口问题。这些人无法充分享受子女上学、医疗、社会保障等待遇,不能真正融入城市。据统计,2015年户籍人口城镇化率约为37.5%,比按常住人口计算的比例低了18.6个百分点。中国大概有2.56亿的进城农民工,这意味着他们中的相当多数不能享受城市居民待遇。这一问题的存在主要是城市没有足够的资金、资源来为这一庞大人群提供相应的基本服务,当然也有城市在这一方面努力不够,思想不够重视的问题。中国各级政府正在努力解决这方面的难题。

五、城镇化的作用

城镇化是带动、促进经济快速增长的重要手段。城镇化的最大作用是扩大内需,可以讲城镇化是最大的内需。城镇化过程中的就业需求、城市基础设施建设、城市公益设施建设、住房建设带来巨大的投资需求,是中国投资实现高增长的三大支柱(即工业、基础设施和房地产),是支撑中国经济增长"三驾马车"最重要的一极。城镇化过程中,城镇居民还释放巨大(远比农村大)的消费需求,构成广阔的消费市场。城镇化是促进中国经济增长的重要推动力。

第十八章　中国成功发展基本经验

改革开放初,总设计师邓小平提出了改革须遵循的原则。改革开放中,中国始终坚持这些原则,集中精力搞建设,改革开放大获成功。

第一节　稳定是改革、经济和社会发展的前提条件

稳定是改革、经济和社会发展的必要条件,没有稳定,改革、发展无从谈起,改革、发展必须具备稳定的社会环境。首先,战争国家是没有发展可能的,战争会把所有的投资者吓跑,会导致大量民众逃难,这不仅让经济没有增长可能,还造成经济的下降,甚至造成工业设施、基础设施,房屋建筑的大量破坏,所以在战争状态下是不会有发展的。其次,激烈、混乱的内部斗争也会影响发展,如激烈的党派斗争、宗教矛盾、地区矛盾、种族矛盾。这些矛盾会导致社会各方达不成发展共识,形成长期的争论,耽误影响发展。最后恶劣糟糕的社会治安环境同样会影响发展,会令投资者望而却步。此外,稳定可持续的人文法律环境同样是发展必不可少的,朝令夕改会限制发展。一个国家的政府,创造稳定的有利于发展的各方面环境责无旁贷。中国政府在维护、创造稳定发展环境方面进行了非常成功的实践。在实现稳定方面,中国政府做了正确的战略选择。

一、中国在实现稳定方面的三次战略选择

第一个重大而正确的战略选择:党的十一届三中全会将工作重点由以阶级斗争为纲转变为以经济建设为中心。中国自中华人民共和国成立,到改革开放以前,多数时候都强调阶级斗争。1978年,工作重点转移到以经济建设为中心,这是新中国历史上一次重要的转变。

第二个重大战略选择:牢牢把握当今世界和平和发展的时代主题,充分利用国际社会和平环境是我国发展的战略机遇。聚精会神搞建设、一心一意谋发展成为中国时代潮流。1985年3月4日,邓小平在接见日本商工会议所访华团时,提到和平和发展是当代世界的两大问题。1987年11月召开的党的十三大正式提出和平与发展是时代的主题。20世纪80年代中期,中国仍然是典型发展中国家,发展程度很低,贫困人口还很多,脱贫任务艰

巨，邓小平提出贫穷和落后不是社会主义，决意改变中国贫穷落后面貌。和平是最好的发展机遇，是我国发展的战略机遇，因此中国必须抓住这一有利时机，并将此时期作为重要的战略机遇期加快发展。和平与发展是时代的主题是思想认识上的巨大进步，为中国改革开放的进一步深化奠定了思想和实践基础。中国政府始终高度重视维护世界和平，成为维护世界和平的重要力量。中国政府更在保持国内稳定、创造国家发展和平环境、持续保持经济和社会快速发展方面取得令世人瞩目的成就。

第三个重大战略选择：稳定压倒一切

1989 年，中国政府提出"稳定压倒一切"，得到了人民的高度认可。1991 年后，中国很快走上经济快速增长的道路。此后近 30 年，中国始终保持良好的稳定发展环境，为经济快速增长创造了极佳的稳定环境。中国经济取得成就，稳定功不可没。

二、探索并确立正确处理改革、发展和稳定关系的原则

邓小平同志提出：发展是硬道理，是目的；改革是发展的动力，是解放和发展生产力的必由之路；稳定是改革和发展的前提，是保证；在稳定中推进改革、发展，在改革、发展中实现稳定。

党的十五大报告对改革、发展和稳定的关系进行了系统阐述，指出：中国社会主义现代化建设中，改革、发展、稳定三者是互相依存和互相促进的。改革是发展的动力，是实现长期稳定的基础；发展是改革的目的，是稳定最可靠的保证；稳定则是改革、发展的前提条件，也是发展的重要要求。

三、中国维护社会稳定成效显著，成为世界上最安全国家之一

由于中国政府认识到稳定对发展的极端重要性，中国政府和人民始终像爱护自己的眼睛一样维护社会稳定。中国政府在对待改革开放中出现的问题时提倡不争议、少争议，目的也是着眼于稳定。

中国是维持国际和平的一支重要力量。着力维持国际和中国周边地区的和平和稳定，为经济发展创造稳定环境。

社会治安综合治理是具有中国特色的治安管理模式，是在各级党委、政府统一领导下，在充分发挥政法部门特别是公安机关骨干作用的同时，组织和依靠各部门、各单位和人民群众的力量，综合运用政治、经济、行政、法律、文化、教育等多种手段，通过加强打击、防范、教育、管理、建设、改造等方面的工作，实现从根本上预防和治理违法犯罪，化解不安定因素，维护社会治安持续稳定的一项系统工程。群防群治是中国治安重要特色，北京朝阳群众屡屡参与破获多起明星吸毒等大案、要案。这是中国特色社会治安综合治理体系的一个组成部分。2015 年，中国平均每万人公安机关立案的刑事案件为 52.3 起（根据《中国统计年鉴》计算），是世界上最安全国家之一。

第二节　始终坚持循序渐进改革原则

改革开放以来，中国政府始终坚持循序渐进的原则。之所以采用这一原则，是因为中国太大，不能乱，改革必须有序推进、稳定推进，确保社会秩序不乱。

一、循序渐进改革的几种考虑

（一）小步快走，不搞"振荡式"改革

这体现的是渐进原则，意在保持中国社会的稳定。中国政府从一开始就是按照这一考虑推动改革。小步快走改革使中国不断取得进步，而且这种改革对社会各方面触动比较小，即使有不完善之处，影响也不大，容易纠正。中国自始至终也没有推出过如俄罗斯盖达尔推出的休克式疗法那样引发特别大振荡的改革。

（二）不断探索，摸着石头过河

不是所有改革都有经验可循，改革之初社会主义市场经济的提法是想也不敢想的，是在探索过程中提出了建立社会主义市场经济的目标。摸着石头过河是对水性不好又要淌水过河的人的心理的真实反映，有经验的人知道哪里水深，哪里水浅，因此摸着石头过河也并非盲目，改革也是有经验的专家的探索，所以我国多数探索改革都能达到预定目标。

（三）先行试点，取得经验后再在全国推广

这是中国改革最普遍的做法。比如对农村影响深远的农村税费改革，取消"三提五统"，取消农业税、牧业税、农特产品税、屠宰税等都是在 21 世纪初期经过试点后全面推行的，从 2001 年前后开始试点，到 2006 年全面实行，用了五六年的时间。从离我们较近的时间来看，2016 年政府推进的营业税改增值税试点在金融、房地产、建筑业和居民服务业 4 个行业进行，实际"营改增"试点在 2011 年 11 月便已经启动，此后陆续在各个行业推行试点，至 2016 年，所有行业都已经推行"营改增"，但仍然称为"试点工作"。其他方面的改革如医疗改革，各地都在试点，而且方式方法还有不同，大家都在探索，哪家方法好、效果好，取得经验后即在全国推广。

二、循序渐进改革的进程

循序渐进改革的最典型范例是中国特色社会主义市场经济的逐步建立，下面以演变路径说明中国循序渐进改革进程①。

党的十一大（1977年）对经济工作的主要表述：一定要抓革命促生产，把国民经济搞上去。保卫社会主义公有制，粉碎城乡资本主义势力的进攻，是一场严重的斗争。贯彻执行鼓足干劲，力争上游，多快好省地建设社会主义的总路线和一整套两条腿走路的方针，把整个国民经济纳入有计划、按比例、高速度发展的社会主义轨道，以农业为基础、工业为主导，实现农业、轻工业、重工业和其他经济事业的协调发展，全面跃进。

党的十二大（1982年）提出：社会主义国营经济在整个国民经济中居于主导地位。巩固和发展国营经济，是保障劳动群众集体所有制经济沿着社会主义方向前进，并且保障个体经济为社会主义服务的决定性条件。由于我国生产力发展水平总的说来还比较低，又很不平衡，在很长时期内需要多种经济形式的同时并存。党和政府应当给以支持和指导，决不允许任何方面对它们排挤和打击。在农村和城市，都要鼓励劳动者个体经济在国家规定的范围内和工商行政管理下适当发展，作为公有制经济的必要的、有益的补充。只有多种经济形式的合理配置和发展，才能繁荣城乡经济。必须认真实行经营管理上的责任制。近几年在农村建立的多种形式的生产责任制，进一步解放了生产力，必须长期坚持下去。生产资料公有制是我国经济的基本制度，决不允许破坏。贯彻计划经济为主、市场调节为辅原则。我国在公有制基础上实行计划经济。有计划的生产和流通，是我国国民经济的主体。同时，允许对于部分产品的生产和流通不作计划，由市场来调节。由国家统一计划划出一定的范围，由价值规律自发地起调节作用，这一部分是有计划生产和流通的补充，是从属的、次要的，但又是必要的、有益的。国家通过经济计划的综合平衡和市场调节的辅助作用，保证国民经济按比例地协调发展。

党的十三大（1987年）提出社会主义初级阶段理论，社会主义经济是公有制基础上的有计划的商品经济，社会主义有计划商品经济的体制，应该是计划与市场内在统一的体制。这个阶段必须以公有制为主体，大力发展有计划的商品经济。商品经济的充分发展，是社会经济发展不可逾越的阶段。在这一理论基础上，实施一系列改革，按照所有权经营权分离的原则，搞活全民所有制企业；加快建立和培育社会主义市场体系，不仅包括消费品和生产资料等商品市场，而且应当包括资金、劳务、技术、信息和房地产等生产要素市场。逐步健全以间接管理为主的宏观经济调节体系。在公有制为主体的前提下继续发展多种所有制经济。实行以按劳分配为主体的多种分配方式和正确的分配政策。十三届四中全会后，提出建立适应有计划商品经济发展的计划经济与市场调节相结合的经济体制和运行机制。

党的十四大（1992年）明确提出，我国经济体制改革的目标是建立社会主义市场经济体制，以利于进一步解放和发展生产力。建立社会主义市场经济体制，就是要使市场在社会主义国家宏观调控下对资源配置起基础性作用。建立社会主义市场经济，须认真抓好几个相互联系的重要环节：转换国有企业特别是大中型企业的经营机制，把企业推向市

---

① 资料来源：中国共产党历届全国人民代表大会报告。

场。加快市场体系的培育。继续大力发展商品市场特别是生产资料市场，积极培育包括债券、股票等有价证券的金融市场，发展技术、劳务、信息和房地产等市场，尽快形成全国统一开放的市场体系。深化分配制度和社会保障制度的改革。转变政府职能，实行政企分开，扩大对外开放。

党的十五大（1997年）提出：要坚持社会主义市场经济的改革方向。调整和完善所有制结构。公有制为主体、多种所有制经济共同发展，是我国社会主义初级阶段的一项基本经济制度。非公有制经济是我国社会主义市场经济的重要组成部分。加快推进国有企业改革，建立现代企业制度是国有企业改革的方向。要按照"产权清晰、权责明确、政企分开、管理科学"的要求，对国有大中型企业实行规范的公司制改革，使企业成为适应市场的法人实体和竞争主体。对国有企业实行鼓励兼并、规范破产、下岗分流、减员增效和再就业工程，形成企业优胜劣汰的竞争机制。完善分配结构和分配方式。坚持按劳分配为主体、多种分配方式并存的制度。把按劳分配和按生产要素分配结合起来，坚持效率优先、兼顾公平，有利于优化资源配置，促进经济发展，保持社会稳定。充分发挥市场机制作用，健全宏观调控体系。要加快国民经济市场化进程，继续发展各类市场，着重发展资本、劳动力、技术等生产要素市场，完善生产要素价格形成机制。

党的十六大（2002年）提出：完善社会主义市场经济体制，推动经济结构战略性调整，基本实现工业化，大力推进信息化，加快建设现代化。走新型工业化道路，坚持以信息化带动工业化，以工业化促进信息化。全面繁荣农村经济，加快城镇化进程。积极推进西部大开发，促进区域经济协调发展。坚持和完善基本经济制度，深化国有资产管理体制改革。除极少数必须由国家独资经营的企业外，积极推行股份制，发展混合所有制经济。按照现代企业制度的要求，国有大中型企业继续实行规范的公司制改革，完善法人治理结构。通过市场和政策引导，发展具有国际竞争力的大公司大企业集团。健全现代市场体系，加强和完善宏观调控。发展产权、土地、劳动力和技术等市场。深化分配制度改革，健全社会保障体系。调整和规范国家、企业和个人的分配关系。确立劳动、资本、技术和管理等生产要素按贡献参与分配的原则，完善按劳分配为主体、多种分配方式并存的分配制度。建立健全同经济发展水平相适应的社会保障体系，坚持社会统筹和个人账户相结合。坚持"引进来"和"走出去"相结合，全面提高对外开放水平。

党的十七大（2007年）提出：在科学发展观指导下，提高自主创新能力，建设创新型国家。加快转变经济发展方式，推动产业结构优化升级。促进经济增长由主要依靠投资、出口拉动向依靠消费、投资、出口协调拉动转变，由主要依靠第二产业带动向依靠第一、第二、第三产业协同带动转变，由主要依靠增加物质资源消耗向主要依靠科技进步、劳动者素质提高、管理创新转变。统筹城乡发展，推进社会主义新农村建设。加强能源资源节约和生态环境保护，增强可持续发展能力。推动区域协调发展，优化国土开发格局。推进西部大开发，全面振兴东北地区等老工业基地，大力促进中部地区崛起，积极支持东部地区率先发展。完善基本经济制度，健全现代市场体系。深化财税、金融等体制改革，完善宏观调控体系。深化收入分配制度改革，增加城乡居民收入。加快建立覆盖城乡居民的社会保障体系，保障人民基本生活。

党的十八大（2012年）提出：加快完善社会主义市场经济体制和加快转变经济发展方式。全面深化经济体制改革。实施创新驱动发展战略。推进经济结构战略性调整。推动城乡发展一体化。改善民生，千方百计增加居民收入。统筹推进城乡社会保障体系建设。改革和完善企业和机关事业单位社会保险制度，整合城乡居民基本养老保险和基本医疗保险制度。大力推进生态文明建设。优化国土空间开发格局。全面促进资源节约。加大自然生态系统和环境保护力度。加强生态文明制度建设。党的十八届三中全会进而提出市场在资源配置中起决定作用。

中国共产党历次党代会关于建立中国特色社会主义市场经济的表述，集中、充分体现了中国改革开放进程中遵循循序渐进改革原则的基本情况，体现了中国在最重要改革事务上对这一原则的坚持，最具有代表性，最能说明中国改革的循序渐进特性。

第三节　坚持走适合自己的道路

坚持走自己的路——中国特色社会主义道路是中国经济和社会发展、改革开放取得成功重要原因、重要经验。

中国特色社会主义道路，就是在中国共产党领导下，立足基本国情，以经济建设为中心，坚持四项基本原则，坚持改革开放，解放和发展社会生产力，建设社会主义市场经济、社会主义民主政治、社会主义先进文化、社会主义和谐社会、社会主义生态文明，促进人的全面发展，逐步实现全体人民共同富裕，建设富强民主文明和谐的社会主义现代化国家[①]。

在长期的实践中，中国还形成了中国特色社会主义理论和中国特色社会主义制度。中国特色社会主义理论体系，就是包括毛泽东思想、邓小平理论、"三个代表"重要思想、科学发展观和习近平新时代中国特色社会主义思想在内的科学理论体系，是对马克思列宁主义、毛泽东思想的坚持和发展。中国始终坚持以这一正确思想理论引领发展。中国特色社会主义制度，是当代中国发展进步的根本保障。

中国不能走封闭僵化的老路，也不能走改旗易帜的邪路。中国特色社会主义理论体系是行动指南，必须毫不动摇地坚持。中国特色社会主义理论、制度和道路三者统一于中国特色社会主义伟大实践，这是中国共产党领导人民在建设社会主义长期实践中形成的最鲜明特色。

坚持中国特色社会主义道路有以下要点。

必须坚持中国共产党的领导。在走中国特色社会主义道路中坚持中国共产党的领导是

---

① 本节主要参阅中国共产党十六大、十七大报告。

重要的前提条件，是经过中国革命和建设的长期实践证明的。由中国共产党领导中国特色社会主义建设道路是中国历史的必然选择。

必须坚持社会主义道路与中国基本国情紧密结合。立足中国基本国情，把中国将长期处于社会主义初级阶段作为建设中国特色社会主义的总依据，是改革发展的出发点，是中国特色的集中体现，一切改革都必须从社会主义初级阶段这一国情现实出发。坚持从自身国情出发进行改革是所有国家都应该遵循的原则，发达国家、发展中国均应如此，改革没有万能药方。

必须坚持中国共产党的基本路线，即以经济建设为中心，坚持四项基本原则，坚持改革开放，自力更生，艰苦创业，为把我国建设成为富强民主文明和谐的社会主义现代化国家而奋斗。这一基本路线中国已经坚持了40多年没有动摇，还要"坚持一百年不动摇"。

必须坚持在社会主义性质条件下发展市场经济。建设有中国特色社会主义经济，就是在社会主义条件下发展市场经济，不断解放和发展生产力。这就要坚持和完善社会主义公有制为主体、多种所有制经济共同发展的基本经济制度；坚持和完善社会主义市场经济体制，使市场在国家宏观调控下对资源配置起决定性（早期为"基础性"）作用；坚持和完善按劳分配为主体的多种分配方式，允许一部分地区一部分人先富起来，带动和帮助后富，逐步走向共同富裕；坚持和完善对外开放，积极参与国际经济合作和竞争，保证国民经济持续快速健康发展，人民共享经济繁荣成果。

"不管白猫黑猫，抓到老鼠就是好猫。"这句名言一直伴随中国特色社会主义建设，它使改革更加务实，使改革更少争论，使改革更加顺利。

第四节　中国制度对发展的有效推动

中国各级政府在经济和社会发展事务中发挥极为重要推动作用，这是具有中国特色的重要经验。在实行市场经济的西方国家，政府基本不承担发展经济的重任，发展的任务完全交给市场。政府对经济社会发展的高效强力推动，是中国特色社会主义制度优越性的集中体现。

一、中国共产党领导下的高效决策执行机制

中国实行中国共产党领导下的多党合作和政治协商制度，这种体制不同于西方体制，最大的优点是容易形成共识，迅速做出决策并加以实施，各级政府合力同心，各项决策高效执行。同时，中国实行的党中央集中统一领导使中国40多年的改革开放始终保持正确方向，不会产生系统性偏差。最典型的例子是2008年全球金融危机时，中国政府推出的克服金融危机影响的4万亿元人民币的固定资产投资计划，在中国当年便见到明显成效，为全球走出金融危机影响提升了信心，做出了巨大贡献，而美国政府提出的经济刺激计

划，到奥巴马两个任期8年总统生涯结束时效果仍然十分有限，许诺的基础设施建设大多未能付诸实施。

二、中国各级政府肩负经济和社会发展的重任并不辱使命

中国各级政府肩负经济和社会发展重大责任，是中国特色社会主义市场经济国家与西方市场经济国家的重要区别。中国各级政府在推动经济和社会发展上有责任、有能力也有手段措施。

中国各级政府会制定五年计划和中长期规划，在每年年初还会制定国民经济经济和社会发展年度计划，并在年初的各级人大会议上予以审议，审议通过后将五年计划和中长期规划结合年度计划加以实施。

政府推动经济和社会发展，手段主要有：推动年初计划任务的完成（对目标任务进行分解，分解到企业、项目等）；政府组织推动新的城市建设计划实施（如深圳特区，浦东、雄安新区建设等）；政府直接推动基础设施项目、公益性项目决策实施（如京沪高铁、南水北调工程等）；政府间接组织推动国有企业投资，政府做出投资引导决定后，国有企业一般都会率先响应政府号召，民间投资则会因国有投资的带动相机及时跟进；政府大力开展招商引资工作，引进外部资金（包括外资）；政府大力改善营商环境，协助推动企业发展，做好为企业跟踪服务、全方位服务，把客商、企业当"上帝"。中国各级地方政府还拥有没有钱也要办大事的决心和能力。改革早期的中国各级地方政府，财政上普遍并不宽裕，主要是"吃饭财政"，基本没有多余资金来搞建设。为解决这一难题，多数地方政府采用的都是经营城市战略，主要是经营城市土地，通过收储土地和出让土地之间的较大差价，获取用于城市建设的资金，通过在出让土地上进行的商业开发和房地产开发获取税收来源。这是中国各级地方政府采用的最普遍的没有钱还要办大事的做法。中国各级政府正是在这一策略下，使各地城市面貌发生了翻天覆地的变化。当然，也有一些地方政府负债偏多问题。

不可否认，以经济增长快慢、城乡发展面貌变化大小作为对各级政府官员政绩考核的主要依据对促进经济和社会发展发挥了积极作用。

总之，中国各级政府肩负着经济和社会发展使命，并为实现这一使命不懈努力，贡献是巨大的。改革开放以来取得的成就有普通劳动者的贡献，辛勤工作甘于奉献的各级政府工作人员同样功不可没。

三、社会主义制度优越性

社会主义制度优越性对经济发展作用有两方面明显体现。

一是国家和各级政府是经济和社会发展的组织者和直接参与者。这在组织一些超大规模项目建设时有无比的优越性，如南水北调工程、高铁建设工程等，如果不是政府直接参与组织，私人投资者完成这类项目难以想象，而且时间效率也会很低，仅立项筹措巨额资金就会耗费大量时间。地方政府则是各类基础设施的投资者和直接组织实施者。

二是中国城市土地的国有制和农村土地的集体所有制为解决建设用地问题提供了坚强的支持。在中国的土地征用过程中，土地的使用者，即企业和个人，都不是土地的主人，真正的主人是国家和集体，土地使用者只是拥有使用权，当出现征地困难时，根据社会主义制度安排，社会公众利益优先于个人利益，在对土地使用人给予补偿的同时，可以通过法律程序申请国家强制拆迁。中国土地征用3点优势：一是征地的价格相对不会离谱。二是征用效率高，京沪高铁在中国人口密集的东部地区几年之内就可以建成（包括征地拆迁时间）依靠的正是这一优势。三是土地征用一般为政府主导，可协调的资源多。中国体制下的土地征用与实行土地私有制的国家和地区有根本区别。在土地私有国家和地区，征用土地难度很大，征用成本更是天价。

第五节　人口红利

多数经济学家在总结中国经济所取得的成功的经验时，都会提到人口红利的贡献。

人口红利实实在在对中国经济增长的贡献巨大，对在人口红利高峰期做出突出贡献的几个年代的人（20世纪六七十年代出生人群为贡献人口红利的主力人群）应该向他们致敬。

一、中国人口红利释放的几个重要条件

（一）大量创造就业机会，有业可就成为释放人口红利的前提条件

大量创造就业机会是中国改革开放的重要成就。因为"人口红利"并不意味着人人与生俱来就能有合适的工作岗位，因而不必然意味着经济增长。我国早在1965—1980年"人口红利"就开始出现，但在之后的很长一段时间内，我们似乎并没有感受到什么"红利"的影响，相反更多地感受到人口压力和就业压力。20世纪60年代中期开始，毛泽东主席提出知识青年上山下乡，接受贫下中农再教育就是在这种压力下的权宜之计，这一政策一直执行到70年代末期。

改革开放后，国家允许发展私营个体经济、大量利用外资、发展城市大集体企业、大力发展乡镇企业，经济持续快速增长，创造了大量新的就业机会。因此，改革开放功不可没，它为创造大量就业打开了一扇大门。改革开放后，就业率出现井喷式增长：1978年第二产业就业6 945万人，第三产业就业4 890万人；到1985年，第二产业就业10 384万人，第三产业就业8 359万人；1995年，第二产业就业人员15 655万人，第三产业就业16 880万人；2005年，第二产业就业17 766万人，第三产业就业23 439万人。

（二）相对低廉的劳动力工资是释放人口红利的重要条件

与发达国家相比，中国的工资水平，在改革开放初期处于绝对的低水平。1978年，职

工年平均工资仅为 615 元，与国际对比水平，极为低廉。到 2015 年，城镇单位就业人员平均工资 62 029 元，相比发达国家，仍处于相对低廉阶段，年均不到 9 000 美元。根据美国劳工统计局（Bureau of Labor Statistics）的统计，全美在职工作人员约 1.3 亿人（不包括自雇人员），平均工资是 43 460 美元。中国 2015 年工资水平大约只有美国 2009 年工资水平的 20%。

相对低廉的工资是中国成为"世界工厂"的很重要因素。在中国利用外资的过程中，外资和中国港、澳、台地区资金正是利用这一优势，大量投资劳动密集型产业，中国自身还努力发展来料加工、出口加工产业，如果没有工资成本低廉这一优势，大量的出口相关企业也没有存在和发展的条件。中国工人得到的工资虽然不多，但比在家种地要强出许多倍，出口产业也相应得到迅速发展，实现了"双赢""两利"。

中国社科院工业经济研究所发布《中国工业发展报告（2014）》援引日本贸易振兴机构在 2013 年 12 月至 2014 年 1 月所做的调查数据指出，上海普通工人的月基本工资为 495 美元，分别是吉隆坡、雅加达、马尼拉、曼谷、河内、金边、仰光、达卡、新德里、孟买、卡拉奇、科伦坡的 1.15 倍、2.05 倍、1.88 倍、1.35 倍、3.19 倍、4.9 倍、6.97 倍、5.76 倍、2.2 倍、2.38 倍、3.21 倍、3.8 倍。这些数据表明，中国的工资水平与东南亚国家相比，逐渐失去劳动力价格竞争优势，需要及时进行产业的转型升级，提高劳动生产率。当然，东南亚国家也出现工资快速上涨趋势，印度尼西亚、越南和柬埔寨 2015 年法定的最低月薪比 2014 年上涨 20%—30%。中国主要年份平均工资情况如表 18-1 所示。

表 18-1　　　　　　　　　　中国主要年份平均工资情况

年份	年平均工资（元）	年份	年平均工资（元）
1978	615	2000	9 333
1980	762	2005	18 200
1985	1 148	2010	36 539
1990	2 140	2015	62 029
1995	5 348		

注：1995 年以前是计划体制下的职工平均工资；1995 年以后为城镇单位就业人员平均工资。

（三）中国劳动者具有吃苦耐劳精神和守纪意识

吃苦耐劳是中华民族的传统美德，中国劳动者的吃苦耐劳精神和守纪意识给曾经或还在中国经营的国际企业留下深刻印象。1992 年，本人带队到某市的一家企业进行劳动用工检查。这家企业大约有 200 人，检查的结果让我惊叹。这家企业除正常的每周"8×6"工作时间外，月度人均加班时间为 165 小时（此数记忆犹新），住宿条件大体为 20—30 人一间的大通间，计件工资收入大体在 1 100—1 600 元，当时深圳的机关主任科员每月收入约 600 元，北京当时为 200 元左右。艰苦的条件，高强度的工作，不能说高的收入，中国劳动者就是以这样的工作态度辛勤劳动的。

二、庞大的产业后备军队伍

中国产业后备军队伍到底有多大,从当前的情况看,可以说比较强大(见表18-2)。正是因为中国拥有足够的劳动力资源,才实现了经济长时间高速度发展,如果没有这种劳动力资源优势,中国高增长早就已经停止。

表 18-2　　　　　　　　　中国产业后备军人数　　　　　　　　　（单位:万人）

年份	劳动年龄人口（15—64岁） (1)	全国就业人员年末人数 (2)	产业后备军（全部） (1)-(2)
1982	62 517		
1990	76 306	64 749	11 557
1995	81 393	68 065	13 328
2000	88 910	72 085	16 825
2005	94 197	74 647	19 550
2010	99 938	76 105	23 833
2015	100 361	77 451	22 910
2016	100 260	77 603	22 657

表18-1是按照国际通行的劳动年龄人口计算,与中国的实际可能有些出入,主要是15—22岁年龄人口中有相当多数还在上学,中国女性实行工人55岁退休制度,男性60岁退休,中国有大量40—50岁人员由于改革中的工作调整长期不工作,因此实际产业后备军可能少于此数。但是,也要看到在中国农村2016年被计为就业人口的36 175万人中,有许多是不充分就业人员,是可以算为产业后备军的,考虑这个因素后,2016年中国产业后备军人数不会少于表18-2计算的22 657万人。

庞大的产业后备军队伍是中国得以快速发展的重要因素,虽然2016年中国劳动年龄人口数和产业后备军人数均出现净减少,但中国劳动力资源丰富的格局总体还没有变化。经济发展和城镇化过程中还将继续有足够的劳动力满足发展要求,特别是随着农业机械化水平的不断提升,规模化种植的推广,大量农村劳动力资源的不充分就业对城镇就业还有很大调节余地,产业后备军充足格局短期不会改变。中国人口红利还将持续相当一段时间。

第六节　教育与科技发展

一、教育普及率达到中等偏上收入国家水平

各个国家发展的竞争,关键在于人才的竞争,培养人才受到中国政府始终高度重视。

教育事业发展取得巨大进步。1978年，中国的高等教育毛入学率只有1.55%，1988年达到3.7%，1998年升至9.76%，2015年，中国大学毛入学率提高到43.4%，基本达到中等偏上收入国家水平，比中等收入国家高11.7个百分点；中学毛入学率2015年为94.3%，超过中等偏上收入国家的平均水平，比中等收入国家高18.6个百分点[①]。

教育投入不断加大，20世纪90年代中期，国家财政性教育经费占GDP比重在2.4%左右，此后，随着投入增加，比重不断上升，2015年，国家财政性教育经费为29 221.45亿元，比上年增长10.60%，占GDP比例为4.26%。这是2012年实现4%目标以来，连续第四年超过4%的设定目标。

中国教育事业的进步为经济和社会发展提供了强有力的智力支持。中国自主培养的各方面人才为在经济发展过程中消化吸收世界先进技术，突破发达国家技术封锁，研发自主先进技术，为研发世界领先技术，发挥了重要作用。中国教育完全适应满足了中国经济和社会发展需求。

二、科技受到普遍高度重视

中国政府对科技在经济发展中的作用有着深刻的认识。邓小平在改革开放之初便提出科学技术是第一生产力。中国政府和企业都高度重视研发投入。

1990年，中国科技活动收入总额仅403.3亿元，占GDP比重为0.71%。2016年，研究与试验发展（R&D）经费支出15 500亿元，与GDP之比为2.08%，而2000年时该比重只有0.9%。虽然与发达国家相比，中国研发投入还有一定差距，但已经前进了一大步。

中国2015年发表科技论文169 989篇，发明专利受理数1 101 864件，发明专利授权数359 316件，均居世界前列。科技部发布的2016年中国科技论文统计结果：中国高被引论文排名进入世界前三。

随着科技投入增加，2010年后，中国在科技领域引领世界最先进水平的发明创造、科技成果不断涌现。

第七节　和平崛起

中国历来奉行独立自主的和平外交政策，主张国家不分大小、强弱、贫富，在国际交往中互相尊重、和平共处。改革开放以来，中国始终坚信，世界局面虽然复杂多变，但和平与发展仍然是时代主题。

中国主张，在国际关系中弘扬平等互信、包容互鉴、合作共赢的精神，共同维护国际公平正义。中国始终高举和平、发展、合作、共赢的旗帜，坚定不移致力于维护世界和

---

① "国际地位显著提高，国际影响力明显增强"，《中国信息报》，2017年6月22日。

平、促进共同发展。中国始终不渝走和平发展道路,坚定奉行独立自主的和平外交政策,坚持在和平共处五项原则基础上全面发展同各国的友好合作。

中国实施和平外交政策,保持与世界各国和平共处,就是为中国经济和社会发展创造和平的国际环境。中国还始终致力于创造、维护稳定的国际环境,虽然已经是世界第二经济大国,但中国维护世界和平、追求和平崛起的基本国策不会改变,中国永远不称霸。

随着中国的不断崛起,西方人士对中国在国际体系中的定位产生不安和忧虑,出现了中国崛起进程将陷入"修昔底德陷阱"的说法。事实上,中国崛起后,不仅没有成为挑战者,而且是已有国际体系的参与者和积极的建设者。"修昔底德陷阱"对中国来说,完全是个伪命题。

结束语

当今世界发展中国家保持较快增长，地位越来越重要，发达国家保持低速增长，在国际经济中的地位和影响缩小，这种格局将长期保持。世界经济发展的中心在"金砖国家"（主要是中国和印度），在已经启动发展的发展中国家。今后，世界经济发展的希望主要在发展中国家、欠发达国家。

中国发展取得巨大成功，是不争的事实，中国用40多年的时间走过了发达国家用超过百年的时间走过的历程，赢得了世界各国的高度认可。在世界经济发展史上，中国发展道路、中国模式已然形成。但是，在中国特色社会主义市场经济体制和西方自由资本主义市场体制孰优孰劣上，西方国家则有许多人戴着有色眼镜看待中国制度，常以主观臆断贬低中国制度，贬低中国发展道路，认为西方制度优越，西方道路正确，其实事实更胜于雄辩。

比较中国特色社会主义市场经济和西方资本主义国家市场经济，中国特色社会主义市场经济有以下几方面的先进性：首先，中国特色社会主义市场经济是代表最广大人民根本利益的，是以人民为中心的，这与西方资本主义代表的少数资本家利益阶层有本质区别。其次，中国共产党领导是中国特色社会主义市场经济本质特征。中国的发展证明中国共产党的领导是正确而有力的，政府在经济发展进程中是可以发挥很大主观能动性的，且发展目标通过中长期计划自始至终清晰明了。西方资本主义发展是以企业的自我发展为主，政府在发展中作用很小，主要起"看门人"作用。最后，中国社会主义初级阶段的基本经济制度有利于政府统筹规划，集中力量办大事。中国的大量超级工程都是这样干出来的，中国的超级企业都是这样建立起来的。中国的土地国有和集体所有制度为中国发展做出了巨大贡献。

展望未来，我们对中国经济继续保持良好发展势头充满信心，中国改革开放的步伐是任何人都无法阻碍的，随着科技事业、教育事业不断进步。中国的国力必将越发强大。

有两点也必须重视：一是人口问题。目前中国人口自然增长率仅0.5%左右，20世纪60年代、70年代出生人群迎来持续退休高峰，中国经济将面临较大压力。人口政策在党的十八大后已经稍作调整，但没有产生预期的明显效果，建议进一步放宽人口出生政策，允许一对夫妻生3个小孩，保持人口增长对经济发展的正面积极影响。二是生产要素成本明显（包括劳动力成本、土地、房价等）上升给发展带来较大压力，需要加以克服。

中国社会主义建设已经进入新阶段，发展的步伐不会停止，通过转变发展方式，坚持高质量发展，实施创新驱动战略，中国共产党确定的"两个一百年"奋斗目标一定能够实现，中华民族伟大复兴的中国梦一定能够实现。

改革开放是中国历史上一场史无前例的壮举，是影响世界格局中的重大事件，我们有幸赶上中国历史上经济和社会大发展这个伟大变革时代，既是这场变革的受益者，也是这场变革的参与者，看到祖国变得日益强大，深深引以为傲。

谨以此书献给正在实现中华民族伟大复兴的祖国。

参考文献

1. 朱大渭主编:《中国通史图说》,九州出版社1999年版。
2. 周谷城:《中国通史》(上、下),上海人民出版社1957年版。
3. 许志峰、李德深、马万里主编:《社会科学史》,中国展望出版社1989年版。
4. 赵吉惠、郭厚安、赵馥洁、潘策主编:《中国儒学史》,中州古籍出版社1991年版。
5. [美]霍华德·斯波德著,吴金平、潮龙起、何立群译:《世界通史》(第四版),山东画报出版社2013年第1版。
6. 《世界通史》编委会:《世界通史》,中国书店出版社2011年版。
7. 王章辉:《英国经济史》,中国社会科学出版社2013年版。
8. 乔纳森·休斯、路易斯·P.凯恩著,邸晓燕、邢露等译:《美国经济史》(第七版),北京大学出版社2011年版。
9. 安格斯·麦迪森著,伍晓鹰、许宪春、叶燕斐、施发启译:《世界经济千年史》,北京大学出版社2003年版。
10. 中国钢铁工业协会:《中国钢铁统计2015》,冶金工业出版社2015年版。
11. 浜野洁、井奥成彦、中村宗悦、岸田真、永江雅和、牛岛利明著,彭曦、刘姝含、韩秋燕、唐帅译:《日本经济史1600—2000》,南京大学出版社2010年版。
12. 吴友法、黄正柏主编:《德国资本主义发展史》,武汉大学出版社2000年版。
13. 迪特尔·拉夫:《德意志史》,波恩Inter Nations出版社1985年版。
14. 张弩:"印度教及其对印度社会的影响",《宗教与世界》2011年第9期。
15. 唐鹏琪:"英国殖民统治对印度社会的影响",《南亚研究季刊》1994年第2期。
16. 郭家宏:"论英国对印度殖民统治体制的形成及影响",《史学集刊》2007年第2期。
17. 弗朗辛·R.弗兰克尔:《印度独立后政治经济发展史》,中国社会科学出版社1989年版。
18. 沈开艳等:《印度经济改革发展二十年:理论、实证与比较(1991—2010)》,上海人民出版社2011年版。
19. 马克斯·韦伯著,胡长明译:《经济史纲》,人民日报出版社2007年版。
20. 中共中央党史研究室:《中国共产党历史(第二卷)》(1949—1978),中共党史出版社 2011 年版。

21. 中共中央国家机关工作委员会：《伟大历程——中央国家机关改革开放 30 年回顾与展望》，人民出版社 2008 年版。

22. 匡洪治：《艰辛与辉煌——从新民主主义到中国特色社会主义的探索实践》，人民出版社 2012 年版。

23. 邹东涛主编：《中国经济发展和体制改革报告——中国改革开放 30 年（1978—2008）》，社会科学文献出版社 2008 年版。

24. 汪海波："中国国有企业改革的实践进程（1979—2003 年）"，《中国经济史研究》2005 年第 3 期。

25. 项怀诚："中国财政体制改革六十年"，《中国财政》2009 年第 19 期。

26. 龚嘉音：《改革开放以来文化体制改革的历史考察与基本经验》，湖南师范大学硕士学位论文，2012 年。

27. 吴文智、崔宝善、姜志宽：《地球自然灾害史》，文汇出版社 2012 年版。

28. 斯蒂芬·F. 梅森：《自然科学史》，上海人民出版社 1977 年版。

29. 中华人民共和国国家统计局编：《中国统计年鉴》，中国统计出版社历年出版。